Gesellschaftliche Exklusionsprozesse beim Übergang in den Ruhestand

Europäische Hochschulschriften
Publications Universitaires Européennes
European University Studies

Reihe V
Volks- und Betriebswirtschaft

Série V Series V
Sciences économiques, gestion d'entreprise
Economics and Management

Bd./Vol. 3010

PETER LANG
Frankfurt am Main · Berlin · Bern · Bruxelles · New York · Oxford · Wien

Dorit Sing

Gesellschaftliche Exklusionsprozesse beim Übergang in den Ruhestand

Eine theoretische und empirische Mehrebenenuntersuchung der Teilhabe an Erwerbsarbeit und ehrenamtlichem Engagement älterer (Erwerbs-)Personen im Kohortenvergleich

PETER LANG
Europäischer Verlag der Wissenschaften

Bibliografische Information Der Deutschen Bibliothek
Die Deutsche Bibliothek verzeichnet diese Publikation in der Deutschen Nationalbibliografie; detaillierte bibliografische Daten sind im Internet über <http://dnb.ddb.de> abrufbar.

Zugl.: Augsburg, Univ., Diss., 2003

D 384
ISSN 0531-7339
ISBN 3-631-51793-9

www.peterlang.de

VORWORT

Die vorliegende Arbeit wird am Institut für Volkswirtschaftslehre an der Wirtschaftswissenschaftlichen Fakultät der Universität Augsburg als Dissertation eingereicht. Die Verfasserin bedankt sich herzlich bei Herrn Prof. Dr. Martin Pfaff (Erstgutachter) sowie Herrn Prof. Dr. Fritz Böhle (Zweitgutachter) für die Überlassung dieses überaus vielschichtigen und facettenreichen Themas sowie bei Herrn Prof. Dr. Dr. Jürgen Cromm für seine Bereitschaft, den Vorsitz bei der Disputation zu übernehmen. Der Reiz dieser Arbeit lag darin, Brücken zwischen ökonomischen und soziologischen Ansätzen einerseits sowie zwischen theoretischen und empirischen Analysen auf der Makro- und der Mikroebene andererseits zur Erklärung komplexer gesellschaftlicher Exklusionsprozesse älterer (Erwerbs-)Personen zu schlagen.

Besonderer Dank gilt für die Betreuung und Unterstützung dieser Arbeit nicht nur Herrn Prof. Dr. Martin Pfaff sowie Herrn Prof. Dr. Fritz Böhle, sondern insbesondere auch Frau Prof. Dr. Anita Pfaff, die mir im Rahmen ihres Doktorandenseminars die Möglichkeit bot, verschiedene Etappen dieser Arbeit zu diskutieren und kritisch zu hinterfragen. Ganz herzlich danken möchte ich auch Herrn Prof. Dr. Ernst Kistler, der mich am Internationalen Institut für empirische Sozialökonomie (INIFES) in die Praxis der empirischen Sozialforschung einführte und mich durch verschiedene Projektarbeiten für das hier bearbeitete Thema begeisterte. Nicht zuletzt sei ihm für seine konstruktive Kritik an dieser Arbeit gedankt.

Mein weiterer Dank gilt Herrn Dipl.-Geogr. Ralph Conrads sowie Herrn Dipl. oec. Harald Seider, die mich durch wichtige Hinweise und Tipps bei den CHAID-Analysen bzw. der linearen Regressionsrechnung unterstützten. Darüber hinaus haben viele ertragreiche Diskussionen mit anderen Kolleginnen und Kollegen in den vergangenen Jahren zu einem ‚Heranreifen' dieser Arbeit geführt, die sich in der Gesamtkonzeption bis hin zu Details widerspiegeln. Ihnen sei allen herzlich gedankt.

München im März 2003 Dorit Sing

Inhaltsverzeichnis

I Abbildungsverzeichnis

II Tabellenverzeichnis

III Anhang

IV Abkürzungsverzeichnis

ABM	Arbeitsbeschaffungsmaßnahmen
AFG	Arbeitsförderungsgesetz
AG	Aktiengesellschaft
AGR	Arbeitskräfte-Gesamtrechnung
ANBA	Amtliche Nachrichten der Bundesanstalt für Arbeit
AnV	Angestelltenrentenversicherung
ArV	Arbeiterrentenversicherung
ASID '95	Alterssicherung in Deutschland 1995
AtG	Altersteilzeitgesetz
AVID '96	Altersvorsorge in Deutschland 1996
AvmEG	Altersvermögensergänzungsgesetz
AvmG	Altersvermögensgesetz
BA	Bundesanstalt für Arbeit (Nürnberg)
Betr.AVG	Gesetz zur Verbesserung der betrieblichen Altersversorgung
BMA	Bundesministerium für Arbeit und Sozialordnung (Berlin, Bonn)
BSG	Bundessozialgericht
BU	Berufsunfähigkeit
CHAID	Chi-square Automatic Interaction Detection
DIW	Deutsches Institut für Wirtschaftsforschung (Berlin)
EMNID	(Institut zur) Erforschung der öffentlichen Meinung, Marktforschung, Nachrichten, Informationen, Dienstleistungen (Bielefeld)
EU	Erwerbsunfähigkeit
GAS	Gemäßigt arbeitsmarktorientierte Stille Reserve
GRV	Gesetzliche Rentenversicherung
GsiG	Gesetz über eine bedarfsorientierte Grundsicherung im Alter und bei Erwerbsminderung
HEZG	Hinterbliebenen- und Erziehungszeitengesetz

HsanG	Haushaltssanierungsgesetz
IAB	Institut für Arbeitsmarkt und Berufsforschung der Bundesanstalt für Arbeit (Nürnberg)
ILO	International Labour Office (Genf)
INIFES	Internationales Institut für empirische Sozialökonomie (Stadtbergen)
ISO	Institut zur Erforschung sozialer Chancen (Köln)
MW	Mittelwert
NAIRU	Non-Accelerating Inflation Rate of Unemployment
OLS	Ordinary Least Squares
polis	Gesellschaft für Politik und Sozialforschung mbH (München, Berlin)
RRG	Rentenreformgesetz
RÜG	Rentenüberleitungsgesetz
RV	(Gesetzliche) Rentenversicherung
SAS	Stark arbeitsmarktorientierte Stille Reserve
SGB	Sozialgesetzbuch
SGB	Sozialgesetzbuch
SOEP	Sozio-ökonomisches Panel
Std.	Standardabweichung
TzBfG	Teilzeit- und Befristungsgesetz
VDR	Verband Deutscher Rentenversicherungsträger
Vog	Vorruhestandsgeld
VRG	Vorruhestandsgesetz
WFG	Gesetz zur Umsetzung des Programms für mehr Wachstum und Beschäftigung
WSI	Wirtschafts- und Sozialwissenschaftliches Institut in der Hans-Böckler-Stiftung (Düsseldorf)
ZöD	Zusatzversorgung im öffentlichen Dienst

1 Einleitung

Aufgrund der steigenden Lebenserwartung einerseits und des tendenziell gesunkenen Renteneintrittsalters andererseits hat die nachberufliche Lebensphase in der Vergangenheit sowohl für das Individuum als auch für die Gesellschaft an Bedeutung gewonnen. Während Anfang des 20. Jahrhunderts nur wenige in den Genuss einer – zudem damals in keinem Fall existenzsichernden – Rente kamen, so ist diese Lebensphase – nicht zuletzt auch aufgrund der wesentlich verbesserten Arbeitsbedingungen – nicht mehr nur eine ‚Restgröße' für wenige. Vielmehr wurde die nachberufliche Zeit zu einem eigenständigen Lebensabschnitt.

1.1 Problemhintergrund

Der Arbeitsmarkt, vor allem aber die sozialen Sicherungssysteme (insbesondere die gesetzliche Rentenversicherung, aber auch die Arbeitslosen- und Krankenversicherung) werden – zumal die Menschen bei einer besseren gesundheitlichen Versorgung immer länger leben – in Zukunft darauf angewiesen sein, dass Arbeitnehmer länger dem Erwerbssystem zur Verfügung stehen bzw. erst in einem höheren Alter aus dem Erwerbssystem ausscheiden. Hinsichtlich des Arbeitsmarktes ist dabei allerdings anzumerken, dass der demographische Wandel nicht zu einem generellen Arbeitskräftemangel führen wird, sondern regionale, berufsbezogene und qualifikatorische Unterschiede hinsichtlich der Nachfrage nach Arbeitskräften weiterhin bestehen werden (vgl. Buck u.a. 2002, S. 22).
Da in der Vergangenheit zunehmend ältere Erwerbstätige – aller Qualifikationen und aller sozialer Schichten – immer früher aus dem Arbeitsmarkt ausgegliedert wurden, wobei ihre Reintegration immer seltener gelang (vgl. Gilberg u.a. 1999), könnte es aufgrund der bisherigen Entwicklungstendenzen schwierig werden, den Trend des vorzeitigen Rentenzugangs zu stoppen (vgl. beispielsweise Koller 2001). So ist es möglich, dass die Frühverrentungsprozesse seit Mitte der 1980er Jahre dazu geführt haben, dass bei einem Teil der Arbeitnehmer zunehmend ein kürzeres Erwerbsleben antizipiert wird und – im Sinne z.B. von Wertewandel, veränderter Lebensstile etc. – die Erwerbsorientierung in höheren Altersstufen nachhaltig abgenommen hat. Dass diese Argumentation nicht völlig unbegründet ist, zeigt beispielsweise eine Umfrage des Meinungsforschungsinstituts polis im Auftrag von Focus aus dem Jahr 2002. Hier geben fast drei Viertel aller 693 repräsentativ ausgewählten Berufstätigen an, sich ein Verrentungsalter von unter 60 Jahren zu wünschen (vgl. Abbildung 1.2.1). So könnte gerade bei Hochqualifizierten die gegenwärtige Tendenz zu einem komprimierten Erwerbsleben verstärkt werden (vgl. Dostal 2000). Diese würden sich in diesem Fall in jungen Jahren engagieren und später nicht mehr arbeiten wollen bzw. ggf. auch aus gesundheitlichen Gründen nicht mehr erwerbstätig sein können.
Auf der anderen Seite stehen jedoch diejenigen, die eher unfreiwillig vorzeitig aus dem Arbeitsmarkt ausscheiden, da sie einerseits aufgrund eines zunehmend erodierten Er-

Abbildung 1.2.1: Individuell gewünschtes Verrentungsalter im Jahr 2002 (Angaben in %)

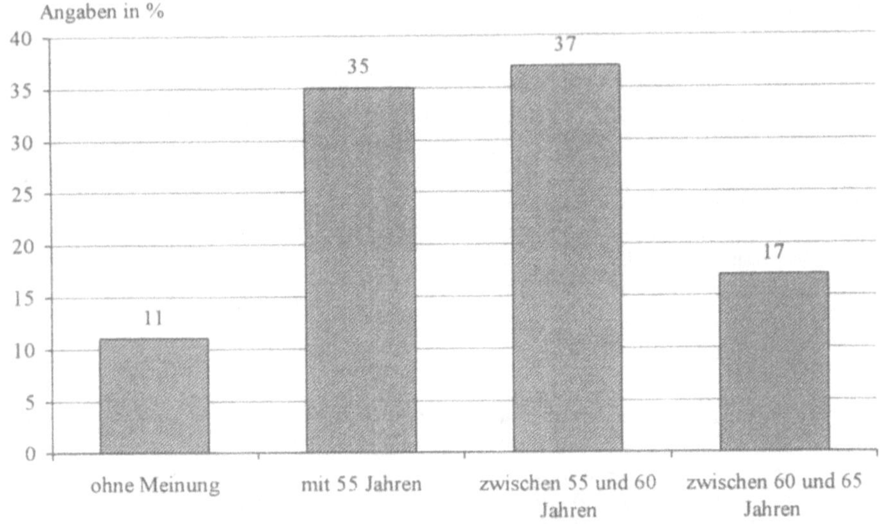

Quelle: Eigene Darstellung der Ergebnisse von polis (zitiert nach Anonymus 2002, S. 11).

werbsleben auch im Alter auf Erwerbsarbeit zur Sicherung des Lebensunterhalts angewiesen sind (vgl. Bundesministerium für Arbeit und Sozialordnung 2001, S. 28), andererseits z.B. auf ein ‚erfülltes Erwerbsleben' zurückblicken wollen und den Übergang in Rente über den ‚Umweg Arbeitslosigkeit' nicht verkraften (über die Wirkungen von (Langzeit-)Arbeitslosigkeit vgl. beispielsweise Jahoda u.a. 1975). Der Rentenzugang würde in diesem Fall Statussicherheit bedeuten (vgl. Kohli 1985). In diesem Zusammenhang zeigt eine im Auftrag der Bertelsmannstiftung von EMNID im Jahr 1996 in Westdeutschland durchgeführte Erhebung (vgl. dazu Isforth 1997), dass bei ehemaligen Arbeitnehmern, die sich bereits im Ruhestand befanden, eher dann das Eintrittsalter in den Ruhestand auch mit dem Wunschalter zusammenfiel, je später die Befragten tatsächlich dem Ruhestand zugingen (vgl. Abbildung 1.2.2). Gleichzeitig konnte darüber hinaus ein positiver Zusammenhang zwischen der Zufriedenheit mit dem Rentenzugangsalter und der (Lebens-)Zufriedenheit im Ruhestand nachgewiesen werden (Isforth 1997, S. 47 ff.).

Abbildung 1.2.2: Eintrittsalter in den Ruhestand und Wunschalter (Angaben in %)

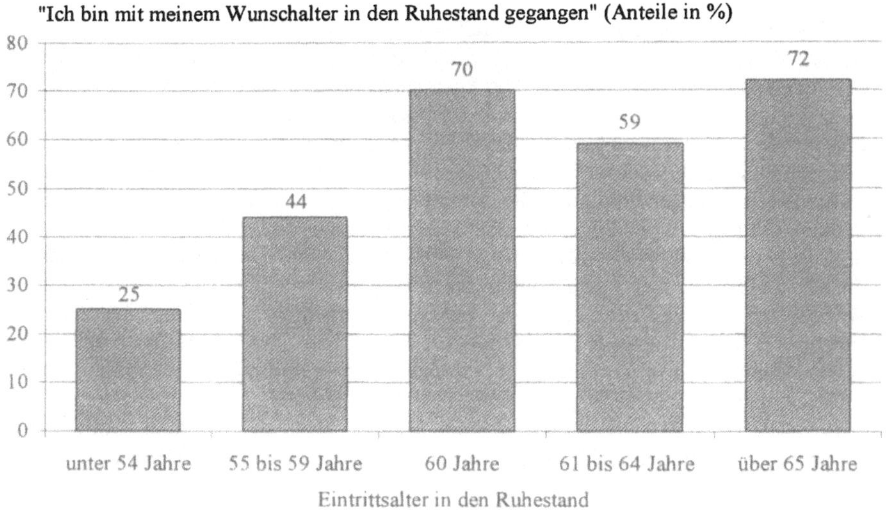

Quelle: Isforth 1997, S. 48.

Schon allein diese Ergebnisse können als wichtige Hinweise dafür gewertet werden, dass allzu pauschale bzw. polemisierende Aussagen hinsichtlich einer ‚Frühverrentungsmentalität' in der Bundesrepublik Deutschland oder gar Vorstellungen kritisch zu hinterfragen sind, die „Rentner könnten die Avantgarde des neuen engagierten Bürgers in der Neo-Moderne, wie sie Ulrich Beck und andere derzeit andenken, bilden; die Rente wäre der ‚zivile Lohn' für ihre freiwillige Arbeit im sogenannten dritten Sektor" (Timm 2002, S. 13).

1.2 Zielsetzung der Arbeit

Inhaltliches Ziel dieser Arbeit ist es, die arbeitsmarktbezogenen Ausschlussprozesse älterer Arbeitnehmer zwischen den 1980er und 1990er Jahren in Westdeutschland sowohl auf der Makro- als auch auf der Mikroebene näher zu beleuchten. Dabei wird von der These der ‚doppelten Exklusion' ausgegangen, nämlich dass nicht nur die Ausgliederungsprozesse älterer Arbeitnehmer aus dem Arbeitsmarkt in zahlreichen Fällen als unfreiwillig bewertet werden müssen (vgl. dazu Buck u.a. 2002; Kistler, Huber 2002), sondern dass diese sich darüber hinaus auch auf weitere gesellschaftlich relevante Lebensbereiche der Betroffenen – hier untersucht am Beispiel des ehrenamtlichen Engagements – im Sinne einer mehrfachen bzw. doppelten Exklusion negativ auswirken. Denn gesellschaftliche Teilhabe und aktive Gestaltung der Ruhestandsphase setzen ein gewisses Maß an sozialer Integration voraus, das durch die in den letzten Jahren stattgefundenen Frühverrentungsprozesse unter Umständen negativ beeinflusst wurde (vgl. auch Sing 2001). Es soll daher der Frage nachgegangen werden, ob und inwieweit die

Ausgestaltung des Übergangs in den Ruhestand Auswirkungen auf die mögliche gesellschaftliche Integration oder aber im Sinne einer Bruchstelle auf die dauerhafte Exklusion immer größerer Bevölkerungsteile zur Folge hatte. Mit diesem Aspekt eng verbunden ist schließlich die Frage nach der Bewertung der unterschiedlichen Lebenslagen durch die Betroffenen selbst. Der Übergang in Rente gelingt nicht selbstverständlich. Während es sicherlich einer nicht geringen Zahl von Älteren möglich ist, die neu gewonnene Zeit in gutem Gesundheitszustand und mit ausreichenden finanziellen Ressourcen zu genießen, sich aktiv zu betätigen oder aber ein schon lange geplantes ehrenamtliches Engagement nun in die Tat umzusetzen, stehen auf der anderen Seite diejenigen, die nicht in der Lage sind, diese Lebensspanne sinnvoll zu gestalten – vor allem dann nicht, wenn der Rente lange Phasen der Arbeitslosigkeit vorausgingen. In diesem Falle wäre das Humankapital der älteren Arbeitnehmer nicht nur für das Erwerbssystem, sondern auch für andere gesellschaftlich wichtige Tätigkeitsbereiche verloren. Gerade für den Sozialstaat wird es aber vor dem Hintergrund des demographischen Wandels und seiner Folgen für das soziale Sicherungssystem zukünftig von zentraler Bedeutung sein, wie man eine „Neuverteilung der Arbeit bei gleichzeitiger Verbesserung der Beschäftigungsfähigkeit" (Schmid 2001, S. 13) älterer Arbeitnehmer erreichen kann und gesellschaftliche Ausschlussprozesse vermieden werden.

1.3 Aufbau der Arbeit

Die vorliegende Arbeit unterteilt sich in sechs Kapitel. Nach einer Einführung in den Problemhintergrund sowie die Zielsetzung dieser Arbeit werden in Kapitel 2 die Entwicklungen des Arbeitsmarktausschlusses Älterer bzw. des Rentenzugangszugangsgeschehens auf der Makroebene aufgezeigt. Entsprechend der demographischen Theorie werden dabei für die differenzierte Analyse drei eng miteinander verbundene Effekte unterschieden, die sich jedoch nie ganz trennen lassen: Alters-, Perioden- und Kohorteneffekte.[1] Die Darstellung der gesetzlichen bzw. institutionellen Rahmenbedingungen, durch die wesentlich das Zugangsalter zur Rente – mit oder ohne Phasen der Arbeitslosigkeit – in der Gesellschaft determiniert wird, erfolgt dabei im Sinne von Alterseffekten (vgl. Kapitel 2.1). Die Betrachtung der Entwicklungen auf dem Arbeitsmarkt werden als Hinweise auf konjunkturelle bzw. strukturelle Effekte (d.h. Periodeneffekte) gewertet (vgl. Kapitel 2.2). In einem dritten Schritt werden schließlich die empirischen Entwicklungen unter der Kohortenperspektive analysiert, um die bis dahin präsentierten Durchschnittswerte um unterschiedliche Besetzungsstärken von Geburtsjahrgängen zu bereinigen und damit ein unverzerrtes Bild hinsichtlich der Übergangs von der Erwerbstätigkeit in den Ruhestand im Zeitverlauf aufzuzeigen (vgl. Kapitel 2.3).

---

1 Da die Arbeit zu einem großen Teil auf Entwicklungen – angefangen von institutionellen Änderungen im Renten- und Arbeitsmarktrecht bis hin zur These vom ‚Wertewandel in der Gesellschaft' – und im mikroanalytischen Teil auf einen Kohortenvergleich in zwei unterschiedlichen Perioden (einerseits in den 1980er andererseits in den 1990er Jahren) mit Daten des Sozio-ökonomischen Panel (SOEP) abhebt, beziehen sich die Darstellungen auf Westdeutschland und werden nur in einigen zentralen Punkten um ostdeutsche Daten ergänzt.

Diese Analysen lassen jedoch noch keine Aussagen über die komplexen Zusammenhänge und Wirkungen hinsichtlich der jeweils in der Gesellschaft realisierten Rentenübergänge auf der individuellen Ebene (Mikroperspektive) zu. So könnte einerseits angenommen werden, dass gemäß der mikroökonomischen Theorie des Nutzen maximierenden Individuums das – vor allem auch vorzeitige – Verrentungsverhalten als persönliche Präferenz der Betroffenen in ihrem spezifischen Lebenszusammenhang zu interpretieren ist (vgl. Schmidt 1995). Auf der anderen Seite weisen vor allem verschiedene soziologische Ansätze darauf hin, dass durch den vorzeitigen, nicht geplanten Übergang in den Ruhestand die (Erwerbs-)Biographien ‚Brüche' erfahren, die zu einer Zunahme horizontaler, aber auch vertikaler sozialer Ungleichheit und schließlich zu einer Kumulation von Benachteiligungen in verschiedenen gesellschaftlich relevanten Lebensbereichen führen können. Ziel des Kapitels 3 ist es daher, die für die Frage der ‚doppelten Exklusion' am Ende des Erwerbslebens zentralen ökonomischen (vgl. Kapitel 3.1) und auch soziologischen Theorien (Kapitel 3.2) zu erörtern. Da durch die empirischen Daten in Kapitel 2 bereits deutlich wird, dass institutionelle sowie strukturelle Faktoren der Makroebene nachhaltig die Handlungs- und Entscheidungsspielräume der Individuen auf der Mikroebene beeinflussen, wird auch bei den theoretischen Ansätzen auf eine diesbezügliche Unterscheidung – soweit wie möglich – geachtet. In Kapitel 3.3 werden daraufhin zentrale Elemente der verschiedenen theoretischen Ansätze zu einem Untersuchungsrahmen zusammen-gefasst sowie geeignete Hypothesen zur Überprüfung der These der ‚doppelten Exklusion' abgeleitet. In Kapitel 4 werden anschließend das für die Mikroanalysen verwendete Datenmaterial sowie das methodische Vorgehen bezüglich der Operationalisierung der Fragestellungen erläutert.
In Kapitel 5 erfolgt schließlich die Überprüfung der Hypothesen durch empirische Analysen auf der Mikroebene. Das Kapitel untergliedert sich dabei entsprechend der Ausgangsthese in die Untersuchung der Ausschlussprozesse aus dem Arbeitsmarkt am Ende des Erwerbslebens in den 1980er und 1990er Jahren in Westdeutschland. Diese werden dann um parallel stattfindende Integrations- oder aber Exklusionsprozesse im Bereich des ehrenamtlichen Engagements – als eines relevanten Bereichs für gesellschaftliche Teilhabe außerhalb der Erwerbsarbeit – ergänzt (vgl. Kapitel 5.2). Eine Überprüfung bzw. ‚Annäherung', inwieweit die beobachtbaren Ausschlussprozesse tatsächlich im Sinne einer Zunahme sozialer Ungleichheit zu interpretieren sind, wird schließlich durch Vergleiche in der (gegenwärtigen) Lebenszufriedenheit der untersuchten Teilpopulationen zu erreichen versucht (vgl. Kapitel 5.3).
In Kapitel 6 werden die Ergebnisse nochmals kurz zusammengefasst und im Hinblick auf zukünftige gesellschaftlich zu erwartende Entwicklungen interpretiert. Darüber hinaus wird auf ungeklärte Forschungsfragen hingewiesen und ein Ausblick auf weitere notwendige Arbeiten gegeben.

2 Rahmenbedingungen der Ruhestandsentscheidung: Gesetzliche und empirische Entwicklungen beim Übergang in die Rente

Die demographischen Entwicklungen und die hohe (Alters-)Arbeitslosigkeit führten bereits seit Ende der 1980er Jahre aufgrund der abnehmenden Finanzierbarkeit der Systeme zu vielfältigen Reformen – insbesondere bei der gesetzlichen Rentenversicherung. Aber obwohl seit der Rentenreform 1992, die auf die Wiederanhebung des Zugangsalters in die Altersrente abzielte (vgl. z.B. Gussone u.a. 1999, S. 18), ein Kurswechsel hin zu längeren Erwerbsbiographien eingeleitet wurde, wurden und werden häufig parallel dazu Diskussionen geführt, inwieweit nicht doch der vorzeitige Zugang zur Rente den Arbeitsmarkt entlasten könnte. Zuletzt wurde diesbezüglich der Vorschlag ‚Volle Rente mit 60', der vom Bundesarbeitsminister und vom Bundeskanzler der rot-grünen Koalition noch im Jahr 1999 (vgl. Riester 1999) in die Diskussion eingebracht wurde und der durch Tariffonds[2] hätte finanziert werden sollen (vgl. dazu kritisch Ruland 1999; Rahn 1999), diskutiert (vgl. auch Ehrenheim 1999). Insgesamt ist festzustellen, dass alle Bemühungen in der Vergangenheit, die zunehmend praktizierte Frühverrentung weiter Teile der erwerbsfähigen Bevölkerung – in immer jüngeren Jahren – zu stoppen, zumindest bis Ende der 1990er Jahre fehlschlugen.[3]
Ohne hier auf die Debatte um die ‚Entberuflichung des Alters'[4] eingehen zu wollen, sollen im folgenden Kapitel die verschiedenen in den letzten Dekaden beobachtbaren Tendenzen beim Übergang aus dem Erwerbsleben in den Ruhestand vor allem makroperspektivisch analysiert werden. Dabei lassen sich gemäß der demographischen Theorie (vgl. Rehfeld 1994, S. 472) bzw. insbesondere in der Terminologie der Kohortenanalysen drei eng miteinander verbundene Effekte (vgl. Tessaring 1992, S. 42) unterscheiden. Während der *Alterseffekt* spezifische Altersstufen kennzeichnet, in denen sich eine Personengruppe (auch im Kohortenvergleich) zu einem bestimmten Zeitpunkt ‚normalerweise' in einem bestimmten (Übergangs-)Status befindet, werden durch den *Kohorteneffekt* Einstellungs- und Verhaltensänderungen innerhalb einer Kohorte über einen Untersuchungszeitraum hinweg – z.B. durch veränderte gesellschaftliche Bedingungen (Individualisierung bzw. Pluralisierung der Lebensformen) – deutlich. Dieser Effekt kann dabei direkt oder indirekt durch den *Periodeneffekt* bedingt sein, der z.B. als konjunkturelle Erscheinung zwar auf alle Kohorten Auswirkungen hat, diese aber

---

2 Durch die Einrichtung von Tariffonds sollten die mit dem vorzeitigen Rentenbeginn seit 1997 entstehenden rentenversicherungsrechtlichen Abschläge auf Seiten der betroffenen Arbeitnehmer ausgeglichen werden. So hätte weiterhin die Möglichkeit bestanden, den Arbeitsmarkt durch die frühzeitige Ausgliederung älterer Arbeitnehmer zu entlasten, ohne dadurch die soziale bzw. finanzielle Lage der Ausgegliederten zu verschärfen (vgl. dazu auch Bäcker, Klammen 1999; Standfest 1999).

3 Ein Überblick zum Thema ‚Trend zum frühen Ruhestand' findet sich bei Guillemard, Rein 1993, Naschold, Vroom 1994 sowie bei Naegele 1992. Ein international vergleichender Sammelband liegt von Kohli u.a. 1991 vor.

4 Demnach werden immer jüngere Arbeitnehmer zu den ‚Älteren' gezählt (vgl. Bäcker 1993, S. 16; Bäcker, Naegele 1993).

in unterschiedlicher Weise aufgrund der verschiedenen jeweiligen Lebensphasen treffen kann.
Im folgenden Kapitel soll diese Systematik auf die Untersuchung des Übergangs älterer Arbeitnehmer in den (Vor-)Ruhestand angewandt werden. Da in der Vergangenheit die rechtlichen Rahmenbedingungen dazu führten, dass für alle Kohorten die gleichen Zugangsvoraussetzungen zur gesetzlichen Rente galten, die im Sinne einer Institutionalisierung des Lebenslaufes (vgl. Kohli 1985) durchaus als ein ‚Datum' für fast alle Gesellschaftsmitglieder zu interpretieren sind, soll hier zunächst nicht nur auf die Alterseffekte[5] direkt, sondern insbesondere auf ihre rechtlichen Bestimmungsfaktoren eingegangen werden (vgl. Kapitel 2.1). Auch wenn Rehfeld Rechtsänderungen den Periodeneffekten zuordnet[6], so wird hier davon abgewichen, weil einerseits gerade die Rentenzugangsregelungen eben nicht alle Kohorten zugleich, sondern erst zu einem bestimmten biographischen Zeitpunkt betreffen und andererseits hier eine Unterscheidung zu den arbeitsmarktpolitischen Rahmenbedingungen, die in Kapitel 2.2 als Periodeneffekte erläutert werden, erfolgen soll.
Da allerdings der Alterseffekt durch die unterschiedliche Besetzung einzelner (Verrentungs-) Kohorten in dem Sinne überlagert werden kann, dass z.B. ein sinkendes durchschnittliches Rentenzugangsalter aufgrund stärker besetzter jüngerer Rentenzugangskohorten entsteht, soll zur Eliminierung demographischer Faktoren schließlich auch eine kohortenspezifische Betrachtung der hier relevanten Fragestellung erfolgen. Die Analyse von Kohorten[7] (zum Kohorteneffekt vgl. Kapitel 2.3) ist aber auch erforderlich, weil diese in ihrem Lebenslauf durch verschiedene (historische) Phasen und Ereignisse – z.B. den 2. Weltkrieg, die Phase des Wiederaufbaus Deutschlands, die beiden Ölkrisen (vgl. Pfaff 1999) – geprägt wurden, was sich schließlich auch in den (Erwerbs-)Biographien widerspiegelt und zu unterschiedlichen Einstellungs- und (Verrentungs-)Verhaltensweisen ganzer Geburtenjahrgänge führen kann. Den Abschluss der Darstellungen in diesem Kapitel bildet die Analyse der vor allem finanziellen Auswirkungen auf die betroffenen Arbeitnehmer durch das vorzeitige Ausscheiden aus dem Erwerbsleben. Denn während großzügige Sozialplanregelungen in der Vergangenheit durchaus einen Anreiz für das Verlassen des Betriebes darstellten, sind durch die gesetzliche Änderungen die finanziellen Spielräume geringer geworden (vgl. dazu Knuth 1999). Es stellt sich somit die Frage, ob auch bei zukünftig geringeren finanziellen Ausgleichsmechanismen der Trend zum frühzeitigen Rentenbezug anhält und ob dies, auch wenn die gesetzlichen Rahmenbedingungen in Richtung einer Verlängerung des

---

5 Rehfeld definiert Alterseffekte als „bei allen Kohorten zu verzeichnende altersabhängige Veränderungen in bestimmten Strukturen; z.B. altersspezifische Zunahme der Frühberentung oder der Sterblichkeit" (vgl. Rehfeld 1994, S. 472).

6 „(...) hierunter sind bei allen Kohorten feststellbare, zeitliche (in der Regel auf Kalenderjahre bezogene) Veränderungen zu subsumieren; Beispiele sind konjunkturbedingte, alle Alter betreffende Situationen oder Rechtsänderungen, die alle Alter – und damit nicht nur eine oder wenige Kohorten – betreffen" (ebenda).

7 „Kohorteneffekte ergeben sich aber auch durch institutionelle Faktoren z.B. die Ausweitung oder Einschränkung von Ausbildungskapazitäten, durch die Einrichtung neuer und die Reform bestehender Ausbildungsgänge und/oder durch veränderte Arbeitsmöglichkeiten einer Generation im Vergleich zu einer anderen" (ebenda).

Erwerbslebens weisen, eher den Wünschen der Arbeitgeber oder aber den individuellen Lebens- und Berufsbiographien der einzelnen Arbeitnehmer entspricht.

2.1 Auswirkungen der Rentengesetzgebung auf das Zugangsalter zur gesetzlichen Rente

In diesem (Unter-)Kapitel werden zunächst die bedeutendsten Entwicklungen in der Rentengesetzgebung seit 1957 wiedergegeben. Vor allem die in diesem Zusammenhang diskutierten ,alternativen' Wege in den frühen Ruhestand bilden eine wesentliche Grundlage für die weiteren Analysen in dieser Arbeit. Dabei wird nicht davon ausgegangen, dass die Rentengesetzgebung möglicherweise eine Reaktion auf die konjunkturellen Bedingungen – insbesondere der Entschärfung des Problems der hohen Arbeitslosigkeit – war oder heute noch ist (vgl. dazu auch Rosenow 1999), sondern es werden insbesondere die altersspezifischen Auswirkungen der gesetzlichen Rahmenbedingungen auf die Rentenzugänge bzw. das spezifische Rentenzugangsalter analysiert. Die somit implizite These, dass die rentenrechtlichen Rahmenbedingungen substantiell das Alter der Ausscheidenden in der Vergangenheit beeinflusst haben (und weiterhin beeinflussen werden), wird hier aufgrund zahlreicher empirisch fundierter Studien (vgl. Schmidt 1995, Rehfeld 1994, 1998; Pfaff 1999) als belegt angesehen und kann durch die folgende Darstellung ebenfalls bestätigt werden.

2.1.1 Wesentliche Etappen in der Rentengesetzgebung

Die deutsche Rentenversicherung geht auf das ,Gesetz betreffend die Invaliditäts- und Alterssicherung' vom 22. Juli 1889 zurück (vgl. Lampert 1994, S. 67), das auf Initiative Otto von Bismarcks vom Kaiser Wilhelm I. verkündet wurde und zum 01.01.1891 in Kraft trat (vgl. Schmidt 1995, S. 56). Während damals noch zahlreiche Bevölkerungsgruppen von diesem Sicherungssystem ausgeschlossen waren und die Begünstigten aufgrund des gesetzlich vorgesehenen (hohen) Rentenzugangsalter nur wenige Jahre – bei einem nicht einmal existenzsichernden Niveau – Renten erhielten, ist die heutige Ausgestaltung der gesetzlichen Rentenversicherung im Wesentlichen durch die Rentenreformen in den Jahren 1957, 1972, 1992, 1999 sowie 2001 geprägt. Im folgenden soll nach einer Kurzdarstellung der jeweiligen Reformcharakteristiken vor allem auf die Änderungen bei den verschiedenen Rentenarten sowie der damit verbundenen Rentenzugangsalter eingegangen werden. Darüber hinaus lassen sich aber auch zwischen den jeweiligen Reformbemühungen in der gesetzlichen Rentenversicherung rechtliche Maßnahmen nennen, die bereits häufig den endgültigen Reformplänen vorausgingen und im Sinne von Übergangsregelungen Kurskorrekturen einleiteten. Sofern diese, wie z.B. das Haushaltsbegleitgesetz aus dem Jahr 1984, das Altersteilszeitgesetz der Jahre 1988 und 1996 oder das ,Gesetz zur Umsetzung des Programms für mehr Wachstum und Beschäftigung' (WFG vom 17.09.1996), Einfluss auf das Rentenzugangsalter nahmen, werden auch sie hier genannt und kurz erläutert.

2.1.1.1 *Rentenreform 1957*

Die Umgestaltung der gesetzlichen Rentenversicherung durch die Rentenreform 1957 stellt aufgrund der Einführung der ‚dynamischen Rente', d.h. der Kopplung der Rentenentwicklung an die Entwicklung der Bruttolöhne und -gehälter, eine wesentliche Neuordnung dar (vgl. Lampert 1994, S. 99). Denn während zuvor die Erhöhungen aufgrund sporadischer gesetzlicher Regelungen erfolgte, wurde nun durch die neu geschaffene Rentenformel die Rentenhöhe an die Entwicklung des gesamtwirtschaftlichen Bruttoarbeitslohnes als Maßstab für die Dynamisierung angepasst (vgl. Bank 1990, S. 3). Da dadurch allerdings das reale Rentenniveau seit 1957 stärker als die Nettolöhne anstieg, wurde diese langfristig nicht finanzierbare Auswirkung durch die Rentenreform 1992 korrigiert, indem nun die Entwicklung der Renten an die der gesamtwirtschaftlichen Nettolöhne angepasst wurden. Darüber hinaus erfolgte parallel dazu ein „Wandel von einem bloßen Zuschuss zum allgemeinem Lebensbedarf hin zur Lebensstandardsicherung" (Schmidt 1995, S, 56 ff.). So orientierte sich nun die Rentenhöhe durch die Rentenformel – im Sinne des Äquivalenzprinzips – an der relativen Einkommensposition des Versicherten und erhielt dadurch eine Lohnersatzfunktion.
Ein weiteres wesentliches Merkmal der Rentenreform 1957 ist die Angleichung der Regelungen der Arbeiterrentenversicherung an die der Angestellten hinsichtlich Altersrente wegen Arbeitslosigkeit sowie insbesondere die Einführung des Altersruhestandes für Frauen mit Vollendung des 60. Lebensjahres nach einer Anwartschaft von zwölf Versicherungsjahren (vgl. Steffen 1996a, S. 223). Während es den arbeitslosen Versicherten der Angestelltenversicherung schon seit 1929 möglich war, nach einer Phase der Arbeitslosigkeit mit 60 Jahren in den vorgezogenen Ruhestand zu gehen, bilden die neuen gesetzlichen Regelung einen wichtigen Impuls zunächst insbesondere für das weibliche Verrentungsgeschehen.[8]

2.1.1.2 *Rentenreform 1972*

Im Rahmen der Rentenreform 1972 stieg durch die Einführung einer ‚Versicherungspflicht auf Antrag', d.h. durch die freiwillige Versicherung von Selbständigen, Hausfrauen und anderen ausgewählten Personengruppen in der gesetzlichen Rentenversicherung und der Einräumung von Nachversicherungsmöglichkeiten, die Zahl der gesetzlich Rentenversicherten an (vgl. Bank 1990, S. 5). Darüber hinaus wurde durch die ‚Rente nach Mindesteinkommen', durch die Personen mit 25 und mehr Beitragsjahren so gestellt werden, als haben sie in allen Beitragsjahren mindestens 75 % der durchschnittlichen Entgelte verdient, eine zentrale sozialpolitische Leistungsverbesserung eingeführt.

---

8 Da die Anforderungen für die ‚Altersrente wegen Arbeitslosigkeit' mit mindestens acht Jahren Pflichtbeiträgen innerhalb der letzten zehn Jahren und 52 Wochen Arbeitslosigkeit in den letzten anderthalb Jahren vor Rentenbeginn nur unwesentlich unter den Anforderungen für das Altersruhegeld der Frauen (zehn Pflichtbeitragsjahre nach Vollendung des 40. Lebensjahres) lagen, nahmen Frauen, falls sie die notwendigen Zeiten nicht nachweisen konnten, häufig erst wieder die Regelaltersrente mit 65 Jahren in Anspruch: „Deshalb ist die Arbeitslosenrente im wesentlichen eine Rentenform für Männer" (Knuth 1999, S. 128). Darüber hinaus wurde durch das Haushaltsbegleitgesetz 1984 die für eine Regelverrentung notwendigen Versicherungsjahre von 15 auf fünf gesenkt.

Mit der Rentenreform von 1972 wird erstmals das fixe Verrentungsalter von 65 Jahren durch eine flexible Altersgrenze bzw. ein sogenanntes Verrentungsfenster zwischen dem vollendeten 63. und 67. Lebensjahr abgelöst, wobei die untere Altersgrenze nur für langjährig Versicherte mit einer Wartezeit von mindestens 35 Jahren gültig ist. Parallel zu dieser Maßnahme wurden auch Altersrenten für Behinderte, Berufs- und Erwerbsunfähige auf das vollendete 62. Lebensjahr vorgezogen. Diese Altersgrenze wurde in den darauffolgenden Jahren nochmals gesenkt: Ab dem 01.01.1979 konnten Schwerbehinderte – d.h. Behinderte, Berufs- und Erwerbsunfähige – nach dem 61. und ab 01.01.1980 nach dem 60. Lebensjahr die Altersrente in Anspruch nehmen (vgl. Schmidt 1995, S. 57 f.). Diese beiden Änderungen hatten nachhaltige Auswirkungen auf das Rentenzugangsverhalten insbesondere der Männer, die nun zu einem möglichst frühen Verrentungszeitpunkt tendierten.
Um den starken Anstieg der Renten wegen Erwerbs- und Berufsunfähigkeit bzw. Schwerbehinderung Anfang der 80er Jahre wieder einzudämmen[9], wurden durch das Haushaltsbegleitgesetz 1984 – mit Wirkung ab dem Jahr 1985 – die Zugangsvoraussetzungen erschwert. Um zukünftig eine solche Rente beziehen zu können, müssen die Versicherten nun mindestens 36 Kalendermonate Pflichtbeiträge innerhalb der letzten fünf Jahren nachweisen können (vgl. Steffen 1996a, S. 224). Aus diesem Grund „wurde bewusst in Kauf genommene Arbeitslosigkeit für männliche Arbeitnehmer ohne gravierende gesundheitliche Einschränkungen der einzige Weg zu einer Rente schon mit 60 (Jahren)“ (Knuth 1999, S. 128).

2.1.1.3 Gesetzliche Neuregelungen in den 1980er Jahren

Parallel zur Verschärfung der Zugangsvoraussetzungen für die Berufs- und Erwerbsunfähigkeitsrenten durch das Haushaltbegleitgesetz im Jahr 1984 setzte sich der gesellschaftliche Trend kürzerer Lebensarbeitszeiten durch das von 1984 bis 1988 geltende Vorruhestandsgesetz (VRG) fort (vgl. Knuth 1999, S. 128). Diese Vorruhestandsregelung wurde als arbeitsmarktpolitische Maßnahme – mit dem Ziel der Verringerung der Arbeitslosigkeit Jüngerer – am 1. Mai 1984 als Art. 1 des ‚Gesetzes zur Erleichterung des Übergangs vom Arbeitsleben in den Ruhestand' beschlossen und zunächst auf fünf Jahre befristet. Somit war es möglich, dass Arbeitnehmer ab einem Alter von 58 Jahren in den Vorruhestand gehen konnten und auch ohne eine Phase vorhergehender Arbeitslosigkeit mit dem Erreichen des 60. Lebensjahres eine Altersrente bezogen. Dabei zahlten die Arbeitgeber dem älteren Arbeitnehmer aufgrund eines Tarifvertrages oder

9 Anzumerken ist, dass der Anspruch auf eine Berufs- und Erwerbsunfähigkeitsrente nicht nur bei gesundheitlichen Einschränkungen der Versicherten besteht, sondern durch die sogenannte ‚konkrete Betrachtungsweise', die zum ersten Mal 1969 durch den Großen Senat des Bundessozialgerichts (BSG) eingeführt wurde und vor allem seit 1976 geltendes Recht ist, auch dann gewährt wird, wenn ein geeigneter Arbeitsplatz hinsichtlich des Restleistungsvermögens des Versicherten nicht zur Verfügung steht (vgl. Steffens 1996a, S. 224). Da dies insbesondere dann eintritt, wenn ein geeigneter Teilzeitarbeitsplatz benötigt wird, die Arbeitsverwaltung gleichzeitig aber davon ausgeht, dass der Teilzeitarbeitsmarkt generell verschlossen ist, müssen die betroffenen Versicherten nicht einmal mehr die reguläre Wartezeit von einem Jahr in Kauf nehmen, um die Altersrente wegen Berufs- und Erwerbsunfähigkeit beziehen zu können (vgl. dazu Verband Deutscher Rentenversicherungsträger 2002).

von Einzelvereinbarungen ein sogenanntes Vorruhestandsgeld von mindestens 65 % – in der Praxis eher 75 bis 80 % – des bisherigen Bruttogehaltes (vgl. Schmidt 1995, S. 40). Auf diese Weise waren die Arbeitnehmer auch weiterhin sozialversichert. Kam es zu einer Wiederbesetzung der frei gewordenen Stelle, dann gewährte die Bundesanstalt für Arbeit dem Arbeitgeber einen Zuschuss von 35 % zur Vorruhestandsleistung (vgl. Frerich 1987, S. 521 ff.).

Wegen der geringen Inanspruchnahme[10] lief das zeitlich befristete Vorruhestandsgesetz 1988 aus. Erst 1996 wurde es durch das ‚Gesetz zur Förderung eines gleitenden Übergangs älterer Arbeitnehmer in den Ruhestand' ersetzt (vgl. Kapitel 2.1.1.6). Ebenso wenig erfolgreich[11] war das am 20.12.1988 beschlossene Altersteilzeitgesetz (AtG). Auch dieses endete nach Ablauf seiner Befristung im Jahr 1992.

Im Gegensatz zu dem relativ aufwendigen Vorruhestandmodell und der Altersteilzeit fand bei den Unternehmen in den 1980er Jahren wesentlich häufiger die Durchführung der sogenannten ‚59er-Regelung' Anklang (vgl. Schmidt 1995, S. 53; vgl. auch Steffen 1996). Diese sah vor, dass die älteren Arbeitnehmer die maximale Bezugszeit von Arbeitslosengeld, die Anfang der 1980er Jahre noch bei zwölf Monate lag, ausschöpften. Diese Zeitspanne entsprach gleichzeitig der Voraussetzung, um mit 60 Jahren die ‚Rente wegen Arbeitslosigkeit' zu beziehen. Unternehmen entließen ihre älteren Arbeitnehmer offiziell in die Arbeitslosigkeit, zahlten aber einen – teilweise mit Betriebsräten bzw. Gewerkschaften im Rahmen von Sozialplänen ausgehandelten – Zuschlag auf das Arbeitslosengeld, um bei den älteren Arbeitnehmern die Akzeptanz für ihr vorzeitiges Ausscheiden aus der Erwerbsarbeit zu erhöhen (vgl. dazu auch Loeffelholz u.a. 1997, S. 173). Dennoch ist anzumerken, dass die ‚Kosten' dieser Maßnahme eben nicht von den Unternehmen, die ein Interesse an der Verjüngung oder aber am Abbau ihrer Belegschaften hatten, getragen wurden, sondern überwiegend von der Solidargemeinschaft der Versicherten in der Arbeitslosen- und Rentenversicherung bzw. von den älteren Arbeitnehmern, die in der Regel lieber ihr Beschäftigungsverhältnis fortgesetzt hätten (vgl. dazu Steffen 1996; Knuth 2000).

Verstärkt wurden diese Entwicklungen schließlich – bis hin zu der Entstehung einer sogenannten ‚Vorruhestandsmentalität' (vgl. Koller 2001, S. 10) – durch die schrittweise Anhebung der altersabhängigen Staffelung der Bezugszeiten von Arbeitslosengeld von generell zwölf auf bis zu 32 Monate zwischen 1984 und 1987 (vgl. Steffen 1996, S. 2).[12] Somit wurde die ‚59er-Regelung' durch die sogenannte ‚57er-Regelung'

---

10 Das Gesetz setzte den Abschluss von Tarifverträgen voraus. Ende 1988 gab es zwischen 275.000 und 340.000 potenziell Anspruchsberechtigte, Ende 1987 maximal 140.000 Fälle der Inanspruchnahme (vgl. dazu Naegele 1992, S. 274).

11 Insgesamt wurden zwischen 1989 und 1992 nur etwa 650 Anträge auf Erstattung der Arbeitgeberbeiträge von der Bundesanstalt für Arbeit bewilligt (vgl. Steffen 1996, S. 5). Ein generelles Problem dürfte die Einrichtung entsprechender Teilzeitarbeitsplätze darstellen.

12 So wurde die maximale Bezugsdauer von Arbeitslosengeld für ältere Arbeitslose, d.h. nach vollendetem 49. Lebensjahr, auf bis zu 18 Monate erhöht. Ab 1986 betrug die maximale Arbeitslosengeld-Bezugszeit 24 Monate und ab 1987 ist sie auf die heute noch geltende Grenze von 32 Monaten angehoben worden. Ferner wurden Arbeitslose nach Vollendung des 58. Lebensjahres seit 1986 durch den § 105 c AFG davon entbunden, uneingeschränkt dem Arbeitsmarkt zur Verfügung stehen zu müssen, wenn sie sich bereit erklärten, zum frühestmöglichen Zeitpunkt in den Ruhestand

abgelöst; d.h. ein Ausscheiden älterer Arbeitnehmer aus dem Erwerbsleben war – bei voller Ausnutzung dieser Bezugszeit und ohne Ausweichen in die Arbeitslosenhilfe oder Kurzarbeit[13] – bereits mit 57 Jahren und vier Monaten möglich. Diese Altersgrenze hat sich Ende der 1990er Jahre wieder erhöht, da seit dem 01.04.1997 die maximale Bezugsdauer von Arbeitslosengeld auf 26 Monate reduziert wurde.

2.1.1.4 Rentenreform 1992

Schon am Tag der Verabschiedung der Rentenreform 1992, dem 09.11.1989, war klar, dass durch den Fall der Mauer zukünftig weiterer Reformbedarf geboten sein wird. Ziel des Rentenreformgesetz 1992 war es vor allem, die seit Anfang der 1980er Jahre verfolgten Bestrebungen nach einer finanziellen Entlastung der gesetzlichen Rentenversicherung durch eine ‚ausgewogene Verteilung der zusätzlichen Belastungen' und unter ‚Festhalten an der lohn- und beitragsbezogenen lebensstandardsichernden Rente' fortzusetzen (vgl. Schmidt 1995, S. 58). So wurde das gesetzliche Rentensystem vor allem im Hinblick auf die durch den demographischen Wandel erwarteten Herausforderungen modifiziert. Um das Standardrentennettoniveau langfristig bei rund 70 % stabilisieren zu können, wurde einerseits die Anpassung der Renten an die gesamtwirtschaftlichen Bruttolöhne (vgl. Rentenreform 1957) durch die Nettoanpassung substituiert (vgl. Rahn 1999, S. 379 ff.). Auf diese Weise wirkten sich nun Steuererhöhungen oder aber erhöhte Beitragssätze z.B. zur gesetzlichen Rentenversicherung negativ auf die Höhe des Rentenniveaus aus.[14] Andererseits wurden die Altersgrenzen für bestimmte vorgezogene Altersrenten von 60 bzw. 63 Jahren auf die ‚Regelaltersgrenze' von 65 Jahren erhöht. Während die ‚Altersrente für langjährig Versicherte', auf die die Versicherten ab Vollendung des 63. Lebensjahres Anspruch hatten, die ‚Altersrente wegen Arbeitslosigkeit' sowie die ‚Altersrente für Frauen' von diesen Neuregelungen betroffen waren, blieben davon allein die Altersrenten, die Schwerbehinderte, Berufs-

---

zu gehen (vgl. Steffen 1996, S. 2). Diese Regel wurde später auf die Bezieher von Altersübergangsgeld in den neuen Bundesländern ausgedehnt (vgl. Kapitel 2.1.1.5).

13 Zu den Anreizen für die Arbeitgeber, den Vorruhestand älterer Arbeitnehmer um strukturbedingte Kurzarbeit bzw. um eine Phase des Arbeitslosenhilfebezugs zu verlängern, so dass Beschäftigte schon mit 55 Jahren aus der Erwerbsarbeit ausscheiden, vgl. Knuth 1999, S. 129.
Ferner ist anzumerken, dass von Seiten der Arbeitsverwaltung immer wieder Anstrengungen unternommen wurden, um den ‚Missbrauch' dieser Regelungen einzudämmen. Doch während diese Maßnahmen durchaus bei den Arbeitnehmern in Form von Sperrzeitregelungen und stärkerer Anrechnung von Abfindungen auf das Arbeitslosengeld und Arbeitslosenhilfe deutliche finanzielle Auswirkungen zeigten (vgl. Steffen 1996, S. 2), blieben die Arbeitgeber weitgehend von Erstattungspflichten gegenüber den Arbeitsämtern verschont (vgl. Reß 1995, S. 638). Insgesamt haben die gesetzlichen Regelungen daher mehr den Arbeitgebern als den Arbeitnehmern genutzt, so dass „ihr durch das SGB III vorgesehenes Auslaufen zum 06.04.1999 wünschenswert gewesen wäre. Da die neue Bundesregierung jedoch aus verfassungsrechtlichen und sozialen Gründen die beim Arbeitslosengeld der Entlassenen ansetzende Sanktion der Anrechnung von Entlassungsentschädigungen ausgesetzt hat, führte sie die alte Regelung einstweilen wieder ein" (Knuth 1999, S. 129).

14 Weitere Einsparungen ergaben sich dadurch, dass nun nur noch maximal sieben statt 13 Jahre Ausbildung als beitragsfreie Zeiten in der gesetzlichen Rentenversicherung berücksichtigt werden (vgl. Ruland 1999a, S. 178). Auf der anderen Seite wurden die anrechenbaren Kindererziehungszeiten von ein auf drei Jahre (bei mehreren Kindern bis zu maximal 10 Jahren) sowie Zeiten der Pflege (zeitlich unbegrenzt) aus familienpolitischen Gründen erhöht.

und Erwerbsunfähige ab dem 60. Lebensjahr beziehen können, unberührt (vgl. Ruland 1996, S. 142). Geplant war dazu eine stufenweise Anhebung von jährlich drei Monaten (zwischen 2001 und 2004) bzw. von jährlich 6 Monaten (ab 2005). Die Erhöhung der Altersgrenzen vom 63. auf das 65. Lebensjahr wäre danach Ende 2006 und die Erhöhung der Altersgrenzen vom 60. auf das 65. Lebensjahr Ende 2012 abgeschlossen gewesen. Durch das ‚Gesetz zur Umsetzung des Programms für mehr Wachstum und Beschäftigung' (WFG) (vom 27.09.1996) in Verbindung mit dem ‚Gesetz zur Förderung eines gleitenden Übergangs in den Ruhestand' (verabschiedet am 23.07.1996) wurde mit der Anhebung der Altersgrenzen jedoch bereits am 14.02.1997 begonnen (vgl. Kapitel 2.1.1.6; vgl. dazu auch Bundesministerium für Arbeit und Sozialordnung 1995, S. 3).[15]

Die Anhebung der Altersgrenzen für die genannten Rentenzugangsarten bedeutet jedoch nicht, dass Versicherte nicht auch schon früher in Rente gehen können. Allerdings müssen sie nun für jeden vorzeitig in Rente gegangenen Monat einen versicherungsmathematischen Abschlag in Höhe von 0,3 % in Kauf nehmen. Während sich bisher der vorgezogene Ruhestand auf die Rentenhöhe nur aufgrund geringerer Beitragszeiten auswirkte, werden nun die Kosten – zumindest teilweise (vgl. dazu Schmid 1995) – für den längeren Rentenbezug nicht mehr von der Solidargemeinschaft getragen, sondern auf den jeweiligen Rentenbezieher umverteilt. So ist nun ein vorzeitiger Rentenbezug von maximal drei Jahren mit einem Abschlag von insgesamt 10,8 % möglich (vgl. Steffen 1996, S. 5). Der früheste Rentenbeginn liegt somit bei der ‚Altersrente für langjährig Versicherte', bei der ‚Rente wegen Arbeitslosigkeit' sowie bei der ‚Altersrente für Frauen' beim vollendeten 62. Lebensjahr. Nur die ‚Altersrenten für Schwerbehinderte, Berufs- und Erwerbsunfähige' können weiterhin abschlagsfrei mit dem vollendeten 60. Lebensjahr bezogen werden: „Hierin könnte ein verstärkter Anreiz zur Inanspruchnahme gesehen werden, wenn auch die vorausgesetzte gesundheitliche Beeinträchtigung und die lange Wartezeit [von 35 Jahren, D.S.] relativ starke Restriktionen darstellen" (Loeffelholz 1997, S. 170).[16]

Die Reform trägt insgesamt dem oben beschriebenen demographischen Strukturwandel Rechnung. Ziel war es, Anreize für eine spätere Verrentung zu geben bzw. solche für einen möglichst frühen Ruhestand abzubauen. Dies lässt sich nicht zuletzt der durch die Rentenreform 1992 erheblich geänderten Rentenformel entnehmen.[17] Allerdings

---

15 Zu einer differenzierten Darstellung der jeweils von Neuerungen betroffenen Kohorten vgl. Meinhardt 1999, S. 262.

16 Darüber hinaus sah das Rentenreformgesetz 1992 vor, den Übergang in Rente durch neue Teilverrentungsmodelle zu flexibilisieren und dadurch weiterhin einen gleitenden Übergang in den Ruhestand zu fördern (vgl. Rahn 1999, S. 379 ff.).

17 Die Höhe der Monatsrente wird durch die Multiplikation der sogenannten Entgeltpunkte (diese ergeben sich aus der Anzahl der Beitragsjahre des Versicherten, die mit dem am jeweiligen Durchschnitteinkommen gemessenen persönlichen Einkommen gewichtet werden), dem Rentenartfaktor (so beträgt der Zugangsfaktor für eine reguläre Altersrente 1,0, für eine Berufsunfähigkeitsrente jedoch nur 0,667), dem aktuellen Rentenwert (er unterliegt einem jährlichen Steigerungssatz) sowie dem Zugangsfaktor (er berücksichtigt Abschläge bzw. Zuschläge für vorzeitigen bzw. verzögerten Rentenbezug) ermittelt (vgl. dazu Schmidt 1995, S. 60 f. oder 42 ff.). Die Rentenhöhe kann vom Versicherten – abgesehen von der beruflichen Positionierung – insbesondere durch den Umfang bzw. die Länge der Erwerbstätigkeit beeinflusst werden.

belegt Schmidt, dass durch die im Rentenreformgesetz 1992 festgeschriebene Abschlagsregelungen immer noch ökonomische Anreize zur frühen Verrentung bestehen, da die versicherungsmathematischen Abschläge noch nicht hoch genug sind.[18] Dennoch wurde damals wurde erwartet, dass die ersten Auswirkungen dieser Reformmaßnahmen in Form längerer Erwerbsbiographien und damit einer Erhöhung des Erwerbspersonenpotenzials ab dem Jahr 1999 sichtbar würden (zur tatsächlichen Entwicklung vgl. Kapitel 2.1.2).[19]

2.1.1.5 Gesetzliche Neuregelungen in Ostdeutschland

2.1.1.5.1 Das ,Rentenangleichungsgesetz'

Im Rahmen des „Rentenangleichungsgesetz" vom 28.6. 1990 wurden die Versicherten der ehemaligen DDR in die gesetzliche Rentenversicherung integriert und die Berechnung der dort gesammelten Rentenanwartschaften geregelt. Dabei sollten sowohl die laufenden Renten als auch die Rentenanwartschaften der neuen Bundesbürger 70 % von deren Nettoarbeitsentgelt betragen (vgl. dazu auch Schmähl 1991c). Darüber hinaus wurden in der Übergangszeit bis 1996 nach DDR-Recht darüber liegende Renten nicht gekürzt, sondern durch ,Auffüllbeträge' aufgestockt, so dass die Rentenbezieher zunächst keine Schlechterstellung durch das Rentenangleichungsgesetz erfuhren. Erst ab 1997 wurden diese Leistungen auf das lohnbezogene Niveau reduziert. Weitere Änderungen ergaben sich ab dem 01.01.1997 dadurch, dass die bis dahin als Rentenbestandteile gewährten ,Sozialzuschläge' durch Leistungen gemäß dem bundesdeutschen Recht (z.B. Wohngeld, Sozialhilfe etc.) ersetzt wurden: „Ein Großteil der Maßnahmen erfolgte nicht aus ökonomischen, sondern politischen Erwägungen. Durch die zunehmende Angleichung des Einkommensniveaus in Ost- und Westdeutschland – um innerdeutsche Migration zu vermeiden –, kamen erhebliche Belastungen auf die gesetzli-

---

Erleichterungen brachte die Rentenreform 1992 aber auch insbesondere für die (älteren) Arbeitslosen, da nun Phasen der Arbeitslosigkeit nicht mehr wie bisher als ,Ausfallzeiten' gewertet, sondern in ,Anrechnungszeiten' umgewandelt wurden. Dass die Zeiten des Leistungsbezugs von Arbeitslosenhilfe und Arbeitslosengeld als Pflichtbeitragszeiten zählen, hat aber auch Auswirkungen auf den Zugang zur ,Altersrente für Frauen', da Frauen nun leichter die für die Altersrente für Frauen notwendigen Pflichtbeitragszeiten erwerben können und (noch) weniger die ,Altersrente wegen Arbeitslosigkeit' beanspruchen (vgl. Steffens 1996, S. 3). Auf der anderen Seite können aber auch Männer leichter die versicherungsrechtlichen Voraussetzungen beispielsweise für eine Rente wegen Arbeitslosigkeit mit einer Wartzeit von 15 Jahren bzw. acht Pflichtbeitragsjahren in den letzten zehn Jahren vor Rentenbeginn erfüllen (vgl. Steffen 1996, S. 4).

18 Bei der Berechnung der Renten bis 1991 waren keine Abschläge aufgrund eines vorzeitigen Zugangs zu einer Altersrente vorgesehen, so dass sich die Anpassungen lediglich aus der geringeren Zahl an Beitragsjahren ergaben. Aber auch nach 1992, d.h. der Berücksichtigung des Rentenzugangsfaktors, der die Rente pro Jahr um 3,6 % verringert, ist es versicherungsmathematisch bzw. aus ökonomischen Gründen für einen Arbeitnehmer rational, wenn er einen möglichst frühen Rentenantritt anstrebt. „,Möglichst früh' heißt in diesem Zusammenhang, dass die erste Möglichkeit ergriffen werden sollte, die sich auf Basis des Rentensystems und des individuellen Gesundheitszustandes ergibt" (Schmid 1995, S. 73)

19 Meinhard (1999, S. 263) schätzte, dass von der Heraufsetzung der Altersgrenzen bis im Jahre 2003 etwa 1,3 Mio. Personen betroffen sein würden.

che Rentenversicherung, aber auch auf den Staatshaushalt zu. So trug die GRV etwa 60 %, der Staat 40 % der effektiven Aufwertung der Ostrenten" (Schmidt 1995, S. 69).

2.1.1.5.2 Die ‚Verordnung über die Gewährung von Vorruhestandsgeld'

Die „Verordnung über die Gewährung von Vorruhestandsgeld" wurde noch im Frühjahr 1990 unter der Regierung Modrow erlassen (vgl. Ernst 1996, S. 234). Sie ermöglichte es den Arbeitnehmern ab 1990 maximal drei Jahre vor Erreichen des Rentenalters sogenanntes Vorruhestandsgeld (Vog) zu beziehen (vgl. Steffen 1996a, S. 222). Im Zuge der Wiedervereinigung wurde diese Regelung in § 249f AFG als ‚Altersübergangsregelung' – ähnlich dem westdeutschen Vorruhestandsmodell von 1984 bis 1988 – übernommen. Für arbeitslose ältere Arbeitnehmer ab dem 55. Lebensjahr sah dabei § 249e AFG die Leistung von ‚Altersübergangsgeld' – anstelle von registrierter Arbeitslosigkeit und Arbeitslosengeld – vor.[20] Diese Leistung konnte vom 03.10.1990 bis 31.12.1992 beantragt werden und betrug 65 % des vormaligen Nettoentgelts (vgl. Ernst 1996, S. 234). Die Bezugsdauer betrug längstens fünf Jahre, so dass im Regelfall die Betroffenen direkt im Anschluss die Rente wegen Arbeitslosigkeit beziehen konnten (vgl. Steffen 1996, S. 3).

2.1.1.6 Weitere Gesetze in den 1990er Jahren

2.1.1.6.1 ‚Gesetz zur Förderung eines gleitenden Übergangs in den Ruhestand'

Aufgrund des dramatischen Anstiegs der Frührenten wegen Arbeitslosigkeit suchte die Politik Mitte der 1990er Jahre nach neuen sozialverträglichen Möglichkeiten, um einerseits die Arbeitslosen- und Rentenversicherung[21] von den mit den Frühverrentungen verbundenen finanziellen Aufwendungen zu entlasten und um andererseits auch den plötzlichen Ausstieg aus dem Erwerbsleben über den Weg der Arbeitslosigkeit durch einen gleitenden Übergang zu substituieren (vgl. Ruland 1996, S. 143). Dazu wurden zwischen der Bundesregierung und den Sozialpartnern am 14.02.1996 ‚Eckpunkte eines Gesetzes zur Förderung der Altersteilzeit und zur Korrektur der Frühverrentungspraxis' formuliert und vom Bundeskabinett noch am selben Tag verabschiedet.[22]

Der Gesetzesentwurf sah vor, die Frühverrentungen wegen Arbeitslosigkeit zu erschweren und statt dessen Arbeitnehmern nach Vollendung des 55. Lebensjahres – wenn diese in den letzten fünf Jahren vor Beginn der Altersteilzeitarbeit mindestens

---

20 „Die Folge war die fast vollständige Ausgliederung der Jahrgänge 1930 bis 1937. Von den ostdeutschen Beschäftigten, die 1989 zwischen 52 und 63 Jahre alt waren und folglich irgendwann für das Altersübergangsgeld in Frage kamen, waren Ende 1993 nur noch 12 % erwerbstätig" (Bielenski, Brinkmann, Kohler 1994 zitiert nach Knuth 1999, S. 126). Zu detaillierten Angaben bezüglich des berechtigten Personenkreises vgl. Steffen 1996a, S. 222.

21 Modellrechnungen mit einem Alternativszenario, in dem der ältere Arbeitnehmer bis zur Vollendung des 63. Lebensjahr gearbeitet hätte, ergaben, dass die Inanspruchnahme der sogenannten ‚57er-Regelung' jährlich etwa 41.800 DM pro vorzeitig entlassenem Arbeitnehmer verursacht, die zu 92 % von der Renten- und Arbeitslosenversicherung getragen werden (vgl. Steffen 1996, S. 1).

22 Der Vertrauensschutz gilt für bestimmte, bis zum 14. Februar 1941 geborene Personen.

drei Jahre vollzeitig beschäftigt waren – einen gleitenden Übergang in den Ruhestand zu ermöglichen.[23] Parallel dazu mussten die Voraussetzungen für den Zugang zur Altersrente wegen Arbeitslosigkeit modifiziert werden. Da nun nicht mehr nur Langzeitarbeitslose[24], sondern auch Personen, die mindestens 24 Kalendermonate Altersteilzeit nach dem 55. Lebensjahr gearbeitet haben, Anspruch auf diese Rente haben sollten, wurde sie in ‚Altersrente wegen Arbeitslosigkeit oder nach Altersteilzeitarbeit' umbenannt (vgl. Albrecht, Müller 1996, S. 125). Während die Voraussetzungen von mindestens 15 Jahren Wartezeit und acht Jahren Pflichtbeitragszeiten in den letzten zehn Jahren durch die Neuregelungen nicht berührt wurden, wurde in dem Gesetzesentwurf jedoch eine deutliche schnellere Anhebung der abschlagsfreien Altersgrenze – nämlich nicht erst im Jahre 2001, sondern bereits ab dem Jahr 1997 – vorgesehen (vgl. Ruland 1996, S. 144).

Das Altersteilzeitgesetz (AtG) wurde mit dem ‚Gesetz zur Förderung eines gleitenden Übergangs in den Ruhestand' vom 23.07.1996 erlassen und trat am 01.08.1996 in Kraft. Um eine finanzielle Förderung durch die Bundesanstalt für Arbeit zu erreichen, muss der Arbeitgeber nun einerseits den Bruttolohn für die Altersteilzeit um 20 %, mindestens aber auf 70 % des bisherigen Nettoarbeitsentgelts bei Vollzeitbeschäftigung aufstocken und andererseits die frei gewordene Stelle mit einem Arbeitslosen bzw. einem Arbeitnehmer nach Abschluss der Ausbildung wiederbesetzen (vgl. Bundesministerium für Arbeit und Sozialordnung 2001/2002, S. 92 ff.).[25]

Innerhalb kürzester Zeit wurde Altersteilzeitgesetz bereits mehrere Male – mit dem Arbeitsförderungs-Reformgesetz vom 24.03.1997, dem „Gesetz zur sozialrechtlichen Absicherung flexibler Arbeitszeitregelungen" vom 06.04.1998 u.a. – geändert. Die wichtigsten Modifikationen hat es jedoch letztlich durch das ‚Gesetz zur Fortentwicklung der Altersteilzeit', das am 01.01.2000 in Kraft trat, und das ‚Zweite Gesetz zur Fortentwicklung der Altersteilzeit' erfahren. Durch das ‚Gesetz zur Förderung der Altersteilzeit' wurde die Umsetzung des Altersteilzeitgesetzes für die Unternehmen vereinfacht, indem nun weniger restriktive Wiederbesetzungskriterien Anwendung fanden, und zum anderen durch den Einbezug von Teilzeitbeschäftigten deutlich erweitert (vgl. Klammer, Weber 2001, S. 103 f.). In der zweiten Stufe, die am 01.07.2000 in Kraft trat, wurde darüber hinaus die Förderdauer des Altersteilzeit-Beschäftigungsverhältnisses von höchstens fünf auf sechs Jahre erhöht und die Befristung des Gesetzes vom 31.07.2004 auf Ende 2009 verschoben.

Während die Inanspruchnahme der Altersteilzeit zunächst gering war – Ende 1997 machten nur 5.000 ältere Arbeitnehmer von dieser Regelung Gebrauch –, vervierfachte sich diese Zahl bis Ende 1999 (vgl. Bellmann, Bogai 2000, S. 108 sowie Meinhardt

23 Es ist hervorzuheben, dass das später verabschiedete Altersteilzeitgesetz dem Arbeitnehmer keinen Anspruch auf den Abschluss eines Altersteilszeitvertrages einräumt (vgl. dazu Rahn 1999).

24 Der Versicherte muss zu Rentenbeginn sowie insgesamt 52 Wochen in den letzten 1,5 Jahren vor Rentenbeginn arbeitslos gewesen sein.

25 Dabei ist auch die sogenannte ‚Arbeitszeitblock-Bildung' möglich, d.h. der ältere Arbeitnehmer geht zunächst seiner Beschäftigung vollzeitbeschäftigt nach. Daran schließt sich zum Ausgleich der geleisteten Arbeitszeit eine Phase der Nichtbeschäftigung an, in der sozusagen das kumulierte Zeitguthaben ‚abgefeiert' wird. In dieser Zeit gilt die betroffene Person weiterhin als beschäftigt und ist somit nicht arbeitslos (vgl. Knuth 2000, S. 45; zu einer detaillierteren Darstellung der gesetzlichen Regelungen vgl. auch Klammer, Weber 2001).

1999, S. 264; vgl. auch Kapitel 2.2.3). Diese Summe ist allerdings noch um diejenigen Personen zu erhöhen, die sich zu diesem Zeitpunkt im ‚Vollzeitbeschäftigungs-Block' befinden. Demnach wurde die Inanspruchnahme der Altersteilzeitregelung schon Ende 1999 etwa viermal höher geschätzt (vgl. Bellmann, Bogai 2000, S. 108). Aufgrund der gesetzlichen Änderungen im Jahr 2000 wird darüber hinaus zukünftig mit weiter steigender Inanspruchnahme der Altersteilzeit gerechnet (vgl. dazu Klammer, Weber 2001, S. 111).

2.1.1.6.2 ‚Gesetz zur Umsetzung des Programms für mehr Wachstum und Beschäftigung' (WFG)

Durch das ‚Gesetz zur Umsetzung des Programms für mehr Wachstum und Beschäftigung' (WFG) vom 27.09.1996 wurden – im Sinne der Gleichbehandlung (zur Anhebung der Altersgrenzen für die ‚Altersrenten wegen Arbeitslosigkeit oder nach Altersteilzeitarbeit' siehe oben) – auch die Altersgrenzen der ‚Altersrente für langjährig Versicherte' sowie der ‚Altersruhegelder für Frauen' vorverlegt (vgl. dazu Verband Deutscher Rentenversicherungsträger 2001a). Doch während die stufenweise Anhebung der abschlagsfreien Altersgrenzen für ‚Altersrenten wegen Arbeitslosigkeit oder nach Altersteilzeit' und der ‚Altersrente für langjährig Versicherte' bereits ab dem Jahr 1997 bzw. 2000 vor allem Auswirkungen für die Männer der Geburtskohorten 1937 und jünger hatten, sind Frauen erstmals im Jahr 2000 ab dem Geburtsjahrgang 1940 von der Anhebung der Altersgrenzen betroffen: „In einer Übergangszeit bis 2012 besteht noch die Möglichkeit des vorzeitigen Rentenzugangs, allerdings bei Abschlägen von 3,6 % für jedes Jahr des vorgezogenen Rentenbeginns. Ab 2012 wird es auch bei Abschlägen keine Altersrente mit 60 mehr geben." (Koller 2001, S. 5). Da allein die ‚Altersrente für Schwerbehinderte, Berufs- und Erwerbsunfähige' in der Vergangenheit von der Anhebung der Altersgrenzen verschont geblieben war, konnte schon zu diesem Zeitpunkt mit Ausweichreaktionen hin zu dieser Rentenart gerechnet werden. Aus diesem Grund war es klar, dass auch die ‚Altersrente für Schwerbehinderte, Berufs- und Erwerbsunfähige' zukünftig einer Verschärfung der Zugangsvoraussetzungen bzw. der Inanspruchnahmebedingungen unterliegen wird (vgl. Kapitel 2.1.1.7 sowie 2.1.1.9).

Darüber hinaus wurden im Rahmen des WFG u.a. die maximalen Anrechnungszeiten für Ausbildung mit sehr kurzen Übergangszeiten von sieben auf drei Jahre erneut gekürzt (vgl. Rahn 1999, S. 379 ff.), so dass sich zukünftig die anrechnungsfähigen Versicherungszeiten verringern (vgl. Pfaff 1999, S. 47).

2.1.1.7 Rentenreform 1999

Auf die Rentenreform 1999, die am 16.12.1997 verabschiedet wurde, soll nur relativ knapp eingegangen werden, da zum einen durch sie die Reform der Anhebung der Altersgrenzen zwar festgeschrieben wurde, die diesbezügliche Ausgestaltung der Gesetze aber schon vorher stattfand (siehe oben), und zum anderen durch den Regierungswechsel im Jahr 1998 letztlich wesentliche Teilbereiche der Reform (wie z.B. die Einführung des sogenannten ‚demographischen Faktors') überhaupt nicht in Kraft traten (vgl. dazu das Rentenkorrekturgesetz vom 19.12.1998 in Kapitel 2.1.1.8). Dennoch sollen die zentralsten Elemente hier Erwähnung finden, da nicht zuletzt auch die neue Koali-

tion vor denselben Aufgaben stand, nämlich einerseits den demographischen Herausforderungen unter der Maßgabe der Beitragssatzstabilität Rechnung zu tragen sowie andererseits notwendige Reformen bei den Erwerbsminderungsrenten durchzuführen (vgl. Dünn, Fasshauer 2001, S. 266).
Kernelement der Rentenreform 1999 war die Berücksichtigung des sogenannten ‚demographischen Faktors' in der Rentenanpassungsformel. Dieser hätte jährlich die längere Rentenbezugsdauer als Folge der gestiegenen Lebenserwartung – wenn auch nicht in vollem Umfang – berücksichtigt (vgl. Barth 1998, S. 365). Insgesamt wäre dabei das Rentenniveau langsamer als das Nettoentgelt der Beschäftigten gestiegen, so dass die Standardrente bis zum Jahr 2030 von 70 % auf rund 64 % gesenkt worden wäre (vgl. Rahn 1999, S. 379 ff.).
Auch die Neuregelung der ‚Renten wegen verminderter Erwerbsfähigkeit' wurde zunächst bis Ende 2000 durch die rot-grüne Bundesregierung ausgesetzt und dann schließlich durch ein eigenes Gesetz substituiert.[26] Während im Rentenreformgesetz 1999 noch vorgesehen war, die sogenannte ‚konkrete Betrachtungsweise', die die jeweilige Arbeitsmarktsituation bei Rentenzugang berücksichtigte, bei den Erwerbsminderungsrenten im Sinne einer sachgerechten Verteilung der Arbeitsmarktrisiken zwischen Rentenversicherung und Bundesanstalt für Arbeit abzuschaffen und den Bezug einer Erwerbsminderungsrente nur noch von medizinisch indizierten Faktoren abhängig zu machen, behielt die neue Regierung aus sozialen Erwägungen diese Regelung bei.
Neben den ausgabensenkenden Maßnahmen der Anhebung der Altersgrenzen bei allen Rentezugangsarten waren Vergünstigungen nur bei der Anerkennung von Kindererziehungszeiten geplant. Demnach wäre bis zum 01.07.2000 die Bewertung der Kindererziehungszeiten von 75 % auf 100 % des Durchschnittentgelts angehoben worden (vgl. Rahn 1999, S. 379 ff.). Darüber hinaus wurde zum Ausgleich der versicherungsfremden Leistungen – vor allem in Gefolge des Transformationsprozesses – der Bundeszuschuss, der teilweise durch den Anstieg der Mehrwertsteuer von 15 % auf 16 % ab 01.04.1998 gedeckt wird, erhöht.

2.1.1.8 Das Rentenkorrekturgesetz

Da die meisten Regelungen der Rentenreform 1999 ohne Intervention der neuen Bundesregierung zum 01.01.2000 in Kraft getreten wären, wurde zum 19.12.1998 das Rentenkorrekturgesetz im Rahmen das ‚Gesetzes zu Korrekturen in der Sozialversicherung und zur Sicherung der Arbeitnehmerrechte' (Korrekturgesetz) erlassen (vgl. Standfest 1998). Dieses setzte insbesondere, wie bereits erwähnt, den ‚demographischen Faktor'

---

26 So war in der Rentenreform 1999 vorgesehen, die Altersgrenze für die ‚Altersrente für Schwerbehinderte, Berufsunfähige oder Erwerbsunfähige' von 60 Jahre auf 63 Jahre ab dem 01.01.2000 stufenweise anzuheben. Ab 01.01.2003 wären die Geburtsjahrgänge 1943 in vollem Umfang von dieser Regelung betroffen gewesen. Gleichzeitig sollte diese Rentenzugangsart nur noch Schwerbehinderten zugänglich sein, jedoch nicht mehr Berufs- und Erwerbsunfähigen: „Beide Änderungen wurden durch das Rentenkorrekturgesetz bis Ende 2000 ausgesetzt, d.h. die Änderungen treten erst am 01.01.2001 (statt am 01.01.2000) in Kraft. (...) Die Anhebung wirkt sich somit im vollen Umfang erst ab 01.01.2004 aus, also für Versicherte der Geburtsjahrgänge 1944 und jünger" (Verband Deutscher Rentenversicherungsträger 2001a, S. 12).

(vgl. dazu z.B. Barth 1998) in der Rentenanpassungsformel[27] sowie die Neuregelung der Erwerbsminderungsregeln vorübergehend bis zum 31.12.2000 aus (vgl. Dünn, Fasshauer 2001, S. 266 ff.). Die neue Regierung gewann somit Zeit, um eine eigene Rentenstrukturreform auf den Weg zu bringen (vgl. Rentenstrukturreform 2001 in Kapitel 2.1.1.9).
Durch das Korrekturgesetz wurden jedoch noch weitere Maßnahmen eingeleitet, die sich deutlich beitragssatzsenkend ausgewirkten.[28] So wurden zum einen seit dem 01.01.1999 vor allem auch die arbeitnehmerähnlichen Selbständigen in der gesetzlichen Rentenversicherung versicherungspflichtig. Gleichzeitig sollte die Einbeziehung scheinselbständiger Arbeitnehmer erleichtert werden (vgl. Standfest 1998, S. 4 f.; vgl. dazu auch Rahn 1999, S. 379 ff.). Darüber hinaus wurde der Kreis der Versicherten bzw. Beitragszahler zum 01.04.1999 durch die Neuregelungen bei den bisher versicherungsfreien geringfügigen Beschäftigungsverhältnissen deutlich erweitert.[29] Aber auch durch die Übernahme der Finanzierung versicherungsfremder Leistungen wie der Kindererziehungszeiten (seit 01.06.1999) sowie durch die vollständige Übernahme der Ausgaben für Auffüllbeträge und Rentenzuschläge in den neuen Bundesländern durch den Bund wurde die gesetzliche Rentenversicherung deutlich entlastet (vgl. Rahn 1999, S. 379 ff.).[30]

2.1.1.9 Rentenstrukturreform 2001

Ziel der Rentenstrukturreform 2001 ist – wie schon in den Reformen zuvor – die langfristige Stabilisierung des Beitragssatzes zur gesetzlichen Rentenversicherung (Bundesministerium für Arbeit und Sozialordnung 2000; Verband Deutscher Rentenversicherungsträger 2001b). Um dies auf politischem Wege zu erreichen, wurde Anfang Januar 2001 die ursprüngliche Rentenstrukturreform in zwei voneinander getrennte Regelwerke, nämlich einen durch den Bundesrat zustimmungspflichtigen Teil – ‚Das Gesetz zur Reform der gesetzlichen Rentenversicherung und zur Förderung eines kapitalgedeckten Altersvorsorgevermögens' (auch Altersvermögensgesetz (AvmG) genannt) – und einen nicht zustimmungspflichtigen Teil – ‚Das Gesetz zur Ergänzung des Gesetzes zur Reform der gesetzlichen Rentenversicherung und zur Förderung eines kapitalgedeckten Altersvorsorgevermögens' (auch Altersvermögensergänzungsgesetz (AvmEG) genannt) – aufgespalten.[31] Während das AvmG Maßnahmen zur Förderung

---

27 Als Übergangslösung wurde in den Jahren 2000 und 2001 die auf der Nettoanpassung beruhende Rentenformel ausgesetzt. Ersatzweise stiegen in dieser Zeit die Renten – gemäß des Haushaltssanierungsgesetz vom 22.12.1999 – in Höhe der Inflationsrate des jeweiligen Vorjahres an.

28 Der Beitragssatz zur Rentenversicherung sank am 01.04.1999 von 20,3 % auf 19,5 % (vgl. Rahn 1999, S. 379 ff.)

29 Nach Angaben des Presse- und Informationsamtes der Bundesregierung sollen infolge dieser Neuregelungen ca. vier Millionen Arbeitsverhältnisse zusätzlich in die gesetzliche Rentenversicherung einbezogen worden seien (Presse- und Informationsamt der Bundesregierung 2001, S. 5; zur konkreten Ausgestaltung des Gesetzes vgl. auch Rahn 1999, S. 379 ff.).

30 Diese Mittel wurden durch die Einführung der ökologischen Steuerreform aufgebracht (vgl. Rahn 1999, S. 379 ff.).

31 Das Altersvermögens-Ergänzungsgesetzes (AvmEG) wurde als erster Teil der Rentenreform am 26.03.2001 im Bundesgesetzblatt verkündet.

der privaten (kapitalgedeckten) Altersvorsorge der Versicherten, zum Ausbau der betrieblichen Altersvorsorge[32] und zur Einführung einer bedarfsorientierten Grundsicherung im Alter sowie bei Erwerbsminderung (GSiG)[33] vorsieht, werden im AvmEG vor allem die neue Rentenanpassungsformel[34], der Ausbau der eigenständigen Alterssicherung der Frauen (insbesondere durch die Höherbewertung von Kindererziehungszeiten (vgl. dazu Stahl 2001a)), die Hinterbliebenensicherung (einschließlich der Regelungen zum Rentensplitting unter Ehegatten) (vgl. Stahl, Stegmann 2001) sowie die rentenrechtliche Absicherung von diskontinuierlichen Erwerbsbiographien jüngerer Versicherter[35] geregelt (vgl. dazu Dünn, Fasshauer 2001; Husmann 2000; zu einer differenzierten Darstellung der Gesetzesreformen vgl. auch Verband Deutscher Rentenversicherungsträger: Deutsche Rentenversicherung, Heft 5 sowie 6-7 im Jahr 2001).
Die Reform des Rechts der Erwerbsminderungsrenten wurde aus dem allgemeinen Rentenreformvorhaben herausgelöst, da die Neuregelung des Erwerbsminderungsrentenrechts bis zum 01.01.2001 in Kraft treten musste, weil ansonsten zu diesem Zeitpunkt die von der alten Bundesregierung entwickelte Reform unverändert geltendes Recht geworden wäre (vgl. Wollenschläger 2001). Während nach bisherigem Recht eine Rente wegen verminderter Erwerbsfähigkeit als Rente wegen Berufsunfähigkeit, als Rente wegen Erwerbsunfähigkeit oder als Rente für Bergleute geleistet wurde (vgl. § 33 Abs. 3, 43 bis 45 SGB VI), wurde zum 20.12.2000 mit dem ‚Gesetz zur Reform der Renten wegen verminderter Erwerbsfähigkeit' eine zweistufige Erwerbsminderungsrente eingeführt, die im Wesentlichen auf das in Arbeitsstunden gemessene Restleistungsvermögen abstellt und damit entsprechend der Rentenreform 1999 die Differenzierung zwischen Berufs- und Erwerbsunfähigkeit aufgibt.[36] Demnach besteht für

---

32 „In das Gesetz zur Verbesserung der betrieblichen Altersversorgung (BetrAVG) wird ein individueller Anspruch des Arbeitnehmers auf betriebliche Altersversorgung durch Entgeltumwandlung mit sofortiger gesetzlicher Unverfallbarkeit aufgenommen" (Presse- und Informationsamt der Bundesregierung 2001, S. 4).

33 Das ‚Gesetz über eine bedarfsorientierte Grundsicherung im Alter und bei Erwerbsminderung' (GsiG) wendet sich gegen die ‚verschämte Armut'. Zwar muss der Anspruchsberechtigte seine Bedürftigkeit nachweisen, im Unterschied zum Bundessozialhilfegesetz entfällt jedoch die Prüfung der Unterhaltspflicht bei den Kindern bzw. Eltern der Grundsicherungsberechtigten (vgl. Presse- und Informationsamt der Bundesregierung 2001, S. 13). Die Finanzierung dieser Leistung werden – mit Unterstützung des Bundes – von den Ländern getragen (vgl. dazu auch Rahn 2001).

34 Das AvmEG sieht eine zweimalige Änderung der Rentenanpassungsformel vor. So wurde seit dem 01.07.2001 die mit der Rentenreform eingeführte Nettoanpassung der Renten durch die sogenannte ‚modifizierten Bruttoanpassung' ersetzt (zu weiteren Details vgl. auch Kapitel 2.3.4.2). Diese sieht eine Anpassung der Renten nach der Veränderung des durchschnittlichen Bruttobeitragsentgelts der Arbeitsnehmer sowie nach den Änderungen des Beitragssatzes zur Rentenversicherung vor (vgl. auch Hain, Tautz 2001, S. 361 ff.). Für die Rentenanpassung ab dem 01.07.2011 wird die Anpassungsformel durch einen konstanten Faktor noch einmal verändert, so dass von diesem Zeitpunkt an ein weiterer Anstieg der Renten gebremst werden soll und gleichzeitig jedoch das Nettoniveau nicht unter 67 % sinkt.

35 Hierbei handelt es sich um eine Erhöhung der Anrechnungszeiten. Diese wirken sich zwar nicht rentensteigernd aus, erleichtern aber die Erfüllung von Mindestwartezeiten (vgl. dazu auch Stahl 2001).

36 Intention der gesetzlichen Neuregelung dieser Rentenart war „vor allem eine sachgerechtere und sozial ausgewogenere Risikoabgrenzung zwischen Renten- und Arbeitslosenversicherung" (Woll-

Versicherte – seit In-Kraft-Treten des Gesetzes am 01.01.2000 und unter Wahrung einer langen Übergangsfrist[37] – nur noch ein Anspruch auf eine Rente wegen teilweiser Erwerbsminderung, wenn sie aufgrund von Krankheit oder einer Behinderung auf nicht absehbare Zeit außer Stande sind, „unter den üblichen Bedingungen des allgemeinen Arbeitsmarktes" von drei bis unter sechs Stunden täglich erwerbstätig zu sein.[38] Ein Anspruch auf eine volle Erwerbsminderungsrente liegt bei einem Restleistungsvermögen von weniger als drei Stunden täglich vor. Allerdings wird dieses quantitativ orientierte Bewilligungsverfahren[39] durch das Fortbestehen der sogenannten konkreten Betrachtungsweise – im Gegensatz zur beabsichtigten Änderung durch das Rentenreformgesetz 1999 – teilweise unterlaufen, indem Bezieher von teilweisen Erwerbsminderungsrenten bei fehlenden (Teilzeit-)Arbeitsplätzen dennoch die Voraussetzungen für den Bezug einer vollen Erwerbsminderungsrente erfüllen können.[40]
Darüber hinaus wurde auch die ‚Altersrente für Schwerbehinderte, Berufsunfähige oder Erwerbsunfähige' sowie die davon abgeleitete Hinterbliebenenrente dem Reformprozess unterzogen. Denn während bei den ‚Altersrenten wegen Arbeitslosigkeit oder nach Altersteilzeitarbeit', bei der ‚Altersrente für Frauen' sowie bei der ‚Altersrente für langjährig Versicherte' seit dem Rentenreformgesetz 1992 versicherungsmathematische Rentenabschläge für das vorzeitige, d.h. vor der Vollendung des 65. Lebensjahres bezogener Renten vorgesehen waren, und dieser Prozess durch das ‚Gesetz zur Umsetzung des Programms für mehr Wachstum und Beschäftigung' zeitlich vorgezogen wurde, blieb die ‚Altersrente für Schwerbehinderte, Berufsunfähige oder Erwerbsunfähige' von diesen Abschlägen bisher verschont. Um künftige Ausweichreaktionen

---

schläger 2001, S. 276) sowie die Verbesserung der „Nahtlosigkeit zwischen den Regelleistungen beider Leistungszweige" (ebd., S. 278) zu gewährleisten.

37 Der bisher bestehende Berufsschutz entfällt ersatzlos für alle Versicherten, die bei Inkrafttreten des Gesetzes das 40. Lebensjahr noch nicht vollendet hatten. Durch diese sehr lange Übergangsfrist besteht für einen bedeutenden Teil der Bevölkerung der Berufsschutz weiterhin fort.

38 Vorteile entstehen für teilweise Erwerbsgeminderte gegenüber der früheren Berufsunfähigkeitsrente dadurch, dass nun auch im bisherigen Beruf rentenunschädlich Teilzeit gearbeitet werden darf. Erleichtert wird die Umsetzung dieser Rechtsprechung zusätzlich durch das seit 01.01.2001 geltende Teilzeit- und Befristungsgesetz (vgl. 8 Abs. 1, Abs. 7 TzBfG). Dafür liegt nun der Rentenzugangsfaktor bei teilweiser Erwerbsminderung nur noch bei 0,5, während er bei den Berufsunfähigkeitsrenten 0,667 betrug.

39 Die Anspruchsgrundlagen für den Bezug einer Rente wegen Berufs- und Erwerbsunfähigkeit wurden in den §§ 43 und 44 SGB VI geregelt. Danach setzte Erwerbsunfähigkeit nach § 44 II SGB VI voraus, „dass eine Erwerbstätigkeit auf dem allgemeinen Arbeitsmarkt aus gesundheitlichen Gründen überhaupt nicht mehr ausgeübt werden oder der Versicherte allenfalls noch geringfügige Einkünfte erzielen kann. Berufsunfähig sind nach § 43 II SGB VI nur Versicherte, deren Erwerbsfähigkeit wegen Krankheit oder Behinderung dauerhaft auf weniger als die Hälfte derjenigen von körperlich, geistig und seelisch gesunden Versicherten mit ähnlicher Ausbildung und gleichwertigen Kenntnissen und Fähigkeiten gesunken ist" (Benkel 2000, S. 131).

40 Nach wie vor ist es möglich, dass eine teilweise erwerbsgeminderte Person nicht unbedingt ein Jahr lang arbeitslos gewesen seien muss, um die volle Erwerbsminderungsrente zu erzielen. Wenn schon zu Beginn des Verrentungsverfahrens durch die Arbeitsverwaltung festgestellt wird, dass der (allgemeine) Teilzeitarbeitsmarkt, dem die teilweise erwerbsgeminderte Person noch drei bis sechs Stunden täglich zur Verfügung stehen könnte, von vornherein verschlossen ist, kann der Betroffene unmittelbar eine volle Erwerbsminderungsrente beziehen.

aus diesen anderen Altersrentenarten zu vermeiden, wurde daher zum 01.01.2001 das Rentenzutrittsalter von der Vollendung des 60. Lebensjahr auf das vollendete 63. Lebensjahr – mit entsprechenden Abschlägen bei einem vorzeitigen Bezug (vor Erreichen des vollendeten 63. Lebensjahres) von bis zu maximal 10,8 % – heraufgesetzt. Ferner wurden auch die Zugangskriterien verschärft, indem nun nur noch Schwerbehinderte einen Anspruch auf diese Rentenart haben.
Aber obwohl die Rechtsprechung hinsichtlich der Erwerbsminderungsrenten insgesamt – abgesehen von einigen differenziert zu betrachtenden Übergangsregelungen im Sinne des Vertrauensschutzes – zu einigen zentralen Änderungen geführt hat, erreichen diese aus Sicht der Rentenversicherungsträger nur zum die Teil die ursprünglich im Rentenreformgesetz 1999 verfolgten Ziele bezüglich des Risikoausgleichs zwischen Renten- und Arbeitslosenversicherung (vgl. dazu Verband Deutscher Rentenversicherungsträger 2000). Nicht zuletzt aus diesem Grund wird auch zukünftig mit weiteren Reformen – zumindest in diesem Bereich der Rentenversicherung – zu rechnen sein.

2.1.1.10 Zusammenfassender Überblick über die Rentengesetzgebung

Aus den Darstellungen wurde deutlich, dass sich die Möglichkeiten in Rente zu gehen, im Zeitablauf hinsichtlich Rentenart, Rentenzugangsalter sowie hinsichtlich der jeweiligen Voraussetzungen verändert haben. Um einen schnellen Überblick über die wesentlichsten Gesetzesänderungen und ihre Auswirkungen vor allem auf das Rentenzugangsalter zu geben, wurden die wichtigsten Daten in der folgenden Tabelle zusammengestellt.

Tabelle 2.1.1: Entwicklungen der Rentengesetzgebung hinsichtlich der Zugangsmöglichkeiten zur gesetzlichen Rentenversicherung

Regelung / Rentenart	seit	Jahr der Rechtsänderung	Voraussetzungen, Rechtsänderungen und ihre Ausgestaltung
Berufs- und Erwerbsunfähigkeitsrenten bzw. Erwerbsminderungsrenten (ab 01.01.2000)	1889		*Voraussetzungen:* – Altersunabhängige Gewährung Seit 1984: – Erfüllung einer Wartezeit von 5 Jahren – Mindestens drei Pflichtbeitragsjahre in den fünf Jahren vor Rentenbeginn *Rechtsänderungen:*
		1957	Angleichung des Rechts ArV/AnV bezügl. BU/EU-Renten
		1969/76	BSG-Urteil zur konkreten Betrachtungsweise
		1984	Haushaltbegleitgesetz 1984: Erschwerung der Zugangsvoraussetzungen ab 1985.
		1997	RRG '99: Abschaffung der konkreten Betrachtungsweise zum 01.01.2000
		19.12.1998	Rentenkorrekturgesetz: Aussetzung der Reformen des RRG '99 bezüglich der Erwerbsminderungsrenten

		20.12.1999	,Gesetz zur Reform der Renten wegen verminderter Erwerbsfähigkeit' Es trat am 01.01.2000 in Kraft. Mittelfristige Abschaffung des Berufsschutzes, allerdings übergangsweise Beibehaltung des Berufschutzes für Jahrgänge 1960 und älter Ablösung der Berufs- und Erwerbsunfähigkeitsrente durch zweistufige Erwerbsminderungsrente Beibehaltung der Renten wegen verschlossenem Arbeitsmarkt (,konkrete Betrachtungsweise') Grundsätzliche Gewährung als Zeitrente
Altersrente für Schwerbehinderte und bei Berufs- und Erwerbsunfähigkeit	1973		*Voraussetzungen:* – Erfüllung einer Wartezeit von 15 Jahren – Mehr als zehn Pflichtbeitragsjahre nach Vollendung des 40. Lebensjahres – Erfüllung eines Mindestalters *Rechtsänderungen:*
		1973	RRG '72: ab Vollendung des 62. Lebensjahres
		01.01.1979	ab Vollendung des 61. Lebensjahres
		01.01.1980	ab Vollendung des 60. Lebensjahres
		1997	RRG '99: Anhebung der Altersgrenze für Schwerbehinderte schrittweise auf 63 Jahre ab dem 01.01.2000 (noch ohne Abschläge). Zugang zu dieser Rentenart nur noch für Schwerbehinderte.
		19.12.1998	Rentenkorrekturgesetz: Aussetzung der Reformen des RRG '99 bezüglich der Erwerbsminderungsrenten.
		20.12.2000	,Gesetz zur Reform der Renten wegen verminderter Erwerbsfähigkeit': Anhebung der Altersgrenzen auf das 63. Lebensjahr ab 01.01.2001. Ein früherer Rentenbezug ist nur noch mit Abschlägen möglich. Erstmals betroffen sind Personen, die ab 1941 geboren wurden. Der maximale Abschlag von 10,8 % tritt ab den Geburtskohorten 1943 im Jahr 2007 auf.
Vorruhestandsregelungen und Altersteilzeitgesetze		13.04.1984	VRG: Gültig vom 1.5.1984 bis 1988: (arbeitsmarktpolitische) Wirkung zwischen 1986-1990 durch reguläre Verrentung bei langjährig Beschäftigten ab Vollendung des 58. Lebensjahres auf Basis tarifvertraglicher Regelungen: geringe Inanspruchnahme
		20.12.1988	AtG: befristet bis 1992 (nur 650 bewilligte Anträge)
		1989	RRG '92 Teilverrentungen: Abschläge nur für einen Teil der Renten
		28.06.1990	Verordnung über die Gewährung von Vorruhestandsgeld bzw. Altersübergangsgeld (ab dem 55. Lebensjahr)
		14.02.1996	Eckpunkte eines Gesetzes zur Altersteilzeit und zur Korrektur der Frühverrentungspraxis
		23.07.1996	,Gesetz zur Förderung eines gleitenden Übergangs in den Ruhestand' einschl. Neueinführung des Altersteilzeitgesetz (AtG)

		24.03.1997	Änderungen durch das Arbeitsförderungsgesetz
		06.04.1998	Gesetz zur sozialrechtlichen Absicherung flexibler Altersteilzeitregelungen
		01.12.1999	Entwurf eines Gesetzes zur Fortentwicklung der Altersteilzeit
Altersrente wegen Arbeitslosigkeit	1929		*Voraussetzungen:* – Erfüllung einer Wartezeit von 15 Jahren – Mindestens acht Pflichtbeitragsjahre in den letzten zehn Jahren vor Rentenbeginn – Vollendung des 60. Lebensjahres – Arbeitslosigkeit zum Zeitpunkt des 60. Geburtstages – Arbeitslosigkeit bestand mindestens 52 Wochen in den letzten 1,5 Jahren vor Rentenbeginn *Rechtsänderungen:*
		1989	RRG '92: Anhebung der Altersgrenze auf das vollendete 65. Lebensjahr bis zum Jahr 2012
		28.06.1990	Verordnung über die Gewährung von Vorruhestandsgeld bzw. Altersübergangsgeld (ab dem 55. Lebensjahr) in den neuen Bundesländern: Anstieg der Inanspruchnahme
		23.07.1996	‚Gesetz zur Förderung eines gleitenden Übergangs in den Ruhestand': Anhebung der Altersgrenze auf das 63. Lebensjahr (nach mindestens 24-monatiger Altersteilzeit bzw. 12-monatiger Arbeitslosigkeit)
Altersrente wegen Arbeitslosigkeit oder nach Altersteilzeit		01.08.1996	Alternative Zugangsberechtigung bei einer mindestens 24-monatigen Teilzeitarbeit
		27.09.1996	WFG: Anhebung der Altersgrenze auf das 65. Lebensjahr wird mit entsprechenden versicherungsmathematischen Abschlägen vorgezogen. Erstmals betroffen sind im Jahr 1997 Personen, die 1937 geboren wurden. Maximale Abschläge von 18,0 % müssen Personen ab der Geburtskohorte 1941 im Jahr 2002 hinnehmen.
		1997	RRG '99: Abschaffung der Regelung für die Jahrgänge ab 1952 (Personen, die 2012 das 60. Lebensjahr vollenden, können diese Regelung nicht mehr in Anspruch nehmen)
Altersrente für Frauen	1957		*Voraussetzungen:* – Erfüllung einer Wartezeit von 15 Jahren – Mindestens zehn Pflichtbeitragsjahre nach Vollendung des 40. Lebensjahres – Vollendung des 60. Lebensjahres *Rechtsänderungen:*
		1989	RRG '92: Anhebung der Altersgrenze schrittweise ab 2001 bis 2012 auf das vollendete 65. Lebensjahr
		27.09.1996	WFG: Anhebung der Altersgrenze auf das 65. Lebensjahr wird mit entsprechenden versicherungsmathematischen Abschlägen vorgezogen. Betroffen sind erstmals im Jahr 2000 Frauen, die 1940 geboren wurden. Maximale Abschläge von 18,0 % müssen Frauen ab der Geburtskohorte 1944 im Jahr 2005 hinnehmen.

		1997	RRG '99: Abschaffung der Regelung für die Jahrgänge ab 1952 (Personen, die 2012 das 60. Lebensjahr vollenden, können diese Regelung nicht mehr in Anspruch nehmen)
Altersrente für langjährig Versicherte	1973		*Voraussetzungen:* – Erfüllung einer Wartezeit von 35 Jahren – Vollendung des 63. Lebensjahres *Rechtsänderungen:*
		1973	Einführung einer flexiblen Altersgrenze zwischen 63 und 67 Jahren; ab Vollendung des 63. Lebensjahres für langjährig Versicherte
		1989	RRG '92: Ab 2001 beginnt die Absenkung der Altersgrenze: Der flexible Ruhestand kann dann schrittweise schon mit 62 Jahren bei Abschlägen von 0,3 % pro Monat (maximal 10,8 %) beginnen.
		27.09.1996	WFG: Die Anhebung der Altersgrenze auf das 65. Lebensjahr mit entsprechenden versicherungsmathematischen Abschlägen wird vorgezogen. Betroffen sind erstmals im März 2000 Personen, die 1937 geboren wurden. Maximale Abschläge von 10,8 % treten ab den Geburtsjahrgängen 1949 und später auf.
		1997	RRG '99: Ab 2010 ist der Zugang zur Rente ab 62 Jahren mit entsprechenden Abschlägen möglich.
Regelaltersrente	1913 AnV 1923 ArV		*Voraussetzungen:* – Erfüllung einer Wartezeit von 15 Jahren (seit 1984 von 5 Jahren) – Vollendung des 65. Lebensjahres
		1984	*Rechtsänderungen:* Haushaltbegleitgesetz: Erleichterung des Rentenzugangs: Die Wartezeit wird von 15 auf 5 Jahre herabgesetzt.
		1989	RRG'92: Neuorientierung auf die alte Altersgrenze ab 65 Jahre (Zuschläge für darüber hinaus Erwerbstätige von 0,5 % pro Monat)
Sonstige relevante gesetzliche Regelungen hinsichtlich des Rentenzugangs		1986	Hinterbliebenen- und Erziehungszeitengesetz (HEZG): Von 1986 an bekommen Geburtsjahrgänge ab 1921 pro Kind ein Jahr Kindererziehungszeit anerkannt mit einer Aufstockung auf 75 % der durchschnittlichen Anwartschaften. Kindererziehungszeiten können dabei auch rentenbegründend wirken. Frauen, die vor 1921 geboren wurden und Kinder erzogen (auch ,Trümmerfrauen' genannt), erhielten Rentenzahlungen infolge des Kindererziehungs-Leistungsgesetzes.

		1989	RRG '92: Die anrechnungsfähigen Zeiten für Geburten ab 1992 werden auf drei Jahre nach der Geburt (bei mehreren Kinder bis zu maximal 10 Jahren) ausgedehnt. Zeiten der Pflege werden zusätzlich (zeitlich unbeschränkt) rentenrechtlich anerkannt. Statt maximal 13 werden nur noch sieben Jahre Ausbildung als beitragsfreie Zeit in der gesetzlichen Rentenversicherung berücksichtigt. Ausfallzeiten (z.B. wegen Arbeitslosigkeit) werden zu Anrechnungszeiten umgewandelt.
		25.09.1996	WFG: Verkürzung der Anrechnungszeiten wegen schulischer Ausbildung auf maximal drei Jahre. Einschränkungen bei der Bewertung von Zeiten der Arbeitslosigkeit und Arbeitsunfähigkeit ohne Leistungsbezug
		1997	RRG '99: Schrittweise höhere Bewertung der Kindererziehungszeit (100 % der durchschnittlichen Anwartschaften) ab 01.07.1998 und additiv zu anderen Anwartschaften. Einbau eines ,demographischen Faktors' in die Rentenanpassungsformel
		19.12.1998	Rentenkorrekturgesetz: Rücknahme des demographischen Faktors Einbeziehung arbeitnehmerähnlicher Selbständiger in die gesetzliche Rentenversicherung
		1999	Haushaltsanierungsgesetz: Reduzierung der Rentenanpassung 2000 und 2001 auf die Inflationsrate Niedrigere Bemessung von Beiträgen für Arbeitslosenhilfeempfänger und Wehr- und Zivildienstleistende
		2001	Altersvermögensergänzungsgesetz (AvmEG): Absenkung des Rentenniveaus durch eine neue modifizierte Rentenanpassung (ab 01.07.2001) Aufwertung der Kindererziehung (Höherbewertung bei Teilzeit, geringen Entgelten oder Erwerbsunterbrechungen) Rentenrechtliche Schließung von Beschäftigungslücken am beginn der Erwerbskarriere Einführung des ,Rentensplitting unter Ehegatten'
		2001	Altersvermögensgesetz (AvmG): Aufbau einer geförderten kapitalgedeckten (freiwilligen) zusätzlichen Altersvorsorge Einführung einer bedarforientierten Grundsicherung (ohne Rückgriff auf Kinder) im Alter und bei Erwerbsminderung

Quelle: Eigene erweiterte Darstellung nach Rehfeld 1998a, S. 261, Grütz, Fail 1998, S. 303 f.; Bank 1990; Verband Deutscher Rentenversicherungsträger 2001, 2001a.

2.1.2 Entwicklung der Rentenzugänge nach Rentenart und Alter der Versicherten

Im Folgenden werden die Entwicklungen in den Rentenzugängen nach den unterschiedlichen Rentenarten sowie ihre Wirkungen auf das Rentenzugangsalter dargestellt. Nicht zuletzt durch die geschlechtspezifische Analyse der entsprechenden empirischer Daten seit den 1960er bzw. 1970er Jahren wird deutlich, dass insbesondere die jeweilige Ausgestaltung des Rentenrechts hinsichtlich der Zugangsvoraussetzungen die ‚Wahl' des Verrentungszeitpunkts – mit der Tendenz zu einem möglichst frühen Verrentungszeitpunkt – nachhaltig beeinflusst hat (vgl. Schmid 1995).

2.1.2.1 Entwicklungen in den 1970er Jahren

Bei der Betrachtung der Entwicklung der Rentenzugänge nach Rentenart Anfang der 1970er Jahre fällt unmittelbar auf (vgl. Abbildung 2.1.1)[41], dass infolge der Einführung der flexiblen Altersgrenze im Jahre 1972 gravierende Verschiebungen im Gefüge der Formen des Ausscheidens aus dem Erwerbsleben – insbesondere bei den Männern – ausgelöst wurden. Während bis zu diesem Zeitpunkt für Männer der Rentenzugang zur Regelaltersrente im Alter von 65 Jahren die dominierende Verrentungsform war, wurde durch die Einführung des flexiblen Altersruhegeldes „ein Trend zur Herabsetzung des durchschnittlichen Rentenzugangsalters bei Männern" (Pfaff 1999, S. 52) eingeleitet. So sank der Anteil derjenigen Arbeitnehmer, die ihre Erwerbstätigkeit beim Erreichen des 65. Lebensjahres beendeten, zwischen 1972 und 1973 von 49,0 % auf 33,1 %. Der Anteil der Rentenzugänge aufgrund der Inanspruchnahme der flexiblen Altersgrenze mit 63 Jahren betrug dagegen bereits im ersten Jahr nach der Einführung 30,7 % (vgl. dazu auch Verband Deutscher Rentenversicherungsträger 2001, S. 55). Dieser sprunghafte Anstieg der Inanspruchnahme der flexiblen Altersrente für langjährig Versicherte führte aber auch zu Abwanderungsbewegungen in einer weiteren Rentenzugangsart. So machte ein Teil derjenigen älteren männlichen Arbeitnehmer, die vorher eine Erwerbs- und Berufsunfähigkeitsrente beantragt hätten, nun von dem flexiblen Verrentungsfenster mit 63 Jahren Gebrauch (vgl. auch Bundesminister für Arbeit und Sozialordnung 1983, S. 331). Doch während sich die Quote der Erwerbsunfähigkeitsrenten an allen (männlichen) Rentenzugängen von 47,5 % im Jahr 1972 auf 31,7 % im Jahr 1973 reduzierte, stieg der Anteil der Erwerbsunfähigkeitsrenten an allen Rentenzugängen bereits 1974 wieder an und erhöhte sich kontinuierlich, so dass im Jahr 1979 der Anteil der Zugänge in diese Rentenart mit 48,8 % schon wieder über dem Wert im Jahr 1972 lag. Damit hatte die Erwerbsunfähigkeitsrente ihre zentrale Bedeutung im Verrentungsgeschehen wiedererlangt.

---

41 Die folgenden Abbildungen beziehen sich auf die Rentenübergänge von Versicherten in Rente. Versichertenrenten sind dabei Renten, die auf Basis eigener Versicherungsleistungen gezahlt werden.

Abbildung 2.1.1: Entwicklung der Rentenzugangsarten von westdeutschen Männern und Frauen zwischen 1960 und 2001 (Angaben in %)

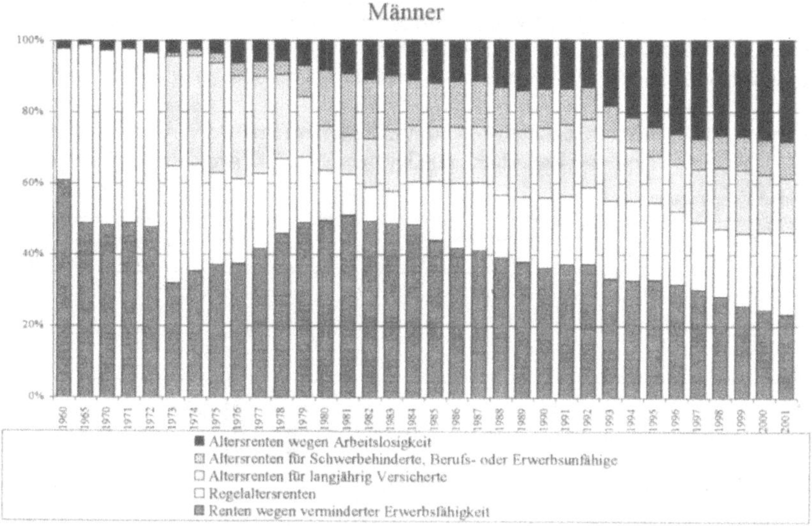

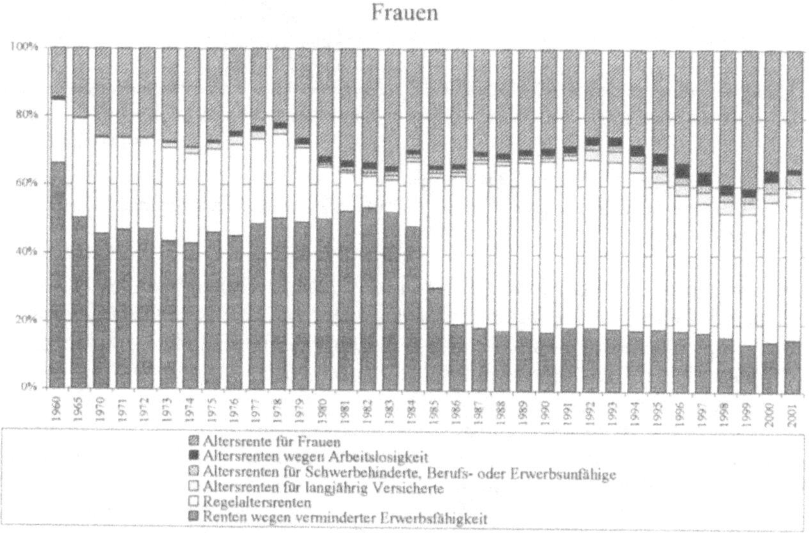

Anmerkung: Ohne Knappschaftsausgleichsleistungen, Nullrenten und ohne Renten nach Art. 2 RÜG; vor 1980 ohne Knappschaft, da eine Geschlechtertrennung nicht möglich ist. 1991/92 Untererfassung in Westdeutschland aufgrund RRG '92 und Änderung des Datensatzaufbaus.

Quelle: Eigene Berechnung und Darstellung nach Verband Deutscher Rentenversicherungsträger 2002a, S. 52 f.

Die Auswirkungen der gesetzlichen bzw. institutionellen Änderungen der Rahmenbedingungen durch die Vorgaben des Rentenversicherungssystems spiegeln sich auch in der Verteilung der einzelnen Rentenzugangsalter zur gesetzlichen Rentenversicherung wider. Wie der Darstellung des Verrentungsprofils im Jahr 1974 (vgl. Abbildung 2.1.2) entnommen werden kann, treten insbesondere bei den Männern zwei deutliche ‚Verrentungssprünge' bei den Lebensaltern 63 und 65 hervor, die auf die erläuterten Ver-

Abbildung 2.1.2: Rentenzugangsalter zu Versichertenrenten der Arbeiter und Angestellten nach Alter und Geschlecht 1974 (Angaben in absolut)

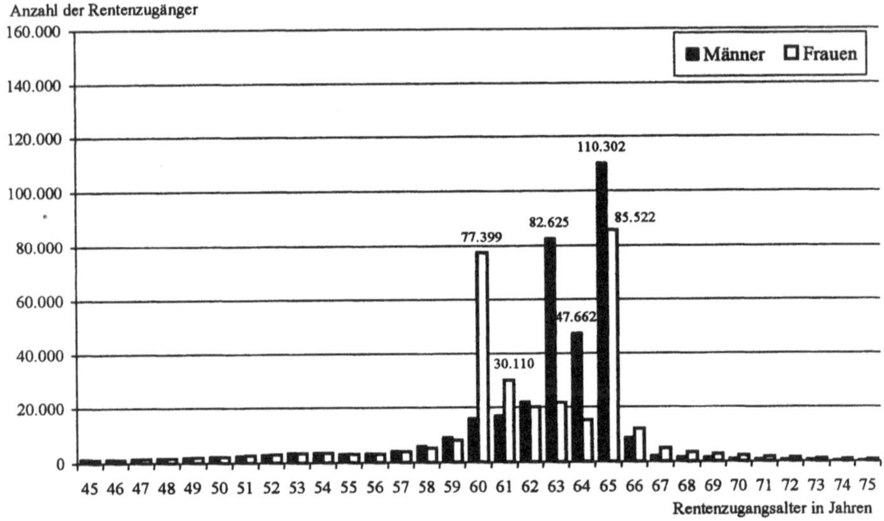

Anmerkung: Ohne Knappschaftsausgleichsleistungen.
Quelle: Eigene Darstellung nach Verband Deutscher Rentenversicherungsträger 1975, S. 47, 126.

änderungen zurückzuführen sind. Bei den Frauen dagegen stellen insbesondere das 60. sowie das 65. Lebensjahr die zentralen Zugangsalter zur gesetzlichen Rentenversicherung dar. Hintergrund für dieses – von den Männern abweichende – Rentenzugangsverhalten ist die seit der Rentenreform 1957 bestehende Möglichkeit für Frauen, ab dem 60. Lebensjahr die Altersrente für Frauen zu beziehen. Können Frauen die für diese Rentenart notwendigen Voraussetzungen von mindestens zehn Pflichtjahren seit ihrem 40. Geburtstag nicht erfüllen, so nehmen sie entweder die Rente wegen verminderter Erwerbstätigkeit (vgl. Abbildung 2.1.1) oder aber die Regelaltersrente im Alter von 65 Jahren (vgl. Abbildung 2.1.2) in Anspruch. Die flexible Altersgrenze mit 63 Jahren für Versicherte mit 35 und mehr Versicherungsjahren hatte daher für Frauen keine große Bedeutung.

2.1.2.2 Entwicklungen in den 1980er Jahren

Um den starken Anstieg der Renten wegen Erwerbs- und Berufsunfähigkeit wieder einzudämmen, wurden durch das Haushaltsbegleitgesetz 1984 die Zugangsvoraussetzungen zu dieser Rentenart erschwert. Dies wirkte sich dabei vor allem auf die Rentenzugänge der Frauen aus, da diese teilweise nicht die notwendigen 36 Monate Pflichtbeiträge in den letzten fünf Jahren nachweisen konnten. So sank bei diesen bereits im Jahr nach der Gesetzesreform der Anteil an dieser Rentenart von 47,9 % (1984) auf 30,2 % (1985) und betrug Ende der 1980er Jahre nur noch etwa 18 %. Parallel zu dieser Maßnahme wurde auf der anderen Seite die Möglichkeit, mit 65 Jahren in die Regelaltersrente zu gehen, durch die Absenkung der Wartezeit von 15 auf fünf Jahre vereinfacht. Auch hierdurch wurden Wanderungsbewegungen ausgelöst, die einerseits zu einer Verringerung der hinausgeschobenen Altersrenten (z.B. auf das 67. Lebensjahr) führten sowie andererseits ein Ausweichen in die ‚Altersrenten wegen Erwerbsminderung' einschränkten (vgl. Strauch 1999, S. 475).

Bei den Männern veränderte sich das Inanspruchnahmeverhalten infolge der beiden Gesetzesänderungen dagegen nur gering.[42] Änderungen ergaben sich bei diesen insbesondere hinsichtlich der Inanspruchnahme der vorgezogenen Altersrenten. Denn während die ‚Altersrente für Schwerbehinderte' nach ihre Einführung durch die Rentenreform 1972 noch wenig genutzt wurde, änderte sich dies nach der zweiten Ölkrise deutlich. So stieg die Zahl der männlichen Bezieher dieser Rentenart zwischen 1979 (8,7 %) und 1980 (15,6 %) um etwa 80 % an. Addiert man zu diesen die Zahl derjenigen Personen, die ‚Rente wegen Arbeitslosigkeit' bezogen, so gingen 1980 fast ein Viertel aller Männer bereits mit der Vollendung des 60. Lebensjahres in Rente. Diese Quote erhöhte sich in den darauf folgenden Jahren kontinuierlich (zum Verrentungsprofil im Jahr 1985 vgl. Abbildung 2.1.3); dabei sank allerdings der Anteil der Altersrentenbezieher wegen Schwerbehinderung an allen männlichen Rentenbezieher auf 11,3 % im Jahr 1989, während sich der Anteil der Altersrentenbezieher wegen Arbeitslosigkeit von 8,4 % im Jahr 1980 auf 14,0 % im Jahr 1989 erhöhte.

42 Allerdings stieg parallel zur absoluten Abnahme der Berufs- und Erwerbsunfähigkeitsrenten der Anteil arbeitsmarktbedingter Invalidenrenten von unter 15 % zu Anfang der 1980er Jahre auf inzwischen über 30 % deutlich an: „Damit hat die Rentenversicherung in erheblichem Umfang Folgekosten der Massenarbeitslosigkeit zu tragen, die sich allein für den Zugang 1994 auf 1,44 Mrd. DM beliefen" (Steffen 1996a, S. 224).

Abbildung 2.1.3: Rentenzugangsalter zu Versichertenrenten (RV) nach Alter und Geschlecht 1985

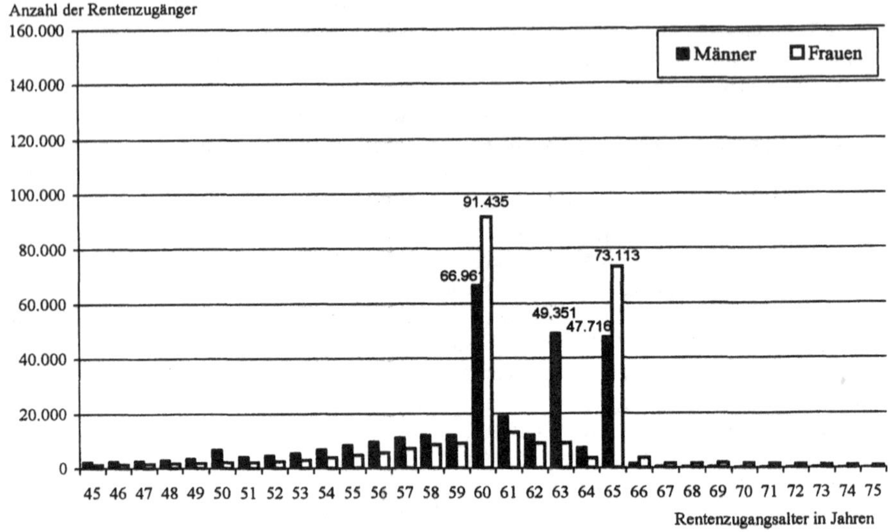

Anmerkung: Ohne Knappschaftsausgleichsleistungen.
Quelle: Eigene Darstellung nach Verband Deutscher Rentenversicherungsträger 1986, S. 78 ff.

2.1.2.3 Entwicklung in den 1990er Jahren

Bei den Frauen in den alten Bundesländern ist der Anteil der Rentenzugänge, die auf die Regelaltersrente entfallen, von knapp 50 % im Jahr 1990 auf 40,8 % im Jahr 2000 zurückgegangen. Gleichzeitig ist der Anteil der Zugänge in die Frauenaltersrente ab 60 Jahren von 29,1 % auf 35,5 % gestiegen (zum Verrentungsprofil im Jahr 1996 vgl. Abbildung 2.1.4). Da die Regelaltersrente mit einem Rentenzugangsalter von 65 Jahren vor allem für jene Frauen in Frage kommt, die die Voraussetzungen für die Altersrente für Frauen aufgrund zu kurzer oder in den letzten Lebensphase zu geringer Erwerbstätigkeit nicht erfüllten, ist diese Verschiebung als ein Beleg für eine höhere Erwerbsbeteiligung älterer Frauen zu werten. Neben den beiden genannten Rentenarten ist quantitativ nur noch die Rente wegen verminderter Erwerbstätigkeit von Bedeutung. Ihr Anteil ist seit 1990 von 17,2 % auf 14,8 % gesunken (vgl. Verband Deutscher Rentenversicherungsträger 2001, S. 56). Die Altersrente wegen Arbeitslosigkeit beim Rentenzugang der Frauen ist nach wie vor bedeutungslos.

Abbildung 2.1.4: Rentenzugangsalter zu Versichertenrenten (RV) nach Alter und Geschlecht 1996

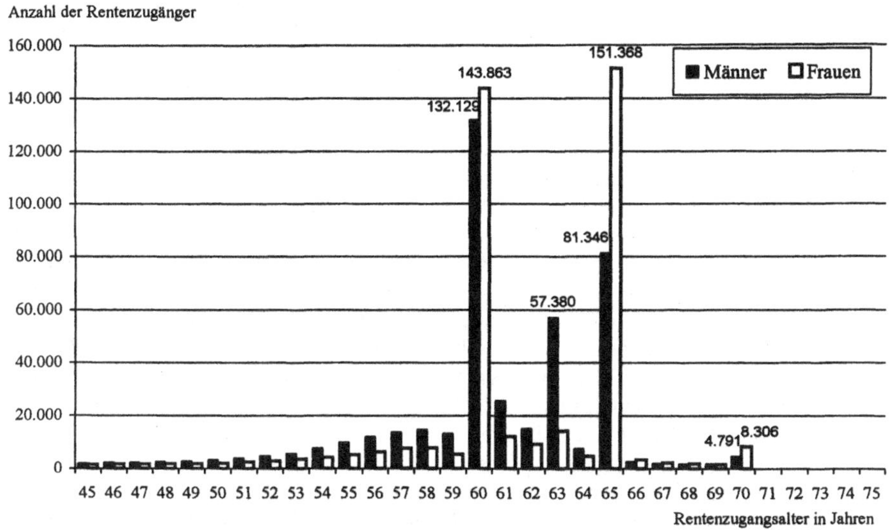

Anmerkung: Ohne Knappschaftsausgleichsleistungen. Eine Differenzierung der Einzelalter über 70 Jahren findet nicht mehr statt. Hier ‚70 Jahre und höher'.

Quelle: Eigene Darstellung nach Verband Deutscher Rentenversicherungsträger 1997, S. 95 ff.

Auch bei den westdeutschen Männern spielte noch zu Beginn der 1990er Jahre die Regelaltersrente (1990: 19,9 %) sowie die ‚Rente für langjährig Versicherte' (1990: 19,6 %) eine wichtigere Rolle als die ‚Rente wegen Arbeitslosigkeit' (1990: 13,7 %) (vgl. dazu auch Pfaff 1999, S. 53). Doch während ihre Quoten in den 1990er Jahren insgesamt rückläufig waren, nahmen parallel dazu die Anteile, die auf die ‚Altersrente wegen Arbeitslosigkeit' entfielen, auf bis zu 27,7 % im Jahr 2000 zu. Somit hat die Rente wegen Arbeitslosigkeit in den 1990er Jahren beträchtlich an Bedeutung gewonnen.[43]

---

43 Während die Altersrente wegen Arbeitslosigkeit noch bis Mitte der 1960er Jahre vernachlässigbar gering in Anspruch genommen wurde, wird sie erstmals 1968, ein Jahr nach dem Beschäftigungseinbruch von 1966 bzw. 1967, in einem Umfang von 4,2 % aller Rentenzugänge genutzt (vgl. Steffen 1996, S. 3). Auch nach der ersten Ölkrise mit ihren Folgen für die Beschäftigung in den Jahren 1974 bzw. 1975 verdoppelte sich die Zahl der Bezieher von Altersrenten wegen Arbeitslosigkeit von etwa 2,2 % (1972) auf 4,4 % (1976). Wenn zunächst auch der Eindruck entstand, dass der Zugang zur ‚Altersrente wegen Arbeitslosigkeit' jeweils mit einjähriger Verzögerung dem Verlauf der Beschäftigungskonjunktur folgte, spricht Knuth seit Mitte der 1980er Jahre sogar von einer Verselbständigung dieses Verrentungsmuster gegenüber der Konjunktur (vgl. Knuth 1999, S. 127). So stiegen beispielsweise die Rentenzugänge wegen Arbeitslosigkeit zwischen 1988 und 1989 trotz wachsender Beschäftigung weiter an und gingen nur während des westdeutschen Vereinigungsprozesses in den Jahren 1991 und 1992 leicht zurück. Knuth bemerkt daher: „Gesetze haben oft Wir-

Ebenso wie in Westdeutschland gingen auch in den neuen Bundesländern noch zu Beginn der 1990er Jahre fast die Hälfte der Männer in die Regelaltersrente ab der Vollendung des 65. Lebensjahres (1993: 47,2 %) und weitere 12,7 % (1993) in die ‚Altersrente für langjährig Versicherte'. 2000 machten diese beiden Rentenarten zusammen dagegen nur noch 15,0 % der Rentenzugänge von Männern aus. Der mit Abstand größte Anteil entfiel auf Zugänge in die ‚Altersrente wegen Arbeitslosigkeit' (55,9 %). Abbildung 2.1.5 gibt die Entwicklung des ‚Rentenzugangs wegen Arbeitslosigkeit' in die gesetzliche Rentenversicherung in West- und Ostdeutschland bis zum Jahr 2001 wieder. Hintergrund für diese drastische Entwicklung ist zum einen die – in Verbindung mit der steigenden Arbeitslosigkeit zu sehende – seit Mitte der 1980er Jahre bestehende Möglichkeit im Rahmen des AFG, dass ältere Arbeitslose nun nicht mehr nur zwölf, sondern maximal sogar 32 Monate lang Arbeitslosengeld beziehen können (sogenannte ‚57er-Regelung') (vgl. dazu Kapitel 2.1.1.3). Zum anderen wurde versucht, vor allem die durch den Transformationsprozess ausgelöste Unterbeschäftigung in den neuen Bundesländern durch die Vorruhestandsgeld (Vog) bzw. das Altersübergangsgeld abzumildern (vgl. Kapitel 2.1.1.5). Im Rentenzugangsgeschehen zur ‚Altersrente wegen Arbeitslosigkeit' zeichnen sich dabei auch die Fristen für die beiden letztgenannten Regelungen ab. Während zwischen Ende 1993 und Mitte 1994 die maximale Altersübergangsgeld-Anspruchsdauer für jene Personen ablief, die bis Mitte 1991 den noch auf drei Jahre begrenzten Altersübergangsgeldbezug beantragt hatten (vgl. dazu auch Steffens 1996, S. 3 f.; Steffens 1996a, S. 222), so endete für einen weiteren Teil der älteren Arbeitslosen, die mit 55 Jahren und mehr bis Ende 1992 Altersübergangsgeld beantragt und dieses maximal fünf Jahre lang bezogen hatten, im Jahr 1997[44] die Frist für den Übergang in die ‚Altersrente wegen Arbeitslosigkeit'. Dies erklärt – auch in absoluten Zahlen (vgl. Abbildung 2.1.5) – den drastischen Anstieg der Renten in dieser Zeit (vgl. dazu auch Knuth 1999, S. 126).

Insgesamt ist für die 1990er Jahre festzuhalten, dass sich im Osten noch weitaus stärker als im Westen Arbeitslosigkeit als Vorstufe für den Rentenbezug in den vergangenen Jahren institutionalisiert hat. Koller kritisiert daher, „dass vom Altersübergangsgeld ein gewisser Aufforderungscharakter für eine derartige Gestaltung des Übergangs in Rente ausgegangen sein dürfte. Insofern mutet es etwas seltsam an, wenn Politiker, die zu Beginn der 90er Jahre diese Regelung zur Frühverrentung beschlossen haben, nunmehr mit implizitem Vorwurf an die betroffenen Rentner (‚Frühverrentungsmentalität') das niedrige Rentenzugangsalter beklagen" (Koller 2001, S. 10).

---

kungen, an die bei ihrer Verabschiedung niemand denkt und die manchmal sogar das Gegenteil von dem verursachen, was beabsichtigt war" (Knuth 1999, S. 125).

44 „Diese Regelung für Ältere, die arbeitslos geworden waren, wurde ganz allgemein als Vorruhestandsregelung genutzt. Der letzte Jahrgang, für den die Altersübergangsregelung galt, erreichte 1997 das 60. Lebensjahr und damit die Altersgrenze für die Rente wegen Arbeitslosigkeit. Im Folgejahr gab es keine Sonderregelungen mehr für ältere Arbeitslose. Dennoch lag der Anteil der Zugänge in die Altersrente wegen Arbeitslosigkeit mit 53,4 % nur um 6 Prozentpunkte niedriger als im Jahr zuvor" (Koller 2001, S. 10).

Abbildung 2.1.5: Entwicklung des Rentenzugangs wegen Arbeitslosigkeit bzw. des Zugangs zur Altersrente wegen Schwerbehinderung, Berufs- oder Erwerbsunfähigkeit in die gesetzliche Rentenversicherung in West- und Ostdeutschland zwischen 1960 und 2001 (Angaben in absoluten Zahlen)

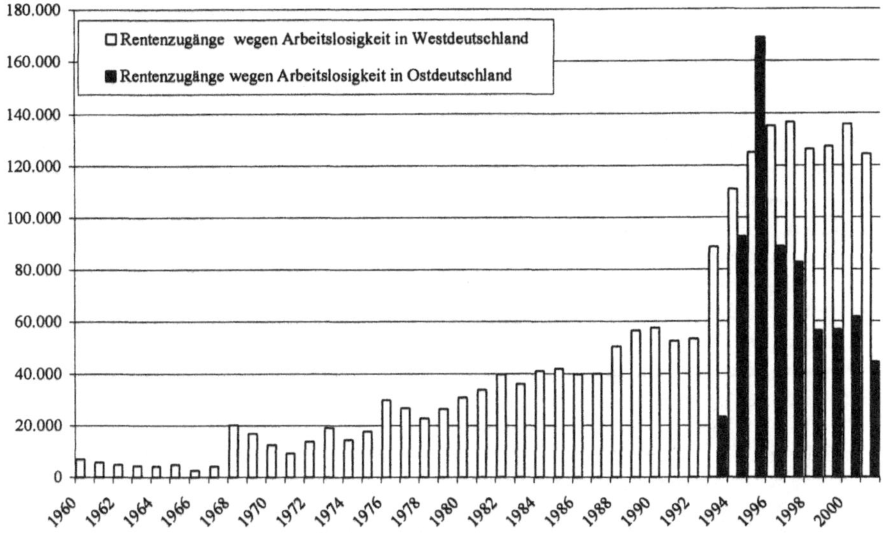

Anmerkung: 1991/92 Untererfassung in Westdeutschland aufgrund RRG '92 und Änderung des Datensatzaufbaus. 1993/94 in Ostdeutschland einschließlich der im Jahr 1992 aufgrund technischer Probleme nicht bewilligten Rentenanträge.

Quelle: Eigene Darstellung nach Verband Deutscher Rentenversicherungsträger 2002a, S. 51.

Hinzuzufügen ist jedoch auch hier wieder, dass zwar auch die ostdeutschen Frauen vom Vorruhestandsgeld sowie vom Altersübergangsgeld profitierten, sie jedoch dann nicht mit 60 Jahren die ,Rente wegen Arbeitslosigkeit', sondern überwiegend – ähnlich wie die westdeutschen Frauen – die ,Altersrente für Frauen' in Anspruch nahmen (1995: 66,6 %; 1997: 68, 2 %) (vgl. dazu auch Ehrenheim 1999, S, 111). Der Anteil der Rentenzugänge an dieser Rentenart stieg bis 2000 sogar noch weiter auf 73,4 % an. Parallel dazu verringerte sich der Anteil der Frauen, die ,Rente wegen verminderter Erwerbsfähigkeit' bezogen, von 25,9 % im Jahr 1993 auf 16,2 % im Jahr 2000: „Diese Entwicklung hat (...) zu einem Anstieg der durchschnittlichen Rentenzugangsalters um immerhin ein Jahr geführt" (Koller 2001, S. 12). Weitere Rentenarten sind und waren bei den ostdeutschen Frauen nicht von Relevanz.

2.1.3 Zusammenfassung und Beurteilung der Entwicklungen beim Rentenzugang

Während zunächst die Gesetzgebung von Rentenzugangserleichterungen geprägt war, ist aufgrund der demographischen Entwicklung und der Finanzierungsprobleme des gesetzlichen Rentenversicherungssystems seit der Rentenreform 1992 in der Alterssicherungspolitik ein Kurswechsel – hin zu höheren Zugangsaltern – zu konstatieren, der aufgrund zunehmender Diskontinuitäten im Erwerbsverlauf noch an Relevanz gewinnen wird (vgl. dazu auch Kapitel 2.3). Ohne hier nochmals auf die gesetzlichen Regelungen im einzelnen eingehen zu wollen, zeigt sich vor allem auch in der Gegenüberstellung der Einzelalter beim Rentenzugang der institutionelle Einfluss des jeweils geltenden Rechtsstands. So wird in der Abbildung 2.1.6 deutlich, dass die drei Alterklassen 60, 63 und 65 Jahre sowie diejenigen Personen, die unter 60 Jahren eine Rente beziehen, die wichtigsten Gruppen im Rentenzugangsgeschehen darstellen. Während die westdeutschen Männer 1974 noch mit 28,8 % am häufigsten in die Regelaltersrente (mit 65 Jahren) gingen, so überwogen in den Jahren danach vor allem die Rentenzugänge mit 60 Jahren und jünger. Am ausgeprägtesten waren dabei die Veränderungen zwischen 1974 und 1985, da sich in diesem Zeitraum der Anteil der Männer, die mit 60 Jahren oder weniger in Rente gingen, mehr als verdoppelte (1974: 21,5 %; 1985: 56,2 %).

Abbildung 2.1.6: Rentenzugänge nach Einzelalter in Westdeutschland 1974, 1985, 1996, 2000 und 2001

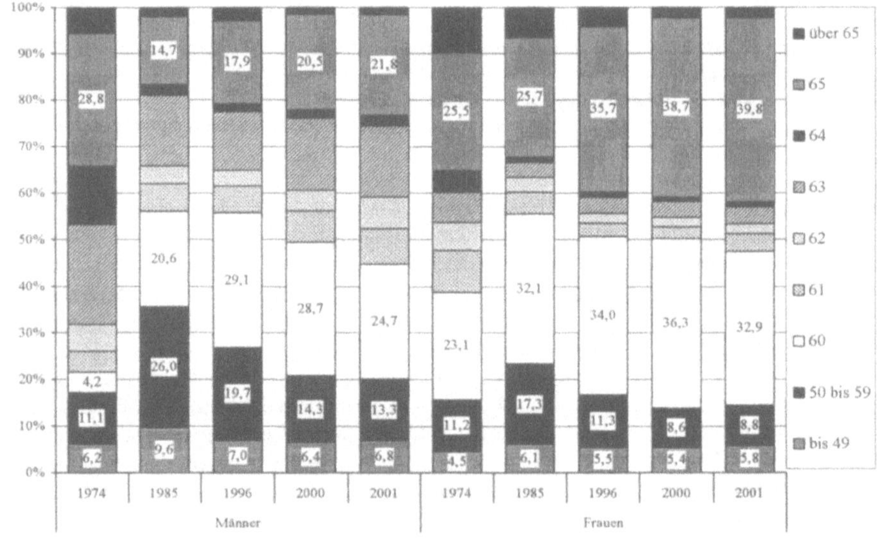

Anmerkung: Ohne Knappschaftsausgleichsleistungen.
Quelle: Eigene Darstellung nach Verband Deutscher Rentenversicherungsträger (Rentenzugangsstatistik), versch. Jahre.

Zwar ist dieses Verrentungsmuster immer noch aktuell, der Anteil der ‚jungen Rentner' (60 Jahre und jünger) ging in den letzten Jahren jedoch kontinuierlich auf weniger als 50 % zurück (2000: 49,4 %; 2001: 44,8 %). Bei den Frauen verlor dagegen die Regelaltersrente (1974: 25,5 %) im Laufe der Zeit nicht an Bedeutung, sondern gewann noch an Gewicht (1996: 35,7 %; 2001: 39,8 %). Parallel dazu stieg auch der Anteil der Frauen, die ab dem 60. Lebensjahr eine Altersrente für Frauen beziehen konnten, deutlich an, während der Anteil der Frauen, die eine Berufs- und Erwerbsunfähigkeitsrente mit unter 60 Jahren bezogen, infolge des Haushaltbegleitgesetzes 1984 seit Mitte der 1980er Jahre zurückging.

Diese Strukturveränderungen in den Rentenzugängen nach Einzelaltern beeinflussten in markanter Weise die Entwicklungen des durchschnittlichen Rentenzugangsalters (vgl. Abbildung 2.1.7). So sank beispielsweise das durchschnittliche Altersrentenalter der Männer direkt nach der Rentenreform 1972 von 65,1 Jahre (1972) auf 64,5 Jahre (1973). Aber auch die Senkung des Rentenalters für die ‚Altersrente für Schwerbehinderte' Ende der 1970er bzw. Anfang der 1980er Jahre oder die Änderungen infolge des Haushaltsbegleitgesetzes 1984 zeigten deutliche Auswirkungen auf das durchschnittliche Zugangsalter zur gesetzlichen Rentenversicherung.

Da allein die altersunabhängigen Berufs- und Erwerbsunfähigkeitsrenten das Absinken des durchschnittlichen Rentenalters von unter 60 Jahren verursachen können, diese aber gleichzeitig nicht geeignet sind, um im Rahmen rentenpolitischer Diskussionen[45] eine Anhebung des durchschnittlichen Rentenalters zu fordern, wurden in Abbildung 2.1.7 die Entwicklung des durchschnittlichen Rentenzugangsalters zu den Altersrenten bzw. zur Invaliditätsrente getrennt voneinander ausgewiesen. Dabei zeigt sich, dass tatsächlich zwischen 1960 und Anfang der 1980er Jahren das durchschnittliche Verrentungsalter der westdeutschen Männer beim Zugang zu einer Altersrente von 65,2 Jahre auf 62,4 Jahre (1981) sank; seitdem unterlag es allerdings nur noch leichten Schwankungen und verharrt seit 1998 gleichbleibend auf dem Niveau von 1981. Parallel dazu ging das Zugangsalter zur Invaliditätsrente um durchschnittlich 1,5 Jahre (1981: 54,1 Jahre; 2000: 52,6 Jahre) zurück. Da gleichzeitig jedoch auch der Anteil von Invaliditätsrentenbeziehern an allen Rentenzugängen abnahm, stieg sogar das durchschnittliche Rentenzugangsalter insgesamt von 58,2 Jahren (1981) auf 60,1 Jahre (2000) an.

Auch bei den westdeutschen Frauen verringerte sich zunächst zwischen 1960 und Anfang der 1980er Jahre das durchschnittliche Zugangsalter zu einer Altersrente (1960: 63,9 Jahre; 1981: 61,5 Jahre). Seitdem blieb dieses jedoch nicht nur konstant, sondern erhöhte sich – mit Schwankungen – auf etwa durchschnittlich 62,8 Jahre im Jahr 2000 (vgl. auch Steffen 1996a, S. 218). Wie bei den westdeutschen Männer – aber noch wesentlich gravierender – reduzierte sich das durchschnittliche Zugangsalter zu einer In-

[45] „Für die Rente wegen verminderter Erwerbsfähigkeit kann es keine [gesetzlich vorgeschriebene, D.S.] Altersgrenze geben, wenn sie ihre Funktion der Absicherung für den Invaliditätsfall gerecht werden soll. Es kann lediglich auf Zugangskriterien und die Rentenhöhe eingewirkt werden" (Koller 2001, S. 8). Dies ist zuletzt durch das Gesetz zur Reform der Erwerbsminderungsrenten vom 16.11.2000 (in Kraft seit 01.01.2001) geschehen (vgl. Kapitel 2.1.1.9).

Abbildung 2.1.7: Durchschnittliches Verrentungsalter von westdeutschen Männern und Frauen zwischen 1960 und 2001

Männer

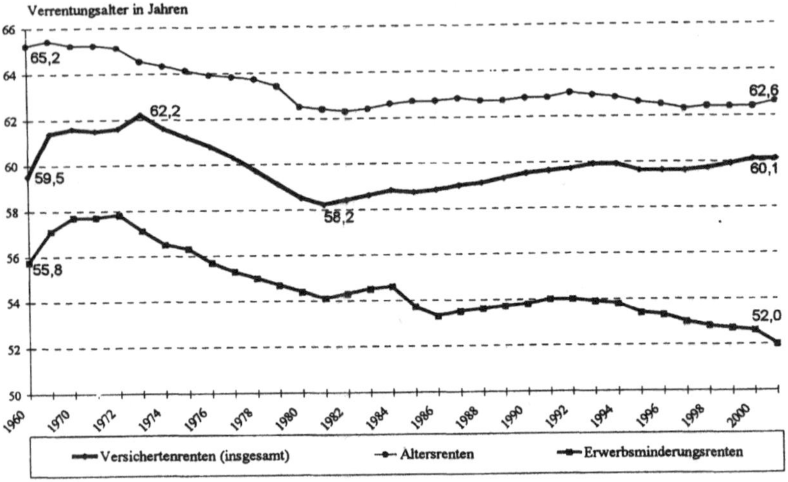

Frauen

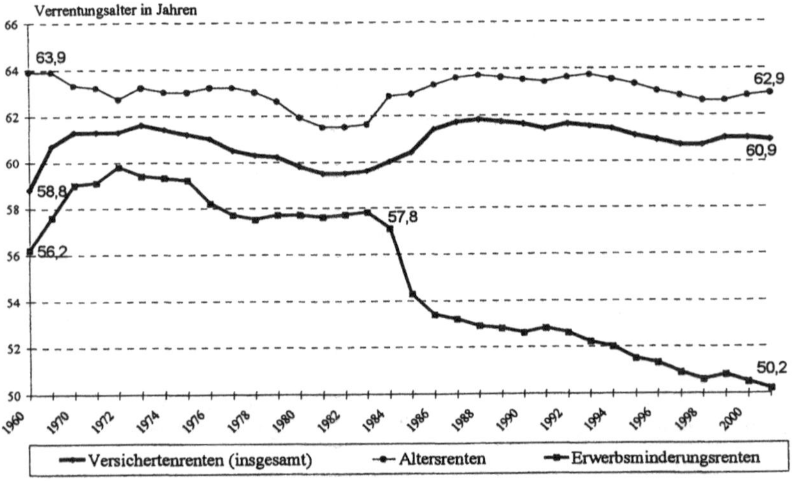

Anmerkung: Vor 1980 ohne Knappschaft, da eine Geschlechtertrennung nicht möglich ist. Die durchschnittlichen Zugangsalter sind für jeder Jahr als Querschnitt berechnet und durch Rechtsänderungen (z.B. Einführung des flexiblen Altersruhegeldes 1973, Herabsetzung der Wartezeit für den bezug einer Regelaltersrente im Jahr 1984) und sich im Zeitlauf ändernder Altersstrukturen beeinflusst.

Quelle: Eigene Darstellung nach Verband Deutscher Rentenversicherungsträger 2002a, S. 112 ff.

validitätsrente von 57,6 Jahren (1981) auf 50,5 Jahre (2000). Diese erhebliche Reduktion machte sich ebenfalls nur durch eine verlangsamte Erhöhung des durchschnittlichen Rentenzugangsalters bemerkbar (1981: 59,5 Jahre; 2000: 61,0 Jahre).
Auch wenn im Vergleich zu den 1960er und 1970er Jahren für westdeutsche Männer und Frauen konstatiert werden kann, dass das ‚normale' Rentenalter in Form des Zugangs zur Regelaltersrente mit 65 Jahren längst nicht mehr die Norm darstellt, so ist dennoch in den nächsten Jahren mit einem (weiteren) deutlichen Anstieg des durchschnittlichen Zugangsalters zu rechnen. Denn während bisher aufgrund vieler Vertrauensschutzregelungen die durch die Rentenreform 1992 eingeleiteten und im Rahmen des WFG und des Rentenreformgesetzes 1999 vorgezogenen Anhebungen der abschlagsfreien Altersgrenzen noch nicht zum Tragen kamen, werden zukünftig die rentenrechtlichen Abschläge sowie die langfristige Abschaffung der ‚Altersrente wegen Arbeitslosigkeit oder nach Altersteilzeit' sowie der ‚Altersrente für Frauen' das frühzeitige Zugehen zu einer Altersrente verringern.
Neben den eindeutigen institutionellen Einflüssen darf jedoch nicht außer Acht gelassen werden, dass das durchschnittliche Rentenzugangsalter auch durch demographische Effekte, d.h. durch die Besetzung der verrentungsrelevanten Jahrgänge, überlagert gewesen sein könnte. Abbildung 2.1.8 verdeutlicht sehr eindrücklich, dass von der Entwicklung der absoluten Zahl der Rentenzugänge nach Geschlecht seit 1960 sicherlich eine gewisse Dynamik auf das Rentenzugangsgeschehen ausging. So fällt auf, dass sich die absolute Zahl der Rentenzugänge bei den westdeutschen Männer zwischen 1960 und 2000 etwa verdoppelt hat (+96,6 %) und bei den westdeutschen Frauen sogar um 165,7 % gestiegen ist. Dies ging mit deutlichen Schwankungen einher: Während sich die Zuwachsraten bis Mitte der 1970er Jahre für beide Geschlechter deutlich erhöhten, reduzierte sich danach – auch absolut – die Zahl der Rentenzugänge. Seit 1978 ist bei den westdeutschen Frauen und seit 1981 bei den westdeutschen Männern wieder eine markante, ebenfalls wellenförmige Zunahme in den Rentenzugängen zu beobachten.
Für diese nur kursorisch aufgezeigten Entwicklungen „gibt es zwei wesentliche Gründe, nämlich die verstärkte Aufnahme einer Berufstätigkeit von Frauen in den Nachkriegsjahren und der Ausfall durch den Weltkrieg bei den Männern" (Strauch 1999, S. 473). Berücksichtigt man neben der Besetzung der relevanten Altersjahrgänge auch deren möglicherweise unterschiedliches Inanspruchnahmeverhalten der verschiedenen Rentenarten sowie der dahinter stehenden (Erwerbs-)Biographien, so wird deutlich, dass nur eine tiefer gehende Kohortenanalyse differenzierte Aussagen über die Veränderungen im Rentenzugangsgeschehen erlaubt. Bevor jedoch in Kapitel 2.3 die Analyse auf die Ebene der Kohorten fokussiert wird, erscheint es dennoch hilfreich, auch die auf dem Arbeitsmarkt deutlich werdenden konjunkturellen Effekte zunächst allgemein zu beleuchten (vgl. Kapitel 2.2).

Abbildung 2.1.8: Entwicklung der Rentenzugänge in Westdeutschland zwischen 1960 und 2001 nach Geschlecht (Angaben in absoluten Zahlen sowie als Index (1960=100))

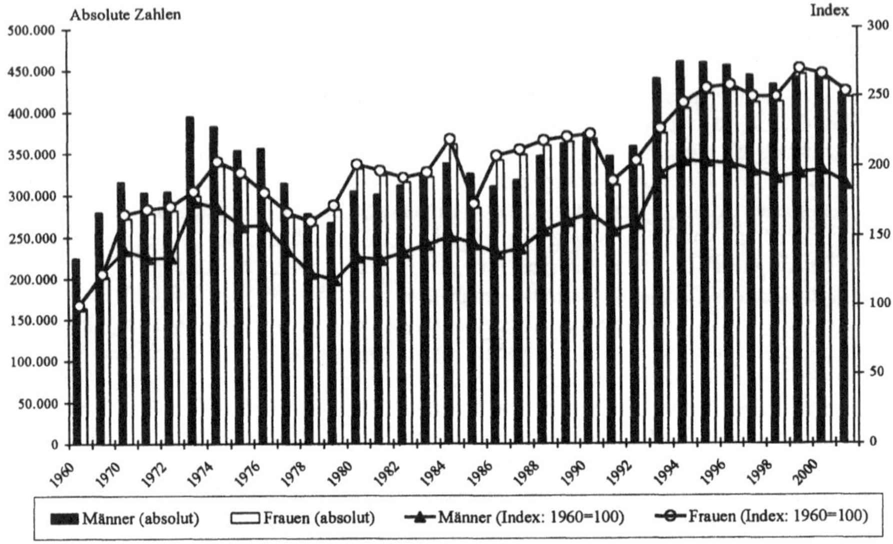

Anmerkung: Ohne Knappschaftsausgleichsleistungen, Nullrenten und ohne Renten nach Art. 2 RÜG; vor 1980 ohne Knappschaft, da eine Geschlechtertrennung nicht möglich ist. 1991/92 Untererfassung in Westdeutschland aufgrund RRG '92 und Änderung des Datensatzaufbaus.

Quelle: Eigene Berechnung und Darstellung nach Verband Deutscher Rentenversicherungsträger 2002a, S. 52 f.

2.2 Der Arbeitsmarkt als ‚konjunktureller Faktor' für das Verrentungsgeschehen

In der Bundesrepublik Deutschland waren in der Vergangenheit für den Rückgang der Alterserwerbsbeteiligung eine Vielzahl von (Früh-)Verrentungsmöglichkeiten offen, die aufgrund der Arbeitsmarktsituation sowohl von den Unternehmen als auch von Gewerkschaften und vom Staat begrüßt wurden (vgl. Sing 2001). So wurde und wird z.T. bis heute in Westdeutschland der Übergang in den Ruhestand aufgrund von Vorruhestandsregelungen, einer erweiterten Erwerbsunfähigkeitsbetrachtung, dem § 428 SGB III, einer verlängerten Bezugsdauer von Arbeitslosengeld in Verbindung mit der ‚Rente wegen Arbeitslosigkeit' (ab einem Alter von 60 Jahren)[46] sowie – teilweise – durch betriebliche Abfindungen erleichtert. Gerade auch in Ostdeutschland wurden massiv vorgezogene Renten, z.T. über den Umweg der ‚Stillen Reserve in Maßnah-

46 Nach dem Gesetz haben auch diejenigen Arbeitnehmer Anspruch auf Arbeitslosengeld, die das 58. Lebensjahr vollendet haben, auch wenn sie die Regelvoraussetzung, nämlich als registrierter Arbeitsloser dem Arbeitsmarkt uneingeschränkt zur Verfügung zu stehen, nicht erfüllen.

men' bzw. der ‚Stillen Reserve im weiteren Sinn', als adäquate Lösung für die Engpässe auf dem Arbeitsmarkt angesehen.
Im Folgenden sollen nun – im Zusammenhang mit den Frühverrentungsprozessen – näher die Entwicklungen des Arbeitsmarktes als Indikator für die jeweilige konjunkturelle Situation der Bundesrepublik Deutschland beleuchtet werden (vgl. Kapitel 2.2.1).[47] Darüber hinaus liegt der wesentliche Fokus auf den Veränderungen der Erwerbsbeteiligung am Ende des Erwerbslebens (vgl. Kapitel 2.2.2). In Kapitel 2.2.3 werden schließlich zusammenfassend die arbeitsmarkt-bedingten Faktoren in Bezug zu den Veränderungen beim Rentenzugang gesetzt.

2.2.1 Die Entwicklungen auf dem Arbeitsmarkt

Nach dem Ende einer langen Phase wirtschaftlicher und arbeitsmarktpolitischer Prosperität prägt seit Mitte der 70er Jahre eine Beschäftigungskrise mit anhaltend hoher Arbeitslosigkeit den deutschen Arbeitsmarkt. Während die Arbeitslosenquote zwischen 1961 und 1971 – mit Ausnahme der konjunkturellen Schwächephase in den Jahren 1967 bzw. 1968 – unter einem Prozent lag (vgl. auch Behrend 1997, S. 81 ff.) und auch 1973 einen Anteil von 1,2 % an allen abhängigen zivilen Erwerbspersonen nicht überschritt, stieg die Arbeitslosenquote infolge der durch den ersten Ölpreisschock ausgelösten Rezession in den Jahren 1974 bzw. 1975 – bei einer insgesamt sinkenden Erwerbstätigkeit – auf 4,7 % im Jahre 1975 an (vgl. Abbildung 2.2.1): „Zum ersten Mal seit Mitte der 50er Jahre wurden damals im Jahresdurchschnitt mehr als 1 Million Arbeitslose registriert" (Bundesministerium für Arbeit und Sozialordnung 2001, S. 143).
Zwar reduzierte sich die Arbeitslosigkeit in den folgenden Jahren wieder, als jedoch Ende der 1970er Jahre der zweite Ölpreisschock in der Bundesrepublik Deutschland die nächste Wirtschaftskrise verursachte, begannen „im Zusammenspiel mit (Real)Lohnsteigerungen jenseits der Produktivitätsentwicklung" (Grütz, Faik 1998, S. 293) die Zeiten des stufenweisen Aufbaus hoher Arbeitslosigkeit (Hysterese-Effekt; vgl. dazu auch Kapitel 3.1.1.3). So kann man grob von einer Zunahme von jeweils etwa einer Millionen registrierter Arbeitsloser pro größerer wirtschaftlicher Rückschlagsphase sprechen. Dies ist ein deutlicher Hinweis darauf, dass diese Zahlen inzwischen nicht mehr nur mit konjunkturellen Erklärungen, sondern nur noch im Sinne struktureller Arbeitslosigkeit[48] gedeutet werden können (vgl. dazu Sing, Kistler 2000, S. 20 ff.). Die Vorstellung von ‚immerwährender Prosperität' (vgl. Lutz 1984) und einer weitgehenden Steuerbarkeit des Arbeitsmarktes wird dadurch in Frage gestellt.

---

47 Während nach Behrend die Erwerbsquote einen Indikator für die Beschäftigung darstellt (vgl. Behrend 1997, S. 78 f.), so ist die Zahl der Arbeitslosen bzw. die Arbeitslosenquote ein wichtiger Indikator für die wirtschaftliche Entwicklung insgesamt.

48 „Dabei hat die Bezeichnung ‚strukturell' eine vielfältige Bedeutung, die zum einen die Verhärtung und Persistenz bestimmter Strukturen der Arbeitslosigkeit hervorhebt. Zum anderen wird als ‚strukturell' die Verursachung des Gesamtniveaus der Arbeitslosigkeit durch die Rigidität der Ordnungsbedingungen des Arbeitsmarktes behauptet" (Kleinhenz 2002, S. 5). Als eine wesentlich von diesen strukturellen Bedingungen betroffenen Personenkreis hebt Kleinhenz insbesondere die Langzeitarbeitslosen hervor, die sich im Wesentlichen aus älteren Arbeitnehmern von über 50 bzw. über 55 Jahren zusammensetzen.

Abbildung 2.2.1: Registrierte Arbeitslosigkeit (Quote), Erwerbstätige und Arbeitsvolumen in Westdeutschland von 1970 bis 2002 (Angaben in 1.000 und in %)

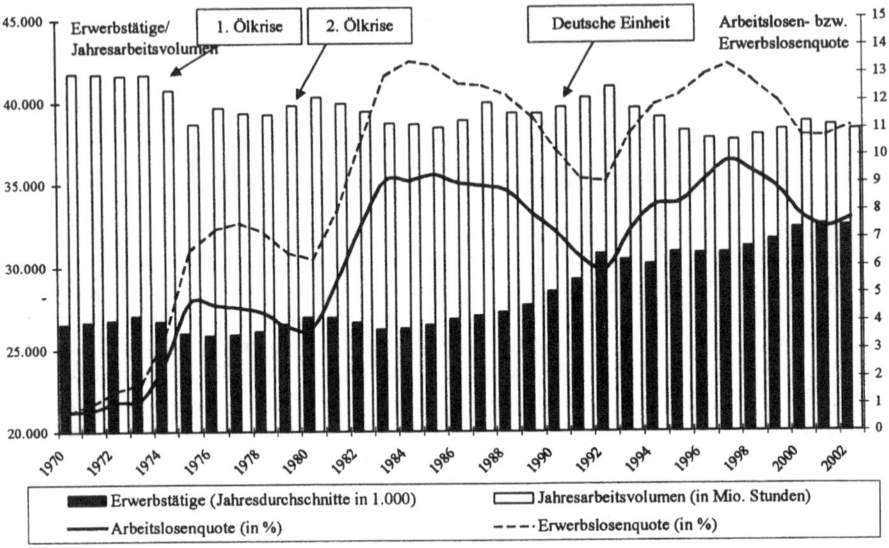

Anmerkung: Bei den Daten im Jahr 2002 handelt es sich um Prognosewerte der mittleren Variante (Variante II) des IAB. Die Erwerbslosenquote wurde nach dem IAB-Konzept ausgewiesen.[49]

Quelle: Eigene Darstellung nach Autorengemeinschaft, versch. Jahre.

Wie aus der Abbildung 2.2.1 ersichtlich wird, erhöhte sich in Westdeutschland seit den 1980er Jahren parallel zur Zunahme der registrierten Arbeitslosigkeit aufgrund einer angemesseneren Lohndynamik und steigender Wachstumsraten über die Jahre hinweg auch die Zahl der Erwerbstätigen (vgl. dazu auch Grütz, Faik 1998, S. 293 ff.; Kaltenborn, Klös 2000): „Von Beginn der achtziger Jahre bis Anfang der neunziger Jahre vergrößerte sich die Zahl der Erwerbspersonen um rund 5 Mio. und erreichte im früheren Bundesgebiet 1994 einen Wert von über 32 Mio." (Behrend 1997, S. 84). Während Behrend angebotsseitig darüber hinaus vor allem demographische Gründe, wie den Übergang geburtenstarker Jahrgänge von der Schule in den Arbeitsmarkt, sowie eine höhere Frauenerwerbsbeteiligung als Ursache für diesen Anstieg vermutet, heben Hof

49 „Die hier verwendete Definition der ‚registrierten Arbeitslosigkeit' entspricht der Abgrenzung nach dem § 118 SGB III, die auch den Zahlen der Geschäftsstatistik der BA zugrunde liegt. Die Zahl der ‚Erwerbslosen nach der ILO-Definition', die auch vom Statistischen Bundesamt verwendet wird, liegt um rd. 0,5 Mio. Personen niedriger. Diese Differenz ergibt sich aus Unterschieden in Konzept und Methode der Erhebung, größtenteils aber aus der Nichterfassung von geringfügig beschäftigten arbeitslos gemeldeten Personen" (Autorengemeinschaft 2000, S. 26).

und Mai (1997, S. 53) ebenso wie Blien und Mayer[50] insbesondere migrationsbedingte Faktoren hervor (vgl. dazu auch Bisping 1999, S. 192).
Parallel zum Anstieg der Erwerbstätigen ist allerdings das tatsächlich geleistete Arbeitsvolumen im Sinne der registrierten Jahresarbeitsstunden aller Erwerbstätigen – nicht linear aber doch deutlich – gefallen.[51] Ein kurzzeitiges Ansteigen des Arbeitsvolumens ist vor allem in den Jahren nach der Wiedervereinigung Deutschlands zu beobachten. Die damit verbundenen Wachstums- und Beschäftigungsimpulse führten dabei zunächst in Westdeutschland zu einer Reduzierung der Arbeitslosigkeit. Die anschließende Rezession ab 1993 jedoch ließ die Arbeitslosenquoten in Deutschland wieder ansteigen. Aber auch die in den Folgejahren moderaten Wachstumsraten bremsten den Anstieg der Arbeitslosenquoten nicht, so dass 1996 im Jahresdurchschnitt 4,0 Millionen Menschen als arbeitslos registriert waren (vgl. auch Bundesministerium für Arbeit und Sozialordnung 2001, S. 144). Blien und Mayer führen diesbezüglich aus, „dass die starke Immigration in die Bundesrepublik zur Wende der Neunzigerjahre nur moderate Auswirkungen auf die Arbeitslosigkeit hatte. (...) Theoretische Analysen und empirische Ergebnisse sprechen dafür, dass demographische Entwicklungen zwar Auswirkungen auf die Arbeitslosigkeit haben. Diese werden jedoch durch Preiseffekte abgeschwächt und verschwinden u.U. in der längeren Frist“ (Blien, Meyer 2000, S. 1041). Von einer ‚demographischen Arbeitslosigkeit' (vgl. Blien, Meyer 2000, S. 1040) könne daher nicht gesprochen werden.[52] Auf der anderen Seite ist aber auch unverkennbar, dass der ‚demographische Berg' nicht verarbeitet werden konnte (vgl. dazu beispielsweise Buck u.a. 2002, S. 21).
Während insgesamt das Erwerbspersonenpotenzial seit Beginn der 1990er Jahre – parallel zu einem massiven Konjunktureinbruch – weiter angewachsen ist (vgl. dazu auch

---

50 „Unmittelbar nach der deutschen Einheit hatte diese Arbeitsmarktentwicklung auch einen bedeutenden Einfluss auf die Ost-West-Migration gehabt: Insbesondere jüngere Männer konnten in der Anfangsphase auf Grund der günstigeren Nachfragesituation in den alten Bundesländern einen Arbeitsplatz finden und wegen tariflichen Unterschieden zusätzlich höhere Entlohnung erwarten. Zwischen 1989 und 1993 sind im Saldo mehr als 1 Mio. Menschen von Ost nach West über die (ehemalige) innerdeutsche Grenze gewandert und die Zahl der Berufspendler ist nach den Daten des Arbeitsmarktmonitors im selben Zeitraum auf über 500 Tsd. Personen angestiegen“ (Blien, Meyer 2000, S. 1055).

51 Diese Entwicklungen bilden die Grundlage des mit dem Schlagwort vom ‚Ende der Erwerbsarbeitsgesellschaft' umschriebenen Szenarios, das, projiziert man diese Entwicklungslinien in die Zukunft fort, unbestreitbar eine Problemverschärfung in einem Ausmaß beinhaltet, dem wohl mit einzelnen ‚normalen' beschäftigungspolitischen Maßnahmen nur mehr begrenzt beizukommen ist, und das damit auch grundlegende Fragen nach dem mit einem solchen Maß an Unterbeschäftigung verbundenen - bzw. dafür erforderlichen - grundsätzlichen gesellschaftlichen Wandel beinhaltet. Entsprechende Diskussionen wurden bereits früher geführt (vgl. z.B. Arendt 1981 oder auch Matthes 1983), allerdings auf einem geringeren Niveau an registrierter Arbeitslosigkeit und angesichts von noch nicht so weit fortgeschrittenen Prozessen der Rationalisierung.

52 „Der Zustrom sorgte für Arbeitslosigkeit, diese drückte das Lohnniveau, die Folge war eine stetige Entwicklung der Wirtschaft mit steigenden Beschäftigungszahlen. Hätte es keinen Zustrom gegeben, wäre die Arbeitslosenquote kurzfristig niedriger ausgefallen. Dies hätte zu einem sekundären Ansteigen der Löhne und einem Wiederansteigen der Arbeitslosigkeit geführt. Der lange Aufschwung in den Achtzigerjahren wird in dieser Sichtweise geradezu durch den Zustrom von Arbeitskräften erklärt“ (Blien, Meyer 2000, S. 1040).

Engelbrech, Reinberg 1997 sowie Engelbrech 1999), nahm die Dynamik der Zuwachsraten des Erwerbspersonenpotenzials im Laufe der Zeit ab (vgl. Schönwälder u.a. 1999, S. 126). Die Entwicklung einer steigenden Zahl an Erwerbstätigen bei gleichzeitiger Reduktion der Zahl der Arbeits- bzw. Erwerbslosen ab 1998 führten schließlich zu einem Rückgang der Arbeitslosen- bzw. Erwerbslosenquote in Westdeutschland (vgl. dazu auch Abbildung 2.2.1). Aber auch wenn die deutsche Wirtschaft im Jahr 2000 noch die höchsten Zuwachsraten seit der Wiedervereinigung aufwies, die ebenfalls mit einem steigendem Erwerbspersonenpotenzial und einer sinkenden Zahl an Arbeitslosen einher gingen, so ließ der konjunkturelle Aufschwung schon im zweiten Halbjahr 2000 wieder nach (vgl. Bundesanstalt für Arbeit 2001, S. 21; Cors 2000, S. 773 ff.). Seit 2001 hat sich diese Abschwächung der Dynamik der Wirtschaft infolge gestiegener Preise für Rohöl und Nahrungsmittel sowie des Einbruchs der Weltwirtschaft fortgesetzt. Dies hatte nachhaltige Auswirkungen auf den Arbeitsmarkt, indem nun die Erwerbstätigkeit sank, das Arbeitsangebot bzw. die Arbeits- und Erwerbslosigkeit insgesamt – trotz demographischer Entlastungseffekte[53] – jedoch weiter zunahm.

2.2.2 Entwicklung der Erwerbsbeteiligung älterer Arbeitnehmer

Eine differenzierte Betrachtung der Erwerbsbeteiligung[54] und der Arbeitslosigkeit im Folgenden ist aus mehreren Gründen unentbehrlich. Zum einen weisen die Entwicklungen der alters- und geschlechtsspezifischen Erwerbsbeteiligung auf Veränderungen in den Erwerbsorientierungen hin. Zum anderen ermöglicht eine entsprechende Analyse der Arbeitslosenquoten Aussagen darüber zu machen, inwieweit bestimmte Bevölkerungsgruppen im erwerbsfähigen Alter in besonderer Weise von konjunkturellen bzw. strukturellen Veränderungen in der Vergangenheit betroffen waren. Darüber hinaus ist hervorzuheben, dass die Berücksichtigung von Erwerbslosigkeit insbesondere auch deswegen notwendig erscheint, da die alleinige Betrachtung der registrierten Arbeitslosigkeit die Unterbeschäftigung gerade bei älteren Erwerbsfähigen deutlich unterschätzt. Denn neben den registrierten Arbeitslosen ist – neben weiteren Formen der Unterbeschäftigung (vgl. dazu ausführlich z.B. Sing 1998) – vor allem auch die sogenannte Stille Reserve von Bedeutung. Unter dieser werden definitionsgemäß Personen zusammengefasst, die unter günstigeren konjunkturellen Rahmenbedingungen erwerbstätig wären (vgl. z.B. Fuchs 1998; Holst 2000). Das IAB unterscheidet diesbezüglich zwischen Personen, die beispielsweise als ‚discouraged worker' überhaupt nicht auf dem Arbeitsmarkt in Erscheinung treten (‚Stille Reserve im engeren Sinn'), und Perso-

53 „Zwar sind nach wie vor mehr alte Menschen aus dem Erwerbsleben geschieden als junge eingetreten, aber diese demographische Komponente wurde durch eine größere Erwerbsneigung sowie einen positiven Wanderungs- und Pendlereffekt überkompensiert" (vgl. Bundesanstalt für Arbeit 2002, S. 13).

54 Unter Erwerbsbeteiligung wird hier die Erwerbsquote verstanden. Die Erwerbsquote wird errechnet als Anteil der Erwerbspersonen, d.h. der Erwerbstätigen und der Erwerbslosen, an der Wohnbevölkerung. Die altersspezifische Erwerbsquote ergibt sich dem entsprechend aus der Zahl der Erwerbspersonen einer bestimmten Altersgruppe dividiert durch die Zahl der Wohnbevölkerung der gleichen Altersgruppe. Durch die Berücksichtigung verschiedener Altersstufen lassen sich demographische Effekte durch die unterschiedliche Besetzung der Altersklassen eliminieren.

nen, die sich in Maßnahmen des Arbeitsförderungsgesetztes bzw. des SGB III befinden (‚Stille Reserve im weiteren Sinn'). Während der Umfang des erstgenannten Personenkreises zahlenmäßig vom IAB mit Hilfe aufwendiger statistischer Verfahren nur geschätzt werden kann (vgl. dazu ausführlich Sing 1998 sowie Holst 2000), zählen zum zweiten Personenkreis insbesondere auch ältere Arbeitslose, auf die der § 105 a-c bzw. der § 428 SGB III Anwendung findet, Personen, die Vorruhestandsleistungen bzw. Altersübergangsgeld erhalten, oder aber „Erwerbsunfähigkeitsrentner, die aus Gründen der Verschlossenheit des Arbeitsmarktes (konkrete Betrachtungsweise) eine diesbezügliche Rente beziehen" (Behrend 1997, S. 80 f.). Diese Personen erscheinen folglich nicht in der Arbeitslosenstatistik der Bundesanstalt für Arbeit, sondern sind für eine differenzierte Darstellung der Beschäftigungssituation Älterer den registrierten Arbeitslosen gesondert hinzuzufügen (vgl. dazu Kapitel 2.2.2.3).[55] Darüber hinaus ist zu beachten, dass auch die Rentengesetzgebung durch die Möglichkeit des vorzeitigen Rentenbezugs zu einer Reduzierung der Arbeitskräfteangebots seit den 1980er Jahren geführt hat, die – hätte sich der Arbeitsmarkt günstiger entwickelt – in diesem Umfang nicht unbedingt eingetreten wäre (vgl. Kapitel 2.2.3).

2.2.2.1 Die Entwicklung der Erwerbsquoten in Westdeutschland

Im folgenden soll nun die Entwicklung der Erwerbsquoten – vor allem älterer Arbeitnehmer –analysiert werden. In Abbildung 2.2.2 wird ersichtlich, dass sich vor allem an den ‚Rändern' des Erwerbslebens in der Vergangenheit Veränderungen bemerkbar machten. So ist zum einen bei den jüngeren Altersgruppen ein Trend zu sinkenden Erwerbsquoten erkennbar, der allerdings aufgrund einer längeren und qualitativ hochwertigeren Ausbildung mittel- bis langfristig zu höheren Erwerbsquoten und einer Verbesserung der individuellen Erwerbschancen in höheren Altersstufen führen kann (vgl. Reinberg u.a. 1995).

Ebenso ist bei den höheren Altersstufen die Erwerbsbeteiligung deutlich gesunken. Dabei sind jedoch geschlechtsspezifisch unterschiedliche Trends auszumachen. Während seit Beginn der 1960er Jahre die Erwerbsquote älterer Männer in Westdeutschland kontinuierlich sank, wobei der Rückgang um so größer ausfiel, je älter die Kohorte war bzw. ist[56], gestaltet sich die Situation bei den Frauen differenzierter. Denn wenn auch die Frauen im letzten Drittel ihres Erwerbslebens ähnliche Austrittsmuster aus

---

55 Eine Unterscheidung der ‚Stillen Reserve im engeren Sinn' und der ‚Stillen Reserve im weiteren Sinn' ist in den empirischen Analysen auf der Mikroebene (vgl. dazu Kapitel 5) aufgrund der vorhandenen Variablen im Sozioökonomischen Panel nicht möglich. Allerdings können dort Angaben zu denjenigen Personen gemacht werden, die nicht erwerbstätig und nicht als Arbeitslose registriert sind, aber dennoch die Aufnahme einer Erwerbstätigkeit wünschen und in naher Zukunft beabsichtigen.

56 So sind die Erwerbsquoten der westdeutschen Männer zwischen 1960 und 2000 vor allem in der Altersgruppe der 60- bis 64-jährigen mit einer Reduktion von 72,6 % auf 33,2 % drastisch gesunken. Die Verringerung der Erwerbsquote der 55- bis 59-jährigen fiel dagegen deutlich geringer aus: Sie reduzierte sich von 89,0 % im Jahr 1960 auf 77,9 % im Jahr 2000 (zu den Entwicklungen in Ostdeutschland vgl. Koller 2001).

Abbildung 2.2.2: Entwicklung der altersspezifischen Erwerbsquoten von Männern und Frauen zwischen 1960 und 2001 in Westdeutschland (Angaben in %)

Männer

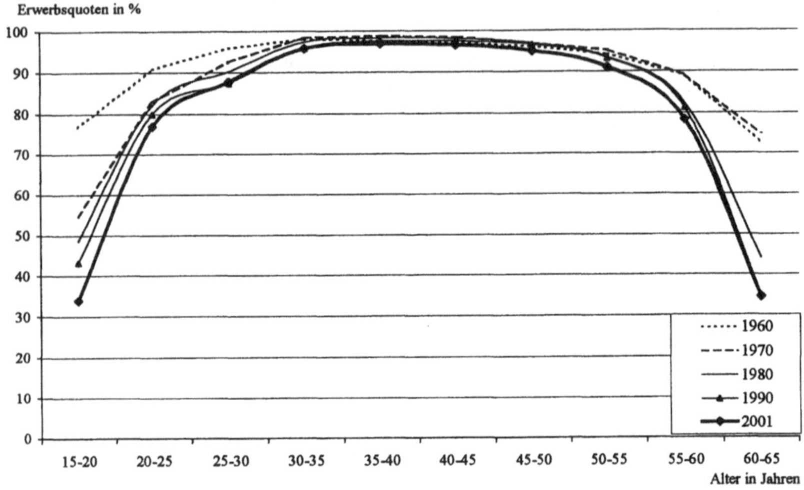

Frauen

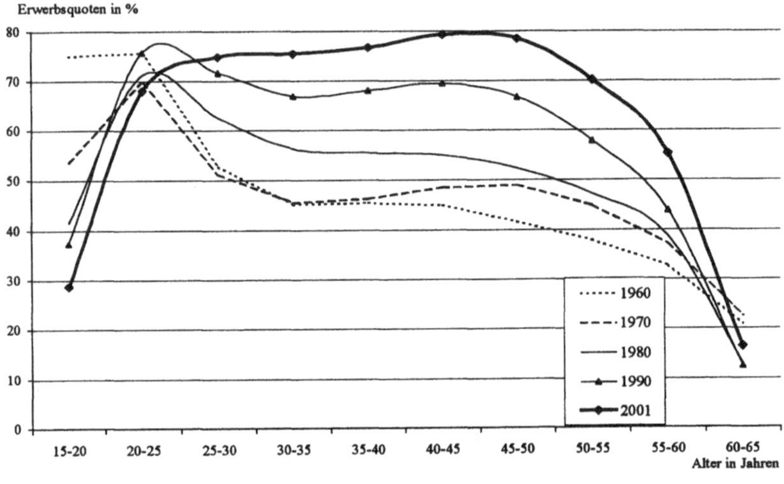

Anmerkung: Anteil der Erwerbspersonen an der jeweiligen Altersgruppe.
Quelle: Eigene Darstellung nach Statistisches Bundesamt, versch. Jahre.

dem Erwerbsleben wie die Männer aufweisen[57], so hat die insgesamt deutlich steigende Erwerbstätigkeit teilweise die Effekte einer abnehmenden Alterserwerbstätigkeit kompensiert (vgl. auch Sing 2002): „Seit dem Beginn der neunziger Jahre hat die (...) Tendenz [der steigenden Frauenerwerbsbeteiligung, D.S.] deutlich die Oberhand gewonnen, so dass die Alterserwerbsquoten der Frauen angestiegen sind und den Rückgang bei den Männern ausgeglichen haben. Dadurch liegt die Beschäftigungsquote der Bevölkerung insgesamt in der Altersgruppe der 55- bis unter 65-jährigen nun wieder bei knapp 30 %, d.h. auf dem Niveau von Ende der 70er Jahre“ (vgl. Knuth 1999, S. 116 f.).
Nach dem Rentenreformgesetz 1992 mit den entsprechenden Modifizierungen in den Jahren danach wird in Zukunft die vorzeitige Inanspruchnahme einer Altersrente in der Regel nur noch unter Inkaufnahme von Abschlägen möglich sein (vgl. dazu ausführlich Kapitel 2.1). Die meisten Prognosen gehen daher von einem deutlichen Anstieg der weiblichen und männlichen Erwerbsquoten ab einem Alter von etwa 55 Jahren aus (vgl. Eckerle, Oczipka 1998; Schulz 2000; Kempe 2000; Eurostat 2001): Insgesamt werden „die größten Veränderungen (...) in den höheren Altersklassen angenommen“ (Eckerle, Oczipka 1998, S. 32). Aber auch die Vereinbarungen von Lissabon[58] sehen in den Älteren die Zielgruppe für die durchschnittliche Erhöhung der Erwerbsbeteiligung. Demnach ist angestrebt, bis 2010 vor allem die Erwerbsquoten der älteren Frauen und Männer (50-64 Jahre) sowie die Erwerbsquoten der Frauen im mittleren Alter (30-49 Jahre) zu erhöhen, während die der Jüngeren nahezu ihre Zielgröße bereits erreicht haben (vgl. Sing 2002, S. 76). Dennoch ist zu bedenken, dass das Ansteigen der Alterserwerbsquoten in keiner Weise mit einem Anstieg der Erwerbstätigkeit verbunden sein muss. Vielmehr sprechen sowohl die Entwicklungen bei den westdeutschen Männern (vgl. dazu Tabelle 2.2.1) als auch insbesondere die Entwicklungen in Ostdeutschland generell dafür[59], dass Änderungen in der Erwerbsbeteiligung in höheren Altersstufen eher mit einer Zunahme der Erwerbslosigkeit anstelle der Erwerbstätigkeit verbunden waren. So ist denn auch „anzunehmen, dass die Erhöhung der Altersgrenzen für den Renteneintritt langfristig tatsächlich zu einer Erhöhung des Rentenzugangsalters führen wird. Damit dürften auch die Erwerbsquoten Älterer wieder steigen. Eine Erhöhung der Beschäftigtenquoten ist damit nicht notwendigerweise verbunden.

57 Auch hier reduzierte sich die Erwerbsquote der Altersgruppe der 60 bis 64-jährigen von 20,9 % (1960) auf 14,9 % (2000); dagegen stieg die Erwerbsquote der 55- bis 59-jährigen in der Vergangenheit von 32,7 % (1960) auf 53,6 % (2000) deutlich an (vgl. dazu auch Grütz, Faik 1998, S. 297).

58 Nach diesen wurde das Ziel gesetzt, dass in allen Ländern der Europäischen Union die durchschnittliche Erwerbsbeteiligung von 62 % im Jahr 1999 auf 70 % bis zum Jahr 2010 ansteigen soll (vgl. Coomans 2001). Der Europäische Rat von Stockholm hat darüber hinaus im Jahr 2001 für die 55- bis 64-jährigen eine Beschäftigungsquote von 50 % im Jahr 2010 gefordert (vgl. Buck u.a. 2002, S. 20).

59 So ist in Ostdeutschland die Erwerbsbeteiligung in der Altersgruppe ab 55 Jahren seit 1994 wieder sehr stark angestiegen – allerdings bei hoher Arbeitslosigkeit, so dass „Männer ab 60 Jahren (...) nur noch zu knapp einem Viertel im Erwerbsleben [stehen, D.S.], während es im West den immerhin 33 % sind“ (Koller 2001, S. 14).

Tabelle 2.2.1: Bevölkerung, Erwerbspersonen, Erwerbstätige und Erwerbslose zwischen 45 bis 64 Jahren in Westdeutschland (1985, 1996 und 2001)

	Bevölkerung		davon:					
			Erwerbspersonen, davon:				Nichterwerbspersonen	
			Erwerbstätige		Erwerbslose			
	in 1.000	in %	in 1.000	in %	in 1.000	in %	in 1.000	in %
Männer	1985							
45 bis 49	2.486	100	2.284	**91,9**	119	**4,8**	84	**3,4**
50 bis 54	1.924	100	1.699	**88,3**	94	**4,9**	131	**6,8**
55 bis 59	1.822	100	1.329	**72,9**	113	**6,2**	381	**20,9**
60 bis 64	1.437	100	451	**31,4**	23	**1,6**	963	**67,0**
	1996							
45 bis 49	2.212	100	1.974	**89,2**	135	**6,1**	104	**4,7**
50 bis 54	2.088	100	1.758	**84,2**	144	**6,9**	187	**9,0**
55 bis 59	2.543	100	1.685	**66,3**	298	**11,7**	560	**22,0**
60 bis 64	1.836	100	539	**29,4**	56	**3,1**	1.240	**67,5**
	2001							
45 bis 49	2.287	100	2.034	**88,9**	138	**6,0**	115	**5,0**
50 bis 54	2.216	100	1.868	**84,3**	146	**6,6**	202	**9,1**
55 bis 59	2.048	100	1.404	**68,6**	201	**9,8**	444	**21,7**
60 bis 64	2.410	100	752	**31,2**	80	**3,3**	1.578	**65,5**
Frauen	1985							
45 bis 49	2.381	100	1.254	**52,7**	106	**4,5**	1.021	**42,9**
50 bis 54	1.903	100	881	**46,3**	74	**3,9**	948	**49,8**
55 bis 59	2.003	100	684	**34,1**	73	**3,6**	1.247	**62,3**
60 bis 64	2.128	100	221	**10,4**	11	**0,5**	1.896	**89,1**
	1996							
45 bis 49	2.180	100	1.460	**67,0**	108	**5,0**	612	**28,1**
50 bis 54	2.025	100	1.189	**58,7**	101	**5,0**	734	**36,2**
55 bis 59	2.487	100	1.052	**42,3**	164	**6,6**	1.271	**51,1**
60 bis 64	1.911	100	239	**12,5**	19	**1,0**	1.654	**86,6**
	2001							
45 bis 49	2.307	100	1.710	**74,1**	97	**4,2**	499	**21,6**
50 bis 54	2.201	100	1.429	**64,9**	113	**5,1**	659	**29,9**
55 bis 59	2.002	100	970	**48,5**	136	**6,8**	896	**44,8**
60 bis 64	2.450	100	373	**15,2**	29	**1,2**	2.049	**83,6**

Quelle: Eigene Berechnungen und Darstellung nach Statistisches Bundesamt, versch. Jahre.

Wie bereits betont wurde, führt die Erhöhung des Rentenzugangsalters bei gleichbleibenden Beschäftigungschancen bzw. -risiken Älterer lediglich zu einer weiteren Erhöhung ihrer Arbeitslosigkeit und zu noch längeren Arbeitslosigkeitsperioden" (Koller 2001, S. 14).

2.2.2.2 *Die Entwicklung der registrierten Arbeitslosigkeit Älterer*

Während bisher die Erwerbsquote nach der Mikrozensus-Definition ausgewiesen wurde, basieren die nun folgenden Angaben zur Arbeitslosigkeit auf dem Erwerbskonzept der Bundesanstalt für Arbeit bzw. des IAB. Abweichungen hinsichtlich der ausgewiesenen Erwerbspersonen (d.h. Erwerbstätige plus (registrierte) Arbeitslose) treten insbesondere dadurch auf, dass nach der Mikrozensusdefinition bereits Personen, die nur eine Stunde in der Woche arbeiten, als Erwerbstätige gezählt werden. So gilt beispielsweise auch ein registrierter Arbeitsloser, der eine geringfügige Beschäftigung ausübt, als Erwerbstätiger, während er nach der Definition der Bundesanstalt für Arbeit erwerbslos und damit arbeitslos ist (für eine detailliertere Betrachtung vgl. z.B. Grütz, Faik 1998, S. 295; Bundesanstalt für Arbeit 2001, S. 63 ff. sowie Kapitel 4).
In Kapitel 2.2.1 wurde bereits auf die stufenweise Erhöhung der Arbeitslosigkeit in Westdeutschland seit den 1960er Jahren hingewiesen. Durch die Differenzierung nach dem Alter und Geschlecht der Arbeitslosen wird deutlich (vgl. Abbildungen 2.2.3 und 2.2.5), dass seit 1982 eine schrittweise Erhöhung des Anteils älterer Arbeitsloser (hier ausgewiesen ab 45 Jahren) an allen Arbeitslosen beobachtet werden kann (vgl. dazu auch Grütz, Faik 1998, S. 297). Während 1982 nur etwa 11,9 % der westdeutschen Männer über 55 Jahre und 9,5 % der Frauen im gleichen Alter an den jeweiligen Arbeitslosengruppen ausmachten, so waren es 1999 26,0 % bzw. 22,1 %.
Die Entwicklung der Veränderung der absoluten Zahl älterer arbeitsloser Männer und Frauen zwischen 1980 und 2001 in Westdeutschland nach dem Alter zeigen noch eindrücklicher (vgl. Abbildungen 2.2.4 und 2.2.6), dass in der Vergangenheit zunehmend insbesondere die Altersgruppe der 55- bis 59-jährigen – vor allem seit Beginn der 1990er Jahre – überdurchschnittlich vom Risiko des vorzeitigen Arbeitsmarktausschlusses betroffen war. Denn während auch die Zahl der älteren Arbeitslosen zwischen 60 und 64 Jahren zwischen 1980 und 1997 insgesamt ‚nur' etwa um das 2,9-fache anstieg, waren es bei den 55- bis 59-jährigen Männern das 7,4-fache bzw. bei den Frauen der gleichen Altersgruppe das 4,7-fache.[60] Seit 1997 ist diesbezüglich eine Trendumkehr zu beobachten. Berücksichtigt man, dass der absolute Anteil der über 60-jährigen Arbeitslosen an allen Arbeitslosen aufgrund der bestehenden Vorruhestandsregelungen in der Vergangenheit eher gering war, überrascht es nicht, dass mit der Heraufsetzung des Rentenzugangsalters sich zunehmend auch die Arbeitslosigkeit hin

[60] Empirische Daten belegen, dass es sich bei dieser Entwicklung nicht um demographische Effekte handelt. Ganz im Gegenteil: Während die Bevölkerung im Alter zwischen 55 und 59 Jahren zwischen 1980 und 1997 um 33,2 % zunahm, erhöhte sich die Bevölkerung zwischen 60 und 64 Jahren sogar um 63,2 % (vgl. Statistisches Bundesamt 1982, 1999).

Abbildung 2.2.3: Anteil der älteren arbeitslosen Männer an allen arbeitslosen Männern zwischen 1980 und 2001 in Westdeutschland (Angaben in %)

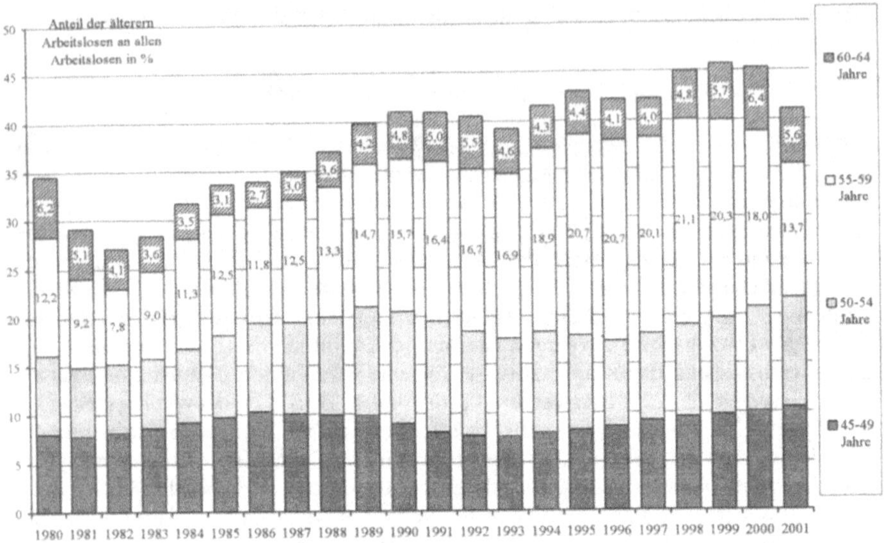

Quelle: Eigene Darstellung nach Bundesanstalt für Arbeit (Strukturanalyse), versch. Jahre.

Abbildung 2.2.4: Veränderung der absoluten Zahl älterer arbeitsloser Männer zwischen 1980 und 2001 in Westdeutschland (Index: 1980=100)

Quelle: Eigene Darstellung nach Bundesanstalt für Arbeit (Strukturanalyse), versch. Jahre.

Abbildung 2.2.5: Anteil der älteren arbeitslosen Frauen an allen arbeitslosen Frauen zwischen 1980 und 2001 in Westdeutschland (Angaben in %)

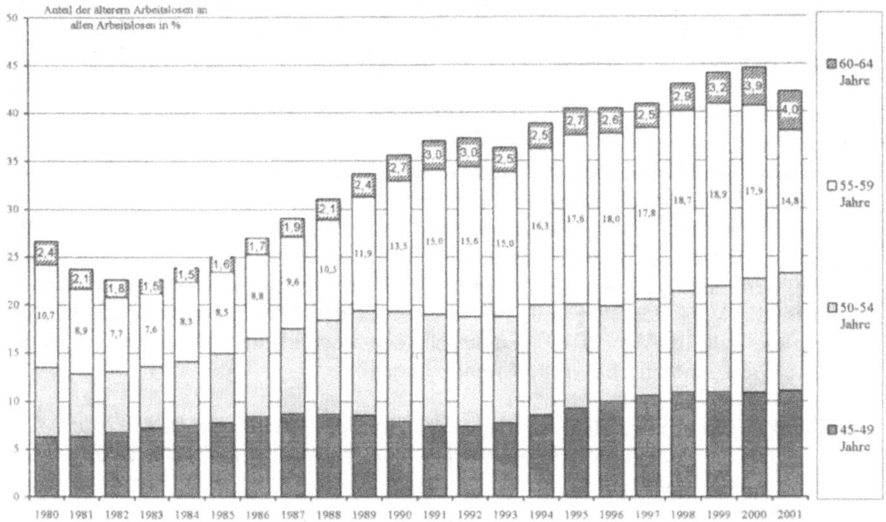

Quelle: Eigene Darstellung nach Bundesanstalt für Arbeit (Strukturanalyse), versch. Jahre.

Abbildung 2.2.6: Veränderung der absoluten Zahl älterer arbeitsloser Frauen zwischen 1980 und 2001 in Westdeutschland (Index: 1980=100)

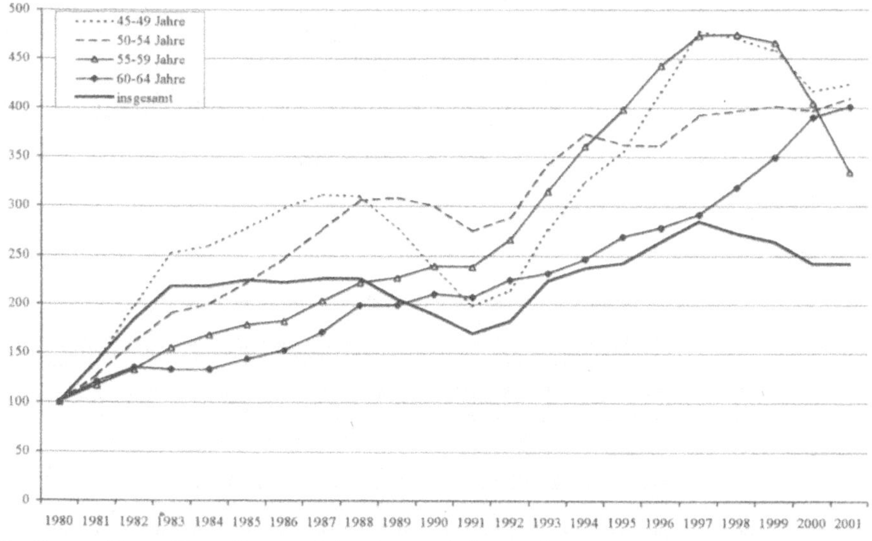

Quelle: Eigene Darstellung nach Bundesanstalt für Arbeit (Strukturanalyse), versch. Jahre.

zu höheren Altersgruppe der 60- bis 64-jährigen verschiebt bzw. zunehmend verschieben wird.[61]
Inwieweit die einzelnen Altersgruppen seit den 1980er Jahren tatsächlich jeweils von Arbeitslosigkeit betroffen waren, zeigt sich vor allem in den altersspezifischen Arbeitslosenquoten (vgl. dazu Abbildung 2.2.7). Denn während eine zunehmende Zahl an Arbeitslosen einer bestimmten Altersgruppe bzw. die Veränderung des Anteils an allen Arbeitslosen noch nicht zwangsläufig mit einer höheren Betroffenheit der jeweiligen Altersgruppe einhergeht, sind die altersspezifischen Arbeitslosenquoten einerseits um demographische Effekte bereinigt, zum anderen müssen sie stets als Verhältniszahl zwischen registrierter Arbeitslosigkeit und Anzahl der Erwerbspersonen der jeweiligen Altersstufe interpretiert werden. So kann trotz einer sinkenden absoluten Zahl an registrierten Arbeitslosen einer Altersgruppe die Arbeitslosenquote unverändert hoch bleiben, wenn sich gleichzeitig die Zahl der Erwerbspersonen reduziert. Betrachtet man z.B. die Veränderungen seit 1997, so hat in der Altersgruppe der 55- bis 59-jährigen die Zahl der Arbeitslosen stärker abgenommen als die der Erwerbspersonen, so dass die altersspezifische Arbeitslosenquote sank.

Abbildung 2.2.7: Entwicklung der altersspezifischen Arbeitslosenquoten von Männern und Frauen zwischen 1973 und 2001 in Westdeutschland (Angaben in %)

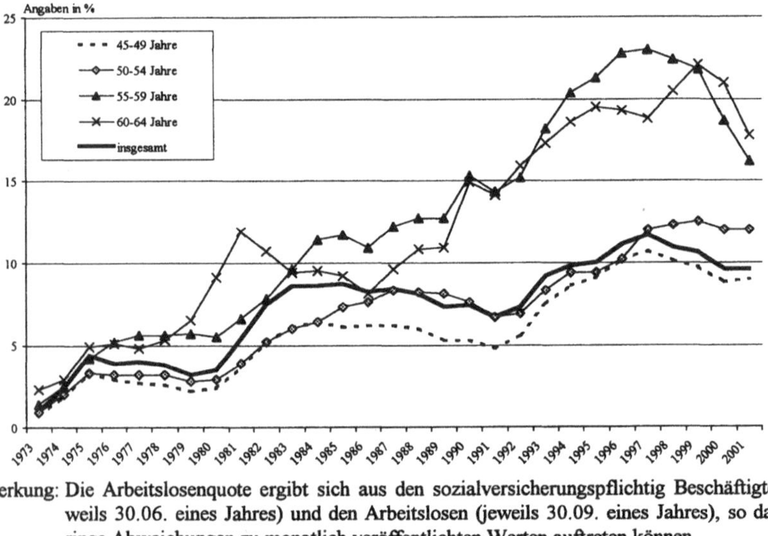

Anmerkung: Die Arbeitslosenquote ergibt sich aus den sozialversicherungspflichtig Beschäftigten (jeweils 30.06. eines Jahres) und den Arbeitslosen (jeweils 30.09. eines Jahres), so dass geringe Abweichungen zu monatlich veröffentlichten Werten auftreten können.
Quelle: Eigene Darstellung nach Bundesanstalt für Arbeit (Strukturanalyse), versch. Jahre.

---

61 Koller (2001) ist dagegen der Ansicht, dass die bisherigen diesbezüglichen rentenrechtlichen Änderungen kaum Auswirkungen auf den Arbeitsmarkt und die altersspezifische Erwerbsbeteiligung gehabt haben: „Die grundsätzliche Weichenstellung in Richtung späterer Rentenzugang hatte bis weit in die 90er Jahre keine Auswirkung auf die Arbeitsmarktpolitik, die immer noch in Richtung ‚Frühverrentung' orientiert war" (Koller 2001, S. 6).

Insgesamt haben sich darüber hinaus die Unterschiede zur nächst höheren Altersgruppe reduziert, denn nun zeigt sich auch bei den 60- bis 64-jährigen zwischen 1973 und 1997 ein ähnlich steigender Verlauf der Arbeitslosenquote wie bei den 55- bis 59-jährigen.[62] Dass die höchste Arbeitslosenquote seit 1999 bei den über 60-jährigen vorliegt, stützt die oben aufgestellte Vermutung, dass sich hier bereits die ersten Auswirkungen der Erhöhung des Zugangsalters in die ‚Altersrente wegen Arbeitslosigkeit' bemerkbar machen, da beispielsweise im Jahr 2000 die Untergrenze für den Bezug einer abschlagsfreien Rente wegen Arbeitslosigkeit – sofern keine Vertrauensschutzregelungen geltend gemacht werden konnten – bei mindestens 63 Jahren lag (vgl. auch Koller 2001, S. 18).
Aus der Abbildung 2.2.7 wird zudem ersichtlich, dass die Arbeitslosigkeit Älterer – im Verhältnis zur Entwicklung aller Arbeitsloser – erst seit Ende der 1980er Jahre eine bedeutende Rolle spielt (vgl. dazu auch Abbildungen 2.2.3 sowie 2.2.5): „Zu diesem Ergebnis haben [nicht zuletzt, D.S.] die umfangreichen Vorruhestands- und Altersübergangsgeldregelungen beigetragen, mit denen etwa 1,1 Mio. Menschen vorzeitig (teils schon mit 55 Jahren) aus dem Erwerbsleben ausgeschieden sind" (Bundesministerium für Arbeit und Sozialordnung 2001, S. 147). Inwieweit tatsächlich ein solcher Zusammenhang besteht, soll im Folgenden durch die Analyse der Inanspruchnahme arbeitsmarktpolitischer Maßnahmen für Ältere als auch durch die Betrachtung spezifischer Risikofaktoren älterer Arbeitnehmer, von (Langzeit-)Arbeitslosigkeit betroffen zu sein, verdeutlicht werden.

2.2.2.3 *Arbeitsmarktpolitische Maßnahmen für Ältere*

Die Zunahme spezieller arbeitsmarktpolitischer Maßnahmen in Westdeutschland bis 1996 hat dazu geführt, dass die Zahl der Personen, die zur Stillen Reserve im engeren Sinn zu rechnen sind, anstieg.[63] Da dieser Personenkreis gemäß der Definition der Bundesanstalt für Arbeit nicht zu den Erwerbspersonen zählt (vgl. dazu z.B. Bundesanstalt für Arbeit 2001, S. 23), wird er auch nicht bei der Berechnung der Arbeitslosenquote berücksichtigt: Die Arbeitslosenquote erscheint somit höher. Auf der anderen Seite liegt gleichzeitig eine Unterschätzung der Unterbeschäftigung vor. Aus diesem Grunde werden an dieser Stelle die z.T. schon in Kapitel 2.1 kurz erwähnten arbeits-

---

62 Altersspezifische Arbeitslosenquoten, die nach dem Geschlecht differenzierbar sind, liegen erst seit 1990 vor. Insgesamt zeigen sich dort bei den Frauen leicht höhere Arbeitslosenquoten in allen Altersstufen, deren Diskrepanz mit zunehmenden Alter immer weiter auseinander fällt. So weisen im Jahr 2001 die Frauen zwischen 60 und 64 Jahren mit 23,9 % die höchste Arbeitslosenquote auf. Diese Personengruppe weicht zudem auch in der Verlaufsperspektive von den bisher gezeigten Entwicklung ab: Denn während bei den westdeutschen Männern und Frauen ab 55 Jahren die Arbeitslosenquoten seit Ende der 1990er Jahre sanken, ist hier zunächst ein weiterer Anstieg zu verzeichnen (vgl. dazu auch Wübbeke 1999, S. 108; vgl. obiges Argument hinsichtlich der Verarbeitung des ‚demographischen Berges').

63 Seit Anfang der 1990er Jahre hat sich die Zahl der Personen, die sich in Westdeutschland in einer arbeitsmarktpolitischen Maßnahme befanden, von 446 Tsd. (1991) auf 524 Tsd. (1996) erhöht. Seitdem ist ein sinkender Trend der Inanspruchnahme zu verzeichnen (2000: 421 Tsd. Personen), der sich erstmals 2001 wieder umdreht (447 Tsd. Personen). Betrachtet man den Anteil der Stillen Reserve i.e.S. an der gesamten Stille Reserve, so betrug dieser im Jahr 1991 35,5 %, im Jahr 1996 29,6 % und im Jahr 2001 31,5 %.

marktpolitischen Maßnahmen insbesondere für ältere Arbeitnehmer sowie ihre quantitative Entwicklung nochmals komprimiert dargestellt.
Während retrospektiv betrachtet die Arbeitsmarktpolitik in den 1960er Jahren primär auf eine aktive Beschäftigungsförderung setzte (vgl. Naschold, Oppen 1994, S. 309), wurde aufgrund der prozyklischen Wirkungsweise der Arbeitslosenversicherung infolge der hohen Arbeitslosigkeit seit Mitte der 1970er Jahre das arbeitsmarktpolitische Instrumentarium zunehmend dazu genutzt, die Zahl der – insbesondere älteren – Arbeitslosen durch entsprechende finanziell abgesicherte Maßnahmen der Arbeitsmarktausgliederung zu reduzieren: „Arbeitsmarktpolitik hat sich seither zunehmend mit der Externalisierungsstrategie der Rentenpolitik synchronisiert und wesentlich zur Institutionalisierung vor allem einer spezifischen Frühverrentungspassage, nämlich von Erwerbsarbeit zum Arbeitslosenruhegeld über in der Regel Langzeitarbeitslosigkeit, beigetragen“ (Naschold, Oppen 1994, S. 309). Aufgrund der damit verbundenen Hoffnung einer entsprechenden Arbeitsmarktentlastung und einer Erhöhung der Beschäftigungschancen Jüngerer fand dieses Vorgehen auch breite gesellschaftliche Zustimmung (vgl. Gatter, Hartmann 1995).
Eine erste bedeutende arbeitsmarktpolitische Maßnahme in diesem Sinne stellte das von 1984 bis 1988 geltende Vorruhestandsgesetz (VRG) dar (vgl. dazu etwas ausführlicher Kapitel 2.1.1.3). Im Rahmen dieses ‚Gesetzes zur Erleichterung des Übergangs vom Arbeitsleben in den Ruhestand' wurde es möglich, dass Arbeitnehmer ab einem Alter von 58 Jahren in den Vorruhestand gehen konnten und mit dem Erreichen des 60. Lebensjahres eine Altersrente bezogen. Der Status der Arbeitslosigkeit im Alter wurde dadurch vermieden. Dennoch war die Inanspruchnahme nur gering: Zwischen 1985 und 1988 gab es etwa 140 Tsd. Begünstigte (vgl. dazu Abbildung 2.2.8).
In Ostdeutschland ermöglichte es dagegen die ‚Verordnung über die Gewährung von Vorruhestandsgeld' Arbeitnehmern, ab 1990 maximal drei Jahre vor Erreichen des Rentenalters sogenanntes Vorruhestandsgeld (Vog) zu beziehen (vgl. Steffen 1996a, S. 222). Im Zuge der Wiedervereinigung wurde diese Regelung in § 249f AFG als ‚Altersübergangsregelung' – ähnlich dem westdeutschen Vorruhestandsmodell von 1984 bis 1988 – übernommen (vgl. dazu auch Kapitel 2.1.1.5). Für arbeitslose ältere Arbeitnehmer ab dem 55. Lebensjahr sah dabei § 249e AFG die Leistung von ‚Altersübergangsgeld' vor, das – ähnlich berechnet wie das Arbeitslosengeld – die Zeit bis zum Rentenzugang mit 60 Jahren überbrücken sollte. Diese Leistung konnte vom 03.10.1990 bis 31.12.1992 beantragt werden bei einer maximalem Bezugszeit von Jahren (vgl. Steffen 1996, S. 3). Zwischen 1990 und 1997 nahmen insgesamt etwa 2,5 Mio. ältere Arbeitnehmer diese Regelung in Anspruch (vgl. Abbildung 2.2.9). Seitdem ist die Nutzung dieser Maßnahme – „obwohl sich die Abschöpfungseffekte durch das Altersübergangsgeld erst ab 2003 vollkommen ‚herausgewachsen' haben werden (erst dann haben alle Jahrgänge die über das Altersübergangsgeld ausscheiden konnten, das 65 Lebensjahr überschritten)“ (Koller 2001, S. 6) – nur äußerst gering.
Eine weitere bedeutende arbeitsmarktpolitische Maßnahme stellt die Förderung von Altersteilzeitarbeit dar. Auch wenn diese im Rahmen des am 20.12.1988 beschlossenen Altersteilzeitgesetz (AtG) zunächst bis Ablauf der Befristung im Jahr 1992 nicht einmal von 1.000 Personen in Westdeutschland wahrgenommen wurde (vgl. Steffen

Abbildung 2.2.8: Entwicklung der Teilnehmerzahl an arbeitsmarktpolitischen Maßnahmen für Ältere zwischen 1980 und 2001 in Westdeutschland (Angaben in 1.000)

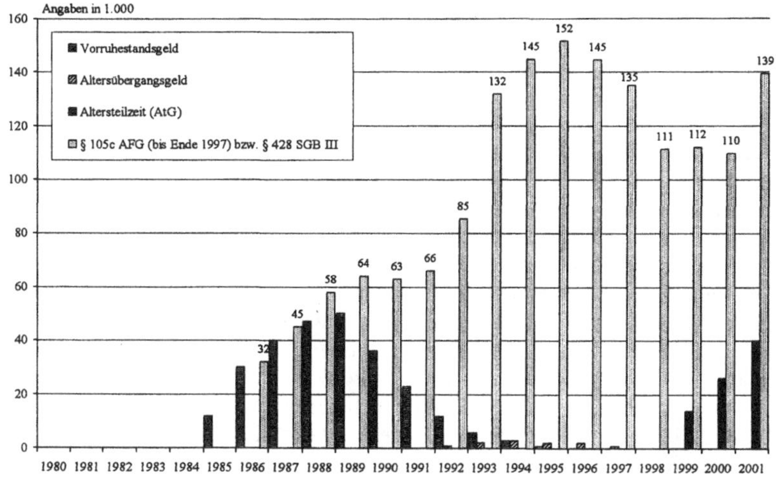

Anmerkung: Personen in Maßnahmen zählen zur Stillen Reserve im weiteren Sinn.

Quelle: Eigene Darstellung nach Autorengemeinschaft, versch. Jahre; Bundesanstalt für Arbeit, versch. Jahre.

Abbildung 2.2.9: Entwicklung der Teilnehmerzahl an arbeitsmarktpolitischen Maßnahmen für Ältere zwischen 1980 und 2001 in Ostdeutschland (Angaben in 1.000)

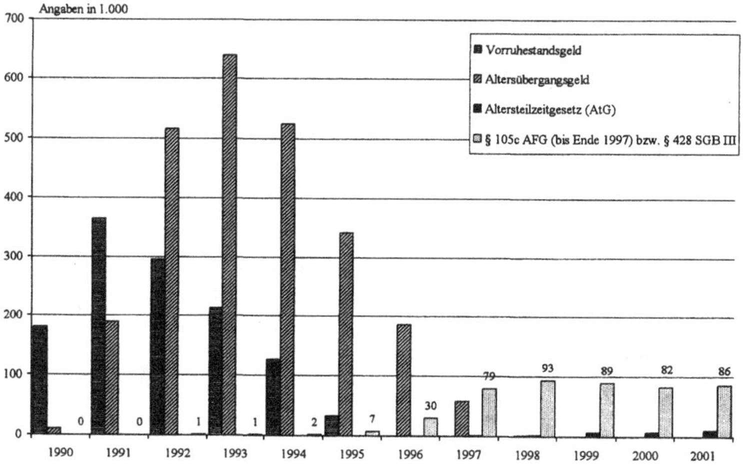

Anmerkung: Personen in Maßnahmen zählen zur Stillen Reserve im weiteren Sinn.

Quelle: Eigene Darstellung nach Autorengemeinschaft, versch. Jahre; Bundesanstalt für Arbeit, versch. Jahre.

1996, S. 5), so hat sich das seit der Einführung des ‚Gesetzes zur Förderung eines gleitenden Übergangs älterer Arbeitnehmer in den Ruhestand' deutlich geändert.[64] Denn das ‚neue', seit 01.08.1996 in Kraft getretene Altersteilzeitgesetz ermöglicht nicht nur als ‚echtes Altersteilzeitmodell' einen ‚gleitenden Übergang in den Ruhestand', sondern kann auch als ‚Blockmodell' und somit als ein ‚Frühverrentungs- bzw. Vorruhestandsmodell' genutzt werden (vgl. dazu etwas ausführlicher Kapitel 2.1.1.6.1; vgl. auch Knuth 1999, S.133 ff.): „Eingeführt mit der Intention, älteren Arbeitnehmern durch Teilzeitbeschäftigung einen gleitenden Übergang in den Ruhestand zu ermöglichen, stieß diese Regelung erst dann auf breites Interesse, als die Möglichkeit zur ‚Blockbildung' (die ‚Teilzeitbeschäftigung' wird in einem Vollzeitblock abgeleistet, dem ein Freizeitblock folgt) ausgebaut wurde" (Koller 2001, S. 6).
Dem entsprechend nahm die Inanspruchnahme von Altersteilzeitarbeit seit 1996 kontinuierlich zu. Während zwischen August – d.h. der In-Kraft-Tretung des Altersteilzeitgesetzes – und Ende Dezember 1996 insgesamt nur 1.200 Anträge auf Altersteilzeit gestellt und 540 davon bewilligt wurden (Bundesanstalt für Arbeit 1997, S. 72), waren dies im Jahr 2001 bereits 39.000 bewilligte Anträge allein in Westdeutschland (Ostdeutschland: 6.800) (Bundesanstalt für Arbeit 2002, S. 121, 130). Gleichzeitig erhöhte sich im selben Zeitraum die Zahl der Arbeitnehmer in der Freistellungsphase auf jahresdurchschnittlich 39.900 Personen (Ostdeutschland: 10.300 Personen). „Die Zahl aller Altersteilzeit-Fälle ist aber wesentlich größer. Denn zahlreiche Arbeitnehmer befinden sich in Altersteilzeitarbeit, treten aber wegen der ‚Verblockung' der Arbeitszeit förderrechtlich erst zu einem späteren Zeitpunkt in Erscheinung. Zudem wird Altersteilzeit vielfach auch ohne Stellen-Wiederbesetzung und damit ohne Förderung durch die Bundesanstalt genutzt" (Bundesanstalt für Arbeit 2002, S. 121).
Aber auch wenn die Inanspruchnahme von Altersteilzeitarbeit in der Vergangenheit zunehmend an Attraktivität gewonnen hat, so beeinflusste und beeinflusst auch heute noch die Regelung gemäß § 105c AFG (bis 1997) bzw. § 428 SGB III am nachhaltigsten die vorzeitigen Ausgliederungsprozesse älterer Arbeitnehmer aus dem Arbeitsmarkt (vgl. dazu auch Kapitel 2.1.1.3). Nach dieser gesetzlichen Regelung müssen 58-jährige und ältere Arbeitslose – bei vollem Bezug von Lohnersatzleistungen – dem Arbeitsmarkt nicht mehr als registrierte Arbeitslose zur Verfügung stehen, wenn sie sich verpflichten, zum frühestmöglichen Zeitpunkt einer abschlagsfreien Altersrente zuzugehen. Die Nutzung dieser Regelung entspricht dabei im wesentlichen dem konjunkturellen Verlauf und erreichte in Westdeutschland zwischen 1993 und 1997 mit einer jährlichen Inanspruchnahme zwischen 132.000 und 152.000 Personen Höchstwerte. Der danach einsetzende sinkende Trend wurde 2001 (139. 000 Personen) wieder durch eine steigende Nutzung dieser Regelung abgelöst. Auch in Ostdeutschland stellt der § 428 SGB III seit 1997 das bedeutendste arbeitsmarktpolitisch geförderte ‚Vorruhestandsmodell' dar. Die Inanspruchnahme liegt hier im Jahr 2001 bei etwa 86.000 Personen (vgl. Abbildung 2.2.9).

64 Das AtG ermöglicht älteren Arbeitnehmern ab dem 55. Lebensjahr den gleitenden Übergang in den Ruhestand. Das Gesetz ist gegenwärtig befristet bis zum Jahr 2009.

2.2.2.4 *Risiken des Arbeitsmarktausschlusses Älterer*

2.2.2.4.1 *Das Risiko der Langzeitarbeitslosigkeit*

Aufgrund bestehender Kündigungsschutzregelungen ist bei den älteren Arbeitnehmern weniger das Zugangsrisiko zu Arbeitslosigkeit als vielmehr das Verbleibrisiko (vgl. Kistler, Huber 2002) und somit die überdurchschnittliche Dauer der Arbeitslosigkeit von Bedeutung (vgl. auch Cramer, Karr 1992, S. 189 ff.). So liegen die Zugänge älterer Arbeitnehmer zur Arbeitslosigkeit noch immer deutlich unter den Anteilen jüngerer Altersgruppen (vgl. Rudolph 1992, S. 147 ff.; Koller 1995); tritt jedoch Arbeitslosigkeit ein, so ist sie häufig als Langzeitarbeitslosigkeit[65] angelegt (vgl. Kleinhenz 2002). Wie aus der Abbildung 2.2.10 hervorgeht, ist – aufgrund der hohen Bestandszahlen älterer Arbeitsloser seit Anfang der 1980er Jahre – die durchschnittliche Dauer der Arbeitslosigkeit vor allem in der Altersgruppe der 60- bis 64-jährigen von 13,5 Monaten (1983) auf beinahe 30 Monate (1999) in Westdeutschland gestiegen. Bereits deutlich geringere Werte weisen die 55- bis 59-jährigen auf, deren Arbeitslosigkeitsdauer sich im gleichen Zeitraum von durchschnittlich 9,1 auf 16,8 Monate fast ‚nur' verdoppelte. Dennoch kann zusammenfassend festgestellt werden: „Wer älter als 50 bzw. 55 Jahre alt ist, läuft bei Eintritt von Arbeitslosigkeit ein extrem hohes Risiko, dauerhaft arbeitslos zu bleiben (bzw. aus dem Erwerbsleben auszuscheiden)“ (Schönwälder u.a. 1999, S. 517).

Dabei ist anzumerken, dass die durchschnittliche Arbeitslosigkeitsdauer als Indikator für Arbeitsmarktentwicklungen spezifischen Verzerrungen unterliegt (vgl. dazu auch Karr 1997). Zum einen wird die Dauer der Arbeitslosigkeit seit 1985 nach dem ‚Konzept des letzten Zugangs' dargestellt (vgl. Rudolph 1992, S. 159 ff.), so dass bei jeder Unterbrechung der Arbeitslosigkeit (z.B. durch Krankheit, eine kurzfristige Beschäftigung, Bildungsmaßnahmen oder Umzug) die Arbeitslosigkeitsphase neu beginnt.[66] Zum anderen ist zu bedenken, dass die längere Dauer der Arbeitslosigkeit bei den Älteren ab 60 Jahren dadurch begründet ist, dass diese Personen in der Regel die rentenrechtlichen Voraussetzungen für eine vorgezogene Rente ab 60 Jahren nicht erfüllen (vgl. dazu auch Behrend 1997, S. 89). Diese Personen dürften insgesamt eine schlechtere soziale Lage aufweisen als diejenigen, die bereits mit 60 Jahren Anspruch auf eine eigenständige Altersrente haben und ‚vorzeitig' als Abgänge in Rente bzw. in die Nichterwerbstätigkeit aus der Arbeitsmarktstatistik verschwinden (vgl. dazu auch Kapitel 2.3).

---

65 Zu den Langzeitarbeitslosen zählen Personen, die länger als ein Jahr arbeitslos sind.

66 Bis 1984 wirkten sich Unterbrechungen von bis zu 13 Wochen nicht auf den Beginn der Arbeitslosigkeitsphase aus. In diesen Fällen wurde nur die Dauer der Arbeitslosigkeit um die entsprechende Zeitspanne reduziert. „Durch die Umstellung wurde im Jahr 1984 der Anteil der Langzeitarbeitslosen um vier Prozent gesenkt“ (Behrend 1997, S. 93).

Abbildung 2.2.10: Abgänge an Arbeitslosen nach der durchschnittliche Dauer der Arbeitslosigkeit und nach Alter in Westdeutschland von 1980 bis 1999 (Angabe in Monaten)

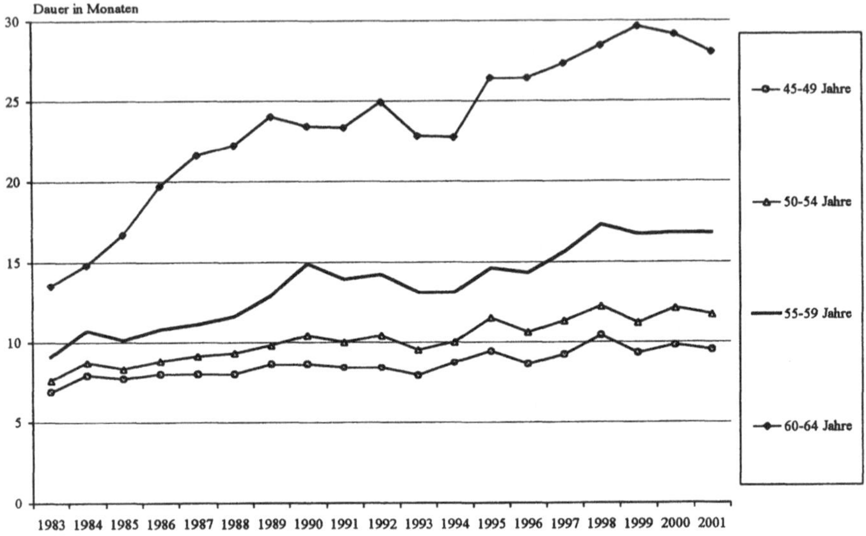

Anmerkung: Die Dauer der Arbeitslosigkeit wird seit 1985 nach dem Konzept ‚des letzten Zugangs' dargestellt. Bei den bisher zur Dauer angegebenen Werten haben Unterbrechungen bis zu 13 Wochen den Status ‚arbeitslos' nicht beendet; die Unterbrechungszeiten selber wurden bei der Berechnungsdauer nicht aufaddiert.

Quelle: Eigene Darstellung nach Bundesanstalt für Arbeit (Strukturanalyse), versch. Jahre.

Seit 1981 ist die absolute Zahl derjenigen registrierten Arbeitslosen in Westdeutschland, die länger als ein Jahr arbeitslos sind, von insgesamt 203.400 auf 786.400 Personen in 2001 angestiegen. Dabei hat im Zusammenhang mit dem Beschäftigungsaufbau in der zweiten Hälfte der 1980er Jahre und vor allem im ‚Vereinigungsboom' ein merkbarer Rückgang der Langzeitarbeitslosen stattgefunden (vgl. dazu Schönwälder u.a. 1999, S. 514 ff.). Im Zusammenhang mit dem Beschäftigungseinbruch und der drastischen Zunahme der registrierten Arbeitslosen ab 1992 bzw. 1993 hat sich dann die Zahl der Langzeitarbeitslosen bis 1997 (1.057.400 Personen) stark erhöht (vgl. Bundesanstalt für Arbeit (Strukturanalyse) 2001, S. 116). Seitdem ist sie wieder rückläufig: „Die Abnahme der Langzeitarbeitslosigkeit geht z.T. auf Aktivitäten und Maßnahmen der Arbeitsämter zur Vermeidung von Langzeitarbeitslosigkeit zurück. Da vor allem Ältere von Langzeitarbeitslosigkeit betroffen sind, dürften auch demographische Gründe eine Rolle spielen sowie die verstärkte Inanspruchnahme der Regelung des § 428 SGB III und der Altersteilzeit" (Bundesanstalt für Arbeit 2002, S. 73).
Betrachtet man die Anteile der verschiedenen Alterstufen an den Langzeitarbeitslosen bzw. die altersspezifischen Langzeitarbeitslosenquoten, so wird deutlich, dass auch diese sich seit Beginn der 1980er Jahre markant zuungunsten der älteren Arbeitnehmer verschoben haben. Denn aufgrund der schlechteren Arbeitsmarktchancen Älterer, eine

Wiederbeschäftigung zu finden, ist der Anteil der 55- bis 59-jährigen Langzeitarbeitslosen (60- bis 64-jährigen Langzeitarbeitslosen) an allen Langzeitarbeitlosen in Westdeutschland von 19,7 % (60- bis 64-jährigen Langzeitarbeitslosen: 6,1 %) im Jahr 1981 auf 34,0 % (60- bis 64-jährigen Langzeitarbeitslosen: 7,1 %) im Jahr 1999 gestiegen.[67] Parallel dazu nahmen auch die altersspezifischen Quoten der Langzeitarbeitslosigkeit zu. 1981 waren 35,2 % aller 55- bis 59-jährigen Arbeitslosen länger als ein Jahr arbeitslos, im Jahr 1999 waren es dagegen bereits 63,5 % und im Jahr 2000 sogar 65,5 %. Ähnlich sieht die Entwicklung bei den 60- bis 64-jährigen Arbeitslosen aus: Hier hat sich die Quote von 27,8 % (1981) auf 57,0 % (1999) bzw. 60,0 % (2000) mehr als verdoppelt. Dabei führen die Zugänge älterer Arbeitsloser wegen ihrer hohen Verweildauer zu einem weit überproportionalen Aufbau des Bestandes. Denn: „Rund die Hälfte des Arbeitslosigkeitsvolumens konzentriert sich in Deutschland seit einiger Zeit auf die 10 % der Arbeitslosen (Abgangskohorten) mit den längsten Arbeitslosigkeitsdauern" (Kurtz, Scherl 2001, S. 127).

2.2.2.4.2 Gesundheitliche Einschränkungen und (Langzeit-)Arbeitslosigkeit

Ein Zusammenhang besteht auch zwischen (Langzeit-)Arbeitslosigkeit und gesundheitlichen Einschränkungen sowie Alter der betroffenen Arbeitslosen (vgl. dazu Behrend 1997, S. 91). So ist der Anteil der Arbeitslosen mit gesundheitlichen Einschränkungen an allen registrierten Arbeitslosen in Westdeutschland seit 1985 von 22,9 % bei den Männern und 14,8 % bei den Frauen auf 31,1 % bzw. 25,2 % im Jahr 2001 angestiegen (vgl. Abbildung 2.2.11). Die Höchstwerte Anfang der 1980er bzw. Anfang der 1990er Jahre scheinen dabei die These zu bestätigen, dass der Anteil der Arbeitslosen mit gesundheitlichen Einschränkungen gerade dann hoch ist, wenn die konjunkturellen Entwicklungen eher günstig sind, während in Phasen des wirtschaftlichen Abschwungs die Zahl der Arbeitslosen insgesamt steigt und infolge dessen der Anteil derjenigen mit gesundheitlichen Einschränkungen sinkt.

Darüber hinaus weist die Entwicklung der absoluten Zahlen auf einen deutlichen ‚Niveaueffekt' hin: So hat sich im Durchschnitt die Zahl der arbeitslosen Männer mit gesundheitlichen Einschränkungen seit 1980 etwa verdreifacht (2,8-fache) und die der arbeitslosen Frauen mit gesundheitlichen Einschränkungen verdoppelt (2,3-fache). Während insgesamt eindeutig die höheren Altersgruppen (darunter insbesondere die 55- bis 59-jährigen) der arbeitslosen Männer und Frauen in Westdeutschland überdurchschnittliche Anteile gesundheitlich eingeschränkter Personen aufweisen, so ist beim Zuwachs seit 1980 kein einheitlicher Alterszusammenhang festzustellen. Letzt genannter Effekt könnte allerdings demographisch bedingt sein.

Insgesamt kann somit festgestellt werden, dass ältere Arbeitnehmer häufiger von Langzeitarbeitslosigkeit und gesundheitlichen Beeinträchtigungen betroffen sind. Diese beiden Risiken beeinflussen sich dabei insofern, als gerade gesundheitliche Einschrän-

---

67 Im Vergleich dazu lag der Anteil der gleichen Altersgruppen an allen Arbeitslosen 1981 nur bei 9,0 % (55- bis 59-jährige) bzw. 3,5 % (60- 64-jährige) und 1999 bei 19,7 % bzw. 4,6 %.

Abbildung 2.2.11: Entwicklung des Anteils der Arbeitslosen mit gesundheitlichen Einschränkungen an allen Arbeitslosen einer bestimmten Altersgruppe in Westdeutschland (Angaben in %)

Männer

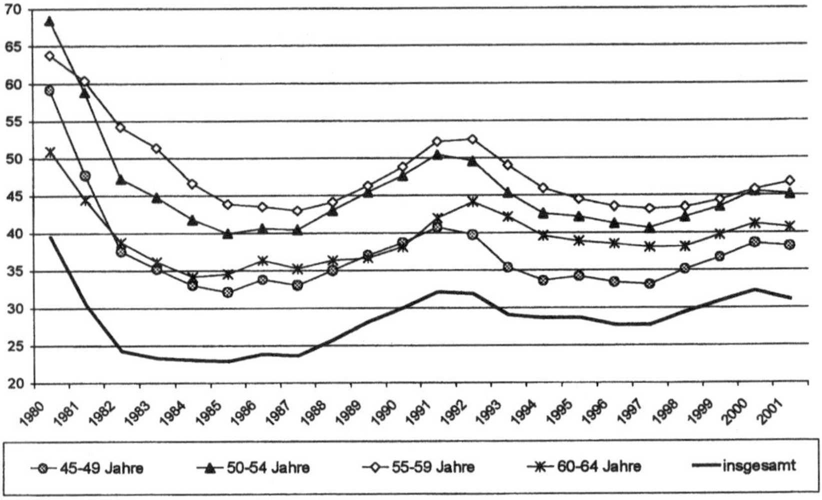

Frauen

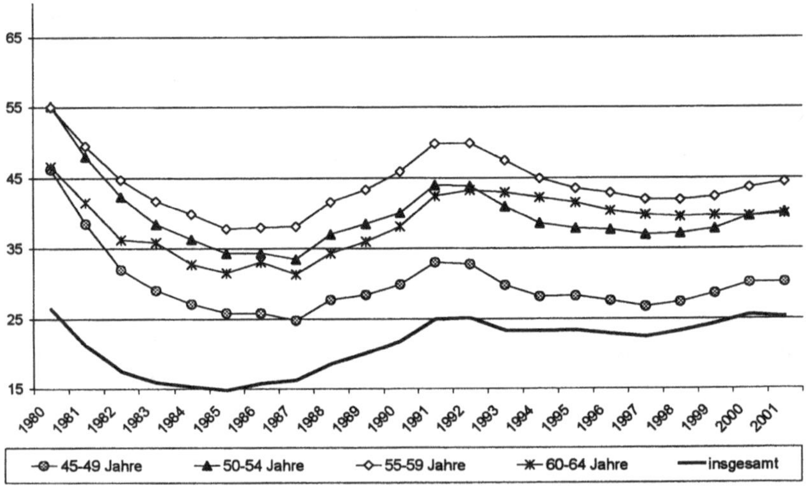

Quelle: Eigene Darstellung nach Bundesanstalt für Arbeit (Strukturanalyse), versch. Jahre.

kungen zu Langzeitarbeitslosigkeit führen können.[68] Denn wiesen im Jahr 2001 in Westdeutschland etwa ein Viertel aller Arbeitslosen (27,7 %) gesundheitliche Einschränkungen auf, waren dies unter den Langzeitarbeitslosen sogar 44,5 % (vgl. Bundesanstalt für Arbeit (Sturkuranalyse) 2001, S. 134). Ferner betrug nach Ergebnissen einer Sonderuntersuchung über Arbeitslose der Bundesanstalt für Arbeit im September 1997 bei gesundheitlich eingeschränkten Arbeitslosen die Dauer der Arbeitslosigkeit durchschnittlich 19,6 Monate gegenüber dem Gesamtdurchschnitt von 14,3 Monaten bei allen Arbeitslosen in Westdeutschland (vgl. Schönwälder u.a. 1999, S. 518). Neben dem Merkmal höheres Alter (insbesondere ab 55 Jahre) schließt also auch das Merkmal gesundheitliche Einschränkung ein erhöhtes Risiko ein, überdurchschnittlich lange arbeitslos zu bleiben.

2.2.2.4.3 *Qualifikationsniveau und Arbeitslosigkeit*

Betrachtet man schließlich die Zusammensetzung der registrierten Arbeitslosen unter dem Aspekt der erworbenen beruflichen Ausbildung, ergibt sich für die jüngere Vergangenheit in Westdeutschland folgendes Bild: Zwischen 1996 und 2001 ist der Anteil der registrierten Arbeitslosen ohne abgeschlossene Ausbildung an allen Arbeitslosen von 46,7 % auf 45,5 % sowie der Anteil derjenigen Arbeitslosen mit (Fach-)Hochschulausbildung von 10,8 % auf 10,4 % leicht zurückgegangen. Auf der anderen Seite nahm der Anteil derjenigen Arbeitslosen, die eine betriebliche Ausbildung absolviert haben, von 42,5 % (1996) auf 44,1 % (2001) zu.
Auch diese beobachtbaren Verschiebungen sind nicht zuletzt auf Alters- sowie Kohorteneffekte zurückzuführen. Am deutlichsten wird dies zunächst dadurch sichtbar, dass durch die Verschiebung der jeweiligen Anteile an allen Arbeitslosen weder bei den westdeutschen Männern noch bei den westdeutschen Frauen Strukturveränderungen in den qualifikationsspezifischen Arbeitslosenquoten ausgelöst wurden (vgl. Abbildung 2.2.12). Dies spricht für ein insgesamt gestiegenes Bildungsniveau – bei einem gleichzeitigen Anstieg der Arbeitslosigkeit insgesamt – in den vergangenen Jahren (vgl. dazu auch ausführlich WSI u.a. 2001): So tragen in Westdeutschland nach wie vor diejenigen Arbeitnehmer ohne eine abgeschlossene Berufsausbildung bei den Männern ein 2,9-mal, bei den Frauen ein 2,2-mal höheres Risiko, arbeitslos zu sein als im Durchschnitt aller Arbeitnehmer.

---

68 Aber auch der Zusammenhang von Langzeitarbeitslosigkeit und Krankheit kann nicht von vorn herein ausgeschlossen werden (vgl. dazu auch Grobe 2001, S. 12 f.). Denn gerade auch die in der Erwerbsarbeit stattfindenden gesundheitlichen Verschleißprozesse und chronischen Erkrankungen können dazu führen, dass immer mehr Menschen aus gesundheitlichen Gründen den Arbeitsmarkt vorzeitig verlassen müssen und dann über eine Phase der Arbeitslosigkeit der Rente zugehen: „Gesundheitlich eingeschränkte und erwerbsgeminderte Arbeitnehmer tragen ein höheres Risiko, entlassen zu werden, bleiben überdurchschnittlich lange arbeitslos und haben eine geringere Chance der beruflichen Wiedereingliederung. Der Verlust des Arbeitsplatzes und fortlaufende Arbeitslosigkeit können gesundheitsbezogenes Verhalten negativ beeinflussen und die Verstärkung sowie die Entstehung gesundheitlicher Probleme, sowohl psychosozialer als auch psychischer Art bewirken“ (Bundesministerium für Arbeit und Sozialordnung 2001, S. 177).

Abbildung 2.2.12: Qualifikationsspezifische Arbeitslosenquote westdeutscher Männer und Frauen zwischen 1975 und 2000 (Angaben in %)

Männer

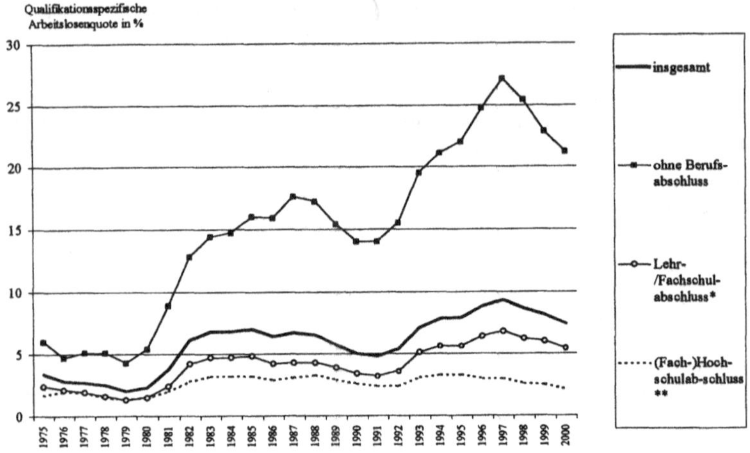

Frauen

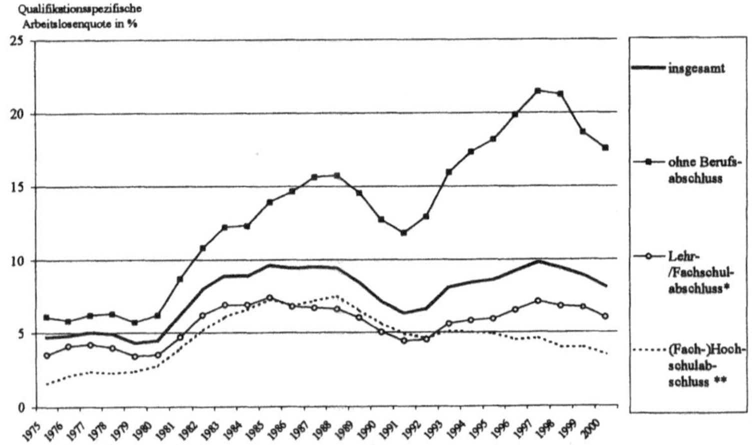

Anmerkung: Arbeitslose in % aller zivilen Erwerbspersonen (ohne Auszubildende) gleicher Qualifikation; Erwerbstätige ‚ohne Angabe' zum Berufsabschluss nach Mikrozensus wurden je Altersklasse proportional auf alle Qualifikationsgruppen verteilt. Für die Jahre 1999 und 2000 liegen nur vorläufige Angaben auf Basis der Ergebnisse des Bereinigungsverfahrens des IAB vor.

* Betriebliche Ausbildung, Berufsfachschule, Fachschul-, Meister- und Technikerausbildung; ohne Verwaltungsfachhochschulen.

** Einschließlich Verwaltungsfachhochschulen.

Quelle: Eigene Darstellung nach Reinberg, Hummel 2002, S. 28 f.

Die Betrachtung der Entwicklung der entsprechenden Anteile von Arbeitslosen in verschiedenen Altersstufen und in verschiedenen Jahren zeigt schließlich (vgl. Bundesanstalt für Arbeit versch. Jahre), dass mit jeder jüngeren Altersgruppe der Anteil der Arbeitslosen ohne abgeschlossene Berufsausbildung tendenziell abnimmt. Die Hypothese, dass im Verlaufe des zurückliegenden Jahrzehnts auf dem Arbeitsmarkt ein Verdrängungsprozess zu Lasten der Nichtqualifizierten stattgefunden hat, relativiert sich folglich vor dem Hintergrund, dass es sich dabei vor allem um die älteren Arbeitnehmer handelte (vgl. dazu auch Knuth 1999, S. 144 ff.).
Die vorausgegangenen Analysen zur Altersarbeitslosigkeit machten deutlich, dass ältere Arbeitnehmer zwar ein geringeres Zugangsrisiko zur Arbeitslosigkeit als alle Arbeitnehmer im Durchschnitt aufweisen. Sind sie jedoch einmal arbeitslos geworden, besteht die Gefahr, dass sie dauerhaft aus dem Arbeitsmarkt ausgeschlossen bleiben, da das Verweilrisiko vor allem durch das Alter beeinflusst wird (vgl. dazu Bogai u.a. 1994). Darüber hinaus weisen die älteren Arbeitslosen in der Regel weitere charakteristische Merkmal wie gesundheitlichen Einschränkungen und ein niedrigeres Qualifikationsniveau auf, die ihre Chancen auf Reintegration verringern (Behrend 1997, S. 93). Somit kumulieren gerade bei den älteren Arbeitslosen die Risiken, dauerhaft aus dem Arbeitsmarkt ausgeschlossen zu bleiben (vgl. Naschold, Oppen 1994, S. 288). Allerdings gilt gleichzeitig, dass die Betroffenheit von (Langzeit-)Arbeitslosigkeit nicht unabhängig von der Arbeitsmarktlage bzw. der Entwicklung struktureller Arbeitslosigkeit diskutiert werden darf. Denn gerade ältere Arbeitnehmer waren in der Vergangenheit aufgrund des bestehenden Arbeitsplatzdefizits in besonderem Maße Verdrängungsprozessen auf dem Arbeitsmarkt ausgesetzt, die nicht durch die erwähnten Merkmale einer eingeschränkten gesundheitlichen Verfassung, eines verminderten Leistungsvermögens im Alter oder durch ein geringes Qualifikationsniveau hinreichend erklärt werden können (vgl. dazu Rudolph 1992, S. 170 sowie ausführlich Koller, Gruber 2001, S. 479 ff.).

2.2.3 Der Arbeitsmarktausschluss Älterer unter der Perspektive vorzeitiger, arbeitsmarktbezogener Rentenzugänge

In Kapitel 2.2 wurden bisher die Entwicklungen auf dem Arbeitsmarkt unter den jeweiligen konjunkturellen (bzw. strukturellen) Gegebenheiten, die spezifische Erwerbs- bzw. Arbeitslosigkeitssituation Älterer sowie spezielle, insbesondere für ältere Erwerbslose relevante arbeitsmarktpolitische Maßnahmen dargestellt. Dabei wurde von der These ausgegangen, dass nicht der Arbeitsmarkt als konjunktureller Faktor primär die Rentengesetzgebung beeinflusst hat, sondern vielmehr von den Rahmenbedingungen der gesetzlichen Rentenversicherung wesentliche Impulse auf den Arbeitsmarkt ausgingen. So wurde beispielsweise aus arbeitsmarktpolitischer Sicht der Zugang zur ‚Altersrente wegen Arbeitslosigkeit' durch die Verabschiedung des § 105c AFG bzw. durch den § 428 SGB III erleichtert und der vorzeitige Ruhestand vor dem 60. Lebensjahr geradezu sozialstaatlich verankert. In diesem Sinne trägt die „Arbeitsmarktentwicklung (...) wesentlich mit bei zur Erklärung des Verstärkungs- und zum Teil des Institutionalisierungseffektes im Frühverrentungsgeschehen. Sie kann jedoch weder den Initiierungseffekt der historischen Anfangsphase erklären noch die Wirkungsweise und -richtung des Arbeitsmarktdruckes in der Verstärkungsphase noch

und -richtung des Arbeitsmarktdruckes in der Verstärkungsphase noch den später eintretenden Institutionalisierungseffekt" (Naschold, Oppen 1994, S. 286).
Ziel dieses Unterkapitels ist es nicht, die bereits aufgezeigten Entwicklungen nochmals detailliert darzustellen, sondern insbesondere die Schnittstelle Arbeitsmarktintegration bzw. -exklusion älterer Arbeitnehmer und Rentenzugang zu beleuchten. In dieser arbeitsmarktbezogenen Sichtweise des Rentenzugangsgeschehens sind vor allem die ‚Altersrente wegen Arbeitslosigkeit' sowie die Berufs- und Erwerbsunfähigkeitsrente (bzw. ‚Erwerbsminderungsrente') von Interesse, da sie explizit den persönlichen Erwerbsstatus ‚arbeitslos' bzw. den Arbeitsmarkt – im Sinne der ‚konkreten Betrachtungsweise' – als Zugangsvoraussetzung zugrunde legen.[69]
Während vor der Wiedervereinigung Deutschlands die Inanspruchnahme der ‚Altersrente wegen Arbeitslosigkeit' relativ moderat anstieg, hat sich seit 1993 diese Praxis erheblich ausgeweitet. Wie bereits in Kapitel 2.1.2.3 erläutert, wird diese Rentenzugangsart vor allem von Männern wahrgenommen. Der Höhepunkt der Inanspruchnahme durch westdeutsche Männer lag dabei mit insgesamt 121.854 Personen (westdeutsche Frauen: 14.909 Personen) im Jahr 1997. In Ostdeutschland dagegen wurde diese Rentezugangsart von den Männern, sofern methodische Probleme wie die Änderung des Datensatzaufbaus oder die Einführung des Rentenreformgesetzes (RRG '92) in den Jahren 1993 und 1994 die tatsächlichen Entwicklungen nicht überlagerten (vgl. Sing 2001), am häufigsten im Jahr 1995 mit 159.382 Personen (ostdeutsche Frauen: 9.723 Personen) genutzt. Der danach beobachtbare fallende Trend in der Inanspruchnahme – aufgrund der etwas besseren konjunkturellen Lage und der zusätzlich demographisch bedingten Abnahme der Arbeitslosigkeit – wurde jedoch bereits im Jahr 1999 durch deutliche Zuwachsraten wieder beendet: So stieg die Zahl der (männlichen) Rentenbezieher zwischen 1998 und 2000 in Westdeutschland von 115.003 auf 122.630 Personen und in Ostdeutschland von 53.355 auf 57.786 Personen wieder an (vgl. Verband Deutscher Rentenversicherungsträger 2001, S. 52 f.). Diese Entwicklung hat insgesamt dazu geführt, dass die ‚Altersrente wegen Arbeitslosigkeit' bei westdeutschen Männern seit 1999 mit 26,9 % (2000: 27,7 %) und bei ostdeutschen Männern seit 1994 mit 42,4 % (2000: 55,9 %) die häufigste Rentenzugangsart darstellt.
Darüber hinaus ist die Zahl der Rentenzugänge wegen verminderter Erwerbsfähigkeit zu berücksichtigen, die vor 1999 von den westdeutschen Männern am meisten in Anspruch genommen wurde und auch bei den ostdeutschen Männern die zweithäufigste Rentenzugangsart darstellt.[70] Von Interesse ist hier insbesondere die Entwicklung des

69 Aber auch bei den anderen vorzeitigen Rentenzugangsarten kann die Arbeitsmarktsituation ausschlaggebend für den frühzeitigen Rentenbezug, d.h. vor dem 65. Lebensjahr, sein. So ermittelt Steffen (1996a, S. 224 f.) für das Jahr 1994 in Westdeutschland – jeweils als untere Grenze –, dass 19,4 % der Personen, die einer ‚Altersrente für Schwerbehinderte' zugingen, 11,2 % der Personen, die eine ‚Altersrente für langjährig Versicherte' in Anspruch nahmen, sowie 21,6 % der Zugänge zu einer ‚Altersrente für Frauen' im Jahr zuvor als Arbeitslose bei der gesetzlichen Rentenversicherung pflichtversichert waren. Diese Zahlen unterschätzen dabei noch das Ausmaß der arbeitsmarktbedingten Rentenzugänge, da weder Arbeitslose ohne Leistungsbezug der Bundesanstalt für Arbeit noch Personen aus der Stillen Reserve berücksichtigt sind.

70 Während auch die westdeutschen Frauen seit den 1960er Jahren zunächst zunehmend von dieser Rentenzugangsart Gebrauch machten, reduzierte sich dies deutlich infolge des Haushaltsanierungsgesetzes von 1984 (vgl. dazu Kapitel 2.1.2.2). Im Jahr 2000 nahmen nur 14,8 % aller westdeut-

Anteils arbeitsmarktbedingter Berufs- und Erwerbsunfähigkeitsrenten.[71] Dieser hat sich zwischen 1977 und 1996 sowohl bei den westdeutschen Männern als auch bei den westdeutschen Frauen nahezu verdreifacht (vgl. Grütz, Faik 1998, S. 306).[72] Lag der Anteil auch noch Mitte bis Ende der 1980er Jahre bei etwa 10 % bei den westdeutschen Männern und etwa 5 % bei den westdeutschen Frauen (vgl. Rehfeld 1998, S. 171 f.), stieg er auf etwa 30 % (westdeutsche Männer: 40.000) bzw. auf etwa 39 % (westdeutsche Frauen: 30.000) im Jahre 1996 an. Im Jahr 2000 wurden 55.900 arbeitsmarktbedingte Erwerbsunfähigkeitsrenten bewilligt (1999: 56.000; 1998: 60.200). Auch dies entspricht etwa einem Drittel aller neu zugegangenen Erwerbsunfähigkeitsrenten (2000: 32,5 %) und etwa 6,4 % (2000; 6,4 % 1999; 6,8 % 1998) an allen Rentenzugängen. Damit ist der Anteil der arbeitsmarktbedingten Berufs- und Erwerbsunfähigkeitsrenten an allen Rentenzugängen auch nach der Gesetzesreform relativ konstant geblieben.

Inwieweit west- und ostdeutsche Männer und Frauen über den Weg registrierter Arbeitslosigkeit – und damit arbeitsmarktbedingt – aus dem Erwerbsleben ausschieden, wird schließlich auch durch den Versichertenstatus im Jahr vor dem (individuellen) Rentenzugang deutlich. Wie der Abbildung 2.2.13 zu entnehmen ist, waren im Jahr 1996 in Westdeutschland 36 % der Männer und 11 % der Frauen unmittelbar vor dem Eintritt in eine Altersrente als Arbeitslose bei der Bundesanstalt für Arbeit registriert.[73] In Ostdeutschland gingen sogar mehr als drei Viertel aller Männer (83 %) und Frauen (77 %) nach einer Phase der Arbeitslosigkeit der gesetzlichen Rentenversicherung zu, wobei die Zahlen für Ostdeutschland Bezieher von Altersübergangsgeld einschließen (vgl. Rehfeld 1998, S. 169 f.). Unter den Männern in Westdeutschland sowie für die Menschen in Ostdeutschland ist Arbeitslosigkeit der häufigste Status vor der Rente geworden.

Allerdings haben verschiedene Gründe, wie der konjunkturelle Aufschwung sowie die wirksam werdenden rentenrechtlichen Einschränkungen beim vorzeitigen Rentenbezug, dazu geführt, dass seit 1996 in Ostdeutschland und seit 1997 in Westdeutschland die Zahl derjenigen Personen, die im Jahr vor dem Leistungsfall Arbeitslosengeld bzw.

---

schen und 16,2 % aller ostdeutschen Rentenzugängerinnen diese Rentenzugangsart wahr (vgl. Verband Deutscher Rentenversicherungsträger 2001, S. 56).

71 Bei der Bewilligung einer ‚Altersrente wegen verminderter Erwerbsfähigkeit' ist nicht nur das Ausmaß der gesundheitlich bedingten Leistungsschränkung von Relevanz ist, sondern auch die Möglichkeit, das Restleistungsvermögen auf dem Arbeitsmarkt verwerten zu können. Diese ‚konkrete Betrachtungsweise' hat sich durch das ‚Gesetz zur Reform der Renten wegen verminderter Erwerbsfähigkeit', verabschiedet am 20.12.2000, nicht geändert (vgl. ausführlich Kapitel 2.1.1.9).

72 „In den neuen Ländern war 1996 der Vergleichswert der Männer (mit ca. 32 %) ungefähr auf westdeutschem Niveau, während er bei den ostdeutschen Frauen (mit ca. 49 %) um ca. zehn Prozentpunkte oberhalb des westdeutschem Vergleichniveaus lag. (...) In den neuen Ländern gab es 1996 in der GRV insgesamt etwas mehr als 20.000 BU-/EU-Rentenzugänge aufgrund des verschlossenen Arbeitsmarktes (9.277 Männer und 13.238 Frauen)" (Grütz, Failk 1998, S. 306).

73 Leider liegen für das Jahr 1985 keine Daten vor. Ein Vergleich ist für Westdeutschland erst ab 1992 möglich. Hier zeigt sich, dass Anfang der 1990er Jahre nur durchschnittlich 8,3 % der westdeutschen Rentenzugänge im Jahr zuvor Leistungen nach dem AFG bzw. des SGB III bezogen (vgl. Verband Deutscher Rentenversicherungsträger (Rentenzugangsstatistik), versch. Jahre).

Abbildung 2.2.13: Versicherungsstatus am 31.12.1995 des Jahres vor dem Leistungsfall (Altersrentenzugänge 1996) in West- und Ostdeutschland (Angaben in %)

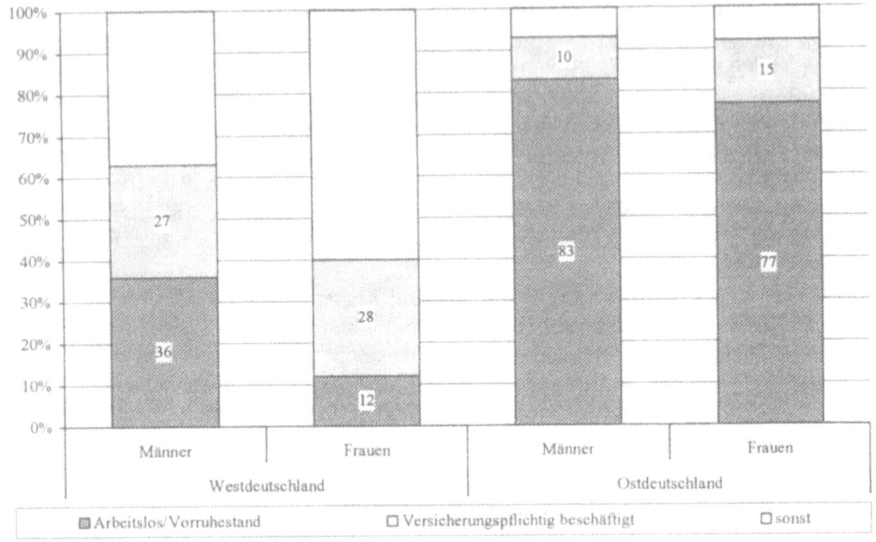

Quelle: Eigene Darstellung nach Rehfeld 1998, S. 168 ff.

Arbeitslosenhilfe bezogen (1996 in Ostdeutschland: 78,8 %; 1997 in Westdeutschland: 23,8 %), schrittweise in Ostdeutschland auf 49,3 % bzw. in Westdeutschland auf 16,2 % im Jahr 2001 sank (vgl. dazu die Angaben der Rentenzugangsstatistik (Tabelle 110.10 Z RV) des Verband Deutscher Rentenversicherungsträger, versch. Jahre). Somit hat vor allem Anfang bis Mitte der 1990er Jahre eine Entlastung des west- sowie ostdeutschen Arbeitsmarktes insbesondere über die Ausgliederungsprozesse älterer Arbeitnehmer stattgefunden, wobei zu beachten ist, dass die Inanspruchnahme der Vorruhestandsregelungen in einem nicht unerheblichen Maß weniger den Präferenzen der Arbeitnehmer als vielmehr den Rationalisierungsstrategien der Unternehmen entsprach.[74] Aber auch gegenwärtig beschreiten die älteren Arbeitnehmer Austrittspfade, die in hohem Maße registrierte Arbeitslosigkeit bzw. Erwerbslosigkeit und Nichterwerbstätigkeit beinhalten (vgl. dazu auch Grütz, Faik 1998, S. 307). Dies wird vor allem auch darin deutlich, dass gerade einmal 24,2 % aller westdeutschen und 21,9 % aller ostdeutschen Rentenzugänger im Jahr 2001 im Jahr zuvor versicherungspflichtig beschäftigt waren. Während sich dahinter in Ostdeutschland ein Anstieg der sozialversicherungspflichtigen Beschäftigung vor Rentenbeginn verbirgt (1996: 12,5 %), war

74 So ergab eine Untersuchung zur Langzeitarbeitslosigkeit älterer Männer und Frauen in Westdeutschland, dass fast die Hälfte der befragten Arbeitslosen (43 %) „eine klare Orientierung auf Wiederbeschäftigung [hat, D.S.], während ein Viertel (26 %) in der Arbeitslosigkeit als Vorstufe zum vorgezogenen Ruhestand verharrt“ (Bogai u.a. 1994, S. 73).

dies in Westdeutschland mit abnehmenden Tendenzen der Arbeitsmarktintegration verbunden (1996: 27, 9 %). Weitere Veränderungen machen sich in West- wie in Ostdeutschland durch die Zunahme des Anteils der Vorruhestandsgeld- sowie der Altersteilzeitgeldbezieher im Jahr vor dem Rentenbeginn bemerkbar.[75]
Für die Entwicklung des Verrentungsgeschehen wird insgesamt deutlich, dass dem ,Trend zum frühen Ruhestand' die konjunkturellen bzw. strukturellen Einbrüche des Arbeitsmarktes seit Mitte der 1970er Jahre vorausgingen. Doch während sich zunächst der Arbeitsmarkt und das Rentenzugangsverhalten unabhängig von einander gestalteten, setzten mit der „Verstetigung des Frühverrentungstrends (...) Prozesse der Institutionalisierung, der Verselbständigung dieser Erwerbsverlaufsmuster ein, die auch Phasen der Entspannung des Arbeitsmarktes Anfang bis Mitte der achtziger Jahre überlagern. Der Arbeitsmarkt spielt jetzt wesentlich eine Katalysatorenrolle für die Institutionalisierung eines sich verselbständigenden Frühverrentungsgeschehens" (Naschold, Oppen 1994, S. 284 ff.). Darüber hinaus wirkte sich zunehmend auch die veränderte demographische Struktur, die durch die Wiedervereinigung verschärft und mit gravierenden zusätzlichen strukturellen Problemen überlagert wurde, negativ auf den Arbeitsmarkt sowie das Frühverrentungsgeschehen aus.
Betrachtet man die erwarteten zukünftigen demographischen Entwicklungen mit einem zunehmenden Anteil Älterer an der Gesamtbevölkerung, so wird deutlich, dass den gegenwärtig noch bestehenden arbeitsmarktspezifischen Ausschlussmechanismen stärker von Staat und Politik entgegengesteuert werden muss. Zwar sind durch die Anhebung der Altersgrenzen in der gesetzlichen Alterssicherung die Weichen zu einem Anstieg der Rentenzugangsalter gestellt, für die Verlängerung der Erwerbsbeteiligung im Lebenslauf wird es jedoch darauf ankommen, dass ältere Arbeitnehmer auch mit 60 und mehr Jahren noch ,beschäftigungsfähig' sind und ihnen ein entsprechender Arbeitsplatz zur Verfügung steht.

2.3 Lebenslauf- und Verrentungsmuster verschiedener Kohorten

In Kapitel 2.1 und 2.2 wurden zum einen die institutionellen Vorgaben bzw. ihre Auswirkungen auf das Rentenzugangsgeschehen hinsichtlich des Verrentungsalters dargestellt, zum anderen die Beschäftigungsentwicklungen auf dem Arbeitsmarkt als Indikator für konjunkturelle bzw. strukturelle (Exklusions-)Prozesse erläutert. Da gesellschaftliche Veränderungen hinsichtlich des Phänomens des vorzeitigen Übergangs in den Ruhestand jedoch nicht hinreichend durch Alters- bzw. Periodeneffekte erklärt werden können, soll nun differenziert auf die Bedeutung von Kohorten eingegangen werden. Denn einerseits werden die unterschiedlichen (Geburts-)Kohorten in verschiedenen Altersstufen von gesamtgesellschaftlichen Veränderungen betroffen (vgl. Kapitel 2.3.1). Dies hatte häufig nachhaltigen Einfluss auf deren weiteren Lebenslauf (vgl. dazu auch Tessaring 1992).[76] Andererseits haben sich aber auch die (Erwerbs-

---

75 Diese Anteile stiegen zwischen 1996 und 2001 in Westdeutschland von 0,7 % auf 7,3 % und in Ostdeutschland von 1,2 % auf 4,6 % an.

76 Kurtz und Scherl belegen in ihren Untersuchungen, dass es auch innerhalb von Kohorten auf dem Arbeitsmarkt „anscheinend immer eine ausgeprägte Tendenz zur interpersonell ungleichen Realisierung von Arbeitslosigkeitsrisiken gibt, und dass sich die besonderen relativen Nachteile, welche

)Verhaltensmuster der Kohorten – im Sinne von Interkohorteneffekte – verändert (vgl. Kapitel 2.3.2), so dass auch von diesen Wirkungen z.B. in Form eines steigenden Arbeitsangebots auf dem Arbeitsmarkt ausgingen. Während in Kapitel 2.3.3 noch einmal explizit das Rentenzugangsgeschehen nach Kohorten betrachtet wird, wird im Kapitel 2.3.4 schließlich dargestellt, wie die genannten Veränderungen sich bisher auf die finanzielle Situation im Alter – auch wenn in diesem Punkt nur teilweise kohortenspezifische Aussagen möglich sind – tendenziell ausgewirkt haben bzw. mit welchen Entwicklungen zukünftig zu rechnen sind.

2.3.1 Die Bedeutung von Kohorten

Bereits im Jahre 1965 weist Ryder (1965) in seiner Kohortentheorie darauf hin (vgl. auch Kapitel 3.2.1.2.2), dass der Angabe ‚Alter' in der empirischen Sozialforschung eine zweifache Bedeutung zukommt: Einerseits kennzeichnen sie „einen Punkt im Kohortenlebenslauf" andererseits „einen zeitlichen Punkt" (Ryder 1965, S. 847). „Im ersteren Fall bezieht sie sich auf die Messung individueller chronologischer Zeit, die seit der Geburt verlaufen ist, im zweiten Fall verweist sie auf den chronologischen gesellschaftlichen Referenzzeitpunkt, aufgrund dessen diese Altersmessung vorgenommen wird" (Sackmann 1998, S. 31).[77] Unter Kohorte versteht Ryder daher ein „Aggregat von Individuen, ... die ein gleiches Ereignis innerhalb eines gleichen Zeitintervalls erlebt haben" (Ryder 1965, S. 845).
Bedeutsam für die unterschiedlichen Kohorten sind zunächst historische Ereignisse, wie der erste und zweite Weltkrieg oder beispielsweise die Weltwirtschaftskrise in den 1920er Jahren, die sich unmittelbar in niedrigeren Geburtenziffern niederschlugen und sich später in den nachrückenden Generationen durch ‚Echoeffekte' bemerkbar machten (vgl. dazu Sing, Kistler 2001, S. 23). Darüber hinaus wirkten sich solche, aber auch weniger dramatische gesellschaftliche Epochen – wie die Nachkriegsphase (1945-1959), die erste (1974) und zweite Ölpreiskrise (1979) oder der Transformationsprozess nach der Deutschen Einheit (ab 1990) – meist negativ in Form steigender Erwerbslosigkeit auf die Lebensläufe der verschiedenen Kohorten aus (vgl. Pfaff 1999, S. 38 f.). Während die einen in den entsprechenden Phasen ihres Lebens sich vorrübergehend als ‚Stille Reserve' bzw. ‚Hausfrau oder Mutter' oder endgültig als Rentner aus dem Arbeitsmarkt zurückzogen, mussten andere diskontinuierliche Erwerbsbiographien bzw. Phasen der registrierten Arbeitslosigkeit hinnehmen. Dabei führten häufig

---

insbesondere die von langdauernder Arbeitslosigkeit besonders schwer betroffenen Personen in der jeweiligen Lebensphase erleiden, im Laufe eines längeren Erwerbslebens nicht größtenteils wieder ausgleichen können" (Kurtz, Scherl 2001, S. 135).

77 Aus dieser Begrifflichkeit kann bereits das von ihm entwickelte AKP-Modell abgeleitet werden. Während ‚A' für das individuelle chronologische Alter und ‚P' für Periode, d.h. die gesellschaftliche Referenzzeit, steht, bezeichnet ‚K' Personengruppen (Kohorten), die im selben Jahr geboren wurden. Ryder unterstellt dabei sowohl für die verschiedenen Altersstufen (Personen im gleichen Alter zu unterschiedlichen gesellschaftlichen Zeiten) als auch für die verschiedenen Kohorten eine gewisse Verhaltenskonstanz. Somit sind zwar individuelle Statuspassagen möglich, gesellschaftlicher Wandel ist damit dagegen noch nicht zu erklären. Dieser erfolgt bei Ryder allein durch das Eintreten neuer bzw. das Ausscheiden alter Kohorten in die bzw. aus der Gesellschaft (zu der entsprechenden Kritik vgl. auch Kapitel 3.2.1.2.2).

Erwerbsunterbrechungen zusätzlich zu Dequalifizierungsprozessen und anderen Risiken im weiteren Erwerbsverlauf (vgl. Büchel 1992).
Neben den historischen Ereignissen identifiziert Pfaff (1999, S. 37) – vor allem auf der Ebene des Subjekts – drei weitere wichtige Einflussfaktoren auf das individuelle (insbesondere weibliche) Arbeitsangebot: die Ausbildung, die Dauer und Verteilung der Familienarbeit sowie das Alter des Rentenzugangs. Diese Faktoren folgten in der Vergangenheit nicht selten institutionellen Mustern (Bildungsexpansion mit verlängerten Ausbildungszeiten ab Mitte der 1960er Jahre[78], zum Verrentungsverhalten vgl. Kapitel 2.1), unterlagen zum Teil aber auch veränderten Verhaltensweisen der Kohorten (auch z.B. infolge des ‚Pillenknicks' ab Ende der 1960er Jahre). Zwar wirken sich auch hier – im Sinne dynamischer Interdependenzen – einmal gefällte Entscheidungen (wie z.B. über die schulische und berufliche Bildung) auf den gesamten Erwerbsverlauf aus, im Unterschied zu den unabwendbaren historischen Ereignissen aber „werden bei diesen verhaltensspezifischen Aspekten (mindestens teilweise freiwillige) Wahlhandlungsalternativen erkennbar, die aus der Veränderung von Werten und Einstellungen resultieren" (Pfaff 1999, S. 37).
Betrachtet man nun die in dieser Arbeit näher zu untersuchenden Kohorten (vgl. dazu Kapitel 4 sowie Abbildung 2.3.1), so wird deutlich, dass die ältesten Kohorten (1916-1920)[79] am Ende des 1. Weltkrieges bzw. in den Nachkriegsjahren – einer geburtenschwachen Zeit – zur Welt kamen (zu einer ähnlichen Beschreibung unterschiedlicher Kohorten vgl. auch Berger, Sopp 1992, S. 171 ff.). Sie erlebten zunächst in ihrer Kindheit die ‚goldenen 20er Jahre'. In ihrer Jugendphase wurden sie zunehmend mit der an Dynamik gewinnenden Weltwirtschaftskrise konfrontiert. Die Phase des Berufseinstiegs fiel schließlich mit dem 2. Weltkrieg zusammen, so dass viele von den Betroffenen erst nach dem Krieg eine Berufsausbildung bzw. ein Studium machen konnten. Das mittlere Alter, in der normalerweise die höchsten Erwerbsquoten zu verzeichnen sind,[80] fiel jedoch mit der Periode des ‚Wirtschaftswunders' zusammen, so dass diese Kohorten weitestgehend von Arbeitslosigkeit verschont blieben und sie zudem von den hohen Wachstumsraten profitieren konnten. Die damals gehegte Hoff-

---

[78] Ein Kohortenvergleich der Jahrgänge 1945 und 1960 zeigt strukturelle Verschiebungen sowohl hinsichtlich der Bildungs- als auch hinsichtlich der Erwerbsbeteiligung. Die Veränderung hin zu einem nun längeren Ausbildungsverhalten, das zunächst mit einer geringeren Erwerbsbeteiligung vor allem der Männer einhergeht, wird allerdings durch einen demographischen (die geburtenstarken Jahrgänge Anfang der 1960er Jahre führten zu einem steigenden Angebotsdruck) und einen konjunkturellen Effekt, d.h. schlechte konjunkturelle Rahmenbedingungen in der Phase des Arbeitsmarkteintrittes in den 1970er und 1980er Jahren, überlagert. Die Arbeitsmarktintegration der Kohorte 1960 war – trotz geringerer Qualifikation – dagegen in den 1960er und 1970er Jahren wesentlich einfacher (vgl. dazu Tessaring 1992).

[79] Dabei handelt es sich um Personen, die 1985 das 65. bzw. 69. Lebensjahr vollendeten.

[80] Da zu dieser Zeit das männliche Arbeitsangebot kriegsbedingt reduziert war, „bot sich für kinderlose Frauen die Möglichkeit (und Pflicht), ins Erwerbsleben einzutreten, um nach Rückkehr der Männer häufig wieder ihnen die Arbeitsplätze zu überlassen" (Pfaff 1999, S. 35; zu einer detaillierten Beschreibung weiblicher Erwerbsverläufe im Kohortenvergleich vgl. Prinz 1994, S. 262 ff.). Dies ist auch ein Beispiel dafür, wie historische Ereignisse einen Wandel in den Einstellungen und Verhaltesweisen bewirken können.

Abbildung 2.3.1: **Schematische Darstellung zum Lebenslauf ausgewählter Kohorten**

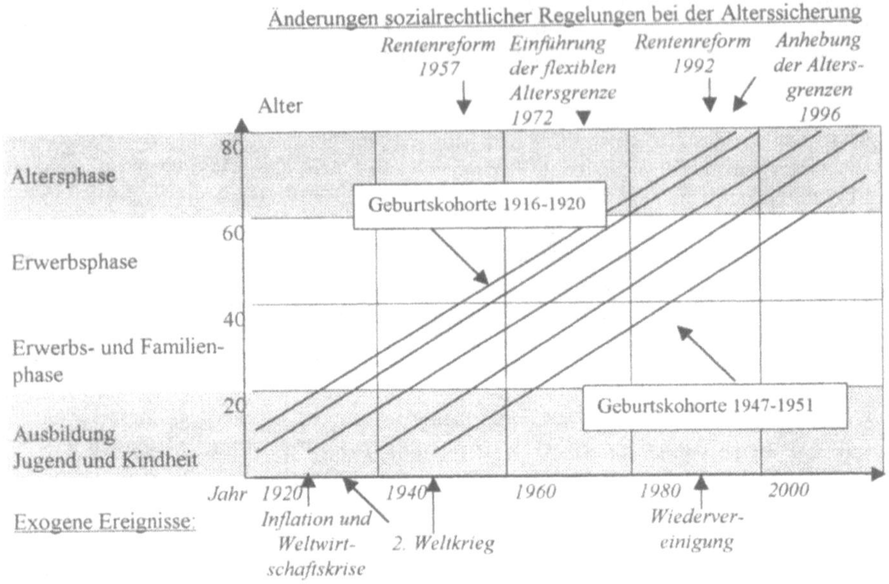

Quelle: Schmähl 1998, S. 9.

nung ‚immerwährender Prosperität' endete jedoch abrupt infolge des ersten Ölpreisschocks, der ab 1973 zu steigender Arbeitslosigkeit führte. Obwohl diese als auch die danach schrittweise ansteigende Arbeitslosigkeit die Kohorten 1916 bis 1920 am Ende ihres Erwerbslebens noch trafen, blieben sie noch weitgehend von den (unfreiwilligen) Ausgliederungsprozessen aus dem Arbeitsmarkt verschont (vgl. dazu auch Pfaff 1999, S. 39 ff.).

Die jüngsten zu untersuchenden Kohorten (1947-1951)[81] unterscheiden sich zwar deutlich in der Betroffenheit von den oben genannten historischen Entwicklungen, dennoch lassen sich zunächst einige Parallelen aufzeigen. So wurden auch sie in einer Nachkriegsphase geboren und mussten die durch den langsamen wirtschaftlichen Wiederaufbau und Arbeitslosigkeit gekennzeichneten Nachkriegsjahre bewältigen. Die Phase der schulischen und beruflichen Ausbildung erfolgte dagegen in den durch das ‚Wirtschaftswunder' und die beginnende ‚Bildungsexpansion' geprägten 1960er bis Anfang der 1970er Jahre.[82] Erste Brüche und Probleme der Arbeitsmarktintegration

81 Die jüngsten zu analysierenden Kohorten sind die zwischen 1947 und 1951 geborene Personen. Sie befanden sich 1996 in der Altersgruppe zwischen 45 und 49 Jahren.

82 Seit der Bildungsexpansion sind auch die Erwerbsquoten der Frauen deutlich gestiegen. Verstärkt wird diese Tendenz durch die abnehmende Fertilität infolge der Einführung der Anti-Baby-Pille.

traten dann allerdings ab dem Jahr 1973[83] – in der Phase des Berufseinstiegs bzw. den ersten Berufsjahren – auf. Auch die Jahre danach bis einschließlich zum Rentenalter sind durch hohe – mit zunehmendem Alter steigende – Arbeitslosenquoten geprägt, so dass bei diesen Kohorten nicht einmal bei den Männern mehr von einer ‚Normalbiographie' als Regelfall ausgegangen werden kann.[84] Die historischen Ereignisse wirkten sich schließlich nicht nur auf die Arbeitsmarktintegration sowie die Erwerbsbiographien insgesamt der jeweils betroffenen Jahrgänge aus (vgl. Kapitel 2.3.2), sondern auch auf deren soziale Sicherheit im Alter (vgl. Kapitel 2.3.4).

2.3.2 Erwerbsbiographien und Versicherungszeiten bzw. -lücken im Lebenslauf

Im Folgenden soll nun differenzierter auf den Zusammenhang zwischen Erwerbsbiographien verschiedener Kohorten sowie ihrer Versichertenzeiten bzw. -lücken eingegangen werden. Gerade in frauenspezifischer Hinsicht ist festzustellen, dass in den vergangenen Jahrzehnten eine Reihe von Faktoren (höheres Bildungsniveau, sinkende Geburtenziffer, unsichere Lebensverhältnisse, Einstellung zur Berufstätigkeit etc.) das weibliche Erwerbsverhalten dahingehend beeinflusst hat[85], dass die Erwerbstätigkeit in allen Altersklassen nach der Schule bzw. Studium insgesamt stieg und auch ein weiteres Anwachsen erwartet werden kann (vgl. dazu auch Sing 2002). Allerdings sind auch die logarithmisch geschätzten Erwerbsquoten jüngerer weiblicher Kohorten, wie Abbildung 2.3.2 veranschaulicht, nach wie vor nicht mit den Erwerbsbiographien der Männer vergleichbar, die zwischen ihrem etwa 30. bis 55. Lebensjahr eine Erwerbsquote von beinahe konstant 97 % aufweisen. Vor allem die ‚Delle' bei den 30- bis 40-jährigen Frauen lässt vermuten, dass vor allem diese – wenn auch weniger und kürzer – weiterhin kinderbedingte Berufsunterbrechungen auf sich nehmen und in der Folge davon höhere Arbeitsmarktrisiken haben, wie z.B. geringere Bezahlung und Aufstiegschancen aufgrund von Dequalifizierungsprozessen oder Problemen bei der Suche einer Vollzeitstelle. So „ist zu berücksichtigen, dass viele Mütter auch kleiner Kinder nur partiell, zeitweise, zum Teil in geringfügigen Beschäftigungen (...) erwerbstätig waren, ohne dass dies zur dauerhaften Rückkehr in ein stabiles Beschäftigungsverhältnis geführt hätte" (Holst, Maier 1998, S. 509).

---

83 Unter Umständen waren schon einige Angehörige dieser Kohorten in den Jahren 1967 und 1968 von der ersten Rezession im Nachkriegsdeutschland betroffen (vgl. dazu auch Tessaring 1992, S. 61).

84 Berger und Sopp (1992, S. 171) belegen, dass nur wenige Jahrgänge tatsächlich zu der ‚Kohorte des Normalarbeitsverhältnisses' zählten. Dabei handelt es sich um die zwischen 1931 und 1935 geborenen Personen, deren Lebenslauf durch äußerst geringe altersspezifische Arbeitslosigkeits- und Teilzeitbeschäftigungsquoten gekennzeichnet ist.

85 Weniger in der Diskussion beachtet wird das Erwerbsverhalten von Männern. Engelbrech und Jungkunst sind zwei von den wenigen Autoren, die in Zukunft auch ein sich veränderndes Erwerbsverhalten bei Männern nicht ausschließen. Sie gehen in einem ihrer Szenarien davon aus, dass Männer beispielsweise, indem sie sich auf die gegenwärtig nachgefragten Berufe und Tätigkeitsfelder von Frauen konzentrieren und zu flexiblen Arbeitszeiten bereit sind, zukünftig Frauen auch aus dem Dienstleistungsbereich teilweise verdrängen könnten (vgl. Engelbrech, Jungkunst 1999).

Abbildung 2.3.2: Altersspezifische Erwerbsquoten von Frauen verschiedener Geburtskohorten in Westdeutschland (Angaben in %)

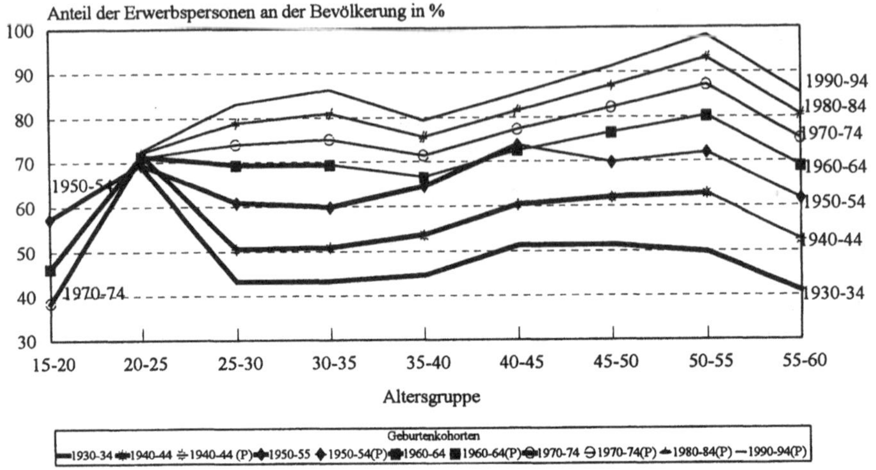

Quelle: Pfaff 1997, S. 458.

Betrachtet man schließlich die Erwerbsquoten älterer Frauen, so bestätigen sich im Wesentlichen die bereits in Kapitel 2.2.1 aufgezeigten Tendenzen einer insgesamt steigenden Frauenerwerbsbeteiligung auch bis zum Ende des Berufslebens; nur in der ältesten Altersgruppe der 60- bis 64-jährigen sind sinkende Erwerbsquoten (vgl. Tabelle 2.3.1)[86] festzustellen. Aufgrund der Möglichkeit für Frauen, eine Altersrente ab dem 60. Lebensjahr zu beziehen – auf die immer mehr Frauen einen Anspruch haben (vgl. Kapitel 2.1.2) – verwundert dies nicht. Bei den Männern lagen dagegen zwar die kohortenspezifischen Erwerbsquoten in allen Altersstufen über denen der Frauen, insgesamt ist bei diesen jedoch bereits ab der Altergruppe der 50- bis 54-jährigen eine leichte bzw. ab der Altersgruppe der 55- bis 59-jährigen eine deutliche Abnahme der Erwerbsbeteiligung in der Vergangenheit festzustellen.

Auch wenn das Wissen über die Folgen von Erwerbsunterbrechungen bzw. Phasen verminderter Erwerbstätigkeit noch durchaus lückenhaft ist (vgl. Sing 2002), lässt das Vorliegen diskontinuierlicher Erwerbsbiographien – bei Frauen generell, bei Männern zumindest am Ende des Erwerbslebens – vermuten, dass damit finanzielle ‚Abwärtsspiralen' verbunden sein könnten. Denn insbesondere im Bereich der gesetzlichen Alterssicherung wird heute noch eine ‚Normalbiographie' zugrunde gelegt, die beispiels-

86 Während in Abbildung 2.3.2 eher jüngere Kohorten (ab 1930) berücksichtigt sind, deren Erwerbsquoten teilweise bis zum Ende ihres Erwerbslebens projiziert wurden, gibt Tabelle 2.3.1 nochmals die Erwerbsquoten für ausgewählte ältere Kohorten (ab 1903) von Männern und Frauen wieder.

Tabelle 2.3.1: Erwerbsquoten der Geburtenjahrgänge 1903/07 bis 1933/37 ab dem Alter 45 Jahre in Westdeutschland (Erwerbspersonen auf jeweils 100 Personen der gleichen Altersgruppe)

Alter in Jahren[1]	Geburtsjahrgänge[2]							
	1903/07		1913/17		1923/27		1933/37	
Männer								
45 bis 49	/	(1952)	96	(1962)	97	(1972)	97	(1982)
50 bis 54	95	(1957)	95	(1967)	94	(1977)	94	(1987)
55 bis 59	90	(1962)	87	(1972)	85	(1982)	82	(1992)
60 bis 64	78	(1967)	54	(1977)	41	(1987)	33	(1997)
Frauen								
45 bis 49	/	(1952)	44	(1962)	51	(1972)	55	(1982)
50 bis 54	37	(1957)	42	(1967)	48	(1977)	53	(1987)
55 bis 59	34	(1962)	37	(1972)	42	(1982)	48	(1992)
60 bis 64	24	(1967)	16	(1977)	15	(1987)	14	(1997)

Anmerkungen:
1) Lesebeispiel für die letzte Spalte: Von 100 der 45- bis 49-jährigen Männern der Geburtsjahrgänge 1933/37 waren 97 im Kalenderjahr 1982 Erwerbspersonen.
2) In Klammern Beobachtungskalenderjahre.

Quelle: Schwarz 2000, S. 22.

weise in Form der Eckrente von 45 Versicherungsjahren bei einem durchschnittlichen beitragspflichtigem Einkommen während der gesamten Zeit ausgeht.[87] Zwar ist zwischen 1960 und 2000 parallel zu den oben genannten Prozessen die durchschnittliche Zahl an Versichertenjahren beim Rentenzugang sowohl bei den Männern (um 16,8 %) als auch bei den Frauen (um 7,6 %) insgesamt gestiegen (vgl. dazu Abbildung 2.3.3). Dennoch liegen diese Werte auch im Jahre 2000 bei den Männern im Durchschnitt ‚nur' bei 39,7 Jahren und bei den Frauen sogar nur bei 25,5 Jahren.[88] Darüber hinaus

87 Pfaff (1999, S. 55) geht davon aus, dass nur die Kohorten der zwischen 1931 und 1941 geborenen Männer aufgrund einer ‚Normalbiographie' auf durchschnittlich 45 Versichertenjahren und ein durchschnittliches beitragspflichtiges Einkommen (bzw. 45 Entgeltpunkte) kommen. Sowohl vorher als auch danach würden diese Werte in der Regel nicht mehr erreicht. Eine Darstellung von Versicherungsverläufen der Geburtsjahrgänge 1931 bis 1960 findet sich bei Prinz (1997).

88 Analysen für die Geburtsjahrgänge 1907 bis 1925 zeigen (vgl. dazu Rehfeld 1994, S. 501 ff.), dass auch hier bei den Männern ein Anstieg der Versichertenjahren (einschließlich der Beitragszeiten) zu verzeichnen ist. Bei etwa gleichbleibendem Beginn des ‚ersten Beitrages' haben sich parallel dazu die Versichertenbiographien durch einen früheren Rentenzugang verkürzt. Frauen weisen dagegen während der gesamten Versichertenbiographie Unstetigkeiten auf. Als Hintergründe nennt Rehfeld folgende Ursachen: „Viele Frauen haben früher in nichtbeitragspflichtigen, ungeschützten Arbeitsverhältnissen ihr Erwerbsleben begonnen. Bei jüngeren Frauengenerationen sind zunehmend Ausbildungen und sozialversicherungspflichtige Arbeitsverhältnisse als Berufsbeginn üblich. Ein zweiter Effekt ist sicherlich, dass in der Regel Frauen sich bei der Heirat die RV-Beiträge auszahlen

Abbildung 2.3.3: Entwicklung der durchschnittlichen Zahl der Versichertenjahre bei Rentenzugang zwischen 1960 und 2001 in Westdeutschland nach Geschlecht

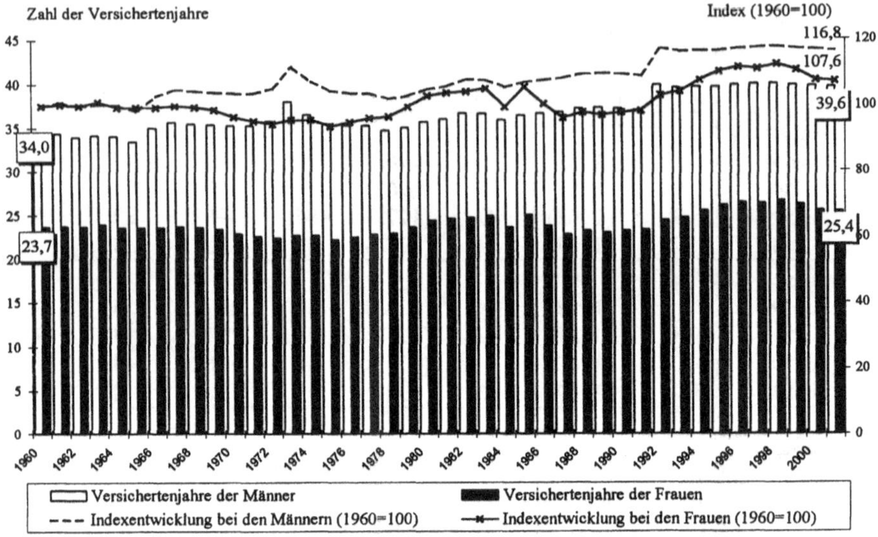

Anmerkung: Bis 1991 Versichertenjahre, ab 1992 Summe aus beitrags- und beitragsfreien Zeiten. Diese Kenngrößen beruhen auf einer besonderen Fallauswahl; vollständig ruhende Renten, Vertragsrenten und statistisch nicht auswertbare Fälle sind nicht enthalten. Vor 1980 ohne Knappschaft, da eine Geschlechtertrennung nicht möglich ist.

Quelle: Eigene Darstellung nach Deutscher Rentenversicherungsträger 2002a, S. 103 f.

ist die Erhöhung der Versichertenjahre nicht mit längeren Beitragszeiten gleich zu setzen, da die Lücken in der Erwerbsbiographie in rentenrechtlicher Hinsicht ebenso durch das Vorliegen beispielsweise von anrechnungsfähigen Ausfallzeiten[89] – bzw. seit 1992 ‚Anrechnungszeiten' genannt – geschlossen worden sein könnten.[90] So zei-

ließen (Heiratserstattungen). Die Alterssicherung erfolgte über den Ehemann. Vor diesem Hintergrund haben dennoch – drittens – wegen der wirtschaftlichen u/o familiären Verhältnisse viele Frauen im und nach dem 2. Weltkrieg ein spätes oder zweites Erwerbsleben begonnen" (Rehfeld 1994, S. 503).

89 Zu den Ausfall- bzw. Anrechnungszeiten zählen vor allem (krankheitsbedingte) Arbeitsunfähigkeit oder Teilnahme an Rehabilitationsmaßnahmen, Schwangerschaft oder Mutterschaft während der Schutzfrist sowie z.T. Phasen registrierter Arbeitslosigkeit bzw. Ausbildung (vgl. Verband Deutscher Rentenversicherungsträger 2001, S. 279).

90 Die Versichertenjahre setzen sich aus den anrechnungsfähigen Beitrags-, Ersatz-, Ausfall-, Zurechnungs- sowie Erhöhungszeiten zusammen (für eine detaillierte Aufschlüsselung der Komponenten vgl. Verband Deutscher Rentenversicherungsträger 1991, Glossar). Darüber hinaus werden vor allem bei Frauen ab der Geburtskohorte 1925 bzw. ab dem Jahr 1986 Kindererziehungszeiten im Rahmen der Beitragszeiten berücksichtigt, die sich in ansteigenden Versichertenjahren (vgl. Abbildung 2.3.2) widerspiegeln.

gen die kohortenspezifischen Auswertungen zu Versichertenbiographien in den Jahren 1985 und 1990[91] (vgl. Tabelle 2.3.2), dass sich in diesem fünfjährigen Zeitraum die Versicherungsdauer (Zeit seit der ersten Beitragszahlung) fast im gleichen Umfang erhöht hat (zu dieser Darstellung vgl. auch Pfaff 1999). Die Auswirkungen von beitragspflichtiger Erwerbstätigkeit bzw. Nichterwerbstätigkeit im Lebenslauf[92] werden dabei vor allem in der Höhe der ‚Versicherungsdichte' (d.h. des Anteils der Beitragszeiten an der Versicherungsdauer) bzw. der Versicherungslücke (d.h. des Anteils fehlender Beitragszeiten an der Versicherungsdauer) deutlich. Der Anstieg der Versicherungslücken zwischen 1985 und 1990 bei allen weiblichen und männlichen Kohorten kann folglich als ein erster Hinweis auf die generelle Zunahme diskontinuierlicher Erwerbsbiographien gewertet werden. Darüber hinaus weist auch die Zunahme der anrechnungsfähigen Ausfallzeiten, die vor allem auf zunehmende Phasen der Arbeitslosigkeit, teilweise bei den jüngeren Kohorten aber auch auf Zeiten der Ausbildung zurückzuführen sind, in dieselbe Richtung.
Während die geschlechtsspezifische Betrachtung noch deutlich macht, dass fast nur die Frauen in der Vergangenheit – bei einer im Vergleich zu den Männern insgesamt wesentlich geringeren Versicherungsdichte – von der Anerkennung der Kindererziehungszeit profitiert haben, kann in kohortenspezifischer Hinsicht zusammenfassend festgestellt werden, dass zwar bei allen Kohorten zwischen 1985 und 1990 Entwicklungen hin zu zunehmenden Phasen der rentenrechtlich anrechenbaren Arbeitslosigkeit bzw. nicht anrechenbaren Erwerbsunterbrechungen erkennbar sind, dennoch aber einzelne Kohorten (hier z.B. die Kohorte der 1959 Geborenen) – unabhängig vom Geschlecht – stärker als andere von diesen betroffen sind. In diesem Sinne könnte sich der Periodeneffekt altersspezifisch ausdifferenzieren, indem gerade bestimmte Altersgruppen von konjunkturellen bzw. strukturellen Bedingungen besonders stark in Mitleidenschaft gezogen werden.

91 Nur für diese beiden Jahre liegen die entsprechenden Daten vor. Die Ergebnisse für das Jahr 1995 mit Daten des Verbandes Deutscher Rentenversicherungsträger (vgl. VDRSY-CD-Rome, Tabelle 3.12 L RV und Tabelle 3.11 L RV) fortzuschreiben, ist nicht möglich, da sich zum einen die Datenstruktur, zum anderen aber auch die gesetzlichen Grundlagen infolge des Rentenreformgesetzes 1992 geändert hat.

92 Gewisse Verzerrungen lassen sich auch bei diesen Daten, z.B. aufgrund von Übergängen zur Selbständigkeit oder in den Beamtenstatus, nicht vermeiden.

Tabelle 2.3.2: Verteilung der Versicherungsdauer auf Beitrags-, Kindererziehungs- und Ausfallzeiten sowie Versicherungsdichte und Versicherungslücke

Geschlecht Kohorte	Versicherungsdauer	Versicherungsdauer, davon:		Versicherungsjahre, davon:			Versicherungsjahre, davon anrechnungsfähige Ausfallzeiten wegen:			
		Anteil der Lücken	Anteil der Versicherungsjahre (=Versicherungsdichte)	Beitragszeiten	Kindererziehungszeiten	anrechnungsfähige Ausfallzeiten	Arbeitslosigkeit	Ausbildung	Schwangerschaft	Krankheit usw.
	in Jahren	in %		in %			in %			
Männer		1985								
1966-1970	1,8	8,3	91,7	100,0	0,0	0,0	0,0	0,0	entfällt	0,0
1959	9,3	21,4	78,6	94,2	0,0	5,8	2,9	2,5	entfällt	0,4
1949	18,3	21,6	78,7	94,7	0,0	5,3	1,6	3,3	entfällt	0,4
1939	27,2	13,8	86,2	97,0	0,0	3,0	0,9	1,4	entfällt	0,5
1929	36,2	15,3	84,7	95,1	0,0	4,1	1,0	0,8	entfällt	0,5
1918-1920	38,1	65,6	34,4	79,7	0,0	6,8	0,9	0,6	entfällt	0,5
		1990								
1969	3,7	14,1	85,9	99,5	0,0	0,5	0,3	0,0	entfällt	0,1
1959	13,4	22,9	77,1	91,2	0,0	8,7	3,8	4,5	entfällt	0,4
1949	22,7	23,7	76,3	94,5	0,0	5,5	2,2	2,8	entfällt	0,4
1939	32,1	17,4	82,6	96,6	0,0	3,4	1,3	1,4	entfällt	0,5
1929	40,2	28,9	71,1	95,0	0,1	4,0	0,9	1,1	entfällt	0,3

noch Tabelle 2.3.2:

Geschlecht Kohorte	Versi-cherungs-dauer	Versicherungsdauer, davon:		Versicherungsjahre, davon:			Versicherungsjahre, davon anrechnungsfähige Aus-fallzeiten wegen:			
		Anteil der Lücken	Anteil der Versiche-rungsjahre (=Versiche-rungsdichte)	Beitrags-zeiten	Kinderer-ziehungs-zeiten[1)]	anrech-nungs-fähige Aus-fallzeiten	Arbeits-losigkeit	Ausbildung	Schwanger-schaft	Krankheit usw.
	in Jahren	in %		in %			in %			
Frauen		1985								
1966-1970	1,7	12,6	87,4	100,0	0,0	0,0	0,0	0,0	0,0	0,0
1959	9,3	24,9	75,1	91,9	0,8	7,3	2,4	3,4	1,2	0,2
1949	18,8	37,6	62,4	93,4	2,1	4,5	1,3	2,2	0,9	0,3
1939	24,0	34,5	65,5	94,7	2,8	2,9	0,8	1,1	0,4	0,4
1929	35,7	40,2	59,8	90,7	3,2	4,9	1,0	0,6	0,1	0,4
1918-1920	38,9	73,1	26,9	92,3	0,0	6,2	0,3	0,1	0,0	0,3
		1990								
1969	3,6	17,5	82,5	99,7	0,0	0,3	0,2	0,0	0,0	0,0
1959	13,9	29,7	70,3	88,3	2,0	9,6	3,5	5,0	0,8	0,3
1949	23,4	39,8	60,2	91,9	3,8	4,2	1,7	1,8	0,5	0,3
1939	30,0	40,1	59,9	90,5	6,1	3,3	1,3	1,1	0,2	0,4
1929	40,8	64,7	35,3	82,2	11,3	5,0	0,7	0,4	0,0	0,1

Anmerkung: 1) Soweit sie sich nicht mit einer Beitragszeit bzw. Ersatzzeit überschneiden.

Quelle: Eigene überarbeitete Darstellung nach Pfaff 1999, S. 51; Verband Deutscher Rentenversicherungsträger 1987, S. 31, 35; Verband Deutscher Rentenversicherungsträger 1993, S. 31, 35.

2.3.3 Verrentungsgeschehen nach Kohorten

Aber auch beim Übergang in die Rente zeigt die Betrachtung nach Kohorten noch deutlicher als die Betrachtung nach Querschnitten, dass das Risiko, über eine Phase der Arbeitslosigkeit aus dem Arbeitsmarkt auszuscheiden, in der Vergangenheit – unabhängig von der Besetzung der Geburtsjahrgänge – in Westdeutschland drastisch zugenommen hat (vgl. Abbildung 2.3.4 sowie 2.3.5).[93] Während die Alterskohorte der 1910 geborenen Männer nur selten (2,7 %) ‚Altersrenten wegen Arbeitslosigkeit' bezog, so war dies beim Geburtsjahrgang 1925 bei jedem zehnten (10,0 %) und beim Geburtsjahrgang 1935 bereits bei jedem vierten Mann (24,8 %) der Fall. Parallel dazu nahmen in allen anderen Rentenzugangsarten der Männer die jeweiligen Anteile ab. Dabei dominieren zunehmend solche Rentenzugangsarten, die vor dem bzw. ab dem 60. Lebensjahr in Anspruch genommen werden können. Während 60,8 % der Geburtskohorte 1925 von solchen Renten Gebrauch machten, waren es in der Geburtskohorte der 1935 Geborenen bereits 66,1 %.[94] Die Entwicklungen der Querschnittsdaten mit weiter deutlich ansteigenden Quoten der ‚Altersrente wegen Arbeitslosigkeit' Ende der 1990er Jahre lässt vermuten, dass diese Veränderungen sich auch zukünftig in den Kohortendaten widerspiegeln werden.
Bei den Frauen in Westdeutschland ist zwar der Anteil derjenigen, die eine ‚Altersrente wegen Arbeitslosigkeit' in Anspruch nehmen, wesentlich geringer, dennoch hat sich dieser auch hier zwischen den Geburtskohorten 1925 und 1935 (von 0,9 % auf 3,9 %) mehr als vervierfacht. Darüber hinaus unterscheiden sich die Verschiebungen in den anderen Rentenzugangsarten – wie schon bei den Querschnittsanalysen – deutlich von denen der Männer. Während auch bei den zwischen 1925 und 1935 geborenen Frauen durch den Anstieg der ‚Altersrenten für Frauen' und den Rückgang der Regelaltersrente ab dem 65. Lebensjahr insgesamt ein leichter ‚Trend zum frühen Ruhestand' sichtbar wird, ist doch insgesamt durch die deutliche Abnahme des Anteils der Berufs- und Erwerbsunfähigkeitsrenten um fast 10 % das durchschnittliche Rentenzugangsalter – wenn auch nur geringfügig von 60,6 Jahre (Geburtskohorte 1925) auf 60,9 Jahre (Geburtskohorte 1935) – gestiegen (vgl. Abbildung 2.3.5). Auch bei der Kohortenbetrachtung lassen sich somit Gesetzesänderungen, wie die Verschärfung der Zugangsvoraussetzung zur Berufs- und Erwerbsunfähigkeitsrente, eindeutig festmachen.[95]

---

93 Wenn man davon ausgeht, dass das Zugangsalter zur ‚Altersrente wegen Arbeitslosigkeit' tatsächlich das 60. Lebensjahr ist, scheinen die schwach besetzten Jahrgänge des ersten Weltkrieges zwischen 1914 und 1918 mit Werten zwischen 6,1 % und 8,6 % sogar eher überdurchschnittlich von dieser Rentenzugangsart betroffen zu sein. Im Vergleich dazu lagen nämlich in der Querschnittbetrachtung in den Jahren 1974 bis 1978 die entsprechenden Werte zwischen 2,6 % und 5,8 %. Auf der anderen Seite dürften diese ‚Verzerrungen' aber gerade durch die unterschiedliche Besetzung der Jahrgänge begründet sein, so dass es sich hier wohl weniger um einen Kohorten- als viel mehr um einen demographischen Effekt handelt. Dennoch wird das Problem des vorzeitigen Ruhestands wegen Arbeitslosigkeit in diesem Fall durch die Querschnittsbetrachtungen unterschätzt.

94 Zur Analyse des Rentenzugangs nach Einzelalters nach ausgewählten Kohorten vgl. Rehfeld 1994. Insgesamt zeigen sich hier ähnliche, institutionell bedingte Muster.

95 Ein weiteres Beispiel ist die Einführung der flexiblen Altersrente, von der erst die Geburtskohorten nach 1907 profitierten (vgl. dazu auch Rehfeld 1994).

Abbildung 2.3.4: Versichertenrenten in Westdeutschland mit einem Rentenbeginn vor dem 66. Lebensjahr nach Kohorten (Angaben in absoluten Zahlen)

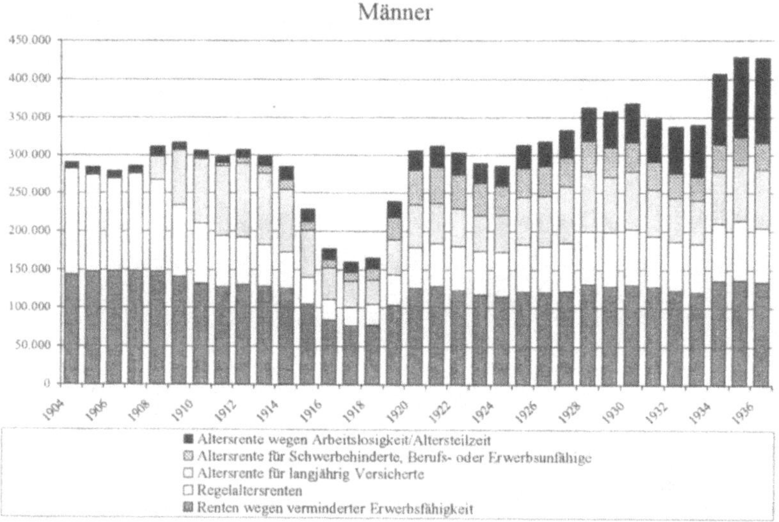

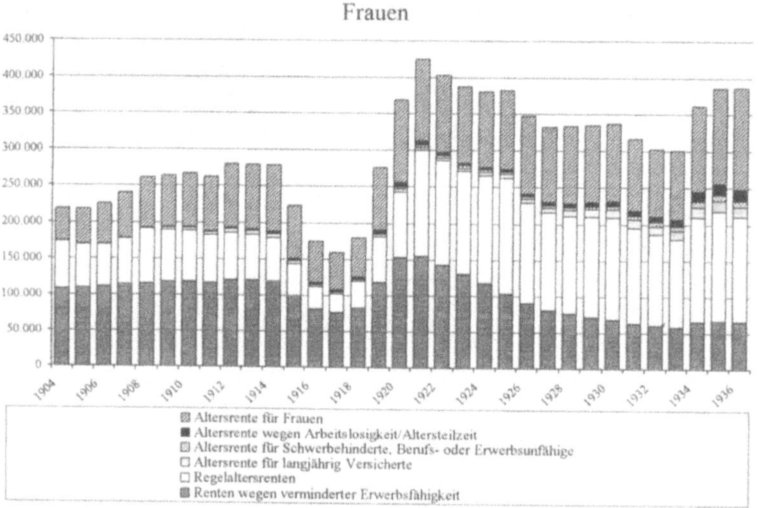

Anmerkung: Ohne Erziehungsrenten, Nullrenten und ohne Renten nach Art. 2 RÜG. Ausgewiesen sind lediglich Fälle mit einem Rentenbeginn vor dem 66. Lebensjahr. Ab der Geburtskohorte 1934 liegt zum Teil eine Untererfassung wegen verspäteter Antragstellung bzw. Meldung vor.

Quelle: Verband Deutscher Rentenversicherungsträger 2002a, S. 64 f.

Abbildung 2.3.5: Versichertenrenten in Westdeutschland mit einem Rentenbeginn vor dem 66. Lebensjahr nach Kohorten (Angaben in %)

Männer

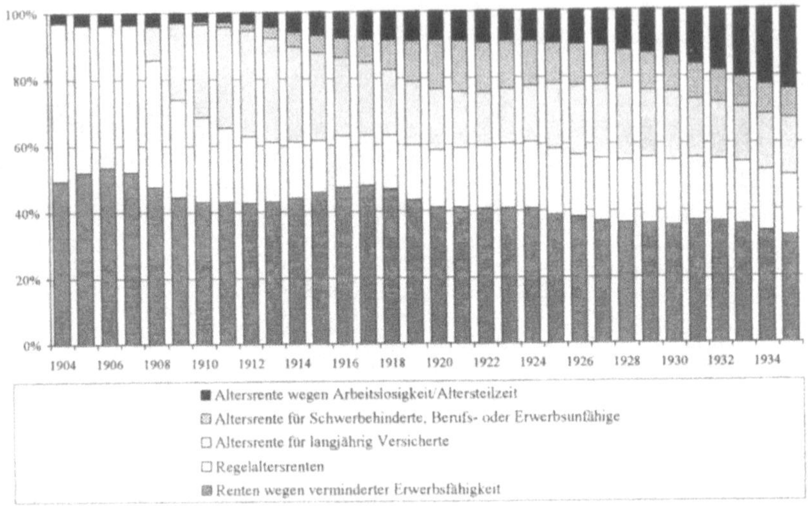

Frauen

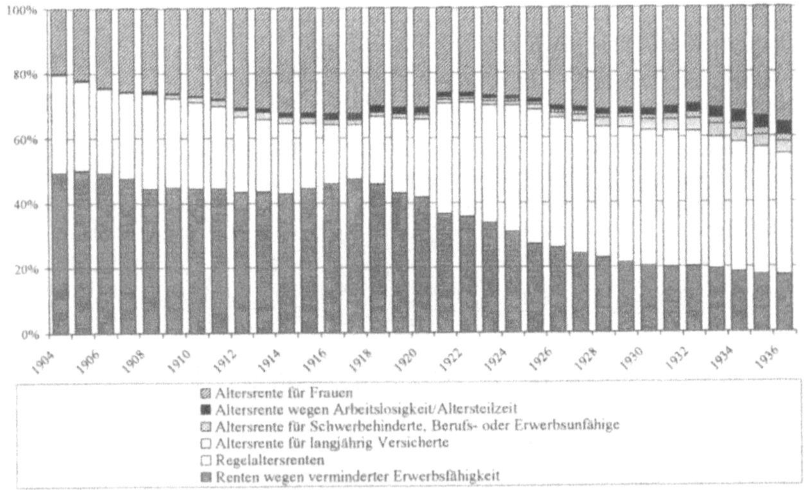

Anmerkung: Ohne Erziehungsrenten, Nullrenten und ohne Renten nach Art. 2 RÜG. Ausgewiesen sind lediglich Fälle mit einem Rentenbeginn vor dem 66. Lebensjahr. Ab der Geburtskohorte 1934 liegt zum Teil eine Untererfassung wegen verspäteter Antragstellung bzw. Meldung vor.

Quelle: Verband Deutscher Rentenversicherungsträger 2002a, S. 67 f.

Auch wenn an dieser Stelle nicht noch einmal explizit auf die Auswirkungen institutioneller Änderungen in der Rentengesetzgebung auf die Rentenzugangsart oder das Rentenzugangsalter im einzelnen eingegangen werden soll (vgl. dazu Kapitel 2.1.2), so lässt sich für die Kohortenbetrachtung insgesamt konstatieren: „Bei der Darstellung der Berentungsprozesse der Geburtsjahrgangskohorten werden gesetzliche oder andere Periodeneffekte nicht eliminiert. Sie werden jedoch deutlicher und in bezug auf eine jeweils homogene Personengruppe fassbar, nämlich die Gleichaltrigen verschiedener Kohorten“ (Rehfeld 1994, S. 474). Dies gilt insbesondere für die Interpretation des durchschnittlichen Rentenzugangsalters (vgl. Abbildung 2.3.6), da dieses sowohl im (unechten) ‚Längsschnitt' als auch im ‚Querschnitt' durch unterschiedliche Besetzungen und diesbezügliche – vor allem geschlechtsspezifisch unterschiedliche – Entwicklungen verzerrt sein kann. Denn während sich beispielsweise bei den westdeutschen Männern die absolute Zahl der Rentenzugänge zwischen den Geburtskohorten 1925 und 1935 um 33,4 % deutlich erhöht hat, ging bei den Frauen die absolute Zahl der Rentenzugänge zwischen diesen beiden Kohorten sogar um 0,4 % zurück. Um so bemerkenswerter ist es, dass die Kohortenbetrachtung – trotz dieser Bereinigung um demographische Effekte – dennoch insgesamt ziemlich ähnliche Trends in den Entwicklungen bezüglich des durchschnittlichen Rentenzugangsalters der Männer und Frauen aufweist: Während das durchschnittliche Rentenzugangsalter zu einer Altersrente bei Männern im Jahr 1995 bei 62,6 und im Jahr 2000 bei 62,4 Jahren lag,[96] ging die Geburtskohorte der 1935 Geborenen ebenfalls durchschnittlich mit 62,4 Jahren in Rente. Die entsprechenden Werte liegen bei den Frauen im Jahr 1995 bei 63,3 Jahren und im Jahr 2000 bei 62,8 Jahren, wobei die Kohorte 1935 durchschnittlich mit 62,7 Jahren eine Altersrente in Anspruch nahm (vgl. dazu auch Kapitel 2.1.3). Geringfügige Abweichungen treten bei den Zugängen zu Invaliditätsrenten auf; hier weisen die Kohorten tendenziell ein höheres durchschnittliches Zugangsalter im Vergleich zu den Querschnittsergebnissen auf.
Insgesamt lässt sich somit feststellen, dass auch bei den Kohorten in der Vergangenheit einerseits das durchschnittliche Rentenzugangsalter – trotz einiger Schwankungen – tendenziell sank,[97] sich andererseits aber auch die durchschnittliche Zahl an Versichertenjahre erhöhte.

---

96 Im Jahr 1995 wurde die Kohorte 1935 60 Jahre alt. Es ist daher sehr wahrscheinlich, dass sie zwischen 1995 und 2000 einer Altersrente zuging.

97 Diese Tendenz ist hinsichtlich des Zugangs zu einer Altersrente bei den westdeutschen Männern relativ deutlich, bei den Frauen dagegen nur schwach ausgeprägt. Bei letzteren ist dies vor allem auf den Zugang zur Regelaltersrente zurückzuführen, wobei sich in diesem Punkt zwei gegenläufige Entwicklungen bemerkbar machen: Zum einen erfüllen immer mehr Frauen die etwas höheren Voraussetzungen für die ‚Altersrente der Frauen', was zu einer Abnahme der Inanspruchnahme der Regelaltersrente führte, zum anderen aber haben gesetzliche Änderungen, wie z.B. die zunehmende rentenrechtliche Anerkennung von Kindererziehungszeiten (ab 1986 bzw. ab der Geburtskohorte 1925), zu einer generellen Erhöhung des Kreises der Anspruchsberechtigten geführt. Da diese häufig nur die Voraussetzung für eine Regelaltersrente erfüllen, gehen sie erst mit 65 Jahren oder später dieser Rentenart zu.

Abbildung 2.3.6: Durchschnittliches Zugangsalter zu Alters- und Invalidenrenten von Kohorten in Westdeutschland nach Geschlecht (Angaben in Jahren)

Männer

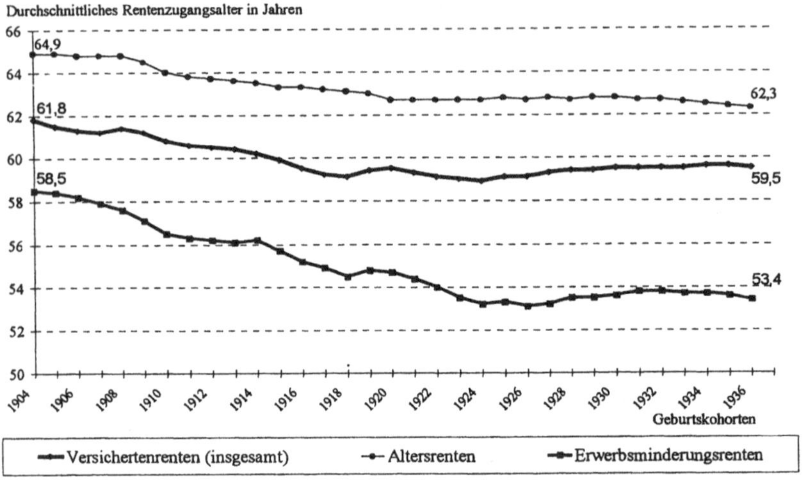

Frauen

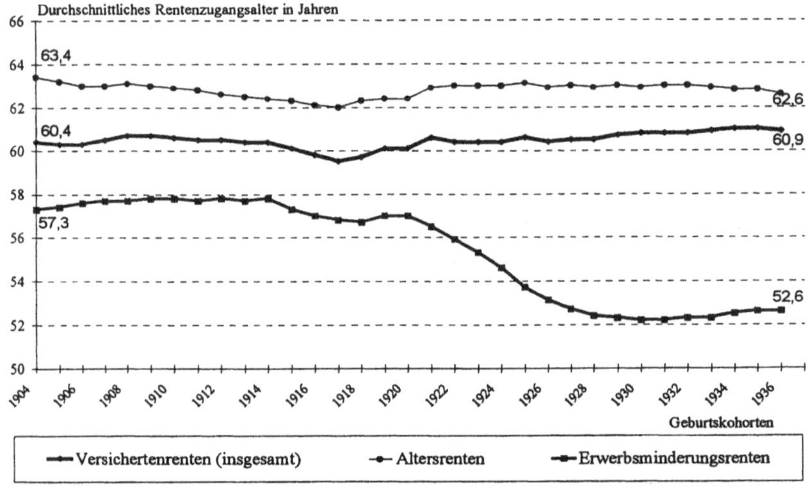

Anmerkung: Ohne Erziehungsrenten, Nullrenten und ohne Renten nach Art. 2 RÜG. Ausgewiesen sind lediglich Fälle mit einem Rentenbeginn vor dem 66. Lebensjahr. Ab der Geburtskohorte 1934 liegt zum Teil eine Untererfassung wegen verspäteter Antragstellung bzw. Meldung vor.

Quelle: Eigene Darstellung nach Verband Deutscher Rentenversicherungsträger 2002a, S. 115 ff.

Um jedoch letztlich bewerten zu können, ob es sich bei diesen und zukünftigen Entwicklungen eher – im Sinne der hier vertretenen Exklusionsthese – um eine Zunahme prekärerer Lebenssituationen handelt oder aber um Lebenslagen, die eventuell sogar zunehmend veränderten Einstellungen entspricht, ist es erforderlich, die vorliegenden Befunde um materielle Aspekte zu ergänzen.

2.3.4 Entwicklung der finanziellen Situation im Alter

Die finanzielle Situation im Alter wird in der Bundesrepublik Deutschland durch die Leistungen von drei von einander unabhängigen Teilsystemen (‚Drei-Säulen-System') bestimmt (vgl. dazu auch Schmähl 1996, S. 410). Neben der im wesentlichen lohn- und beitragsbezogenen Alterssicherung als ‚erster Säule'[98] des deutschen Alterssicherungssystems weist auch vor allem die betriebliche Alterssicherung als ‚zweite Säule' erwerbseinkommensabhängige Züge auf. Weitere Formen der freiwilligen privaten Altersvorsorge, zu denen Erträge aus Lebensversicherungen, Zinsen oder Einkünfte aus Vermietung und Verpachtung sowie selbstgenutztes Wohneigentum zu rechnen sind, ergänzen schließlich als ‚dritte Säule' das individuelle bzw. haushaltsbezogene Alterseinkommen.[99]

2.3.4.1 Gesamteinkommen von Rentnern im Jahr 1995

In Tabelle 2.3.3 ist zunächst das Brutto- und Nettogesamteinkommen für Männer und Frauen in West- und Ostdeutschland im Jahr 1995 wiedergegeben. Insgesamt werden geschlechts- sowie familienstandsspezifische als auch regionale Unterschiede deutlich. So ist auf der Personenebene das höchste Alterseinkommen bei den westdeutschen verheirateten Männern, gefolgt von den alleinstehenden Männern, auszumachen, während das niedrigste bei den westdeutschen verheirateten Frauen vorliegt. Aber auch wenn in Ostdeutschland die Männer unabhängig vom Familienstand jeweils höhere Alterseinkommen als die Frauen beziehen, so sind hier die Differenzbeträge bei weitem nicht so hoch. Die Analyse der Zusammensetzung der jeweiligen Altersbezüge gibt dabei bereits wichtige Hinweise auf die Ursachen für diese Strukturen.

---

98 Neben der gesetzlichen Rentenversicherung zählen dazu auch die Beamtenversorgung, die berufsständischen Versorgungswerke sowie die Alterssicherung der Landwirte (vgl. Rahn 1999, 378).

99 „Eine staatliche, bedürfnisorientierte Mindestsicherung ist in Deutschland nicht in die Alterssicherung integriert, sondern in einem eigenständigen System - der Sozialhilfe – verankert" (Rahn 1999, S. 378). Dabei scheint die ‚Altersarmut' durch die ‚Infantilisierung der Armut' in den vergangenen Jahren abgelöst worden zu sein. Tatsächlich ging zwischen 1980 und 1993 der Anteil der Haushalte, die aufgrund unzureichender Versorgungsansprüche (vor allem gegenüber der Rentenversicherung) Sozialhilfe bezogen, zurück. Dennoch ist zu bedenken, dass sich die Zahl der Sozialhilfeempfänger seit 1963 etwa vervierfacht hat, so dass die absolute Zahl an älteren Sozialhilfeempfängern annähernd konstant geblieben sein dürfte (vgl. Sing 1999). Altersarmut ist dabei noch immer überwiegend weiblich und betrifft vor allem alleinstehende Frauen (vgl. Stubig, Reuter 1999). Darüber hinaus wurde bisher bei dieser Gruppe eine Dunkelziffer von etwa 100 % unterstellt, da die betroffenen Frauen den eigenen Kindern z.B. eine Offenlegung der Einkommens- und Vermögensverhältnisse ersparen wollten, uninformiert waren oder auch den Weg zum Sozialamt scheuten (vgl. Sing 1999). Änderungen im Inanspruchnahmeverhalten infolge der Einführung einer bedarfsorientierten Grundsicherung infolge des Altersvermögensgesetz vom 26.06.2001 sind gegenwärtig noch nicht absehbar (vgl. dazu Kapitel 2.1.1.9).

Tabelle 2.3.3: Gesamteinkommen[100] im Alter in West- und Ostdeutschland 1995 nach Geschlecht und Familienstand

	Gesamteinkommen in DM pro Monat			
	Westdeutschland		Ostdeutschland	
Bruttoeinkommen				
Ehepaare:		4.286		3.356
Durchschnittlicher Anteil des Mannes	(79 %)	3.399	(64 %)	2.154
Durchschnittlicher Anteil der Frau	(21 %)	887	(36 %)	1.202
Alleinstehende Männer		3.058		2.177
Alleinstehende Frauen		2.242		1.900
Nettoeinkommen				
Ehepaare		3.735		3.097
Alleinstehende Männer		2.677		2.012
Alleinstehende Frauen		2.027		1.779

Quelle: WSI u.a. 2001, S. 109.

Mit einem Anteil von fast 100 % in Ostdeutschland und 89 % männlicher sowie 70 % weiblicher Leistungsbezieher eigener Renten ab 65 Jahren in Westdeutschland (an der jeweiligen Gesamtbevölkerung) stellt die gesetzliche Rentenversicherung zunächst hinsichtlich des betroffenen Personenkreises das bedeutendste Pflichtversicherungssystem dar (vgl. Bundesministerium für Arbeit und Sozialordnung 1997, S. 9). Aber auch hinsichtlich der Höhe der Leistungen – durch die gesetzliche Rentenversicherung werden insgesamt knapp 70 % der Gesamtausgaben der bundesdeutschen Altersversicherung getragen (vgl. dazu auch Schmähl 1998, S. 64) – weist sie bei den personen- bzw. haushaltsbezogenen Gesamteinkommen im Alter den höchsten Deckungsgrad auf. Zwar gewährt die gesetzliche Rentenversicherung auch im Falle von abgeleiteten Versorgungsansprüchen, wie den Witwen- und Waisenrenten, beitragsfreie Einkommen, die eigentlichen Versichertenrenten[101] sind jedoch, wie die Rentenformel belegt (vgl. dazu Kapitel 2.3.4.2), am Erwerbsverlauf sowie an der Einkommenshöhe orientiert. Aufgrund der unterschiedlichen Erwerbsbeteiligung im Lebenslauf lassen sich somit die erheblich niedrigeren eigenständige Rentenansprüche bzw. das geringere Al-

100 Analysen des DIW zeigen hinsichtlich der Bewertung der Gesamteinkommen von Rentner im Verhältnis zu allen Haushalten, dass „das durchschnittlich verfügbare Äquivalenzeinkommen der Senioren-Haushalte, bei dessen Berechnung sämtliche Einkommensarten und Einkommensabzüge sowie Haushaltsgröße und Haushaltszusammensetzung berücksichtigt werden, (...) 1998 mit 2.710 DM je Monat lediglich um 3 % unter dem der Arbeitnehmer-Haushalte (2.790 DM)" (Bedau 1999, S. 675) lag. Zwar kann auch hinsichtlich des Vermögens (Geld-, Immobilien- und Gebrauchsvermögens) die „materielle Lage der Senioren-Haushalte in Deutschland als günstig" (Bedau 1999, S. 679) bezeichnet werden, diesen Daten liegen jedoch starke Konzentrationen zugrunde: „So entfielen 1993 auf die Hälfte der Senioren-Haushalte nur 10 % (Westdeutschland) bzw. 19 % (Ostdeutschland) des jeweiligen Geldvermögens sowie 1998 knapp 27 % bzw. gut 20 % des Immobilienvermögens" (Bedau 1999, S. 676; zu ähnlichen Ergebnissen vgl. Münnich 2001).

101 Eine Ausnahme stellen die Kindererziehungszeiten dar, die auch ohne Erwerbstätigkeit zu einem Anspruch auf eine eigenständige Rente führen können (vgl. dazu auch Stegmann 2001, S. 138).

terseinkommen als solches von – vor allem westdeutschen – Frauen erklären (vgl. dazu Stegmann 2001, Prinz 1994, 1997, Allmendinger 2001).[102] Da auch die betriebliche Alterssicherung an Erwerbstätigkeit gebunden ist, werden durch diese die bisher aufgezeigten Strukturen – sofern überhaupt Betriebsrenten gewährt werden[103] – in der Tendenz[104] verstärkt: „Insgesamt korrelieren in Deutschland der Deckungsgrad und die Höhe der betrieblichen Alterssicherungsansprüche mit der Höhe der Rentenansprüche der GRV: unterdurchschnittliche GRV-Rentenanwartschaften (beider Geschlechter) werden von der betrieblichen Altersversorgung nur in sehr begrenztem Umfang aufgestockt, d.h. Frauen (und Männer) mit niedrigen GRV-Renten haben zumeist gar keinen oder nur einen sehr geringen Betriebsrentenanspruch“ (WSI u.a. 2001, S. 107). Ein ähnliches Muster zeigt sich – trotz einiger methodischer und datentechnischer Probleme (vgl. dazu auch Bruno-Latocha 2000)[105] – schließlich auch bei der privaten Altersvorsorge: Hier weisen die Daten der ASID ’95 bezüglich der Einkommens- bzw. Vermögenspositionen darauf hin, dass alleinstehende Frauen in Westdeutschland mit einem Anteil von durchschnittlich 9,0 % an ihrem persönlichen Alterseinkommen weniger Einkünfte z.B. aus Kapital sowie aus Vermietung und Verpachtung erzielen als Männer bzw. Ehepaare mit durchschnittlich 11 % (vgl. WSI u.a. 2001, S.107 f.). Ostdeutsche Rentner verfügen gegenwärtig nur im geringen Umfang über Privatvorsorge (ebenda).

2.3.4.2 *Entwicklungen bei den Renten der gesetzlichen Rentenversicherung*

Da der Anspruch auf eine eigenständige (Alters-)Rente der gesetzlichen Rentenversicherung die mit Abstand wichtigste Einkommensart älterer Menschen in Deutschland darstellt (zur absoluten Höhe der Renten nach Rentenzugangsart und Geschlecht seit 1960 vgl. Abbildung 2.3.7), sollen im Folgenden die diesbezüglichen Entwicklungen in der Vergangenheit – soweit wie möglich in Kohortenperspektive – aufgezeigt werden.

---

102 „Familien mit Kindern haben somit im Vergleich zu Kinderlosen in der Regel durch laufende Einkommensverluste während der Kleinkind- und Kinderphase, jedoch auch in der folgenden Erwerbsphase zu leiden. Dabei fällt dieser Verlust im Vergleich zu den Kinderlosen ohne Erwerbsunterbrechung um so höher aus, je qualifizierter die Tätigkeit ist. In der Alterssicherung kumulieren diese Wirkungen in besonderem Maße und es tritt die perverse Situation auf, dass die Eltern, insbesondere die Mütter, die die höchsten Anteile zum Erhalt des Generationenvertrages leisten, die höchsten Verluste hinnehmen müssen“ (Althammer, Pfaff 1999, S. 39).

103 In Ostdeutschland bezieht kaum eine von den bereits verrenteten Personen eine Betriebsrente (vgl. Bruno-Latocha 2000, S. 142).

104 So kamen im Jahr 1995 50 % der westdeutschen Männer, aber nur 10 % der westdeutschen Frauen ab 65 Jahren in den Genuss von Betriebsrenten (vgl. Bundesministerium für Arbeit und Sozialordnung 1997, S. 11). Diese unterschieden sich darüber hinaus hinsichtlich der Leistungshöhe (Männer ab 55 Jahre: 663 DM pro Monat; Frauen ab 55 Jahre: 318 DM pro Monat) (ebenda). Höher und umfangreicher sind dagegen die Leistungen der Zusatzversorgung im öffentlichen Dienst (ZöD) für Personen über 65 bis 55 Jahren: 89 % der über 65-jährigen Männer und immerhin 46 % der über 65-jährigen Frauen erhielten durchschnittlich 759 DM bzw. 551 DM monatlich (jeweils Personen ab 55 Jahren) (vgl. Bundesministerium für Arbeit und Sozialordnung 1997, S. 11 f.).

105 Beispielsweise kann die Vermögenssituation nur im Haushaltszusammenhang sinnvoll ausgewertet werden.

Abbildung 2.3.7: Entwicklung der durchschnittlichen Höhe der Versichertenrenten zwischen 1960 und 2000 in Westdeutschland nach Rentenart und Geschlecht (Angaben in DM)

Männer

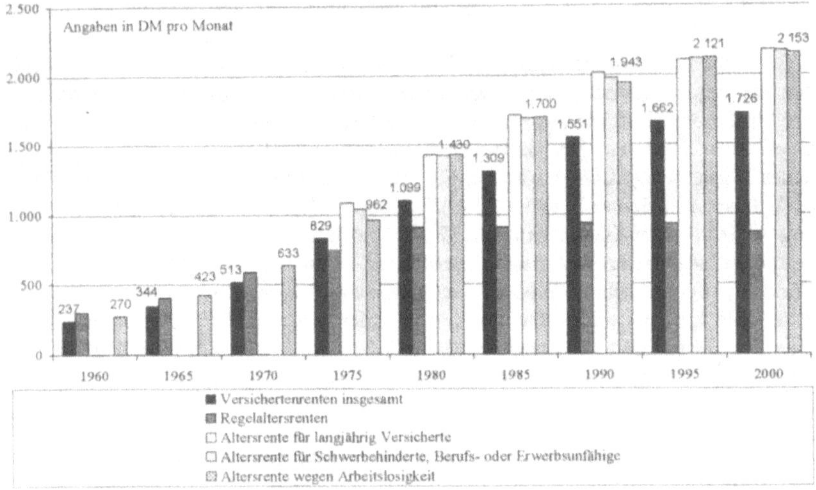

Frauen

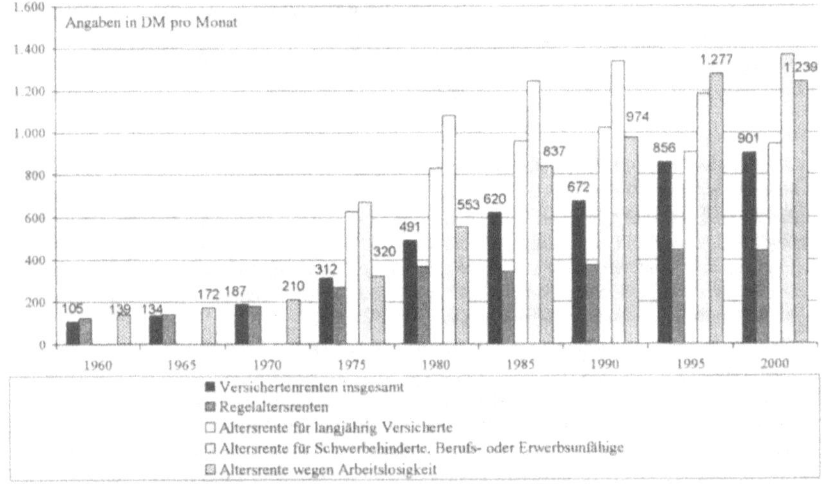

Anmerkung: Ohne Knappschaftsausgleichsleistungen, Nullrenten und ohne Renten nach Art. 2 RÜG. Vor 1980 ohne Knappschaft, da eine Geschlechtertrennung nicht möglich ist.

Quelle: Eigene Darstellung nach Verband der Rentenversicherungsträger 2001, S. 88 f.

Wie bereits in Kapitel 2.1.1.4 ausgeführt, wird die Höhe einer eigenständigen Versichertenrente durch die Rentenformel bestimmt (vgl. auch Schmidt 1995, S. 42 ff. sowie Hain, Tautz 2001), die insbesondere in Form der ‚persönlichen Entgeltpunkte' den Zusammenhang zwischen Beitragszeiten (einschließlich Beitragshöhe) aus Erwerbstätigkeit und Rentenanspruch reflektiert. Daneben bestimmen aber auch die Rentenzugangsart, der Rentenzugangsfaktor sowie der aktuelle Rentenwert die absolute Höhe der Rentenzahlung. Neben der Beitragsorientierung bzw. der Ausrichtung am Äquivalenzprinzip kann zudem eine Erhöhung (z.B. um Anrechnungs-[106], Zurechnungs-[107] oder Ersatzzeiten[108]) bzw. die Begründung einer eigenständigen gesetzlichen Rente (z.B. aufgrund Kindererziehungszeiten[109]) aus sozialpolitischen Gründen[110] erfolgen. Die Anpassung bestehender Renten unterlag in der Vergangenheit unterschiedlichen Regelungen (vgl. Kapitel 2.1.1.1).
Die meisten dieser Faktoren führten vor allem seit Anfang der 1990er Jahre in der Tendenz zu einer deutlichen Reduzierung der Rentenansprüche gegenüber der gesetzlichen Rentenversicherung. Wenn auch zunächst die Rentenreform 1957 zum ersten Mal eine kontinuierliche Anpassung der Rentenhöhe durch den ‚aktuellen Rentenwert' an die gesamt-wirtschaftliche Entwicklung – gemessen am Bruttoarbeitslohn (sogenannte ‚Bruttoanpassung') – garantierte, wurde diese Dynamisierung durch die Rentenreform 1992, indem nun die Entwicklung der Renten an die der gesamtwirtschaftlichen Nettolöhne angepasst wurde, bzw. zuletzt durch die Rentenreform 2001 durch die sogenannte ‚modifizierte Bruttoanpassung' eingeschränkt.[111] Deutliche reduzierende

---

106 Zu den Ausfall- bzw. Anrechnungszeiten zählen vor allem (krankheitsbedingte) Arbeitsunfähigkeit oder Teilnahme an Rehabilitationsmaßnahmen, Schwangerschaft oder Mutterschaft während der Schutzfrist sowie z.T. Phasen registrierter Arbeitslosigkeit bzw. der Ausbildung (vgl. Verband Deutscher Rentenversicherungsträger 2001, S. 279).

107 Um Altersarmut aufgrund von Berufs- und Erwerbsunfähigkeit zu verhindern, werden durch Zurechnungszeiten bei Eintritt von Berufs- und Erwerbsunfähigkeit fehlende Beitragszeiten bis zur Vollendung des 55. Lebensjahres voll und bis zur Vollendung des 60. Lebensjahres dann zu zwei Drittel ausgeglichen (vgl. Verband Deutscher Rentenversicherungsträger 2001, S. 295).

108 Ersatzzeiten wurden als Zeiten des Kriegsdienstes, Vertreibung und Flucht oder Wehrdienstzeiten erworben und als Wartezeiten sowie als Beitragszeiten in der Rentenberechnung berücksichtigt (vgl. Verband Deutscher Rentenversicherungsträger 2001, S. 283).

109 Kindererziehungszeiten zählen im ersten Jahr bzw. in den ersten drei Jahren nach der Geburt (für Geburten ab 01.01.1992) als Beitragszeiten, für die keine Beiträge von der so versicherten Person zu entrichten sind (vgl. Verband Deutscher Rentenversicherungsträger 2001, S. 284).

110 Ein weiteres Beispiel ist die seit 1972 eingeführte Rente nach Mindesteinkommen. Sie stellt Personen, die 25 Jahre und mehr Beitragsjahre aufweisen, so, als ob sie in allen Beitragsjahren 75 % des durchschnittlichen Entgelts verdient hätten (vgl. auch Schmidt 1995, S. 54).

111 Die Nettoanpassung der Renten erfolgte bis Juli 1999. Durch das Haushaltssanierungsgesetz (HsanG) vom 22.12.1999 sollten in den Jahren 2000 und 2001 die Renten dann nur nach Maßgabe der jeweils vorjährigen Inflationsrate erhöht werden. Aufgrund der damit verbundenen Einschnitte in der Rentenentwicklung wurden aus politischen Gründen nur zum 01.07.2000 die Renten entsprechend der Inflationsrate im Jahr 1999 gegenüber dem Jahr 1998 um 0,6 % erhöht (vgl. dazu auch Husmann 2000, S. 639). Bereits im Jahr 2001 wurde dann die neue Rentenformel nach dem Altersvermögensergänzungsgesetzes (AvmEG) vom 21.03.2001 angewandt. Diese sieht in Form der ‚modifizierten Bruttoanpassung' eine Anpassung der Renten nach der Veränderung des durchschnittlichen Bruttobeitragsentgelts der Arbeitnehmer sowie nach den Änderungen des Beitrags-

Effekte haben ferner die – mit der Rentenreform 1992 beschlossenen und durch das Wachstums- und Beschäftigungsförderungsgesetz (WFG) zeitlich vorgezogenen (vgl. Kapitel 2.1.1.6.2) – mit dem Rentenzugangsfaktor verbundenen versicherungsmathematischen Abschläge bei einem vorzeitigen Rentenbeginn: So wirkte sich bis 1997 der vorgezogene Ruhestand um ein Jahr nur sehr gering auf die Rentenhöhe aus, da sich bis dahin das Altersruhegeld nur um den Betrag verringerte, der durch geringere Beiträge verursacht wurde. Von diesen dauerhaften Abschlägen von bis zu 18,0 % sind vor allem die Geburtsjahrgänge zwischen 1937 und 1952 betroffen (vgl. dazu ausführlich Kapitel 2.1.1.4). Danach wird es diese Abschläge zwar nur noch im geringeren Umfang geben[112], es ist aber gleichzeitig zu befürchten, dass das Risiko, vor dem Ruhestand zunehmend von Phasen der Arbeitslosigkeit betroffen zu sein, steigt, da eine längere Erwerbsbiographie – gerade aufgrund der bisherigen Erfahrungen - nicht zwingend mit längerer Erwerbstätigkeit verbunden sein muss (vgl. dazu auch Koller 2001). Das bedeutet unter Umständen, dass viele ältere Arbeitnehmer zukünftig zwar erst mit 62 Jahren in die ‚Altersrente für langjährig Versicherte', mit 63 Jahren in die ‚Altersrente für Schwerbehinderte' oder mit 65 Jahren in die ‚Regelaltersrente' gehen, aufgrund der Erwerbslücken jedoch ihre Rentenansprüche sinken. Dies gilt um so mehr, als schon für die 1990er Jahre wieder ein Anstieg der Altersarmut verzeichnet wurde: „Mögliche Ursachen des Anstiegs der relativen Altersarmut könnten die infolge der langanhaltenden Arbeitslosigkeit verbreiteten Brüche in der Erwerbsbiographie der jüngeren Rentnergeneration sein. Insbesondere im rentennahen Alter trat in den 90er Jahren häufiger Arbeitslosigkeit ein. Neben einer genauen Betrachtung der westdeutschen Rentner äußerte sich dies in einer höheren Betroffenheit von relativer Einkommensarmut der 65- bis 70-Jährigen im Jahr 1998 gegenüber der Betroffenheit dieser Altersgruppe fünf Jahre zuvor (5,8 auf 9,6 %)" (Bundesministerium für Arbeit und Sozialordnung 2001, S. 28).[113] Ferner ist damit zu rechnen, dass die Bewertung von Anrechnungszeiten (wie z.B. Arbeitslosigkeit oder Ausbildungszeiten) auch zukünftig politischen Entscheidungen unterliegen und bei zunehmenden Finanzierungsschwierigkeiten der gesetzlichen Rentenversicherung diesbezüglich Kürzungen stattfinden werden (vgl. Pfaff 1999). Während der Zugangsfaktor in der Rentenformel den Zeitpunkt des vorzeitigen oder des hinausgeschobenen Beginns einer Altersrente in Rechnung stellt, berücksichtigt der Rentenartenfaktor, ob es sich um eine Altersrente (hier beträgt der Zugangsfaktor in der Regel 1,0)[114] oder eine ‚Berufs- und Erwerbsunfähigkeitsrente' bzw. eine ‚Rente wegen verminderter Erwerbfähigkeit' handelt. Im letzte-

---

satzes zur Rentenversicherung vor (zur neuen Rentenanpassungsformel im Detail vgl. Hain, Tautz 2001, S. 361 ff.): „Durch die veränderte Anpassung der Renten kommt es zwar zu einem langsameren Anstieg der Rentenleistungen, nicht aber zu Kürzungen" (Verband Deutscher Rentenversicherungsträger 2002, S. 1).

112 Wesentliche Rentenarten, wie die ‚Altersrente für Frauen' oder die ‚Altersrente wegen Arbeitslosigkeit oder nach Altersteilzeit', stehen dann nicht mehr zur Verfügung (vgl. Kapitel 2.1.1.10).

113 Dabei hatte „fast die Hälfte der von relativer Einkommensarmut Betroffenen (...) nur einen Anlernberuf u.ä. oder überhaupt keinen Berufsabschluss, während es in der Vergleichsgruppe oberhalb der relativen Armutsgrenze nur ein gutes Viertel war (Werte wieder für Westdeutschland 1998)" (Bundesministerium für Arbeit und Sozialordnung 2001, S. 29).

114 Bei einer Teilrente reduziert sich der Rentenartenfaktor auf 0,33, 0,66 oder z.B. 0,5 (vgl. Bäcker u.a. 2000, S. 272).

ren Fall ist die Höhe des Zugangsfaktors davon abhängig, inwieweit der Betroffene noch einer Erwerbstätigkeit nachgehen kann. Während der Zugangsfaktor bei Erwerbsunfähigkeit generell bei 1,0 liegt, wurde seit In-Kraft-Treten des ‚Gesetzes zur Reform der Renten wegen verminderter Erwerbsfähigkeit' am 01.01.2000 die Berufsunfähigkeitsrente mit einem Zugangsfaktor von 0,667 – unter Wahrung einer langen Übergangsfrist – abgeschafft (zu Details vgl. Kapitel 2.1.1.9). Es besteht nun nur noch ein Anspruch auf eine Rente wegen teilweiser Erwerbsminderung, die mit einem Zugangsfaktor von 0,5 verbunden ist. Durch das Fortbestehen der sogenannten konkreten Betrachtungsweise können Bezieher von Berufsunfähigkeits- bzw. teilweisen Erwerbsminderungsrenten bei fehlenden (Teilzeit-)Arbeitsplätzen jedoch auch Anspruch auf den Bezug einer vollen Erwerbsminderungsrente (mit einem Zugangsfaktor von 1,0) erhalten.[115]

Die bisherigen Darstellungen machen deutlich, dass neben den allgemeinen Tendenzen der Ausgabenreduzierung in der gesetzlichen Rentenversicherung vor allem der Rentenzugangsfaktor deutliche Auswirkungen auf das Rentenniveau der einzelnen Rentenzugänge hat bzw. haben wird, auch wenn im Jahr 2000 gerade die Rentenhöhe der vorzeitigen Altersrenten überdurchschnittlich hoch war (vgl. Abbildung 2.3.7). So reduziert sich die Rente bei einer monatlichen Brutto-Standardrente mit 45 Versichertenjahren im Jahr 1996 von 2.090 DM in Westdeutschland bei einem vorzeitigen Rentenbezug von drei Jahren um 10,8 % auf monatlich 1.864 DM (vgl. dazu auch Schmähl 1998). Geht man jedoch von der realistischeren Annahme aus, dass nur 40 Entgeltpunkte vorliegen, so wird die ursprüngliche Rente von 1.858 DM auf 1.657 DM gekürzt (vgl. dazu auch Meinhardt 1999, S. 264).

Wesentliche Determinanten der individuellen Einkommensposition der Versicherten im Alter sind somit auch die in den persönlichen Entgeltpunkten zusammengefassten Beitragszeiten sowie die jeweilige Beitragshöhe. Während die Versichertenjahren zwischen 1960 und 2000 um 16,8 % bei den Männern bzw. 7,6 % bei den Frauen in Westdeutschland gestiegen sind (vgl. Kapitel 2.3.2), zeigt sich bei der Entwicklung der Entgeltpunkte pro Versichertenjahr selbst ein umgekehrter Trend: So haben sich die durchschnittlichen Entgeltpunkte pro Versichertenjahr bei den Frauen zwischen 1960 und 2000 um 28,7 % erhöht, bei den Männern dagegen sind sie um 5,8 % gesunken. Der geschlechtsspezifische Abstand zwischen den Entgeltpunkten hat sich somit von 46,5 % auf 26,9 % reduziert.

In Abbildung 2.3.8 sind die Verläufe der durchschnittlichen Entgeltpunkte pro Versichertenjahr nach Altersstufen verschiedener weiblicher Geburtskohorten wiedergegeben. Auch hier kann man deutlich erkennen, dass in fast allen Altersstufen mit jeder Kohorte die durchschnittlichen Entgeltpunkte anwachsen. Lässt man die Kindererziehungszeiten als Beitragszeiten außer Acht, so spiegelt sich hier das Muster steigender Erwerbsbeteiligung wider (vgl. Kapitel 2.3.2). Dass die durchschnittlichen Entgeltpunkte pro Versichertenjahr im Jahr 2000 dennoch mit 0,766 erheblich unter denen der Männer mit 1,048 Punkten lagen, macht deutlich, dass weibliche Erwerbs- und Versicherungsverläufe immer noch deutlich von einer sogenannten Normalbiographie abweichen (vgl. dazu Stegmann 2001, S. 138). Dies zeigt sich ebenso bei der Betrach-

---

115 Auch durch die verbesserten Zurechnungszeiten wird der Kürzung der Erwerbsminderungsrenten entgegengewirkt (vgl. Hain, Tautz 2001, S. 360).

tung der absoluten Rentenhöhe (vgl. Kapitel 2.3.4.1). Während nicht zuletzt auch die sozialpolitisch gewollte Höherbewertung von Kindererziehungszeiten sowie von Pflegezeiten die durchschnittlichen Entgeltpunkte der Frauen steigen lässt, dürfte gerade der Trend zunehmender Teilzeitarbeit in der Vergangenheit zwar die Zahl der Versicherten vermehrt, nicht jedoch die Höhe des Beitrages deutlich verbessert haben (vgl. dazu auch WSI u.a. 2001, S. 106): So kann „nicht pauschal von einer höheren Erwerbsbeteiligung von Frauen gesprochen werden, ohne auf das über die Jahre konstante Erwerbsvolumen von Frauen zu verweisen. Heute haben wir mehr Frauen mit geringer (Teilzeit-)Rente, früher gab es zwar weniger Frauen mit eigenen Ansprüchen, diese wenigen Frauen erzielten tendenziell aber eine höhere Altersrente. Teilzeitarbeit und Unterbrechungen der Erwerbstätigkeit wirken auf die gesamte Berufsbiographie der Frauen, sie haben Auswirkungen auf die Höhe der Betriebsrenten, weitere Zusatzrenten und die private Absicherung“ (Allmendinger 2000, S. 78).

Abbildung 2.3.8: Entwicklung der durchschnittlichen Entgeltpunkte aus sozialversicherungspflichtiger Beschäftigung pro Versichertenjahr von Frauen in Westdeutschland nach ausgewählten Kohorten (Angaben in absolut)

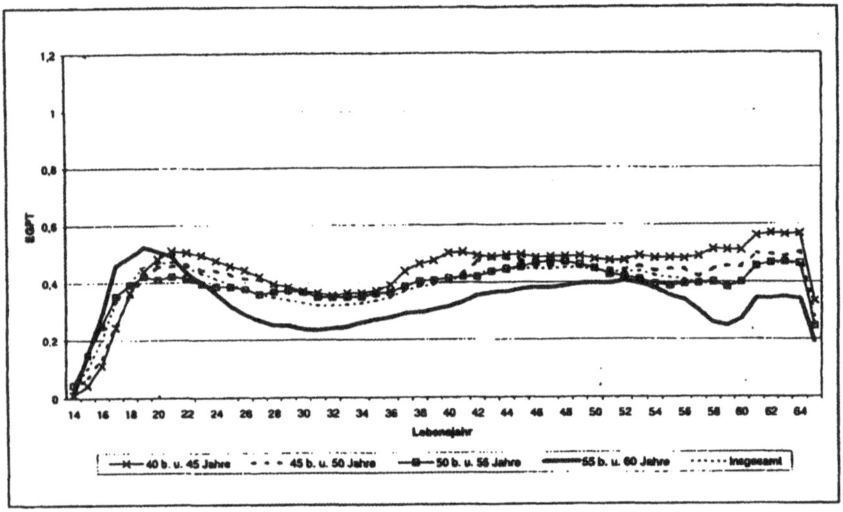

Quelle: Stegmann 2001, S. 157.

2.3.4.3 Die zukünftige Einkommenssituation im Alter

Auch in Zukunft wird der Anteil der Frauen in Westdeutschland, die gegenüber der gesetzlichen Rentenversicherung eigene Ansprüche erwerben, weiter zunehmen.[116] Es

116 Grundlage für die weiteren Darstellungen bilden die Ergebnisse der Untersuchung ‚Altersvorsorge in Deutschland 1996 (AVID '96)', die von Infratest Burke Sozialforschung im Auftrag des Ver-

wird dabei mit einem Anstieg von gegenwärtig etwa 70 % auf in Zukunft rund 95 % gerechnet (vgl. Tabelle 2.3.4)[117]. Hintergrund dafür ist, dass die Erwerbsbeteiligung der Frauen zunimmt, die älteren Kohorten, die noch eine Heiratserstattung in Anspruch nehmen konnten, in Zukunft vollständig im Ruhestand sein werden und schließlich dass Frauen, die lediglich Familienarbeit leisten und Kinder haben durch die Anrechnung von Kindererziehungszeiten ebenfalls in dem System Anwartschaften erwerben (vgl. Rehfeld 1994, S. 503). In Ostdeutschland werden gegenüber dem heutigen Stand diesbezüglich keine wesentlichen Änderungen projiziert.

Betrachtet man nun die Höhe der zukünftigen Anwartschaften auf Grundlage der Projektionen der AVID '96, so wird in Preisen von 1996 erwartet, dass westdeutsche Männer der Geburtskohorte 1936 bis 1940 eine Anwartschaft von 1.986 DM, die Geburtsjahrgänge 1951 bis 1955 von 1.891 DM erwerben (vgl. Allmendinger 2000, S. 63).[118] Diese leichte Reduktion der durchschnittlichen Höhe der Anwartschaft könnte durch die Abnahme sozialversicherungspflichtiger Erwerbszeiten von 38,9 Jahren auf 36,9 Jahre bedingt sein (vgl. dazu WSI u.a. 2001a, S. 54). Bei den westdeutschen Frauen steigen dagegen die Anwartschaften – parallel mit einer deutlich längeren, um etwa 5,2 Jahre gestiegenen beitragspflichtigen Erwerbsphase (Geburtskohorten 1936-1940: 22,9 Jahre; Geburtskohorten 1951-1955: 28,1 Jahre)[119] – im Vergleich der älteren und jüngeren Geburtskohorten von 882 DM auf 1.026 DM an (vgl. auch Rehfeld 2000). Folglich wird es in den nächsten Jahrzehnten zu einer deutlichen Verringerung bei den geschlechtsspezifischen Differenzen hinsichtlich der Rentenhöhe kommen.[120] Diese Tendenz wird durch die Betriebsrenten verstärkt. Denn während der Anteil der Frauen, die zukünftig eine Betriebsrente beziehen, sowie der jeweils durchschnittlich ausbezahlte Betrag leicht ansteigen werden, wird bei den Männern eine deutlichen Abnahme von gegenwärtig 50 % auf 36 % bzw. bei der jüngsten Kohorte sogar auf 32 % vorhergesagt. Mit weiteren finanziellen Einschnitten ist durch die drastische Verringerung der Zusatzversorgungen im öffentlichen Dienst zu rechnen (vgl. dazu auch Ru-

---

bandes Deutscher Rentenversicherungsträger (VDR) und des Bundesministeriums für Arbeit und Sozialordnung (BMA) durchgeführt wurde (vgl. Verband Deutscher Rentenversicherungs-träger (VDR), Bundesministerium für Arbeit und Sozialordnung (BMA) 2000; Kortmann, Schatz 1999, Kortmann u.a. 1999; Kortmann 2000). Dabei handelt es sich um Projektionen zukünftiger Lebens- und Erwerbsverläufe und der sich daraus ergebenden finanziellen Situation im Alter.

117 In der Tabelle 2.3.4 ist jeweils die jüngste untersuchte Kohorte der zwischen 1951 und 1955 geborenen west- und ostdeutschen Männer und Frauen sowie die Durchschnittswerte aller in den Projektionen berücksichtigten Kohorten (1936 bis 1955) wiedergegeben.

118 Im Vergleich dazu lagen 1996 die durchschnittlichen Zahlbeträge der Versichertenrenten der westdeutschen Männer bei etwa 1.698 DM, die der westdeutschen Frauen bei durchschnittlich 887 DM (vgl. Verband Deutscher Rentenversicherungsträger 2001, S. 88 f.).

119 Eine Untersuchung der Auswirkungen sozialversicherungspflichtiger Beschäftigung auf das Alterseinkommen von Frauen findet sich bei Bieber, Stegmann 2000.

120 In Ostdeutschland zeigen sich gravierende Unterschiede zur Einkommenssituation im Alter. So werden die Geburtsjahrgänge der zwischen 1936 und 1955 in Ostdeutschland geborenen Männer – bei einer insgesamt konstanten Einkommensentwicklung – auch zukünftig nur durchschnittlich 63 % der Anwartschaften der westdeutschen Männer erreichen (vgl. Rehfeld, Grütz 2000, S. 562). Bei den Frauen gleichen sich dagegen die Anwartschaften an (vgl. Tabelle 2.3.4).

Tabelle 2.3.4: Projizierte beitragspflichtige Erwerbszeiten sowie der Einkommenshöhe im Alter in West- und Ostdeutschland für die Kohorten 1936 bis 1955 und 1951 bis 1955

	Westdeutschland				Ostdeutschland			
	Kohorten 1936-1955		Kohorten 1951-1955		Kohorten 1936-1955		Kohorten 1951-1955	
	Anteil	Durch-schnittliche Höhe / Betrag	Anteil	Durch-schnittliche Höhe / Betrag	Anteil	Durch-schnittliche Höhe / Betrag	Anteil	Durch-schnittliche Höhe / Betrag
Männer								
Sozialversicherungspflichtige Erwerbszeit	95 %	37,8 Jahre	95 %	36,9 Jahre	100 %	40,3 Jahre	100 %	38,0 Jahre
Versichertenrente der GRV	95 %	1.939 DM	95 %	1.891 DM	100 %	1.424 DM	100 %	1.346 DM
Betriebliche Altersvorsorge	36 %	588 DM	32 %	636 DM	4 %	506 DM	6 %	525 DM
Zusatzversorgung des öffentlichen Dienstes	12 %	630 DM	11 %	732 DM	11 %	425 DM	13 %	577 DM
Private Altersvorsorge	64 %	419 DM	71 %	492 DM	59 %	246 DM	67 %	306 DM
Nettoalterseinkommen	100 %	2.618 DM	100 %	2.634 DM	100 %	1.668 DM	100 %	1.669 DM
Frauen								
Sozialversicherungspflichtige Erwerbszeit	93,5 %	26,1 Jahre	95 %	28,1 Jahre	100 %	36,3 Jahre	100 %	35,4 Jahre
Versichertenrente der GRV	93,5 %	964 DM	95 %	1.026 DM	100 %	1.113 DM	100 %	1.110 DM
Betriebliche Altersvorsorge	12 %	369 DM	13 %	397 DM	2 %	347 DM	4 %	(425 DM)
Zusatzversorgung des öffentlichen Dienstes	16 %	460 DM	18 %	509 DM	20 %	321 DM	29 %	381 DM
Private Altersvorsorge	40 %	237 DM	49 %	281 DM	52 %	163 DM	64 %	181 DM
Nettoalterseinkommen	100 %	1.245 DM	100 %	1.335 DM	100 %	1.322 DM	100 %	1.386 DM

Quelle: Eigene Darstellung nach Allmendinger 2000, S. 64 f.

land, Faik 1999). Dem gegenüber stehen wachsende Einkünfte aus der privaten Altersversorgung. Diese führen sowohl bei westdeutschen als auch bei ostdeutschen Männern und Frauen – wenn auch nach geschlechtsspezifischen Mustern – insgesamt zur einer Verbesserung der Einkommenssituation (vgl. dazu auch Stegmann, Bieber 2000). Inwieweit die vorgelegten Daten tatsächlich die zukünftigen Entwicklungen abbilden können, muss jedoch hinsichtlich einiger methodischer Aspekte in Frage gestellt werden. Denn während bei den Berechnungen zum einen der Rechtsstand des 2. Halbjahres 1996 zugrunde lag (vgl. Rehfeld 2000) und damit beispielsweise die generelle Senkung des Einkommensniveaus infolge der späteren Veränderungen der Rentenanpassungsformel (vgl. dazu Kapitel 2.3.3.2) nicht berücksichtigt werden konnte, wurden zum anderen auch im Jahr 1996 bereits gesetzlich verankerte Einschnitte, wie die rentenrechtlichen Abschläge bei vorzeitigem Rentenbezug, weitgehend bei den Projektionen außer Acht gelassen: „Übergänge in den Ruhestand vor oder nach Vollendung des 65. Lebensjahrs aus eigener Entscheidung (und die damit verbundenen Ab- und Zuschläge) wurden nicht simuliert. Rentenzugänge finden nur mit dem 65. Lebensjahr statt. Lediglich im Fall von Erwerbsunfähigkeit werden frühere Rentenzugänge simuliert und nach dem Reformgesetz 1999 bewertet" (Stegmann 2001, S. 158 f.). Insgesamt scheint somit bei den durch die AVID '96 ermittelten Anwartschaften der gesetzlichen Rentenversicherung eine Überschätzung der zukünftigen Einkommensverhältnisse vorzuliegen. Auf der anderen Seite muss jedoch hinzugefügt werden, dass zwar die Rentenreform 2001 tief in das bisherige System der gesetzlichen Alterssicherung einschnitt (vgl. Hain, Tautz 2001, S. 377), der Einkommensbezug im Alter aufgrund der Rechtsänderungen des Altersvermögensgesetzes (AvmG vom 26.06.2001) jedoch in den kommenden Jahren stärker durch private und betriebliche Elemente der Altersvorsorge zusätzlich gefördert wird. Zudem wird in den Projektionen die zwischen 1992 und 1996 beobachtete alterspezifische Arbeitslosigkeit fortgeschrieben; seit 1997 ist jedoch insbesondere bei der Altersgruppe der 55- bis 59-Jährigen eine deutliche Abnahme der altersspezifischen Arbeitslosigkeit – mit der Tendenz der Verschiebung zur nächsthöheren Altersgruppe der 60- bis 64 Jährigen – festzustellen.
Letztlich wird es für die finanzielle Situation im Alter entscheidend sein, ob bzw. wer von den älteren Arbeitnehmer tatsächlich auch im Alter einer Erwerbstätigkeit nachgehen kann. Denn neben den für die absolute Rentenhöhe zentralen Rentenabschlägen führen auch Besteuerung und Anrechnung von Abfindungen dazu (vgl. z.B. Knuth 1999, S. 142 f.), dass sich das Einkommen deutlich reduziert. Der vorzeitige Ruhestand kann somit – verbunden mit insgesamt zunehmend diskontinuierlichen Erwerbsbiographien – auch wieder zu einem Ansteigen der Einkommensarmut im Alter führen (vgl. z.B. Pfaff 1999, S. 59; Allmendinger 2000, S. 79).

2.4 Zwischenfazit zu den Analysen auf der Makroebene bzw. den unterschiedlichen Effekten

In den vorangegangen Kapiteln wurden die Rahmenbedingungen und Veränderungen bei den Ausgliederungsprozessen älterer Arbeitnehmer aus dem Arbeitsmarkt unter Berücksichtigung von Alters-, Perioden- und Kohorteneffekten analysiert. Deutlich geworden ist dabei vor allem, dass sowohl Maßnahmen im Bereich der Rentenversicherung als auch der Arbeitsmarktpolitik dazu führten, dass das vorzeitige Ausscheiden älterer Arbeitnehmer aus dem Erwerbsleben sich seit Anfang der 1980er parallel mit der Verschärfung der konjunkturellen Lage bzw. der Entstehung struktureller Arbeitslosigkeit institutionalisierte, ohne dabei tatsächlich nachweislich zu einer Entlastung des Arbeitsmarktes beigetragen zu haben (vgl. Sackmann 1997, S. 675 ff.). Auch die rentenpolitischen Umsteuerungsversuche im Rahmen der Rentenreform 1992 Ende der 1980er Jahre, als infolge sinkender Geburtenraten der deutschen Wohnbevölkerung einerseits und der steigenden Lebenserwartung andererseits die Probleme der Finanzierbarkeit des gesetzlichen Rentenversicherungssystems immer deutlicher wurden, änderte zunächst nichts am gesamtdeutschen ‚Trend zum frühen Ruhestand'. Denn die eh nur mittel- bis langfristig geplanten Anhebungen der Altersgrenzen für vorzeitig in Anspruch genommene Renten, wie der ‚Altersrente für langjährig Versicherte', die ‚Altersrente wegen Arbeitslosigkeit' oder die ‚Altersrente für Frauen', wurden zudem durch weitere Maßnahmen (z.B. tarifvertraglich vereinbarte Vorruhestandsregungen, das Vorruhestandsgesetz etc.) begleitet, die aufgrund der bestehenden Arbeitsmarktprobleme weiterhin die Möglichkeit eines vorzeitigen Ruhestandes ohne gravierende finanzielle Nachteile für die betroffenen älteren Arbeitnehmer förderten. Dabei führte nach der Wiedervereinigung Deutschlands insbesondere in Ostdeutschland die Existenz des ‚Altersübergangsgeldes' zu einer enormen vorzeitigen Ausgliederung Älterer ab 55 Jahre aus dem Arbeitsmarkt.

Erste Veränderungen dieser Trendentwicklungen scheinen sich erst seit 1997 abzuzeichnen. Zwar ist es immer noch möglich, durch Altersteilzeitarbeit oder über eine Phase der Arbeitslosigkeit – gefördert durch den § 428 SGB III – vor dem 65. Lebensjahr einer Altersrente zuzugehen, die vorgezogene Anhebung der abschlagsfreien Altersgrenzen durch das ‚Gesetz zur Umsetzung des Programms für mehr Wachstum und Beschäftigung' (WFG) bzw. die Rentenreform 1999 führen nun zunehmend zu deutlichen und während der gesamten Bezugszeit gültigen Rentenkürzungen. Aus diesem Grund ist mit einem Anstieg der Alterserwerbsquoten zu rechnen.

Inwieweit sich dabei gleichzeitig die Situation sozialer Ungleichheit im Alter verschärft, wird davon abhängen, welcher Personenkreis unter den älteren Arbeitnehmern tatsächlich im Alter noch einer Beschäftigung nachgehen kann oder aber aufgrund gesundheitlicher Einschränkungen bzw. Verschleißerscheinungen, geringer Qualifikation oder anderer hinderlicher Faktoren zu den Erwerbslosen unter den Erwerbspersonen zu zählen ist. Denn während die kohortenspezifischen Analysen bereits aufzeigten, dass nur wenige Geburtsjahrgänge in der Vergangenheit eine Normal-Erwerbsbiographie aufwiesen und damit beispielsweise Ansprüche auf eine Eckrente erwerben konnten, werden zukünftig nicht nur die Beitrags- und Versichertenjahre der Arbeitnehmer insgesamt tendenziell weiter sinken, sondern auch die Ausgestaltung der Rentenformel (mit Abschlägen für vorgezogene Renten, durch die modifizierte Bruttoanpassung etc.) zu einer deutlichen Reduktion der Einkommen aus dem gesetzlichen Rentenversicherungssystem führen.

Da auch für die Zukunft – trotz mittel- bis langfristig zu erwartender demographisch bedingter Abnahme der Erwerbsbevölkerung – eine Beschäftigungslücke bzw. eine Arbeitslosenquote je nach Szenario zwischen 4,0 % und 12,6 % im Jahr 2040 prognostiziert wird (vgl. Deutscher Bundestag 1998, S. 227), wird das Problem hoher Arbeitslosigkeit – insbesondere wohl für Ältere – in der Bundesrepublik Deutschland in Zu-

kunft weiterhin bestehen. Somit könnte es wichtig sein, neben dem Arbeitsmarkt einen weiteren Bereich zu haben, in dem Menschen gesellschaftliche Ausschluss- bzw. Exklusionserfahrungen überwinden können: Denn „die Zahl derjenigen Personen, die in die Ökonomie nicht mehr integriert werden können und gleichzeitig durch die Maschen wohlfahrtstaatlicher Netze fallen, [wächst, D.S.] (...) – Menschen werden nicht mehr ausgebeutet und nicht mehr beherrscht, sie sind vielmehr einfach überflüssig" (Müller u.a. 1999, S. 508).
Zwar gibt es eine Reihe von Modellen und Strategien zur Erhaltung der Beschäftigungsfähigkeit Älterer für den Arbeitsmarkt (vgl. dazu ausführlich Clemens 2001, S. 101 ff.), allerdings wird diesen – sofern sie sich nur auf arbeitsmarktpolitische Instrumente beschränken – oft aus Kosten- bzw. Effizienzgründen nur begrenzter Erfolg unterstellt (vgl. Kistler, Hilpert 2001). Gesellschaftliche Integration könnte daher auch durch die gezielte Förderung der Teilhabe an der durchaus vorhandenen gesellschaftlichen Arbeit – vor allem im Bereich der sozialen Dienste oder aber auch der Ökologie – stattfinden. Diese gesellschaftlich nützlichen Tätigkeiten könnten einerseits zur Identifikation, Sozialisation und sozialer Integration der Individuen in die Gesellschaft wesentlich beitragen und andererseits ihr wertvolles Human- und Sozialkapital für die Gesellschaft als solches erhalten. Dabei muss gewährleistet sein, dass dadurch kein Prozess der Substitution von Erwerbsarbeit ausgelöst wird (vgl. Sing, Kistler 2000). Generell kann jedoch davon ausgegangen werden, dass es sich bei ehrenamtlichem Engagement um eine spezifische ‚Qualität' der Tätigkeiten handelt, die ansonsten in der Regel nicht erbracht werden würden.

„The difference between economics and sociology is very simple. Economics is all about how people make choices. Sociology is all about why they don't have choices to make." (Dusenberry 1960)

3 Der Übergang in des Ruhestand aus Sicht unterschiedlicher Theorien

Neben den beobachteten Entwicklungen des Rentenzugangsgeschehens auf der Makroebene bestehen aufgrund in verschiedenen Theorien zugrundegelegten Verhaltenshypothesen auch indirekte Beziehungen zwischen der Ausgestaltung sozialer Sicherungssysteme und der Erwerbsbeteiligung bzw. Erwerbsbiographie der Individuen (vgl. Pfaff 1999, S. 34 ff.). Während dabei für die ökonomischen Theorien die Wirtschaft ein System ist, „das Produktionsfaktoren zum Zwecke der Produktion von Gütern zusammenfasst und von dem entsprechende Verteilungswirkungen ausgehen, (...) ist sie für die Soziologie (...) ein System, das Menschen vergesellschaftet" (Kohli 1994, S. 233). Der Begriff der Vergesellschaftung weist somit der Erwerbsbeteiligung im Lebenslauf nicht nur hinsichtlich der Einkommensdimension eine wichtige Bedeutung zu, sondern zielt insbesondere auch auf die Auseinandersetzung mit einer Gesellschaft ab, in der die Individuen durch verschiedene Formen der gesellschaftlichen Partizipation integriert oder aber auch exkludiert werden können. Dies spiegelt sich nicht zuletzt auch in den Diskussionen um das ‚Ende der Erwerbsgesellschaft' und entsprechender Zukunftskonzepte wider (vgl. auch Mutz, Sing 2001).

Eine umfassende Darstellung und Erörterung aller für die hier relevante Fragestellung in Betracht kommenden ökonomischen und soziologischen Theorien und Konzepte sowie ihrer jeweiligen Varianten ist weder möglich noch sinnvoll. Ziel ist daher nicht eine erschöpfende Rezeption, sondern vielmehr die Entwicklung eines adäquaten Untersuchungsrahmens zur Analyse der gesellschaftlichen Beteiligung Älterer – sei es in Form von Erwerbsarbeit, sei es in Form anderer gesellschaftlich bedeutender Tätigkeiten – sowie die damit verbundenen Auswirkungen auf ihre soziale Lage. Dabei erscheint für die anvisierten empirischen Analysen eine Mehrebenenbetrachtung angemessen, bei der insbesondere Ansätze der Makro- und Mikroebene unterschieden werden sollen.

3.1 Ökonomische Theorien

„Arbeitsmärkte als gesellschaftliche Institutionen haben zwei zentrale Aufgaben gleichzeitig zu erfüllen: Sie vermitteln Angebot und Nachfrage von Arbeitskräften (Ausgleichsfunktion) und verteilen damit zugleich individuelle und gesellschaftliche Chancen materieller und immaterieller Art auf die Arbeitskräfte und die übrigen Individuen (Verteilungsfunktion)" (Keller 1991, S. 177, Hervorhebungen durch Autor). Dem Arbeitsmarkt bzw. dessen Funktionsfähigkeit in dem oben genannten Sinne kommt damit für die Lebensverläufe der Individuen eine zentrale Bedeutung zu: Auf dem Arbeitsmarkt kann Einkommen erzielt werden, dass für den Lebensunterhalt aber auch für die Gestaltung der nicht durch Erwerbsarbeit gebundenen Zeit erforderlich ist.

Dabei ist zu bedenken, dass bei Hochkonjunktur und Vollbeschäftigung der Arbeitsmarkt seinen Allokations- und Distributionsaufgaben leichter gerecht werden kann als in Phasen nachlassenden Wachstums bzw. der Rezession. Dann sind nämlich auch unerwünschte Effekte wie Arbeitslosigkeit, die zum Verlust des individuellen Einkommens führen (sofern keine Arbeitslosenversicherung oder andere soziale Unterstützungssysteme bestehen), nicht auszuschließen. Neben finanziellen Einbußen verursacht die (unfreiwillige) Exklusion aus dem Arbeitsmarkt jedoch auch „psychic costs. People need to be needed. Though unemployment increases leisure, the value of this is largely offset by the pain of rejection" (Layard et al. 1991, S. 1, zitiert nach Holst 2000, S. 18).
Es ist naheliegend, dass der vorzeitige Arbeitsmarktausschluss in Form von Arbeitslosigkeit oder (Früh-)Verrentung eines Arbeitnehmers, wie er in Kapitel 2 auf der Basis empirischer Daten diskutiert wurde, zunächst einen ‚ungleichgewichtigen' Prozess von Arbeitsangebot und Arbeitsnachfrage auf volkswirtschaftlicher Ebene darstellt. Dem entsprechend wird im ersten Teil dieses Unterkapitels (Kapitel 3.1.1) auf makroökonomische Theorien[121] unter der Fragestellung eingegangen, inwieweit die verschiedenen Standardmodelle, wie z.B. die Neoklassik (vgl. Kapitel 3.1.1.1) oder der Keynesianismus (Kapital 3.1.1.2)[122], einen Erklärungsansatz für das Phänomen der Arbeitmarktexklusion – insbesondere von Älteren – liefern können. Da die Ansätze sich zwar jeweils auf gesamtwirtschaftliche Vorgänge beziehen, aber nur zum Teil und in unterschiedlich ausgeprägtem Grad mikroökonomische Kalküle berücksichtigen – d.h. auf das Verhalten und die Interessen von Wirtschaftssubjekten eingehen – sind sie wiederholt kritisiert worden. Während dieser Vorwurf vor allem gegen den Keynesianismus gerichtet ist, wird der neoklassischen Theorie, der durchaus mikroökonomische Erkenntnisse zugrunde liegen[123], dagegen vorgeworfen, auf zu restriktiven Annahmen zu basieren. Insgesamt führte dies zu zahlreichen Modifizierungen, wie sie sich z.B. in der Suchtheorie, der Kontrakttheorie, der Humankapitaltheorie (einschließlich der Diskriminierungstheorie) und der Segmentationstheorie widerspiegeln (vgl. Kapitel 3.1.2). Insgesamt kann man sagen, dass im Gegensatz zu den eher globalen makroökonomischen Theorien für die ökonomische Analyse auf der Mikroebene wesentlich realitätsnähere Annahmen und Modellmodulationen möglich sind. Zu den vielfältigen individuellen Bestimmungsgründen für die Partizipation von Älteren am Arbeitsmarkt (aus ökonomischer Sicht) wird daher zunächst ein (statisches) Basismodell[124] des (individuellen) Arbeitskraftangebots mit seinen Grundannahmen erläutert werden (vgl. Kapi-

121 Zu einem Überblick zu mikro- und makroökonomische Theorien des Arbeitsmarktes vgl. Franz 1996; Sesselmeier, Blauermel 1990, 1998; Keller 1991.

122 Darüber hinaus werden im Rahmen sogenannter Konsensusmodelle, die sowohl neoklassische als auch keynesianische Merkmale aufweisen, Ansätze einer ‚gleichgewichtigen' bzw. ‚inflationsstabilen' Arbeitslosenquote NAIRU („Non-Accelerating Inflation Rate of Unemployment") erläutert (3.1.1.3).

123 In diesem Zusammenhang spricht man auch von der „mikroökonomischen Fundierung der Makroökonomie" (vgl. z.B. Barro 1992, S. 8), die einen konsistenteren und realitätsnäheren Modellrahmen gewährleisten soll.

124 Danach wäre beispielsweise die Verrentung eine Frage der Erwerbsbeteiligung älterer Menschen („labor force participation"), nämlich ob jemand bzw. ob jemand in einem bestimmten Situation erwerbstätig ist.

tel 3.1.3.1). Auf diesem bauen dann das dynamische Modell[125] des Arbeitsangebots bzw. das Lebenszyklusmodell (vgl. Kapitel 3.1.3.2) sowie die Neuere Haushaltsökonomie, die den speziellen Kontext des Haushalts bei der Arbeitsangebotsentscheidung berücksichtigt (vgl. Kapitel 3.1.3.3), auf.
Die Erwerbstätigkeit und ihre jeweiligen Einflussfaktoren sind komplexe Phänomene. Ihre Entwicklung ist aus diesem Grunde bisher nur begrenzt aufgehellt worden. Vor allem der Übergang von der Erwerbstätigkeit in die Rente stellt dabei für die Herausarbeitung wesentlicher Determinanten eine wichtige Aufgabe dar. Darüber hinaus ist es aber auch erforderlich, nachfragebezogene Aspekte sowie politisch-institutionelle Einflussfaktoren zu diskutieren, denn es ist möglich, dass langfristig die Nachfrage nach Arbeit und die gesellschaftlichen Normen, Wertvorstellungen und Rollenbilder die entscheidenden Determinanten der Erwerbsbeteiligung sein werden.

3.1.1 Makroökonomische Theorien[126]

„In den letzten Jahrzehnten war die Argumentation der Volkswirtschaftslehre vor allem von zwei Grundpositionen bestimmt, die als die neoklassische und keynesianische bezeichnet werden" (Blien, Meyer 2000, S. 1026 f.). Die Neoklassik geht auf das Konzept der Klassik von Adam Smith (‚The Wealth of Nations', 1776) zurück, das bis in die erste Hälfte des 20. Jahrhunderts hinein weitgehend die Vorstellungen über makroökonomische Zusammenhänge bestimmte (vgl. Maußner, Klump 1996, S. 13 ff.). Erst mit dem Aufkommen der Keynes'schen Theorie verlor die klassische Lehre an Bedeutung. Seit den 1970er und 1980er Jahren erfährt sie eine unerwartete Renaissance in Form der ‚Neuen Klassischen Makroökonomik' (vgl. Hanusch, Kuhn 1991). So bedeutend diese beiden Ansätze in der ökonomischen Theorie waren bzw. auch heute noch sind, so führte ihre jeweilig einseitige Ausrichtung auf die Angebots- bzw. Nachfrageseite des Arbeitsmarktes schließlich zu einer Synthese, zu dem sogenannten ‚Konsensusmodell'. Im Folgenden sollen die drei genannten makroökonomischen Theorien vor dem Hintergrund der Fragestellung diskutiert werden, welches Modell am besten die empirisch beobachtbaren Phänomene des vorzeitigen Verlassens des Arbeitsmarktes erklären kann bzw. welches Rückschlüsse auf die Freiwilligkeit des Übergangs in die Rente zulässt.

3.1.1.1 Neoklassische Arbeitsmarkttheorien

Im neoklassischen Arbeitsmarktmodell ist der Arbeitsmarkt – wie alle anderen Märkte auch – aufgrund eines systemimmanenten Preismechanismus, der durch Angebots- und Nachfrage-prozesse ausgelöst wird, stets im Gleichgewicht (vgl. Keller 1991, S. 177 ff.). Das Axiom vollkommener flexibler Preise und Löhne ist somit dafür ursächlich, dass sich in diesem Modell Arbeitsangebot und -nachfrage stets entsprechen (vgl. Ha-

---

[125] Die Arbeitsangebotsentscheidung wird hier vor dem Hintergrund des gesamten Lebenszyklus eines Individuums interpretiert. Dazu zählt z.B. die Lebenszyklushypothese des Sparens etc. Die intertemporale Arbeitsangebotsentscheidung weist dabei allerdings eine unstetige Budgetbeschränkung auf, da ab einem gesetzlich vorgegebenen Alter ein (externes) Renteneinkommen bezogen werden kann, das jedoch niedriger ist als das bisher bezogene Arbeitseinkommen.

[126] Zu einem Überblick vgl. Horn, Scheremet 1990.

nusch, Kuhn 1991, S. 156 f.), so dass Arbeitslosigkeit oder ein unfreiwilliges vorzeitiges Ausscheiden aus dem Arbeitsmarkt von vorn herein ausgeschlossen werden. Es existiert darüber hinaus für alle Arbeitskräfte nur ein Arbeitsmarkt, auf dem alle Arbeitskräfte gleichermaßen produktiv und damit vollständig substituierbar sind (vgl. Wiegand 1995, S. 86). Aufgrund dieser Homogenitätsthese bezüglich des Produktionsfaktors Arbeit und der zusätzlichen Annahme, dass alle Arbeitnehmer uneingeschränkt mobil und flexibel sind, ist die Diskriminierung einzelner Gruppen der Erwerbsbevölkerung[127], denen häufig eine geringere Leistungsfähigkeit oder ein niedrigeres Qualifikationsniveau unterstellt wird, nicht möglich (und kann daher auch nicht erklärt werden). Die Chancengleichheit der Arbeitskräfte ist darüber hinaus durch das Fehlen von Zugangs- und Wettbewerbsbeschränkungen, d.h. durch vollkommene Konkurrenz der Marktteilnehmer, gegeben. Dies bedeutet auch, dass sich (unendlich viele) Anbieter und Nachfrager (von Arbeitskraft) gegenüber stehen, die im Falle der Arbeitnehmer ihren Nutzen, den sie aus dem Einkommen erzielen, bzw. im Falle der Unternehmer ihren Gewinn maximieren wollen. Dieses ökonomisch rationale Verhalten der Marktteilnehmer führt zur Geltung des mikroökonomischen Grenznutzens- bzw. Grenzproduktivitätstheorems. Gemäß letzterem ist die Arbeitskräftenachfrage einerseits abhängig von der Höhe des Reallohnsatzes und andererseits vom Verlauf der Produktionsfunktion: „Durch jede zusätzlich eingestellte Arbeitskraft steigt bei gegebener Kapitalausstattung die Gesamtproduktion, unter der Annahme eines homogenen Produktionsfaktors Arbeit allerdings mit abnehmenden Zuwachsraten. Die Nachfrage nach Arbeitskräften wird nun vom Verhältnis zwischen dem Erlös, den eine weitere Arbeitskraft erwirtschaftet, und den (Lohn-)Kosten bestimmt, die dadurch entstehen" (Wiegand 1995, S. 86). Somit werden solange weitere Arbeitskräfte nachgefragt, bis der Erlös aus einer zusätzlichen Produkteinheit (Grenzerlös) gleich den dadurch hervorgerufenen Kosten (Grenzkosten) ist. Das *Grenznutzentheorem* unterstellt dagegen, dass sich das individuelle Arbeitsangebot aus dem substitutiven Verhältnis von Freizeit und Einkommen ergibt, wobei eine eindeutige Beziehung zwischen Lohnänderung und Arbeitsangebot in der Form besteht, dass „mit steigendem Lohnsatz der Grenznutzen der Freizeit sinkt und der des Einkommens steigt" (Sesselmeier, Blauermel 1990, S. 22).[128]

In der neoklassischen Theorie führt das rational ökonomische Verhalten der Marktteilnehmer unter dem Axiom vollständig flexibler Löhne (und Preise) zum Ausgleich von Arbeitskraftangebot und -nachfrage und damit zur Vollbeschäftigung. Dies bedeutet, dass z.B. die Ausweitung des Arbeitskräfteangebot (z.B. durch eine höhere Frauenerwerbsbeteiligung oder Zuwanderungen) zu einem Absinken des Lohnniveaus und zu einer gleichzeitigen Steigerung der Beschäftigung führt. Sinkt dagegen das Arbeitkräfteangebot z.B. aufgrund demographischer Entwicklungen, so müsste dies einen Anstieg der Löhne veranlassen. Auftretende Ungleichgewichte wie Arbeitslosigkeit werden allenfalls als temporäre Zustände interpretiert, die insbesondere auf kurzfristige

---

127 Wie z.B. der sogenannten Problemgruppen des Arbeitsmarktes (ältere Arbeitnehmer, Frauen oder Ausländer).

128 Eine ausführliche Darstellung der neoklassischen Arbeitsmarkttheorien findet sich in Ehrenberg, Smith (1982).

Rigiditäten und andere Verzögerungen[129] zurückzuführen sind. So können konjunkturelle Schwankungen z.B. durch unvollständige Information der Unternehmer und privaten Haushalte über die relativen Preise und Löhne hervorgerufen werden (vgl. Franz, Smolny 1992, S. 224). Während damit in der kurzen Frist auch in der neoklassischen Theorie Unterbeschäftigung begründbar erscheint, so geht sie langfristig nach wie vor von einer völligen Räumung der Märkte bei absolut flexiblen Preisen aus (zur neoklassischen Synthese vgl. beispielsweise Hanusch, Kuhn 1991, S. 161 ff.). Grundlage der Gleichgewichtsanalyse ist dabei das *Saysche Theorem* (vgl. z.B. Keller 1991, S. 178). Nach diesem schafft sich jedes Angebot, insbesondere auch jedes Arbeitskraftangebot, seine eigene Nachfrage: „The study of labor force participation is a study of labor supply" (Cain 1978, S. 5).
Wegen dieser Hervorhebung der Angebotsseite bei gleichzeitig vollständiger Vernachlässigung der Nachfrageseite des Arbeitsmarktes wurde die neoklassische Theorie immer wieder, vor allem auch von den (Neu-)Keynesianern, kritisiert. Darüber hinaus sind aber auch die meisten genannten Prämissen des neoklassischen „Standardmodells" realitätsfern bzw. werden sogar als „modellplatonisch" bezeichnet (vgl. z.B. Keller 1991, S. 179). Die Annahme flexibler Preise und Löhne als zentraler Steuerungsmechanismus zum automatischen Ausgleich von (Arbeitskraft-)Angebot und (Arbeitskraft-)Nachfrage bei Vollbeschäftigung führt zu der These, dass jeder, der zum bestehenden Lohnsatz arbeiten will, demnach auch immer eine Beschäftigung findet. Unfreiwillige und dauerhafte Arbeitslosigkeit wird damit von vornherein ausgeschlossen bzw. ist höchstens kurzfristig durch Markthemmnisse sowie Marktunvollkommenheiten hervorgerufen. Andauernde (Massen-)Arbeitslosigkeit und Exklusion ganzer Bevölkerungsgruppen vom Arbeitsmarkt, wie insbesondere Ältere, die aufgrund der Homogenitätsthese hier keine negativen Merkmale aufweisen, kann damit nicht erklärt werden. Aus diesem Grunde hat es in der Vergangenheit auch nicht an Fortentwicklungen gefehlt[130], bei denen verschiedene Prämissen der neoklassischen Modelle modifiziert wurden.

3.1.1.2 (Neu-)Keynesianische Arbeitsmarkttheorien

Im Unterschied zur insbesondere auf die Angebotsseite ausgerichteten neoklassischen Theorie geht der Keynesianismus primär von der Nachfrageseite aus.[131] Der zentrale Ausgangspunkt für die keynesianischen Theorie liegt darüber hinaus in der Aufhebung

---

129 Eine weitere restriktive Annahme der Neoklassik bildet das Vorliegen von ‚vollständiger Information' und Markttransparenz, die für alle Akteure auch in Bezug auf zukünftige Entwicklungen z.B. der Löhne oder der Absatzmenge Sicherheit gibt.

130 So gehen die Wachstumstheorie von Solow (1956) oder die Theorien des endogenen Wachstums (Lucas 1988; Romer 1986), die sich um eine Erklärung des technischen Fortschritts als ‚Motor' des Wachstums bemühten, auf die Neoklassik zurück (vgl. Maußner, Klump 1996). Dabei wurden zwar einzelne Annahmen der Theorie modifiziert, insbesondere jene der ‚vollständigen Konkurrenz' blieben jedoch in den meisten Modellvarianten erhalten. Aus diesem Grund soll in dieser Arbeit nicht weiter auf die Fortentwicklungen, sondern nur auf die besonderen (mikroökonomisch begründeten) Modifikationen wie die Humankapitaltheorie, Segmentationstheorie u.a. eingegangen werden (vgl. Kapitel 3.1.2).

131 Zu einer Übersicht über den Keynesianismus vgl. Keller 1991, Hanusch, Kuhn 1991; Franz 1992a.

des für die Neoklassik wesentlichen Postulats der Flexibilität von Preisen und Löhnen. Als Gründe für die Ablehnung flexibler Preise und Löhne werden in der keynesianischen Theorie vor allem folgende zwei Argumente genannt (vgl. Hanusch, Kuhn 1991, S. 158 f.): Zum einen werden in Kontrakten Löhne (und auch Preise) für einen längeren Zeitraum festgesetzt. Dies gilt beispielsweise für Mindestlöhne, die in Tarifvereinbarungen zwischen Gewerkschaften und Unternehmensverbänden vereinbart werden, sowie für die Arbeitsverträge zwischen Arbeitgebern und Arbeitnehmern. Die Vertragspartner haben jeweils aus spezifischen Kostengründen (Kosten der Arbeitssuche bzw. der Arbeitnehmersuche etc.) ein Interesse daran, die Kontinuität in den Arbeitsbeziehungen in einem gewissen Umfang zu erhalten. Der zweite wesentliche Grund, der für inflexible Löhne und Preise spricht, hängt mit der besonderen Verhandlungspositionen der Unternehmen zusammen. Denn in einer Volkswirtschaft, die bei Keynes normalerweise durch eine zu geringe Nachfrage nach Gütern und dadurch durch Unterbeschäftigung gekennzeichnet ist, können die Unternehmen Personal einstellen, ohne höhere Löhne anbieten zu müssen. Dies wäre bei Vollbeschäftigung nicht möglich. Befände sich die Volkswirtschaft im Zustand der Vollbeschäftigung, sind auch in der keynesianischen Theorie Preis- und Lohnveränderungen aufgrund der neuen Konkurrenzsituation durchaus vorstellbar.

Generell geht Keynes jedoch von einer Unterauslastung der Produktionsfaktoren aus, so dass makroökonomische Anpassungen auf den Märkten nicht mehr durch flexible Preise und Löhne erfolgen. Die Arbeitskräftenachfrage auf dem Arbeitsmarkt leitet sich dabei – vereinfacht formuliert[132] – aus der Nachfrage nach Gütern auf dem Gütermarkt ab. Steigt diese, so steigt auch die Nachfrage nach Arbeitskräften: „Innerhalb der Hierarchie der Märkte ist der Arbeitsmarkt somit dem Gütermarkt (und auch dem Geldmarkt) nachgeordnet; damit besteht ein gewisser Gegensatz zur neoklassischen Arbeitsmarkttheorie, die eine Gleichrangigkeit [und gleichzeitige Markträumung aufgrund flexiblere Preise und Löhne, D.S.] aller drei Märkte unterstellt" (Keller 1991, S. 184).

Das Beschäftigungsvolumen wird in der keynesianischen Theorie also vom Niveau der effektiven Gesamtnachfrage, d.h. von der Nachfrage nach Konsum- und Investitionsgütern, determiniert. Einerseits bestimmen dabei die Haushalte durch ihr verfügbares Einkommen die Höhe der Güternachfrage, zum anderen die Unternehmer die Höhe der Investitionsgüternachfrage. Der Staat kann zusätzlich als Nachfrager auftreten. Darüber hinaus existiert ein Geldmarkt, der durch Zinssetzungen die Haushalte zur Ersparnisbildung – und damit zum ‚Konsumausfall' – bzw. die Unternehmen zu Investitionen anregen kann. „Die Nachfrage nach Investitionsgütern ist abhängig von der Relation zwischen der Grenzleistungsfähigkeit des Kapitals (dem internen Zinssatz)[133] und dem Kapitalmarktzinssatz" (Keller 1991, S. 184). Folglich muss der erwartete interne Zinssatz über dem Geldmarktzinssatz liegen, damit es sich lohnt, Investitionen durchzuführen. Da der interne Zinssatz feststeht, entscheidet der Marktzinssatz, ob und in welcher Höhe Investitionen erfolgen.

Ein Gleichgewicht liegt auf den Gütermärkten schließlich vor, wenn sich die Ersparnisbildung und die Investitionen im Gleichgewicht befinden. Dieses Gleichgewicht auf

---

132 Das heißt, wenn man den Geldmarkt vernachlässigt.

133 Verzinsung des eingesetzten Kapitals innerhalb des Unternehmens.

den Gütermärkten kann jedoch vor allem aufgrund zwei zentraler Faktoren gestört sein: Zum einen spricht Keynes in diesem Zusammenhang von der These der Liquiditätsfalle zum anderen von der These der Investitionsfalle. Erstere entsteht, wenn die Haushalte einen Teil ihres Einkommens weder für Konsumgüter ausgeben noch aufgrund der unsicheren Zinsentwicklung ihr Geld anlegen, sondern es als Bargeld halten. Die zweite These ist darauf zurückzuführen, dass zwar der Zinssatz aufgrund steigender Ersparnisse der Haushalte sinkt, die Unternehmen aber aufgrund unzureichender Absatzsatzerwartungen nicht mehr investieren. Diese Unzulänglichkeiten des Geldmarktes haben folglich Auswirkungen auf den Güter- und damit letztlich auf den Arbeitsmarkt, auf dem unfreiwillige Arbeitslosigkeit entsteht.

In der keynesianischen Theorie gibt es, wie die vorangegangenen Ausführungen zeigen, keine systemimmanente Tendenz, über den Preismechanismus automatisch zum totalen Gleichgewicht zu gelangen. Das von der neoklassischen Theorie unterstellte *Saysche Theorem*, nach dem sich jedes Angebot seine Nachfrage schafft, verliert bei Keynes seine Gültigkeit. Vielmehr dreht er dieses um, indem er hervorhebt, dass sich jede Nachfrage – insbesondere die auf den Gütermärkten – ihr Angebot schafft.[134] Kommt es zu einem Nachfrageausfall auf den Gütermärkten und damit zu unfreiwilliger Arbeitslosigkeit, kann diese aus der Sicht Keynes' nur dadurch wieder beseitigt werden, dass der Staat die ausgefallene Nachfrage, die zur Gewährleistung der notwendigen Höhe der effektiven Gesamtnachfrage fehlt, substituiert. Damit wird letztlich die staatliche Ausgabenpolitik – neben der Fiskal- und Geldpolitik (vgl. dazu Keller 1991, S. 186 f.) – für das Erreichen des Vollbeschäftigungszieles verantwortlich gemacht.[135]

Als ein wesentlicher Kritikpunkt am keynesianischen Ansatz wurde von neoklassischer Seite wiederholt hervorgebracht, dass Preise nicht einfach exogen vorgegeben sind, sondern von den Wirtschaftssubjekten beeinflusst werden. Deshalb lässt sich berechtigt fragen: „Wieso sollten Arbeitslose nicht versuchen, mit der Unterbietung der herrschenden Löhne doch eine Beschäftigung zu erhalten? Ist der Lohnabschlag groß genug, so könnte es sich für die Firmen lohnen, auf arbeitsintensivere Produktionstechniken umzusteigen und mehr Arbeitskräfte zu beschäftigen. In diesem Fall würde die Arbeitslosigkeit ohne wirtschaftspolitischen Eingriff verschwinden" (vgl. Blien, Meyer 2000, S. 1031). Somit wurde letztlich durch diesen Modellansatz nicht begründet, warum man die Trägheit der Preise und Löhne, die letztlich zu Marktungleichgewichten beitragen und damit Arbeitslosigkeit verursachen, zulässt, anstatt hier mehr Flexibilität zu ermöglichen (vgl. Franz, Smolny 1992). Darüber hinaus gestaltete sich die Umsetzung des keynesianischen Modells vor allem seit den 1980er Jahren immer schwieriger (vgl. Franz 1992a).[136]

---

134 Damit wird nochmals die Nachfrageorientierung der Keynesianer versus die Angebotsorientierung der Anhänger der Neoklassik deutlich.

135 Die Stabilisierungspolitik sollte dazu führen, dass staatliche Überschüsse in Zeiten der Hochkonjunktur bei der Deutschen Bundesbank angespart und in Phasen der Rezession nachfragewirksam und damit beschäftigungswirksam ausgegeben werden sollten (vgl. Franz, Smolny 1992, S. 223).

136 „Eines der auffälligsten Merkmal der wirtschaftlichen Entwicklung in den 80er Jahren war, dass in der ersten Phase des längsten Aufschwungs in der Geschichte der Bundesrepublik, in der Zeit von 1983 bis 1987, die Zahl der Arbeitslosen nahezu unverändert hoch blieb. Dieses Phänomen ent-

In der Vergangenheit wurde daher die keynesianische Theorie in Richtung einer „neukeynesianischen Makroökonomie“ weiterentwickelt. Auf der einen Seite wurde versucht, die beobachtbaren Lohn- und Preisrigiditäten z.B. durch Effizienzlohnmodelle[137], Insider-Outsider-Modelle oder monopolistische Preissetzung mikroökonomisch zu fundieren (vgl. Sesselmeier, Blauermel 1990, 1998; Mankiw, Romer 1991), auf der anderen Seite wurden Gleichgewichtsmodelle mit Rationierungen entwickelt, die die in der Realität existierenden unterschiedlichen Ungleichgewichtssituationen berücksichtigten sollten (vgl. dazu Horn 1990). Nach diesen ‚Mengenrationierungsmodellen' erfolgt aufgrund von mengenmäßigen Beschränkungen auf Seiten der Arbeitnehmer (Unterbeschäftigung in Form von Arbeitslosigkeit oder von unfreiwilliger Teilzeitarbeit) und/oder auf Seiten der Arbeitgeber (begrenzter Absatzmarkt für produzierte Güter) und aufgrund nicht ausreichend schnell reagierender Löhne und Preise, Mengen- anstelle von Preisreaktionen. Da allerdings die Ursachen für Rationierungen ganz unterschiedlicher Natur sein können (z.B. auch unzureichendes Arbeitskräfteangebot in Teilarbeitsmärkten), müssen die Empfehlungen an die Politik dem entsprechend angepasst werden (z.B. durch Stimulierung oder Dämpfung der Konjunktur) (vgl. Franz, Smolny 1992, S. 225).
Insgesamt kann festgehalten werden, dass sich die Erklärung (unfreiwilliger) Arbeitslosigkeit in der (neo-)keynesianischen Theorie stark von den Modellen neoklassischer Prägung unterscheidet, die dieses Phänomen schlichtweg ‚wegdiskutieren'.

3.1.1.3 Die ‚gleichgewichtige' oder ‚inflationsstabile' Arbeitslosenquote (NAIRU)

Neben den einerseits arbeitangebots- und andererseits nachfrageorientierten Ansätzen existieren weitere Modelle, die auf einen stärkeren Realitätsbezug ausgerichtet und daher nicht eindeutig „in die Dichotomie Neoklassik/Keynesianismus einzuordnen“ (Blien, Meyer 2000, S. 1033) sind. Bekannt ist dabei vor allem der von Layard et al. (1991, 1994) entwickelte theoretische Ansatz, der auch als Konsensus-Modell bezeichnet wird (Möller 1992, S. 118; Blanchflower et al. 1990), sowie ein ähnliches, von Franz (1992) entwickeltes Konzept.
In diesen Ansätzen einer ‚gleichgewichtigen' bzw. ‚inflationsstabilen' Arbeitslosenquote, der sogenannten NAIRU (‚Non-Accelerating Inflation Rate of Unemployment'), besteht die Ausgangsthese darin, dass in einer Volkswirtschaft zu jedem beliebigen Zeitpunkt eine bestimmte Arbeitslosenquote existiert, die mit einer stabilen Inflationsrate einhergeht (vgl. hierzu für die Bundesrepublik Deutschland auch Beißinger 1996).[138] Arbeitslosenquote und Inflationsrate sind damit über einen Mechanismus

---

fachte bereits Mitte der 80er Jahre eine heftige Diskussion über die Frage, ob sich Wachstum und Beschäftigung entkoppelt hätten“ (vgl. Klausing, Schalk 1992, S. 197).

137 Zur Effizienzlohntheorie und anderen modifizierten Ansätzen der makroökonomischen Arbeitsmarkttheorien vgl. Kapitel 3.1.2.2.

138 Die inflationsstabile Arbeitslosenquote ist dabei nicht zu verwechseln mit der natürlichen Arbeitslosenquote (vgl. dazu Friedman 1968). Während die natürliche Arbeitslosenquote insbesondere auf friktionelle Arbeitslosigkeit zurückzuführen ist, die vor allem durch den Mangel an vollständiger Information ausgelöst sein kann – und damit auch im Zustand der Vollbeschäftigung potentiell auftritt –, weist die inflationsstabile Arbeitslosenquote den Grad der (Unter-)Beschäftigung aus, mit

direkt zueinander in Beziehung gesetzt. Sinkt die Inflationsrat unter den ‚gleichgewichtigen' Wert, so steigt die Arbeitslosigkeit an, nimmt die Inflationsrate zu, so verringert sich die Arbeitslosigkeit. Dabei besteht kein quantifizierbarer Zusammenhang; vielmehr wird die Ursache für diesen Prozess in den Schwankungen der aggregierten Nachfrage gesehen (vgl. Hanusch, Kuhn 1991, S. 317 f.). So wird argumentiert, dass die Nachfrage nach Arbeitskräften keine ‚Naturkonstante' sei. Arbeitslosigkeit wird daher vor allem auch auf institutionelle Hemmnisse zurückgeführt, die im Sinne der Neoklassik eine Anpassung und entsprechende Differenzierung der Löhne verhindern. Damit sind in diesen Modellansätzen zwar die Löhne – wie in der Neoklassik – in einem gewissen Maß flexibel, sie sinken jedoch nicht – wie im (Neu-)Keynesianismus – auf ein markträumendes Niveau.

Als Grund werden dafür einerseits rationale Überlegungen der Unternehmen, die in den *Effizienzlohnmodellen* zusammengefasst sind, andererseits die besondere Verhandlungsmacht bestimmter Arbeitsmarktakteure *(Verhandlungsmodelle)* genannt.

Während sich bei den sogenannten *Verhandlungsansätzen* die Machtpositionen der Partner – Arbeitgeberseite oder Gewerkschaften – je nach gesamtwirtschaftlicher Lage konstituieren, von denen wiederum die Durchsetzbarkeit einer restriktiven oder expansiven Lohnpolitik abhängt[139], ist es nach den verschiedenen Effizienzlohnmodellen auch möglich, dass die Unternehmen freiwillig aufgrund rationaler Überlegungen mehr als den ‚Gleichgewichtslohn' zahlen. So können die Unternehmen z.B. ein Interesse daran haben, mit einem gut eingearbeiteten und leistungsbereiten Mitarbeiterstamm kontinuierlich zusammenzuarbeiten. In diesem Fall wären sie auch u.U. in Phasen geringerer Arbeitslosigkeit bereit, relativ hohe Löhne zu zahlen.

Generell können vier verschiedene Argumentationsstränge für dieses Verhalten unterschieden werden (vgl. Sesselmeier, Blauermel 1998, S. 153 ff.). Während der ‚Labour Turnover Approach' (vgl. Schlicht 1978) davon ausgeht, dass die Unternehmen in Phasen geringer Arbeitslosigkeit höhere Löhne zugestehen, um einen Betriebswechsel ihrer Mitarbeiter zu vermeiden, setzt der ‚Labour Selection Approach' (vgl. Weiss 1980) bei der Arbeitskräfteakquirierung an. Hier werden vergleichsweise hohe Löhne zum ‚Anlocken' bestimmter Arbeitskräfte eingesetzt. Eine dritte Variante stellt der ‚Shirking Approach' (vgl. Shapiro, Stiglitz 1984) dar. Mit diesem Ansatz werden finanzielle Anreize für die Mitarbeiter zur Steigerung ihrer Motivation und Leistungsbereitschaft erklärt. Dieses Begründungsmuster darf nicht mit der sogenannten *Senioritätsentlohnung* verwechselt werden (vgl. Lazear 1981): Diese beruht auf dem Prinzip, dass mit der Dauer der Betriebszugehörigkeit – unabhängig von der Qualifikation und vom Qualifikationserwerb während der Beschäftigung – eine steigende Entlohnung als Anreizmechanismus dient. Während der mit einem Lohnsatz unterhalb des Wertgrenzprodukts der Arbeit beginnt, kann es im Laufe der Zeit darüber hinaus steigen (vgl. Sesselmeier, Blauermel 1998, S. 168 f.). Der Arbeitnehmer hat also einen zweifachen

---

der eine konstante Inflationsrate verbunden ist. So kann die NAIRU durchaus höher liegen als die natürliche Arbeitslosenquote.

139 Dies bedeutet, dass es die Seite der Arbeitgeber bzw. Unternehmer bei hoher Arbeitslosigkeit leichter hat, niedrigere Lohnerhöhungen durchzusetzen. Ist die Arbeitsmarktlage dagegen relativ gut, so haben die Gewerkschaften die Möglichkeit, auf größere Lohnerhöhungen zu drängen: „Im Rahmen der Verhandlungsansätze sind [daher, D.S.] die Gewerkschaften der aktive Part, der Lohnerhöhungen vorwärts treibt" (Blien, Meyer 2000, S. 1034).

Grund, dem Unternehmen ‚treu' zu bleiben. Verweilt er nicht lange genug im Unternehmen, so besteht für ihn die Gefahr, einen Teil seines Lohnes zu ‚verlieren'. Ist jedoch der ‚break-even point' erreicht und steigt der Lohn über das Wertgrenzprodukt hinaus, so besteht der Arbeitsanreiz darin, dass man zukünftig mit noch besserer Bezahlung rechnen kann (vgl. Blien, Meyer 2000, S. 1051). Der Arbeitgeber profitiert seinerseits durch eine stabile Belegschaft von diesem Verfahren. Allerdings besteht hier eine gewisse Inkonsistenz in der Weise, „dass sich für das Unternehmen ein Anreiz ergibt, den Arbeitnehmer nach Erreichen seines break-even point mit der Begründung zu entlassen, er habe seine Leistungsintensität gesenkt"(Sesselmeier, Blauermel 1998, S. 169).[140]
Ein weiterer Ansatz der Effizienzlohntheorie ist der ‚Gift Exchange Approach' (vgl. Akerlof 1982, 1984): „Das Modell von Akerlof beruht auf der Idee, dass abgeschlossene Arbeitsverhältnisse auf dem Prinzip des ‚gegenseitigen Beschenkens' (gift exchange) aufbauen. Danach werden den Arbeitnehmern Löhne über dem vergleichbaren Marktlohnniveau gezahlt, weshalb sie im Gegenzug zu einer höheren Arbeitsleistung bereit sind, als es der Unternehmer unter sonst üblichen Marktbedingungen erzwingen könnte" (Sesselmeier, Blauermel 1998, S. 158). Da dieses Modell auf das Hervorhebung sozialer Faktoren wie Loyalität der Mitarbeiter gegenüber dem Unternehmen zur Begründung relativ hoher Löhne abstellt und dabei das Prinzip individueller Nutzenoptimierung außer acht lässt, wurde es häufig von Ökonomen kritisiert.
Die zwei dargestellten Konzepte der Verhandlungs- und der Effizienzlohntheorie erklären, warum nicht allein die Nachfrage (und das Angebot) nach Arbeitskräften Lohnhöhe und Arbeitslosigkeit in einer Volkswirtschaft beeinflussen. Ein Gleichgewichtszustand im Sinne einer ‚inflationsstabilen' Arbeitslosenquote ist schließlich erreicht, wenn keine Gruppe von Arbeitsmarktakteuren mehr Anlass hat, ihr Verhalten zu ändern bzw. wenn alle Verteilungsansprüche befriedigt sind: „Liegt die tatsächliche Arbeitslosenquote unterhalb der gleichgewichtigen Arbeitslosenquote, dann führen die damit einhergehenden ungelösten Verteilungskonflikte in Form zu hoher Ansprüche zu einem Anstieg der Inflationsrate und vice versa" (vgl. Franz 1992, S. 12).
Es gibt allerdings Grund zur Annahme, dass die einmal ermittelte NAIRU nicht stabil ist (vgl. Vogt 1995, 1996). So ist die NAIRU in Europa, aber auch in der Bundesrepublik Deutschland mit jedem Konjunkturzyklus treppenförmig angestiegen (vgl. Lüschow, Untiedt 1996, S. 137; Franz, Gordon 1993). Als Ursache werden dafür häufig ‚Angebotsschocks', wie z.B. die Ölpreiskrisen in den 70er Jahren, angeführt. Diese lösen zunächst ein Ansteigen der Arbeitslosigkeit aus; die Arbeitslosenquote geht jedoch nach dem ‚Verschwinden' des Auslösers nicht auf ihr ursprüngliches Ausgangsniveau zurück, sondern pendelt sich auf einem etwas höheren Niveau ein (*Hysteresis-Effekt*). Ein Erklärungsansatz für dieses Phänomen könnte in der Bedeutung der Arbeitslosigkeit selbst liegen. Denn Arbeitslosigkeit führt aus Sicht der Unternehmen zu

140 „Derartige Systeme spielen in der Ökonomie der Bundesrepublik Deutschland eine begrenzte Rolle (Löwenbein 1991; Bellmann 1986; Blien, Rudolph 1989). Sie basieren offensichtlich auf einer Mischung der Arbeitskräfte zwischen Alt und Jung, da das Altersmerkmal mit der Betriebsseniorität hoch korreliert. Gibt es zu wenig junge Arbeitskräfte, erhöhen sich die Durchschnittskosten einer Belegschaft, da ältere durchschnittlich teurer sind (Johnson, Zimmermann 1993, S. 9)" (Blien, Mayer 2000, S. 1051).

Humankapitalverlusten (Verlust von Fähigkeiten und Fertigkeiten, vgl. dazu auch Kapitel 3.1.2.3) bzw. zum Fehlen von Qualifikationen, die der technische Fortschritt erfordern würde. Je länger die Phase des Arbeitsmarktausschlusses andauert, desto größer ist folglich für den einzelnen Arbeitskraftanbieter die Gefahr, von Unternehmen abgelehnt zu werden. Somit stellen die Arbeitslosen im Extremfall keine Konkurrenz mehr für die bereits beschäftigten Arbeitskräfte dar (zur Insider-Outsider-Theorie[141] vgl. Sesselmeier, Blauermel 1998, S. 175 ff.). Dies führt schließlich auch nach dem Wegfall des auslösenden Schocks dazu, dass die Arbeitslosenquote und auch die NAIRU auf ein höheres Niveau ansteigt. Dieser Prozess endet erst, wenn arbeitslose Arbeitskräfte wieder eine echte Konkurrenz für die bereits Beschäftigten darstellen. Auf der anderen Seite ist hinter dieser Argumentation schon bereits ein gewisser Diskriminierungsmechanismus angedeutet, der durch die Ausführungen von Blien und Meyer – gerade für die Gruppe der älteren Arbeitslosen und Vorruheständler – noch explifiziert wird:

> „Ist den Wirtschaftssubjekten unbekannt, dass *keine* Bedingungskonstellation dauerhaft Vollbeschäftigung garantieren kann, mag eintreten, dass einzelne Gruppen von Arbeitskräften für eine Arbeitslosigkeit ‚verantwortlich' gemacht werden, obwohl diese endogen aus dem gesamten ökonomischen Prozess selbst heraus entstanden ist. Dies kann am Beispiel der Frühverrentung verdeutlicht werden. Werden solche Maßnahmen durchgeführt, um ältere Arbeitskräfte auszugliedern und stattdessen jüngere Arbeitskräfte zu integrieren, so mag diese Maßnahme vollständig wirkungslos sein, wenn die Arbeitslosigkeit gerade der NAIRU entspricht (und Okuns Gesetz[142]) gilt. In diesem Fall haben Frühverrentungen lediglich den Effekt, den Gesamtpool an Arbeitskräften zu verringern. Nach einer kurzen Zeit der Anpassung erreicht die Arbeitslosigkeit wieder die vorherige Höhe. Wird dieser Prozess einige Male wiederholt, kann die Erwerbsquote der Gesamtbevölkerung (und mit ihr das Bruttosozialprodukt) deutlich absinken, ohne dass die Arbeitslosenquote reduziert wird" (Blien, Meyer 2000, S. 1039).

Damit ist nicht auszuschließen, dass die Ausgliederungsprozesse in den vergangenen Jahren in der Bundesrepublik Deutschland (vgl. Kapitel 2) ungerechtfertigter Weise auf Kosten einzelner Bevölkerungsgruppen, insbesondere aber der Älteren, gingen. Während darüber hinaus u.U. ältere Arbeitskräfte, die sich nicht ohne Weiteres aus dem Arbeitsmarkt zurückziehen wollten, sogar für einen Teil der Arbeitslosigkeit verantwortlich gemacht wurden, wird nach dem Konzept der NAIRU belegt, dass durch „das Ausgliedern bestimmter Kategorien von Arbeitskräften und ihre Überführung in

---

141 Die Insider-Outsider-Theorie geht – im Unterschied zur Effizienzlohntheorie, bei der die Interessen von Arbeitgebern und Arbeitnehmern einander gegenüber stehen – von einer gewissen Konkurrenz der Arbeitkräfte unter sich aus. Die Ausgangsthese ist, dass Insider (z.B. Beschäftigte, aber auch Gewerkschaftsmitglieder) gewisse Vorteile z.B. durch betriebsspezifisches Humankapital gegenüber Outsidern aufweisen, die ihnen eine gewisse Marktmacht verleihen, so dass selbst bei einem Lohn-Unterbietungsprozess durch Outsider – aufgrund der entstehenden Transaktionskosten – ein Austausch der Belegschaft nicht stattfindet.

142 Das ‚Okun'sche Gesetz' geht auf den amerikanischen Ökonom Arther Okun zurück. Dieser konnte eine Relation zwischen der Auslastung der Produktionskapazitäten und der Arbeitslosigkeit einer Volkswirtschaft empirisch nachweisen (vgl. Sesselmeier, Blauermel 1998, S. 32 f.). Seit der Entkopplung von Wachstum und Beschäftigung in den 1980er Jahren gerät dieses Gesetz jedoch zunehmend in die Kritik (vgl. Klausing, Schalk 1992, S. 197).

marktferne Statusarten, z.B. durch Frühverrentungen, (...) das gesamtwirtschaftliche Produkt sinkt, die Arbeitslosigkeit sich jedoch nicht nennenswert verändert“ (Blien, Meyer 2000, S. 1042).

3.1.1.4 Zwischenfazit zu den makroökonomischen Theorien

Die neoklassische Theorie geht davon aus, dass in einer Marktwirtschaft langfristig aufgrund des Lohn- und Preismechanismus sich stets ein Gleichgewicht aller Märkte bei Vollbeschäftigung erreichen lässt. Dieses Postulat verliert jedoch seine Bedeutung, wenn es mit der ‚Realität' – z.B. in Form rigider Preise (Mindestlöhne, Tarifvereinbarungen u.ä.m.), nicht austauschbarer Arbeitskräfte aufgrund z.B. unterschiedlicher Qualifikationen, mangelnder Markttransparenz und letzten Endes vor allem in Form anhaltender Arbeitslosigkeit – konfrontiert wird. Die einseitige Arbeitsangebotsorientierung lässt darüber hinaus Zweifel an der Aussagefähigkeit neoklassischer Modelle berechtigt erscheinen. Diese Kritik wird insbesondere auch von den Keynesianern vertreten, die darauf hinweisen, dass vor allem die unzureichende volkswirtschaftliche Gesamtnachfrage zu Gleichgewichtszuständen unterhalb des Markträumungspunktes führen und damit (unfreiwillige) Arbeitslosigkeit oder andere Formen der Unterbeschäftigung verursachen können. Der neukeynesianische Ansatz begründet schließlich die unzureichende Gesamtnachfrage mikroökonomisch mit Preisrigiditäten, die zu Mengenbeschränkungen für einzelne Akteure führen. Dabei sind die Arbeitskräfte auf dem Arbeitsmarkt insofern ‚mengenbeschränkt', als Unternehmen nur soviel Arbeitskraft nachfragen, wie sie aufgrund der erwarteten (Güter-)Nachfrage benötigen. Ferner verhindern die in der Realität beobachtbaren Rigiditäten und Beschränkungen, dass das gesamte System wieder den Zustand der Vollbeschäftigung erreicht.
Das Konzept der ‚gleichgewichtigen' bzw. ‚inflationsstabilen' Arbeitslosenquote (NAIRU) ging schließlich aus den beiden beschriebenen Modellen hervor. Es zielt u.a. darauf ab, theoretisch zu fundieren, dass sich in einer Volkswirtschaft langfristig eine bestimmte Arbeitslosenquote einpendeln könnte, die mit einer stabilen Inflationsrate verbunden ist. Ihre Höhe wird dabei durch institutionelle Hemmnisse beeinflusst, die mit Nachfrageausfällen verbunden sind. Effizienzlohnmodelle und Verhandlungsmodelle begründen dieses Phänomen. Darüber hinaus zeigt sich, dass Hystereseprozesse in der Vergangenheit zu einem langfristigen Ansteigen der NAIRU (bei einem gleichzeitigen Rückgang der Beschäftigung) führten. Eine besondere Bedeutung kommt dabei Personengruppen zu, die – einmal aus dem Arbeitsmarkt ausgeschlossen (‚Outsider') – mit zunehmender Dauer der Arbeitslosigkeit kaum mehr eine Chance zur Reintegration in den Arbeitsmarkt haben. Vor allem ältere Erwerbslose stellen letztlich keine Konkurrenz für die ‚Insider' mehr dar.
Mit den Ausführungen ist deutlich geworden, dass eine nicht ausreichende Nachfrage nach Arbeitskräften das auslösende Moment für Arbeitslosigkeit ist. Die Arbeitslosigkeit selbst kann sich jedoch in Folge durch weitere Faktoren ‚verselbständigen', selbst wenn der Anlass, der ursprünglich die Arbeitslosigkeit hervorgerufen hat, verschwunden ist. Ein Mangel aber auch an diesem letztgenannten Konzept ist schließlich, dass es nicht erklären kann, inwieweit – vor allem beim Vorhandensein von Arbeitslosengeld und Vorruhestandsregelungen – das vorzeitige Ausscheiden aus dem Erwerbsleben bei Älteren tatsächlich freiwillig erfolgt.

Während in diesem Kapitel im wesentlichen auf die Basismodelle der verschiedenen Theorien sowie ihrer Mängel hinsichtlich der hier relevanten Fragestellung des (un-)freiwilligen Übergangs in den (Vor-)Ruhestand eingegangen wurde, werden im Folgenden einige Weiterentwicklungen – insbesondere des neoklassischen Arbeitsmarktmodells – diskutiert, die teilweise die geäußerten Kritikpunkte aufgreifen und durch theoretisch fundierte Modifikationen eine realitätsnähere Gestaltung der Ansätze zu erreichen versuchen.

3.1.2 Modifizierte Arbeitsangebotstheorien zur Erklärung von Arbeitslosigkeit Mismatches auf dem Arbeitsmarkt

Obwohl das Konzept der ‚gleichgewichtigen' bzw. ‚inflationsstabilen' Arbeitslosenquote bereits einen in vielen Aspekten deutlich modifizierten Analyserahmen darstellt, der darüber hinaus bereits ausgewählte Weiterentwicklungen insbesondere der neoklassischen Theorie enthält (z.B. Effizienzlohnmodelle), soll in diesem Kapitel dennoch auf weitere modifizierte Erklärungsmuster für das Arbeitsangebotsverhalten vertieft eingegangen werden. Denn das Basismodell des Arbeitsangebots wurde, wie schon erwähnt, im Laufe der Zeit unter Wahrung des neoklassischen Paradigmas der rationalen Entscheidungen als mikroökonomisch ausgerichtete Arbeitsmarkttheorie erheblich weiterentwickelt, so dass nun auch Effekte wie Arbeitslosigkeit oder Unterbeschäftigung auf individueller Ebene erklärt werden können. Als die wesentlichsten Ansätze haben sich dabei innerhalb der ‚neuen Mikroökonomie des Arbeitsmarktes' die Effizienzlohntheorie, die Suchtheorie, die Kontrakttheorie, die Humankapitaltheorie (einschließlich Diskriminierungstheorien) und die Segmentationstheorie heraus kristallisiert (vgl. Keller 1991, S. 179).[143] Sie versuchen durch die Aufgabe einzelner restriktiver Annahmen, wie z.B. der Homogenitätsthese, der ‚vollkommenen Markttransparenz und Information' oder der ‚vollständigen Konkurrenz' (vgl. dazu die Ausführungen in Kapitel 3.1.1.1), einen realitätsnäheren Theorierahmen zu gestalten, wobei die einzelnen Theorien „allerdings weder exakt voneinander abzugrenzen sind, noch als jeweils abgeschlossene theoretische Gebäude betrachtet werden können" (Büchel 1992, S. 29). Im Folgenden wird auf die angesprochenen Theorien – aufgrund ihrer unterschiedlichen Bedeutung für die hier relevante Fragestellung – mit unterschiedlicher Gewichtung eingegangen. Darüber hinaus wird auf eine Erläuterung der *Effizienzlohntheorie*[144] verzichtet, da auf ihre vier Ansätze bereits in Kapitel 3.1.1.3 eingegangen wurde.

---

143 Zu einem umfassenderen Überblick vgl. Sesselmeier, Blauermel 1998.

144 Diese geht davon aus, dass die Reallöhne – aufgrund der Unsicherheit der Arbeitgeber über die Art der Leistungserbringung – auch über den Gleichgewichtslöhnen liegen können. Durch ‚überhöhte' Löhne bzw. Lohnzuschläge versucht der Arbeitgeber Anreize für die Beschäftigten zu einer Steigerung ihrer Leistungen, der Arbeitsmoral bzw. der Loyalität zu setzen (vgl. auch Keller 1991, S. 183; siehe auch Gerlach, Hübler 1995). Während sich das gleichgewichtstheoretisch zu hohe Lohnniveau zwar positiv auf die Beschäftigten auswirkt, erschwert es vor allem Arbeitslosen die Wiedereingliederung (vgl. Büchel 1992, S. 30).

3.1.2.1 Suchtheorie

In der Suchtheorie (Job-Research-Theory) wird das Suchverhalten rational handelnder Marktteilnehmer analysiert (vgl. Büchel 1992, S. 30). Dabei werden die unrealistischen Prämissen der Homogenität von Arbeitskräften und Arbeitsplätzen, der einheitlichen Entlohnung sowie der vollständigen Information bzw. Markttransparenz der neoklassischen Arbeitsmarkttheorie aufgegeben (vgl. Keller 1991, S. 182). Aufgrund dieser Differenzierungen hinsichtlich der erreichbaren ‚Jobs' (z.B. unterschiedliche Lohnsätze für gleiche Tätigkeiten) bzw. Arbeitnehmer (unterschiedlich qualifizierte Arbeitskräfte für eine Arbeitsstelle zum gleichen Lohnsatz) wird ein Prozess bei den Arbeitskräften bzw. Arbeitgebern in Gang gesetzt, der darauf abzielt, die Kosten der Information (entgangene Einnahmen während der Suchzeit etc.) und die Aussicht auf einen günstigeren Kontrakt zu optimieren. Implizit spielen dabei die Annahmen eine Rolle, dass mit zunehmender Suchzeit sich einerseits die Kosten der Informationssuche, andererseits die Aussichten auf einen besseren Vertragsabschluß erhöhen.
„Die Opportunitätskosten werden dabei unmittelbar von der Höhe der Arbeitslosenunterstützung beeinflusst: Je höher diese ausfällt, desto länger bzw. mit höherem Anspruchslohn kann entsprechend zu gleichen Kosten gesucht werden" (Büchel 1992, S. 30). Darüber hinaus ist jedoch gerade auch für ältere Arbeitslose zu bedenken, dass mit zunehmender Sucharbeitslosigkeit sich die ‚Restarbeitszeit' verkürzt. Aus diesem Kalkül ist für diese erwägenswert, die Grenzkosten der Suche dem Grenzertrag der zukünftigen Erträge gegenüber zu stellen, so dass es sich für diese rational darstellt, bei einem niedrigeren Anspruchslohn eine Stelle anzunehmen.
Ein wesentlicher Kritikpunkt der Suchtheorie besteht darin, dass das Vorhandensein von Arbeitslosigkeit sowie ihre Dauer auf das Ergebnis eines individuellen Optimierungsprozesses zurückzuführen ist und damit letztlich stets freiwilliger Natur ist (vgl. Cornetz 1986, S. 423 f.). Während dieser Aspekt eventuell noch bei Kurzzeitarbeitslosen im Sinne friktioneller Arbeitslosigkeit akzeptiert werden kann, erscheint der theoretische Ansatz um so fraglicher, je länger die individuelle Arbeitslosigkeit andauert. So ist aus der Humankapitaltheorie (vgl. Kapitel 3.1.2.3) bekannt, dass in langen Phasen der Erwerbslosigkeit in der Regel – wenn keine spezifischen Qualifizierungsmaßnahmen wahrgenommen werden – individuelle Dequalifizierungs- bzw. (Wissens-) Entwertungsprozesse stattfinden, die – im Gegensatz zur Suchtheorie – ein Sinken des Anspruchlohnes erwarten lassen. Auf der anderen Seite zeigt sich in der Realität wiederum ein ganz anderes Bild: Denn selbst Langzeitarbeitslose, zu denen insbesondere Ältere zählen, die vor dem Hintergrund der abnehmenden ‚Rest-Erwerbsbiographie' ‚suchtheoretisch' zu niedrigeren Löhnen bereit sein müssten, schließen eine solche Reduzierung aus (vgl. Schulz 1987). In diesem Sinne weist die Suchtheorie verschiedene Widersprüche auf, die an einer realitätsnahen Erklärungskraft dieses Ansatzes berechtigt zweifeln lassen.

3.1.2.2 Kontrakttheorie

Die Kontrakttheorie gibt die Annahme vollständiger Information auf. Um das Risiko hinsichtlich zukünftiger Ereignisse und damit verbundener Lohnschwankungen zu reduzieren, treffen Arbeitnehmer und Arbeitgeber (theoretisch) freiwillige Vereinbarungen über das Lohnniveau, die häufig in der Realität jedoch von den Gewerkschaften und Arbeitgeberverbänden tarifvertraglich festgeschrieben werden. Dies kann dazu führen, dass einerseits in ungünstigen konjunkturellen Lagen die Löhne über dem (markträumenden) Grenzwertprodukt liegen, andererseits in Phasen der Prosperität darunter. Eine Folge davon ist schließlich, dass die Anpassung der Arbeitskraftnachfrage zunächst betriebsintern durch Überstunden bzw. Kurzarbeit geregelt wird. Bei anhaltend ungünstiger betrieblicher Auftragslage bzw. Absatzschwierigkeiten sind Mengenanpassungen durch Entlassungen nicht ausgeschlossen. Dabei kann zwar angenommen werden, dass „vor allem Arbeitnehmer mit geringem betriebsspezifischem Humankapital (...) über geringere bzw. schlechter konditionierte implizite Kontrakte verfügen" (Keller 1991, S. 181). Dieser Fragestellung wird jedoch in den Modellen der Kontrakttheorie nicht weiter nachgegangen. Gerade eine Ausdifferenzierung des theoretischen Ansatzes in diese Richtung könnte eine Begründung für beobachtbare Spaltungsprozesse innerhalb einer Belegschaft bzw. sogar Segregationsprozesse auf dem gesamten Arbeitsmarkt bieten – auch vor allem hinsichtlich der Situation älterer Arbeitnehmer, die unter Umständen teurer als ihre jüngeren Kollegen sind und aufgrund bestehender rechtlicher bzw. tarifvertraglicher Regelungen ‚sozialverträglicher' in Phasen der Rezession ausgegliedert werden könnten.[145] Tatsächlich jedoch versucht das gegenwärtige Konzept der Kontrakttheorien nicht, die besonderen Risikostrukturen zu erklären, sondern überlässt sie dem Zufall (‚ad hoc'). Eine weitere Unzulänglichkeit stellt, ebenso wie bei der Effizienzlohntheorie, die empirische Überprüfbarkeit dieses Theorieansatzes dar.

3.1.2.3 Humankapitaltheorie

Die Humankapitaltheorie, die in ihrem Kern auf die Arbeiten von Schultz (1961), Mincer (1958, 1974) und Becker (1967) zurückgeht, stellt die wichtigste Modifikationen der neoklassischen Arbeitsmarkttheorie dar. Mit ihr wird durch die Annahme unterschiedlicher Humankapitalausstattungen der Arbeitnehmer die These der Homogenität und Substituierbarkeit von Arbeitskraft aufgelöst, so dass in der Realität beobachtbare Phänomene, wie häufigerer Arbeitsplatzwechsel bei jüngeren Arbeitnehmern, inverse Zusammenhänge von Arbeitslosigkeit und beruflicher Qualifikation sowie geringere Einkommenszuwächse bei älteren Arbeitnehmern erklärbar werden (vgl. Sesselmeier, Blauermel 1998, S. 65). Die Lohnunterschiede lassen sich somit – zumindest zum Teil – auf ungleiches Arbeitsvermögen bzw. Humankapital[146] von Personen zurückführen, da angenommen wird, dass formal höher qualifizierte Arbeitskräfte produktiver sind und ihr Grenzprodukt der Arbeit das der geringer Qualifizierten übertrifft.

---

145 Zwar bieten arbeitsschutzrechtliche Regelungen in der Regel älteren Arbeitskräften mit langer Dauer der Betriebszugehörigkeit z.B. bei betriebsbedingten Kündigungen zusätzlichen Schutz (Däubler 1993), dies wird jedoch durch relativ hohe Abfindungen ‚ausgeglichen'.

146 Eine Definition von Humankapital findet sich bei Krüsselberg et al. (1986): „Auf mikroökonomischer Ebene kann das Humankapital einer Person verstanden werden als die Summe der von ihr verkörperten Kenntnisse, Fertigkeiten, Fähigkeiten und Eigenschaften". Darüber hinaus wäre es sinnvoll, den Begriff des Humankapitals um die Dimension des Sozialkapitals bzw. des Humanvermögens zu erweitern (vgl. Graf u.a. 1999).

Den Grundgedanken der Humankapitaltheorie beschreibt Becker wie folgt (1993, S. 11): „This study is concerned with activities that influence future monetary and psychic income by increasing the resources in people. These activities are called investments in human capital". Individuen investieren folglich auf Grund zukünftig erwarteter monetärer, aber auch nicht monetärer Erträge (,Verzinsung') in Humankapital.[147] Bei der Kombination erworbener Qualifikationen mit anderen Produktionsfaktoren kommt es somit zu einem ,Return on Investment' der Humankapitalinvestitionen[148] (vgl. Becker, Wagner 1977, Maier 1994). Das Humankapital kann dabei durch Schulbildung, Aus- und Weiterbildung, aber auch „on the job-training" und andere Qualifizierungsmaßnahmen gefördert werden. Prinzipiell lassen sich diesbezüglich allgemeines und betriebsspezifisches Humankapital unterscheiden. Letzteres weist die Einschränkung auf, dass es nur bei dem Arbeitgeber, bei dem es erworben wurde, gewinnbringend verwertet werden kann. Wechselt ein Arbeitnehmer den Arbeitsplatz, so wird sein betriebsspezifisches Wissen häufig ,wertlos'. Dies ist insbesondere auch hinsichtlich älterer Beschäftigter bzw. hinsichtlich ihrer Mobilität von Bedeutung. Denn während Jüngere eine höhere Mobilität aufweisen, die gerade auch durch Einkommensvorteile (die z.B. ein anderes Unternehmen bietet) ausgelöst sein kann, haben Ältere in höherem Grade betriebsspezifische Qualifikationen erworben, die einen Arbeitsplatzwechsel bzw. einen Berufswechsel vor dem Hintergrund einer verkürzten Amortisationszeit (und anderen individuellen Hemmnissen wie Wohneigentum) ineffizient erscheinen lassen (vgl. auch Blien, Meyer 2000, S. 1051; Oswald 1996).[149]
Darüber hinaus kann aber auch das allgemeine, einmal akkumulierte Humankapital in Zeiten der Erwerbslosigkeit bzw. Nichterwerbstätigkeit durch Nichtanwendung, aber auch z.B. durch neue Techniken und Produktionsmethoden infolge des Technischen Fortschritts entwertet werden. Investitionen jedoch, die keinen Ertrag abwerfen (können), wie z.B. bei ausgebildeten, aber nicht erwerbstätigen Frauen oder eben auch bei älteren Arbeitslosen bzw. Vorruheständlern, sind verschwendete Ressourcen (vgl. Schultz 1971). Die Volkswirtschaft müsste also daran interessiert sein, das bei den äl-

147 In einem einfachen Modell geht Mincer (1958, S. 281 f.) davon aus, dass die Entscheidung zu investieren, durch Abwägen der Investitionskosten mit den Erträgen erfolgt. Die Kosten bestehen aus den direkten Aufwendungen für die Ausbildung sowie aus den Opportunitätskosten der entgangenen Entlohnung während der Ausbildung. Becker (1964) verallgemeinert Mincers Modell durch die Aufgabe von zwei unrealistischen Annahmen: Zum einen ist die Akkumulation von Humankapital mit der schulischen Ausbildung in der Regel nicht abgeschlossen und zum anderen bleiben die Einkommen auf die Dauer des Berufslebens auch nicht konstant (vgl. dazu Engelhardt 2000, S. 1087). Aber auch Mincer (1974) schlug eine Erweiterung seines einfachen ,schooling'-Modells vor. Dieses trägt den konkaven Alters-Einkommenprofilen Rechnung.

148 Investitionskosten fallen zum einen durch direkte Ausbildungskosten, zum anderen aber auch durch Einkommenseinbußen bzw. -verluste während der Ausbildungszeit an. Je länger eine Ausbildung daher andauert, desto höhere zukünftige Erträge in Form eines steigenden Einkommens werden von den Arbeitskräften erwartet. Diese Argumentation gilt analog für den Fall, dass Unternehmen Investitionskosten für ihr betriebsspezifisches Humankapital tätigen. Auch hier werden höhere Erträge – allerdings in Form höherer Produktivität ihrer Arbeitskräfte – erwartet, die (zumindest) zu einer Amortisation der Qualifizierungskosten führen.

149 Ein weiteres Argument für die besteht darin, dass aufgrund der bereits erworbenen Qualifikationen der Älteren, die sich in einem höheren Lohn äußern, im Vergleich zu jüngeren zu relativ höheren Ausbildungskosten (durch den Einkommensverlust etc.) führen.

teren Erwerbstätigen angehäufte Humankapital durch verschiedene Unterstützungsmöglichkeiten nutzbar zu machen, anstatt es verfallen zu lassen. Dies gilt aus der Sicht der Volkswirtschaft bzw. des Staates auch schon deshalb, weil erhebliche Kosten der Humankapitalinvestitionen (z.B. Erhalt der Erwerbsarbeitskraft durch ABM, Eingliederungszuschüsse etc.) aus Mitteln öffentlicher Haushalte getragen werden.
Eine neue Dimension erhält diese Diskussion vor dem Hintergrund der Tatsache, dass Betriebe sich bisher „einen Nachschub an notwendigen neuen Qualifikationen, insbesondere denen, die höheren Anforderungen entsprechen, durch die Rekrutierung junger Absolventen des Bildungswesens verschaffen [konnten, D.S.]. (...) Die numerische Stärke der jungen Kohorten nimmt jedoch erheblich ab. Bleibt es bei der heutigen institutionellen Struktur des (Aus-) Bildungswesens und seiner Orientierung auf junge Menschen, so wird der Import an neuen Qualifikationen in die Betriebe stark verlangsamt werden" (Blien, Meyer 2000, S. 1049; vgl. auch Johnson, Zimmermann 1993, S. 12; Thon 1995; Pfaff 1999, S. 46 f.). Auch aus diesem Grund muss die möglichst lang andauernde Arbeitsmarktintegration Älterer angestrebt werden. Inwieweit die entgegenstehende Argumentation, dass ältere Menschen angeblich weniger Lernbereitschaft und -fähigkeit aufweisen, stichhaltig ist, soll hier nicht näher diskutiert werden (vgl. dazu Kapitel 3.2). Gerade der in der Vergangenheit feststellbare Trend[150] zu höheren Qualifikationen lässt jedoch vermuten, dass durch Konzepte des ‚lebenslangen Lernens' (Senatsverwaltung für Arbeit, Soziales und Frauen 2001) oder durch ‚gemischte Arbeitsgruppen' (vgl. Buck u.a. 2002, S. 49 ff.) durchaus die Möglichkeit besteht, Ältere ‚fit' für den Arbeitsmarkt bzw. ‚konkurrenzfähig' zu erhalten. Gelingt es in Zukunft jedoch nicht, die notwendige Flexibilität und Mobilität hinsichtlich Qualifikation und Arbeitseinsatz trotz alternder Bevölkerung zu erreichen, wird sich „die Anpassungsfähigkeit der Ökonomie insgesamt, die Umsetzung des Strukturwandels und technischem Fortschritt [verlangsamen, D.S.]. Die Kehrseite davon ist das [verstärkte, D.S.] Auftreten von Mismatcharbeitslosigkeit" (Blien, Mayer 2000, S. 1051).[151]
Mit der Humankapitaltheorie lassen sich zunächst Einkommensunterschiede auf unterschiedliche Humankapitalausstattungen und somit unterschiedliche Produktivitäten zurückführen: Gerade „diese strikte Verknüpfung von Ausbildung, Produktivität und Einkommen hat der Humankapitaltheorie jedoch zahlreiche Kritik eingebracht" (Engelhardt 2000, S. 1090). So kann der direkte Zusammenhang von Ausbildung und Produktivität angezweifelt werden. Während die Art und Dauer der (Aus-)Bildung zwar einen wichtigen Hinweis über das ‚normalerweise' vorhandene Wissens- und Fähigkeitspotenzial für die Unternehmen darstellt, da Bewerber mit verschiedenen Bil-

[150] Diese Entwicklung geht nicht zuletzt auf den Einfluss der Humankapitaltheorie zurück: „So ist es u.a. Ziel der Bildungsexpansion der letzten Jahrzehnte, zur Verringerung der ökonomischen Ungleichheit der Arbeitskräfte durch Förderung ihrer Qualifikationen beizutragen, wie dies z.B. im Rahmen des Arbeitsförderungsgesetztes geschieht " (Wiegand 1995, S. 90).

[151] Nach Wolfgang Franz (1996, S. 370 f.) gibt es verschiedene Arten von Mismatch-Arbeitslosigkeit. So liegt regionale Mismatch-Arbeitslosigkeit vor, wenn in einer Region zwar Arbeitslose und unbesetzte Stellen vorhanden sind, aus Gründen der Immobilität es aber nicht zu einem Arbeitsmarktausgleich kommt. Ähnliches gilt für den hier im Rahmen der Humankapitaltheorie wichtigen Fall des qualifikationsmäßigen Mismatch-Arbeitslosigkeit. Hier stimmt das Qualifikationsprofil der (insbesondere auch älteren) Arbeitslosen mit den Qualifikationsanforderungen der Arbeit nachfragenden Unternehmen nicht überein.

dungsabschlüssen unterschieden werden können, so erfolgt die Auswahl zwischen formal gleich Qualifizierten unter Unsicherheit. Dies bedeutet, dass die in der Humankapitaltheorie unterstellte ‚vollkommene Information' und Markttransparenz in Wirklichkeit nicht vorhanden ist. Aber auch der Zusammenhang von Produktivität und Einkommen kann in Frage gestellt werden. So ist der humankapitaltheoretische Ansatz einseitig angebotsorientiert (vgl. Keller 1991, S. 180 f.); nachfragebedingte Lohnunterschiede werden nicht berücksichtigt. Diese existieren jedoch, wie die – bei der Effizienzlohntheorie sowie bei der Kontrakttheorie diskutierten – spezifischen Strategien der Unternehmen (und Arbeitnehmer) zur Vermeidung von Risiken zeigen (zur Diskussion interner Teilarbeitsmärkte vgl. außerdem die Ausführungen in Kapitel 3.1.2.4). Darüber hinaus kann auch eine nicht ausreichende Nachfrage nach Arbeitskräften Ursache für Unterbeschäftigung sein. „Der Ansatz erklärt [jedoch, D.S.] nur freiwillige Arbeitslosigkeit und trägt wenig zum Verständnis gegenwärtiger Arbeitsmarktprobleme mit unfreiwilliger Massenarbeitslosigkeit bei" (Keller 1991, S. 181).
Die angebotsorientierte Sicht wird schließlich auch in der Bildungs- bzw. Arbeitsmarktpolitik kritisiert (vgl. Keller 1991, S. 180 f.). Der richtigen ‚Passung' im Sinne eines Abbaus von qualifikationsbedingten Mismatches auf dem Arbeitsmarkt muss daher bzw. wird zukünftig noch mehr Aufmerksamkeit gewidmet werden müssen. Denn je stärker der Mangel an jungem ‚Nachwuchs' in bestimmten Berufen für die Betriebe offensichtlich wird, umso eher wird man an der Requalifizierung älterer Erwerbspersonen für diesen Bereich interessiert sein müssen.
Aber auch die an sich wichtige Erklärungskraft der Humankapitaltheorie für Einkommensunterschiede von sozialen Gruppen (z.B. Frauen, Ausländer, Ältere) kann durch eine mikroökonomisch fundierte Einkommensfunktion nur teilweise erklärt werden. So bleibt ein hohes Maß an unerklärter Varianz bei der Einkommensverteilung (vgl. Keller 1991, S. 180; Engelhard 2000, S. 1090). Einkommensunterschiede sind im Modell nur durch rein individuelle Qualifikations- bzw. Produktivitätsunterschiede (infolge von unterschiedlich hohen Investitionen in Humankapital) verursacht, andere beeinflussende Faktoren bleiben unberücksichtigt. Lohnunterschiede zwischen vergleichbaren Gruppen, die nicht auf Humankapitaldifferenzen beruhen, werden zusammenfassend als (Lohn-)Diskriminierung bezeichnet (vgl. Cain 1986).

> „Die Gleichsetzung von Diskriminierung mit dem unerklärten Teil der Lohndifferenz ist freilich nicht unproblematisch. Denn zum einen wird die Produktivität wohl kaum durch die jeweils berücksichtigten Ausstattungsmerkmale vollständig erfasst. Zweitens können auch die Ausstattungsunterschiede teilweise als Folge vorhergehender Diskriminierungsprozesse aufgefasst werden. Und drittens werden in der Literatur verschiedene Diskriminierungsmaße vorgeschlagen, deren Schätzungen im Allgemeinen nicht übereinstimmen. Entsprechend stark variieren denn auch Diskriminierungsschätzungen, selbst wenn sich die zu Grunde gelegten Daten auf das gleiche Land und den gleichen Zeitraum beziehen" (Engelhard 2000, S. 1091).

Trotz dieser genannten Mängel der Diskriminierungstheorien sollen im folgenden kurz auf ausgewählte Ansätze eingegangen werden.[152] Denn wenn auch verschiedene Dis-

---

[152] Neben den hier diskutiertem Ansatz des Präferenzmodells von Becker (1957) und dem Modell der statistischen Diskriminierung existieren darüber hinaus Screening- und Filtertheorien, die radikale Diskriminierungstheorie (vgl. Sesselmeier, Blauermel 1998, S. 73); Theorien unterschiedlicher

kriminierungsmaße zu keinen exakten Ergebnissen führen, so bergen sie doch einen realitätsnahen Ansatz zur Erklärung von individuellen Differenzen in den Einkommens- und Erwerbschancen, die nicht mit der Humankapitalausstattung erklärt werden können.
Zunächst stellen die Diskriminierungstheorien eine Erweiterung der Humankapitaltheorie dar, da nicht nur die Arbeitsangebotsseite sondern auch die Nachfrageseite berücksichtigt wird. So kann es sein, dass trotz gleicher Produktivitäten der Arbeitskräfte – aufgrund bereits bestehender Präferenzen – weitere Merkmale wie Geschlecht, Nationalität oder aber Alter eine Rolle bei der Wahl bzw. Lohnhöhe der Arbeitskraft spielen (vgl. Sesselmeier, Blauermel 1998, S. 69 ff.).[153]
Als zentraler Ansatz der Diskriminierungstheorien gilt dabei das Präferenzmodell von Becker (‚The economics of discrimination', vgl. Becker 1957, 1971). Aufbauend auf den Annahmen der Neoklassik versucht Becker, Verhaltensunterschiede gegenüber Arbeitskräften durch Vorurteile bzw. Präferenzen der Unternehmer (‚taste of discrimination') zu begründen: „Unter „tastes of discrimination" versteht Becker die Präferenz von Unternehmen für eine bestimmte Arbeitskräftegruppe und auch die Präferenz der Beschäftigten, lieber mit bestimmten Kollegen zusammenzuarbeiten" (Wiegand 1995, S. 91). Die Diskriminierung bestimmter Personengruppen wie Frauen, Ausländer oder Ältere begründet damit einen Selektionsprozess, der zu niedrigeren Löhnen[154] oder aber zur (Langzeit-)Arbeitslosigkeit bei den Diskriminierten führen kann (vgl. Klems, Schmid 1990, S. 66). Während man mit diesem Mechanismus somit offensichtlich Phänomene des Arbeitsmarktes beschreiben kann (vgl. Kapitel 2), so unterbleiben dennoch letztlich die Erklärung und die Fundierung der nur in ihren Auswirkungen beobachtbaren Präferenzen der Arbeitsmarktakteure. Dieses Defizit wird in der Theorie der statistischen Diskriminierung (vgl. z.B. Spence 1973) eliminiert. Denn hier wird nicht von exogen vorgegebenen Präferenzmustern ausgegangen, sondern aufgrund der Aufgabe der (unrealistischen) Annahme ‚vollständiger Information' und Markttransparenz optimiert das Unternehmen sein Verhalten (z.B. bei Entscheidungen hinsichtlich Einstellung, Beförderung oder Entlassung von Arbeitskräften), indem es repräsentative

---

Produktivität (vgl. Wiegand 1995, S. 93 f.) oder monopolistische Modelle (vgl. Wiegand 1995, S. 92 f.) . Auf diese soll aufgrund ihrer geringeren Relevanz für die weitern Untersuchungen jedoch nicht näher eingegangen werden.

153 „Neben der Lohndiskriminierung ist jedoch noch die Beschäftigungsdiskriminierung festzuhalten, die sich wiederum in Beförderungs-, Einstellungs- und Entlassungsdiskriminierungen aufteilen lässt. Diese Art der Diskriminierung wird im allgemeinen als direkte Arbeitsmarktdiskriminierung bezeichnet im Gegensatz zur indirekten Diskriminierung, die den Umstand beschreibt, dass Individuen, die im Arbeitsmarkt Diskriminierung erwarten, sich in ihrem pre-market-Verhalten bereits daran orientieren" (Sesselmeier, Blauermel 1998, S. 70 f.).

154 Der niedrigere Lohnsatz ergibt sich aus der Tatsache, dass ein Unternehmen nach dem Präferenzmodell von Becker nur dann bereit ist, auch eine nicht-präferierte Arbeitskraft einzustellen, wenn der entgangene Nutzen durch einen Lohnverzicht des Arbeitnehmers ausgeglichen wird. Langfristig kann deshalb ein unter der Grenzproduktivität liegender Lohnsatz für nicht-präferierte Arbeitskräfte dazu führen, dass die Diskriminierung ‚verschwindet'. Denn durch den vergleichsweise günstigen Lohnsatz (bei gleicher Produktivität präferierter und nicht-präferierter Arbeitskräfte) entsteht für das Unternehmen ein Preisvorteil gegenüber Konkurrenten, die zu einer verstärkten Nachfrage der nicht-präferierten Arbeitskräftegruppe führt und damit ein Ansteigen der Löhne auslöst (vgl. Wiegand 1995, S. 92; Priewe 1984, S. 85).

Informationen über bestimmte Arbeitskräftegruppen[155] heranzieht: „Diskriminierung wird somit nach einem Set bestimmter Kriterien als rationales ‚screening device' benutzt. Da ein Arbeitgeber den ‚Produktivitätsbeitrag', den ein Arbeitanbieter beizutragen in der Lage ist, nicht sofort beurteilen kann, wird er bei der Einstellung auf Signale achten, die er bezüglich der sozialen Gruppe, aus der der Bewerber kommt, wahrscheinlichkeitstheoretisch auswählt" (Sesselmeier, Blauermel 1998, S. 72).
Die einzelnen Arbeitskräfte aus den verschiedenen Arbeitskräftegruppen können folglich durch äußere Merkmale wie z.B. Geschlecht, Nationalität, aber auch Alter unterschieden werden. Dies kann zur Folge haben, dass Entscheidungen auch gegenüber einzelnen Älteren oder Langzeitarbeitslosen faktisch unbegründet und damit diskriminierend sind. Darüber hinaus ist ein solches Vorgehen auch für Unternehmer nur solange interessant, wie die verringerten Informationskosten nicht zu höheren Produktionskosten führen. Dies kann z.B. durch das vorzeitige Entlassen älterer Arbeitnehmer geschehen, wenn deren Ausgliederungskosten durch hohe Abfindungszahlungen u.ä.m. letztlich höher ausfallen, als wenn der Arbeitnehmer bis zum Eintritt in die Rente weiter im Unternehmen beschäftigt geblieben wäre. Hiermit wird auch deutlich, dass trotz einer gewissen Erklärungskraft dieser Theorie dennoch nicht geklärt ist, aufgrund welcher empirischer Kriterien die Gruppenbildung bzw. die Zuordnung der Arbeitsproduktivitäten stattfindet. Dies scheint immer noch auf der Grundlage von „in der Realität vorgefundenen Vorurteilen zu geschehen, so dass dieser Ansatz im Grunde nur eine Erklärung dafür liefert, wie sich diskriminierende Vorurteile von selbst fortschreiben" (Wiegand 1995, S. 95).
Zusammenfassend kann festgehalten werden, dass sowohl die Humankapitaltheorie, die auf der Grundlage unterschiedlicher Humankapitalausstattungen argumentiert, als auch ihre Erweiterung durch die Theorien der Diskriminierung, von denen hier zwei ausgewählte Ansätze dargestellt wurden, Erklärungsmuster für die beobachtbaren Einkommensdifferenzen bzw. Erwerbschancen liefern. Allerdings wurde auch deutlich, dass diese Theorien die Unterschiede nur zum Teil begründen können. So lässt sich auch empirisch kaum nachweisen, welcher Teil beispielsweise der Einkommensunterschiede auf die Humankapitalausstattung bzw. Diskriminierung zurückzuführen ist. Ferner ist zu bedenken, dass ein Humankapitalverlust bei älteren Erwerbspersonen nur über die tatsächlich realisierten Einkommensveränderung ermittelt werden kann. Dies setzt jedoch voraus, dass ein älterer Arbeitsloser eine Wiederbeschäftigung findet. Davon kann jedoch nicht selbstverständlich ausgegangen werden (vgl. dazu Büchel 1992, S. 32; vgl. dazu auch Kapitel 2.2.2). So nachvollziehbar die Argumentation der Humantheorie als auch ihrer diskriminierungstheoretischen Erweiterung ist, um so schwerer gestaltet sich der empirische Nachweis der Effekte.

---

[155] Es geht dabei „um a priori-Bestimmungen für Arbeitsproduktivitäten, die auf eigener Erfahrung oder gesellschaftlich akzeptierten oder verbreiteten Einschätzungen beruhen" (Fiedler, Regenhardt 1987, S. 25).

3.1.2.4 Segmentationstheorien

Die Segmentationstheorien[156] sind in den 60er Jahren aus der Kritik an der neoklassischen Arbeitsmarkttheorie entstanden (vgl. Wiegand 1995, S. 96 ff.). Sie gehen von einer Spaltung des Arbeitsmarktes in Teilarbeitsmärkte aus, die weitgehend gegeneinander abgeschottet sind (vgl. Klems, Schmid 1990, S. 71): „Segmentierung meint folglich eine besondere, dauerhafte Strukturierung des Gesamtarbeitsmarktes in Teilarbeitsmärkte als Ergebnis der im Arbeitsmarktprozess wirksamen Durchsetzung ökonomischer und politischer Kräfte" (Keller 1991, S. 187; Hervorhebung durch Autor).
Ausgehend von in der Realität beobachtbarer Phänomene wie Arbeitslosigkeit oder Mobilitätsbarrieren versuchen die verschiedenen Segmentationstheorien – im Gegensatz zur neoklassischen und keynesianischen Arbeitsmarkttheorie, die sich bemühen, auf der Basis theoretischer Grundlagen empirische Erscheinungen zu erklären –, diese in die Konzepte einzubinden (vgl. Sesselmeier, Blauermel 1998, S. 219 f.). Aufgrund dieser induktiven Vorgehensweise, die letztlich auch dazu führt, dass Strategien der Arbeitsmarktparteien (Gewerkschaften, Arbeitgeberverbände etc.), institutionalisierte Regelungen (z.B. Tarifverträge) oder politische Einflüsse im modelltheoretischen Rahmen eine stärkere Erklärungskraft erhalten als z.B. das normalerweise zugrunde gelegte rationale Verhalten der Arbeitsmarktakteure (mit entsprechenden Nutzen- und Gewinnmaximierungsannahmen), handelt es sich bei den Segmentationstheorien nicht mehr so sehr um ökonomisch fundierte, als viel mehr um sozialwissenschaftlich ausgerichtete Ansätze (vgl. dazu Sesselmeier, Blauermel 1998, S. 219).[157] Charakteristisch ist ferner, dass die verschiedenen Segmentationsansätze über keine einheitlichen Erklärungsmuster für die Entstehung von bestimmten Arbeitssegmenten verfügen (Sesselmeier, Blauermel 1990, S.149).
Wie bereits erwähnt, stellt die Spaltung des Arbeitsmarktes in Teilarbeitsmärkte den zentralen Ausgangspunkt der Segmentationstheorien dar. Idealtypisch können auf der horizontalen Ebene ein primärer und ein sekundärer Arbeitsmarkt sowie vertikal ein internes und ein externes Arbeitsmarktsegment unterschieden werden.[158] Das *primäre Segment* ist durch eine hohe Beschäftigungsstabilität bzw. geringe Fluktuation, eine relativ hohe (betriebsspezifische) Qualifikation sowie gute Aufstiegschancen gekennzeichnet. Das *sekundäre oder periphere Segment* zeichnet sich dagegen durch instabile Arbeitsverhältnisse mit ungünstigen Arbeitsplatzbedingungen, geringen Qualifikationsanforderungen und geringen Aufstiegschancen aus (vgl. Sesselmeier, Blauermel

---

156 Eine einführende Übersicht über verschiedene Ansätze vermitteln Neuendorff 1982; Sesselmeier, Blauermel 1990, 1998, Keller 1991; Wiegand 1995; Doeringer, Piore 1971; Sengenberger 1987; Blien 1986.

157 Die Zwitterstellung der Ansätze kommt beispielsweise dadurch zum Ausdruck, dass zwar hinsichtlich des Gesamtarbeitsmarktes das Postulat der Homogenität der Arbeitskräfte, der ‚vollständigen Konkurrenz' oder der Mobilität von den Vertretern der Segmentationstheorien revidiert wurde, auf der anderen Seite stimmen sie aber zu, dass die einzelnen, von einander streng getrennten Teilarbeitsmärkte in sich durchaus homogen und damit in sich konkurrenzfähig sein können (vgl. Keller 1991, S. 187).

158 Zu einem differenzierten Überblick der verschiedenen innerhalb der horizontalen und vertikalen Segmentationstheorien verfügbaren Ansätze (z.B. institutionalistischer, radikaltheoretischer, polarisationstheoretische Ansatz etc.) vgl. Sesselmeier, Blauermel 1998, S. 223 ff.

1990, S. 155). Dabei wird unterstellt, dass die Grenzen zwischen diesen beiden Segmenten mehr oder weniger undurchlässig sind. Somit wird durch die Aufgabe des Paradigmas der Homogenität der Arbeitskräfte und ihrer Mobilität aufgrund eingeschränkter Wettbewerbsverhältnisse deutlich, dass „die im primären Segment Beschäftigten nicht oder nur unwesentlich von einer hohen Arbeitslosigkeit im sekundären Segment betroffen werden. Einzelne Ansätze gehen so weit, eine Unterscheidung zwischen den im primären Segment Beschäftigten (‚Insiders') und einer zweiten Gruppe, die sich aus den Arbeitnehmern des sekundären Segments und Arbeitslosen zusammensetzt (‚Outsiders'), als der Realität angemessen anzusehen" (Büchel 1992, S. 33). Dieser Ansatz wurde darüber hinaus von Offe (vgl. Offe, Hinrichs 1977; Offe 1984) und seinen Mitarbeitern in den 70er Jahren des letzten Jahrhunderts erweitert, da sich abzeichnete, dass stets ganz bestimmte Personen- bzw. ‚Problemgruppen' des Arbeitsmarktes wie Frauen, jugendliche bzw. ältere Arbeitnehmer, Ausländer oder Behinderte dem sekundären Arbeitsmarktsegment zugerechnet werden konnten.[159] Der sogenannte ‚alternativrollen-theoretische Ansatz' begründet diese empirisch beobachtbare Diskriminierung damit, dass diesen Personengruppen – anstelle der Erwerbsarbeit – durch rechtliche und kulturelle Normen gesellschaftlich anerkannte Alternativrollen offen stehen (z.B. Vorruhestand, Familien- und Hausarbeit, Bildung), auf die sie jederzeit verwiesen werden können: „Zwar haben diese spezifischen Alternativ- oder Reserverollen, auf welche die Angehörigen dieser Gruppe mehr oder weniger latent verwiesen werden, im allgemeinen den Charakter einer ‚zweitbesten' Lösung, einer nur notfalls inkauf zu nehmenden Alternative; das ändert jedoch nichts daran, dass beim Vorliegen eines solchen ‚Notfalles' die Übernahme der Alternativrolle als normal, dauerhaft zumutbar und verpflichtend angesehen wird" (Offe, Hinrichs 1977, S. 35). Die Gewerkschaften können dabei als Interessensvertretungen der etablierten Arbeitskräfte diesen Mechanismus verstärken (vgl. Offe, Hinrichs 1984, S. 66). Der alternativrollentheoretische Ansatz erklärt folglich, warum gerade auch ältere Erwerbspersonen dafür prädestiniert sind, als Mitglieder des sekundären Arbeitsmarktsegmentes im Falle hoher gesellschaftlicher Arbeitslosigkeit für eine (scheinbare) Entlastung des Arbeitsmarktes durch ihren vorzeitigen Rückzug in den Ruhestand zu sorgen (vgl. dazu Kapitel 3.1.1.3). Es wird aber auch deutlich, dass eine letzte faktische Begründung für eine Einordnung z.B. der Älteren fehlt. So stellt sich die Frage, wodurch es letztlich geschehen kann, dass ein Arbeitnehmer, der zuvor dem primären Arbeitsmarktsegment zugerechnet werden konnte, nun mit zunehmenden Alter quasi automatisch in das weniger geschützte, zweite Arbeitsmarktsegment ‚abrutscht'. Die sich in der Empirie beobachtbaren perpetuierenden Ausgliederungsprozesse bestimmter Personengruppen ist folglich auf mehr oder weniger nicht begründete Diskriminierung zurückzuführen, wobei letztlich auch nicht geklärt wird, ob für diese Personen tatsächlich Alternativrollen existieren oder diese ihnen von der Gesellschaft nur einfach zugewiesen werden (vgl. Sesselmeier, Blauermel 1998, S. 177).

---

159 Die ungünstige Arbeitsmarktposition dieser Personengruppe erklärt sich einerseits aus der geringeren Bewertung der Arbeitskraft generell gegenüber dem Kapital (‚primäres Machtgefälle') und andererseits aus der verhältnismäßig schlechteren Konkurrenzsituation dieser Arbeitskräfte gegenüber anderen Beschäftigtengruppen (‚sekundäres Machtgefälle') (vgl. Offe, Hinrichs 1977, S. 17; Sesselmeier, Blauermel 1998, S 235).

Die zweite zentrale Segmentierungsdimension stellt die Unterscheidung in *betriebsinterne und betriebsexterne Arbeitsmärkte* dar (vgl. zu verschieden Ansätzen Doeringer, Piore 1971; Thurow 1975; Lutz, Sengenberger 1974). Diese beiden Teilarbeitsmärkte unterscheiden sich darin, dass Arbeitskräfte der betriebsexternen Arbeitsmärkte häufig zwischen Betrieben wechseln und in der Regel keine Aufstiegschancen haben (vgl. Wiegand 1995, S. 97 f.). Die (internen) Arbeitsplätze eines Betriebes sind dabei in bestimmten Grade vom externen Arbeitsmarkt abgeschottet. „Diese Form der Arbeitsmarktsegmentierung führt dazu, dass ein Teil der Arbeitsplätze nicht für betriebsexterne Personen zugänglich ist. Dabei handelt es sich meist um Tätigkeiten, für die bestimmte betriebsspezifische Kenntnisse erforderlich sind“ (Blien, Meyer 2000, S. 1050). „Die Arbeitgeber sind daran interessiert, mittels betrieblicher Bildungsinvestitionen für ihre spezifischen Arbeitsaufgaben nur diejenigen Arbeitnehmer zu qualifizieren, die ihre Arbeitskraft dauerhaft dem Betrieb zur Verfügung stellen und dafür bereit sind, diesen Arbeitnehmern spezifische Vergünstigungen in Form höherer Entlohnung, Arbeitsplatzsicherheit und besserer Arbeitsbedingungen zukommen zu lassen“ (Blien, Meyer 2000, S. 1061).[160] Die Zugangschancen zu den sich auf diese Weise herausbildenden stabilen *betriebsinternen Arbeitsmärkten* sind deshalb davon abhängig, inwiefern die Unternehmen bei den verschiedenen Gruppen von Erwerbspersonen von einer langfristigen Kooperation oder aber von unsteten Erwerbsunterbrechungen ausgehen (vgl. Blien, Meyer 2000, S. 1061). Während häufig gerade bei Frauen familienbedingte Unterbrechungen der Erwerbstätigkeit antizipiert und sie daher häufig dem externen Arbeitsmarktsegment zugerechnet werden, könnte eine gewisse Analogie zu älteren Beschäftigten bestehen, indem ihnen zum einen ein geringeres Weiterbildungspotenzial und zum anderen häufigere Phasen der Erkrankung unterstellt wird. Die Zuordnung dieser Arbeitskräfte in das externe Segment bedeutet dabei gleichzeitig, dass diese zuerst von betriebsbedingten Entlassungen betroffen werden; die Arbeitskräfte des internen Arbeitsmarktes werden, sofern dies überhaupt notwendig werden sollte, erst mit einer zeitlichen Verzögerung ausgegliedert (vgl. Klems, Schmid 1990, S. 72).
Die Einteilung des Arbeitsmarktes in primäre und sekundäre sowie interne und externe Arbeitsmarktsegmente führt im wesentlichen zu einer Arbeitsplatztypologie, der zufolge sich die Arbeitsplätze durch die Stabilität der Beschäftigung, die Verwertbarkeit der erworbenen Qualifikationen, Aufstiegschancen und Höhe der Löhne unterscheiden (vgl. Munz 1997, S. 17 f.). Unterstellt man eine Matrix aus den horizontalen und vertikalen Dimensionen der Segmentationstheorien, so zeichnet sich beispielsweise das sekundäre und externe Arbeitsplatzsegment – im Gegensatz zum primären und internen Arbeitsplatzsegment – durch geringe Löhne, niedrige und betriebs-unspezifische Qualifikationsstrukturen sowie vernachlässigbare Aufstiegschancen aus. Damit ist gleichzeitig der sogenannte ‚Jedermanns-Teilarbeitsmarkt' umschrieben. Diesbezüglich ist zu erwähnen, dass für die Bundesrepublik Deutschland aufgrund ihrer besonderen Ausbildungs- und Qualifizierungssituation (z.B. durch die duale Ausbildung, Ausbildung zu Facharbeitern, Tarifpolitik etc.) auch die These der Dreiteilung des Arbeitsmarktes in einen sogenannten (berufs-)fachlichen Teilarbeitsmarkt, betriebsinternen Teilar-

---

160 Um den Qualifikationserwerb zu erleichtern, werden die Arbeitsplätze z.B. in Form von Mobilitätsketten angeordnet (vgl. Piore 1975). Dabei bauen die im Verlauf der Arbeit normalerweise beiläufig erworbenen Qualifikationen aufeinander auf (vgl. Blien, Meyer 2000, S. 1050).

beitsmarkt und einen unspezifische, unstrukturierte ‚Jedermanns-Teilarbeitsmarkt' existiert (vgl. dazu z.B. Keller 1991, S. 188 ff.). Dabei wird nicht so sehr auf das Qualifikationsniveau der Arbeitskräfte auf dem jeweiligen Teilarbeitsmarkt abgestellt, als vielmehr auf die Art und Intensität der Bindungen, die zwischen bestimmten Gruppen von Beschäftigten und Unternehmen existieren. Demnach unterscheiden sich die drei erwähnten Beschäftigungstypen auf folgende Art und Weise:

„ * Beim Typus des *unstrukturierten Arbeitsmarktes* sind die Arbeitskräfte an keinen bestimmten Arbeitgeber, die Arbeitgeber an keinen bestimmten Arbeitnehmer gebunden.

* Beim berufsfachlichen Arbeitsmarkt besteht für den Arbeitgeber eine Bindung an eine bestimmte Kategorie von Arbeitskräften (mit einer bestimmten zertifizierten Qualifikation), jedoch nicht an einen ganz bestimmten Arbeitnehmer mit dieser Qualifikation. Umgekehrt ist der Arbeitnehmer, der auf beruffachlichen Arbeitsmärkten auftritt, auf eine bestimmte Kategorie von Arbeitskraftnachfragern angewiesen, nicht jedoch an einen ganz bestimmten Arbeitgeber gebunden.

* Beim betriebsinternen Arbeitsmarkt schließlich besteht eine solche Bindung des Arbeitnehmers an einen ganz bestimmten Arbeitgeber. Sind die betriebsinternen Märkte geschlossen, so wird eine einseitige Bindung des Arbeitnehmers zu einer wechselseitigen Bindung zwischen Arbeitnehmer und Arbeitgeber" (Sengenberger 1987, S. 117 f.; Hervorhebung durch Autor).

Da für die so kategorisierten Teilarbeitsmärkte die wesentlichen Aussagen der vorgestellten Segmentationstheorien analog gelten, sollen sie hier nicht weiter vertieft werden.

Zusammenfassend kann festgestellt werden, dass sich die Segmentationstheorien im Gegensatz zu den bisher skizzierten Arbeitsmarkttheorien dadurch auszeichnen, dass sie nicht von unrealistischen Annahmen ausgehen, sondern die empirisch beobachtbaren Geschehnisse auf dem Arbeitsmarkt als Prozesse betrachten, bei denen die verschiedenen Gruppen von Erwerbspersonen unterschiedliche Chancen (bzw. Risiken) haben, ein stabiles, mit betriebsinternen Aufstiegsmöglichkeiten verbundenes und schließlich gut bezahltes Beschäftigungsverhältnis zu erlangen (vgl. Klems, Schmid 1990, S. 72). Welche weitreichende Bedeutung der Arbeitsmarktsegmentation dabei für sämtliche Lebensbereiche der Erwerbspersonen zukommt, wird durch folgende Aussage deutlich:

„Arbeitsmarktsegmentation ist nicht allein ein gravierendes Hindernis für die Chancengleichheit auf dem Arbeitsmarkt – und darüber hinaus in nahezu allen Bereichen der Gesellschaft, da es ja nur wenige Menschen gibt, deren materielle, kulturelle und soziale Lage nicht von ihrer Arbeitsmarktposition oder der ihrer Angehörigen bestimmt ist. Segmentation bedeutet auch stets ein Verhindern von Anpassungsvermögen in der Wirtschaft und damit einen Verlust in der gesellschaftlichen Wohlfahrt. Segmentation bewirkt, dass menschliche Kapazität nicht voll genutzt werden kann, weil allzu viele Arbeitskräfte von bestimmten Tätigkeiten ausgeschlossen bleiben, für die sie möglicherweise mehr Geschick und Talent hätten als für ihre derzeitige Arbeit. In diesem Sinne kommt Segmentation einer Vergeudung gesellschaftlicher Ressourcen gleich" (Sengenberger 1987, S. 328).

Unklar ist allerdings, wie diese Segmentationsgrenzen – einschließlich des Phänomens der Arbeitslosigkeit – entstehen und wie diese sich langfristig manifestieren (vgl. Büchel 1992, S. 33 f.). So wird letztlich auch durch den ‚alternativrollentheoretischen

Ansatz' nicht begründet, warum ganz bestimmte Arbeitskräftegruppen – darunter insbesondere auch ältere Beschäftigte – dem sekundären Arbeitsmarktsegment zugeordnet werden. Zwar basiert diese These auf der Annahme, dass für bestimmte Erwerbspersonen wie ältere Beschäftigte eine gesellschaftlich akzeptierte Alternativrolle – z.B. in Form des vorzeitigen Ruhestands – besteht, Grundlage dafür sind jedoch aber (nur mehr oder weniger vermutete) Diskriminierungsprozesse, die bis heute nicht weiter analysiert wurden.

3.1.2.5 Zusammenfassung zu den modifizierten neoklassischen Arbeitsangebotstheorien

Wie die skizzierten Theorien zeigen, liegt bisher kein Erklärungsansatz vor, der die Arbeitsmarktsituation bzw. Arbeitsmarktrisiken älterer Erwerbspersonen zufriedenstellend erklären könnte. Vielmehr leisten die verschiedenen mikroökonomisch (und im Falle der Segmentationstheorien überwiegend soziologisch) modifizierten Ansätze nur partielle Erklärungen zu spezifischen Aspekten der hier relevanten Fragestellung.
So geht die *Effizienzlohntheorie* davon aus, dass sich durch die Lohnhöhe die Produktivität oder aber die Loyalität der Arbeitnehmer positiv beeinflussen lässt. Die relativ hohen Löhne der Beschäftigten (‚Insider') führen dabei gleichzeitig zu höheren Arbeitsmarkteintrittsbarrieren für Arbeitslose (‚Outsider') – ohne allerdings diese Situation für ältere Erwerbspersonen näher spezifizieren zu können.
Die *Suchtheorie* äußert sich dagegen explizit zu den älteren Arbeitslosen. Aufgrund ihres verkürzten Zeithorizonts optimieren ältere Arbeitslose nicht den Suchaufwand und den erwarteten (Anspruchs-)Lohn, sondern verhalten sich rational, wenn sie das Einkommen bezüglich ihres ‚Resterwerbslebens' maximieren. Dies kann auch zu einem geringeren als dem normalerweise ermittelten Anspruchslohn führen. Dieser Ansatz mangelt jedoch vor allem daran, dass eine reine Arbeitsangebotsorientierung unterstellt wird. Durch das Vernachlässigen der Arbeitsnachfrageseite sowie der tatsächlichen Wiederbeschäftigungschancen Älterer wird somit zum einen die Möglichkeit der unfreiwilligen (Langzeit-) Arbeitslosigkeit außer acht gelassen, zum anderen ist diese Theorie in diesem Fall – aufgrund der notwendigerweise fehlenden ‚Wiederbeschäftigungslöhne' – empirisch nicht überprüfbar.
Aber auch die *Kontrakttheorie* scheint hinsichtlich der hier relevanten Fragestellung wenig ergiebig zu sein. Zwar lässt sie in ihren Modellen unfreiwillige, nachfragebedingte Arbeitslosigkeit zu, die Annahmen über die Risikostrukturen werden aber ‚ad hoc' getroffen, so dass die besondere Situation älterer Arbeitnehmer bzw. älterer Arbeitsloser nicht erklärt werden kann (vgl. Keller 1991, S. 181 f.).
Bei der *Humankapitaltheorie* rückt wiederum das Erwerbspersonenpotenzial – allerdings diesmal nicht als homogene Masse, sondern durch unterschiedliche Qualifikationen differenzierbar – in den Mittelpunkt der Betrachtungen. Die Entscheidung eines Individuums für oder gegen Bildung lässt sich in der Humankapitaltheorie „als Optimierungsentscheidung des Individuums (und seiner Familie) hinsichtlich der Allokation von Investitionen in seinen Bestand an Humankapital im Lebenszyklus auffassen" (Mincer 1981, S. 151 f.). Die individuelle Zielsetzung besteht somit in der Maximierung des Lebenseinkommens, wobei zwischen Investitionskosten der Ausbildung (direkte Kosten sowie Opportunitätskosten des Einkommenentgangs) und der erreichba-

ren Lohnhöhe abgewogen werden muss. Dies macht die Qualifizierung von Älteren relativ unattraktiv, da sich im Vergleich zu den jüngeren Arbeitnehmern die Amortisationszeit bzw. die ‚Ertragszeit' der Ausbildungsinvestition verkürzt (vgl. Blien, Meyer 2000, S. 1049 ff.). Auf der anderen Seite stellt aber auch die Nichtnutzung von Potenzialen z.B. durch Vorruhestandsregelungen oder Arbeitslosigkeit eine Verschwendung von volkswirtschaftlichen Ressourcen dar.

Obwohl die Humankapitaltheorie verschiedene Lohnhöhen aufgrund unterschiedlicher Qualifikationen (und damit Produktivitäten) theoretisch erklären kann, wird sie dennoch dem tatsächlichen Arbeitsmarktgeschehens, sei es durch die Vernachlässigung nachfragebedingter Steuerungsprozesse oder sei es durch die Nicht-Beachtung institutionalisierter Regelungen, nicht gerecht. Diesen Mangel versuchen schließlich (Lohn-) *Diskriminierungsansätze* auszugleichen, indem sie z.B. auch für ältere Erwerbspersonen die nicht durch Produktivitätsdifferenzen ausgelösten Erwerbs- und Einkommensunterschiede zu erklären versuchen. Die vorgestellten Theorien verwiesen diesbezüglich zum einen auf (subjektiv) vorhandene Vorurteile auf der Arbeitsnachfrageseite (Präferenzmodell von Becker), zum anderen auf das Problem der durch Informationskosten verursachten statistischen Diskriminierung, die ihrerseits ebenso zum Fortschreiben von Vorurteilen herangezogen werden kann. So nachvollziehbar diese Erklärungsmuster auch sein mögen und obwohl sie auch die Realität älterer Erwerbspersonen angemessen zu beschreiben scheinen, so mangelt es ihnen dennoch an objektiver Überprüfbarkeit.

Generell kann jedoch für die Situation älterer Erwerbspersonen konstatiert werden, dass – gerade um Diskriminierungsprozesse zukünftig zu eliminieren – das ‚lebenslange Lernen' sowie betriebsspezifisch gezielte Requalifizierungstrategien für Erwachsene verstärkt gefördert werden müssen (vgl. Wolff u.a. 2001). Die dazu notwendige Strukturen sind jedoch bisher im bestehenden (Aus-)Bildungswesen noch nicht vorhanden: „Der Bereich der beruflichen Erwachsenenbildung ist heute sehr stark als „Nothilfe" bei Arbeitslosigkeit entwickelt. Die Unterstützung durch öffentliche Mittel, vor allem durch die Bundesanstalt für Arbeit, orientiert sich an diesem Problem. Die Prognose erscheint jedoch nicht zu gewagt, dass hier eine Erweiterung der Aufgabenstellung eintreten wird. Auch die Betriebe werden sich gezwungen sehen, ihre eigenen Ausbildungsstrukturen umzustellen. Die künftige Anpassung der Qualifikationen kann nur über die Neuqualifizierung von Erwachsenen erfolgen" (Blien, Meyer 2000, S. 1050).

Im Unterschied zur Humankapitaltheorie geht die *Segmentationstheorie* nicht von unterschiedlichem Arbeitsvermögen der Arbeitskräfte aus, sondern setzt bei den Arbeitsplätzen als solchen an (vgl. Munz 1997, S. 18). Die Segmentationstheorie basiert auf der (soziologischen) Beobachtung der Strukturierung des Arbeitsmarktes in unterschiedliche, mehr oder minder mit Risiken verbundene Teilarbeitsmärkte. Die Differenzierung in einerseits primäre und sekundäre sowie andererseits in innere und externe Arbeitsmarktsegmente bietet dabei teilweise ein Erklärungsmuster für die Arbeitssituation Älterer. Während zwar letztlich nicht begründet werden kann, warum Arbeitnehmer mit zunehmendem Alter aus der Gruppe der im primären Arbeitsmarktsegment Beschäftigten in das weniger gesicherte sekundäre Arbeitsmarktsegment abwandern (müssen), scheint die (langfristige) Zuordnung der älteren Arbeitslosen zu den ‚Outsidern' bzw. externen Arbeitsmärkte plausibel zu sein. Für die empirische Analyse wird

es folglich von Interesse sein, ob z.B. für Beschäftigte, die aufgrund ihrer Berufsbiographie an sich dem ersten, internen Arbeitsmarktsegment zuzurechnen wären, altersbedingt ähnliche Risikokonstellationen (Eintreten von Arbeitslosigkeit mit geringen Wiederbeschäftigungschancen etc.) wie bei Erwerbspersonen des sekundären bzw. externen Arbeitsmarktes erwartet werden können. Die Zugehörigkeit zu den Arbeitsmarktsegmenten zum Zeitpunkt vor Eintreten der Arbeitslosigkeit kann dabei über die Bildungs- und Einkommensvariable operationalisiert werden. Darüber hinaus wird der Fokus der Untersuchungen auf den Veränderungen im Zeitverlauf liegen. So könnte es sein, dass das vorzeitige Exklusionsrisiko Älterer aus dem Arbeitsmarkt – unabhängig von ihrer vorhergehender Zugehörigkeit zum ersten oder zweiten Arbeitsmarktsegment – auch aufgrund unterschiedlicher wirtschaftlicher Perioden bzw. rechtlicher Rahmenbedingungen variiert. In diesen Sinne kann die Segmentationstheorie einen wertvollen Ansatz für ungleiche Arbeitsmarktchancen bilden, der jedoch hinsichtlich weiterer Einflussfaktoren auf jeden Fall erweitert werden muss.
Auf der Basis der dargestellten Ansätze können berufliche Benachteiligungen Älterer als das Resultat komplexer Wirkungszusammenhänge von betrieblichen, institutionellen und subjektiven Rahmenbedingungen interpretiert werden. Dabei dürfen die hier vorgestellten modifizierten mikroökonomischen Theorien jedoch nicht als konkurrierende Erklärungsansätze verstanden werden (vgl. Büchel 1992, S. 34). Sie sollten vielmehr als sich ergänzende Partialmodelle aufgefasst werden, die die restriktiven Annahmen vor allem der neoklassischen Arbeitsmarkttheorie realitätsnaher zu gestalten versuchen. Da sich letztlich aber auch mehrere der beschriebenen Effekte (z.B. der Such- und der Humankapitaltheorie) gleichzeitig überlagern können, kann nicht erwartet werden, dass die an sich schon kaum empirisch überprüfbaren Theorieansätze auch noch quantitativ nach ihren Teileinflüssen differenziert werden können.
Darüber hinaus ist zu beachten, dass die verschiedenen Ansätze die jeweiligen Rahmenbedingungen der Erwerbsbeteiligungen zu erklären versuchen, die letztlich die Möglichkeiten der Individuen hinsichtlich ihrer eigenen Erwerbsentscheidungen einschränken. Obwohl diese Effekte insbesondere im Falle älterer Erwerbspersonen dominant zu sein scheinen, ist es für eine vollständige ökonomisch fundierte Analyse des Arbeitsmarktsgeschehens erforderlich, das Arbeitsangebotsverhalten auch auf der individuellen Ebene bezüglich verschiedener Einflussfaktoren differenziert zu betrachten. Denn während bisher unterstellt wurde, dass die Erwerbsbeteiligung aufgrund gegebener Angebots- und Nachfragestrukturen in ihren Realisierungschancen eingeschränkt wird und damit auch unfreiwillige Arbeitslosigkeit hervorgerufen werden kann, zeigen letztlich erst die individuellen Entscheidungsprozesse auf der Mikroebene – z.B. im Kontext des Lebensverlaufs oder innerfamiliärer Entscheidungsprozesse – welche Faktoren für die einzelnen Erwerbspersonen wichtig sind und inwieweit bei einzelnen Fällen tatsächlich von unfreiwilliger Arbeitslosigkeit ausgegangen werden kann. Aus diesem Grund soll im Folgenden näher auf die individuellen Erwerbsentscheidungen eingegangen werden.

3.1.3 Mikroökonomische Modelle des Arbeitsangebots

In diesem Kapitel soll schließlich auf rein mikroökonomische Erklärungsmuster für das Arbeitsangebotsverhalten der Arbeitskräfte eingegangen werden. Denn mit mikroöko-

nomischen Modellen können Aussagen über individuelle Präferenzen und ihre Veränderungen hinsichtlich des Erwerbsverhaltens getroffen werden, die Rückschlüsse auf das von den Arbeitnehmern gewünschte Rentenzugangsalter ermöglichen.
Dazu werden zunächst *statische Modelle des Arbeitsangebots* erläutert, die auf dem neoklassischen Basismodell[161] der Arbeitsangebotstheorie beruhen (vgl. Kapitel 3.1.3.1). Dies führt zu der Frage, ob die dem neoklassischen Ansatz zugrunde liegende rationale Entscheidungstheorie das Erwerbsverhalten älterer Erwerbspersonen angemessen zu erklären in der Lage ist oder ob hier altersspezifische Implikationen enthalten sind, die Zweifel an der Erklärungskraft dieses Ansatzes zulassen. Insbesondere die Annahme gegebener und stabiler Präferenzen soll durch das *dynamische Modell* des Arbeitsangebots differenziert werden (vgl. Kapitel 3.1.3.2). Abschließend wird diskutiert, inwieweit neben den individuellen rationalen Entscheidungskalkülen auch weitere, innerfamiliäre Planungen (*Neue Haushaltsökonomie*) eine Rolle bei der Entscheidung über die Erwerbsbeteiligung und ihren Umfang bzw. über den Übergang in den Ruhestand spielen (vgl. Kapitel 3.1.3.3).

3.1.3.1 Statisches Modell der neoklassischen Arbeitsangebotstheorie

Im Basismodell[162] der neoklassischen Ökonomie hängt das Arbeitsangebot vom Marktlohnsatz und dem Anspruchslohn ab. Letzterer entspricht – in Analogie zum Marktlohnsatz pro geleisteter Arbeitsstunde – dem Wert einer Stunde ‚Freizeit', wobei unter Freizeit die erwerbsarbeitfreie Zeit, wie z.B. für Hausarbeit, Konsum, Erziehung, Hobby etc., verstanden wird (vgl. dazu Franz 1996, S. 27 ff.).[163] Dabei hat Freizeit einen „originären Nutzen, Arbeit wird als ‚Arbeitsleid' begriffen, dem man sich zum Zweck der Einkommenserzielung unterwirft. Ein Individuum, das eine gegebene Menge von Gütern und Dienstleistungen zu geringeren Kosten (gemessen am geringeren Arbeitsumfang bzw. an der verfügbaren Freizeit) konsumieren kann, ist bessergestellt als ein Individuum, das denselben Umfang von Gütern und Dienstleistungen mit einem größeren Arbeitseinsatz (bzw. weniger Freizeit) herstellt" (vgl. Holst 2000, S. 37).

---

161 „Eine eigene, d.h. unabhängig von der neoklassischen Theorie und ihren Annahmen entwickelte, mikroökonomische Fundierung existiert in der keynesianischen Theorie bislang nicht. Auch Neukeynesianer greifen auf neoklassische Methoden zur mikroökonomischen Fundierung ihres Ansatzes zurück. Sie gehen dabei vielfach von einem Preismechanismus walrasianischer Prägung aus, wobei allerdings die Annahme vollständiger Information durch die Annahme gegebener Erwartungen und die Annahme vollständig flexibler Preise durch die Annahme rigider Preise ersetzt wurde. Auch sind Unternehmen keine Preisnehmer, sondern Preissetzer. Es existiert Marktmacht und damit unvollkommener Wettbewerb. Im Unterschied zum neoklassischen Ansatz ist die neukeynesianische Theorie aber eine „mikroökonomisch fundierte Theorie, die auch die Abhängigkeit der individuellen Handlungen vom Gesamtsystem (Makro) berücksichtigt" (Schettkat 1996, S. 28)" (Holst 2000, S. 49).

162 Vgl. im Folgenden Franz 1996, S. 27 ff., ausführlich vgl. Killingsworth (1983, S. 1 ff).

163 „Der Anspruchslohn ist genau der Wert der ‚Freizeit', ab dessen Höhe es sich gemäß der individuellen Nutzeneinschätzung nicht lohnt, (noch mehr) Erwerbsarbeit anzubieten, sondern die Verwendung als ‚Freizeit' präferiert wird" (Franz 1996, S. 27). Damit entspricht der Anspruchslohn dem ‚Schattenpreis' der Arbeit. Dieser wird auch ‚Reservationslohn' genannt. Erst wenn der Marktlohnsatz (wieder) über dem Anspruchslohn liegt, ist es für ein Individuum interessant, sein Arbeitsangebot zu erhöhen.

Ziel des rational handelnden Individuums ist es daher, seine Zeit nutzenmaximal auf die beiden Bereiche Arbeit bzw. Freizeit so aufzuteilen, dass einerseits mit dem am Arbeitsmarkt erzieltem Einkommen ein bestimmtes Bündel an Gütern erworben werden kann und andererseits dafür möglichst wenig Arbeitszeit aufgewendet wird.[164] Im Standardmodell hängt das Befriedigungsniveau eines Individuums somit „von seinem Realeinkommen und der verfügbaren Freizeit ab, wobei das Gut ‚Einkommen' nicht als solches Nutzen stiftet, sondern durch die Tatsache, dass es für Konsumgüter verausgabt werden kann" (Cornetz 1986, S. 423). Beim individuellen Arbeitsangebot werden dabei in diesem statischen Modell gegebene, im Zeitablauf konstante Präferenzstrukturen (individuelle Fähigkeiten, Neigungen) des Individuums unterstellt (vgl. Holst 2000, S. 42). Die individuelle Nutzenfunktion kann somit folgendermaßen beschrieben werden (vgl. Franz 1996, S. 29 ff.):

$$U = U\,(x; F; R; \mu) \text{ bzw. } \operatorname{Max} U_{x,H}\,[x; (T-H); R; \mu]$$

Das Individuum maximiert seinen Nutzen aus Konsumgütern (x) und Freizeit (F)[165]. Darüber hinaus hängt das Nutzenniveau auch von individuellen Faktoren (R), wie Alter und Geschlecht, sowie von individuellen, nicht beobachtbaren Präferenzen (μ) ab. Das Modell berücksichtigt somit formal auch eine Reihe subjektiver Faktoren, die über rein ökonomische Erwägungen hinausgehen. Wie im Folgenden zu zeigen sein wird, ist die Entscheidung über den Umfang des Arbeitsangebots dennoch im Wesentlichen durch finanzielle Aspekte determiniert. Denn zum einen ist der Konsum abhängig von den Preisen, die für ein bestimmtes Güterbündel aufgewendet werden müssen, zum anderen kann das Individuum im statischen Modell in jeder Zeitperiode maximal nur soviel ausgeben, wie es Einkommen – sei es aus Erwerbstätigkeit sei es aus Nicht-Erwerbseinkommen (z.B. Rente, Arbeitslosengeld) – zur Verfügung hat.[166] Lässt man das Nicht-Arbeitseinkommen unberücksichtigt, so stellt sich bei einem festen, exogen vorgegebenen Marktlohnsatz für das Individuum allein die Frage, wie viel Zeit es für Lohneinkommen (zum Erwerb von Konsumgütern) oder aber für Freizeit aufwenden will. Unter Berücksichtigung der zeitlichen Restriktion, dass ein Individuum seine Zeit nur begrenzt zwischen Arbeit und Freizeit aufteilen kann[167], bedeutet dies, dass das Individuum solange Freizeit durch Arbeit substituiert, bis der Grenznutzen aus Arbeit gleich dem Grenznutzen aus Freizeit entspricht. Dabei wird ferner unterstellt, dass der

---

164 Hinzuzufügen ist, dass die Entscheidung, nicht erwerbstätig zu sein, bei dieser Konstellation bereits miteingeschlossen ist, indem das Individuum für 0 Arbeitsstunden wählt: „This is because, in the world of perfect certainy and perfect information portrayed by simple model, the partizipation decision and the hours-of-work decision are really one and the same" (Killingsworth 1983, S. 8).

165 Die Freizeit (F) wird in diesem einfachen Modell als Restgröße aus der maximal täglich zur Verfügung stehenden Zeit (T) verringert um die Arbeitszeit (H): $F = T - H$ definiert.

166 Diese sogenannte Budgetrestriktion kann formal folgendermaßen beschrieben werden:
$P * x \leq W * H + V$
Mit dem Lohneinkommen aus dem Lohnsatz (W) für jede geleistete Arbeitsstunde (H) und dem Nicht-Erwerbseinkommen (V) können maximal Konsumgüterbündel (x) mit dem gewichteten Preis (P) erworben werden.

167 Bei einem 24 Stunden-Tag und der Annahme, dass jeder Mensch Schlaf von etwa 8 Stunden benötigt, können maximal 16 Stunden täglich für Arbeit oder Freizeit aufgewendet werden.

Nutzen von den Konsumgütern bzw. der Freizeit mit einer abnehmender Zuwachsrate steigt und das Individuum in jeder Zeitperiode etwas konsumiert.
Die Entscheidung über das individuelle Arbeitsangebot wird folglich durch den Vergleich zwischen dem Grenznutzenverhältnis aus ‚Freizeit' und dem Konsumgüterbündel einerseits und dem Reallohn andererseits getroffen: „Übersteigt das Grenznutzenverhältnis den Reallohn, wird keine Arbeit (mehr) angeboten, weil das Individuum den zusätzlichen Nutzen aus einer Stunde Aktivität außerhalb des Arbeitsmarktes relativ höher bewertet als den Zusatznutzen des Konsums einer Einheit eines Gutes" (Franz 1996, S. 31).
Wie sich jedoch das Arbeitsangebot bei Veränderung des Reallohnsatzes verhält, ist – ceteris paribus – nicht eindeutig, denn das Reaktionsmuster des rational handelnden Individuums lässt sich dann in einen Einkommens- und in einen Substitutionseffekt zerlegen. Der Substitutionseffekt hat eine eindeutig positive (d.h. angebotssteigernde), der Einkommenseffekt eine eindeutig negative (d.h. angebotsreduzierende) Wirkung[168]: „Wie der Haushalt letztlich auf eine Erhöhung des Lohnsatzes reagiert, mit einer Steigerung oder Reduzierung des Angebots an Arbeit, hängt von der relativen Stärke der Effekte bzw. von den subjektiven Determinanten seiner Bereitschaft zur Arbeit ab. (...) A priori kann jedenfalls keine der möglichen Reaktionen (Dominanz des Substitutionseffekts, Dominanz des Einkommenseffekts, Neutralisierung von beiden unter Beibehaltung der ursprünglichen Kombination von Arbeitszeit und Freizeit) ausgeschlossen werden" (Cornetz 1986, S. 423). Somit kann geschlussfolgert werden, dass selbst in diesem einfachen Modell aus einer Veränderung der Lohnhöhe keine eindeutigen Aussagen bezüglich des individuellen Arbeitsangebotsverhalten gemacht werden können.
Dies schließt in Teilen auch den Prozess der Verrentung bzw. des vorzeitigen Ruhestands mit ein, da in diesem Fall die Zahlung einer Rente ähnlich wie eine Erhöhung – zwar nicht des Lohnsatzes, aber – des Werts der ‚Freizeitstunden' wirkt. Das in diesem Sinne leicht angepasste Modell der Arbeitsangebotsentscheidung stellt die ökonomisch rational handelnden Individuen vor die Wahl, entweder zum bestehenden Lohnsatz weiter zu arbeiten oder die Arbeitszeit (bis auf Null) zu reduzieren und gleichzeitig Ruhestandsgeld zu beziehen. Dem bisher bestehenden Reservationslohn sind folglich zusätzliche monetäre Transferzahlungen hinzuzurechnen, so dass die Betroffenen ihren Nutzen unter neuen Bedingungen optimieren müssen. Auch hier kann angenommen werden, dass a priori keine eindeutige Dominanz des Substitutions- oder des Einkommenseffekts vorliegt. Berücksichtigt man jedoch, dass ältere Arbeitnehmer sich in den vergangenen Jahren – jedoch zunehmend seltener – in besonderen Umständen befanden (z.B. Vorliegen körperlicher Beeinträchtigungen, Aussicht auf Abfindungszahlungen der Betriebe etc.), so könnte es durchaus in der jeweiligen Situation attraktiv ge-

168 Der Substitutionseffekt unterstellt, dass ein Individuum auf eine Lohnerhöhung mit einer Ausweitung der Arbeitszeit und einer Verringerung der Freizeit reagiert, da der vorgegebene Wert einer ‚Freizeitstunde' zu höheren Opportunitätskosten führt. Während steigende Reallöhne damit einerseits einen Anlass zur Ausweitung der Arbeitszeit darstellen, kann durch den Einkommenseffekt andererseits aber auch ein entgegengesetztes Verhaltensmuster beobachtet werden. Denn eine Reallohnerhöhung ist in der Regel mit einer Einkommenserhöhung verbunden, so dass das Individuum bei gleicher oder gar reduzierter Arbeitszeit sowohl mehr Güter nachfragen als auch mehr Freizeit genießen kann (vgl. Schumann 1987, S. 33 ff.).

wesen sein, das Angebot eines (vorzeitigen) Ruhestandes auf Arbeitnehmerseite zu akzeptieren.
Zwei Kritikpunkte seien jedoch an dem statischen Modell angeführt: Während der erste, nämlich die Vernachlässigung der Arbeitsnachfrageseite, wiederholt in Zusammenhang mit neoklassischen Modellen vorgebracht wurde, verweist der zweite auf die besonderen Charakteristiken der Arbeitsangebotsentscheidung im Lebenslauf bzw. hinsichtlich des Ruhestandes. So wäre es einerseits ein Trugschluss anzunehmen, dass die Entscheidung zur Verrentung von Individuen ad hoc – unabhängig von der Erwerbsbiographie[169] – getroffen wird, andererseits ist vor dem Hintergrund des in der Bundesrepublik Deutschland bestehenden Rentensystems bedenken, dass sich der Zeitpunkt der Verrentung im Lebenslauf auch auf die zukünftige Höhe der Einnahmen – sei es in Form höherer Zu- oder Abschlägen auf die Rente – auswirkt. Vor dem Hintergrund dieser notwendigerweise intertemporalen Anforderungen an ein Modell der Arbeitsangebotsentscheidung wurden in der Vergangenheit die Annahmen des statischen Modells gelockert und in realitätsnähere, dynamische Ansätze übergeführt.

3.1.3.2 Dynamisches Modell des Arbeitsangebots: Das Lebenszyklusmodell

Während die Altersökonomik bereits in den 60er Jahren einen Teil der Volkswirtschaftslehre bildete (vgl. Schmidt 1995 mit Verweis auf Ando, Modigliani 1963; Murray 1968), ist die Lebensverlaufsperspektive vor allem in den letzten Jahren sowohl bei mikroanalytischen Untersuchungen demographischer Veränderungen (Tews 1999; Diekmann, Weick 1993) als auch bei der Betrachtung von Arbeitsmarktprozessen immer stärker in den Vordergrund des Interesses gerückt (vgl. MaCurdy 1981; Börsch-Supran 1991; Laisney et al. 1993). Untersuchungsgegenstand sind dabei zum einen die gesellschaftliche Institutionalisierung und Deinstitutionalisierung zentraler Lebensereignisse im Lebensverlauf sowie andererseits deren Auswirken auf das Verhalten sowie die Lebensgestaltung von Individuen (vgl. Blien, Meyer 2000).
Der Lebenszyklus unterteilt sich im Wesentlichen in drei von einander differenzierbaren Phasen. Während in der ersten, der Kinder- und Jugendzeit, in der Regel einer Ausbildung und damit noch keiner Erwerbstätigkeit nachgegangen wird, prägt die zweite Lebensphase die Erwerbsbeteiligung. In der dritten Lebensphase wird schließlich das Erwerbsleben beendet und die verbleibende Lebenszeit im ‚Ruhestand' verbracht.
Das einfache dynamische Modell des Arbeitsangebotsverhaltens[170] geht davon aus, dass eine Person zu jedem Zeitpunkt über den gesamten Verlauf ihrer Erwerbsbiographie – unter der Annahme, dass die zukünftigen Lohnsätze bekannt und die individuelle Präferenzrate konstant ist[171] – unter dem Fokus entscheidet, dass sie in Phasen der

169 Bereits die Humankapitaltheorie verweist auf die dynamischen Aspekte der Erwerbsbiographie, indem sie unterstellt, dass sich die Investitionen in die Ausbildung in Form höherer Löhne langfristig auszahlen muss (‚return of investment').

170 Vgl. dazu Franz 1996, S. 52 ff.; Hujer, Schnabel 1991/92.

171 Der Grenznutzen aus Arbeit und Freizeit wird während des Lebensverlaufes als konstant unterstellt. Ebenso ist der ‚Schattenpreis' des angesparten Vermögens eine individuell konstante, zwischen verschiedenen Personen jedoch aufgrund unterschiedlicher Fähigkeiten und Präferenzen differierende Größe.

Erwerbstätigkeit Geld spart, so dass sie auch im Ruhestand auf einem gewissen Niveau konsumieren kann. Ändern sich die prognostizierten Lohnsätze im Lebenslauf nicht, so plant das rational handelnde Individuum im Extremfall bereits zu Beginn seines Erwerbslebens, zu welchem Zeitpunkt es in Rente gehen wird. Analog zum statischen Modell wird folgende – intertemporal erweiterte – Nutzenfunktion unterstellt:

$$V(t) = \Sigma^{K}_{t=0} (1+s)^{-t} * U [x(t), F(t), \mu(t)]$$

Es wird wiederum der Nutzen aus dem Konsumgüterbündel (x) und der Freizeit (F) unter Berücksichtigung individueller Charakteristika (R) und unbeobachtbarer Faktoren (µ) maximiert – allerdings während eines gewissen Planungszeitraums (K), der in der Regel von der ‚Restlebenszeit' bestimmt wird. In diesem Sinne wird angenommen, dass der Planungshorizont bekannt und fix ist. Darüber hinaus ist es erforderlich, dass die Nutzenfunktion für jedes Zeitintervall und „in ihren Argumenten additiv und separabel ist" (vgl. Franz 1996, S. 52). Die Größe ‚s' steht schließlich für die Zeitpräferenzrate. Als sogenannter subjektiver Zinnssatz wägt sie zwischen dem gegenwärtigen und dem zukünftigen Nutzen von Konsumgütern und Freizeit ab, wobei Verschiebungen dieser in die Zukunft zur Diskontierung bzw. Abwertungen des erwarteten Nutzen führen.

In diesem einfachen Lebenszyklusmodell steht das Sparen bzw. die Vermögensbildung für spätere Nicht-Erwerbsphasen im Vordergrund. Realitätsfern ist dabei das Ignorieren bereits vorhandenen Kapitals, die Vernachlässigung des Aspekts der Vererbung[172] und insbesondere die Nicht-Berücksichtigung des Vorhandenseins einer Rentenversicherung bzw. eines betrieblichen Alterssicherungssystems. Während das Modell hinsichtlich unvorhergesehener Lohnänderung durchaus noch flexibel ist und zu Verhaltensanpassungen beim Individuum – sei es in Form der Dominanz des Substitutions- oder aber des Einkommenseffekts – führen kann, muss der Ausschluss institutioneller Regelungen, die ihrerseits das Sparverhalten der Individuen nachhaltig beeinflussen, als wesentlicher Mangel hervorgehoben werden. Denn der Verrentungszeitpunkt wird dadurch nicht nur einseitig von den Individuen bestimmt, sondern hängt auch von den Leistungen und Zugangsvoraussetzungen der Rentenversicherung (Regelaltersrente, Rente wegen Arbeitslosigkeit etc.) ab.

Eine Spezifikation des Lebenszyklusansatzes für den besonderen Fall des optimalen Verrentungszeitpunktes sollte darüber hinaus berücksichtigen, dass auch die Möglichkeit der Teilverrentung besteht, also eine Person verrentet wird und gleichzeitig noch einer bezahlten Beschäftigung nachgeht. Während letzterer Aspekt auch im erweiterten Modell („Der Pensionierungszeitpunkt als ein Unterfall des Lebenszyklusmodells") von Franz (1996, S. 57 ff.) unberücksichtigt bleibt, so differenziert er allerdings hinsichtlich möglicher Beschäftigungsformen vor dem Rentenzugang (z.B. Teilzeitarbeit) und den Bandbreiten möglicher Pensionierungszeitpunkte. Dabei werden ferner bei der Ermittlung der optimalen Ruhestandsentscheidung Zu- und Abschläge bei einer Verlängerung bzw. Verkürzung des Erwerbslebens berücksichtigt. Ein wesentliches Problem der Rentenversicherung besteht jedoch darin, dass sie letztlich keine individuelle

---

172 In dem einfachen Modell wird angenommen, dass das angesparte Vermögen gerade bis zum Todeszeitpunkt des Individuums ausreicht.

Beitragsäquivalenz kennt (vgl. Franz 1996, S. 58; Schmidt 1995). Zwar kann derjenige, der länger erwerbstätig ist und erst relativ spät die gesetzliche Rentenversicherung in Anspruch nimmt, höhere Rentenzahlungen (aufgrund längerer Beitragszeiten) und Zuschläge erwarten, er stellt sich jedoch insofern schlechter als einer, der den frühest möglichen Verrentungszeitpunkt wahrnimmt, als die Rentenabschläge in diesem Fall nicht versicherungsmathematisch adäquat sind.[173] Dies bedeutet für die Bundesrepublik Deutschland, dass es für alle älteren Arbeitnehmer unter den gegenwärtigen institutionellen Regelungen rational ist, (tendenziell) möglichst früh in den Ruhestand zu gehen.

Überträgt man schließlich diese rentenspezifischen Aspekte in das dynamische Modell des Arbeitsangebots, so ergibt sich ein um Ab- und Zuschläge der Rentenversicherung ‚bereinigter Lohnsatz', der sich dadurch auszeichnet, dass er sich zunächst mit steigendem Alter der Individuen erhöht und später wieder – noch weit vor dem Erreichen der Regelaltersgrenze von 65 Jahren – wieder abfällt. Der optimale Verrentungszeitpunkt ergibt sich allerdings nicht aus dem Maximum des ‚bereinigten Lohnsatzes', sondern durch den Vergleich mit dem Anspruchslohn. Unterstellt man einen mit zunehmendem Alter höheren Grenzwert der Freizeit (z.B. aufgrund körperlicher Einschränkungen), dann steigt der Anspruchslohn während der Erwerbsbiographie entsprechend an. Übersteigt schließlich der Anspruchslohn den ‚bereinigten Lohnsatz', so ist dies der optimale Verrentungszeitpunkt für das Individuum.[174]

Durch die Erweiterung des Lebenszyklusmodells speziell vor dem Hintergrund des Ausscheidens aus dem Erwerbsleben ist es möglich, den optimalen Verrentungszeitpunkt – mit oder ohne institutionelle Altersschranken – durch Nutzenabwägungen zwischen Einkommensströmen (Lohn und Rente) und dem Schattenpreis der Freizeit zu ermitteln. Dieses Modell könnte darüber hinaus hinsichtlich weiterer Aspekte, wie z.B. der Annahme, dass eine Person auch nach der Verrentung noch einer Erwerbsarbeit nachgeht[175], ergänzt bzw. modifiziert werden, wobei sich allerdings an den Grundaussagen wenig ändern würde. So bleibt dem mikroökonomischen Ansatz im Wesentlichen ein Mangel: Nachfrageseitig verursachte Verrentungsprozesse können nicht erklärt werden. Allerdings gibt auch hier Franz (1996, S. 60 f.) Argumentationshilfen, die hervorheben, dass die Unternehmen allein schon durch das Vorhandensein von institutionell vorgegebenen Altersgrenzen oder aber durch betriebliche Altersrenten ihre Gewinne maximieren. So ersparen sie sich einerseits Informationskosten, die beispielsweise durch die Überprüfung der Leistungsfähigkeit älterer Arbeitnehmer ausgelöst werden könnten, andererseits können sie die Löhne während der Betriebszugehörigkeit der Beschäftigten so gestalten, dass zum einen die Mitarbeiter bis zum Ende ihrer Beschäftigung hohe Betriebstreue und Leistungsbereitschaft zeigen und zum an-

---

173 So ermittelt Schmidt beispielsweise, dass die verschiedenen Zugangsfaktoren zur Rente nicht dem Anspruch anreizneutraler, d.h. versicherungsmathematisch fairer Lösungen entsprechen: „So lag bei einem Ruhestandsalter von 60 Jahren die Rente langjährig versicherter Arbeitnehmer vor 1992 um 48 Prozent ‚zu hoch', seit der Rentenreform immer noch um 40 Prozent" (Schmidt 1995, S. 208).

174 Dieses Optimum muss folglich nicht mit dem maximalen ‚bereinigten Lohnsatz' zusammenfallen.

175 In diesem Fall müsste dann vor allem auch die Auswirkungen zusätzlicher Versicherungsbeiträge in die Rentenversicherung auf das zukünftige Einkommen berücksichtigt werden.

deren die Leistungen des Mitarbeiters nur maximal bis zum Grenzwertprodukt ihrer Arbeit entgolten werden. Die Gründe, die aus Sicht der Unternehmen für feste Altersgrenzen sprechen, verweisen folglich auf die Argumente der Effizienzlohntheorie (vgl. Kapitel 3.1.1.3). Es wird aber auch deutlich, dass diese Altersgrenzen nicht gleichzeitig zu einem optimalen Verrentungszeitpunkt eines Arbeitnehmer führen muss. Dieser könnte nämlich gerade daran interessiert sein, durch Verlängerung seiner Erwerbsbiographie einen Lohn über dem Grenzwertprodukt seiner Arbeit zu erhalten.

3.1.3.3 Neuere Haushaltsökonomie

In den bisherigen Abschnitten dieses Kapitels 3.1.3 wurde die makroökonomische Analyse des Arbeitsangebotsverhaltens um mikroökonomische Untersuchungen auf der Personenebene ergänzt. Ein weiterer Zugang zum spezifischen Arbeitsangebotsverhalten von Individuen bietet schließlich die Berücksichtigung des Haushaltszusammenhangs (vgl. z.B. Van Soest 1995), der im Rahmen der Neuen Haushaltsökonomie (*'New Home Economics'*) auf der Basis der Arbeiten von Mincer (1962) und Becker (1965, 1981)[176] seit Anfang der 60er Jahre diskutiert wird. Die Modellierung des Haushaltskontextes geht dabei – wie das Lebenszyklusmodell – auf das statische Modell des Arbeitsangebots zurück (vgl. Hujer, Schnabel 1991/92). Dabei lassen sich bezüglich der Arbeitsangebotsentscheidungen im Haushaltszusammenhang eine Reihe von Ansätzen unterscheiden[177], auf die im einzelnen nicht explizit eingegangen werden soll.

Vielmehr geht es vor dem Hintergrund der hier relevanten Fragestellung des (unfreiwilligen) Übergangs in den Ruhestand darum, ein weiteres differenziertes Erklärungsmuster unterschiedlicher individueller Rückzugsstrategien aus dem Arbeitsmarkt zu ermitteln. So wird in der 'Neuen Haushaltsökonomie' generell davon ausgegangen, dass die Erwerbsentscheidung der einzelnen Familienmitglieder vom Einkommen der anderen Familienmitglieder bzw. dessen Veränderung abhängig ist: „The presence of other family members, their earning power, and requirements for support will affect each person's reservation wage and thus each person's choice about whether to participate in the labor force (Hamermesh, Rees 1993, S. 13 f.).

---

176 Becker entwickelte als erster die „Theorie der Zeitallokation im Haushalt" (vgl. dazu auch Hilzenbecher 1984). Diese wurde später vor allem von Gronau weiterentwickelt (vgl. Gronau 1973, 1977).

177 Den einfachsten Ansatz stellt das 'male-chauvinist-model' dar. Es geht davon aus, dass zwar das Arbeitsangebotsverhalten der (Ehe-)Frauen durch das Verhalten der (Ehe-)Männer beeinflusst werden kann, vice versa ist dies jedoch nicht möglich: „Das Marktarbeitsangebot der verheirateten Frau ist in diesem Modellvarianten abhängig von ihrem Lohnsatz, dem Vermögenseinkommen und dem Lohneinkommen des Mannes, wobei der Ehemann wie eine ertragsbringende Anlage für die Ehefrau betrachtet wird. Das Marktarbeitsangebot des Ehemannes dagegen ist allein abhängig von seinem Lohnsatz und dem Vermögenseinkommen" (vgl. Zameck 1997, S. 60.). Weitere Modifizierungen der neuen Haushaltsökonomie sind das 'family utility – family budget constraint' (Familiennutzen – Familienbudget') Modell sowie das 'individual utility - family budget constraint' ('Individualnutzen – Familienbudget') Modell (vgl. Killingsworth 1983). Zu empirischen Untersuchungen für die Bundesrepublik Deutschland vgl. Bartenwerfer 1989 sowie Merz 1990, 1992.

Die Maximierung des individuellen Nutzens erfolgt somit über die Maximierung des Gesamtnutzens der Familie[178]: Da die einzelnen Haushaltsmitglieder durch unterschiedliche Ressourcenausstattungen (z.B. Humankapital, besondere Fähigkeiten und Neigungen etc.) gekennzeichnet sind, erscheint eine Arbeitsteilung und Spezialisierung auf bestimmte Aufgaben effizient. In diesem Sinne ist die Entscheidung über den Umfang der Erwerbstätigkeit keine individuelle Abwägung, sondern basiert auf der optimalen Zeitaufteilung zwischen den Haushaltsmitgliedern und den unterschiedlichen Lebensbereichen wie Erwerbsarbeit, Hausarbeit und Freizeit (vgl. dazu auch Gronau 1986):

> „Mehr-Personen-Haushalte nehmen nicht nur eine effiziente Allokation der Zeit im Hinblick auf verschiedene (vom Haushalt produzierte) Güter vor, sie bestimmen auch die Allokation der Zeit der verschiedenen Mitglieder. Mitglieder, die bei Markt-Aktivitäten relativ effizienter sind, dürften weniger Zeit für Konsumaktivitäten[179] verwenden als andere Mitglieder. Darüber hinaus dürfte eine Erhöhung der Markteffizienz eines Mitglieds eine Reallokation der Zeit aller anderen Mitglieder hin zu Konsumaktivitäten bewirken, um so dem ersteren die Möglichkeit zu geben, mehr Zeit für Marktaktivitäten einzusetzen. (...) die Allokation der Zeit eines jeden Mitglieds wird sehr stark von den Möglichkeiten beeinflusst, die den anderen Mitgliedern offen stehen“ (Becker 1982, S. 123).

So erwirbt ein Haushalt mit dem in der Erwerbsarbeit verdienten Geld am Markt Güter (‚goods'). Diese können jedoch nur durch den Einsatz von Zeit konsumiert werden bzw. werden durch den Haushalt zu sogenannten ‚commodities' (z.B. Mahlzeiten) weiterverarbeitet (vgl. Gronau 1986). Dabei verfügt jeder Haushalt über bestimmte Präferenzen und Fertigkeiten zur Produktion dieser Haushaltsgüter, so dass unter Beachtung der Budgetrestriktion des Haushalts eine nutzenmaximale Allokation der individuellen Ressourcen und der Zeit des Haushalts bestimmt werden (vgl. Franz 1996, S. 62). Darüber hinaus können – ebenso wie bei den statischen und dynamischen Modellen des Arbeitsangebots – Veränderungen des Einkommens eines Partners Substitutions- bzw. Einkommenseffekte im Gesamthaushalt auslösen, die zudem „je nach Lebenslage im Lebensverlauf differieren“[180] (vgl. Holst 2000, S. 63).

---

178 Zum formalen Modell vgl. beispielsweise Althammer, Wenzler 1994, S. 6 ff.

179 Mit Konsumaktivitäten sind hier ‚produktive Konsumaktivitäten', eben die Produktion konsumierbarer Güter (commodities) durch die Kombination von Zeit und eingekauften Gütern (goods) gemeint (vgl. Becker 1982, S. 111 ff.): „Im Rahmen der neuen ökonomischen Theorie des Haushalts (...) wird der traditionelle Ansatz der mikroökonomischen Konsumtheorie dahingehend erweitert, dass am Markt bezogene Güter nicht mehr unmittelbar in die Nutzenfunktion eingehen, sondern als Vorleistungen in einem Produktionsprozess des Haushalts dienen. Im Rahmen der Haushaltsproduktion werden die Vorleistungen in Kombination mit der Arbeitszeit der Haushaltsmitglieder und ihrer jeweiligen spezifischen Fähigkeiten in konsumreife Güter transformiert. Der Wert, den die Individuen alternativen Möglichkeiten der Zeitallokation beimessen, beeinflusst damit die optimale Input-Kombination der Haushaltsproduktion und wirkt sich nicht nur auf Volumen und Struktur der im Haushalt produzierten Güter und Dienstleistungen, sondern auch auf das Niveau des Arbeitsangebots und der Konsumgüternachfrage aus“ (Althammer, Wenzler 1994, S. 2). Haus- bzw. Familienarbeit kann dabei selbst einen Nutzengewinn (wie z.B. bei Erziehungsarbeit) darstellen.

180 So kann durch die Geburt eines Kindes einerseits das Familieneinkommen gesenkt (z.B. wenn die Frau ihre Erwerbstätigkeit wegen der Kindererziehung beendet) und die Ausgaben für Ernährung, Kleidung oder Ausbildung erhöht werden. Andererseits kann dennoch das Nutzenniveau einer Fa-

Während die Argumentation der Neueren Haushaltsökonomie in der Vergangenheit vor allem als Erklärungsmuster dafür diente, dass insbesondere Frauen – aufgrund ihrer lange Zeit geringeren Humankapitalausstattung (zur Angleichung der Bildungssituation von Frauen und Männern seit den 70er Jahren vgl. beispielsweise Radke 2000; WSI u.a. 2001) bzw. aufgrund des biologischen ‚Determinismus' des Kindergebärens (vgl. Becker 1981) – überwiegend die Haus- bzw. Familienarbeit und Männer die Erwerbsarbeit übernahmen (vgl. dazu Mincer 1962)[181], interessiert hier vor allem die Frage, ob der Rückzug eines Partners aus dem Arbeitsmarkt unter Umständen die Entscheidung des anderen Partners hinsichtlich seiner Erwerbsbeteiligung beeinflusst. Denn während zahlreiche Studien den relativ einfachen Zusammenhang zwischen dem Gesundheitszustand, dem Rentenniveau und anderen ein-kommensrelevanten Variablen und der Ruhestandsentscheidung von Männern belegen (vgl. z.B. Hurd, Boskin 1984), so wurde bisher dem Verrentungsverhalten von Paaren wenig Aufmerksamkeit geschenkt, obwohl die Vermutung nahe liegt, „that the wife's labor supply is influenced by husbands's wage rate or by the husband's income" (vgl. Hurd 1990, S. 232). Tatsächlich zeigen die wenigen dazu vorliegenden Untersuchungen, dass zwar ein direkter Zusammenhang zwischen den Ruhestandsentscheidungen beider Partner in der Form besteht, dass die Zeitpunkte der Verrentung beider Ehepartner möglichst eng beieinander liegen, dass jedoch weniger ökonomische Variablen das jeweilige Verrentungsalter – sofern dies aufgrund der Datenbasis überhaupt überprüfbar ist – beeinflussen, sondern im Wesentlichen andere Faktoren (z.B. Gesundheitszustand, individuelle Präferenzen etc.), die jedoch in ihrer Wirkung nicht weiter differenziert werden konnten (vgl. Hurd 1990, S. 253; vgl. ebenso Allmendinger 1990 sowie Wagner 1996). Darüber hinaus weisen auch verschiedene Verhandlungsmodelle darauf hin (vgl. Manser, Brown 1980; McElroy, Horney 1981), dass neben den rein ökonomisch effizienten Lösungen die Möglichkeit besteht, dass (Ehe-)Paare im Laufe ihres Lebens unterschiedliche Verhandlungs- bzw. Machtpositionen einnehmen, die zu suboptimalen Allokationen bzw. Arbeitsteilungen führen (vgl. z.B. Ott 1992).[182]
Diese vagen Befunde machen deutlich, dass zwar der Haushaltszusammenhang bei der Entscheidung des Übergangs in Rente nicht unterschätzt werden darf, dass aber letztlich keine klaren Aussagen über den Wirkungsmechanismus bzw. die Einflussfaktoren

---

milie steigen (vgl. Franz 1996, S. 62), indem unterstellt wird, dass sich das Vorhandensein des Kindes und die sich daraus resultierende Erziehungsaufgabe auf den Wert der Haus- bzw. Familienarbeit direkt auswirken: Eine Zeiteinheit in der Familie wird nun höher als z.B. der Lohnsatz in der zuvor ausgeübten Erwerbarbeit eingeschätzt (vgl. dazu z.B. auch Gronau 1986). Die Opportunitätskosten der Haus- und Familienarbeit sind somit gestiegen.

181 Die Neuere Haushaltsökonomie wird darüber hinaus aber auch herangezogen, um beispielsweise Entscheidungen bezüglich des ‚optimalen' Heiratsalters oder der Kinderzahl und den Umfang der Haushaltsproduktion zu erklären (vgl. Krüsselberg et al. 1986). Darüber hinaus liegen aber auch zahlreiche Studien vor, die den Versuch unternehmen, den Wert der in der volkswirtschaftlichen Gesamtrechnung nicht berücksichtigten Haushaltsproduktion zu messen (vgl. dazu Goldschmidt-Clermont 1983; Althammer, Wenzler 1996 sowie zur Berechnung des weiblichen Arbeitsangebots generell Killingworth, Heckmann 1986).

182 Beblo (1998, 1999) untersucht in diesem Zusammenhang den Einfluss von Altersdifferenzen auf die unterschiedlichen Verhandlungspositionen der Partner. Sie stellt dabei fest, dass die Höhe der Altersunterschiede einen deutlichen Einfluss auf die Arbeitsteilung der Partner ausübt.

auf den diesbezüglichen Entscheidungsprozess von (Ehe-)Paaren gemacht werden können.

3.1.3.4 Zusammenfassung zu den mikroökonomischen Arbeitsangebotstheorien

In diesem Unterkapitel wurde zunächst auf das statische Basismodell des Arbeitsangebots eingegangen. Nach diesem Ansatz agiert der einzelne Arbeitskraftanbieter als quasi autonomes – d.h. von der Nachfrageseite unabhängiges – Subjekt, indem er sein Arbeitsangebot an gegebene Marktpreise und Löhne nach einer individuellen Nutzenfunktion anpasst.[183] Bei der Nutzenmaximierung selbst, die vor allem hinsichtlich der optimalen Kombination von Freizeit und Marktgütern abwägt, sind restriktive Budgetbeschränkungen (insbesondere hinsichtlich der Zeit) zu beachten, die den statischen Ansatz für die Frage des richtigen Zeitpunkts des Übergangs von der Erwerbstätigkeit in die Rente ungeeignet erscheinen lassen. Gleichwohl besitzt das statische Basismodell bereits wesentliche Elemente für die Weiterentwicklung eines adäquaten Theorierahmens. So liegt ein Vorteil des Modells darin, dass ‚theoretisch' unterschiedliche Merkmale wie Alter und Geschlecht bzw. Präferenzen durch unterschiedliche Indifferenzkurven berücksichtigt werden können (wenn auch die einzelnen Effekte für sich allein nicht zu re-identifizieren sind). Diese führen allerdings auch letztlich dazu, dass Veränderungen des Realeinkommens a priori nicht eindeutig interpretiert werden können.

Das dynamische Modell des Arbeitsangebots ermöglicht es schließlich, intertemporale Nutzenaspekte bei der Entscheidung des Individuums über den richtigen Verrentungszeitpunkt einfließen zu lassen. Doch während das einfache Modell noch z.B. externe Geldströme, wie Vererbung, Rentenzahlungen etc., unberücksichtigt lässt, erlaubt das differenziertere Modell von Franz (‚Der Pensionierungszeitpunkt als ein Unterfall des Lebenszyklusmodells'), verschiedene Beschäftigungsformen sowohl vor als auch nach der Verrentung zu berücksichtigen und die Wirkungen von Rentenzahlungen einschließlich möglicher Zu- und Abschläge zu ermitteln, indem es den Anspruchslohn des Individuums dem ‚bereinigten Lohnsatz' gegenüberstellt. Es wird somit deutlich, dass ein Modell der Ruhestandsentscheidung dem dynamischen Charakter dieser Entscheidungsstrukturen und den sich möglicherweise ändernden Rahmenbedingungen (Heraufsetzung des Rentenzugangsalters etc.) Rechnung tragen muss. Auf der anderen Seite genügt es jedoch nicht, nur das Arbeitsangebot zu betrachten und direkte und indirekte Nachfrageeffekte des Arbeitsmarktes zu vernachlässigen.[184] So ist auch für das dynamische Modell festzustellen, dass eine Unterscheidung zwischen einer freiwilligen Verrentung oder aber dem nachfrageseitig verursachten Verlust des Arbeitsplatzes nicht unterschieden werden kann.

---

[183] Dabei werden über „Lohn hinausgehende Einflüsse sozialökonomischer und kultureller Art etwa (...) vernachlässigt bzw. in einen exogen gedachten Datenkranz verbannt, der nicht Untersuchungsobjekt der Theorie ist" (Cornetz 1986, S. 423).

[184] Unter direkten Nachfrageeffekten subsummiert Schmidt fehlende Arbeitsplätze für ältere Arbeitnehmer, Entlassungen, ‚unfreiwillige' Arbeitslosigkeit bzw. Verrentung, während er zu den indirekten Nachfrageeffekten (finanzielle) Anreize zur Frühverrentung, Betriebsrentenprofile und Sozialpläne zählt (vgl. Schmidt 1995, S. 14).

Wenn auch der letztgenannte Kritikpunkt ebenso auf die Neuere Haushaltsökonomie zutrifft, so wurde sie in dieser Arbeit dennoch diskutiert, da sie deutlich macht, dass der Übergang in Rente nicht nur eine isolierte Entscheidung eines Individuums darstellen muss, sondern ebenso im Haushaltskontext getroffen worden sein kann. So ist empirisch bereits belegt, dass die Verrentungszeitpunkte von Ehepaaren relativ eng bei einander liegen. Die wenigen diesbezüglich vorliegenden Forschungsergebnisse weisen jedoch auch darauf hin, dass in den verschiedenen mikroökonomischen Arbeitsmarkttheorien die ökonomischen Variablen bei der Entscheidung über das individuelle Arbeitsangebot unter Umständen überbewertet werden und andere Faktoren (z.B. Gesundheitszustand, individuelle Präferenzen oder die Situation z.B. in der Familie (Stichwort: Machtverhältnisse), die tatsächlich das Erwerbsverhalten beeinflussen, aufgrund ihrer schweren Operationalisierbarkeit nicht berücksichtigt werden. Von daher scheint es dringend erforderlich, die bisherige makro- und mikroökonomisch fundierte Diskussion über den (freiwilligen bzw. unfreiwilligen) Übergang von der Erwerbstätigkeit in Rente um soziologische bzw. sozialwissenschaftliche Argumente zu erweitern und zu vertiefen.

3.2 Soziologische Theorien

Während bei den ökonomischen Theorien der Fokus vor allem auf den freiwilligen bzw. unfreiwilligen vorzeitigen Übergang in Rente gerichtet war, steht im Mittelpunkt der soziologischen Analysen vor allem die gesellschaftliche Teilhabe und aktive Gestaltung dieser Lebensphase. Dies setzt ein gewisses Maß an sozialer Integration voraus, das durch die in den letzten Jahren stattgefundenen Frühverrentungsprozesse unter Umständen negativ beeinflusst wurde. Im folgenden soll daher der Frage nachgegangen werden, ob und inwieweit die Ausgestaltung des Übergangs in Rente Auswirkungen auf die mögliche gesellschaftliche Integration oder aber – im Sinne einer Bruchstelle – auf die dauerhafte Exklusion immer größerer Teile der älteren Bevölkerung aus der Gesellschaft hat. Dafür ist es, wie aus der Fragestellung des Übergangs von der Erwerbsarbeit in Rente in Kapitel 2 deutlich wurde, zunächst erforderlich, auf der makrosoziologischen Ebene die relevanten gesellschaftlichen Einflüsse wie die Folgen der Modernisierung (vgl. Kapitel 3.2.1.1) bzw. der Vergesellschaftung des Alters aus gerontosoziologischer Sicht (vgl. Kapitel 3.2.1.2) herauszuarbeiten. Im Anschluss daran erfolgt eine Vertiefung der Analyseperspektive auf der mikrosoziologischen bzw. subjektorientierten Ebene (vgl. Kapitel 3.2.2).

3.2.1 Makrosoziologische Ansätze

Zentral für die folgenden Darstellung erscheinen zunächst die in der westdeutschen Soziologie seit Beginn der 1980er Jahre diskutierten Phänomene der Erosion: Des Aufweichens von Standardisierungen und Kontinuitätsannahmen der modernen Gesellschaft, zu den auch das Normalarbeitsverhältnis sowie die Normalbiographie zählen (vgl. Mutz 1995; Mutz u.a. 1995). Sie werden im Rahmen unterschiedlicher Phasen der Modernisierung als Prozesse der Differenzierung, Pluralisierung und Individualisierung von Lebenslagen, Lebensformen und Lebensverläufen diskutiert, die direkt oder indirekt auch Auswirkungen auf die Einstellungen bei älteren Männern und Frauen hinsichtlich eines ‚geglückten' Übergangs in Rente gehabt haben könnten. Diese Sichtweise wird um spezifische Ansätze der Alter(n)ssoziologie ergänzt, die sich zum einen mit konkurrierenden Thesen – wie der Aktivitäts-, Disengagement- sowie der Kontinuitätsthese – auseinandersetzt, zum anderen vor allem kohortentheoretische Ansätze zur Erklärung gesellschaftlicher Veränderungsprozesse heranzieht.

3.2.1.1 Modernisierungstheorien und die ‚Krise der Arbeitsgesellschaft'

3.2.1.1.1 Grundgedanken der Modernisierungstheorien

Modernisierung[185] wird in der Soziologie definiert als „die Entwicklung von einfachen und armen Agrargesellschaften zu komplexen, differenzierten und reichen Industriegesellschaften, die nach innen und außen ein bestimmtes Maß an Selbststeuerungsfähigkeit besitzen" (Zapf 2000, S. 238).[186] Demnach untersuchen die verschiedenen Modernisierungstheorien – angefangen von Herbert Spencer (1820-1903), Emile Durkheim (1858-1917), Georg Simmel (1858-1918), Norbert Elias (1897-1990) und Talcott Parsons (1902-1979) bis hin zu Wolfgang Zapf (geb. 1937) und Ulrich Beck (geb. 1944)[187] – seit Mitte des 19. Jahrhunderts gesellschaftliche Entwicklungsprozesse (vgl. Zapf 2000, S. 239).
Ein umfassender Überblick über alle relevanten Modernisierungstheorien kann im Rahmen dieser Arbeit nicht geleistet werden und erscheint auch nicht erforderlich. Vielmehr soll hier auf die Gemeinsamkeiten hinsichtlich grundlegender Elemente der Modernisierung eingegangen werden. Diese betreffen auf der gesellschaftlichen Ebene zunächst die Rationalisierungs- und Ausdifferenzierungsprozesse (vgl. Hradil 1995), die zu einer veränderten sozialen Integration der Individuen in die Gesellschaft führen (vgl. Gottschall 2000, S. 244).
Nach der Gesellschaftstheorie von Luhmann (1971; 1988) handelt es sich bei der Modernisierung – ähnlich wie bei Spencer und Durkheim[188] - um eine langfristige funkti-

---

185 Zu einen Überblick über die Grundzüge der Modernisierungstheorien vgl. Hradil 1995, Zapf 2000a sowie Backes 1997, S. 192 ff.

186 An anderer Stelle definiert Zapf Moderne bzw. die Modernisierungstheorie folgendermaßen: „Die westliche Entwicklung zur modernen Welt war von Anfang an ein zentrales Thema der Klassiker der Soziologie: die Moderne als Gegenwart der industriellen und politischen Revolution, als Inbegriff der neuen Institutionen und Werte und schließlich als neue Epoche permanenten Wandels. Demgegenüber ist die Modernisierungstheorie im engeren Sinn eine amerikanische Erfindung der 50er Jahre. Die Aufgabe damals war, an den westlichen Gesellschaften abzulesen, welche Bedingungen für ein sich selbst tragendes Wirtschaftswachstum und eine demokratische politische Ordnung erforderlich sind und wie man diese Bedingungen auf die Gesellschaften der Dritten Welt mit Hilfe der Entwicklungspolitik übertragen kann" (Zapf 1994, S. 121; zur Kritik dieses Ansatzes vgl. ebd.).

187 Zu einem diesbezüglichen Überblick vgl. Hradil 1995.

188 Vor allem seit Herbert Spencer und Emile Durkheim hat die soziologische Theorie „Vergesellschaftung als eine Aufeinanderfolge verschiedener Differenzierungsprinzipien" (Hondrich 2000, S. 48) verstanden. Dabei ist nach Spencers allgemeinem ‚Gesetz der Evolution' die Entwicklung der Gesellschaft gleichzeitig durch ‚fortschreitende Integration' und ‚fortschreitende Differenzierung' ge-

onale Differenzierung gesellschaftlicher Teilsysteme und der gleichzeitig damit einhergehenden höheren Autonomie der Subsysteme: „Grundlegende Aufgabe moderner Gesellschaften ist demzufolge die Integration verschiedener mehr oder weniger autonomer Teilsysteme: Die *Vermittlung zwischen Individuum und Gesellschaft (s. Vergesellschaftung) ist entsprechend komplexer und widersprüchlicher* geworden. Vergesellschaftung – etwa des Alters und Alterns – hat veränderten, komplexeren und in sich widersprüchlicheren Anforderungen zu genügen. Die ebenfalls modernisierungstheoretische *gestiegene Verwobenheit von Handlungsketten erschwert eine auf Teilsysteme begrenzte Bearbeitung gesellschaftlicher Probleme* und gesellschaftliche Steuerung" (Backes 1997, S. 194, Hervorhebung durch den Autor).
Zusammenfassend lässt sich somit feststellen, dass aus Sicht der Modernisierungstheorien durch die zunehmende Differenzierung der Teilsysteme zwar die Leistungsfähigkeit der einzelnen Teilbereiche steigt, auf der anderen Seite aber höhere Anstrengungen erforderlich werden, um diese autonomen Subsysteme im Sinne einer gesamtgesellschaftlichen Steuerungsfähigkeit zu integrieren (vgl. Peuckert 2000a, S. 154).[189]
Darüber hinaus unterscheidet Talcott Parsons nicht nur zwischen gesellschaftlicher, d.h. „politischer und sozialer Differenzierung im Sinne institutioneller Innovationen" und Integration bzw. Inklusion, sondern fügt in seiner Modernisierungstheorie die Dimensionen Wertegeneralisierung („als eine hohe Flexibilität verschiedener kultureller Ausdeutungen innerhalb gemeinsamer Grundwerte") und Statusanhebung („als Wachstum des materiellen Wohlstands und der sozialen Kompetenzen für möglichst viele

---

kennzeichnet, d.h. gesellschaftliche Differenzierungsprozesse führen immer von einem Zustand ‚unbestimmter unzusammenhängender Homogenität' zu einem Zustand bestimmter ‚zusammenhängender Heterogenität' (vgl. Barkholdt 1998, S. 44) bzw. vom „Aggregat zum System" (vgl. Peuckert 2000a, S. 152). Dies machte Spencer vor allem durch die universalgeschichtliche Entwicklung von einfachen Stammesgesellschaften zu komplexen, arbeitsteiligen (modernen) Gesellschaften deutlich: „*Evolution* besteht darin, dass ursprünglich vereinzelt auftretende Einheiten derselben Struktur und mit denselben Funktionen sich zusammenschließen, wodurch neuartige Einheiten komplizierterer Strukturen und mit differenzierteren Funktionen entstehen" (Peuckert 2000a, S. 152; Hervorhebung durch Autor). Durch die dadurch entstehende höhere Abhängigkeit der Subjekte bzw. Subsysteme vom ‚Ganzen' entsteht ein höherer Integrationsbedarf, so dass durch Modernisierungsprozesse insgesamt schließlich eine zunehmende Verbesserung der Anpassungs- und Leistungsfähigkeit sozialer Systeme erreicht wird (vgl. Barkholdt 1998, S. 44). Ähnlich argumentiert Durkheim. Allerdings steht in seiner Konzeption der Grundtatbestand der Solidarität bzw. gemeinsamer gesellschaftlicher Orientierungen im Zentrum der Betrachtung (vgl. Zapf 2000a, S. 427 ff.): „Einfache, segmentär differenzierte Sozialgebilde sind gekennzeichnet durch *mechanische Solidarität* (Solidarität durch Ähnlichkeit). Die Integration erfolgt über das Bewusstsein oder über das Gefühl der Zusammengehörigkeit aufgrund vorgegebener, gemeinsamer Merkmale der Beteiligten und durch harte Sanktionen im Falle des Verstoßes gegen die Gemeinsamkeiten (repressives Recht). Komplexe, funktional differenzierte Sozialgebilde zeichnen sich hingegen durch *organische Solidarität* (Solidarität durch Arbeitsteilung) aus. Es handelt sich um eine Integration aufgrund der Verschiedenartigkeit und wechselseitigen Angewiesenheit der Teile bei Dominanz des restitutiven, wiederherstellenden Rechts (Zivilrecht)" (Peuckert 2000a, S. 152; Hervorhebung durch den Autor). Darüber hinaus können bei Durkheim aber auch externe und interne Störungen soziale Wandlungsprozesse erzeugen (vgl. Zapf 2000a, S. 427 ff.).

189 „In systematischer Betrachtung gilt *Modernisierung* als Steigerung der gesamtgesellschaftlichen Anpassungs- und Selbststeuerungskapazitäten, d.h. als positive Bilanz von steigenden Ressourcen und steigenden Belastungen" (Zapf 2000a, S. 430; Hervorhebung durch den Autor).

Bürger, über ihre politischen und sozialen Grundrechte hinaus") hinzu (vgl. Zapf 1994, S. 122 f.). Diese Systematik wurde auch von Wolfgang Zapf in seinem Konzept der „weitergehenden Modernisierung" rezipiert (vgl. Zapf 1994, S. 124 f.).[190] Doch während im Strukturfunktionalismus von Parsons das System aufgrund gelungener Integrationsprozesse zu einer stabilen (=gleichgewichtigen) bzw. statischen Gesellschaft tendiert, unterstellt Zapf in seinem Ansatz „Richtungskonstanz und Strukturverbesserung" im Sinne fortlaufender Modernisierung. Zwar hebt auch Zapf hervor, dass der soziologische Diskurs über die Grundpositionen gesellschaftlicher Ordnung oder aber (sozialer) Wandlungsprozesse bis heute nicht eindeutig entschieden sei und auch nicht entschieden werden kann (vgl. Zapf 2000a, S. 428). Nach seiner Ansicht ist jedoch einer konflikt-[191] und innovationstheoretisch fundierten Modernisierungstheorie der Vorzug zu geben (Zapf 1994, S. 124 f.). So sind nach Zapf moderne, d.h. anpassungsfähige und erfolgreiche Gesellschaften dadurch gekennzeichnet, dass Innovationen unter Konflikten durchgesetzt werden, da diesen selbst ein integrierender Charakter zugeschrieben wird.[192] Zapf verweist in diesem Zusammenhang auf das Konzept der ‚schöpferischen Zerstörung' bzw. der ‚langen Wellen' von Joseph A. Schumpeter (1942):

> „Im Modell der langen Wellen (...) wird gezeigt, dass alle bisherigen, langfristigen Entwicklungsschübe in einer Krise mündeten, wenn die bisherigen Leitindustrien und Leitinstitutionen sich erschöpften. Gleichzeitig wurden jedoch die Hindernisse für eine neue Welle von Innovationen (‚neue Kombinationen' von Ressourcen, neue Produktionsfunktionen) weggeräumt. Diese Zyklen auf der Makroebene werden von vielfältigen ‚Lebenszyklen' einzelner Produkte, Firmen, Organisationen, aber auch Lebensformen und Werteinstellungen getragen. Analog zum Gedanken, den sozialen Wertewandel durch die Abfolge von Generationen zu erklären (Karl Mannheim), begreift die Innovationstheorie den sozialen Wandel als das Ergebnis von Mikro-Lebenszyklen. In dieser Perspektive gibt es keine langfristige Stagnation und keine immanenten Grenzen des sozialen Wandels. In dieser Perspektive können die modernen Gesellschaften durch ‚neue Kombinationen' innerhalb ihrer Basisinstitutionen[193] – durch technologische Innovationen und Sozialinnovationen – ihre Krise bewältigen und ihre Vitalität wiederfinden" (Zapf 2000a, S. 431 f.).

Die Zapfsche Innovationstheorie geht folglich davon aus, dass sowohl technische als auch soziale Innovationen eine Folge sich erschöpfender bisheriger Lösungswege darstellen und „durch individuelle und kollektive Akteure im Kampf gegen etablierte Interessen, Trägheit und eigene Ungewissheit durchgesetzt" (Zapf 1994, S. 124) werden.

---

190 „Inklusion, Wertegeneralisierung, Differenzierung und Statusanhebung sind die Mechanismen sozialen Wandels. Dies nenne ich *weitergehende Modernisierung* im Doppelsinn von Richtungskonstanz und Strukturverbesserung" (Zapf 1994, S. 124 f.; Hervorhebung durch den Autor).

191 Zur Konflikttheorie vgl. Dahrendorf 1977; 1983.

192 „*Soziale Konflikte* sind unvermeidbar und leisten, falls die Konfliktpartner noch gemeinsame Grundüberzeugungen teilen und die Konflikte in sozial geregelter (institutionalisierter) Form ausgetragen werden, einen positiven Beitrag für den sozialen Wandel und die Anpassungsfähigkeit des Systems" (Peuckert 2000a, S. 152; Hervorhebung durch den Autor).

193 In Anlehnung an Parsons nennt Zapf „Konkurrenzdemokratie, Marktwirtschaft und Wohlstandsgesellschaft mit Wohlfahrtsstaat und Massenkonsum (...) die Basisinstitutionen, *innerhalb* derer um Innovation gekämpft wird" (Zapf 1994, S. 125; Hervorhebung durch den Autor; vgl. auch unten).

Innovationen signalisieren dabei modernisierungstheoretisch fortschreitende Differenzierungsprozesse sowohl im Produktions- als auch im Reproduktionsbereich und führen schließlich wieder zur weiteren Inklusion, Wertegeneralisierung und Statusanhebung (vgl. Zapf 1994, S. 127). Dabei ist Individualisierung im Bereich sozialer Innovationen eine wesentliche Voraussetzung für Modernisierung, die schließlich zu einer Ausweitung neuer Lebensformen (z.B. nichteheliche Lebensgemeinschaften oder Einelternfamilien) und Arten der Lebensführung führt: „Die Sozialstruktur – soziale Schichtung wie Lebensläufe – differenziert sich, aber vor dem freien Fall in die Atomisierung und Anomie stehen neue Strukturbildungen: in meiner Interpretation die ‚Pluralisierung der Lebensstile'" (ebd., S. 126 f.).
Wieder an Talcott Parsons ‚System der modernen Gesellschaft' anknüpfend kommt in dem Konzept von Zapf nicht nur dem Integrationsaspekt durch Innovation und Konflikte eine bedeutende Rolle zu, sondern auch der Dimension der Statusanhebung. Diese ist insofern zentral, als Parsons Ausführungen zu den ‚evolutionären Universalien in der Gesellschaft' Zapf zu einer eigenständigen Definition von gesellschaftlichen Basisinstitutionen animieren. So definieren sowohl Parsons als auch Zapf auf unterschiedlichen gesellschaftlichen Abstraktionsebenen idealtypische ‚Universalien'[194] bzw. ‚Basisinstitutionen'[195], von denen sie ausgehen, „dass Gesellschaften, die diese Institutionen entwickeln, erfolgreicher, anpassungsfähiger, d.h. moderner sind als solche, die das nicht tun" (Zapf 1994, S. 123). Die extrahierten Grundinstitutionen moderner Gesellschaften müssen sich folglich daran messen lassen, inwieweit sie in der Lage sind, gesellschaftliche (Differenzierungs-)Prozesse verarbeiten und im Sinne gelungener Systemintegration positiv bewältigen zu können. Zwar haben auch die von Zapf identifizierten Komponenten der Konkurrenzdemokratie, Marktwirtschaft und Wohlstandsgesellschaft mit Wohlfahrtsstaat und Massenkonsum „keine ewige Bestandsgarantie" (Zapf 1994, S. 124 f.), seiner Ansicht nach gibt es zu diesen gegenwärtig jedoch keine bessere Alternative. In diesem Zusammenhang ist auch noch einmal an Zapfs Verständnis von der ‚Modernisierung moderner Gesellschaften' bzw. sein Konzept der sogenannten ‚weitergehenden Modernisierung' hinzuweisen, bei dem von ihm ‚Richtungskonstanz' und ‚Strukturverbesserung' unterstellt werden. Dies ist insofern von hoher Relevanz, als er überzeugt ist, dass gesellschaftliche Modernisierung bisher – trotz beobachtbarer gesellschaftlicher Exklusionstendenzen, Brüchen, Erosionen und zunehmender Großrisiken - innerhalb der von ihm beschriebenen Basisinstitutionen erfolgte und dort – im Sinne ‚schöpferischer Zerstörung' – entsprechende Anpassungsmechanismen ausgelöst hat (vgl. Zapf 1994, S. 124 f.).

---

194 Bei Parsons sind das die soziale Schichtung, kulturelle Legitimation, rationales Rechtssystem, Bürokratie, geldwirtschaftliches Marktsystem und demokratische Assoziation (vgl. Parsons 1964).

195 „Konkurrenzdemokratie und Marktwirtschaft sind Grundinstitutionen moderner Gesellschaften Meine Pointe liegt darin, als weitere Grundinstitution die Wohlstandsgesellschaft mit Massenkonsum und Wohlfahrtsstaat hinzuzufügen. Moderne Gesellschaften sind solche, in denen die Aufwendungen und Anstrengungen von Staat und Markt letztendlich an der Wohlfahrt des einzelnen Bürgers bzw. der privaten Haushalte gemessen werden, nicht an militärischer Stärke oder weltwirtschaftlichem Einfluss. Der Massenkonsum bedeutet den ‚Wohlstand für alle' und die Wahlmöglichkeiten (provisions, options) der Bürger. Der Wohlfahrtsstaat garantiert soziale Sicherheit im Sinne individueller Grundrechte (entitlements)" (Zapf 2000, S. 242).

Dass diese Position nicht unbestritten ist, zeigen nicht zuletzt vor allem die modernisierungstheoretischen Ansätze von Ulrich Beck, der einen ‚epochalen Umbruch' von der traditionellen Industriegesellschaft zur industriellen Risikogesellschaft beobachtet (vgl. auch Gottschall 2000, S. 247)[196]: „*Ähnlich wie im 19. Jahrhundert Modernisierung die ständisch verknöcherte Agrargesellschaft aufgelöst und das Strukturbild der Industriegesellschaft herausgeschält hat, löst Modernisierung heute die Konturen der Industriegesellschaft auf, und in der Kontinuität der Moderne entsteht eine andere Gesellschaft*" (Beck 1986, S. 14; Hervorhebung durch den Autor). Damit beschreibt Beck bereits den Übergang von der sogenannten ‚einfachen' Modernisierung zur ‚zweiten' bzw. ‚reflexiven Moderne' bzw. zur ‚Risikogesellschaft'. Einfache Modernisierung meint dabei die ‚Modernisierung' oder ‚Rationalisierung der Tradition', reflexive Modernisierung dagegen die ‚Modernisierung der Industriegesellschaft' bzw. die ‚Rationalisierung der Rationalisierung' (vgl. Beck 1986, S. 14 sowie Beck 1991, S. 40). In diesem Sinne ist die reflexive Modernisierung als Antwort auf die (unbeabsichtigten) Folgen des Modernisierungs- bzw. Industrialisierungsprozesses zu verstehen (vgl. auch Backes 1997, S. 195), wobei der Begriff der Modernisierung nicht synonym für Industrialisierung verwendet werden darf (vgl. Beck 1986, S. 25). Modernisierung steht – sozusagen im Sinne von Max Weber (vgl. Zapf 2000a, S. 427 ff.) – als Oberbegriff für fortschreitende Rationalisierungen, wobei diese Prozesse als „sichtbare Indikatoren für einen sehr viel tiefer greifenden, das ganze gesellschaftliche Gefüge erfassenden und umgestaltenden Prozess" über sich hinaus weisen: „*Modernisierung* meint die technologischen Rationalisierungsschübe und die Veränderung von Arbeit und Organisation, umfasst darüber hinaus aber auch sehr viel mehr: den Wandel der Sozialcharaktere und Normalbiographien, der Lebensstile und Liebesformen, der Einfluss- und Machtstrukturen, der politischen Unterdrückungs- und Beteiligungsformen, der Wirklichkeitsauffassung und Erkenntnisnormen" (Beck 1986, S. 25; Hervorhebung durch den Autor).

Während die einfache Modernisierung noch bis in die 1950er und 1960er Jahre in der Bundesrepublik in Form ‚traditionaler Restbestände' und der Stabilisierung und Normalisierung typisch industriegesellschaftlicher und sozialer Risiken beobachtet werden konnte (vgl. Barkholdt 1998, S. 48), ist der gesellschaftliche Strukturwandel der zweiten Moderne seit Ende der 1970er Jahre bzw. Anfang der 1980er Jahre durch neue globale Risiken auf der einen und durch Individualisierung auf der anderen Seite geprägt (vgl. z.B. Beck 1986, 1991, 1993; vgl. Bonß 1995). Dabei ergibt sich der auf der Makroebene eher strukturtheoretische ausgelegte Argumentationsstrang der ‚Globalgefährdungslagen' (vgl. Beck 1986, S. 115) nach Beck aus dem „Wechsel von der Logik der Reichtumsverteilung in der Mangelwirtschaft zur Logik der Risikoverteilung in der

[196] Ulrich Becks ‚Risikogesellschaft' „liegt die Einschätzung zugrunde, dass wir Augenzeugen – Subjekt und Objekt – eines Bruchs *innerhalb* der Moderne sind, die sich aus den Konturen der klassischen Industriegesellschaft herauslöst und eine neue Gestalt – die hier so genannte (industrielle) ‚Risikogesellschaft' – ausprägt. Dies erfordert eine schwierige Balance zwischen den Widersprüchen von Kontinuität und Zäsur in der Moderne, die sich noch einmal in dem Gegensatz von Moderne und Industriegesellschaft, Industriegesellschaft und Risikogesellschaft spiegeln. *Dass* diese epochalen Unterscheidungen durch die Wirklichkeit selbst heute getroffen werden, beanspruche ich in diesem Buch zu zeigen" (Beck 1986, S. 13; Hervorhebung durch den Autor).

entwickelten Moderne“ (Beck 1986, S. 25).[197] Die sich daraus ergebenden sozialen und politischen Konflikt- und Entwicklungsdynamiken „werden jedoch überlagert durch gesellschaftliche, biographische und kulturelle Risiken und Unsicherheiten“ (Beck 1986, S. 115) auf der Mikroebene, so dass das Individuum sich zunehmend in sich auflösenden sozialen Netzen (wie z.B. sozialer Klassen, Familienformen, Geschlechterlagen etc.) und aufweichenden Rahmenbedingungen der Lebensführung zurechtfinden muss (ebd.). Dabei ist für beide Argumentationsstränge „die Annahme konstitutiv, dass die traditionelle Verteilungsproblematik bzw. die sich darauf gründende Ungleichheitsstruktur in den Hintergrund tritt. Für beide Stränge gilt der Gedanke des Reflexivwerdens von Verhältnissen und Verhalten: Die gesellschaftlichen Verhältnisse werden reflexiv, indem die selbstproduzierten globalen Risiken auf die gesellschaftlichen Prozesse zurückwirken. Biographien werden reflexiv in dem Sinn, dass die eigene Lebensgestaltung in Auseinandersetzung mit fremdbestimmten Verhaltensanforderungen verstärkt ‚in Eigenregie‘ übernommen werden muss“ (Gottschall 2000, S. 248). So fanden seit dem Ausbau des Sozialstaates nach dem Zweiten Weltkrieg infolge von Bildungsexpansion, Reallohnsteigerung, soziale und geographische Mobilität, durch zunehmende Frauenerwerbstätigkeit, Scheidungsziffern, Flexibilisierung von Erwerbsarbeit u.ä.m. (vgl. Beck 1991, S. 41) vielfältige Differenzierungsprozesse sowohl im Produktions- als auch Reproduktionsbereich statt[198], die schließlich auch auf der individuellen Ebene zu Ausdifferenzierungsprozessen führten (vgl. Barholdt 1998, S. 46 f.). Zum einen entstand und entwickelt sich ein „neuer Typ der Vergesellschaftung in Form arbeitsmarktabhängiger Individualisierung“ bzw. der „Arbeitsmarktindividualisierung“ (Gottschall 2000, S. 245 f.), der einerseits durch größere Freiheitsgrade hinsichtlich Lebenszeit, Arbeitszeit und Arbeitseinkommen (vgl. Beck 1986, S. 124), andererseits aber auch durch verschärfte Arbeitsmarktkonkurrenz und -mobilität gekennzeichnet ist (vgl. Hradil 2000, S. 206 f.), zum anderen fand und findet eine Pluralisierung der Lebensformen statt: „Die Menschen sind nun in der Lage, aber auch darauf angewiesen, Zuschnitt und Verlauf ihrer Lebensform, ihrer Biographie und ihres Lebensstils selbst zu entwickeln. Allgemeingültige Vorbilder hierfür gibt es immer weniger. Die Vielfalt der gefundenen Lösungen wächst“ (Hradil 2000a, S. 207). Somit kann konstatiert werden, dass ‚Individualisierung‘ als gesellschaftliches Phänomen immer zwei entgegengesetzte Aspekte in sich vereint, nämlich dass die „Anteile der prinzipiell entscheidungsverschlossenen Lebensmöglichkeiten [abnehmen, D.S.], und die Anteile der entscheidungsoffenen, selbst herzustellenden Biographie [zunehmen, D.S.]“ (Beck, Beck-Gernsheim 1990, S. 119 f.). Das Herstellen biographischer Stabilität wird somit im Lebenslauf zu einer eigenständigen und immer anspruchsvolleren Aufgabe (vgl. Beck, Beck-Gernsheim 1990). Dies betrifft auch das Alter(n). Der

197 Beck unterstellt dabei einen ‚Fahrstuhleffekt‘ in dem Sinne, dass infolge der Modernisierung eine generelle Statusanhebung bei allen Gesellschaftsmitgliedern festgestellt werden könne; allerdings blieben gleichzeitig die Relationen sozialer Ungleichheit bestehen (vgl. Beck 1986, S. 122 ff.; vgl. auch Kapitel 3.2.2.2.)

198 „Unter Rekurs auf das von Ostner/Beck-Gernsheim entwickelte Verständnis von Haus- und Berufsarbeit begreift Beck von vornherein *Erwerbsarbeit- und Geschlechterrollen* als Basis der sozialen Lebensformen der traditionellen Industriegesellschaft, die durch die Individualisierung sozialer Ungleichheit in Frage gestellt werden“ (Gottschall 2000, S. 246; Hervorhebung durch den Autor).

Übergang von der Erwerbstätigkeit in Rente ist danach heute und zukünftig ohne sichere Orientierungen zu bewerkstelligen (vgl. dazu Kapitel 3.2.2.1).

3.2.1.1.2 Die Individualisierungsthese von Ulrich Beck

„*Individualisierungstheorien* gehen davon aus, dass Modernisierung einhergeht mit der Herauslösung der einzelnen aus vielfältigen kulturellen, sozialen und wirtschaftlichen Bindungen. Die persönliche Selbständigkeit wächst. Damit verbunden sind Verluste an Vertrautheit und Sicherheit in Gemeinschaften einerseits, Gewinne an individueller Handlungsfähigkeit und Entfaltungsmöglichkeiten andererseits" (Hradil 2000a, S. 206 f.; Hervorhebung durch Autor). Auch Ulrich Beck knüpft an den unterschiedlichen Individualisierungsvorstellungen einiger Klassiker wie Norbert Elias, Max Weber oder Karl Marx an (vgl. Beck 1986, S. 205 f.) und entwickelt seine eigene Individualisierungsthese[199] vor allem bezogen auf die Nachkriegsverhältnisse in der Bundesrepublik Deutschland: Denn das, „was sich seit den letzten zwei Jahrzehnten in der Bundesrepublik (und vielleicht auch in anderen westlichen Industriestaaten) abzeichnet, ist nicht mehr im Rahmen der bisherigen Begrifflichkeit immanent als eine Veränderung von Bewusstsein und Lage des Menschen zu begreifen, sondern (...) muss als Anfang eines *neuen Modus der Vergesellschaftung* gedacht werden, als eine Art ‚Gestaltwandel' oder ‚kategorialer Wandel' im Verhältnis von Individuum und Gesellschaft" (Beck 1986, S. 205; Hervorhebung durch den Autor).[200]

Die Veränderungen auf der gesellschaftlichen Ebene, wie sie im Rahmen seiner Modernisierungstheorie beschrieben werden (z.B. gesteigerter Wohlstand, höhere (soziale) Mobilität, höheres Bildungsniveau auch für Frauen, zunehmende Arbeitsteilung; vgl. Beck 1991, S. 41), führen dabei zu einer sogenannten dreifachen Individualisierung: „*Herauslösung* aus historischen vorgegebenen Sozialformen und -bindungen im Sinne traditionaler Herrschafts- und Versorgungszusammenhänge (‚Freisetzungsdimension'), *Verlust von traditionalen Sicherheiten* im Hinblick auf Handlungswissen, Glauben und leitende Normen (‚Entzauberungsdimension') und – womit die Bedeutung des Begriffs gleichsam in ihr Gegenteil verkehrt wird – eine *neue Art der sozialen Einbindung* (‚Kontroll- bzw. Reintegrationsdimension')" (Beck 1986, S. 206; Hervorhebung durch den Autor).

Während die erste Dimension sich sowohl auf die Auflösung ‚ständisch geprägter sozialer Klassen' (vgl. dazu auch Kapitel 3.2.2.2) und der Beschränkung des Tätigkeitsspektrums der Frauen auf den Reproduktionsbereich als auch auf Freisetzungsprozesse der Individuen durch Flexibilisierungs- und Dezentralisierungstendenzen bezieht, führt Individualisierung im Sinne der ‚Entzauberungsdimension' zum Wegfall gesellschaft-

---

199 Vgl. dazu auch Beck 1986, 1991, 1993; Beck, Beck-Gernsheim 1990, 1993.

200 „Der aufklärerische Anspruch dieses gesellschaftstheoretischen Entwurfs verbindet sich, indirekt an Habermas anknüpfend, insbesondere mit folgender These: Die Veränderungsdynamik der traditionellen Industriegesellschaft folge einer Dialektik von Kontinuität und Umbruch. Sie revidiere die Grundlagen wesentlicher gesellschaftlicher Strukturen und produziere ‚reflexive Krisen'. Diese Krisen tragen zugleich im Sinn einer kritischen Reflexivität auch den Keim einer produktiven Krisenbewältigung in sich. Der theoretische kategoriale Nenner dieser Veränderung ist ‚*Individualisierung*', verstanden als neue und widersprüchliche Form von Vergesellschaftung jenseits von ‚Klasse und (Geschlechts-)Stand'" (Gottschall 2000, S. 245 f.; Hervorhebung durch den Autor).

lich normierter bzw. kollektiver Lebensmuster und zum Zwang der Individuen, ihr Leben selbst gestalten zu müssen: „Die Chancen der Autonomie und die Gefahren der Anomie (Norm- und Orientierungslosigkeit) liegen hierbei nahe beieinander“ (Hradil 2001, S. 92). Die dritte Dimension schließlich widmet sich der Frage, welcher Modus der Reintegration sich für die Individuen bzw. ihre Individuallage ergibt. Zunächst hebt Beck hervor, dass nun nicht mehr Stände, soziale Klassen oder die Familie, sondern *„der oder die einzelne selbst (...) zur lebensweltlichen Reproduktionseinheit des Sozialen*“ (Beck 1986, S. 209; Hervorhebung durch den Autor) wird. Die „entstehenden Individuallagen sind [dabei, D.S.] durch und durch *(arbeits)marktabhängig*“ (Beck 1986, S. 210; Hervorhebung durch den Autor), so dass vor allem durch den Bereich der Erwerbsarbeit neue Formen der standardisierten gesellschaftlichen Integration – z.B. durch das Ausbildungs- oder das Rechtsystem – entstehen. Als letzten Reintegrations- bzw. Kontrollmechanismus betont Beck noch einmal explizit die wohlfahrtsstaatlichen Institutionen, die die Lagen der Individuen nachhaltig beeinflussen.[201]
Zusammenfassend kann somit festgehalten werden, dass vor allem die beschriebenen Freisetzungs- bzw. Erosionserscheinungen im Bereich der Gesellschaft bzw. der sozialen Klassenstrukturen, der Familie und des Erwerbssystems zu einem neuen Verhältnis zwischen Individuum und Gesellschaft seit den 1960er Jahren geführt haben. Infolge der Individualisierungsprozesse ergibt sich für die Individuen die Notwendigkeit, Lebensführung und Lebenslauf durch die Reintegration in gesellschaftliche Teilbereiche selbst leisten zu müssen. Dabei liegt die „Widersprüchlichkeit dieser neuen Vergesellschaftungsform (...) gerade darin, dass sich wachsende Markt- und Institutionenabhängigkeit des Einzelnen mit einer Ausweitung biographischer Wahlmöglichkeiten und zunehmenden Entscheidungszwängen verknüpft“ (Gottschall 2000, S. 251 f.). So sieht Beck ein wesentliches Problem darin, dass die Institutionen auf die veränderten lebens- und gesamtgesellschaftlichen Verhältnisse in der Vergangenheit nicht angemessen reagiert haben. Auf diese Weise entstand ein ‚institutional lag‘ (vgl. Beck 1991, S. 41 f.). „Die an sich überlebenden Statusfestschreibungen und Stabilitätsversprechen festhaltenden Institutionen [führten, D.S.] angesichts der fortschreitenden Ausdifferenzierung zu ‚Reitern ohne Pferden‘“ (Barkholdt 1998, S. 49).
Somit trifft der Trend zur Individualisierung – und in seiner Konsequenz der Differenzierung und Pluralisierung der Lebensentwürfe[202] – gerade auch ältere Arbeitnehmer

201 Individuallagen sind nach Beck „nicht mehr nur private, sondern immer auch institutionelle Lagen. Sie haben das widersprüchliche Doppelgesicht *institutionenabhängiger Individuallagen*. Das scheinbare Jenseits der Institutionen wird zum Diesseits der Individualbiographie. Dieser institutionelle Grenzen übergreifende Zuschnitt von Lebenslagen ergibt sich gerade aus deren Institutionenabhängigkeit (im weitesten Sinne): Die freigesetzten Individuen werden arbeitsmarkt-abhängig und *deshalb* bildungsabhängig, konsumabhängig, abhängig von sozialrechtlichen Regelungen und Versorgungen, von Verkehrsplanung, Konsumangeboten, Möglichkeiten und Moden in der medizinischen, psychologischen und pädagogischen Beratung und Betreuung. Dies alles verweist auf die *institutionenabhängige Kontrollstruktur* von Individuallagen. Individualisierung wird zur *fortgeschrittensten* Form markt-, rechts-, bildungs- usw. -abhängiger Vergesellschaftung“ (Beck 1986, S. 210; Hervorhebung durch den Autor).

202 Ein Ausdruck der Individualisierung ist die Pluralisierung und Differenzierung der Lebensentwürfe und Lebenslagen, die sich vor allem auch in unterschiedlichen diesbezüglich weiterentwickelten Konzepten widerspiegeln (vgl. Berger 1996; Hradil 1990).

und wirkt in vielfacher Hinsicht direkt oder indirekt[203] auf ihre Lebenslage ein (vgl. auch Kapitel 3.2.2.2). Dies zeigt sich zum Beispiel in ihrer stärkeren Abhängigkeit von Institutionen wie der Rentenversicherung oder des institutionell geregelten Übergangs in Rente (aber auch in der Ausgestaltung der Arbeitslosenversicherung und der Sozialhilfe) sowie in den immer weniger tragfähigen sozialen Netzwerken wie der Familie und anderen sozialen Milieus, die im Zuge der Pluralisierung nur noch eingeschränkt bestehen.

3.2.1.1.3 ‚Die Krise der Arbeitsgesellschaft': Wandel der Wertorientierungen und Neubewertung der nicht marktvermittelten Arbeit

Seit einigen Jahren werden in der deutschen Soziologie moderne Gesellschaften als ‚Arbeitsgesellschaften' bezeichnet (vgl. Matthes 1983; Kohli 1994, S. 232). Dabei dient in der Arbeitsgesellschaft die Erwerbsarbeit nicht nur der Sicherung des materiellen Lebensunterhalts, sondern sie wird „in hohem Maße zum Selbstzweck, zum Lebenssinn der Menschen, zum Zentrum gesellschaftlicher Beziehungen und Instanzen: Familie, (Aus-)Bildung, Freizeit, Selbstdefinition der Menschen und ihre gesellschaftlichen Stellungen und vieles mehr" (Hradil 2001, S. 77 f.). Sie hat sich folglich – seit den Industrialisierungsprozessen im 19. Jahrhundert (vgl. Negt 1984, S. 42) – „zu einem eigenen gesellschaftlichen Teilsystem ausdifferenziert, von dessen Institutionen und Werten auch die Lebensbereiche außerhalb seiner Grenzen beeinflusst werden" (Kohli 1994, S. 233).[204]
Auf der anderen Seite wird die Diskussion um die Arbeitsgesellschaft vor allem seit dem Zeitpunkt verstärkt geführt, als von verschiedenen Autoren ihr ‚Verschwinden' konstatiert wird (vgl. Kohli 1994, S. 233; vgl. dazu auch Hradil 2001, S. 77 ff.). In diesem Sinne hätten gerade die zunehmenden gesellschaftlichen Ausdifferenzierungsprozesse sowie die fortschreitende Individualisierung von Lebensstilen in der Vergangenheit einen Bedeutungsverlust der Erwerbsarbeit bedingt (vgl. Quack 1993, S. 17). Nach Kohli (1996) gibt es vor allem drei Bereiche, an denen in der gesellschaftlichen Diskussion die ‚Krise der Arbeitsgesellschaft' festgemacht werden kann. Zum einen nennt er den Wertewandel, zum anderen den Rückgang der (Lebens-)Arbeitszeit sowie als Drittes den Bedeutungsgewinn von Tätigkeiten ‚jenseits' der Erwerbsarbeit. An dieser Stelle soll vor allem auf das erste und letzte Argument eingegangen werden, da die Frage nach der Verschiebung bzw. Verkürzung der Erwerbsphase an der Schnittstelle zur Rente bereits in Kapitel 2 empirisch belegt und diskutiert wurde.

---

203 So betrifft „Individualisierung die Lebenslage älterer und alter Menschen auch indirekt, indem sie die Lebensweise anderer gesellschaftlicher Gruppen (Familie, Frauen, soziale Gruppen) bestimmt und deren Beziehungen zu älteren Menschen verändert oder ihr eigenes Alter individualisierend vorprägt" (Backes 1997, S. 220).

204 In den Theorien sozialer Ungleichheit führte dies seit etwa den 1980er Jahren zu einer Verschiebung der Perspektive. Denn während man bisher die Frage sozialer Ungleichheit in den Arbeits- und Lebensbedingungen vor allem an den Bedingungen der Erwerbstätigkeit heraus diskutierte, erweiterte man den Fokus nun um die aus dem Erwerbsleben/-prozess Ausgeschlossenen: „Die Hauptquelle sozialer Ungleichheit ist hiernach nicht mehr in den Beziehungen zwischen Arbeitenden, sondern in den Privilegien der Arbeitenden insgesamt angesichts der Nachteile der Nicht-Arbeitenden zu sehen" (Hradil 2001, S. 77; vgl. auch Kapitel 3.2.2.2).

Die Diskussion um den Wandel der Wertorientierungen ist für diese Arbeit von hoher Relevanz, da gerade auch die Einstellungen Älterer und ihre Entwicklungen in der Vergangenheit entscheidend für die Frage ist, ob diese sich – vermittelt über den Arbeitsmarkt – (subjektiv) gesellschaftlich integriert oder aber ausgeschlossen fühlen. Sollte tatsächlich ein Wertewandel im Sinne eines Bedeutungsverlustes der Erwerbsarbeit – insbesondere auch bei den Älteren – stattgefunden haben, so entsprächen unter Umständen die frühzeitigen Ausgliederungsprozesse aus dem Arbeitsmarkt den Präferenzen der Betroffenen. Ebenso ließe sich dann womöglich konstatieren, dass komplementär zum Erwerbsbereich andere Tätigkeitsformen an Gewicht in der Lebensführung gewonnen hätten und durch diese eine gewisse (Sinn-)Kompensation stattgefunden haben könnte. Denn die seit den 1990er Jahren wieder einsetzende Tendenz zur Neubewertung der nicht marktvermittelten Arbeitsformen (zu den Debatten in früheren Jahren vgl. Mutz, Sing 2001) hängt einerseits mit der realen Zunahme solcher Arbeitsformen zusammen (vgl. dazu Sing, Kistler 2000, S. 36 ff.), zum anderen sind auch hier qualitative Veränderungen bezüglich Motiv, Engagementbereitschaft in verschiedenen Tätigkeitsbereichen etc. sichtbar geworden, die vor allem im Rahmen ‚neuer' und ‚alter' Ehrenamtlichkeit diskutiert werden.
Es stellt sich also die Frage, ob seit den 1970er bzw. 1980er Jahren die Erwerbsarbeit infolge zunehmender Ausdifferenzierung sowie der beschriebenen Pluralisierungs- und Individualisierungsprozesse an Bedeutung verloren hat und damit auch ihren Stellenwert als die – vor allem für Männer und insbesondere für ältere Arbeitnehmer – integrierende Institution in der Gesellschaft zugunsten anderer Integrationsmodalitäten einbüßte (vgl. dazu Sing 2001). Dazu werden im Folgenden die vorliegenden Theorien zum Wertewandel sowie die verschiedene Argumentationsstränge innerhalb der Ansätze und Konzepte von Tätigkeitsformen ‚jenseits' der Erwerbsarbeit diskutiert.

3.2.1.1.3.1 Theorien zum Wertewandel

„Unter **Werten** verstehen wir die allgemeinsten Grundprinzipien der Handlungsorientierung und der Ausführung bestimmter Handlungen. Werte sind Vorstellungen vom Wünschenswerten, kulturelle und religiöse, ethische und soziale Leitbilder, die die gegebene Handlungssituation transzendieren. Die in einer Gesellschaft vorherrschenden Wertorientierungen sind das Grundgerüst der Kultur" (Schäfers 2000, S. 36; Hervorhebung durch den Autor; vgl. auch Klages 1998, S. 698 f.). Darüber hinaus führen strukturelle Wandlungstendenzen zu veränderten Einstellungen und Handlungsschemata in der Gesellschaft, die beispielsweise von Inglehart als ‚stille Revolution' der Werte der modernen Gesellschaften bezeichnet werden (Inglehart 1977, S. 19 ff.; vgl. auch Inglehart 1990 sowie Meulemann 1996). Inglehart beschreibt dabei auf Grundlage einer vergleichenden Studie in sechs westeuropäischen Ländern vor allem einen auf unterschiedlichen Generationen basierenden sozialen Wertewandel. Entsprechend der von Maslow in den 1950er Jahren entwickelten ‚Bedürfnispyramide' streben die Individuen zunächst nach der Befriedigung materieller und erst danach nach der Erfüllung immaterieller Bedürfnisse (vgl. Hradil 2001, S. 423 ff.). Inglehart spricht in diesem Zusammenhang auch von der Mangelhypothese, die besagt, dass gerade die Bedürfnisse bzw. Werte hoch geschätzt werden, die nur ‚mangelhaft' realisiert werden können. Unter materialistischen Werten können dabei Lebensstandard und erfolgsorientierte Werte, unter postmaterialistischen

Werte, unter postmaterialistischen Werten z.B. Selbstentfaltung, Autonomie und partizipatives Engagement subsummiert werden (vgl. Peuckert 2000, S. 434 ff.). Ferner nimmt er an, dass Werte vor allem bis zum 15. bzw. 20. Lebensjahr geprägt und in den folgenden Lebensphasen von den Individuen im wesentlichen beibehalten werden (Sozialisationshypothese). Demnach ergibt sich aus der Wertewandeltheorie von Inglehart, dass aufgrund des seit dem 2. Weltkrieg deutlich angestiegenen Wohlstands in der Bundesrepublik Deutschland „eine neue Generation der nach 1945 Geborenen herangewachsen sei, die eher postmaterialistische Orientierungen aufweise, relativ wenig Wert auf materielle Dinge lege und statt dessen eher nach immateriellen Dingen wie Selbstentfaltung, Lebensqualität, Achtung oder nach politischer Mitbestimmung etc. strebe. Diese Generation wachse langsam ‚von unten her' in die bisherige Gesellschaft hinein (‚stille Revolution')" (Hradil 2001, S. 423).
Gerade die hierarchische Beziehung zwischen den materiellen und postmateriellen Orientierungen sowie ihre Fixierung auf verschiedene Kohorten in der Gesellschaft wird von anderen Wissenschaftlern, wie der Speyerer Werteforschungsgruppe um Klages (vgl. Klages 1998, S. 698 ff.), heftig kritisiert. Zwar gehen auch Klages u.a. davon aus, dass aufgrund der verbesserten Lebensverhältnissen, des Ausbaus des Sozialstaates oder beispielsweise der Bildungsexpansion in der Bundesrepublik Deutschland seit Mitte der 1960er Jahre ein sogenannter Wertewandelschub beobachtet werden kann (vgl. Peuckert 2000, S. 434 ff.), sie sehen jedoch dabei eher eine Verschiebung von ‚Pflicht- und Akzeptanzwerten' hin zu ‚Selbstentfaltungswerten' (vgl. Klages 1998), die als solches – im Gegensatz zu Inglehart – jedoch vor allem nicht voneinander unabhängige Dimensionen darstellen, sondern in vielfältiger Weise gleichzeitig miteinander kombiniert sein können (vgl. Klages 1985, S. 22 ff.). Auf diese Weise entstehen innerhalb eines gesellschaftlichen Gesamttrends unterschiedliche individuelle ‚Wertewandel-Pfade'. Allerdings lassen sich diese wiederum durch die Kombination bestimmter Wertedimensionen (Pflicht- und Akzeptanz; hedonistisch-materialistische Selbstentfaltung; idealistische Selbstentfaltung) und -intensitäten (in Form der Ausprägungen hoch bzw. niedrig) zu fünf Wertetypen zusammenfassen: Diese wurden als Wertetypus der ordnungsliebenden Konventionalisten, der perspektivlosen Resignierten, der aktiven Realisten, der hedonistischen Materialisten sowie der nonkonformen Idealisten bezeichnet (vgl. Tabelle 3.2.1). Die unterschiedlichen Wertetypen sind dabei in der Bevölkerung nicht gleichmäßig verteilt, sondern weisen für bestimmte gesellschaftliche Gruppen signifikante Unterschiede auf. So finden sich beispielsweise Arbeitslose vor allem bei den ‚perspektivlosen Resignierten' oder Nichterwerbstätige bei den ‚ordnungsliebenden Konventionalisten' wieder (vgl. Hradil 2001, S. 424). Der aktive Realist ist schließlich am besten den sich wandelnden „Strukturerfordernissen sich modernisierender Gesellschaften – im Sinne einer flexiblen Anpassung an situationsbedingte Änderungen der an die Menschen gerichteten Einstellungs- und Verhaltensanforderungen" (Peuckert 2000, S. 437) – angepasst.
Im Verhältnis Jüngerer zu Älteren kann festgehalten werden, dass auch bei dieser Wertewandeltheorie generationenspezifische Unterschiede in den Wertedimensionen und -intensitäten nachgewiesen werden, so dass vor allem jüngere Menschen in der Vergangenheit stärker vom Wertewandel geprägt waren. Allerdings wurde von der Speyerer Werteforschungsgruppe ebenso herausgearbeitet, dass der Wertewandel letztlich –

Tabelle 3.2.1: Wertetypen nach der Speyerer Werteforschungsgruppe 1993

	Pflicht- und Akzeptanzwerte	Hedonistisch-materialistische Selbstentfaltung	Idealistische Selbstentfaltung	Bevölkerungsanteil in Westdeutschland (1993)
Ordnungsliebenden Konventionalisten	hoch	niedrig	niedrig	17 %
Perspektivlos Resignierte	niedrig	niedrig	niedrig	15 %
Aktive Realisten	hoch	hoch	hoch	34 %
Hedonistische Materialisten	niedrig	hoch	niedrig	17 %
Nonkonforme Idealisten	niedrig	niedrig	hoch	17 %

Quelle: Klages 1998, S. 706 f.

wenn auch nicht in gleicher Weise – alle Altersgruppen erfasst, so dass hier gesellschaftliche Einstellungsänderungen nicht allein durch die Abfolge verschiedener Kohorten bzw. Generationen begründet werden (vgl. Klages 1998, S. 701). Darüber hinaus spielt neben dem Alter insbesondere auch das Bildungsniveau eine entscheidende Rolle. So zeichnet sich vor allem bei höher Gebildeten eine deutlichere Wertewandeldynamik ab, die sich gemäß der These von der Eufunktionalität[205] des Wertewandels positiv für diese auswirken kann, sofern die institutionellen Rahmenbedingungen dies begünstigen.[206] Nach Klages u.a. muss es letztlich daher darum gehen, „dem Wertewandel eine institutionelle Stütze zu vermitteln, in welchem seine Eufunktionalität ungehindert und richtungssicher zur Geltung kommen kann. Die Fortführung und ‚Optimierung' des Wertewandels kann als eine Grundbedingung der Zukunftsfähigkeit unter den Bedingungen der *Globalisierung* angesehen werden" (Klages 1998, S. 707 f.; Hervorhebung durch den Autor).
Die hier vorgestellten Wertewandeltheorien von Inglehart sowie der Speyerer Werteforschungsgruppe gehen im Wesentlichen von einer Verschiebung von materialistischen hin zu postmaterialistischen Werthaltungen bzw. von einem Wertewandel von ‚Pflicht- und Akzeptanzwerten' hin zu ‚Selbstentfaltungswerten' aus. Infolge dieser theoretischen Ansätze sehen somit seit den 1960er bzw. 1970er Jahren immer weniger

205 „Eufunktionalität bedeutet dabei allerdings nicht eo ipso die problemlose Garantiertheit einer positiven, d.h. die gesellschaftliche Entwicklung fördernden Wirkung. Aus der Diagnose einer pluralistischen Unbestimmtheit und Richtungsoffenheit des ‚spontanen' Wertewandels lässt sich vielmehr die Folgerung ableiten, dass die ihm zuschreibbare Wirkung subjektiver *Modernisierung* ausschließlich eine von mehreren Möglichkeiten darstellt" (Klages 1998, S. 700; Hervorhebung durch den Autor).

206 Die zentrale Bedeutung bzw. Aufgabe des Wertewandels liegt nach Klages u.a. vor allem darin, die Anpassungsflexibilität der Gesellschaft auf sich verändernde Herausforderungen zu erhöhen.

Gesellschaftsmitglieder in der Erfüllung von Pflichten und Aufgaben das zentrale Leitbild für ihr Handeln; immer wichtiger werden Selbstbestimmung und Selbstverwirklichung. Allerdings kann berechtigterweise bezweifelt werden, ob die beschriebenen Entwicklungen tatsächlich – und insbesondere auch für die älteren Arbeitnehmer – so eindeutig verlaufen (vgl. Kohli u.a. 1993, S. 17 f.). Denn auch in der wissenschaftlichen Literatur zum Wertewandel – sowie spezieller zum Stellenwert der (Erwerbs-)Arbeit in der Lebensplanung von Menschen – liegen verschiedene, ja differierende Einschätzungen vor. Während die Zukunftskommission Wirtschaft 2000 des Landes Baden-Württemberg noch 1993 konstatierte: „Im Zuge des Wertewandels hat die Arbeit ihre zentrale Stellung im Leben vieler Menschen verloren“ (Staatsministerium Baden-Württemberg 1993, S. 16), spricht die bayerisch-sächsische Zukunftskommission im Jahre 1997 auf individueller Ebene von einer „Relativierung der Erwerbsarbeit bei hoher Erwerbsorientierung“ (Kommission für Zukunftsfragen 1997, S. 8) bei einer gleichzeitig „abnehmenden Bedeutung von Erwerbsarbeit im Wertschöpfungsprozess“ (Kommission für Zukunftsfragen 1997a, S. 1). Andere Autoren stellen dagegen auf Basis fundierter empirischer Forschungsergebnisse deutlich die nach wie vor hohe Erwerbsorientierung bei einem gleichzeitigen Bedeutungsanstieg weiterer Lebensbereiche heraus: „Bei allen unbestreitbaren Umbrüchen in der Gesellschaft, die heute gerne plakativ als ‚Zweite Moderne' markiert werden, sind wohl mehr Verschiebungen in der Bedeutung von Werten und Lebenszielen zu konstatieren, keinesfalls aber Rückgänge, Einbrüche des Stellenwertes der Arbeitsorientierungen auf breiter Front! (...) Sicherlich sind – und da sind sich alle Datenquellen einig – gerade die Aspekte der Selbstentfaltung und Selbstverwirklichung bedeutender geworden, die u.a. zu der Gefahr führen, isoliert betrachtet der Beobachtung eines Individualisierungsschubes in der Gesellschaft gleichzeitig die Interpretationsfolie einer verfallenden Arbeitsmoral oder einer ‚Egogesellschaft' zu unterlegen“ (Kistler, Sing 1998, S. 30; vgl. auch Sing, Kistler 2000). Dies bedeutet folglich nicht so sehr eine globale Abkehr von der Arbeit oder gar das Ende der Arbeitsgesellschaft, als vielmehr eine Veränderung der Ansprüche an sie (vgl. dazu auch Kohli u.a. 1993). Mit Senghaas-Knobloch lässt sich daher zusammenfassend sagen, dass die gleichzeitig gewachsenen und wachsenden Anforderungen der Arbeitnehmer auf ‚befriedigende Arbeit' im Sinne eines umfassenden gesellschaftlichen Individualisierungsprozesses (vgl. Beck, Beck-Gernsheim 1994) um so ernster zunehmen sind, „als trotz des vieldiskutierten Wertewandels Erwerbsarbeit nach wie vor Dreh- und Angelpunkt für die Lebensorientierung der Einzelnen und des Gemeinwesens insgesamt ist“ (Senghaas-Knobloch 1999, S. 119). Ob dies allerdings auch für die spezielle Gruppe der älteren Arbeitnehmer im Übergang zur Rente Gültigkeit besitzt, wird im Folgenden – sowie insbesondere auch im empirischen Teil dieser Arbeit (vgl. Kapitel 5) – zu überprüfen sein. Denn für die Frage nach den Wertorientierungen im Ruhestand muss die Diskussion über die Zentralität der Erwerbsarbeit um weitere Tätigkeitsformen notwendigerweise ergänzt und differenziert betrachtet werden.

3.2.1.1.3.2 Tätigkeiten jenseits der Erwerbsarbeit[207]

Die gegenwärtige Diskussion um Tätigkeiten ‚jenseits' der Erwerbsarbeit basiert auf einer Reihe von Diskussionssträngen, die seit den 1970er Jahren mit unterschiedlicher Priorität immer wieder geführt wurden. So wird auf der einen Seite, beginnend mit Hanna Arendt (vgl. Arendt 1981), eine wirkliche Erweiterung des Arbeitsbegriffes über die Erwerbsarbeit hinaus in Richtung einer ‚Tätigkeitsgesellschaft' gefordert[208], auf der anderen Seite wurde diese Debatte vor allem seit den 1990er Jahren vor dem Hintergrund nachlassender Integrationsfähigkeit des Arbeitsmarktes in unterschiedlichen Facetten und mit unterschiedlichen Zielrichtungen immer wieder aufgegriffen (vgl. dazu ausführlich Sing, Kistler 2000). So werden erneut Konzepte der Tätigkeitsgesellschaft (vgl. Arbeiterwohlfahrt 1998) diskutiert, das ‚verstaubte' Ehrenamt kommt in Form der Bürgerarbeit (vgl. Kommission für Zukunftsfragen 1997a) oder des bürgerschaftlichen Engagements (vgl. Mutz 1997, 1999) zu neuem Ansehen, Eigenarbeit als nicht-fremdbestimmte Tätigkeit (vgl. Kühnlein 1997) wird aufgewertet, ein Mehrschichtenmodell (vgl. Guarini, Liedtke 1998), das Erwerbsarbeit und andere Arbeitsformen integriert, wird zur Lösung von Beschäftigungsproblemen entworfen, oder es werden philosophisch inspirierte Leitideen einer ‚Neuen Arbeit' (vgl. Bergmann 1997) sowie pragmatische Ansätze insbesondere auch für ältere Arbeitnehmer bzw. Rentner (vgl. Böhle u.a. 1999; Böhle 2000; Sozialministerium Baden-Württemberg o.J.) formuliert.[209] Insgesamt zielen diese Konzepte auf eine gesellschaftliche Neu- und Aufwertung von Tätigkeitsfeldern jenseits der Erwerbsarbeit ab[210], so dass es letztlich um die angemessene gesellschaftliche (Neu-)Organisation von Arbeit geht: Erwerbsarbeit stellt somit keineswegs die einzige Vergesellschaftungsform mehr dar.[211] Nach Kohli u.a. gibt es neben der Erwerbsarbeit vor allem zwei weitere Tätigkeitsformen, die zwar „gewisse Analogien zur Erwerbsarbeit aufweisen, aber weder ihren Zwangscharakter haben noch (primär) monetär geregelt sind" (Kohli u.a. 1993, S. 19). Zum einen handelt sich dabei um die Haus- bzw. Eigenarbeit in der Familie, zum anderen um freiwil-

---

207 Zu den folgenden Ausführungen vgl. Mutz, Sing 2001 sowie Sing 2001.

208 Zu einer radikalen Kritik der Arbeitsgesellschaft vgl. Gorz 1989, 2000.

209 Zu weiteren Argumentationen aus unterschiedlichen Richtungen siehe auch z.B. Beck 1999, 2000; Biesecker 1998; Bonß 1998, 2001; Schmid 1999; Senatsverwaltung für Arbeit, Berufliche Bildung und Frauen 1998; Voß 1999.

210 Das Konzept von Böhle grenzt sich insofern von den anderen Ansätzen ab, als bei ihm nicht die ‚Arbeit jenseits der Erwerbsarbeit', sondern die ‚Erwerbsarbeit jenseits ihrer marktwirtschaftlichen und staatlichen Organisation' im Mittelpunkt seiner Überlegungen steht: „Notwendig und möglich erscheint in dieser Perspektive eine qualitative Ergänzung von Lohnersatz sowie Versorgungs- und Betreuungsleistungen durch sozial- und arbeitsmarktpolitisch gestützte und geförderte Formen von ‚Erwerbsarbeit', die sich nicht mehr nur auf den durch ihre marktwirtschaftliche und staatliche Organisation vorgegebenen Rahmen beschränken" (Böhle 2000, S. 322).

211 Diesbezüglich ist anzumerken, dass seit den 1990er Jahren neben der arbeitsbezogenen Debatte ein zweiter Diskussionsstrang von Bedeutung ist, bei dem es nicht vorrangig um Arbeit, sondern um soziale Teilhabe, sozialen Zusammenhalt bzw. gesellschaftliche Integration geht (vgl. auch Kapitel 3.2.2.2). In dieser Richtung sind Einflüsse bedeutsam geworden, die über Diskussionen um den Kommunitarismus (vgl. Etzioni 1997) und das soziale Kapital (vgl. Putnam 1999) zu einer neuen Sicht auf gesellschaftliche Problemlagen geführt haben (vgl. auch Mutz 2001).

liges bzw. ehrenamtliches Engagement in sozialen Netzwerken (z.B. im Rahmen von Nachbarschaftshilfe oder innerhalb intermediärer Institutionen wie Vereinen, Parteien, sozialen Bewegungen und Kirchen; vgl. Kohli 1994, S. 233[212]).
Dabei ist zu konstatieren, dass auch in diesen Bereichen die empirische Sozialforschung auf eine Pluralisierung und Individualisierung der Motivationen für die Aufnahme freiwilligen Engagements (Kühnlein 1997a; Beher u.a. 2000) sowie eine dazu parallele Veränderung des Ehrenamtes als solches (Olk 1989; Jakob 1993) hindeuten. Denn neben den Veränderungen innerhalb der individuellen Lebensführung (z.B. hinsichtlich der Arbeitsteilung von Frau und Mann) haben sich die Individualisierung und Pluralisierung der Lebensformen auch auf das traditionelle Ehrenamt und das freiwillige Engagement ausgewirkt (vgl. Klages, Gensicke 1999; Jakob 1993; Olk 1989). Die ‚neue Ehrenamtlichkeit' ist dabei vor allem durch eine stärker individualistische Haltung der Beteiligten geprägt[213]: Nicht mehr das christlich-religiös verankerte altruistische Helfen, das ohne (finanzielle) Gegenleistung – vor allem von Frauen[214] – in sozialen Bereichen erbracht wurde, ist das gesellschaftspolitische Leitbild für freiwillige Tätigkeiten, sondern das Engagement aus persönlicher Betroffenheit und spezifischen Interessen an bestimmten Zielen in zeitlich begrenzten Projekten. Zwar sind die Hintergründe bzw. Motive zu ehrenamtlichem Engagement generell äußerst vielfältig (vgl. z.B. Sing, Kistler 2000) – aus verschiedenen empirischen Untersuchungen lassen sich jedoch vor allem drei biographisch beeinflusste Motivmuster identifizieren (vgl. Jakob 1993), die „je nach konkreter Aufgabe, Lebenslage und Persönlichkeit (...) unterschiedlich kombiniert" (Kühnlein 1997a, S. 2) sein können. Von diesen scheint bezüglich der hier relevanten Problemstellung des unfreiwilligen Übergangs in Rente vor allem der Aspekt der Bewältigung von Lebenskrisen bzw. von aktuellen Problemlagen[215] sowie der Wunsch nach einer biographischen Um- bzw. Neuorientierung[216] interessant. Auch wenn eine christlich-moralische oder humanistisch-weltanschauliche Haltung als dritter genannter Punkt immer noch für ehrenamtliches Enga-

---

212 Darüber hinaus ist es aus seiner Sicht erwägenswert, auch das Freizeit- und Konsumverhalten – einschließlich des Besuchs von Kulturveranstaltungen und des Konsums von Massenmedien – bei diesbezüglichen Untersuchungen zu berücksichtigen.

213 Gleichzeitig besteht jedoch auch das ‚alte' bzw. traditionelle Ehrenamt nach wie vor weiter.

214 So werden personenbezogene soziale Dienste in Form von ausführenden Tätigkeiten als ‚typisch weibliche' Arbeiten vor allem von Frauen erbracht (vgl. Rosenbladt, Picot 1999, S. 20), während sich Männer überwiegend im sportlichen bzw. politischen Bereich in leitenden Funktionen engagieren.

215 „Ausgangspunkt für eine ehrenamtliche Tätigkeit dieses Typus ist eine persönliche Problemlage oder eine Lebenskrise. Es geht zentral um die Bewältigung von biographischen Bruchsituationen. Das freiwillige soziale Engagement dient als ‚Form einer Bearbeitungsstrategie für biographische Verletzungs- und Verlusterfahrungen' und als ‚Problembearbeitungsstrategie bei eigener Betroffenheit'. Das Motiv für die Bereitschaft anderen zu helfen ist mit dem eigenen Bedürfnis verknüpft, neue Sinnhorizonte erschließen zu können, Bewältigungsmöglichkeiten für die eigene Problematik zu finden oder auch dazu, von den eigenen Problemen abgelenkt zu werden" (Kühnlein 1997a, S. 4).

216 „Diese Motivlage kann mit sehr verschiedenen individuellen Zielrichtungen und Lebenslagen verbunden sein. In diesem Fall ist eine Nähe bzw. fließender Übergang zu professionellen Tätigkeiten durchaus erwünscht. Konzentration auf effektive Zielerreichung, Neuerwerb von Fertigkeiten und Qualifizierung sind wichtige Folgemotivationen" (Kühnlein 1997a, S. 4).

gement relevant sind und nicht in Frage gestellt werden sollen, so können vor dem Hintergrund der hier betrachteten Lebensphase vor allem die beiden erstgenannten Motive Hinweise auf die Gründe bzw. Ziele des individuellen Engagements geben. Denn gerade die ‚Brucherfahrungen' von der Erwerbstätigkeit in die Arbeitslosigkeit bzw. in den (Vor-)Ruhestand könnten ein wesentlicher Anlass für diese Personengruppe sein, sich ehrenamtlich zu engagieren.[217] Während Erwerbsarbeit eine strukturierende Größe im Alltag darstellt, besteht für viele in der Nacherwerbsphase – Gleiches gilt übrigens z.B. auch für nicht erwerbstätige Frauen nach Abschluss ihrer Familientätigkeit (Kindererziehung etc.) in der sogenannten ‚Leeres-Nest-Phase' – die Gefahr eines ‚structural lag' (vgl. Beck 1991), d.h. in dieser Lebensphase gibt es (zunächst) keine vorgegebenen Tätigkeitsstrukturen mehr. So kann generell vermutet werden, dass neben der Erwerbsarbeit auch andere gesellschaftlich nützliche Tätigkeiten zur Identifikation, Sozialisation und sozialer Integration der Individuen in die Gesellschaft wesentlich beitragen können. Dennoch aber ist es erforderlich zu überprüfen, wie der Übergang von der Erwerbstätigkeit in Rente sowohl aus Sicht der Betroffenen als auch im Sinne gesellschaftlicher Interessen (Erhalt von Human- bzw. Sozialkapital) als positiver Prozess gelingen kann. Denn bei der Förderung ehrenamtlichen Engagements als ‚Ersatz' für immer weiter erodierende Arbeitsplätze ist zu beachten, dass die Aussicht auf Erfolg wohl nicht nur bereichsspezifisch unterschiedlich ist und von dem jeweiligen sozialen Umfeld, sondern auch von den Individuen selbst, ihrer vorherigen Sozialisation und insbesondere aber auch von ihrer spezifischen Lebenslage und Lebensphase abhängt.[218]

So ist zu konstatieren, dass es zwar einerseits bereits eine Fülle von erfolgreichen Initiativen in diesem Bereich gibt (vgl. Staudinger, Dittmann-Kohli 1994, S. 431 f.; Schumacher, Stiehr 1996; Bundesministerium für Familie, Senioren, Frauen und Jugend 1997), die es gerade durch spezielle, für bestimmte Bevölkerungsgruppen geeignete Rahmenbedingungen (z.B. durch die Einrichtung von Seniorenbüros etc.) ermöglichen (vgl. Braun, Claussen 1997), auch außerhalb des Arbeitsmarktes vorhandene (Human-)Ressourcen sinnvoll und sinnstiftend einzusetzen und gleichzeitig dabei die Integration älterer Menschen in die Gesellschaft zu erreichen bzw. zu verbessern. Auf der anderen Seite aber sind die vorliegenden Ergebnisse nur fragmentarischer Natur. Aus dem gegenwärtigen Forschungsstand ist daher bisher weder generell noch gar im Sinne von tragfähigen Handlungsanleitungen ableitbar, welche organisatorischen Formen bzw. welche institutionellen Arrangements für eine soziale Integration Älterer eher förderlich oder eher hinderlich sind. Gleichzeitig führen ähnliche Lebensbedingungen nicht notwendigerweise zu gleichen Bewertungen, Interpretationen oder Verhaltensweisen, sondern werden durch die persönlichen und sozialen Ressourcen, personenbezogenen Eigenschaften, Einstellungen oder Erfahrungen geprägt. Gerade das Herausarbeiten von schicht-, milieu- oder aber auch

---

217 In diesem Sinne sieht Keupp in den aktuellen gesellschaftlichen Umbrüchen „eine brisante Mischung ‚riskanter Chancen'" (Keupp 1997).

218 „Was das höhere Alter betrifft, so spricht vieles dafür, dass die Bedeutung der Erwerbsarbeit zugunsten anderer Vergesellschaftungsformen zurückgeht; allerdings ist Vergesellschaftung nicht ausschließlich eine Funktion der jeweils aktuellen Lebensbedingungen, sondern auch vergangene Lebensbedingungen können im individuellen und kollektiven Gedächtnis gegenwärtig bleiben" (Kohli 1994, S. 234).

arbeiten von schicht-, milieu- oder aber auch ‚problemgruppenspezifischen' Elementen bzw. Faktoren, die es vor allem den älteren Arbeitslosen bzw. (unfreiwilligen) Vorruheständlern ermöglichen, soziale Exklusion außerhalb der Arbeitswelt zu überwinden, kann einen Beitrag zu einer neuen integrativen und sozial ausgewogenen Gesellschaft leisten. Denn es ist festzustellen, dass heute im großen Umfang durch die frühzeitige Verrentung Human- und Sozialkapitalressourcen verschwendet werden, da die davon betroffenen Arbeitnehmer nur zum geringeren Teil auf die rigorosen Ausgliederungsprozesse vorbereitet sind und die neue ‚Freiheit' nicht als Chance für neue Lebensinhalte bzw. -gestaltung nutzen können – nicht zuletzt auch, weil ihnen die entsprechenden Grundlagen, wie z.B. Informationen über mögliche Einsatzfelder, die Herausarbeitung ihrer eigenen Neigungen und Interessen als auch die entsprechenden Qualifikationen, in dieser Situation fehlen (vgl. Klages 1998a).

3.2.1.1.4 Zusammenfassung und kritische Würdigung der theoretischen Ansätze

Die vorangegangenen Ausführungen zu den Modernisierungstheorien und den angrenzenden Diskussionen über das ‚Ende der Arbeitsgesellschaft' haben gezeigt, dass durch die vor allem nach dem 2. Weltkrieg bzw. insbesondere aber ab den 1970er Jahren fortschreitenden gesellschaftlichen Differenzierungsprozesse[219] neue Konfliktlinien zwischen Individuum und Gesellschaft,[220] aber auch neue Handlungs- und Gestaltungsspielräume für die (Re-)Integration entstanden sind bzw. entstehen können (vgl. dazu Mutz 2001). Dabei werden bei den vor modernisierungstheoretischem Hintergrund diskutierten Thesen zur gesellschaftlichen Differenzierung, Pluralisierung und Individualisierung neben der Auflösung ehemals kollektiver Normen-, Werte- und Handlungssysteme in der Lebenswelt vor allem auch Erosionen und Formen der Entstandardisierung in der Arbeitswelt bzw. im Beschäftigungssystem (z.B. abnehmende Zahl der Normarbeitsverhältnisse, der Normalarbeitszeit bis hin zur Auflösung der Normalerwerbsbiographie; vgl. Bartelheimer 1998; Mutz 1995, 1995a; Mutz u.a. 1995) diagnostiziert.[221] Aber auch wenn vor allem die Tendenzen zur Individualisie-

---

219 Die Frage, ob es sich hierbei – im Sinne von Zapf – um einen kontinuierlichen Prozess oder aber – im Sinne von Beck – um einen gesellschaftlichen Umbruch handelt (vgl. dazu Zapf 1998, S. 473), kann und muss im Rahmen dieser Arbeit aufgrund der hier speziellen Fragestellung nicht geklärt werden (zu diesbezüglichen Debatten vgl. beispielsweise die Arbeiten im Sonderforschungsbereich 536, Reflexive Modernisierung).

220 Bezogen auf die Bevölkerungsgruppe der Älteren stellt Kohli fest, „dass der Status der Älteren um so niedriger ist, je weiter die gesellschaftliche Modernisierung oder Industrialisierung fortgeschritten ist" (1994, S. 236). Er verweist in diesem Zusammenhang auf die wirtschaftliche Entwicklung sowie insbesondere auf die Expansion des Bildungssystems und „den Modus der kulturellen ‚Fortpflanzung' einer Gesellschaft", die nun nicht mehr der Älteren „als Bewahrer und Mittler kultureller Traditionen" bedürfen, sondern durch „ausdifferenzierte Medien und ein verberuflichtes Bildungssystem" substituiert werden können. Darüber hinaus ist aber auch auf die unsicherer und diskontinuierlicher verlaufenden Erwerbsbiographien hinzuweisen. Gerade für ältere Arbeitnehmer ist die Erfahrung von Arbeitslosigkeit ein ungewohntes und unter Umständen sogar bedrohliches Ereignis, auf das viele – im Gegensatz zu der heute jungen Generation (vgl. Bonß 2001) – nicht vorbereitet sind und in diesem Sinne auch als ‚Modernisierungsverlierer' angesehen werden können.

221 Nach Mutz erleben wir gegenwärtig einen Paradigmenwechsel von einer bisher regulierten, d.h. am Normalarbeitsverhältnis orientierten, Arbeitsgesellschaft hin zu einer individualisierten Arbeitsge-

rung hinweisen auf „erstens die *Auf*lösung und zweitens die *Ab*lösung industriegesellschaftlicher Lebensformen durch andere, in denen die einzelnen ihre Biographie selbst herstellen, inszenieren, zusammenschustern müssen, und zwar ohne die einige basale Fraglosigkeit sichernden, stabilen sozial-moralischen Milieus, die es durch die gesamte Industriemoderne hindurch immer gegeben hat und als ‚Auslaufmodell' immer noch gibt" (Beck, Beck-Gernsheim 1993, S. 179; Hervorhebung durch die Autoren), so hat dies nicht gleichzeitig zu einem Bedeutungsverlust der Erwerbsarbeit geführt. Vielmehr ist seit der Strukturkrise des Arbeitsmarktes Anfang der 1970er Jahre das gesellschaftspolitische Ziel einer Inklusion aller Individuen in den Arbeitsmarkt immer schwieriger geworden, die Erwerbsorientierung selbst ließ jedoch nicht nach. Ein Ende der (Erwerbs-)Arbeitsgesellschaft[222] ist aber erst dann gegeben, wenn einerseits die an Erwerbsarbeit orientierten Wertekategorien an Bedeutung verlören und wenn zweitens tatsächlich eine echte Substitution der Vergesellschaftung durch Erwerbsarbeit durch weitere Tätigkeitsformen beobachtet werden könnte. Gegen ersteres sprechen „nachdrücklich die Befunde der Wertwandelsforschung, die darauf hindeuten, dass die für die Moderne typische Arbeits- und Leistungsorientierung keineswegs verschwindet, sondern sich allenfalls in der Form verändert und in ihrer Substanz auch unter den veränderten Bedingungen erhalten bleibt" (Bonß 2001, S. 346). Hier ist zudem gerade auch für die älteren Kohorten zu vermuten, dass diese – vor allem nach der Theorie von Ingelhart, der ab einem gewissen Alter eine Art ‚Wertekonstanz' unterstellt, aber auch z.T. nach der Theorie von Klages u.a. – weiterhin zu Pflicht- und Akzeptanzwerten tendieren. Allenfalls für spezielle Gruppen von älteren Arbeitnehmern oder (unfreiwilligen) Vorruheständlern, wie z.B. höher Qualifizierte oder Personen mit einem hohen Haushaltseinkommen,[223] kann erwartet werden, dass sie in ihrer besonderen Situation potenziell auch durch andere Tätigkeitsformen Vergesellschaftung, soziale Integration und Sinnerfüllung (subjektiv) erfahren. Gegen das zweite Argument einer (prospektiven) Tätigkeitsgesellschaft sprechen somit ferner die gegenwärtig fehlenden sozialen Sicherungssysteme, die eine eigenständige Sicherung des Lebensunterhaltes

---

sellschaft (vgl. Mutz, Sing 2001; vgl. auch Mutz 2001). In dieser gilt im Sinne der Modernisierung das neue Paradigma der eigenverantwortlichen Gestaltung der individuellen Erwerbsbiographie, die durchaus durch unterschiedlich lange Phasen der Familien-, Bildungs-, Eigenarbeit sowie vor allem auch durch ‚Sozialzeiten' unterbrochen sein kann.

222 Die Entstehung der Arbeitsgesellschaft in der Vergangenheit stellt einen Prozess der Ausdifferenzierung von marktvermittelter Erwerbsarbeit gegenüber anderen Tätigkeitsformen dar (vgl. Kohli u.a. 1993). Die Struktur der Arbeitsgesellschaft beruht somit auf der Trennung von (entlohnter) Erwerbsarbeit und gesellschaftlich ebenfalls notwendiger, aber häufig geringer bewerteter Arbeit außerhalb des Marktes (z.B. Hausarbeit oder ehrenamtliches Engagement). Die heutige Tendenz zur Neubewertung der nicht marktvermittelten Arbeit kann dabei vor allem auf die veränderten Rahmenbedingungen des Arbeitsmarktes und seiner abnehmenden Integrationsfähigkeit zurückgeführt werden (vgl. z.B. Sing, Kistler 2000).

223 Ehrenamtliches Engagement erfordert neben Bildungskapital und materiellen Ressourcen auch soziales Kapital (vgl. Mutz 2001), das - wie die übrigen Ressourcen - in der Gesellschaft ungleich verteilt ist (vgl. Diewald 1991; Keupp 1988; Keupp, Röhrle 1987; Röhrle 1994). Gut situierte Menschen können „mehr an kognitiv-affektiven Formen der Unterstützung vermitteln" (Diewald 1991, S. 242). So findet Engagement gerade dort am wenigsten statt, wo neue soziale Netze am dringendsten nötig wären (vgl. Keupp 1997a).

durch Tätigkeiten jenseits der Erwerbsarbeit zulassen.[224] So gibt es zwar von der Erwerbsarbeit abgeleitete Ansprüche wie das Arbeitslosengeld und Rente, die gerade dem hier relevanten Personenkreis – zumindest zum Teil – die finanzielle Unabhängigkeit von Erwerbsarbeit ermöglichen, sowie weitere staatliche Leistungen in besonderen Situationen (Sozialhilfe, Kindergeld etc.), diese stehen aber nicht in direktem Zusammenhang mit gesellschaftlich nützlichen Tätigkeiten wie ehrenamtlichem Engagement. Entsprechend der gesellschaftlichen Modernisierung bedarf es also der Entwicklung und Förderung entsprechender ‚moderner' Institutionen (vgl. auch Scherr 1998, S. 508 ff. sowie Böhle 2000). Erst wenn eine aktivierende und gestaltende Arbeits- und Sozialpolitik es schafft, den notwendigen Austausch zwischen Erwerbsarbeit und Tätigkeitsfeldern jenseits der Erwerbsarbeit herzustellen, wird eine Entfaltung von Bürgerinitiativen und politischen Bewegungen im Sinne einer umfassenden gesellschaftlichen Integration und Partizipation möglich sein. Neben der auch bisher schon engagementbereiten Personengruppe geht es dann auch um die älteren Arbeitslosen und (unfreiwilligen) Vorruheständler. Ob und in welcher Form sich diese Menschen motivieren lassen, und ob deren Engagement zu neuen Partizipations- und Integrationsformen führen wird, bedarf jedoch vor allem noch weiterer, vertiefender Analysen, die stärker auch die Zusammenhänge von Lebensphase ‚Alter' (vgl. Kapitel 3.2.1.2.), Lebenslauf (vgl. Kapitel 3.2.2.1.) sowie Lebenslage (vgl. Kapitel 3.2.2.2.) und den Einstellungen bzw. Motiven für freiwilliges Engagement in der Bevölkerung genauer durchleuchten (vgl. Kapitel 3.3.).

3.2.1.2 Die Alter(n)ssoziologie

3.2.1.2.1 Entwicklungen in der Soziologie des Alter(n)s[225]

Seit den 1950er Jahren beschäftigt sich die Soziologie in Deutschland[226] mit dem Alter als sozialem Phänomen und gesellschaftlichem Strukturwandel (vgl. Clemens 1998, S. 83; vgl. auch Rosenmayr 1976): „‚Alter' gilt in der soziologischen Theorie nicht nur als natürliche Eigenschaft von Menschen, sondern auch und vor allem als Gegenstand gesellschaftlicher Gestaltung" (Sackmann 1998, S. 14). In der soziologischen Theorie des Alters bzw. Alterns wird deshalb versucht, die Abhängigkeit individueller Alte-

224 „Von einer Vergesellschaftung jenseits der Erwerbsarbeit wäre dann zu sprechen, wenn einerseits Individuen nicht nur dann als vollwertige Gesellschaftsmitglieder gelten, wenn sie ihren Lebensunterhalt über eine abhängige Beschäftigung bestreiten, und andererseits soziales Ansehen, berufliche Förderung und soziale Sicherung nicht länger an die Erwerbsarbeit gekoppelt werden. (...) Unter dieser Voraussetzung wäre es schlicht und einfach unsinnig, die vollständige Reproduktion über die Erwerbsarbeit als ‚Normalfall' anzusehen und beispielsweise die soziale Sicherung vorrangig an die Erwerbsarbeit zu koppeln" (Bonß 2001, S. 352).

225 Die Soziologie des Altern(n)s bzw. der Begriff der Gerontosoziologie subsummiert sowohl den Ansatz der Alterssoziologie (Gerosoziologie) als auch einer ‚Soziologie der Lebensalter' (Alternssoziologie), so dass der Fokus der Untersuchungen vor allem auf Themen wie Alter, Altersgruppen, Kohorten und Generationen sowie den verschiedenen sozialen Gruppen Älterer liegen (vgl. Clemens 1998, S. 84; vgl. auch Tews 1979).

226 Einen Überblick über die verschiedenen soziologischen Theorien des Alterns gibt Weymann 1994; Saake 1998 oder Prahl, Schroeter 1998.

rungsprozesse und Lebensläufe von gesellschaftlichen Strukturierungen zu untersuchen. In diesem Sinne setzt eine Analyse der Lebensverhältnisse der älteren Arbeitnehmer die Untersuchung der sozialen Struktur der Gesellschaft, wie sie beispielsweise in den Ausführungen zur Modernisierung bereits ausführlich beschrieben wurden, voraus (vgl. auch Clemens 1998, S. 85). So liegen in der Literatur zur Alternsforschung eine Reihe von Ansätzen zur Erklärung der besonderen Situation älterer Arbeitnehmer und z.B. deren Risiken auf dem Arbeitsmarkt vor (vgl. z.B. Naegele 1988, 1992; Kohli u.a. 1989).

Die im Folgenden dargestellten Theorien[227] beschränken sich auf rein soziologische Konzepte, auch wenn die Gerontologie als solches mit Ansätzen vor allem aus der Medizin, Biologie, aber auch Psychologie multidisziplinär angelegt ist (vgl. Backes, Clemens 1998). Aus diesem Grund wird auch auf häufig rezipierte psychologische Theorien wie das Defizit-Modell des Alterns, dem „die Annahme eines *universellen* (bei allen älteren Menschen zu beobachtenden) und *generellen* (in allen kognitiven Funktionen zu beobachtenden) *Abbaus der Leistungsfähigkeit* zugrunde [liegt, D.S.]" (Kruse, Lehr 1999, S. 210 sowie zur Kritik an diesem Modell vgl. z.B. Naegele 1992, S. 368 f.), oder den Stigmatisierungsansatz[228], der im wesentlichen die Beschäftigungsrisiken älterer Arbeitnehmer durch das Vorliegen von Altersstereotypen begründet (vgl. Maier 1997, S. 45 f.), im Rahmen dieses Kapitels nicht eingegangen.

Darüber hinaus unterscheidet Backes (1997, S. 82 ff.) vor allem drei Analyseebenen der alter(n)sozialwissenschaftlichen Theorien. Diese beziehen sich zum einen auf Ansätze auf der allgemein gesellschaftlichen Ebene (=Makroebene), zum anderen auf Ansätze der Mikroebene[229] sowie drittens auf die Integration dieser beiden Ebenen[230]. Aufgrund der makrosoziologischen Herangehensweise in diesem Kapitel liegt der Schwerpunkt der folgenden Darstellungen auf den strukturell-theoretischen Konzep-

---

227 Neben alterssoziologischen Theorien existieren eine Reihe von Erklärungsansätzen, die zwar aus unterschiedlichen Perspektiven die Problemlage der Älteren beschreiben, nicht aber theoretisch-konzeptionellen Ansprüchen genügen, so dass diese hier keine Erwähnung finden: „Allgemein kann die Alter(n)ssoziologie bisher als Spezielle oder ‚Bindestrich-Soziologie' bezeichnet werden, die vorrangig anwendungsorientiert arbeitet. Ihre soziale und kognitive Identität wird einerseits durch etablierte Fachgrenzen beschnitten, andererseits wird ihre theoretische Fundierung durch Theorieanleihen aus der allgemeinen Soziologie geprägt" (Clemens 1998, S. 85).

228 „In der Soziologie abweichenden Verhaltens beschreibt man mit Hilfe des Stigma-Konzepts den Prozess, durch den Personengruppen mit sozial auffallenden Merkmalen oder Verhaltensweisen (wie Behinderte, Ausländer) zu potentiellen Abweichlern abgestempelt werden und diese Stigmatisierung zum Teil wie eine ‚self-fulfilling prophecy' wirkt, also zu tatsächlichen Abweichungen beiträgt. Abweichung wird nicht auf biologische oder intrapsychische Merkmale rückgeführt, auch nicht vor dem Hintergrund gesellschaftlich struktureller Ursachen erklärt, sondern als Resultat konkreter Definitions- und Zuschreibungsprozesse in Interaktionen gesehen – vor allem auch im Umgang mit Institutionen sozialer Hilfe und Kontrolle. Außerdem berücksichtigt man die Situationsproduktion und -interpretation durch die Stigmatisierten selbst" (Backes, Clemens 1998, S. 134).

229 Darunter sind Ansätze auf der Handlungs-, Interaktions- bzw. individuellen Ebene subsummiert. Zu diesen zählen insbesondere die ‚Theorie der Lebensphasen' (vgl. Neugarten, Datan 1978) sowie die ‚Soziologie des Lebenslaufs' (vgl. Kohli 1978).

230 Hierzu rechnet Backes das Konzept ‚Sozialstruktur des Lebensverlaufansatzes' (vgl. Mayer 1990; vgl. auch Kapitel 3.2.2.1.2).

ten.[231] Es handelt sich dabei im wesentlichen um strukturfunktionalistische Gesellschaftstheorien wie die Aktivitäts- (vgl. Tartler 1961), die Disengagement- (vgl. Cumming, Henry 1961) und die Kontinuitätsthese (vgl. Rosow 1963) (vgl. Kapitel 3.2.1.2.2) sowie die Kohortenansätze von Ryder (1965) bzw. von Riley und Kolleginnen (vgl. Riley u.a. 1972; 1988; Riley, Riley 1994; vgl. Kapitel 3.2.1.2.3).
Dabei beeinflusste der Strukturfunktionalismus – vor allem nach Parsons (vgl. Gukenbiehl 2000, S. 34 ff.) – die Alter(n)ssoziologie in den 1950er und 1960er Jahren in der Weise, dass nun aufgrund empirischer Beobachtungen der Situation der Älteren – zunächst in den USA und später dann in Europa (vgl. Clemens 1998, S. 92 ff.) – theoretische Konzepte zur „Funktion des Alters und der Lebensalter in der und für die Gesellschaft“ (Clemens 1998, S. 87) entwickelt wurden. Das Alter bzw. die Rollen[232] bestimmter Altersgruppen bildeten somit in den unterschiedlichen und teilweise widersprüchlichen Konzepten der Aktivitäts-, der Disengagement- und der Kontinuitätsthese die wesentliche Dimension bzw. das Ordnungsprinzip der damaligen alter(n)ssoziologischen Analyse (vgl. Tews 1979; vgl. auch Weymann 1994, S. 349). Aufgrund der einerseits noch statischen Betrachtungsweise des Alters und des andererseits noch fehlenden gesellschaftlichen und historischen Bezugs in diesen Ansätzen erfolgte seit Mitte der 1960er Jahre eine Weiterentwicklung der alter(n)ssoziologischen Konzepte in Richtung von Kohortenbetrachtungen. Vor allem in dem etwas ausgereifteren Ansatz von Riley und Kollegen werden die – nicht immer konfliktfreien – Wechselwirkungen zwischen den verschiedenen Alterskohorten sowie zwischen den Kohorten und dem soziohistorischen Wandel analysiert (vgl. dazu auch Clemens 1998, S. 93). Darüber hinaus wurden in der deutschsprachigen Alternssoziologie in den 1970er Jahre eine Reihe weiterer Theorieansätze – nicht zuletzt auf der Basis der Kohortentheorie von Riley u.a. (vgl. Backes, Clemens 1998, S. 145) – entwickelt, die allerdings – wie bereits erwähnt – auf die Mikroebene ausgerichtet sind (vgl. auch Backes 1997, S. 63 ff.) und sich weniger mit dem Thema der Vergesellschaftung des Alters auseinandersetzen. Dazu zählen u.a. die ‚Theorie der Lebensphasen’ (vgl. Neugarten, Datan 1978; Rosenmayr 1976, 1978; Rosenmayr, Majce 1978)[233], die ‚Soziologie des Le-

---

231 Die für die Fragestellung dieser Arbeit relevanten mikrosoziologischen Theorien der ‚Soziologie des Lebenslaufs’ und der ‚Sozialen Ungleichheit’ bzw. der ‚Sozialstrukturanalyse’ werden, zumal es sich dabei um originär soziologische und nicht alter(n)ssoziologische Ansätze handelt (vgl. auch Clemens 1998, S. 95, 101 f.), in Kapitel 3.2.2.1. bzw. 3.2.2.2. diskutiert.

232 Unter sozialen Rollen versteht man dabei „ein Bündel normativer Verhaltenserwartungen, die von einer Bezugsgruppe oder mehreren Bezugsgruppen an Inhaber bestimmter sozialer Positionen herangetragen werden“ (Peuckert 2000b, S. 290).

233 Hinter der Konzeptualisierung von ‚Lebensphasen’ verbirgt sich der Gedanke, dass nicht das individuelle Alter zu sozialen Strukturierungen und Destrukturierungen in der Gesellschaft führten. Vielmehr wird es für erforderlich gehalten, verschiedene Lebensphasen zu unterscheiden, die sich dadurch auszeichnen, dass sie zum einen im Kontext des chronologischen Lebenslauf verstanden werden müssen, und es sich zum anderen um Phasen handelt, in denen bestimmte Rollenverpflichtungen oder Identitätsvorstellungen übernommen werden (vgl. Backes 1997, S. 69 f.; Backes, Clemens 1998, S. 15): „*Historisch* entstand die Lebensphase Alter im Zuge der modernen Arbeitsgesellschaft als sozialpolitisches Konstrukt: Mit der Einführung der Rentenversicherung im Zuge der *Bismarck*schen Sozialgesetzgebung wurde die Basis für eine eigenständige Lebensphase mit einer Entpflichtung von Erwerbsarbeit und bedarfsdeckenden Lohnersatzleistungen gelegt. Sie ermöglichte eine Entwicklung zur abgrenzbaren gesellschaftlichen Teilgruppe der älteren Menschen mit

benslaufs' (vgl. Kohli 1978) sowie – in Anlehnung an den Lebenslagenansatz - die Betrachtung der sozialen Ungleichheit im Alter.[234]
Erst gegen Ende der 1970er Jahre wird das Thema der Vergesellschaftung des Alters bzw. der Aspekt der wechselseitigen Beeinflussung von Altern und Gesellschaft erneut aufgegriffen. Dazu trug insbesondere das Konzept des ‚Strukturwandel des Alters' bei. In diesem versucht Tews (1990; 1993), den Altersstrukturwandel vor dem Hintergrund demographischer Veränderungen und gesellschaftlichen Entwicklungen, „die durch einen Wandel der Institutionen, (sozial)rechtlichen Normen, Altersbildern, kulturellen Phänomenen und nicht zuletzt von Lebens- und Konsumstilen der wachsenden Zahl älterer und alter Menschen hervorgerufen worden sind" (Backes, Clemens 1998, S. 308), in den fünf Konzepten ‚Verjüngung', ‚Entberuflichung', ‚Feminisierung', ‚Singularisierung des Alters' und ‚Hochaltrigkeit' zu beschreiben. Da es sich bei diesem Ansatz folglich vorwiegend um eine sozialstrukturelle Deskription, weniger aber um eine gesellschaftstheoretische Fundierung der Lebenslage älterer Menschen handelt, erfolgt eine kurze Darstellung dieses Ansatzes im Rahmen des Ausblicks in diesem Kapitel. Dies ist vor allem auch deshalb sinnvoll, da das Konzept des ‚Strukturwandels des Alters' bereits einige wesentliche Facetten aufweist, die gerade von Backes u.a. (vgl. Backes 1997, S. 174 ff.; Clemens, Backes 1998) gegenwärtig für eine neue alter(n)ssoziologische Theorie ‚Altern und Vergesellschaftung' im Kontext der Modernisierung eingefordert werden.

3.2.1.2.2 *Aktivitäts-, Disengagement- und Kontinuitätsthesen: Lebensalter als Strukturprinzip*

Als klassische Konzepte der Sozialen Gerontologie sind zunächst die Aktivitäts- (vgl. Tartler 1961), die Disengagement- (vgl. dazu Cumming, Henry 1961) und die Kontinuitätsthese (vgl. Rosow 1963) zu nennen. Entsprechend dem Parsons'schen Strukturfunktionalismus treffen diese Theorien Aussagen zur Bedeutung des Alters im Kontext der Gesellschaft. So ist etwa die Aktivitätsthese ein in seinen Grundzügen soziologisch-funktionalistisches Rollenkonzept, bei dem die Funktion des Alters bzw. bestimmter Altersgruppen in und für die Gesellschaft in den Vordergrund der Analyse rückt (vgl. Backes 1997). Dabei wird die soziale Situation älterer Menschen auf ihrer gesellschaftlichen Stellung, vor allem aber durch ihre Ausgliederung aus der Erwerbsarbeit als zentrales Element der (Erwerbs-)Arbeitsgesellschaft erklärt. Neben diesem Rollenverlust durch (Früh-)Verrentung geht parallel häufig ein Rollenverlust innerhalb der Familie z.B. durch den Auszug erwachsener Kinder oder Verwitwung einher (vgl.

---

eigenem Normensystem und kulturellen Lebensformen. Endgültig durchgesetzt hat sich Alter als sozial gesicherte Lebensphase und Ruhestand in (West) Deutschland erst seit den 50er Jahren, als mit der Rentenreform 1957 eine Ausweitung des Versichertenkreises und eine Anbindung an die Erwerbseinkommen gelang" (Backes, Clemens 1998, S. 307; Hervorhebung durch die Autoren).

234 „Indem der Schwerpunkt innerhalb der Alterssoziologie auf die Erforschung der sozialen Lage im Alter übergeht, wird die allgemeinsoziologische Fundierung – wie in früheren alter(n)ssoziologischen Ansätzen – in der Bundesrepublik im Zuge dieser Entwicklung zunehmend storniert. Die frühere gesellschaftliche Makroperspektive tritt hinter eine individuelle, entwicklungsbezogene Perspektive der Mikro- und allenfalls Mesoebene zurück" (Clemens 1998, S. 89).

Kohli 1994), so dass das höhere Alter innerhalb dieser theoretischen Ansätze auch als eine ‚rollenlose Rolle' bezeichnet wird.
Während die Aktivitätskonzepte davon ausgehen, dass diese „Ausgliederung aus relevanten gesellschaftlichen Funktionszusammenhängen" (Backes, Clemens 1998, S. 115) zu Unzufriedenheit und individuellen Krisensituationen führen kann und daher durch neue Aktivitäten bzw. Rollenzuweisungen (z.B. in Form nachberuflicher Tätigkeiten) substituiert werden muss,[235] argumentiert die Disengagementtheorie diametral entgegengesetzt zu diesem Ansatz, indem sie behauptet, dass der Entzug wesentlicher gesellschaftlicher Rollen im Alter sowohl für die Gesellschaft wie auch für die Individuen selbst funktional sei und folglich zu höherer Zufriedenheit führe (vgl. auch Kohli 1994, S. 235):

> „In unserer Theorie ist Altern unvermeidbarer gegenseitiger Rückzug oder Disengagement, die aus verminderter Interaktion zwischen der alternden Person und anderen des sozialen Systems – dem sie zugehört – resultieren. Der Prozess kann eingeleitet werden durch das Individuum oder durch andere in der Situation (...) Wenn der Alternsprozess abgeschlossen ist, dann ist das Gleichgewicht, das zwischen Individuum und Gesellschaft existiert hat, durch ein neues Gleichgewicht abgelöst worden, das charakterisiert ist durch eine größere Distanz und eine veränderte Art der Beziehung" (Cumming, Henry 1961, S. 14 f. zitiert nach Backes, Clemens 1998, S. 118).

Alter erhält somit – im Sinne des Parsons'schen Strukturfunktionalismus – eine eigene Funktion: Während der sukzessive Rückzug der Älteren aus allen gesellschaftlichen und sozialen Rollen auf der individuellen Ebene als Vorbereitung auf den Tod interpretiert werden kann, wäre es auf der anderen Seite auch für die Gesellschaft „dysfunktional, wenn die Rollenträger auf einen Schlag und in unregelmäßiger Folge (bei ihrem Tode) aus allen ihren Rollen herausfielen (...) Die empirisch beobachteten Ablösungsprozesse werden also im Sinne funktionalistischer gesellschaftlicher Harmonievorstellungen gedeutet" (vgl. Kohli 1994, S. 235). Hinter dieser Argumentation steckt – im Gegensatz zur Aktivitätstheorie und in Anlehnung an das ‚Defizitmodell des Alters' – die Vorstellung, dass mit dem Alter die Leistungsfähigkeit der Älteren nachlässt und damit die Reduktion der gesellschaftlichen und sozialen Rollen deren persönlichen Bedürfnissen entspricht: „Frühverrentung wird danach als selbstgewählter Rückzug interpretiert, der durch die Wahrnehmung einer reduzierten Gesundheit und eingeschränkter beruflicher Leistungsfähigkeit ausgelöst wird" (vgl. Backes, Clemens 1998, S. 121). Eine wesentliche Folge dieses Prozesses ist schließlich auch die Veränderung der sozialen Kontakte und Beziehungen, die durch abnehmende gesellschaftliche Verpflichtungen und durch zunehmende ‚Freiheit' (vgl. Rosenmayr 1983) geprägt sind.
Während die Aktivitäts- und die Disengagementkonzepte genau entgegengesetzte Positionen einnehmen, vertritt die Kontinuitätsthese (vgl. Rosow 1963; Atchley 1977)

---

235 „In der Aktivitäts- bzw. Ausgliederungs‚theorie' wird davon ausgegangen, dass bis zur normalen Rentengrenze die gesundheitlichen Voraussetzungen einer uneingeschränkten Erwerbstätigkeit erhalten bleiben und eine vermeintliche Leistungsschwäche als Vorwand dazu dient, sich der Älteren zu entledigen. Psycho-physischer Abbau entstehe erst mit dem Entzug der Beschäftigungsmöglichkeiten" (Backes, Clemens 1998, S. 116).

eine um wesentliche Facetten erweiterte Perspektive. Denn hier geht es nicht um eine individuell befriedigende Rollensubstitution oder Rollenreduktion speziell im Alter, sondern um den Alterungsprozess als solchen und seine negativ zu bewertenden Diskontinuitäten vor allem zwischen dem mittleren und höheren Lebensalter. Damit tritt zunächst an die Stelle der Betrachtung des Alters stärker die Analyse des Lebenslaufs bzw. die der Lebenssituation der Individuen in verschiedenen Lebensaltern. Auf diese Weise ist es möglich, individuellen Ungleichheitsmomenten bzw. den unterschiedlichen Anspruchniveaus an Aktivitäten und Rollen Rechnung zu tragen. Nach der Kontinuitätsthese sind „Aktivere (...) im Alter (...) nur dann zufrieden, wenn sie einen relativ großen Wirkungskreis haben. Zeitlebens weniger Aktive sind auch schon bei geringeren Aktivitäten im Alter zufrieden“ (Backes, Clemens 1998, S. 124). Auf der anderen Seite stellen ‚kritische Lebensereignisse' sowie die Übergänge von einer Lebensphase in die andere (z.B. durch Verrentung, starke Beeinträchtigung der Gesundheit etc.) eine besondere Herausforderung an die individuellen Anpassungsmechanismen dar, da in Phasen tiefgreifender Veränderungen der Lebenssituation die Individuen zu Neuorientierungen gezwungen sind. Diese gelingen nach der Kontinuitätsthese um so ‚erfolgreicher', je eher entsprechende Übergänge und kritische Phasen antizipiert und durch angepasste Verhaltensmaßnahmen vorbereitet werden. So kann z.B. der Beginn des Ruhestandes – und damit der Verlust der Erwerbsrolle – durch die rechtzeitige Aufnahme neuer oder die Erweiterung bestehender Aktivitäten (wie z.B. ehrenamtliches Engagement, nachberufliche Tätigkeiten etc.) für das Individuum befriedigend kompensiert werden (vgl. dazu Kohli u.a. 1993, S. 19 f.)[236]: „Wichtig erscheint [damit, D.S.] in diesem Ansatz die Fähigkeit, soziale Rollen als lebenslange Erfahrungen auch bei negativen Veränderungen der Umweltbedingungen zur Aufrechterhaltung eines spezifischen Lebensstils beizubehalten“ (Backes, Clemens 1998, S. 123).
Durch die differenzierende Berücksichtigung der Aktivitäten bzw. Rollen vorausgegangener Lebensphasen und individueller Differenzen (z.B. hinsichtlich Einkommen, Gesundheit, beruflicher Stellung etc.) geht die Kontinuitätsthese über die jeweilig einseitige Argumentation der Aktivitäts- und Disengagementkonzepte hinaus: Denn weder Aktivität noch Disengagement führen zwingend zu einem gesellschaftlich, sozial oder individuell befriedigenden Altern.[237] Allerdings werden auch in diesem Ansatz – ebenso wie in den beiden anderen – zu wenig der gesellschaftliche Kontext bzw. die Aus-

236 Zu berücksichtigen sind nach Atchley (1971) in diesem Zusammenhang insbesondere auch die unterschiedlichen Rollenorientierungen der Individuen, die sich beim Übergang in Rente gerade auch geschlechtsspezifisch stark unterscheiden können. So besteht für viele Frauen beispielsweise neben der Erwerbsrolle eine ausgeprägte Hausfrauen- und Mutterrolle, die bei Verrentung den Verlust der Berufsrolle unter Umständen leichter kompensieren als dies bei den Männern durch andere Rollen der Fall ist (vgl. dazu auch Clemens 1997).

237 So führten zahlreiche empirische Untersuchungen zu diesen beiden theoretischen Konzepten in der Vergangenheit zu keinen eindeutigen Ergebnissen (vgl. Kohli u.a. 1993, S. 19 f.), auch wenn Kohli und Künemund an anderer Stelle dazu tendieren, die Aktivitätsthese vor der Disengagementthese zu favorisieren (vgl. auch Kohli 1994): „Unsere Hypothesen sind: Wer bei guter Gesundheit aktiv ist, ist zufriedener als Personen, die zwar gesund, aber nicht aktiv sind. Wer bei schlechter Gesundheit ist und einer Aktivität nachgeht (bzw. nachgehen muss), wird wenig zufrieden sein, immer noch aber zufriedener als jene, die bei schlechtem Gesundheitszustand nicht aktiv sind bzw. sein können“ (Kohli, Künemund 1996, S. 71).

wirkungen der gesellschaftlichen Rahmenbedingungen auf die Situation des Einzelnen im Alter berücksichtigt. So werden die sich im Zeitverlauf verändernden Lebens- und Arbeitsbedingungen ebenso ignoriert wie beispielsweise eine sich verschärfende wirtschaftliche Situation, wie sie seit den 1970er bzw. 1980er Jahren zu einer dramatischen Erhöhung der (Alters-)Arbeitslosigkeit und zu erheblichen Frühverrentungsprozessen führte. Somit bleiben auch Tatsachen, wie die Freistellung von Erwerbsarbeit in immer früheren Jahren und die damit einhergehende Ausweitung der nachberuflichen Phase auf beinahe ein Drittel der Lebenszeit, weitgehend undiskutiert (vgl. Kohli 1994). Durch solche strukturellen Veränderungen hat sich jedoch das Gleichgewicht zwischen individuellen und gesellschaftlichen Interessen bzw. Funktionen des Alters zunehmend auseinander entwickelt, so dass die eigentliche Erklärungskraft der Theorien, nämlich die eines „,erfolgreichen' – im Sinne von befriedigenden und sozialintegrierten – Alters“ (Backes 1997, S. 83), an Berechtigung einbüßte:

> „Hieraus lässt sich für eine sich demographisch verändernde Gesellschaft die *These von der strukturellen und funktionalen Diskrepanz zwischen Alter(n) und Gesellschaft* zum Teil ableiten. Sie betrifft eine aus dem Gleichgewicht geratene gesellschaftliche Alter(n)sintegration, die allerdings nicht nur auf Veränderungen auf Seiten des Alter(n)s zurückzuführen ist, sondern auch auf darüber hinausgehende andere gesellschaftliche Veränderungen (in Sozialpolitik, Familie, Arbeits- und Lebensverhältnissen, Werten etc.). Diese Überlegung bedeutet, dass nicht nur das Verhältnis von Alter(n) und Gesellschaft in Veränderung begriffen ist, sondern sich auch andere und damit verwobene gesellschaftliche Zusammenhänge wandeln. Deshalb kann nicht dem Alter(n) oder Teilaspekten – wie dem demographischen Alterungsprozess – die Problemgenese zugeschrieben werden: Nicht Alter(n) ist das Problem, sondern das Wechselverhältnis von Alter(n) und gesellschaftlicher Entwicklung im aktuellen Kontext des Wandels“ (Backes 1997, S. 85; Hervorhebung durch den Autor).

Diese Kritik – einerseits an der eindimensionalen Betrachtungsweise des Alters im wesentlichen als Querschnittsgröße und andererseits an dem fehlenden gesellschaftlichen und historischen Bezug – führte seit Mitte der 1960er Jahre zu einer Weiterentwicklung der alterssoziologischen Konzepte. Im Vordergrund der Analysen steht nun nicht mehr das Alter, sondern die Kategorie der Kohorte bzw. der Generationen. Diese Ansätze sind nun in der Lage, sowohl die Entwicklung der Generationen bzw. Altersschichten im gesellschaftlichen Kontext zu beschreiben als auch die Rückwirkungen sozialer und gesellschaftlicher Prozesse auf die Individuen verschiedener Lebensalter zu berücksichtigen (vgl. Backes, Clemens 1998, S. 147).

3.2.1.2.3 Kohortentheoretische Ansätze: Die ,Kohortentheorie' von Ryder und die ,Altersschichtungstheorie' von Riley und Riley

Die beiden bekanntesten Kohortenansätze bilden die ,Kohortentheorie' von Ryder (1965) sowie die ,Altersschichtentheorie' von Riley u.a. (1972, 1988; Ryder, Ryder 1994). Durch die Fokussierung auf die Kohorte als Analyseeinheit wird nun versucht, dynamische und historische Elemente bei der Betrachtung der Lebensläufe bzw. der

Lebensphase Alter theoretisch-konzeptionell zu integrieren.[238] So wies Ryder, auf dessen AKP-Modell[239] bereits in Kapitel 2.3.1 eingegangen wurde (vgl. dazu auch Sackmann 1998, S. 36 ff.), darauf hin, dass die Kategorie ‚Alter' in einem zweifachen zeitlich-dynamischen Bezug gesehen werden muss: Denn das (chronologische) individuelle Alter kann nicht unabhängig von den gesellschaftlichen zeitlichen Entwicklungen beurteilt werden (vgl. Ryder 1965, S. 847). Dennoch unterstellt er nicht, dass historische Prozesse den Ausgangspunkt für unterschiedliche Lebensläufe bilden, sondern knüpft an positivistische Erklärungsansätze zum gesellschaftlichen Wandel an (vgl. Sackmann 1998, S. 29 ff.). Danach vollziehen sich gesellschaftliche Wandlungsprozesse – ähnlich wie bei Inglehart (vgl. Kapitel 3.2.1.1.3.1) – durch den Austritt alter und den Eintritt neuer Kohorten in die Gesellschaft (vgl. Ryder 1965, S. 844). So unterscheidet Ryder vor allem zwischen unterschiedlichen Kohorten (Interkohortendifferenzierung), die er als „Aggregat von Individuen" bezeichnet, „die ein gleiches Ereignis innerhalb eines gleichen Zeitintervalls erlebt haben" (Ryder 1965, S. 845)[240], nicht aber innerhalb der Kohorten (Intrakohortendifferenzierung): Kohorten sind nach Ryder daher als zeitlich stabile ‚Makrobiographien' zu verstehen (Ryder 1965, S. 861), deren Basis durch die gemeinsame Sozialisation, nicht aber individuelle Entwicklungen determiniert ist. Gerade diese statische Argumentation auf der Ebene der Individuen führte – wenn auch generell die Dynamisierung des Strukturbegriffs gegenüber dem strukturfunktionalistischen Ansätzen positiv hervorgehoben wurde – zu heftiger Kritik und schließlich zu konzeptionellen Weiterentwicklungen in der Altersschichtungstheorie von Riley u.a. (1972; 1988; Riley, Riley 1994).

In diesem Konzept „verbindet sich das Interesse am Alter als Ordnungsprinzip mit dem Interesse an der Generations- und Kohortenfolge als Mechanismus, über den strukturelle Veränderungen ablaufen" (Kohli 1994, S. 238). Hierzu werden einerseits sowohl zentrale Begriffe des Strukturfunktionalismus wie ‚Altersschichtung', ‚Rolle', ‚Sozialisation' oder ‚Allokation' – allerdings mit neuen Inhalten – wieder aufgegriffen, als auch andererseits dynamische Elemente der Lebenslaufsoziologie der späten 1960er Jahre in das Konzept integriert, wobei unterstellt wird, dass der Prozess des Kohortenaustausches keineswegs konfliktfrei erfolgt (vgl. Sackmann 1998, S. 39 f.). Denn die einzelnen Kohorten sind durch spezifische Lebensstile und -formen, die durch die jeweiligen Sozialisationsprozesse[241] vermittelt werden, geprägt (vgl. Kruse 1994, S.

---

238 Die Untersuchung von Kohorten ist allerdings nicht erst eine Erscheinung des 20. Jahrhunderts. Die Ursprünge der soziologischen Analyse von Altersgruppen, Generationen bzw. Kohorten gehen bis auf Emile Durkheim und Georg Simmel zurück, die bereits im späten 19. Jahrhundert die Auswirkungen der Industrialisierung auf die verschiedenen Altersgruppen untersuchten (vgl. Backes 1997, S. 85 ff. sowie Backes, Clemens 1998, S. 143 ff.).

239 ‚A' steht für das individuelle chronologische Alter, ‚P' für Periode, d.h. die gesellschaftliche Referenzzeit, und ‚K' bezeichnet Personengruppen (Kohorten), die im selben Jahr geboren wurden.

240 Die einzelnen Kohorten stellen damit nur „'passive Träger' dieses Wandels" (Sackmann 1998, S. 29 ff.) dar, denn jede „neue Kohorte tritt in einen neuen Kontakt zum sozialen Erbe der Gegenwart und behält diese Prägung lebenslang" (Ryder 1965, S. 844).

241 „Sozialisationsprozesse vermitteln Wissen über Rolleninhalte, Allokationsprozesse ordnen vorhandene gesellschaftliche Rollen bestimmten Personen zu" (Sackmann 1998, S. 39).

343). Die Kohorten können aber auch ihrerseits auf die gesellschaftliche Entwicklung Einfluss ausüben und Veränderungen bewirken:[242]

> „Eine wichtige Quelle struktureller Veränderungen in jeder Gesellschaft sind die *Unterschiede zwischen sogenannten Kohorten von Menschen*, die in aufeinanderfolgenden Perioden geboren wurden und unterschiedliche historische Zeiten durchlebt haben. Wir haben gesehen, dass Veränderungen der Sozialstruktur auch die individuellen Alterungsprozesse verändern können. Jetzt wird umgekehrt deutlich, dass Veränderungen der Alternsprozesse wiederum *zu strukturellen Veränderungen führen können.* Geburtskohorten unterscheiden sich in Umfang und Charakter, und ihre Mitglieder altern auf unterschiedliche Weise. So üben Kohorten einen kollektiven Druck aus, der auf Veränderungen sowohl der Rollenmöglichkeiten in sämtlichen gesellschaftlichen Einrichtungen als auch der altersbezogenen Ideen, Wertvorstellungen und Überzeugungen der Menschen gerichtet ist (Riley, Riley 1994, S. 445 f., Hervorhebung durch die Autoren).

Riley u.a. entwerfen dazu – in Anlehnung an das Lexis-Diagramm - ein analytisches Modell (vgl. Abbildung 3.2.1), das diese Wechselwirkungen strukturell aufzeigt (vgl. Riley, Riley 1994, S. 449 ff.): Während auf der vertikalen Achse die verschiedenen Lebensalter eingetragen sind, ist auf der horizontalen Achse die gesellschaftlich-historische Zeit festgehalten, die implizit soziale, wirtschaftliche oder beispielsweise politische Veränderungen berücksichtigt und die jeweiligen gesellschaftlichen Strukturen wie Rollen, Institutionen oder Normen (=vertikale Linien) prägt. Ausgangspunkt des Kohortenansatzes von Riley u.a. bilden die verschiedenen Kohorten bzw. Altersgruppen und ihr unterschiedliches ‚Altern'[243] im soziohistorischen Kontext. Soziales Handeln wird dabei über Rollen vermittelt, die die Individuen in bestimmten Lebensaltern z.B. als Erwerbstätige, als Eltern oder Rentner ausüben (vgl. Tews 1999, S. 156 ff.). Die Interaktionen zwischen den gesellschaftlichen Rahmenbedingungen und den verschiedenen Kohorten in unterschiedlichen Altersphasen werden schließlich durch die Schnittpunkte mit den diagonalen Linien, die die verschiedenen Geburtskohorten und ihr sukzessives Altern darstellen, deutlich.
Wie bereits erwähnt, wird in diesem Modell nicht davon ausgegangen, dass die parallel und sich wechselseitig beeinflussenden Prozesse des Alterns der Kohorten und der

---

242 Nach Kohli und Szydlik sind verschiedene Kohorten bzw. Generationen dadurch gekennzeichnet, dass sie sich aufgrund gemeinsamer historischer Erfahrungen „signifikant von denen vorheriger und nachfolgender Kohorten [unterscheiden, D.S.], wobei diese Spezifika nicht nach kurzer Zeit abgelegt werden, sondern das gesamte Leben dieser Kohorte prägen – und auf dieser Grundlage ein gemeinsames Bewusstsein oder sogar eine kollektive Mobilisierung entsteht" (Kohli, Szydlik 1999, S. 232 ff.). Dazu zählen auch Merkmale wie Schulbildung, Erwerbsbiographie, Lebensstandard oder Engagement in Familie und Gesellschaft (vgl. dazu auch Riley, Riley 1994, S. 440).

243 Dabei wird unterstellt, dass das Altern auch auf der Ebene der Individuen z.B. in biologischer oder psychologischer Hinsicht Veränderungen ausgesetzt ist, die in der Vergangenheit u.a. zu einer höheren Lebenserwartung bei einem gleichzeitigen Anstieg der Lebensqualität geführt haben: „Der Alternsprozess hat offensichtlich einen Wandel durchgemacht" (Riley, Riley 1994, S. 451). Auf der anderen Seite abstrahiert – ähnlich wie bei Ryder – auch dieses Modell noch von intrakohortenspezifischen Differenzierungen, wie unterschiedlicher Klassen-, Geschlechts- oder Rassenzugehörigkeit (vgl. Riley, Riley 1994, S. 451), wenn auch Riley und Riley sich der Heterogenität der älteren Menschen durchaus bewusst sind (ebd., S. 453).

Abbildung 3.2.1: Schematische Darstellung von Altern und gesellschaftlicher Veränderung

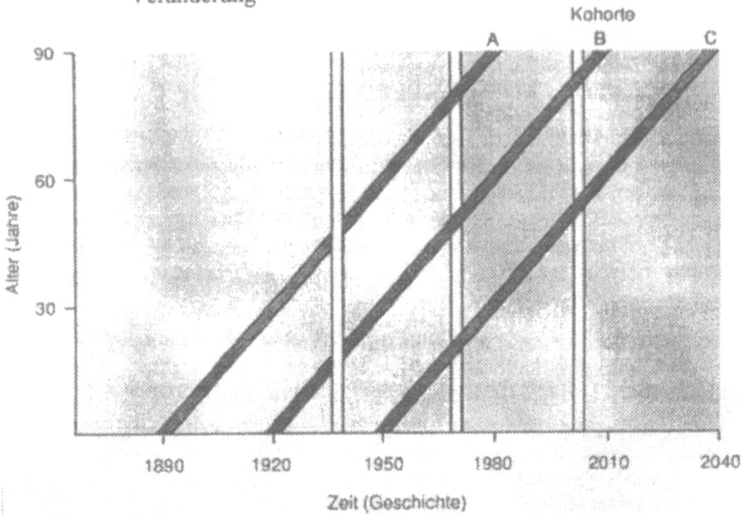

Quelle: Riley, Riley 1994, S. 450.

gesellschaftlichen Entwicklung konfliktfrei verlaufen. Vor allem die „Ungleichzeitigkeiten von dynamischen Verläufen als ständige Quelle der strukturellen Diskrepanz und ihrer Veränderungen sowie die Art der Wechselwirkung zwischen beiden dynamischen Prozessen" (Riley, Riley 1994, S. 452) können zu einem Missverhältnis zwischen Individuum und Gesellschaft bzw. den von den Individuen gewünschten und den von der Gesellschaft erwarteten Rollen führen. Durch diese ‚strukturelle Diskrepanz', die in der Regel dadurch gekennzeichnet ist, dass die sozialen Strukturen den Bedürfnissen der verschiedenen Altersgruppen ‚hinterherhinken' (Riley, Riley 1994, S. 438 sowie 452 f.), entsteht ein Veränderungsdruck hinsichtlich der Neustrukturierung der sozialen Rollen.[244] Denn obwohl gegenwärtig zwar durchaus die individuellen Potenziale der älteren und alten Menschen gefördert werden, besteht generell das Bild von der ‚rollenlosen Rolle' der Menschen in den nachberuflichen Phasen fort. Aufgrund der zunehmenden Lebenserwartung von immer mehr Menschen im Alter bei gutem Gesundheitszustand ist aber zu vermuten, dass zukünftig *„leistungsfähige Menschen und inhaltsleere Rollenstrukturen* (...) *nicht lange koexistieren*" (Riley, Riley 1994, S. 453; Hervorhebung durch die Autoren) können. Riley und Riley fordern daher entsprechende Maßnahmen, die zum einen auf die Erweiterung der Rollenmöglichkeiten insbesondere älterer Menschen, zum anderen aber auch auf die Rollen aller Altersstufen abzielen:

244 „Im Gegensatz zu den sozialen Rollen für Schulkinder und Berufsanfänger sind für ältere Arbeitnehmer, Studierende oder Hausfrauen nur wenige neue soziale Rollen entwickelt worden. Wir bezeichnen dieses derzeitige Missverhältnis als eine ‚strukturelle Diskrepanz'. Die Altersstruktur der möglichen sozialen Rollen hat nicht mit der schnellen Veränderung der Form des heutigen Alterns Schritt gehalten" (Riley, Riley 1994, S. 438).

> „In der jüngsten Vergangenheit stand die erste Art von Interventionen im Vordergrund. Es sind jedoch die letzteren, die das innovativste Potenzial für die Zukunft beinhalten. Bedenkt man außerdem die wechselseitigen Abhängigkeiten zwischen allen Altersschichten in eine Art Gesellschaft, wird klar, dass die eine Art der Intervention ohne die andere nicht möglich ist" (Riley, Riley 1994, S. 447).

Die Kritik von Riley und Riley richtet sich somit insbesondere gegen den dreigliedrigen Lebenslauf[245], denn die Gliederung des Lebenslaufs in Ausbildung, Berufstätigkeit und Ruhestand ließ statische Altersgrenzen entstehen, die altersdifferenzierte Strukturen zementierten: „Obwohl die Menschen heutzutage länger leben als früher und auf ganz andere Weise altern, werden sie nach wie vor so sozialisiert, dass sie ihre Lebensplanung strukturell auf diese drei Stadien ausrichten" (Riley, Riley 1994, S. 455). Durch die Unterstützung der De-Institutionalisierung des Lebenslaufs (vgl. Kohli 1994a) bzw. die Auflösung bestehender Altersbarrieren über den Lebenslauf hinweg verfolgen sie das Ziel, stärker altersintegrierte Strukturen durchzusetzen, die zu einer angemessenen Neuverteilung sozialer Rollen in allen Altersgruppen führen. Die beiden ‚Idealtypen' sozialer Strukturen stellen Riley und Riley als ‚Gedankenexperiment' wie folgt dar (vgl. Abbildung 3.2.2):

Abbildung 3.2.2: Zwei Typen sozialer Struktur

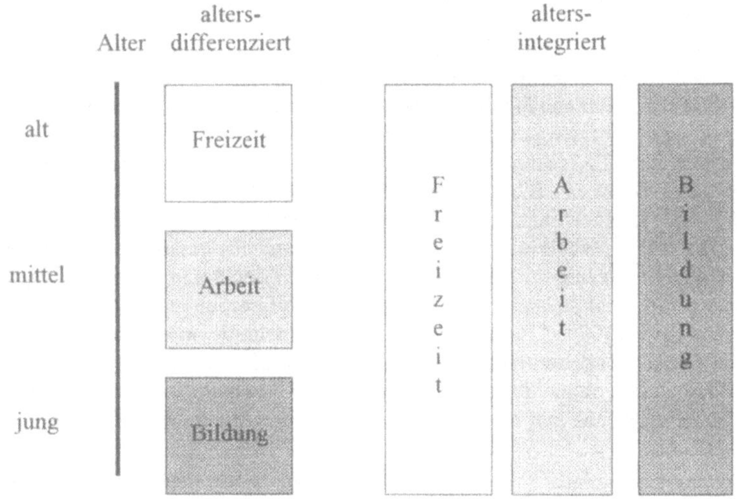

Quelle: Riley, Riley 1994, S. 454.

Die Modellvorstellung einer altersintegrierten Struktur dient im wesentlichen als Grundlage für die Planung von geeigneten Interventionsmaßnahmen, die die Lebens-

245 Riley u.a. „bezeichnen den dreigliedrigen Lebenslauf als altersdifferenzierten Idealtypus, der ideologisch durch Altersstereotype (‚ageism') gestützt wird" (Sackmann 1998, S. 43).

qualität insbesondere der älteren Menschen verbessern sollen (vgl. Riley, Riley 1994, S. 437). Dabei wird davon ausgegangen, dass die neue Rollenvielfalt für ältere Menschen sich ebenso auf die jüngeren Kohorten auswirkt, indem Ältere nun auch noch im hohen Alter z.B. in Bildungseinrichtungen oder auf dem Arbeitsmarkt als ‚Partner' der Jungen zu finden sind. Auf der anderen Seite können z.B. größere Freizeitpotenziale bei den normalerweise erwerbstätigen mittleren Alterskohorten (z.B. durch Sabbaticals, Elternpausen etc.) positiv auf die Nachfrage nach älteren Arbeitnehmern – vor allem vor dem Hintergrund des demographischen Wandels – auswirken. Auf diese Weise könnte die

> „Leistungsfähigkeit der älteren Menschen (...) optimiert werden, aber diese Optimierung hängt zu einem wichtigen Teil von sozialen Faktoren ab. Wenn ältere Menschen nicht die entsprechenden Möglichkeiten, finanziellen Mittel oder Anreize haben, können sie ihre geistigen oder körperlichen Stärken und Fähigkeiten nicht länger nutzen, erhalten oder weiterentwickeln. Die Doktrin vom ‚unvermeidlichen altersbedingten Abbau' wird dann zu einer ‚sich selbst erfüllenden Prophezeiung'. Die Grenzen der Leistungsfähigkeit alter Menschen liegen also weniger in ihren Fähigkeiten als vielmehr in den sozialen Rollen, die sie mit zunehmendem Alter wahrnehmen oder eben nicht wahrnehmen können" (Riley, Riley 1994, S. 442).[246]

Gegenwärtig sprechen eine Reihe gesellschaftlicher Rahmenbedingungen wie die Situation auf dem Arbeitsmarkt oder die rentenrechtlichen Regelungen (vgl. Kapitel 2) jedoch gegen die Vision einer ‚altersintegrierten Gesellschaft'. Zwar können hin und wieder in Einzelfällen Veränderungen hinsichtlich einer Neuverteilung sozialer Rollen beobachtet werden (z.B. studierende Senioren, sogenannte Seniorenexperten, die z.B. Jüngere bei Existenzgründungen fachlich unterstützen und beraten, etc.), ein genereller Trend ist allerdings gegenwärtig nicht festzustellen. Darüber hinaus ist anzuzweifeln, inwieweit verschiedene Alterskohorten tatsächlich in der Lage sind, im Sinne von Riley und Riley ‚aktiv Druck in Richtung eines Strukturwandels' auszuüben (vgl. Riley, Riley 1994, S. 455; vgl. auch Sackmann 1998, S. 41 f.). Denn solange „Berufstätigkeit und Berufsaufgabe die Gravitationszentren des Strukturwandels des Alters sind, ist die derzeitige Entwicklung gegen altersintegrierte Strukturen gerichtet, wenn die Älteren auf dem Arbeitsmarkt nicht mehr benötigt werden und die Betriebe vor allem auf Verjüngung setzen" (Tews 1999, S. 160). Aber auch die Einrichtung von einer ausreichenden Zahl von (Alters-)Teilzeitarbeitsplätzen garantiert beispielsweise die Inanspruchnahme des allgemein als sinnvoll erachteten gleitenden Übergangs in den Ruhestand nicht – und zwar weder aus Sicht der Arbeitgeber noch der Arbeitnehmer.[247] Somit ist

---

246 In diesem Sinne findet auch nach Mayer u.a. „eine Art ‚vergangenheitsbezogener statistischer Diskriminierung'" (Mayer u.a. 1994, S. 727) statt. So werden die älteren Menschen nicht an ihren heutigen Leistungspotenzialen gemessen, sondern viel mehr nach den Altersstereotypen vergangener Generationen beurteilt. Deshalb ist die „Optimierung dessen, was im Alter prinzipiell möglich ist, (...) eine große Unbekannte und eine der großen gesellschaftlichen Herausforderungen" (Mayer u.a. 1994, S. 727).

247 So wird in der Regel von Arbeitgebern und Arbeitnehmern bei der Inanspruchnahme von Altersteilzeit dem sogenannten Blockmodell, das zunächst eine Beschäftigung auf Vollzeitbasis und anschließend einen vorzeitigen Ruhestand vorsieht, – anstelle der stufenweisen Verkürzung der täglichen Arbeitszeit und einer Beschäftigung bis zur Regelaltersgrenze – der Vorzug gegeben (vgl. Sing 2001, S. 31).

zu konstatieren, dass wir beim „gegenwärtigen Stand der Alternsforschung (...) noch relativ wenig über die angemessene Gestaltung individuell-lebensweltlicher und gesellschaftlicher ‚Opportunitätsstrukturen' für ältere Menschen [wissen, D.S.]. Im Augenblick lassen sich nur Vermutungen anstellen, welche möglichen Vorteile eine altersgemäße Umgebung mit sich bringen würde" (Mittelstraß u.a. 1994, S. 700).
Weitere Kritikpunkte an der Altersschichtentheorie von Riley u.a. wenden sich vor allem gegen die fehlende Verallgemeinerbarkeit des nur für bestimmte Gesellschaften zutreffenden Grundmodells. Zwar wird die Herausarbeitung des Wirkungsmechanismus von Alter als Ordnungsprinzip und Kohortenfolge, über die strukturelle gesellschaftliche Veränderungen ablaufen, generell gewürdigt (vgl. z.B. Backes, Clemens 1998, S. 147), jedoch bleibt nach Kohli das Ergebnis aufgrund der beschränkten Empirie hinsichtlich zeitlicher Veränderungen der Altersorganisation von Gesellschaften „eigentümlich unhistorisch" (Kohli 1994, S. 238). Darüber hinaus stellt auch die Übernahme des strukturfunktionalistischen Theorierahmens ein generelles Problem dar, da zwar teilweise Begriffe übernommen und mit neuen Inhalten und Konzepten angereichert, die Unterschiede aber nicht deutlich herausgestellt wurden: „Daraus resultierte eine vieldeutige Theorie, die ihre oberflächliche Rezeption erhöhte, während gleichzeitig die langfristige Fruchtbarkeit des Ansatzes darunter litt" (Sackmann 1998, S. 40).

3.2.1.2.4 Zusammenfassung und Ausblick

In der deutschsprachigen Alter(n)ssoziologie ist in den letzten 50 Jahren vieles untersucht worden, was mit der Situation und den besonderen Lebensbedingungen im Alter zusammen-hängt. So ist ein „entscheidendes Ergebnis der Erforschung des Alterns (...) die Einsicht, dass das Alter keine einheitliche Kategorie von Menschen bildet, dass das chronologische Lebensalter und das funktionale Alter weit auseinanderfallen können und dass es sehr große Unterschiede in bezug auf körperliche und geistige Gesundheit, materielle Absicherung und gesellschaftliche Teilhabe in der älteren Bevölkerung gibt. (...) Der Aspekt des differenziellen Alterns bezieht sich nicht nur auf den wichtigen Unterschied zwischen funktionalem Alter und chronologischem Lebensalter, sondern auch auf soziale und ökonomische Ungleichheiten innerhalb der Gruppe älterer Menschen" (Mayer u.a. 1994, S. 725 f.; vgl. auch Baltes, Baltes 1994 sowie Mittelstraß u.a. 1994).
Da allerdings die einseitige – häufig rein empirische und praxisgeleitete – Konzentration auf die sozialen Probleme im Alter und die ausstehende gesellschaftstheoretische Fundierung insbesondere von Kohli immer wieder kritisiert wurde (vgl. auch Clemens 1998, S. 94)[248], lag der Schwerpunkt in diesem Kapitel auf der Darstellung struktur-

248 „Wie sich bei genauerer Betrachtung herausstellt, ist die gesellschaftliche Altersgliederung eine Konstruktion, die eng mit anderen zentralen Dimensionen der Gesellschaftsstruktur zusammenhängt und deshalb nicht einfach zur Disposition steht. Gerade darin liegt die praktische Bedeutung der soziologischen Analyse: den ‚Eigensinn' und die Widerständigkeit gesellschaftlicher Tatbestände aufzuzeigen – nicht um Resignation zu erzeugen, sondern um dadurch ein klareres Bild von den Gestaltungsmöglichkeiten und den wirksamsten Eingriffspunkten zu gewinnen. Aus der Perspektive der ‚sozialen Probleme' ist dies nicht hinreichend erkannt worden" (Kohli 1994, S. 234 f).

funktionalistischer Konzepte des Alters und der Kohorten.[249] Ein vollständiger Überblick konnte und musste hier zudem nicht gegeben werden, da manches, was zu den Hauptthemen der aktuellen – vor allem mikrosoziologisch ausgerichteten – Alter(n)ssoziologie gehört, in anderen Kapiteln dieser Arbeit (vgl. Kapitel 3.2.2.1 sowie 3.2.2.2) behandelt wird.[250] Auf die wesentlichsten Entwicklungen der ‚Vergesellschaftung des Alters' im Rahmen der Modernisierungsdiskussion soll – nach einer kurzen Zusammenfassung der hier vorgestellten Theorien – jedoch noch am Ende dieses Abschnitts eingegangen werden.

Bereits bei den strukturfunktionalistischen Ansätzen der Aktivitäts-, Disengagement- und Kontinuitätsthese wurde festgestellt, dass die Kategorie ‚Alter' ein eigenständiges gesellschaftliches Ordnungssystem begründet: „Viele bedeutsame Begriffe wie Altersschichtung, Altersgruppen oder Altersklassen, Statuspassagen und Altersrollen wurden in diesem Kontext entwickelt und haben sich bis heute bewährt. Der Strukturfunktionalismus schärfte das Bewusstsein für den Stellenwert von gesellschaftlichen Institutionen und Normen, die bis heute wichtige Komponenten des soziologischen Verständnisses von Altersprozessen darstellen" (Sackmann 1998, S. 29). Darüber hinaus gehen sie von – wenn auch widersprüchlichen – Konzepten der gesellschaftlichen Alter(n)sintegration durch Ersatzrollen, Rollenreduktion bzw. Rollenadaption aus, die eine hinsichtlich des Alter(n)s ausgewogene gesellschaftliche Entwicklung begründen. Gerade der letztgenannte Punkt quasi statischer Gesellschaftsverhältnisse und der einseitige Einfluss gesellschaftlicher Strukturen auf die Individuen wurden heftig kritisiert.

In den kohortentheoretischen Ansätzen von Ryder und Riley u.a. wird dagegen ganz explizit die Bedeutung der Dynamik verschiedener Kohorten für die gesellschaftliche Strukturierung hervorgehoben und theoretisch in den jeweiligen Konzepten der ‚Kohortentheorie' bzw. der ‚Altersschichtungstheorie' verankert (vgl. Sackmann 1998, S. 64 f.). Lebensalter und Lebenslauf werden somit zum zentralen Mechanismus gesellschaftlicher Veränderungen. Doch während bei Ryder eine Kohorte eine noch recht stabile ‚Makrobiographie' darstellt, die weder durch individuelle noch intrakohortenspezifische Unterschiede gekennzeichnet ist, basieren die gesellschaftlichen Veränderungen in der ‚Altersschichtungstheorie' von Riley u.a. auf Wechselwirkung zwischen den Individuen und der jeweils spezifischen historisch-gesellschaftlichen Situation. Das grundlegende Problem bzw. die forschungsleitende These dabei ist, dass bei der Vergesellschaftung des Alter(n)s ‚strukturelle Diskrepanzen' zwischen den von den Individuen gewünschten und den von der Gesellschaft angebotenen Rollen im Alter – z.B. aufgrund der unterschiedlichen Prozessdynamiken – ent- bzw. bestehen. Riley u.a. entwerfen zur Überwindung der starren, altersdifferenzierten Gesellschaftsstrukturen daher das Modell einer altersintegrierten Gesellschaft, in der die verschiedenen ‚Rol-

---

249 „Die Argumentation des Strukturfunktionalismus ist makrosoziologisch konzipiert" (Sackmann 1998, S. 29).

250 „Obwohl theoretische und empirische Konzepte zum Thema ‚Lebens(ver)lauf und Alter' – wie z.B. von Kohli – psychologische, sozialpolitische und sozialpolitikwissenschaftliche Bezüge herstellen, verorten sich diese nicht explizit in der Sozialen Gerontologie. So sind in Speziellen Soziologien (z.B. Sozialpolitik, Familie, Biographie) altersrelevante Wissensbestände entstanden" (Clemens 1998, S. 101).

len' bzw. Phasen wie Ausbildung, Erwerbstätigkeit und Ruhestand bzw. Freizeit nach den Fähigkeiten und Möglichkeiten der Menschen über den Lebenslauf hinweg neu kombiniert werden können. Letztlich allerdings blieb auch die ,Altersschichtungstheorie' in vielen theoretischen Fragen widersprüchlich bzw. Antworten schuldig: „Dies führte zu einer Vielzahl von Studien, aber nicht zu einem neuen Theoriekern" (Sackmann 1998, S. 41).

Wie in Kapitel 3..2.1.1 ausgeführt, haben gesellschaftliche Prozesse seit den 1970er Jahren in Deutschland zu Modernisierungserscheinungen geführt: „Die gewohnte Form der Lebensführung im Alter löst sich dann tendenziell in einem System pluraler Lebenswelten mit pluralen Alterskulturen auf" (Backes, Clemens 1998, S. 308 ff.; vgl. auch Backes, Clemens 1999, S. 7). Tews (1993, 1999) greift diese Entwicklungen seit Mitte der 1980er Jahre – unter zusätzlicher Berücksichtigung demographischer und gesellschaftlich-institutioneller Veränderungen – auf und formuliert auf der Basis von drei leitenden Thesen – „von der Dominanz des gesellschaftlich-strukturellen Wandels, der Notwendigkeit struktureller Konzepte und von Alter als Bestimmungsfaktor gesellschaftlicher Entwicklung" (Clemens 1998, S. 96; vgl. Tews 1990) – das Konzept des ,Strukturwandels des Alters'. Durch den Fokus auf spezifische Fragestellungen der allgemeinen strukturellen Altersproblematik, wie den Übergang in den Ruhestand, die besondere Situation älterer Frauen oder das Leben älterer Menschen in der Familie bzw. in öffentlichen Einrichtungen (vgl. auch Clemens 1993, S. 65), identifiziert Tews (1993, 1999, S. 146 ff.) fünf ,abgeleitete' Konzepte, mit denen sich der Altersstrukturwandel beschreiben lässt: Das Konzept der Verjüngung, der Entberuflichung, der Feminisierung, der Singularisierung des Alters und der Hochaltrigkeit. Dabei versteht er unter dem Begriff der ,Verjüngung' das Phänomen, dass die Menschen in heutiger Zeit einerseits sich zwar subjektiv – nicht zuletzt aufgrund der längeren Lebenserwartung – jünger einschätzen und auch – aufgrund eines besseren Gesundheitszustands – fühlen, auf der anderen Seite aber im Arbeitsleben immer frühzeitiger mit dem Problem des ,(Zu-)Alt-Seins' konfrontiert werden. In enger Verbindung dazu steht das Konzept der ,Entberuflichung des Alters', das die immer länger werdende Lebensphase ,Alter' durch Erwerbs- bzw. Berufslosigkeit kennzeichnet. Die weiteren Konzepte beschreiben dagegen vor allem (sozio-)demographische Entwicklungen: So weist das Konzept der ,Feminisierung' auf den hohen Frauenanteil, das Konzept der ,Singularisierung' auf den hohen Anteil Alleinstehender bzw. Alleinlebender[251] und das Konzept der ,Hochaltrigkeit' auf den wachsenden Anteil Hochbetagter unter den älteren Menschen hin. Aus diesen Beobachtungen folgert Tews: „Die Ausweitung der Altersphase, die nicht allein der höheren Lebenserwartung zuzuschreiben ist, macht eine differenzierte Sicht auf das Altern notwendig, das heute eine größere Variabilität und Entwicklungsfähigkeit aufweist. Dabei sind vor allem die Potenziale des entwicklungsfähigen Alters wichtig" (Tews 1999, S. 137). So schlüssig und empirisch nachvollziehbar die Konzeptionalisierung des ,Strukturwandel des Alters' auf der sozialstruktu-

[251] Wilbers umschreibt den Begriff der Singularisierung durch die „Tendenz (...), in immer stärkerem Maße als Einzelperson Entscheidungen zu fällen und Verantwortung zu tragen, ohne durch Bindungen Unterstützung oder Behinderung zu erfahren" (Wilbers 1989, S. 331; zitiert nach Kruse 1994, S. 345). In diesem Sinne versteht auch Tews ,Singularisierung' als einen mehr oder weniger erzwungenen Lebensstil für Alleinstehende im Alter (vgl. Tews 1999, S. 137).

rellen Analyseebene ist, so bleibt dennoch seine theoretische Fundierung offen und somit die Allgemeingültigkeit des Ansatzes beschränkt.[252] Eine Theorie, die die Wechselwirkungen zwischen Alter(n) und Gesellschaft angemessen erfasst,[253] steht somit bis heute aus: „Eine im Zuge der Modernisierung anstehende veränderte Vergesellschaftung des Alter(n)s scheint primär aus Gründen der ahistorischen Normalitäts- und Gleichgewichtsvorstellungen derzeit nicht hinreichend zu gelingen. Statt dessen ist eine normative und instrumentelle Unbestimmtheit im Umgang mit dem Alter(n) zu beobachten" (Backes 1998a, S. 283).

3.2.2 Mikrosoziologisch- bzw. subjektorientierte[254] Ansätze

Die Kritik an der Alter(n)ssoziologie aufgreifend hat vor allem Kohli in den 1980er Jahren – wenn auch außerhalb dieser Theorierichtung – zu einer Weiterentwicklung der soziologischen Fundierung von Alter[255] bzw. Lebenslauf im gesellschaftlichen Kontext beigetragen. Er fordert ‚Alter' und ‚Lebenslauf' als wesentliche ‚Dimensionen der Gesellschaftsstruktur' zu begreifen, die notwendigerweise mit einer neuen Gesellschaftstheorie verknüpft werden müssen (vgl. Kohli 1994, S. 231 ff.). In diesem Sinne stellt seine Theorie der (De-)Institutionalisierung des Lebenslaufs eine Verbindung zwischen mikro- und makrosoziologischer Betrachtung dar[256]: Der Lebenslauf in der Arbeitsgesellschaft wird „zu einer der wesentlichen Vermittlungsinstitutionen zwischen Gesellschaftsstruktur und Individuum – und zu einem der wesentlichen Verbindungsglieder zwischen makrosoziologischen und lebensweltlichen Theorieprogrammen" (Kohli 1986, S. 186). Während in der Altersschichtentheorie (vgl. Riley u.a. 1972 sowie Kapitel 3.2.1.2.3), auf die Kohli explizit Bezug nimmt, vor allem die Aus-

---

252 Clemens weist mit seiner Kritik darüber hinaus „einerseits auf eine ungenügende deskriptive Reichweite und Differenzierung der Lebenslagen sowie auf den fehlenden ökonomischen und politischen Rückbezug [hin, D.S.], andererseits werden [von ihm, D.S.] lebenszeitlich, subjektiv und stärker geschlechtsspezifisch differenzierende Sichtweisen (...) vermisst" (Clemens 1998, S. 97; vgl. auch Clemens 1993, S. 74 ff.).

253 „Nicht Alter(n) ist das Problem, sondern das Wechselverhältnis von Alter(n) und gesellschaftlicher Entwicklung im aktuellen Kontext des Wandels" (Backes 1997, S. 84 f.).

254 „Subjektorientierte Soziologie bezeichnet eine Forschungsperspektive, die ‚das wechselseitige Konstitutionsverhältnis von Mensch und Gesellschaft ins Blickfeld' (Bolte 1983, S. 15) rückt. Sie fokussiert die aktuell in der Soziologie vieldiskutierte Wechselwirkung von ‚Subjekt und Struktur', ohne sich auf bestimmte theoretische oder empirische Zugangsweisen festzulegen" (Voß, Pongratz 1997, S. 7).

255 Das ‚Alter' ist im Ansatz von Kohli als Teil des Lebenslaufs eine gesellschaftliche Konstruktion. Durch die Organisation des Lebens ‚um die Erwerbsarbeit herum' und die Einführung eines Rentensystems wurde die Ruhestandsgrenze zu einer ‚sozialen Institution' (vgl. Kohli 1985) und das ‚Alter' der nachberuflichen Phase gleichgesetzt: „Diese funktionale Definition hat die Ab- und Ausgrenzung und normative Bestimmung des ‚Alters' maßgeblich bereits ab einer Zeit im Lebenslauf geprägt, in der Menschen in der Gestaltung ihrer gesellschaftlichen Teilhabe häufig noch beweglicher sein könnten, als ihnen damit zugestanden wird" (Backes 1997, S. 93).

256 Auch Behrens und Voges heben hervor, dass die Biographie- und Lebenslaufforschung die Möglichkeit bieten, die „Erklärungsansätze auf Mikro- und Makroebene zusammenzuführen und damit eine Annäherung von Handlungs- und Strukturtheorie" zu bewirken, da sie „individuelle Verläufe durch die Sozialstruktur und dadurch die Reproduktion der Sozialstruktur zeigen" (Behrens, Voges 1996, S. 25; vgl. auch Mayer 1990, S. 7 f.).

differenzierung von Lebensphasen bzw. von Altersschichten zur Bildung gesellschaftlicher (Alters-)Gruppen mit kollektiven Verhaltensmustern führte (vgl. Kohli 1986, S. 187), begründet der Lebenslauf „als Ereignissequenz und zeitliche Perspektivität (...) ein Vergesellschaftungsprogramm, das an den Individuen als den neuen sozialen Einheiten ansetzt" (Kohli 1994a, S. 221). Aufgrund dieser Hervorhebung bzw. Fokussierung auf das individuelle Verhalten der Gesellschaftsmitglieder unter Berücksichtigung ihrer jeweiligen Biographien, wird der – an sich auch makrosoziologisch ausgerichtete – Theorieansatz in diesem Kapitel der mikrosoziologischen bzw. subjektorientierte Konzepte und Theorien diskutiert.

Ein weiterer sowohl lebenslauf- als auch subjektbezogener Ansatz[257] liegt mit der ‚Sozialstruktur des Lebensverlaufs' (vgl. Mayer 1990) vor. In diesem werden auf der Ebene quantitativer Kohortenanalysen strukturelle sozio-historische Veränderungen von Lebensphasen und -ereignissen analysiert. Dabei ist der Forschungsfokus, der auf eine Reihe sozialwissenschaftliche Theorieansätze zurückgreift (vgl. Mayer 1990, S. 8 f.; Voges 1987, S. 12 f.), ebenfalls weniger auf das höhere Alter als solches[258] als vielmehr auf den Lebenslauf generell gerichtet, der als Ergebnis von zahlreichen sozialstrukturellen Einflüssen (vgl. Mayer 1990, S. 9 ff.), wie ökonomischen und politischen Rahmenbedingungen oder z.B. der Ausgestaltung der gesetzlichen Bestimmungen im Übergang zur Rente, sowie des individuellen Handelns gesehen wird (vgl. dazu z.B. auch Allmendinger 1990; Allmendinger u.a. 1992): „Lebensverlaufsuntersuchungen bieten (...) in ausgezeichneter Weise die Chance, individuelle Betroffenheit, die Wirkungsweise von Institutionen und gesellschaftlichen Wandel simultan in einem gesamtgesellschaftlichen Rahmen zu untersuchen" (Mayer 1987, S. 53). Die Lebensverlaufsforschung untersucht somit einerseits die Entstehung und gesellschaftliche Prägung von Lebensverläufen sowie deren Veränderungen im Kontext des gesellschaftlichen Wandels (vgl. Mayer 1987, S. 54). Auf der anderen Seite wird aber auch versucht, gesellschaftliche Strukturen und deren Veränderungen aus individuellen Verläufen zu rekonstruieren. In diesem Ansatz werden daher eine Vielzahl unterschiedlichster Determinanten des Lebenslaufs – wenn auch eher im Sinne von ‚Bindestrich-Soziologien' (vgl. Clemens 1998, S. 97 f.) – untersucht, und damit die Forschungsperspektive gerade auch hinsichtlich der Fragestellung des (un-)freiwilligen Übergangs in Rente wesentlich erweitert.

In einem engen Zusammenhang mit der Lebenslaufperspektive steht die Frage nach dem Fortbestehen bzw. der Entstehung sozialer Ungleichheit im Alter. So ist gerade auch die Ungleichheitsforschung gefordert, sich biographische Dimensionen sozialer Probleme zu vergegenwärtigen und in ihren Analysen zu berücksichtigen:

> „Die Individualisierungsthese ist empirisch nach wie vor stark umstritten, vor allem im makrosoziologischen Bereich, nämlich was die Strukturiertheit sozialer Ungleichheit – die Wirksamkeit von Schicht, Klasse, ethnischer Zugehörigkeit, Geschlecht u.ä. – betrifft. Wesentlich eindeutiger ist die Lage dagegen im mikrosoziologischen Bereich, näm-

---

257 „Gegenstand der Analyse ist der individuelle Lebensverlauf als eine Abfolge von Aktivitäten und Ereignissen in verschiedenen Lebensbereichen und verschiedenen institutionalisierten Handlungsfeldern" (Mayer 1990, S. 9).

258 Im Alter kumulieren allerdings die ‚Effekte' vorausgegangener Lebensabschnitte bzw. Lebensphasen (vgl. Mayer 1990, S. 11).

lich der Dimension von persönlicher Entscheidung und von sozialer Zuschreibung persönlicher Entscheidungen. Die angeführten Befunde sprechen für eine zumindest partielle Auflösung der bisher institutionalisierten Verlaufsmuster des Lebens, mit einer Folge einer Biographisierung der Lebensführung, d.h. einer Situation, die nach eigenständiger biographischer Orientierung verlang" (Kohli 1994a, S. 232).

Für eine entsprechende Untersuchung sozialer Ungleichheit im Alter bieten sich daher verschiedene soziologische Ansätze an, die zum einen die soziale Lage (vgl. dazu den Lebenslagen-Ansatz in Kapitel 3.2.2.2.1) bzw. Prozesse der sozialen Exklusion am Ende des Erwerbslebens (vgl. dazu Kapitel 3.2.2.2.2) in den Vordergrund der Analyse rücken sowie zum anderen der Frage nach unterschiedlichen Lebensstilen in der Phase des Übergangs in den Ruhestand nachgehen (vgl. Kapitel 3.2.2.2.3). Die Ansätze der Lebensstilforschung können dabei das komplexe und vielschichtige Bild sozialer Lagen ergänzen. Denn im Unterschied zu diesen stehen sie zwar in einem gewissen Zusammenhang mit den objektiven und subjektiven Merkmalen und Dimensionen sozialer Ungleichheit, aber ohne a priori normativ darüber zu entscheiden, ob es sich dabei um ‚Unterversorgungslagen' bzw. um Phänomene der gesellschaftlichen Teilhabe oder des Ausschlusses handelt. Vielmehr erfolgt die Bewertung der je individuellen Lebenslage durch die Subjekte, die sich durch unterschiedliche Orientierungen, Einstellungen und (alltägliche) Verhaltensweisen auszeichnen.

3.2.2.1 Konzepte der Lebens(ver)laufforschung

„Wenn in der Alltagssprache vom *Lebenslauf* die Rede ist, meint man die Abfolge von Ereignissen, Übergängen, Wendepunkten, Weichenstellungen, Entscheidungen im Leben eines Menschen und der Rollen und Positionen, die er dabei einnimmt. Im soziologischen Verständnis meint Lebenslauf die *allgemeinen*, also regelhaften, typischen Muster und Abfolgen der Bewegung durch die Lebenszeit, was an äußerlich beobachtbaren (objektiven) Zuständen und Ereignissen festgemacht wird" (Tews 1999, S. 155; Hervorhebung durch den Autor).

Eine Soziologie des Lebenslaufs[259] betrachtet folglich bestimmte Situationen bzw. Lebensalter der Gesellschaftsmitglieder nicht als singuläre Ausschnitte, sondern unter Berücksichtigung der Vergangenheit sowie im Verhältnis zu den zukünftigen Erwartungen. Das Verhalten der Gesellschaftsmitglieder ist weniger durch ihre jeweilige Position im Altersgefüge zu erklären, sondern bedarf nach Kohli (1978, S. 9) neben der Analyse der objektivierbaren altersspezifischen Handlungsmustern im Rahmen sozio-historischen Prozesse auch der Untersuchung individuell-biographischer Erfahrungen, die den lebenslaufbezogenen Ansätzen ein gewisses Maß an ‚Subjektivität'[260] erlauben.[261] Somit hat sich die Sichtweise in der Moderne auf das Alter, das sich in

---

259 Zu einem Überblick vgl. Voges 1987a; Behrens, Voges 1996a; Mayer, Schöpflin 1989; Mayer 1990a.

260 „Das Ziel einer Soziologie des Lebenslaufs muss es (...) sein, ‚Subjektivität' in ihrer Vermittlung mit ‚objektiven' Gegebenheiten zu untersuchen" (Kohli 1978, S. 24).

261 In diesem Sinne lassen sich zum einen kohortenspezifische, zum anderen intrakohortenspezifische Differenzierungen unterscheiden. Während ersteres darauf hinweist, dass historische Zustände bzw. Prozesse sich unterschiedlich auf die Lebensläufe verschiedener Kohorten auswirken können, ist für letzteres festzustellen, „dass die Laufbahnen der verschiedenen Schichten jeweils nicht in

der Altersschichtentheorie noch als abgrenzbare soziale Gruppe in einem statischen gesellschaftlichen Kontext konstituierte, in den neueren lebenslaufbezogenen Ansätzen der ‚Institutionalisierung des Lebenslaufs' (vgl. Kohli 1985) sowie der ‚Sozialstruktur des Lebensverlaufs' (vgl. Mayer 1990) weitgehend ausdifferenziert (vgl. auch Backes, Clemens 1998, S. 15).

3.2.2.1.1 *Die (De-)Institutionalisierung des Lebenslaufs*

In der Theorie der ‚Institutionalisierung des Lebenslaufs' ist der Lebenslauf selbst als eine wichtige gesellschaftliche Strukturdimension zu einem zentralen gesellschaftlichen Ordnungs- bzw. Vergesellschaftungsprogramm geworden (vgl. Kohli 2000, S. 203).[262] Der Begriff der Institutionalisierung meint nach Kohli daher nicht das Aggregat von Individuen oder sozialen Gruppen, sondern ein „Handlungsregulativ (...), das am Individuum ansetzt" (Kohli 1986, S. 183), bzw. ein „Regelsystem, das einen zentralen Bereich oder eine zentrale Dimension des Lebens ordnet" (Kohli 1985, S. 1). Dabei stellt der Lebenslauf eine Vermittlungsinstanz zwischen Individuum und Gesellschaft dar (vgl. Kohli 1986, S. 186).

Kohli begründet seine These der Standardisierung der Lebensläufe vor allem durch die Analyse sozio-historischer Veränderungen seit der Industrialisierung bis zur Moderne, die zu einem strukturellen Übergang von einem Lebenslaufregime zu einem andern führten (vgl. Kohli 1985, S. 2 f.). Als historische Belege für die Standardisierung des Lebenslauf[263] nennt er dabei zum einen die demographischen Veränderungen, die durch eine generelle Verringerung der Mortalität nun im ‚Normalfall' eine hohe Lebenserwartung für alle Gesellschaftsmitglieder wahrscheinlich machen, sowie zum anderen die Herausbildung eines ‚modernen' Familienzyklus bzw. einer ‚normalen' Erwerbsbiographie[264]. Darüber hinaus führte die gesellschaftliche Modernisierung mit ihren Individualisierungsprozessen zu neuen Herausforderungen – nämlich das Leben

---

gleicher Weise von den historischen Veränderungen betroffen werden; es ist also notwendig, mit der historischen Entwicklung zugleich die soziale Differenzierung innerhalb jeder Kohorte zu berücksichtigen, und es gibt darüber hinaus wesentliche Interaktionen zwischen diesen beiden Dimensionen" (Kohli 1978, S. 21).

262 „Es ist überdies zu betonen, dass der Lebenslauf nicht einfach eine Dimension ist, in der sich andere Institutionen (z.B. Familie, Arbeitsmarkt) individuell auswirken, sondern dass er ein eigenständiges Vergesellschaftungsprogramm konstituiert" (Kohli 1986, S. 183 f.).

263 Unter Standardisierung ist in diesem Zusammenhang vor allem die Verringerung der Varianz von Lebensereignissen zu verstehen, die dazu führten, dass nun Durchschnittswerte den Charakter von Normen erhalten (vgl. dazu auch Backes 1997, S. 229 f.).

264 Unter Normalbiographie versteht Kohli „eine gewisse faktische und normative Prävalenz modaler Sequenzen" (Levy 1996, S. 81), d.h. die Dreiteilung des Lebenslaufs um die Erwerbsarbeit herum (Phase der Ausbildung, der Erwerbstätigkeit und des Ruhestandes). Das Muster des dreigliedrigen Lebenslauf trifft allerdings überwiegend nur auf die Lebensläufe der Männer zu; für Frauen kann es dagegen nicht nachgewiesen werden - selbst wenn die Zahl derjenigen Frauen, auf die er zutrifft, zunehmend wächst (vgl. Kohli 1994a, S. 222). Aber auch wenn man für Frauen versucht, insbesondere familienbedingte Unterbrechungen in einem entsprechenden Modell des Lebenslaufs zu berücksichtigen, so sind in der Realität die weiblichen Erwerbsbiographien so variabel, dass sich beispielsweise auch ein fünfgliedriger Lebenslauf (Bildung – Erwerb – Familie – Erwerb – Ruhestand) nicht herauskristallisieren lässt (vgl. Krüger u.a. 1989).

nun selbst gestalten zu dürfen bzw. zu müssen. Seine Überlegungen münden schließlich in der Theorie der ,Institutionalisierung des Lebenslaufs', die im wesentlichen auf fünf – in einem gewissen Spannungsverhältnis zueinander stehenden – Punkten basiert: der Verzeitlichung, der Chronologisierung, der Zentralität des Erwerbssystems, der Individualisierung sowie der Berücksichtigung der biographischen Perspektive (vgl. Kohli 1985, 1986). Auf der Grundlage dieser zu Thesen formulierten historischen Beobachtungen lässt sich schließlich der Transformationsprozess von Lebenslaufregimen innerhalb des gesellschaftlichen Strukturwandels beschreiben.
Dabei besteht für die ersten beiden Thesen ein indirekter Zusammenhang. Denn während die ,Verzeitlichung' einerseits darauf abhebt, dass nun einzelne Lebensalter im Sinne stabiler Rollen oder altersspezifischer Handlungsmuster durch die Hervorhebung des gesamten Lebenslaufs als dynamischen biographischen Prozess an Bedeutung verlieren (vgl. Voges 1987, S. 9 f.; Kohli 1986), wird durch die ,Chronologisierung' andererseits das Leben – infolge gesellschaftlicher altersgeschichteter Systeme und Institutionen – wieder ,gegliedert': „Die Verzeitlichung des Lebenslaufs ist am chronologischen Lebensalter orientiert; es ist zu einem chronologisch standardisierten ,Normallebenslauf' gekommen" (Fischer, Kohli 1987, S. 41). Kohli begründet dies durch das Auftreten von zwei Prozessen: Der Bedeutungszunahme zum einen von Altersgrenzen, zum anderen von zeitlichen Sequenzen – vor allem der Erwerbsarbeit – als Ordnungsschemata, die schließlich zu einer Standardisierung des Lebenslaufs sowie seiner Übergänge führen (vgl. Kohli 1986). Gerade der Ausbau des Bildungs- und Rentensystems haben in der Vergangenheit durch die Vorgaben fester Altersgrenzen (z.B. schulpflichtiges Mindestalter, Mindestalter für Regelrente etc.) tendenziell zu einer Vereinheitlichung der Lebensläufe um das Erwerbsleben herum (vgl. Kohli 1986) geführt, d.h. zu einer Dreiteilung des Lebenslaufs in eine Ausbildungs-, Erwerbs- bzw. Aktivitäts- und schließlich in eine Ruhestandsphase (vgl. Kohli 1985, S. 8 ff.).[265] In diesem Sinne ist die Dreigliedrigkeit des Lebenslaufs ein ,Produkt' moderner Wohlfahrtsstaaten[266], da in diesen einerseits durch Ausdifferenzierungsprozesse der Übergang „von einer Haushaltsökonomie zu einer Ökonomie (formal) freier Arbeit" (Kohli 1994a, S. 222) gelang und andererseits durch kollektive Sicherungssysteme erst die Finanzierung ausgeprägter Bildungs- und Ruhestandsphasen ermöglich wurde (vgl. Kohli 1985, S. 8 ff.):

> „Eine eigenständige Bildungsphase mit einer Schulpflicht für alle Bevölkerungsgruppen etablierte sich in den Industriestaaten im 19. Jahrhundert, in Einzelfällen bereits im 18. Jahrhundert. Eine institutionalisierte Ruhestandsphase bildete sich dagegen erst im 20. Jahrhundert in den Industriestaaten heraus. Zwar gab es in Deutschland, einem Vorreiter dieser Entwicklung, schon seit dem letzten Jahrhundert ein Rentenversicherungssystem, dessen Ausstattung und dessen Altersgrenzen sorgten allerdings lange Zeit dafür, dass ein gesichertes arbeitsfreies Auskommen für eine überwiegende Mehrheit der Bevölke-

---

265 Dabei decken sich zunehmend das soziale und das chronologische Alter (vgl. Kohli 1986). Auf diese Weise erhält der Lebenslauf „den Charakter einer ,sozialen Institution'" (Voges 1987, S. 9 f.).

266 Durch diese Entwicklungen „erst ist es zu einer *relativ einheitlich beginnenden strukturell abgrenzbaren Altersphase von beträchtlicher Länge für den überwiegenden Teil der Bevölkerung* gekommen" (Kohli 1985, S. 10, Hervorhebung durch den Autor).

rung nicht gewährleistet war. Wie in anderen Industriestaaten erfolgte eine Verallgemeinerung des Prinzips des Ruhestandes in Deutschland erst nach dem Zweiten Weltkrieg (in Deutschland nach der großen Rentenreform 1957). Danach ging das Phänomen der ‚Altersarmut' rapide zurück, die symbolische Bedeutung des Alters wandelte sich" (Sackmann 1998, S. 46).[267]

Die Theorie der Institutionalisierung des Lebenslauf geht somit von einer Standardisierung bzw. ‚Normalisierung' des Lebenslaufs aus: Durch gesellschaftliche Institutionen und ihren z.T. fixen Altersgrenzen wird das Leben der Individuen in einem gewissen Rahmen gesteuert (vgl. auch Sackmann 1998, S. 47 ff.). Dies widerspricht zunächst der vierten These, der zunehmenden Individualisierung infolge der Modernisierung bzw. der Positionierung des Individuums als zentrale ‚soziale Einheit' in der Gesellschaft (vgl. Kohli 1985, 1986). Es entsteht ein Spannungsverhältnis zwischen gesellschaftlichen Institutionen und den Gesellschaftsmitgliedern als eigenständigen Subjekten, die im Extremfall ihren Lebenslauf völlig unabhängig von gesellschaftlichen ‚Normalitäten' und nur vor dem Hintergrund ihrer eigenen spezifischen biographischen Erfahrungen planen (vgl. dazu die These der Berücksichtigung der biographischen Perspektive[268]).
Kohli löst diesen scheinbaren Widerspruch auf, indem er die durch die sozialpolitischen Einrichtungen gewonnenen Freiheitsgrade hervorhebt. So verminderte sich beispielsweise erst durch die Einführung eines gesetzlichen Rentenversicherungssystems – ähnliches gilt auch für die Kranken- oder Arbeitslosenversicherung – die bis dahin übliche (finanzielle) Abhängigkeit im Alter von Kindern oder Fürsorgeeinrichtungen. Mit der Institutionalisierung des Lebenslaufs, d.h. mit der Verzeitlichung und Chronologisierung (vgl. Fischer, Kohli 1987, S. 41), findet folglich eine Freisetzung des Individuums statt, die eine weitgehend eigenständige Gestaltung des Lebens ermöglicht (vgl. dazu auch Zapf u.a. 1987), aber auch erzwingt. In diesem Sinne sind es die Individuen, „die in ihrem Leben die unterschiedlichen Lebenslaufmuster sozialpolitischer Einrichtungen zu integrieren haben" (Behrens, Voges 1996, S. 22), wobei „die Regelung des sequentiellen Ablauf des Lebens (...) das individuelle biographische Schema [überformt, D.S.] und (...) so eine altersabhängige lebenszeitliche Perspektive [konstituiert, D.S.]" (Kohli 1985, S. 2 f., zitiert nach Voges 1987, S. 10).
Die Vergesellschaftung der Individuen erfolgt in der Theorie ‚Institutionalisierung des Lebenslaufs' somit einerseits als ein auf der gesellschaftsstrukturellen Ebene standardisiertes Ablaufprogramm von institutionalisierten Positionssequenzen als auch andererseits auf der individuellen Ebene als biographisch-subjektive Konstruktion auf der

---

267 „Kohli kommt dagegen zu dem Schluss, dass bereits Anfang des Jahrhunderts eine Reduktion der Erwerbstätigenzahlen im höheren Alter als Folge der Einführung der Rentenversicherung festzustellen ist, die er als Epochenschnitt begreift" (Sackmann 1998, S. 47).

268 Die fünfte These geht davon aus, dass der beobachtbare Lebenslauf einerseits durch objektivierbare ‚Positionssequenzen bzw. Karrieren', andererseits durch (subjektive) ‚biographische Perspektiven und Handlungen' erklärt werden kann. Dadurch wird ein Spannungsverhältnis zwischen Individuum und Gesellschaft beschrieben: „Lebenslauf als Institution bedeutet also zum einen die Regelung des sequentiellen Ablaufs des Lebens, zum anderen die Strukturierung der lebensweltlichen Horizonte bzw. Wissensbestände, innerhalb derer die Individuen sich orientieren und ihre Handlungen planen" (Kohli 1985, S. 3).

Grundlage lebenszeitlicher Verlaufsschemata (vgl. Voges 1987, S. 10).[269] Die Verstetigung und Homogenisierung der Lebensläufe der Gesellschaftsmitglieder als ‚soziale Institution' (vgl. Kohli 1985) führte dabei zur Herausbildung einer durch chronologische Altersgrenzen konstituierten Normalbiographie, durch deren prägende Kraft für die Individuen gleichzeitig die Chance entstand, Kontinuität zu erfahren (vgl. Kohli 1986, S. 190). Denn Übergänge bzw. Statuspassagen werden nach Kohli, wie im Kapitel 3.2.1.2.2 ausgeführt, dann nicht als Krisen bzw. ‚Brüche' erlebt, wenn sie – wie bei der Normalbiographie – antizipierbar sind.[270]

Seit Ende der 1960er Jahre konzediert Kohli ein Ende der Institutionalisierungsprozesse (vgl. Kohli 1985, S. 22 ff.; Kohli u.a. 1993, S. 28) bei einer gleichzeitigen Zunahme von Individualisierungs- und Entstandardisierungstendenzen (vgl. Sackmann 1998, S. 42 ff.). Aufgrund zunehmender Spannungen zwischen dem Lebenslauf als einerseits gesellschaftlich standardisiertem Ablaufprogramm und andererseits als individuell gestaltbarer Biographie vollzieht sich gerade auf der Basis der bestehenden Institutionen sozialer Sicherheit eine ‚individualisierende Abkehr' von den nach dem chronologischen Alter konstituierten Lebensereignissen (vgl. auch Kohli 1985, S. 22 ff.):

> „Beide Momente, Standardisierung und Individualisierung, Verhaltenseinschränkung und Expansion sind institutionalisiert, und dies erzeugt die besondere Dynamik des modernen Lebenslaufregimes, die nicht auf Dauer, sondern nur in einer prekären Balance stillgelegt werden kann. Lebenszeit als Ordnungs- und Integrationsdimension steht im Widerspruch zu Lebenszeit als Entwicklungs- und Entfaltungsdimension; die in der Institution des Lebenslauf verankerten Ansprüche auf individuelle Entfaltung erodieren dessen Normalprogramm" (Kohli 1986, S. 187 f.).

So führt gerade die Individualisierung bzw. der verstärkte Anspruch der Gesellschaftsmitglieder, ihre Biographie – vor dem Hintergrund der bestehenden Sicherungs-

---

269 Die institutionelle und die individuelle Ebene können in unterschiedlicher Gewichtung zueinander stehen. Kohli entwickelte verschiedene Modelle, in denen beispielsweise im Extremfall der Lebenslauf nur durch die Institutionen oder aber nur durch das Individuum bedingt wird (vgl. Kohli 1985).

270 „Veränderungen, die als normal betrachtet und damit erwartet werden, sind typischerweise nicht krisenhaft, unantizipierte oder zum falschen Zeitpunkt eintretende dagegen schon ..." (Kohli 1986, S. 190). Levy spricht dagegen insgesamt von einer Doppelnatur der institutionalisierten Normalbiographie: „Wie jede andere institutionalisierte soziale Form haben auch Normalbiographien eine Doppelnatur: Da sie sozial vorweggenommene Lebenslaufentscheidungen darstellen, bedeuten sie für die sie durchlebende Person gleichzeitig Sicherheit und Einschränkung. Das relative Gewicht des einen oder anderen dieser beiden Aspekte kann stark variieren, und dies in Abhängigkeit von Bedingungen, die expliziert werden können. Die unmittelbare Konsequenz dieser mehr oder weniger persönlichen Bewertung liegt auf der Hand: *Wenn der Zwangscharakter vorwiegt*, ist es wahrscheinlich, dass befriedigendere Alternativen gesucht werden, falls die zugänglichen Ressourcen und Optionen dies erlauben. Sonst sind diverse Formen von nicht normativer Akzeptanz (compliance) oder von Resignation zu erwarten. *Wiegt der Sicherungscharakter vor*, so wird die betreffende Person bereit sein, einen hohen persönlichen und sozialen Preis zu bezahlen, um das Muster zu respektieren (Preis im Sinne von Energie, Isolation, Unterdrückung eigener Bedürfnisse und Interessen, Akzeptieren von Abhängigkeit usw.)" (Levy 1996, S. 84). Levy betont damit die individuelle Bewertung der Normalbiographie. Wollte man vom ‚Standardlebenslauf' abweichen, so müssten für das Individuum gewisse Handlungsalternativen aufgrund vorhandener psychischer bzw. physischer Ressourcen zur Verfügung stehen.

systeme – selbst gestalten zu wollen, zu einer Erosion der Normalbiographie, d.h. der Deinstitutionalisierung des Lebenslaufs (vgl. dazu auch Backes 1997, S. 231 f.).[271] Diese Entwicklungen treffen dabei insbesondere auf den reproduktiven Bereich (z.B. durch die Destandardisierung des Familienzyklus[272]), teilweise aber auch auf den der Erwerbsarbeit zu. Denn wenn die normative Verbindlichkeit der Dreiteilung des Lebenslaufs weitgehend auch heute noch besteht, so lösen sich vor allem die zeitlichen Grenzen zwischen den Phasen Ausbildung und Erwerbsarbeit bzw. zwischen den Phasen der Erwerbsarbeit und des Ruhestandes auf (vgl. Kohli u.a. 1993, S. 28 f.).[273] Diese sind dabei nur zum Teil auf individuelle Entscheidungen zurückzuführen, da auch beispielsweise der Arbeitsmarkt durch seine De-Regulierungstendenzen das Erwerbsverhalten der Gesellschaftsmitglieder beeinflusst (vgl. Kohli u.a. 1993, S. 28 f.). Damit sind bei einer insgesamt kürzer werdenden Erwerbsbiographie die „Übergänge zwischen diesen Phasen länger, diffuser und risikoreicher" (Wachtler, Wagner 1997, S. 44) geworden (vgl. auch Kohli u.a. 1993, S. 28 f.): Viele Jugendliche befinden sich vor dem Eintritt in den Arbeitsmarkt als Stille Reserve in den ‚Bildungswarteschleifen', viele Ältere, die zunächst aus eigner Entscheidung heraus dem ‚Trend zum frühen Ruhestand' (Jakobs, Kohli 1995) folgten, finden sich zunehmend in einer Situation, in der sich verbindliche Übergangsgrenzen auflösen und unterschiedliche – gesellschaftlich mehr oder weniger anerkannte – Wege in den (vorzeitigen) Ruhestand führen. Im letztgenannten Fall ergeben sich für die Arbeitnehmer weniger Schwierigkeiten durch die Herabsetzung der Altersgrenze (z.B. infolge der Einführung der flexiblen Altersgrenze im Jahr 1972), sondern durch die gleichzeitig zunehmende Varianz des Verrentungsalters und der Übergangswege in Rente (vgl. dazu auch Sackmann 1998, S. 49 f.).[274] Denn gerade wenn eine Phase der Arbeitslosigkeit dem Ruhestand vorausgeht,

---

271 „Die Institutionalisierung des Lebenslaufs ist die Grundlage, auf der sich jetzt die individualisierende Abkehr von der Chronologie vollzieht" (Kohli 1985, S. 24).

272 So sind nach Kohli diesbezüglich eine Reihe von Veränderungen festzustellen: Der „Prozess der Familienbildung wird verlängert bzw. verschoben, ein zunehmender Anteil der jüngeren Geburtskohorten vollzieht diesen Prozess in alternativen Formen, nur teilweise oder gar nicht; damit wächst der Anteil von Haushaltskonstellationen und Verlaufsformen, die nicht mehr dem normativen Muster entsprechen, auf das hin sich die historische Entwicklung bis vor kurzem bewegte. (...) Damit löst sich tendenziell auch die Orientierungswirksamkeit des Familienzyklus für die biographische Planung auf" (Kohli 1986, S. 198 f.).

273 Kohli weist darauf hin, „dass die Veränderungen in der Kernphase der Erwerbsarbeit noch eher bescheiden sind. Von einer Pluralisierung der Verlaufmuster ist bisher kaum etwas zu sehen, zumindest auf der Ebene der Gesamtbevölkerung. Für die Männer gilt immer noch fast ausschließlich das Modell des dauerhaften Vollzeiterwerbs; die steigende Erwerbsbeteiligung der Frauen – wenn auch mit höherem Anteil an Teilzeitbeschäftigung – weist darauf hin, dass sie sich ebenfalls zunehmend in die (...) arbeitsgesellschaftliche Normalbiographie integrieren. Der wesentliche Befund ist, dass sich das Erwerbsleben verkürzt hat; die Dreiteilung des Lebenslaufs in Vorbereitungs-, Arbeits- und Ruhestandsphase ist dagegen erhalten geblieben. Offenbar ist die Arbeitsgesellschaft in diesem zentralen Punkt – und damit auch in ihrer Vergesellschaftungsleistung – wesentlich widerständiger, als diejenigen unterstellen, die bereits ihr Ende als gekommen sehen" (Kohli 1994, S. 231).

274 „Moralische Probleme entstehen für die Arbeitnehmer nicht aus dem Vorrücken der Altersgrenze, sondern dann, wenn sie undeutlich wird – vor allem aber dann, wenn sie nicht erreicht werden

ist dies für die Betroffenen besonders kritisch. Durch den vorzeitigen, meist unfreiwilligen Ausschluss aus dem Arbeitsmarkt können sie „das sozial geforderte und institutionalisierte lebenszeitliche Pensum" (Kohli 1986, S. 191) nicht leisten, das sie – bei dem von Kohli unterstellten Arbeitsethos – zu ‚vollen' bzw. ‚guten' Gesellschaftsmitgliedern gemacht hätte.

Kohli folgert aus diesem strukturellen Wandel, dass die Deinstitutionalisierung zwei an sich konträre Folgen haben kann: Sie kann auf der einen Seite, wie oben ausgeführt, durch die Verringerung ‚institutioneller Fesseln' die Wahlfreiheit der Individuen erhöhen (vgl. Kohli 1986, S. 202 ff.), auf der anderen Seite geht mit ihr aber auch „ein Zwang zu einer subjektiven Lebensführung einher" (Backes 1997, S. 230), die nicht nur erhöhte Chancen, sondern – u.U. sogar existenzielle – Risiken in sich birgt. Daher stellt sich infolge des ‚Individualisierungsschubs' für die Individuen auch die Frage nach ‚Kontinuität' im Leben neu:

> „Nicht mehr stabile Zugehörigkeit verbürgt Kontinuität, sondern die immer wieder neue Ausrichtung auf biographische Verläufe und Ziele. In der individualisierten Lebensform wird man seinen Produzentenstolz vielleicht nicht mehr daraus ziehen, kontinuierlich und kompetent an der Herstellung bestimmter Güter mitgearbeitet zu haben, sondern daraus, schon eine Reihe von Umstrukturierungen und Brüchen bewältigt zu haben" (Kohli 1994, S. 234).

Der Prozess der Destandardisierung des Lebenslaufs führt demnach nicht konfliktfrei zu einer neuen Gesellschaftsstruktur (vgl. Kohli 1985, S. 22 f.) bzw. zur Vergesellschaftung des Alters. So ergibt sich allein aus dem Verlust verbindlicher Altersgrenzen und der Entstehung einer immer längeren Übergangsphase „die Notwendigkeit zu einer normativen Neudefinition der Lebensphase Ruhestand" (Wachtler, Wagner 1997, S. 45): Er ist nicht nur mehr eine ‚Restzeit' im Leben der Gesellschaftsmitglieder, sondern muss als eigenständige Lebensphase zunehmend selbständig durch die Individuen geplant und gestaltet werden:

> „In diesem Sinn kann man von einer Biographisierung des Ruhestandes sprechen: er kann und muss stärker durch eigenes Handeln gestaltet werden. Die institutionellen Vorgaben dafür sind gering. Die gesellschaftliche Position der Älteren war schon bisher ‚unterbestimmt', und sie wird es zunehmend mehr. Die These einer einfachen Kontinuität der Lebenslage und Lebensorientierung von der Erwerbsphase in den Ruhestand ist problematisch. Die abgeschlossene Erwerbsbiographie dürfte zwar vielfach der wesentliche Bezugspunkt bleiben, aber die biographische Erinnerung daran wird angesichts des rasanten Umbaus der Produktionsstruktur schwieriger. Für viele ältere Arbeiter ist die materielle Realität, an der ihre Erinnerung haftet, inzwischen verschwunden: ihr Betrieb und vielleicht sogar ihr Beruf existieren nicht mehr. Das gesellschaftliche Gedächtnis ihrer Arbeitsleistung dünnt sich aus" (Kohli 1994a, S. 230 f.).

Die Frage nach der Bedeutung von Tätigkeiten im Ruhestand wird dabei um so dringlicher, je mehr Menschen den Ruhestand erreichen und ihn bei guter physischer und psychischer Gesundheit für einen immer länger werdenden Lebensabschnitt erleben (vgl. dazu Kohli u.a. 1993, S. 31).

---

kann, weil (z.B. aus gesundheitlichen Gründen) ein Ausscheiden früher und über andere als die ‚normalen' institutionellen Pfade erzwungen wird" (Kohli u.a. 1993, S. 29).

3.2.2.1.2 Die ,Sozialstruktur des Lebensverlaufs'

Die Institutionalisierung bzw. De-Institutionalisierung des Lebenslaufs in der Moderne ,in Form einer historischen Generalisierung' wird von Karl Ulrich Mayer als ,erkenntnisbehindernde Orthodoxie' kritisiert (vgl. Mayer 1996, S. 43 sowie S. 47 ff.):

> „Trendbeschreibungen und Tendenzbegriffe, wie Institutionalisierung oder De-Institutionalisierung, Chronologisierung oder Individualisierung sind als empirische Generalisierungen mehr irreführend als hilfreich. Sie suggerieren auch in verkappter geschichtsphilosophischer Manier einen kausalen oder finalen Motor gesellschaftlicher Entwicklung" (Mayer 1995, S. 44 f.).

Die Erklärung gesamtgesellschaftlicher Lebenslaufmuster im Sinne von standardisierten Normalbiographien macht nach Mayer auf der Grundlage hochaggregierter Daten der Makroebene keinen Sinn, da die Ausdifferenzierung von Altersstrukturen oder Altersnormen (im Sinne von Altersgrenzen) nicht die Voraussetzung, sondern vielmehr das unbeabsichtigte bzw. nicht-intendierte Ergebnis vielfältiger anderer Prozesse und institutioneller Regelungen ist: „Altersstrukturen sind daher in den allerhäufigsten Fällen primär keine direkt normierten Tatbestände, sondern empirisch nachgeordnete Folgen" (Mayer 1996, S. 48).

An diese Kritik schließen sich nach Mayer einige weitere Punkte an. So besitzen „Trendtheorien und Trendbegriffe die merkwürdige Eigenschaft (...), dass ihre logischen Gegensätze ebenso plausibel sind" (Mayer 1996, S. 49). Dies trifft auf die makrostrukturelle Entwicklung der Standardisierung des Lebenslaufs und die seit den 1960er Jahren unterstellte Trendumkehr zur De-Institutionalisierung zu; dies betrifft aber auch die Annahme Kohlis einer zunehmenden Biographisierung des Lebensverlaufs und der entgegengesetzten These von Mayer, dass der Lebenslauf sowohl durch entwicklungsdynamische als auch durch aktuelle, d.h. durch situationsgebundene und kontextabhängige Faktoren[275] beeinflusst wird (vgl. Mayer 1990, S. 11 f.; vgl. dazu auch Backes, Clemens 1998, S. 75). Mayer fordert daher statt der theoretischen Interpretation von Oberflächenphänomenen Untersuchungen auf der mittleren und individuellen Ebene (vgl. Mayer 1996, S. 53) unter Berücksichtigung verschiedener Zeitdimensionen (Mayer 1987, S. 54), die beispielsweise die Auswirkungen von spezifischen Prozessen für bestimmte Teilpopulationen (wie z.B. die Kohorte der Rentenzugänger) analysieren. Erst diese ermöglichen es, die Hintergründe für beobachtbare Lebenslaufsstrukturen sowie ihrer Veränderungen zu beleuchten (vgl. Mayer 1995, S. 44 f.) und zugleich Aussagen über die individuellen Lebenslagen sowie über gesamtgesellschaftliche Prozesse „in einem einheitlichen, formalen, kategorialen und empirischen Bezugsrahmen" (Mayer 1990, S. 9) zu treffen.

In der ,Lebensverlaufs-Forschung' um Karl Ulrich Mayer wird dabei der Lebensverlauf als eine Sozialstruktur aufgefasst (vgl. dazu vor allem Mayer 1987, S. 62 f.). So ist

---

[275] „Wenn es richtig ist, dass die institutionelle Differenzierung gleichzeitig große Unabhängigkeit und Heterogenität individueller Handlungslogiken mit sich bringt, dann erscheint es als außerordentlich unwahrscheinlich, dass Individuen in der Lage sind, umfassende und langfristige Lebensentwürfe zu entfalten und durchzuhalten. Die institutionelle Struktur unterstützt eher eine Logik der gegenwärtigen Situation als eine Logik der Gesamtbiographie" (Mayer 1994, S. 285).

das Leben erstens nicht ein kontinuierlicher Prozess des Sammelns unterschiedlicher Erfahrungen in der Zeit, sondern es besteht aus einer Reihe aufeinander folgender Lebensabschnitte und Lebensphasen, wie sie vor allem durch das Bildungs- und Erwerbssystem als eigenständige Regelungsgefüge erzeugt werden (vgl. Mayer 1994, S. 275). Diese Abschnitte sind zweitens durch soziale Ereignisse oder normativ definierte Übergangsprozesse klar voneinander getrennt, wobei der Staat diese Phasen häufig durch Leistungen im Rahmen der sozialen Sicherheit abfedert (ebd.). Drittens bestehen Regeln bezüglich der Reihenfolge und der unterschiedlichen Bezüge der Lebensphasen untereinander, so dass frühere Entscheidungen, wie z.B. über die Art und den Umfang der schulischen und beruflichen Bildung, Folgewirkungen für den Eintritt in das Erwerbssystem oder für den (späteren) Zeitpunkt der Familienbildung haben können. Als letzten Punkt zur Begründung des Lebenslauf als einer Strukturkategorie nennt Mayer die Kollektivbedingungen unterschiedlicher Kohortenlagen, wie sie beispielsweise durch Kriege oder Rezessionen beeinflusst werden: „Demographische Kohortengröße, Ausbildungs- und Berufschancen sind ebenso wie durch historische Sonderbedingungen geprägte familiäre Beziehungsformen individuellen Lebensgeschichten vorgegebene Tatbestände“ (Mayer 1987, S. 62). Diese vier gesellschaftlichen Bedingungen bzw. Wirkungszusammenhänge haben zu einer strukturtheoretischen Ausformung des Lebensverlaufs geführt: „Individuen werden danach durch institutionell und positional differenzierte Handlungsrationalitäten geprägt, die sich in ihren biographischen Deutungen als gesamtgesellschaftliche Struktur- und Ablaufmuster niederschlagen. Staatliche Interventionen in Institutionen und das soziale Sicherungs- und Steuerungssystem zeigen dabei prägende Wirkungen“ (Backes, Clemens 1998, S. 76). Der Lebensverlauf und sein Wandel sind also nicht das Ergebnis globaler Trends oder von Einflüssen auf der Makroebene, wie beispielsweise durch die gesellschaftliche Organisation von Erwerbsarbeit[276], sondern sie resultieren aus einer ‚komplexen Konfiguration' kollektiver Prozesse und individueller Kalküle (vgl. Mayer 1996, S. 53), wobei institutionelle Veränderungen und historische Sonderbedingungen berücksichtigt werden.

Mayer fasst die wesentlichsten Aspekte seines Ansatzes in einer Reihe von – teilweise empirisch überprüfbaren – Thesen zusammen, die sich zum einen, wie beschrieben, auf die Ebene der Sozialstruktur, zum anderen aber auch auf eine subjektorientierte Ebene beziehen (vgl. Mayer 1990, S. 10 ff.). So wird einerseits deutlich, dass der Lebensverlauf kein statisches Konstrukt ist, sondern durch das Handeln gesellschaftlich definierter Gruppen und den Vorgaben gesellschaftlicher Großinstitutionen[277] beeinflusst wird, so dass dem Wohlfahrtsstaat eine zentrale Rolle für die Ausprägung gesellschaftlicher Differenzierung – und für die damit einhergehenden Integrationserfordernisse (vgl. dazu auch Mayer 1994, S. 290 ff.) – zukommt (vgl. Mayer, Müller

276 Mayer widerspricht auch in diesem Punkt Kohli, indem er hervorhebt, dass „umgekehrt, kollektive politische Entscheidungen, gesellschaftliche Prozesse und individuelle Kalküle die Rahmenbedingungen der Organisation der Erwerbsarbeit verändert haben“ (Mayer 1996, S. 67 f.).

277 „Strukturen des Lebensverlaufs entstehen an der Schnittstelle zwischen den Vorgaben gesellschaftlicher Großinstitutionen und individuellem Handeln. Sie sind zumindest teilweise institutionalisiert, das heißt unabhängig von je individuellen Motiven und Intentionen. Lebensverläufe sind insofern analytisch zu unterscheiden von individuellen Biographien“ (Mayer 1990, S. 10).

1986).[278] Dabei wird nach Mayer die „Bedeutung solcher Regelungen für den Lebensverlauf (...) zunehmend stärker, je größere Anteile der Bevölkerung durch ein uniformes soziales Sicherungssystem erfasst werden. Auf diese Weise werden Lebensbedingungen standardisiert, die tendenziell weniger nach ökonomischer Lage und sozialer Schicht differenzieren" (Mayer 1994, S. 282). Die Herausbildung eines modernen Wohlfahrtstaates und die Herausbildung von (individuellen) Lebensverläufen sind somit als parallele Prozesse zu verstehen, die sich darüber hinaus wechselseitig verstärkt haben dürften (vgl. Mayer 1994, S. 275). Gleichzeitig kann dieser Prozess jedoch auch zu einer zunehmenden Segmentierung des Lebensverlaufs selbst führen:

> „Bedürfnisse und Lebensrisiken streuen nicht gleichmäßig über die gesamte Lebensspanne, sondern sie häufen sich zu bestimmten Zeiten oder Phasen. Die Tatsache, dass spezialisierte staatliche Institutionen sich damit befassen, transformiert sie in institutionell definierte Ereignisse und institutionell segmentierte Lebensstadien, die nur in geringem Maße individueller Verfügung unterliegen. Solche Lebensabschnitte schaffen Wirklichkeiten eigener Art" (Mayer 1994, S. 283 f.).

Im Ansatz ‚Sozialstruktur des Lebensverlaufs' wird folglich – ähnlich wie bei der Institutionalisierung des Lebenslaufs nach Kohli – nicht ausgeschlossen, dass es für größere Teilpopulationen durch institutionell definierte Ereignisse, wie z.B. den Übergang in Rente, zu einer Standardisierung des Lebensverlaufs kommen kann. Allerdings wird hier der Lebensverlauf durch ‚gesellschaftliche Differenzierungsprozesse innerhalb und zwischen Institutionen' (vgl. Mayer 1990, S. 10) erklärt[279] und nicht durch Altersnormen bzw. ‚globale Trends' wie Normalbiographien, so dass letztlich auch eine „große Variationsbreite in der zeitlichen Abgrenzung und in der Zusammensetzung von lebenslauftypischen Gruppen" (Mayer 1994, S. 279 f.) beobachtet werden kann. Diese kommt vor allem dadurch zustande, dass nicht nur, wie bereits erwähnt, der Bereich der Erwerbsarbeit konzeptionell berücksichtigt wird, sondern nach Mayer auch weitere institutionalisierte Lebensbereiche, wie die Familie, aber auch die Ebene des Betriebes, der Region oder beispielsweise der Nationalität, – unter Bezugnahme auf verschiedene Zeitdimensionen, wie insbesondere das Lebensalter, die sozio-historische Zeit und die Verweildauer – der Integration in ein kohärentes Konzept bedürfen (vgl. Mayer 1990, S. 11). Darüber hinaus liegen dem Ansatz ‚Sozialstruktur des Lebensverlaufs' weitere zentrale Annahmen zugrunde, die den individuellen Lebensverlauf vor allem als ein komplexes System innerer Kontingenz beschreiben:

---

278 Während die Institutionen zwar gesellschaftliche Rahmenbedingungen setzen, werden diese allerdings erst durch die entsprechende finanzielle Absicherung des Wohlfahrtstaates relevant. In diesem Sinne verstärkt letzterer gerade die durch die Arbeitswelt geprägten Lebenslaufstrukturen, indem er beispielsweise den vorzeitigen Ausstieg aus dem Arbeitsmarkt durch die Zahlung von Arbeitslosengeld bzw. Rente materiell ermöglicht (vgl. dazu Mayer 1994, S. 277 sowie Mayer 1995, S. 29).

279 „Lebensverläufe in dem hier beschriebenen Sinn sind sozial-historisch emergente Tatbestände. Eine Lebensverlaufsperspektive kann erst dann analytische Bedeutung gewinnen, wenn Institutionen – wie Familie, Schule, Staat – sich aus Kollektiven ausdifferenzieren, wenn Individuen als selbständige Handlungseinheiten gegenüber Primärgruppen auftreten und wenn die Annahme lebenslanger Zugehörigkeiten zu Sozialkategorien, wie beispielsweise Familien, Berufsgruppen, sozialen Schichten, Klassen und Wohngemeinden aufgegeben werden muss" (Mayer 1990, S. 11).

„Ereignisse, Phasen, Übergänge und Lebensabschnitte können nicht (wie häufig in der Berufs-, Jugend-, und Alterssoziologie) isoliert und situativ betrachtet werden: Der Lebensverlauf ist auch ein endogener Kausalzusammenhang. Spätere Ergebnisse, aber auch Zielsetzungen und Erwartungen, sind zu verstehen und zu erklären aus Bedingungen, Entscheidungen, Ressourcen und Erfahrungen der vorausgegangenen Lebensgeschichte. Binnenverläufe innerhalb einzelner Lebensbereiche (Beruf, Familie, Bildung, Wohnung) können nicht isoliert von den Verläufen in anderen Lebensbereichen verstanden und erklärt werden" (Mayer 1990, S. 11).

Aber auch das Verhalten und die Handlungspotenziale werden durch die jeweilige Lebensgeschichte stärker geprägt als beispielsweise durch die Zugehörigkeit zu einer bestimmten Altersgruppe (vgl. dazu auch Mayer 1994, S. 279 f.). Dabei können frühere Versäumnisse zu (negativen) Konsequenzen bzw. zu Einschränkungen späterer Entscheidungs- und Handlungsoptionen führen.
In diesem Sinne ist auch das ‚Alter' nicht als eine abgrenzbare Phase bzw. soziale Gruppe zu konstruieren, sondern bedarf einer prozessualen Sichtweise auf die institutionelle und individuelle Bedingtheit des Lebensverlaufs. Alter ist in diesem Ansatz somit einerseits ‚als letzte Phase des Durchlaufens der Sozialstruktur' zu sehen, auf der anderen Seite aber auch als Ergebnis individueller Erfahrungen und Kalküle. Entscheidend allerdings ist jedoch die Rolle der Kohorten bzw. der Kollektivbedingungen, die zu unterschiedlichen Lebenslagen verschiedener Kohorten führen. Denn gerade die jeweiligen historischen, wirtschaftlichen und sozialpolitischen Rahmenbedingungen, wie sie beispielsweise durch den 2. Weltkrieg, die Nachkriegszeit oder die beiden Ölpreisschocks gekennzeichnet sind, sowie das unterschiedliche Gewicht bestimmter Geburtsjahrgänge prägen nachhaltig die Struktur von Lebensverläufen (vgl. Mayer 1996, S. 51).[280] So finden zwischen, aber auch innerhalb von Geburtskohorten Konkurrenz- und Auslesemechanismen statt (vgl. dazu auch Backes, Clemens 1998, S. 75), die z.B. entscheidend die Erwerbschancen bzw. die Möglichkeit, auch mit 60 Jahren noch erwerbstätig sein zu können, beeinflussen. Untersuchungen auf der Grundlage des Ansatzes der ‚Sozialstruktur des Lebenslaufs' analysieren daher stets das Alter im Rahmen kohortenspezifischer Vergleichsanalysen.

3.2.2.1.3 Zusammenfassung und kritische Würdigung der lebenslaufbezogenen Ansätze

Kohli geht in seiner Theorie der ‚Institutionalisierung des Lebenslaufs' davon aus, dass die Vergesellschaftung des Alters zunächst vorwiegend über Institutionen wie den Arbeitsmarkt – über den Lebenslauf hinweg – erfolgt und vor allem die dazu parallel wirkenden staatlichen (Transfer-)Einrichtungen zu einer Standardisierung von Lebensentwürfen bzw. zur Herausbildung einer dreigliedrigen Normalbiographie (mit einer Ausbildungs-, Erwerbs- und Ruhestandsphase) führten (vgl. dazu Kohli 1985). Vor allem das Vorhandensein eines lebensstandardsichernden Rentensystems und die Tatsache,

280 „Für sozialpolitische Problemstellungen ist eine Unterscheidung zwischen Geburtskohorten schon deshalb unerlässlich, weil Kohorten in differenzierter Weise Risiken ausgesetzt sind und daher Sozialleistungen und Transferzahlungen unterschiedlich in Anspruch nehmen. Ebenso tragen sie aufgrund differentieller Erwerbsbeteiligung als Beitragszahler unterschiedlich zur sozialen Sicherung bei" (Mayer 1987, S. 59).

dass der Ruhestand für immer mehr Menschen nicht nur eine Restgröße, sondern ein normal erwartbarer Teil des Lebenslaufs darstellt, wirkt dabei in die Richtung einer Neugestaltung der bisherigen Tätigkeitsfelder zwischen beruflichem und privatem Bereich:

> „Für die Nacherwerbslebensphase heißt dies, eine neue Balance finden zu müssen, da die Bezüge zum Betrieb, zur Arbeit und zu den Kollegen abgeschnitten sind. Eine neue Balance herzustellen ist ein psychosozialer Umstellungsprozess, denn das Arbeitsleben wirft einen mehr oder weniger langen Schatten auf die individuellen Gestaltungsmöglichkeiten des Ruhestands. Die Pläne für den Ruhestand tragen die Spuren der bisherigen Arbeits- und Lebensgewohnheiten. Die Dominanz der Berufsarbeit und die Gewöhnung an in der Regel begrenzte Handlungsspielräume macht es für die Pensionäre oft schwer, die eingefahrenen Gleise zu verlassen und neue Interessen und Aktivitäten zu entwickeln. Die Identitätswahrung im Ruhestand trägt also deutlich die Konturen der beruflichen Sozialisationsprozesse, die den Lebenslauf in der Arbeitsgesellschaft begleitet haben" (Heinz 1995, S. 183).

Dies gilt zum großen Teil auch heute noch – selbst wenn Kohli seit den 1960er Jahren generell von einer De-Institutionalisierung des Lebenslaufs ausgeht (vgl. Kohli 1994a). Denn die heute älteren Menschen haben zwar infolge der Modernisierungsprozesse mit ihren veränderten (Re-) Produktions- und Arbeitsverhältnissen mehr Entscheidungsfreiheiten, doch ihre Lebensgeschichte ist noch immer wesentlich durch die institutionellen Rahmenbedingungen geprägt, wie sie im Konzept der ‚Institutionalisierung des Lebenslaufs' beschrieben sind. Erst die heute jüngeren Generationen werden stärker individualisiert und subjektorientiert leben bzw. leben müssen (vgl. Backes, Clemens 1998, S. 310), wobei jedoch entsprechende Formen der ‚Neu-Standardisierung' bzw. ‚Neu-Institutionalisierung' noch nicht absehbar sind (vgl. auch Kohli 1994a, S. 238): „So scheint sich die Dreiteilung des Lebenslaufs langsam aufzulösen und die Institution Ruhestand als primäres Vergesellschaftungsmodell des Alter(n)s damit ebenfalls obsolet bzw. untergraben zu werden. Was an dessen Stelle tritt, ist zur Zeit offen" (Backes 1998, S. 53). Insgesamt wirkt sich die fortschreitende Modernisierung allerdings – wenn auch gegenwärtig nicht für alle Kohorten in gleicher Weise (vgl. Backes, Clemens 1998, S. 310) – in Form zunehmender Ausdifferenzierung von Lebenslauf und Lebenslage im Alter aus.

Die Theorie der ‚(De-)Institutionalisierung des Lebenslaufs' wurde in der Vergangenheit aus verschiedenen Gründen kritisiert. So heben Behrens und Voges (1996, S. 22 f.) – ebenso wie Mayer (vgl. Kapitel 3.2.2.1.2) – hervor, dass vor allem der aus den Beobachtungen der Daten auf der Makroebene beruhende Ansatz der ‚Normalbiographie' zu wenig die individuellen Entscheidungen und Handlungslogiken der Gesellschaftsmitglieder berücksichtigt – auch wenn Kohli explizit das Individuum in das Zentrum seiner Betrachtungen rückt (vgl. Kohli 1994a, S. 221). So sollte nicht einfach von ‚institutionellen Normalitätsunterstellung' im Sinne von gesellschaftlichen (Alters-)Normen ausgegangen werden (vgl. auch Behrens, Voges 1996, S. 29), sondern der Lebenslauf als ein mögliches Ergebnis von Abwägeentscheidungen der Akteure innerhalb eines institutionellen Gefüges mit ‚Druck- und Sogwirkungen' konzeptualisiert werden (vgl. dazu Wübbeke 1999). Darüber hinaus fokussiert der Normallebenslauf einseitig auf die Arbeitswelt bzw. das Erwerbssystem als zentrale Vergesellschaftungsinstanz. Dies hat weitreichende Implikationen für die Validität des Ansatzes, da zum

einen wesentliche Teile gesellschaftlicher Arbeit, wie die Familienarbeit oder das ehrenamtliche Engagement, unterbewertet werden und dadurch zum anderen – wenn überhaupt – nur dem männlichen Lebenslaufregime Rechnung[281] getragen wird (vgl. Wachtler, Wagner 1997, S. 43 f.; Sörensen 1990). Denn auch die (männlichen) realen „Lebensläufe sind natürlich viel komplizierter als das Modell des dreigliedrigen Lebenslaufs. Immer kann es zu *Unterbrechungen* und Umwegen kommen. Etwa durch Militärdienstzeiten, längere Arbeitslosigkeit, lange Krankheitszeiten oder nachgeholte Bildungsepisoden“ (Sackmann 1998, S. 43, Hervorhebung durch den Autor).
Im Ansatz ‚Sozialstruktur des Lebensverlaufs' werden dagegen durch die Analyse der Prozesse auf der individuellen als auch auf der mittleren Ebene sowohl der Wirkungszusammenhang von Produktions- und Reproduktionsbereich als auch kumulative Effekte konzeptionell berücksichtigt und durch Längsschnittdaten auf der Mikroebene falsifiziert. So begreift Mayer „empirisch beobachtete Lebensverläufe (...) als das Ergebnis einer komplexen Konfiguration von Prozessen – individuellen Entscheidungen und Handlungen, kollektiven Entscheidungen und Selektionsprozessen, politischen und institutionellen Rahmenbedingungen sowie von kohorten- und periodenspezifischen Bedingungen“ (Mayer 1996, S. 53). Dabei wird Personen eine sequenzielle Abfolge sozialer Positionen im Rahmen unterschiedlicher Zeitdimensionen – des Lebensalters, der historischen Zeit, der (Verweil-) Dauer sowie der ‚sozialen Zeit'[282] (vgl. (Mayer 1987, S. 54) – zugeordnet, so dass Aussagen darüber möglich sind, „wie individuelle Handlungsmuster sich zu gesellschaftlichen Strukturen verfestigen und wie diese wiederum auf individuelles Handeln zurückwirken“ (Mayer 1990, S. 8). Darüber hinaus wird der individuelle Lebensverlauf auch durch institutionelle Vorgaben (Mayer 1990, S. 7) sowie – direkt oder indirekt – durch den fortschreitenden sozialen Wandel geprägt. Diese können schließlich nicht zuletzt zu einer ‚Verflüssigung' sozialer Strukturen bzw. zu einer Neuverteilung sozialer Ungleichheit innerhalb der Gesellschaft führen (vgl. Kapitel 3.2.2.2). Mayer vertritt dabei die These, „dass erst durch die Interventionen und rechtlichen Codierungen des Wohlfahrtsstaates latente ökonomische Interessen in eine Lebenszeitstruktur gegossen werden“ (Mayer 1995, S. 29). Auf der anderen Seite kann ökonomischer Wandel auch die Lebenszeitstrukturen negativ beeinflussen (vgl. Mayer 1995, S. 29). Da historische Ereignisse, wie beispielsweise die Weltwirtschaftskrisen oder die Wiedervereinigung Deutschlands, nicht nur auf individueller Ebene des Lebensverlaufs Spuren hinterlassen, sondern auch auf der gesellschaftlichen Ebene zu neuen Strukturbedingungen führen, müssen „Brüche in der gesellschaftlichen Entwicklung (...) auf der Ebene individueller und kollektiver Lebensgeschichten in alters- und kohortenspezifischer Weise verarbeitet werden“ (Mayer

281 Die Nicht-Berücksichtigung geschlechtsspezifischer Unterschiede in Kohlis Konzept ist umso erstaunlicher, als gerade auch die gesellschaftlichen Institutionen (wie z.B. die gesetzliche Krankenversicherung durch ihre beitragsfreie Mitversicherung nicht erwerbstätiger Familienangehöriger oder beispielsweise die Familienpolitik mit der Förderung der sukzessiven Vereinbarkeit von Familie und Beruf) die bestehende Arbeitsteilung zwischen Männern und Frauen fördern: „Eine adäquate Einbeziehung weiblicher Lebensverläufe würde den gleichgewichtigen Blick auf andere Lebensbereiche notwendig machen, der in Kohlis Konzept zwar angedeutet, aber nicht systematisch entwickelt ist“ (Wohlrab-Sahr 1992, S. 8).

282 Die soziale Zeitdimension wird nach Mayer durch spezifische soziale Prozesse sowie unterschiedliche gesellschaftliche Institutionen beeinflusst (vgl. Mayer 1987, S. 54).

1990, S. 7). Durch den Vergleich der Lebensverläufe verschiedener Geburtskohorten können daher einerseits Einsichten über die längerfristigen Veränderungen von Lebensverlaufsmustern gewonnen werden als auch festgestellt werden, dass „Perioden der Destabilisierung sich regelmäßig zuerst an Statusübergängen zeigen und Statusinhaber zunächst weniger erfassen. Eine einmal versäumte oder defizitäre Statuspassage kann später nur sehr schwer kompensiert werden" (Behrens, Voges 1996, S. 22). Damit spielt die Lebensverlaufperspektive auch eine zentrale Rolle für die Analyse sozialer Ungleichheit – insbesondere im Alter.

3.2.2.2 (Neue) Soziale Ungleichheit

Will man die soziale Situation im Alter vor dem Hintergrund der hier diskutierten These der ‚doppelten Exklusion' analysieren, so ist eine Aufarbeitung der theoretische Ansätze zur sozialen Ungleichheit erforderlich. Denn während bisher vor allem auf die unterschiedlichen gesamtgesellschaftlichen Entwicklungen sowie auf spezifische lebenslaufbezogene Konzepte eingegangen wurde, können Aussagen zur Bewertung kumulierender Ausschlussprozesse älterer Arbeitnehmer nur vor dem Hintergrund entsprechender Theorien erfolgen. So ist es vorstellbar, dass tatsächlich aufgrund verschiedener Einflussfaktoren eine Abnahme der Integration Älterer auf gesamtgesellschaftlicher Ebene festgestellt werden kann. Ob es sich dabei allerdings um eine Zunahme sozialer Ungleichheit oder aber beispielsweise um eine (gewünschte) Ausdifferenzierung von Lebensstilen handelt, ist a priori nicht eindeutig zu beurteilen. Die folgenden Ausführungen erheben keinen Anspruch auf Vollständigkeit. Ziel ist es vielmehr, wichtige Entwicklungslinien in der Diskussion über soziale Ungleichheit aufzuzeigen und die wesentlichsten Elemente in Bezug zur Fragestellung der doppelten Exklusion im Alter zu setzen.

Eine allgemeine Definition von sozialer Ungleichheit findet sich bei Hradil: „Als soziale Ungleichheit bezeichnet man bestimmte vorteilhafte und nachhaltige Lebensbedingungen von Menschen, die ihnen aufgrund ihrer Positionen in gesellschaftlichen Beziehungsgefügen zukommen" (Hradil 2000, S. 194). Etwas präziser formuliert Schäfers. Er nennt jenen gesellschaftlichen Zustand der sozialen Differenzierung soziale Ungleichheit, „in dem die Zugangschancen zu wichtigen Sozialbereichen (z.B. Bildung und Ausbildung, Beruf usw.) für einzelne Personen oder Sozialgruppen erschwert ist und die ungleiche Verteilung von ökonomischen und sonstigen Ressourcen, von sozialen Positionen und Rängen als ein *soziales* Problem angesehen wird" (Schäfers 2000, S. 399; Hervorhebung durch den Autor). Gemeinsam ist beiden Positionen, dass soziale Ungleichheit nicht auf rein individuelle Dispositionen zurückzuführen sind, sondern es sich um strukturelle Bedingungen handelt, die zu einer ungleichen Verteilung gesellschaftlich ‚wertvoller', aber nur begrenzt vorhandener Güter (z.B. Einkommen aus Erwerbsarbeit) führen (vgl. dazu Hradil 2000, S. 195).

Darüber hinaus ist zu berücksichtigen, dass auch die jeweilige Gesellschaftsform nachhaltig Einfluss auf die Konzeptionalisierung sozialer Ungleichheit hatte. Während seit Beginn des Mittelalters bis hinein in das 18. und 19. Jahrhundert vor allem das Ständewesen bzw. die familiäre Herkunft über die soziale Stellung der Gesellschaftsmitglieder entschied, wurde ab Mitte des 19. Jahrhunderts diese – infolge der Bauernbefreiung, der Gewerbefreiheit etc. – zunehmend durch die Frage des Eigentums und

Besitzes determiniert (vgl. Hradil 2001, S. 36 ff.; vgl. auch Hradil 1987). Allerdings blieben dabei gewisse Überschneidungen zur Struktur der vormaligen Ständegesellschaft erhalten, so dass der Klassenbegriff „im 18. Jh. noch weitgehend austauschbar mit dem Begriff des Standes gebraucht [wurde, D.S.] und (...) erst mit der Auflösung des mittelalterlichen Feudalsystems und der Entfaltung der kapitalistischen *Industriegesellschaft* eine spezifische Bedeutung“ (Peuckert 2000c, S. 171; Hervorhebung durch den Autor) erhielt.

Seit Beginn des 20. Jahrhunderts wird die Verteilung gesellschaftlicher Vor- und Nachteile nicht mehr durch den Klassenbegriff, der im Prinzip von einer gespaltenen Gesellschaft der Besitzenden und der Besitzlosen ausgeht, umschrieben, sondern durch die Abstufung der Gesellschaft nach (vertikalen) Berufshierarchien (vgl. Hradil 2000, S. 198). Denn durch die wachsende Zahl an abhängig Beschäftigten bei einer gleichzeitigen Differenzierung von Berufen determinierte zunehmend die berufliche Stellung (z.B. als leitender Angestellter oder als angelernter Hilfsarbeiter) die Lebensbedingungen[283] der Gesellschaftsmitglieder.

Neben dieser vertikalen Gliederung der Gesellschaft – und teilweise sogar diese substituierend – ist seit Mitte der 1980er Jahre die Erforschung sogenannter horizontaler Determinanten[284] sozialer Ungleichheit getreten, so dass zusammen mit weiteren, ‚neuen' Determinanten (z.B. Ungleichheiten im Arbeits-, Freizeit-, Wohn- und Gesundheitsbereich etc.) insgesamt von einer ‚neuen' sozialen Ungleichheit[285] gesprochen wird (vgl. auch Hradil 1987, S. 29 ff.). Dahinter steht vor allem die von Beck im Rahmen seiner Individualisierungsthese vertretene Ansicht (Beck 1986; vgl. auch ausführlich dazu Kapitel 3.2.1.1.2), dass im Zuge gesellschaftlicher Modernisierung ‚Enttraditionalisierung' und ‚Entstrukturierung'[286] in der postindustriellen Gesellschaft zu einer Überformung bzw. Auflösung bestehender Klassen und Schichten geführt haben:

283 „Die wichtigste Determinante der Statuszuweisung stellt für die Einzelnen ihr Beruf dar. Er prägt auf direktem Wege für Erwerbstätige, auf indirektem für Rentner und Pensionäre die Stellung im Schichtengefüge. Die Familienzugehörigkeit (und damit der Beruf des ‚Haupternährers' der Familie) bildet für Kinder und Hausfrauen die wichtigste Statusdeterminante“ (Hradil 2000, S. 207).

284 Die horizontalen Determinanten beruhen überwiegend auf biologischen und anderen, nicht leistungsbezogenen Faktoren (wie z.B. Geschlecht, Nationalität, Alter etc.), die zu sozialen Ungleichheiten führen können. So verdient beispielsweise heute eine Frau, selbst wenn sie die gleiche berufliche Position einnimmt wie ein Mann, in der Regel weniger als dieser (vgl. WSI u.a. 2001): „In modernen Gesellschaften, wo nur durch individuelle Leistung ‚erworbene' Ungleichheiten als ‚legitim' gelten, sind diese individuell unbeeinflussbaren, ‚zugeschriebenen' Ungleichheiten schwer erträglich ...“ (Hradil 2000, S. 208).

285 Als Ursache dafür wird häufig auch der Ausbau des Wohlfahrtsstaates sowie weitere soziokulturelle Faktoren (wie z.B. der Anstieg des Bildungsniveaus der Bevölkerung, veränderte Freizeit- und Konsumstile, Wertewandel etc.) genannt (vgl. Peuckert 2000c, S. 174), die zu einer Zunahme von Statusunschärfen (vgl. Berger 1996) bzw. Statusinkonsistenzen (vgl. Berger 1990) im Zusammenhang mit der beruflichen Stellung und somit zu einer Abnahme der Bedeutung des vertikalen Gefüges sozialer Ungleichheit geführt haben sollen.

286 An dieser ‚Entstrukturierungs'-Annahme bestehen jedoch auch berechtigte Zweifel. So weisen zahlreiche Wissenschaftler – trotz gesellschaftlichen Wandels – auf das Fortbestehen einer ‚vertikalen' Strukturierung der Gesellschaft hinsichtlich beruflicher Positionen und des Bildungsniveaus hin (vgl. z.B. Kreckel 1990, 1992), die gerade in den vergangenen Jahren durch die beobachtbaren Schließungstendenzen am Arbeitsmarkt und der dauerhaft hohen Arbeitslosigkeit für bestimmte Bevölkerungsgruppen sogar eher zu einer Zunahme sozialer

„Angesichts der Auflösung noch in der Zwischenkriegszeit deutlich ausgeprägter, sozialintegrativer Milieus im Wege einer zunehmenden Differenzierung und Pluralisierung von Lebenslagen und Lebensformen hätten – so lautet die Kernannahme der Individualisierungsthese – Großgruppenbegriffe wie Schicht und Klasse ihre alltägliche Plausibilität und soziale Definitionskraft weitgehend verloren und existierten nur noch als nominale Begriffshülsen. Auch die daran anknüpfenden eindimensionalen Vorstellungen von sozialer Ungleichheit, die von einer durchschlagenden Dominanz *einer* Sozialstrukturdimension (sei es nun die Stellung im Produktionsprozess, der Beruf und das dadurch ermöglichte Einkommen, sei es das Sozialprestige) ausgehen, müssten angesichts der Differenziertheit und Komplexität moderner Sozialstrukturen aufgegeben werden, und man müsste diesen gerechter zu werden suchen, in dem auch Einflüsse berücksichtigt werden, die nicht ausschließlich der Produktionssphäre entstammen, sondern – wie etwa Familienstand und Haushaltszusammensetzung – dem Reproduktionsbereich zugehören" (Barkholdt 1998, S. 47).

Mit diesem neuen ‚Differenzierungsparadigma' sieht Beck nun die Vergesellschaftung im Wohlfahrtsstaat – die ehemals durch ‚Klassen' und ‚Stände' erfolgte – durch Individualisierungsprozesse abgelöst (vgl. Gottschall 2000, S. 246 f.). Anstelle ‚sozialer Schichten'[287] gewinnen als Ausdruck dieser Entwicklung die Pluralisierung und Differenzierung von Lebenslagen, Lebensläufen und Lebensstilen an Bedeutung (vgl. auch Berger, Hradil 1990a, S. 9), die schließlich im Rahmen der Sozialstrukturanalyse neue Formen der sozialen Ungleichheit erzeugen (vgl. Berger 1996). Denn damit wurde die Frage nach Strukturen sozialer Ungleichheit sozial ‚entgrenzt', ‚biographisiert' sowie ‚verzeitlicht' (vgl. Leisering 1995, S. 71). Nachteilige Lebenslagen, wie Brüche in der Erwerbsbiographie durch Arbeitslosigkeit oder Sozialhilfebezug, treffen nun nicht mehr nur bestimmte soziale Schichten (wie z.B. Ungelernte), sondern können im Wohlfahrtsstaat für viele Gesellschaftsmitglieder in unterschiedlichen Lebensabschnitten (Eintritt bzw. Austritt aus dem Erwerbsleben) transitorische Lagen darstellen, so dass insgesamt von einer ‚Verflüssigung' sozialer Ungleichheit ausgegangen werden kann (vgl. dazu zusammenfassend Berger, Hradil 1990 sowie Barthelheimer 2001).
Die Diskussion um (neue) soziale Ungleichheiten ist auch aus der Perspektive des Alters bzw. hinsichtlich der Frage nach der doppelten Exklusion im Alter von unmittelbarer Bedeutung. Denn verschiedene Entwicklungen (wie die Verbesserung der materiellen Lebenssituation von Rentnern aufgrund wohlfahrtsstaatlicher Entwicklungen, die in Gesundheit verbrachte Zeit im Alter, Anstieg des Bildungsniveaus etc.; vgl. Tews 1999, S. 138) lassen vermuten, dass die ‚soziale Lage' der älteren Arbeitnehmer nicht mehr hauptsächlich – im Sinne der gesellschaftlichen Schichtung einschließlich der auf Rentner bezogenen Kontinuitätsthese (vgl. Atchley 1989)[288] – durch die frühere beruf-

Bevölkerungsgruppen sogar eher zu einer Zunahme sozialer Ungleichheit geführt haben dürfte (vgl. z.B. Spellerberg 1997).

287 ‚Soziale Schicht' meint die „Untergliederung der Gesellschaftsmitglieder nach bestimmten *Statusmerkmalen* (wie Einkommen, Beruf, Bildung), wobei die Mitglieder einer Schicht einen gleich oder ähnlich hohen Status besitzen und von den Mitgliedern höher oder tiefer gelagerter Schichten jeweils durch eine bestimmte Schichtgrenze getrennt sind" (Peuckert 2000d, S. 297; Hervorhebung durch den Autor).

288 „Die Kontinuitätsthese behauptet, soziale Ungleichheit im Ruhestand und höheren Alter basiere auf den vorhergehenden sozialen Ungleichheiten der Erwerbsphase und reproduziere sie. Auch wenn

liche Stellung bestimmt wird, sondern sich durch vielfältige Dimensionen unterschiedliche Lebenslagegefüge herausbilden können. Aus diesem Grund wird in Kapitel 3.2.2.2.1 auf das Lebenslagenkonzept eingegangen. In einem engen Zusammenhang mit dem ,Lebenslagen-Ansatz' steht das in den vergangenen Jahren an Bedeutung gewinnende Konzept der sozialen Exklusion bzw. Ausgrenzung (vgl. Kapitel 3.2.2.2.2). Ähnlich wie im o.g. Konzept wird hier Unterversorgung als ein kumulatives Phänomen verstanden, wobei zwischen verschiedenen Lebensbereichen Interdependenzen bestehen. So könnte sich hier entsprechend der These der doppelten Exklusion eine Bestätigung dafür finden lassen, dass der unfreiwillige Ausschluss aus dem Arbeitsmarkt Benachteiligungen in anderen gesellschaftlich relevanten Gesellschaftsbereichen wie dem Ehrenamt nach sich zieht.

Darüber hinaus besitzen ältere Arbeitnehmer unter Umständen aufgrund besserer materieller und immaterieller Bedingungen der Lebenssituation im Alter heute bessere Chancen und Möglichkeiten, veränderte, vielfältigere Lebensstile zu entwickeln und zu verwirklichen – was im Schlagwort von den ,neuen Alten' seinen Ausdruck fand (vgl. 3.2.2.2.3). Als Lebensstile werden dabei typische Verhaltens- und Einstellungsweisen (z.B. zu Erwerbsarbeit, Freizeit, Familie, Politik oder Religion etc.) bezeichnet, die zu „Regelmäßigkeiten in der Gestaltung des Alltags“ (Hradil 2000, S. 211) führen. Diese könnten im Alter zunehmend von der vertikalen Gliederung der Gesellschaft abweichen und vermehrt durch den Bedeutungszuwachs anderer Dimensionen wie Familie, Nachbarschaftshilfe oder ehrenamtlichen Engagements abgelöst werden. Auch eine Neubewertung der Erwerbsarbeit kann in diesem Zusammenhang erfolgen, da nun nicht mehr beispielsweise die Vollerwerbstätigkeit bei den Männern das ,Standardmodell' darstellt, sondern die Erwerbsarbeit bzw. (bezahlte) Tätigkeit – auch als Teilzeitbeschäftigung – einen ,sinnstiftenden' Zweck erfüllen kann (vgl. Kohli 1990, S. 400 ff.).

Der Aspekt der ,Verzeitlichung sozialer Ungleichheit' soll in diesem Kapitel – obwohl sich gerade Menschen in höheren Altersstufen in einer Situation befinden, die wesentlich durch den Lebenslauf bzw. biographische Dimensionen von sozialer Ungleichheit geprägt ist – nicht weiter vertieft werden. Dies ist nicht erforderlich, da zum einen bei allen Ansätzen zur sozialen Ungleichheit ein gewisses Maß an Prozessorientierung unterstellt werden kann (z.B. beim Lebenslagen-Ansatz, aber auch beim Ansatz der sozialen Ausgrenzung) bzw. sich diese Sichtweise ohne weiteres in diese Konzepte integriert lässt, zum anderen wurde bereits in Kapitel 3.2.2.1 ausführlich auf die Bedeutung des Lebenslaufs eingegangen.[289] In Kapitel 3.2.2.2.4 werden abschließend die

---

die Älteren im Ruhestand nicht mehr erwerbstätig sind, gehe ihre Ungleichheitsposition auf das Erwerbsleben und den Arbeitsmarkt zurück. Die Schichtzugehörigkeit der Erwerbsphase bleibe auch im Ruhestand wirksam“ (Kohli u.a. 2000, S. 319).

289 Zu diesem Themenbereich liegen darüber eine Reihe weiterer Analysen vor, die vor allem auf Basis der Individualisierungstheorie soziale Ungleichheit in unterschiedlichen Lebenslagen und im Rahmen von Lebensläufen untersuchen (vgl. Berger 1995; Berger, Sopp 1995; Berger 1997). Dabei wird insbesondere auf dynamische Prozesse auf der Ebene des Individuums als Ursache für (transitorische) ungleiche Lebenslagen hingewiesen: „Zu lange Aufenthalte an ,falschen' Orten, ,verbummelte' Zeiten, verpasste Gelegenheiten oder falsche Entscheidungen können (...) selten durch spätere Zeitersparnisse ausgeglichen oder korrigiert werden. In einer verzeitlichten Sozialstruktur kommt mithin sowohl in alltäglich-mikrozeitlicher wie auch in lebenslaufbezogener-mesozeitlicher

Ansätze hinsichtlich der hier relevanten Fragestellung sowie hinsichtlich ihre Operationalisierbarkeit für eine empirisch-quantitative Untersuchung gewürdigt.

3.2.2.2.1 Der Lebenslagen-Ansatz

Zu einer differenzierten Analyse sozialer Ungleichheit trägt vor allem der Lebenslagen-Ansatz bei, der – ausgehend von Arbeiten von Otto Neurath (1931, 1937) – erstmals in den 1950er Jahren von Weisser im Sinne eines sozialpolitikwissenschaftlichen Konzepts formuliert wurde (1956) (vgl. dazu auch Backes 1997, S. 95 f.).[290] Unter Lebenslage versteht Weisser dabei den „Spielraum, den die äußeren Umstände dem Menschen für die Erfüllung der Grundanliegen bieten, die ihn bei der Gestaltung seines Lebens leiten oder bei möglichst freier und tiefer Selbstbesinnung und zu konsequentem Verhalten hinreichender Willensstärke leiten würden" (Weisser 1972; zitiert nach Allmendinger, Hinz 1999, S. 20).

Im Mittelpunkt der Untersuchungen stehen somit einerseits die ‚äußeren Umstände' im Sinne objektiver Bedingungen sowie andererseits das Subjekt, das unter den gegebenen Rahmenbedingungen seine Handlungsspielräume individuell zu bewerten bzw. seine Lebenslage zu bewältigen hat (vgl. dazu Enders-Dragässer, Sellach 1999, S. 56 ff. sowie Glatzer, Hübinger 1990, S. 36). Allerdings darf dabei die Subjektorientierung „nicht als implizites Plädoyer für eine nur am Individuum ansetzende Konzeption sozialer Sicherheit missverstanden" (Allmendiger, Hinz 1999, S. 21) werden. Vielmehr zeigt sich gerade auch in neueren Definitionen, dass die individuellen Lebenslagen maßgeblich durch vorgegebene Strukturen bedingt sind:

> „*Lebenslagen* sind die je historisch konkreten *Konstellationen von äußeren Lebensbedingungen*, die Menschen im Ablauf ihres Lebens vorfinden, sowie die mit diesen äußeren Bedingungen in *wechselseitiger Abhängigkeit* sich entwickelnden *kognitiven und emotionalen Deutungs- und Verarbeitungsmuster*, die diese Menschen hervorbringen. Lebenslage ist ein dynamischer Begriff, der die historischen, sozialen und kulturellen Wandel erzeugende Entwicklung dieser äußeren Bedingungen einerseits umfasst und andererseits die spezifischen Interaktionsformen zwischen dem sozialen Handeln der Menschen und diesen äußeren Bedingungen. Die äußeren Lebensbedingungen sind jene *wirtschaftlichen, sozialen und kulturellen Verhältnisse*, die durch *Produktionsweise*, Arbeitsteilung und Berufsdifferenzierungen, durch institutionelle Verankerung (und Verflechtung) sozialer und politischer Macht und durch Privilegienverteilung (deren Zentrum die ungleiche Verteilung von Vermögen und Einkommen ist) entstehen" (Amann 1983, S. 147 (Hervorhebungen durch den Autor) zitiert nach Naegele 1992, S. 401).

Hinsicht den *Aufenthaltsdauern* in gesellschaftlichen Teilbereichen, Positionen oder ‚Leerstellen' eine zentrale Bedeutung zu: Verteilungskonflikte werden zu *Zeitkonflikten*, die deshalb von besonderer Härte sein können, weil sich Zeit – im Unterschied zu anderen , knappen oder verknappten Ressourcen und Gütern – nicht vermehren lässt" (Berger 1996, S. 295; Hervorhebung durch den Autor).

290 Eine ‚Wiederentdeckung' dieses theoretischen Ansatzes fand Anfang der 1980er Jahren im Zusammenhang mit dem Aufleben der Armutsforschung in der Bundesrepublik Deutschland statt (vgl. Hübinger 1996). Hier hat er sich der Lebenslagen-Ansatz als geeignet erwiesen, die ausschließlich auf Einkommen abstellende Definition von Armut durch ein komplexeres Verständnis von Unterversorgung und Benachteiligung zu ersetzen (vgl. dazu auch Bartelheimer 2001).

Darüber hinaus wird durch diese Definition deutlich, dass die Lebenslage einer Person zwar wie in früheren Konzeptionen sozialer Ungleichheit maßgeblich von der Stellung im Produktionsprozess und dem daraus erzielten Einkommen abhängt[291], sich auf der anderen Seite aber auch eine Vielzahl weiterer Faktoren unmittelbar auswirken. Daher wird häufig von der Multikausalität des Lebenslagenansatzes gesprochen (vgl. dazu Allmendinger, Hinz 1999, S. 20). Dabei häufen sich gerade auch bei älteren Arbeitnehmer typische ,soziale Risiken' wie ein geringes Qualifikationsniveau, die Beeinträchtigung der Gesundheit, (Langzeit-) Arbeitslosigkeit bzw. die (unfreiwillige bzw. vorzeitige) Verrentung, so dass in diesem Zusammenhang insgesamt von einer strukturellen Gefährdung Älterer gesprochen werden kann.[292] Von Interesse ist diesbezüglich ferner, dass die unterschiedlichen Determinanten nicht isoliert voneinander betrachtet werden, sondern vielmehr von Wechselwirkungen zwischen diesen ausgegangen wird. So kann analysiert – und eventuell sogar theorieimmanent erklärt – werden, welche Faktoren den vorzeitigen Ausschluss älterer Arbeitnehmer aus dem Arbeitsmarkt beeinflussen und welche Verstärkungs- oder aber Abschwächungsprozesse zwischen diesen Faktoren bestehen (z.B. zwischen Bildungsniveau und Gesundheitszustand, etc.).
Eng verbunden mit der Multikausalität ist die Multidimensionalität. Denn ebenso, wie zwischen den unterschiedlichen Determinanten Wechselwirkungen bestehen, kann die Unterversorgung in einem Lebensbereich (z.B. in der Beteiligung am Arbeitsmarkt) die Benachteiligungen in anderen Lebensbereichen (z.B. die Exklusion von anderen gesellschaftlich relevanten Bereichen wie dem ehrenamtlichen Engagement) bedingen. So können nach Naegele ältere Arbeitnehmer „überdurchschnittlich häufig bestimmte ,Grundanliegen' nicht realisieren (...), so – in der Terminologie von Weisser – insbesondere ,das Interesse an aktiver Teilnahme am wirtschaftlichen Leben' (bei Arbeitslosigkeit), das ,Interesse an Selbstbestimmung des wirtschaftlichen Handelns', die ,negativen Interessen an Arbeitsmühen', das ,Interesse am gesellschaftlichen Ansehen, das sich aus der Wirtschaftstätigkeit ergibt' oder das ,Interesse an sogenanntem sozialen Aufstieg'" (Naegele 1992, S. 401 f.).
Mit diesen beispielhaft aufgeführten ,Grundanliegen' bzw. der Gefahr, sie nicht erfüllen zu können, wird deutlich, dass ihre jeweiligen Definitionen gesellschaftliche Mindeststandards voraussetzen. Insofern handelt es sich bei dem Lebenslagen-Ansatz auch um ein normatives Konstrukt. So muss zunächst „in einer Gesellschaft verhandelt und festgelegt werden, welche Ressourcen zur Eröffnung von ,Spielräumen' wichtig sind. Ist dies geklärt, so lässt sich anschließend untersuchen, wie groß die jeweiligen individuellen Handlungsspielräume ausfallen, in denen den Bedürfnissen ,möglichst frei' nachgegangen werden kann" (Allmendinger, Hinz 1999, S. 20).[293]
Insgesamt kann damit festgehalten werden, dass es sich bei dem Lebenslagen-Ansatz um ein komplexes und zugleich offenes Konzept zur Abbildung unterschiedlichster Lebenslagen handelt. Die Analyse der Lebenslage im Alter wird über die materiellen

---

291 „Das Haushaltseinkommen ist zentrales Merkmal der Lebenslage, weil es Zugang zur Befriedigung zahlreicher anderer Bedürfnisse gewährt" (Backes 1997, S. 96).

292 „Ältere Arbeitnehmer zählen zu den Bevölkerungsgruppen, deren Lebenslage *strukturell durch gesellschaftliche Ausgliederungsprozesse gefährdet* ist" (Naegele 1992, S. 402; Hervorhebung durch den Autor).

293 Dies stellt zugleich aber auch ein empirisches Problem dar (vgl. 3.2.2.2.4).

und immateriellen Ressourcen (wie Einkommen, Bildung, psychisch-physischer Gesundheitszustand) hinaus um Handlungsspielräume – wie den Dispositions- und Partizipationsspielraum als Ausmaß der Teilnahme, der Mitbestimmung und Mitentscheidung in verschiedenen Lebensbereichen (vgl. Nahnsen 1975) – ausgeweitet. Darüber hinaus können neben diesen objektiven Faktoren subjektive Dimensionen der individuellen Bewältigung im Alter berücksichtigt werden, so dass sich auch die individuelle Bewertung der eigenen Lebenssituation (z.B. in Form von Zufriedenheitsskalen oder persönlichen Einschätzungen) in dieses Konzept integrieren lässt (vgl. dazu Enders-Dragässer, Sellach 1999, S. 56 ff.). Ferner beinhaltet die Analyse von Kausalbeziehungen auch eine zeitliche Perspektive, da die Lebenslage einer Person „durch lebenslange entsprechend differenzierte Einflussfaktoren geprägt ist" (Backes 1997, S. 96). In diesem Sinne kann eine ungünstige bzw. in verschiedenen Lebensbereichen benachteiligte Lebenslage (z.B. als Student mit geringem Einkommen; als Alleinerziehende) transitorischer Natur oder aber strukturell – und damit gewissermaßen dauerhaft – bedingt sein (vgl. dazu die Arbeiten von Leibfried, Leisering 1995).

3.2.2.2.2 Exklusions- bzw. Ausgrenzungskonzepte

Viele Gemeinsamkeiten zum Konzept der Lebenslage weisen die verschiedenen Ansätze zur sozialen Exklusion bzw. Ausgrenzung auf. In ähnlicher Weise wird hier die soziale Teilhabe bzw. der Ausschluss verschiedener Bevölkerungsgruppen aus zentralen Lebensbereichen der Gesellschaft als soziales Problem erfasst. Dennoch handelt es sich bei dem Begriff der Exklusion nicht um eine sozialwissenschaftlich eindeutig definierbare Erscheinung, sondern muss im Kontext der jeweils beobachteten gesellschaftlichen Entwicklungen bzw. zugrunde gelegten Erkenntnisziele – auch auf internationaler Ebene[294] – interpretiert werden.[295]

In dieser Arbeit sollen nur zwei – vor allem für die deutsche Diskussion – wichtige Argumentationsstränge grob unterschieden und hinsichtlich ihrer Relevanz für die hier zentrale Fragestellung überprüft werden. So findet zum einen auf gesellschaftstheoretischer Ebene eine Auseinandersetzung mit dem Exklusionsbegriff als ein dichotomes

---

294 Während der Begriff der ‚exclusion sociale' in Frankreich schon in den 1970er Jahren dazu verwendet wurde, um auf die benachteiligte Situation Behinderter, älterer Invalider oder beispielsweise Alleinerziehender aufmerksam zu machen und daraus Vergesellschaftungs- und Integrationsmodi konzeptionell abzuleiten (vgl. Ludwig-Mayerhofer, Barlösius 2001), wird im angelsächsischen Bereich vor allem der Begriff der ‚underclass' verwendet. Mit diesem werden insbesondere Ausschlussprozesse infolge von Arbeitslosigkeit und Armut beschrieben, die zu einer gesellschaftlichen Position der Dazugehörigen (‚Innen') bzw. der Ausgeschlossenen (‚Außen') führen (vgl. dazu Kronauer 1997, 2002). Aber auch in der Europäischen Union ist seit den 1990er Jahren ein Richtungswechsel von der Bekämpfung von Armutslagen hin zur Erforschung von Exklusions- und Inklusionsbedingungen zu beobachten (vgl. Vobruba 2000, S. 1). In der Bundesrepublik Deutschland wurde zuletzt im Nationalen Armuts- und Reichtumsbericht‚das' bzw. ein Konzept zur sozialen Exklusion aufgegriffen, um damit kumulative Unterversorgung und soziale Ausgrenzung zu definieren (vgl. Bundesministerium für Arbeit und Sozialordnung 2001).

295 „Zu Recht haben deshalb verschiedene Autoren darauf hingewiesen, dass die Vieldeutigkeit des Exklusionsbegriffs seiner wissenschaftlichen und politischen Verbreitung keineswegs hinderlich war, sondern sie im Gegenteil gefördert haben dürfte. Der Grund für die Vieldeutigkeit liegt in der Ambivalenz der Vorstellung von Zugehörigkeit und Ausschluss" (Kronauer 2002, S. 20).

Phänomen von einem gesellschaftlichen ‚Innen' und einem ‚Außen' statt (vgl. Kronauer 1999). Zum anderen wird aufgrund historischer Entwicklungen im vergangenem Jahrhundert auf gesellschaftliche Veränderungen im Sinne einer ‚neuen sozialen Frage' aufmerksam gemacht.[296]

Der erste Ansatz weist einen engen Bezug zur Systemtheorie auf, indem die beiden Pole ‚Innen' und ‚Außen' als logische Gegensätze verstanden werden, die notwendig sind, um Grenzen von Funktionssystemen zu definieren (vgl. dazu Luhmann 1995, 1997). Die funktionale Differenzierung der Gesellschaft hat dabei dazu geführt, dass es nicht mehr eine zentrale Integrationsinstanz für alle Gesellschaftsmitglieder gibt, sondern diese soziale Integration in verschiedenen, voneinander unabhängigen Funktionssystemen erfahren (vgl. Luhmann 1997). Dennoch geht Luhmann in seiner Definition differenzierter Gesellschaften von der Logik der Allinklusion aus: „Im Gegensatz (zu stratifizierten Gesellschaften) ist das Gesellschaftssystem und sind dessen Funktionssysteme auf Inklusion der Gesamtbevölkerung angelegt" (Luhmann 1995a, S. 142). Diese Inklusion erfolgt durch Kommunikationsprozesse. Durch diese werden Individuen benannt und für relevant gehalten (vgl. Ludwig-Mayerhofer, Barlösius 2001, S. 46 f.). Exklusion bezeichnet nach Nassehi dagegen „den Mechanismus, wie Personen nicht bezeichnet und nicht für relevant gehalten werden. Exkludierte dürften genaugenommen gar nicht sichtbar sein" (Nassehi 2000, S. 19; vgl. auch Nassehi 1997).

Selbst wenn man annimmt, dass die Situation von Rentnern sich dadurch auszeichnet, nun eventuell nicht mehr ‚mitreden' zu können und sie dadurch aus dem System der Erwerbsarbeit ausgeschlossen sind, scheint der systemtheoretische Ansatz für den Untersuchungsgegenstand ungeeignet zu sein. Denn nach Luhmann steht jeder Exklusion eine Inklusion in anderen Funktionssysteme gegenüber. Diese nach Luhmann logisch (zwingende) Voraussetzung scheint jedoch im Widerspruch zu dem zu stehen, was empirisch beobachtet und hier als grundlegende These der ‚doppelten Exklusion' formuliert wurde.[297] Kronauer weist zudem darauf hin – indem er Luhmann (1995a, S. 146 f.) zitiert –, dass sich die Systemtheorie selbst in Widersprüche verwickelt (vgl. auch Kronauer 2000, S. 117 ff.):

> „‚Die Logik der funktionalen Differenzierung schließt gesellschaftliche Exklusionen aus, muss es dann aber erlauben, innerhalb der Funktionssysteme nach systemeigenen Kriterien zu differenzieren. Aber ist diese Logik haltbar? Wie kann es Inklusion geben, wenn es keine Exklusion gibt?'. So bleibt die Systemtheorie hin- und hergerissen zwischen der Leugnung des Exklusionsproblems auf der einen Seite und der Überhöhung der Exklusi-

---

296 Kronauer weist darauf hin, dass das ‚Neue' von Arbeitslosigkeit und Armut darin besteht, dass damit nicht mehr nur Randgruppen bzw. Randphänomene beschrieben werden, sondern seit den 1970er Jahren die neue Qualität darin besteht, dass es „unmittelbar die Gesellschaft als ganze" (Kronauer 2002, S. 16 f.) betrifft. Damit stellen Arbeitslosigkeit und Armut eine Gefährdung für die einzelnen Individuen, aber auch für die gesamte Gesellschaft dar.

297 „Das Bild vom Innen und Außen wird aber auch fragwürdig, wenn es eine Dichotomie entgegengesetzter sozialer Welten nahe legt. (...) Sie konzipieren Inklusion und Exklusion, Drinnen und Draußen als ein *Entweder-Oder*, im Fall der Systemtheorie geradezu als *logische Alternative*. Weder theoretisch noch empirisch lässt sich eine solche Entgegensetzung aufrechterhalten. Was aber wäre die theoretische Alternative, es sei denn, den Exklusionsbegriff ganz aufzugeben?" (Kronauer 1999, S. 499 f.; Hervorhebung durch den Autor).

on zur logischen – und damit zugleich unabwendbaren – Notwendigkeit andererseits" (Kronauer 1999, S. 499).

Zur Abgrenzung von diesem Konzept verwendet beispielsweise Bartelheimer (2001) den Begriff der ‚Ausgrenzung'[298] (vgl. auch Ludwig-Mayerhofer, Barlösius 2001, S. 44), um die sogenannten ‚neuen Formen' sozialer Ungleichheit im Übergang der entwickelten kapitalistischen Gesellschaft zu einer neuen gesellschaftlichen Konstellation zu beschreiben. Dieser zweite Diskussionsstrang interpretiert soziale Exklusion vor allem – im Gegensatz zur Systemtheorie und ähnlich wie der Lebenslagenansatz – als ein Phänomen kumulativer Unterversorgung, da zwischen verschiedenen Lebensbereichen, wie Erwerbsarbeit und materieller Situation, Interdependenzen bestehen.
Dabei wird auch davon ausgegangen, dass ein Mangel an Ressourcen sich negativ auf soziale Netzwerke und andere Formen der sozialen Integration auswirken, „weil eng geknüpfte soziale Bindungen mit gegenseitigen Verpflichtungen zumeist Ressourcen voraussetzen" (Ludwig-Mayerhofer, Barlösius 2001, S. 45).[299] Neben dieser multidimensionalen Betrachtungsweise finden sich schließlich auch hinsichtlich des dynamischen Verständnisses von Ausschlussprozessen Parallelen zum Lebenslagenansatz. Allerdings wird bei diesem Prozess des sozialen Ausschlusses nicht von einer normativ vorzugebenen Grenzen des ‚Zuwenig' ausgegangen, sondern einerseits verschiedene ‚Zonen' des sozialen Zusammenhalts oder der ‚Verwundbarkeit' unterschieden bzw. abgestufte soziale Verhältnisse von Teilhabe bzw. Ausschluss unterstellt (vgl. Kronauer 2002, S. 17 f.) sowie andererseits zwischen der Wirkung von Instanzen und individueller Biographie differenziert:

> „Exklusion verweist zum einen auf gesellschaftliche Instanzen (Strategien von Unternehmen, institutionelle Regelungen und Verfahrensweisen, soziales Verhalten), die Ausgrenzung bewirken. Dabei zwingt der Ausgrenzungsbegriff dazu, den Blick auf die Erosion sozialer Sicherheit und die wieder zunehmende Prekarität in der Erwerbsarbeit, somit auf die Abstufung sozialer Gefährdung zu richten. Zum anderen lenkt er das Augenmerk auf die biographische Kumulation, das sukzessive Ineinandergreifen von Ausgrenzungsfolgen und -erfahrungen. Exklusion bezeichnet somit einen Zustand und Prozess, Wirkungskraft und Wirkung zugleich" (Kronauer 2002, S. 18).

Generell ist der Ansatz der gesellschaftlichen bzw. sozialen Ausgrenzung etwas enger in seinem Verständnis angelegt als der der Lebenslage. Denn in der Regel steht dieser in unmittelbarem Erfahrungszusammenhang steigender Arbeitslosigkeit und ihrer Folgen für die Betroffenen. Da Arbeitslosigkeit seit den 1970er Jahren kein konjunkturelles Phänomen mehr darstellt, sondern „prekäre, brüchige und verwundbare Beschäftigungsformen in nahezu allen Wirtschaftsbranchen an Bedeutung – nicht dramatisch, aber kontinuierlich" (Vogel 2001, S. 151) – gewinnen, steigt die Zahl derjenigen, die entweder nie richtig in das Erwerbssystem integriert werden konnten oder die an bio-

---

[298] Nach Andreß beschreibt der Begriff der ‚sozialen Ausgrenzung' insbesondere verschiedene Mechanismen – in Abgrenzung zum Zustand des gesellschaftlichen Ausschlusses –, die zur Entstehung von marginalisierten Personengruppen in der Gesellschaft führen (vgl. Andreß 2000, S. 35 ff.).

[299] Kronauer (2000, S. 143) definiert den Gehalt des Ausgrenzungskonzeptes wie folgt: „Marginalisierung am Arbeitsmarkt, bis hin zum gänzlichen Ausschluss von Erwerbsarbeit; Einschränkung der sozialen Beziehungen, bis hin zur Vereinzelung und sozialen Isolation; Ausschluss von Teilhabemöglichkeiten an gesellschaftlich anerkannten Lebenschancen und Lebensstandards".

graphischen Übergangsphasen zunehmend mit Phasen der Arbeitslosigkeit konfrontiert sind (zu diesem Diskussionsstrang vgl. auch Kronauer, Vogel 1998).
Letzteres gilt insbesondere für die älteren Arbeitnehmer, die seit Mitte der 1980er bzw. seit Beginn der 1990er Jahre zunehmend über Phasen der (Langzeit-)Arbeitslosigkeit in den Ruhestand ausscheiden. Für die damit auf subjektiver Ebene verbundenen Erfahrungen der Degradierung gegenüber früheren beruflichen und sozialen Positionen hat Castel die Bezeichnung der ‚Überflüssigen' eingeführt (vgl. Castel 2000). Durch diesen Begriff werden folglich der Aspekt des auf individueller Ebene empfundenen Gefühls, für die (Arbeits-)Gesellschaft ‚nutzlos' geworden zu sein, sowie der dahinter stehende strukturelle Ausgliederungsprozess der ‚Überzähligen' zusammengeführt (vgl. auch Bude 1998).

3.2.2.2.3 Lebensstiltheorien im Kontext der Sozialstrukturanalyse

Während der Lebenslagen- und Exklusions- bzw. Ausgrenzungsbegriff vor allem auf ungünstige Positionen der Gesellschaftsmitglieder hinweisen, überwiegt in Lebensstilkonzepten eine positive Sicht, indem die wirtschaftlichen (wie höherer Wohlstand und soziale Sicherheit) und gesellschaftlichen Entwicklungen (wie steigendes Bildungsniveau, veränderte Familienformen sowie liberalisierte Einstellungs- und Verhaltensnormen) in der Vergangenheit zu einer Erhöhung individueller Gestaltungsmöglichkeiten der Lebensführung und -formen[300] beigetragen haben (vgl. beispielsweise Leisering 2000, S. 14). So haben vor allem die in erheblichem Umfang gestiegenen Wahl- und Entscheidungsmöglichkeiten in einer durch zunehmende Differenzierung geprägten Gesellschaft dazu geführt, dass die Individuen ihr Leben nun – entsprechend der Individualisierungsthese weitgehend unabhängig von ‚Klasse und Schicht' (vgl. dazu Beck, Beck-Gernsheim 1994 sowie Kapitel 3.2.1.1.2) – eigenständig planen und gestalten dürfen, aber dies gleichzeitig auch tun müssen (vgl. z.B. Spellerberg 1997, S. 26).
In diesem Sinne werden mit Hilfe von Lebensstilkonzepten Großgruppen zusammengefasst, die sich hinsichtlich ihres beobachtbaren alltäglichen Verhaltens[301] in den relativ frei gestaltbaren Lebensbereichen, wie der Freizeit, sowie hinsichtlich ihrer Einstellungen und Wertorientierungen ähnlich sind (vgl. auch Tews 1999):

> Definitionsgemäß ist Lebensstil „der Gesamtzusammenhang des *Verhaltens*, das ein einzelner regelmäßig praktiziert. Ein Lebensstil beruht auf der individuellen Organisation und expressiven Gestaltung des *Alltags*, wird in biographischen Prozessen entwickelt und bildet eine Synthese von bewusst vorgenommenen und unbewusst routinisierten Verhaltensweisen, von Einstellungen und Zielvorstellungen, von Kontakten und Interaktionen mit Mitmenschen. Individuelle Lebensstile finden sich meist in gleicher oder ähnlicher Form auch bei anderen Menschen. So zeigen und bewirken Lebensstile Zusammengehö-

---

300 Hradil (2000) spricht in diesem Zusammenhang von kausaler Pluralisierung der Lebensstile: „Mehr Wohlstand, soziale Sicherheit, Bildung, kleinere Familien, die Liberalisierung von Alltagsnormen führte in postindustriellen Gesellschaften zur Pluralisierung von Lebensstilen: Die Determinanten von Lebensstilen werden vielfältiger; der einzelne ist ihnen aber immer weniger ausgeliefert" (Hradil 2000, S. 211).

301 Zu weiteren Konzepten, die in der alltäglichen Lebensführung den Ort der Verbindung von ‚Arbeit und Leben' der Subjekte sehen, vgl. beispielsweise Voß 1993, 1997 sowie Jurczyk, Rerrich, 1993.

rigkeit oder aber Andersartigkeit“ (Hradil 2000a, S. 204; Hervorhebung durch den Autor).

Während der Analyseschwerpunkt bei Lebensstilkonzepten auf dem individuell sichtbaren (alltäglichen) Verhalten liegt, das sich beispielsweise in unterschiedlichen Zeitverwendungsmustern ausdrückt, grenzt sich der Begriff des Milieus davon ab, indem dieser vor allem auf die Einstellungen bzw. Wertvorstellungen Gleichgesinnter abhebt (vgl. Hradil 2000, S. 210 f.). Da in dieser Arbeit insbesondere beobachtbare Beschäftigungen und gesellschaftlich relevante Aktivitäten, wie die ‚Erwerbsorientierung' sowie ehrenamtliches Engagement, von Interesse sind, wird im Folgenden nicht weiter auf dem Begriff des Milieus eingegangen. Dies ist zudem dadurch begründet, dass der Lebensstil-Begriff in der Regel verschiedenste Einstellungen ebenfalls berücksichtigt.[302]
Weitere spezielle Erklärungsansätze zur Entstehung von Lebensstilen und deren Pluralisierung in fortgeschrittenen Gesellschaften stellen vor allem Bourdieus Habitustheorie sowie die Theorien der rationalen Wahl bzw. Rational Choice Theorien dar (vgl. dazu Hradil 2000a, S. 205 ff.). Während sich nach den Rational Choice Theorien die Herausbildung eines Lebensstils aus dem Verhalten eines nutzenmaximierenden Individuums ergibt (vgl. z.B. Lüdtke 1990; dazu kritisch Blossfeld, Müller 1996), führt Bourdieu unterschiedliche Lebensstile vor allem auf unterschiedliche Ausprägungen des ‚Habitus', d.h. auf den individuellen Sozialisationsprozess bzw. (später) auf das unterschiedlich verfügbare ‚kulturelle Kapital', zurück (vgl. Bourdieu 1987 sowie Schäfers 1998, S. 136 f.).[303] Die Erforschung von Lebensstilen ist dabei – wie die beispielhaft aufgeführten Ansätze belegen – mit zahlreichen theoretischen und methodischen Problemen verbunden (vgl. dazu z.B. Meyer 2001; Konietzka 1995), die sich nicht zuletzt in einem scheinbar „disparaten, unstrukturierten Nebeneinander“ (Georg 1995, S. 107) unterschiedlicher Typologien und Dimensionen äußern (vgl. dazu auch Spellerberg 1993; Konietzka 1995; Tews 1999).
Tatsächlich stellen die unterschiedlichen Lebensstilkonzepte zunächst eine Weiterentwicklung bisheriger Ansätze der Sozialstrukturanalyse dar (vgl. z.B. Konietzka 1995), die aufgrund der Berücksichtigung von Lebensstilaspekten (wie kulturelle Interessen, alltägliches Handeln und subjektive Bedeutungszumessungen) – neben den ‚klassischen' Ungleichheitsdimensionen – in der Lage sind, realitätsnähere Bezüge zur individuellen Lebenssituation verschiedener Personengruppen herzustellen (vgl. Spellerberg 1997). Die eigentliche Kontroverse besteht in der Fragestellung, ob die Lebensstilkonzepte eine Spezifizierung gängiger Ungleichheitsansätze darstellen oder ob sie in diesen letztlich ein Substitut sehen, indem sie den Lebensstildimensionen eine höhere Bedeutung als den bisherigen vertikalen und horizontalen (Schichtungs-)Merkmalen

---

302 So hat ein freizeitorientierter Mensch andere Präferenzen als ein berufsorientierter Mensch. Dies zeigt sich auch in den individuellen Zeitverwendungsmustern.

303 Darüber hinaus lassen sich z.B. nach Müller (1989, 1992) drei verschiedene Dimensionen bei Lebensstilen unterscheiden: eine expressive (d.h. Fernsehinteressen, Musikgeschmack, literarische Vorlieben), eine interaktive (wie Kleidungs- und Einrichtungsstil) sowie eine evaluative (d.h. Lebensziele und subjektive Einschätzungen). Lüdtke spricht in diesem Zusammenhang von ‚expressiver Ungleichheit' (vgl. Lüdtke 1989).

zuweisen.[304] Bolte stellt dazu fest: „Ob Lebensstile wirklich jene Orientierungs- und Verortungsfunktion übernehmen, die früher die Zugehörigkeit zu Ständen, sozialen Klassen oder ‚sozialen Schichten' hatte (...), kann u.E. noch nicht entschieden werden. Es bleibt eine z.Z. offene forschungswürdige Frage" (Bolte 1990, S. 44).
Da davon ausgegangen werden kann, dass die Lebenssituation der Individuen stets durch eine Vielzahl von Faktoren – angefangen von Alter und Geschlecht, über Bildungsgrad und Berufsstatus bis hin zu Haushalts- und Lebensform einschließlich unterschiedlicher Einstellungen und Wertsschätzungen – beeinflusst wird, erscheint für den hier relevanten Untersuchungsgegenstand eine vorzeitige Festlegung, welcher dieser exemplarisch genannten Faktoren bzw. welchen Dimensionen zentrale Bedeutung für die Bestimmung von Lebenslagen im Alter zukommt, nicht sinnvoll. Empirische Analysen legen eher nahe, dass innerhalb von gesellschaftlichen Schichten unterschiedliche Lebensstile vorzufinden sind (vgl. Hradil 2000, S. 211; Peukert 2000c, S. 174). Ob dies allerdings auch für Ältere in dieser Weise gilt, kann an dieser Stelle ebenfalls a priori – infolge gesamtgesellschaftlicher Modernisierungsprozesse und des gesellschaftlichen Strukturwandels, der zu einer ‚Verjüngung' der Älteren bei einer gleichzeitigen Verlängerung der Lebensphase ‚Alter' führt (vgl. dazu Tews 1999) – nicht beantwortet werden. So schreibt auch Tokarsi: „Bezeichnenderweise liegen zu den Lebensstilen im Alter nur wenige Studien vor, so dass auch hier gilt: Es wird mehr über veränderte Lebensstile im Alter geredet als tatsächlich nachweisbar ist" (Tokarski 1993, S. 116).

3.2.2.2.4 Zusammenfassung und kritische Würdigung der Ansätze

Eine zusammenfassende Einschätzung der in diesem Kapitel erörterten theoretischen Ansätze zur sozialen Ungleichheit zeigt, dass die in diesen Konzepten berücksichtigten Dimensionen – auf objektiver und subjektiver Ebene – äußerst vielfältig sind. So werden mit dem Lebenslagen-Ansatz, der mit dem Wiederaufleben der Armutsforschung in der Bundesrepublik Deutschland Anfang der 1980er Jahre eine beachtliche Renaissance erfahren hat, nicht nur die klassischen Merkmale ‚vertikaler Ungleichheit' in Form von Schichtungsindikatoren (berufliche Stellung etc.) berücksichtigt, sondern auch horizontale Einflussfaktoren (Alter, Geschlecht, Generationszugehörigkeit, Nationalität und Familienverhältnisse etc.), subjektive Dimensionen (Wohlbefinden, Zufriedenheit etc.), dynamische Prozesse bzw. Aspekte des Lebenslaufs sowie nicht zuletzt Handlungsspielräume in den Untersuchungsfokus miteingeschlossen.
Diese Komplexität und gleichzeitige Offenheit des theoretischen Ansatzes stellt jedoch gerade für die empirische Einlösung der konzeptionellen Anforderungen ein Problem dar:

> „Die empirische Umsetzung des Lebenslagen-Ansatzes stellt wegen der konzeptuellen Elemente – Multidimensionalität, Multikausalität, Subjektorientierung und Normativität

---

304 Hörning und Michailow sprechen beispielsweise beim Lebensstil von einer ‚eigenständigen Vergesellschaftungsform' (Hörning und Michailow 1990, S. 501): „Diese Autoren gehen von einer eigenen Realität subjektiver Konstruktionsleistungen aus, die unabhängig von der sozialstrukturel-len Position zu denken sei. Bourdieu vertritt die Gegenthese, nach der soziale Ungleichheiten in Lebensstilen auf symbolischer Ebene nicht nur zum Ausdruck kommen, sondern auch legitimiert und verfestigt werden." (Spellerberg 1997, S. 31).

– eine schwierige Aufgabe dar. In den bislang vorliegenden Studien wurde entweder ein ausschließlich sozialstrukturelles Lebenslagenkonzept verwendet oder man hat sich auf die qualitative Erhebung von Lebenslagenbedingungen in sozialen Problemgruppen konzentriert" (Allmendinger, Hinz 1999, S. 23).

Aber auch wenn beispielsweise der Aspekt der (Lebens-)Zufriedenheit in der Sozialindikatorenforschung in Deutschland schon operationalisiert wird (vgl. dazu Glatzer, Berger 1984; Zapf, Habich 1996; Christoph 2002), konnte der Begriff der Handlungsspielräume – trotz einiger Versuche der theoretischen Bestimmung (vgl. Weymann 1989) – bisher nicht empirisch umgesetzt werden (vgl. Ludwig-Mayerhofer, Barlösius 2001, S. 23).[305]
Darüber hinaus weisen die verschiedenen inhaltlichen Überschneidungen mit anderen Ansätzen der sozialen Ungleichheit, wie das Exklusions- bzw. Ausgrenzungskonzept sowie die Lebensstilkonzepte, darauf hin, dass der an sich umfassendere Lebenslagen-Ansatz noch nicht vollständig konzeptualisiert ist.[306] So wird am Lebenslagen-Ansatz kritisiert, dass die Bestimmung von ‚Unterversorgungslagen' von gesellschaftlichen Normen bzw. Definitionen abhängt. Beispielsweise stehen für die Messung von (Einkommens-)Armut verschiedene Maße zur Verfügung (vgl. dazu ausführlich Bundesministerium für Arbeit und Sozialordnung 2001), die jedoch nicht mit der tatsächlichen, subjektiv empfundenen Lebenslage übereinstimmen müssen.
Aus diesem Grunde scheint es sinnvoll, in diesem Punkt an die Lebensstilkonzepte anzuknüpfen, da sie es ermöglichen, je nach Lebensentwurf und persönlichen Einstellungen[307] scheinbar gleiche Lebenslagen unterschiedlich zu bewerten. Die Integration dieses Aspekts der Lebensstilforschung in den Lebenslagen-Ansatz erscheint dabei sinnvoll, da zwar auch von verschiedenen Lebensstilforschern selbst bezweifelt wird, dass durch die gesellschaftlichen Differenzierungsprozesse Lebensstile die Orientierungs- und Verortungsfunktion früherer Zugehörigkeiten zu Ständen, sozialen Klassen oder aber Schichten übernommen haben (vgl. Bolte 1990, S. 44), dennoch aber – aufgrund der breiten und vielfältigen Palette an Lebensstilansätzen (vgl. Bourdieu 1983, 1987) – Konfusionen über die Bedeutung vertikaler und horizontaler Merkmale sozialer Ungleichheit auftreten können.[308]

---

305 Aber auch die Möglichkeit eines dynamischen empirischen Vorgehens durch die Verwendung von Längsschnittdaten wird bisher nur selten genutzt.

306 „Der ‚Lebenslagen-Ansatz' ist theoretisch noch nicht umfassend ausformuliert. Teilweise überschneidet sich der Begriff mit anderen Begriffen, z.B. ‚Lebensbedingungen' (Zapf 1978), ‚Lebensstandard' (Glatzer 1983), ‚Lebensqualität' (Glatzer, Zapf 1984), ‚Lebenschancen' (Geißler 1987), ‚Lebensstile' (Müller 1989; Lüdtke 1989) und ‚soziale Milieus' (Hradil 1987)" (vgl. dazu auch Enders-Dragässer, Sellach 1999, S. 56 f.).

307 Die eben nicht von der Schichtzugehörigkeit und den damit verbundenen Lebensbedingungen abhängen, sondern aufgrund von Individualisierungsprozessen eigenständige Denk- und Verhaltensformen erlauben (vgl. z.B. Hradil 2000).

308 Durch diese Verortung soll letztlich verhindert werden, dass manifeste soziale Ungleichheit fälschlicherweise als selbst gewählter Lebensstil interpretiert wird: „Konflikte um soziale Teilhabe und Lebenschancen werden auf verschiedenen Ebenen ausgetragen, sowohl entlang der traditionellen Linie Kapital-Arbeit als auch nach Merkmalen sozialer Zuschreibung (Geschlecht, Nationalität) sowie auf der Ebene von Werten und Lebensstilen. Auseinandersetzungen der verschiedensten Art

Ähnliches gilt für die Debatte über gesellschaftliche Exklusion bzw. soziale Ausgrenzung. Hintergrund für diese Ansätze sind unterschiedliche empirische – auch subjektiv empfundene – Erfahrungen des Ausschlusses infolge des vor allem wirtschaftlichen Strukturwandels in verschiedenen europäischen Ländern. Während in Frankreich dafür der Begriff der ,exclusion sociale' geprägt wurde, wird im angelsächsischen Bereich von der ,underclass' gesprochen. In Deutschland bietet sich – in Abgrenzung zu systemtheoretischen Überlegungen – der Ausdruck der sozialen Ausgrenzung an. Hiermit werden konkret Ausschlussprozesse insbesondere infolge der gestiegenen Arbeitslosigkeit beschrieben, die zu einer gesellschaftlichen Position der Dazugehörigen (,Innen') bzw. der Ausgeschlossenen (,Außen') führten bzw. immer noch führen (vgl. dazu Kronauer 2002; Kronauer 1999). Auch hier bietet es sich an, das ,spezielle' Konzept der Ausgrenzung in den allgemeiner und umfassender angelegten Lebenslagen-Ansatz – einschließlich der lebensstiltheoretischen Erweiterung – zu integrieren. Dies erscheint sinnvoll, wenn Ludwig-Mayerhofer und Barlösius darauf hinweisen:

> „Ob die enge Assoziierung von kumulierter Unterversorgung und sozialer Ausgrenzung tatsächlich so besteht, ist bislang kaum empirisch geprüft worden; in der empirischen Analyse ist man bislang jedenfalls kaum über einfache Zusammenhänge zwischen Ausgrenzung, sozialen Netzwerken/Kontakten und Einkommensarmut hinausgekommen" (Ludwig-Mayerhofer, Barlösius 2001, S. 45).

Auch wenn die Operationalisierung dieses Zusammenhangs schwierig erscheint, so besteht durch die hier relevante Fragestellung dennoch der Anspruch, in der (Lebens-) Situation ,Arbeitslosigkeit' – bei älteren Beschäftigten insbesondere in Form des vorgezogenen Ruhestands – die strukturellen Begrenzungen der Handlungsspielräume der Betroffenen unter Berücksichtigung ihrer persönlichen Bewertungen und Arrangements zu analysieren. Dem Lebenslagen-Ansatz kann hierbei zumindest die Funktion einer ,Leitidee' zugesprochen werden (vgl. Glatzer, Hübinger 1990, S. 35 ff).

Aus dieser Perspektive erweist sich der Lebenslagen-Ansatz als geeignet, um die unterschiedlichen Lebenssituationen älterer Beschäftigter beim Übergang vom Erwerbsleben in den Ruhestand zu beschreiben. Deutlich werdende soziale Ungleichheit im Alter könnte dabei einerseits als Ergebnis von ungleichverteilten Lebensbedingungen über den gesamten Lebenslauf erklärt werden, die sich im Alter ,chronifiziert' (vgl. Backes, Clemens 1999, S. 334), andererseits könnten aber auch gesellschaftliche Differenzierungs- und Pluralisierungsprozesse zu einer ,individualisierten' Lebenslage im Alter beigetragen haben, die sich z.B. in veränderten Einstellungen äußert. Dem entsprechend lassen sich die Lebenslagen Älterer in einer Reihe von Dimensionen abbilden, unter denen das Haushaltseinkommen, das Bildungsniveau oder die (frühere) berufliche Stellung eine zentrale Dimension für die Lebenszufriedenheit darstellen können, aber nicht müssen. Denn berücksichtigt man neben den materiellen und objektiven Faktoren auch subjektive Merkmale von Lebenslagen, so ist es möglich, dass im höheren Alter vor allem immaterielle Dimensionen der Lebenslage, wie z.B. der Gesundheitszustand, familiäre oder soziale Netze, an Bedeutung für die Lebenszufriedenheit gewinnen, wobei generell von einem Austauschprozess zwischen verschiedenen Lebensbereichen und Dimensionen auszugehen ist. In diesem Sinne scheint der Le-

---

können (...) als Lebensstilkonflikte in Erscheinung treten und ihren eigentlichen Ursprung verdecken" (Spellerberg 1997, S. 25).

benslagen-Ansatz auch die theoretischen Voraussetzungen zu erfüllen, die für eine Analyse der These der doppelten Exklusion bei Übergang vom Erwerbsleben in den Ruhestand erforderlich sind.

3.3 Entwicklung des Untersuchungsrahmens sowie Ableitung geeigneter Hypothesen für die empirischen Analysen

Da die verschiedenen makro- und mikroökonomischen Theorien des Arbeitsangebots sowie die makro- und mikrosoziologischen bzw. subjektorientierten Theorien zur Erklärung des (unfreiwilligen) Übergangs vom Erwerbsleben in den Ruhestand und daraus möglicherweise entstehender Prozesse der ‚doppelten Exklusion' (hinsichtlich anderer gesellschaftlich relevanter Tätigkeiten) bereits ausführlich in den vergangenen Abschnitten dargestellt und diskutiert wurden, soll in diesem Kapitel vor allem eine Zusammenführung dieser zu einem ‚integrierten' Untersuchungsrahmen sowie die Ableitung konkreter Hypothesen für die empirischen Analysen erfolgen.

3.3.1 Entwicklung des Untersuchungsrahmens

Die bisherigen Darstellungen machen deutlich, dass dem Untersuchungsgegenstand eine Mehrebenenanalyse angemessen ist (vgl. dazu auch Blien, Meyer 2000, S. 1026), die neben ökonomischen und soziologischen Theorien sowie der Berücksichtigung von Aspekten auf der Makro- und Mikroebenen zudem hinsichtlich unterschiedlicher Effekte, d.h. dem Alterseffekt, dem Periodeneffekt sowie dem Kohorteneffekt, zu einer Differenzierung beiträgt. Dies ist eine hohe Herausforderung, die sich weder theoretisch in einem umfassenden Modellrahmen noch empirisch durch die vorhandenen Daten (vgl. dazu Kapitel 4) in adäquater Weise umsetzen lässt. Dennoch soll hier versucht werden, die wesentlichen – mit dem (vorzeitigen) Übergang in den Ruhestand und der These der ‚doppelten Exklusion' in Zusammenhang stehenden – Elemente herauszuarbeiten und im Sinne eines Untersuchungsrahmens zu formulieren.
Um die Vielfältigkeit des Phänomens Erwerbsbeteiligung und ehrenamtliches Engagement am Übergang von Erwerbsleben in den Ruhestand zu erfassen, scheint dabei vor allem ein institutionalistischer Ansatz geeignet (vgl. dazu auch Cornetz 1986). So wird im Folgenden davon ausgegangen, dass die Veränderungen im individuellen Erwerbsverhalten bzw. bezüglich der Partizipation in anderen gesellschaftlich relevanten Bereichen am Ende des Erwerbslebens eher Folge als Ursache gesellschaftlicher Rahmenbedingungen sind. So wurden einerseits in Kapitel 2 die Auswirkungen gesetzlicher Novellierungen auf das Rentenzugangsalter unter dem Stichwort ‚Alterseffekt' (vgl. Kapitel 2.1) erörtert sowie die Bedeutung von ‚Periodeneffekten' (vgl. Kapitel 2.2) erläutert, andererseits haben aber auch die ökonomischen und soziologischen Theorien auf der Makroebene gezeigt, dass sich Individuen mit gesamtgesellschaftlichen Entwicklungen auseinandersetzen müssen, die sie zwar teilweise mit beeinflussen (z.B. Individualisierungs- und Pluralisierungstendenzen infolge der reflexiven Modernisierung, die sich in unterschiedlichen Lebensstilen äußern), hinsichtlich jedoch der Integrationsmöglichkeiten auf dem Arbeitsmarkt weitgehend als gegeben hinnehmen müssen (z.B. die Nachfrage nach Arbeit generell, Lohn- und Preisniveau; gesamtwirt-

schaftliche Lage, aber auch die Diskriminierung bestimmter Personengruppen wie der Älteren auf dem Arbeitsmarkt). So ist nach Cornetz die

> „Erwerbsbeteiligung (...) ein von politischen, institutionellen und sozio-ökonomischen Prozessen geprägtes Phänomen, das ohne Niveau und Struktur der Nachfrage nach Arbeitskräften nicht zu erklären ist. Eine ökonomische Theorie des Arbeitskraftangebots, welches das Angebot an Arbeit völlig unabhängig von der Nachfrage nach Arbeit ableitet und das Ausmaß der Erwerbsbeteiligung als wahlhandlungstheoretisches Resultat der nutzenmaximierenden, reallohnabhängigen Strategien der Anbieter begreift, ist aus diesem Grund verfehlt. Und nicht nur eine ‚reine' Theorie des Angebots, sondern auch eine lediglich auf ökonomischen Faktoren aufbauende Theorie ist dem Untersuchungsgegenstand nicht angemessen" (Cornetz 1986, S. 434).

Der Untersuchungsrahmen unterscheidet für die Analyse der Partizipation im Alter an gesellschaftlicher Arbeit daher zwischen institutionell-politischen Rahmenbedingungen, nachfragebezogenen Faktoren sowie den subjektbezogenen Faktoren (vgl. dazu Abbildung 3.3.1). Diese lassen sich grob in die Systematik der Alters-, Perioden- und Kohorteneffekte einordnen, ohne dabei allerdings die einzelnen Effekte genau abgrenzen zu können – zumal erhebliche Interdependenzen bestehen. So liegt beispielsweise die Gemeinsamkeit zwischen dem hier beschriebenen ‚Alterseffekt' (vgl. Kapitel 2.1) und institutionellen, sozialpolitischen Regelungen darin, dass das Verrentungsalter in der Regel durch die gesetzlichen Vorgaben der Rentenversicherung im Zusammenwirken mit der Arbeitsmarktpolitik – mit oder ohne eine vorgeschaltete Phase der Arbeitslosigkeit – bestimmt wird. Ändert sich die Gesetzgebung, so ist auch mit einem veränderten Rentenzugangsverhalten bzw. Rentenzugangsalter zu rechnen. Darüber hinaus sind es vor allem aber auch die strukturellen, sozialstaatlichen Bedingungen, die in der Vergangenheit sogar in Richtung einer Institutionalisierung des gesamten Lebenslaufs gewirkt haben (vgl. dazu ausführlich Kapitel 3.2.2).

Der ‚Periodeneffekt' und die von Cornetz angeführten nachfragebezogenen Faktoren[309] bilden die entscheidende Grundlage für die gesamtwirtschaftliche Lage. So ist zu erwarten, dass je nach Konjunktur sich auch die Nachfrage nach älteren Arbeitskräften, die quasi ähnlich wie die Frauen als Arbeitsmarktpuffer fungieren (vgl. Sing 1998), verändert. So schreibt beispielsweise Vogler-Ludwig (o.J.):

> „Das Altern scheint eher ein Problem der Distribution als ein Hindernis für makroökonomische Leistung zu sein. Die Verteilung der Arbeitsplätze auf jüngere und ältere Arbeitnehmer, die Relation zwischen Löhnen und Renten sowie der Zugang zu Berufsbildung sind sämtlich Elemente eines Konflikts, der jetzt weithin als Grundkonflikt kommender Jahrzehnte erkannt wird. Andererseits scheint makroökonomische Leistung für

309 Zu den nachfragebezogenen Faktoren zählen das Angebot von Beschäftigungsgelegenheiten, die regionalen Arbeitsmarktbedingungen, aber auch betriebliche Personalstrategien bei Entlassungen, vorzeitiger Verrentung oder bei der Beteiligung an betrieblich organisierten Fort- und Weiterbildungen. In diesem Zusammenhang können auch Segmentationstheorien einen gewissen Erklärungsansatz bieten, da sie es erlauben, das Arbeitnehmerverhalten als Reaktion auf unternehmerische Strategien oder die Gestaltung der Arbeitsplätze zu interpretieren.

Abbildung 3.3.1: Konzeptionalisierung des Untersuchungsrahmens

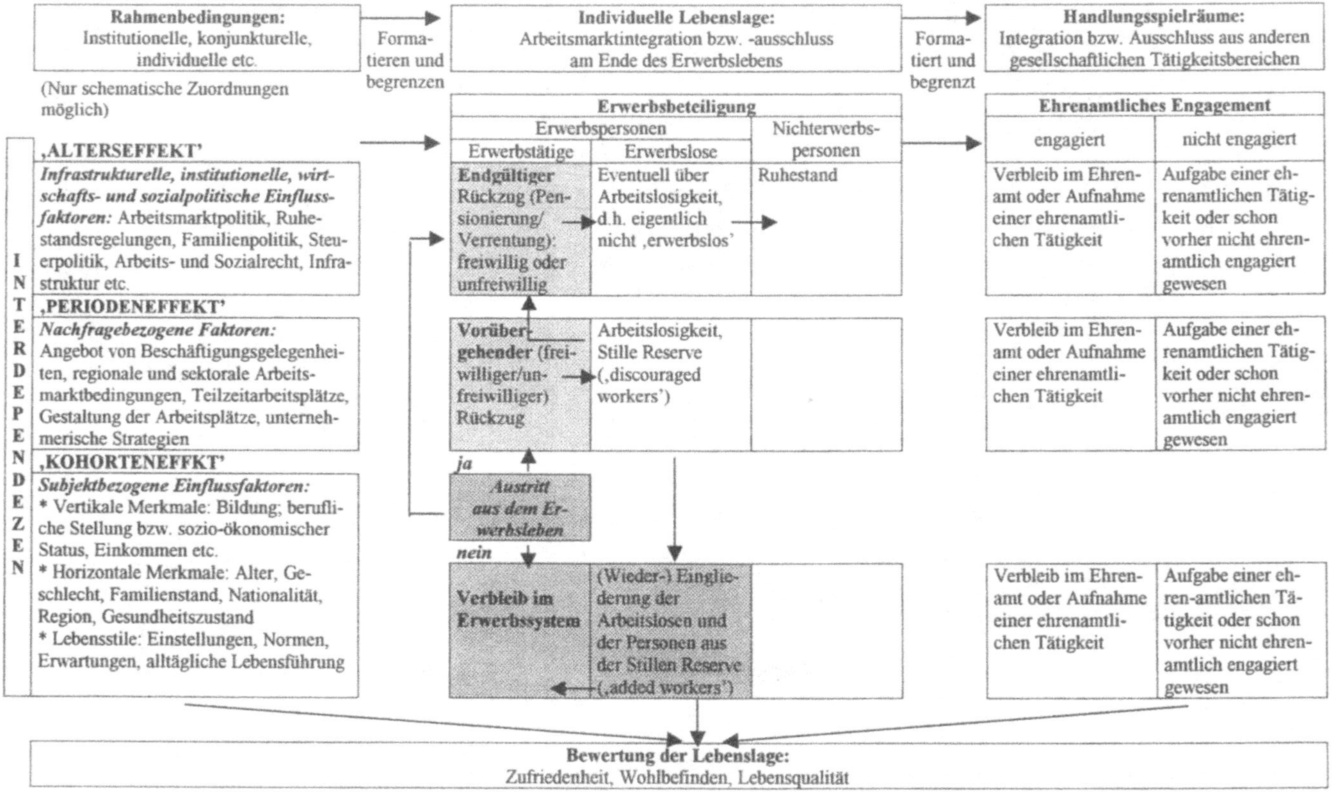

Quelle: Eigene erweiterte Darstellung nach Cornetz 1986, S. 425.

die Lösung dieser Konflikte von fundamentaler Bedeutung zu sein, da ihr Maß weitgehend von der Arbeitslosenquote und dem Wachstum der mittleren Einkommen abhängt. Lösungen sind daher primär in der Schaffung zusätzlicher Beschäftigung statt in einem altersspezifischen Arbeitsmarkt und in Sozialpolitiken zu suchen".

Aus diesem Grunde ist es für die empirischen Analysen auch nicht ausreichend, nur die registrierte Arbeitslosigkeit zu berücksichtigen, die gemeinhin als Indikator für die konjunkturelle Lage fungiert und auch speziell als Erklärungsvariable für regionale Divergenzen im Verrentungsgeschehen verwendet werden kann (vgl. dazu Bangel 1993).[310] Gerade im Übergang zum Ruhestand ist es – aufgrund der vielfältigen Wege zu ihm (vgl. Kapitel 2) – notwendig, die verschiedenen Formen der Unterbeschäftigung, d.h. einschließlich der Stillen Reserve, näher zu betrachten.[311] Denn diese stellen nicht nur aus Sicht der Humankapitaltheorie eine Verschwendung gesellschaftlicher Ressourcen dar, sondern können auch auf der individuellen Ebene zu sozialen Problemlagen und einer Zunahme sozialer Ungleichheit im Alter führen. So können gerade bei älteren Beschäftigten durch den vorzeitigen (unfreiwilligen) Ausschluss aus dem Arbeitsmarkt, der wesentlich durch strukturelle Bedingungen, aber auch subjektbezogene Faktoren beeinflusst wird, ungünstige Lebenslagen entstehen.
Darüber hinaus ist anzunehmen, dass sich diese gesellschaftliche Ausschlusserfahrung auch auf andere wesentliche gesellschaftliche Bereiche auswirkt, denn: „Eine nachteilige Situation in einem Bereich tendiert dazu, eine ungünstige Situation in einem anderen Bereich nach sich zu ziehen, und diese wiederum, eventuell zusammen mit direkten Effekten der ersten Nachteilssituation, führt mit erhöhter Wahrscheinlichkeit zu Deprivationen in einer dritten Dimension etc." (Rosenmayr, Majce 1978, S. 236).[312] So resultiert soziale Ungleichheit im Alter nicht nur aus Einkommensunterschieden – auf die vor allem in der ökonomischen Theorie häufig einseitig fokussiert wird – und unter Umständen sozialer Schichtzugehörigkeit[313], sondern äußert sich in einer Vielzahl ungleicher Handlungsspielräume der Lebenslage wie den Freizeitformen bzw. den Teilhabechancen am gesellschaftlichen Leben (vgl. Backes, Clemens 1998, S. 157 ff.). In diesem Sinne ist es sinnvoll, vom Lebenslagen-Ansatz auszugehen. Denn dieser bezieht sich nicht nur auf jeweils einen Lebensbereich, wie z.B. auf die marktvermittelte Erwerbsarbeit, sondern erlaubt eine Verbindung zwischen verschiedenen Bereichen –

---

310 In diesem Sinne ist es auch richtig, die registrierten Arbeitslosen um die Zahl derjenigen zu reduzieren, die keine Erwerbsabsichten mehr haben (vgl. dazu auch Knuth 1999, S. 145 f.). Dabei ist allerdings zu berücksichtigen, dass es sich bei diesen auch um sogenannte ‚discouraged workers' handeln kann, also Personen die bei einer besseren Arbeitsmarktlage durchaus in Beschäftigung stünden bzw. die Hoffnung auf einen geeigneten Arbeitsplatz nicht (vorzeitig) aufgegeben hätten.

311 Darüber hinaus gibt es weitere Formen der Unterbeschäftigung, die sich beispielsweise in einem geringeren Erwerbsumfang als von der betroffenen Person gewünscht, äußern. Auf diese wird im Folgenden aufgrund der Übersichtlichkeit verzichtet.

312 Rosenmayr und Majce (1978) sprechen hier von einem ‚Kumulationseffekt der sozialen Benachteiligung'.

313 Der Untersuchungsrahmen unterscheidet bei den subjektbezogenen Faktoren entsprechend der Sozialstrukturanalyse zwischen vertikalen und horizontalen Merkmalen sozialer Ungleichheit sowie Lebensstilen.

unter Berücksichtigung objektiver und subjektiver Dimensionen – herzustellen (vgl. Allmendinger, Hinz 1999).
Die Bewertung von Lebenslagen erfolgt in dieser Untersuchung jedoch getrennt von diesen, auf personaler Ebene ermittelten Dimensionen, da begründeterweise von einem um Aspekte der Lebensstilforschung erweiterten Lebenslagenbegriffs ausgegangen wird, der vor allem auch individuelle Einstellungen, Orientierungen und Formen der alltäglichen Lebensführung beinhaltet. Erst dadurch wird es möglich, die besondere Lebenslage von vorzeitig (unfreiwillig) aus dem Arbeitsmarkt Ausgeschlossenen als soziale Ungleichheit, die sich beispielsweise in Form ‚doppelter Exklusion' äußert, zu bewerten.

3.3.2 Ableitung geeigneter Hypothesen für die empirischen Analysen

In dieser Arbeit können nicht alle für die Überprüfung der These der ‚doppelten Exklusion' beim Übergang vom Erwerbsleben in den Ruhestand relevanten Faktoren untersucht werden. Da schon die Bestimmung von nachfragebezogenen Einflüssen sowie die Bewertung gesellschaftlicher Rahmenbedingungen – obwohl beide Faktoren entscheidend für die Ausgliederungsprozesse aus dem Erwerbsleben sind – ein gravierendes Problem darstellen, wird hier ein anderer Analysezugang gewählt. So steht im Zentrum der folgenden Untersuchungen nicht so sehr die unmittelbare Kausalanalyse, sondern vielmehr die Fragestellung, ob sich im Zeitvergleich Mitte der 1980er und Mitte der 1990er Jahre in Westdeutschland beispielsweise ein Einstellungs- und Verhaltenswandel sichtbar machen lässt, der quasi im Sinne der Antizipation von Phasen der Arbeits- bzw. Erwerbslosigkeit vor Rentenzugang zu einer ‚Normalisierung' dieser Statuspassage beigetragen hat.

> „Das ‚gewandelte Ruhestandsbewusstsein' bzw. – anders ausgedrückt – die Tatsache, dass ‚der frühe Übergang in den Ruhestand bereits zur gesellschaftlichen Norm geronnen ist, von der die individuellen Erwartungen an die Entscheidungen für den Ruhestand geprägt werden', ist keine genuine Einstellung der älteren Arbeitnehmer an sich, sondern (...) die dominante Einstellung der *jetzt* aus dem Erwerbsleben austretenden Arbeitnehmergenerationen, die sich (...) aus einer Vielzahl von unterschiedlichen Quellen speist, wie z.B. Sozialisationserfahrungen der Nachkriegs- und Aufbaugeneration, erweiterte Handlungs- und Verhaltensressourcen aufgrund von mehr Bildungs- und Mobilitätserfahrungen, besserer ökonomischer Status etc." (Naegele 1992, S. 406 f.; Hervorhebung durch den Autor).

Für die Modellierung der These der ‚doppelten Exklusion' ist es daher vor allem erforderlich, neben dem Alter Geburtsjahrgänge (‚Kohorteneffekt') einschließlich persönlicher Faktoren, wie Geschlecht, Gesundheit (körperliche Konstitution, Behinderung), berufliche Stellung, vorhandenes Humankapital (Art und Dauer von Schul- und Berufsausbildung) sowie Aspekte des Lebenslaufs, zu unterscheiden. Die Berücksichtigung von unterschiedlichen Geburtskohorten in den 1980er und 1990er Jahren (mit vergleichbaren Altersgruppierungen zwischen 45 und 69 Jahren) ermöglicht dabei die Kontrolle sowohl gesellschaftlicher als auch ökonomischer Rahmenbedingungen. Durch diesen impliziten Rekurs auf die oben genannten gesamt- und einzelwirtschaftlichen Rahmenbedingungen – auch wenn diese nicht weiter unterschieden werden können – lassen sich die spezifischen sozialen Risiken älterer Arbeitnehmer im Zeit-

vergleich hinreichend erfassen, so dass Aussagen darüber getroffen werden können, ob bzw. welche Veränderungen in den ‚strukturellen sozialen Gefährdungen' älteren Arbeitnehmer konkret beobachtet werden können.
Um im Folgenden die These der ‚doppelten Exklusion' mit Hilfe von bi- und multivariaten Längsschnittanalysen exemplarisch überprüfen zu können, wird diese in drei einzelne Hypothesen unterteilt:

Hypothese 1:
Der vorzeitige (unfreiwillige) Ausschluss älterer Beschäftigter aus dem Arbeitsmarkt hat sich in Westdeutschland aufgrund der Verschlechterung gesamtwirtschaftlicher Rahmenbedingungen zwischen 1985 und 1996 (sowie den jeweils darauf folgenden Jahren) verschärft. Neben einem generellen Anstieg des Arbeitslosigkeitsniveaus sind auch zunehmend Hochqualifizierte infolge des Kohorteneffekts und Personen mit einer bisher kontinuierlichen Erwerbsbiographie am Ende ihres Erwerbslebens von Arbeitslosigkeit betroffen.

Hypothese 2:
Ehrenamtliches Engagement weist auch am Ende des Erwerbslebens – trotz der Diskussionen um Individualisierung und Pluralisierung der Lebensstile Älterer (einschließlich veränderter Wertvorstellungen und Einstellungen) – einen signifikanten Zusammenhang zur Erwerbsbeteiligung auf; d.h. die Integration in den Arbeitsmarkt erhöht auch im Alter die Chance, ehrenamtlich engagiert zu sein.

Hypothese 3:
Im Sinne der Aktivitätsthese wird davon ausgegangen, dass Erwerbsbeteiligung und ehrenamtliches Engagement zu einer höheren Lebenszufriedenheit führen. Demnach handelt es sich bei beobachtbaren gesellschaftlichen Ausschlussprozessen aus Erwerbsarbeit bzw. ehrenamtlichem Engagement nicht im Sinne von Lebensstilkonzepten um ‚selbst gewählte' alltägliche Verhaltensweisen, sondern diese müssen als vertikale und horizontale soziale Ungleichheit interpretiert werden, wobei ein direkter Zusammenhang zwischen Arbeitsmarktausschluss und einer geringeren Beteiligung an ehrenamtlichem Engagement besteht.

Aufgrund der Fülle der in diesem Themenzusammenhang interessanten und prinzipiell relevanten Fragestellungen ist eine Beschränkung auf diese drei zusammenfassenden Hypothesen notwendig. Dies schließt nicht aus, dass soweit wie möglich auch Aspekte des Haushaltszusammenhangs in den Analysen Berücksichtigung finden. Eine Übersicht über das konkrete Untersuchungsdesign sowie hinsichtlich der Operationalisierung der verschiedenen abhängigen bzw. erklärenden Variablen zur empirischen Überprüfung der aufgestellten Hypothesen wird im folgendem Kapitel gegeben.

4 Datengrundlage und methodisches Vorgehen

Um die in Kapitel 3.3. aufgeführten Hypothesen empirisch bestätigen oder aber verwerfen zu können, benötigt man Datenmaterial und Methoden, mit denen die Abbildung dynamischer Prozesse am Ende des Erwerbslebens möglich ist. Als Datengrundlage für die Analyse gesellschaftlicher Ausschlussprozesse Älterer im Übergang zum Ruhestand bietet sich dabei vor allem das Sozio-ökonomische Panel (SOEP) an, da mit diesem einerseits repräsentative Verlaufsdaten zur Verfügung stehen und andererseits auch über die Erwerbsbeteiligung der Individuen hinaus vielfältige weitere Aussagen über biographische, familiäre, sozioökonomische u.a. Hintergründe gemacht werden können.

4.1 Das Datenmaterial

Datenbasis für die folgenden Analysen auf der Mikroebene ist das Sozio-ökonomische Panel. Dieses wird in Deutschland seit 1984 einmal jährlich erhoben und stellt der sozial- und wirtschaftwissenschaftlichen Forschung einen breiten Kranz von repräsentativen Individualdaten zur Verfügung, indem sowohl persönliche als auch haushaltsbezogene Merkmale und deren Veränderungen über die Zeit abgefragt werden.[314] Zu zentralen thematischen Bereichen zählen unter anderem Lebenslauf (hinsichtlich Familienstand, Zahl der Kinder etc.), Erwerbs- und Berufsbiographie (einschließlich Bildung und beruflicher Qualifizierung, Beschäftigungsmerkmale beim derzeitigen Arbeitgeber, berufliche Mobilität, berufliche Erwartungen, Arbeitszeitwünsche, Nebenerwerbstätigkeit sowie der Übergang in Rente), Teilnahme an gesellschaftlichen und sozialen Aktivitäten, individuelles und haushaltsbezogenes Einkommen, Gesundheit sowie zahlreiche weitere Variablen, die beispielsweise auch die Zufriedenheit mit verschiedenen Lebensbereichen widerspiegeln.
Gerade durch die ‚Begleitung' von bestimmten Personen über Jahre hinweg ist das SOEP für die vorliegende Untersuchung sehr gut geeignet, da „jede soziologische Untersuchung, welche sich an sozial- oder gesellschaftspolitische Problemen orientiert, (...) zwangsläufig auf Informationen zurückgreifen (...) [muss, D.S.], die auf individu-

314 Zu Beginn wurden 5.291 Haushalten sowie alle in diesem Haushalt wohnenden Personen ab 16 Jahren (insgesamt 12.245 Personen) befragt (zu weiteren, detaillierten Angaben bzgl. beispielsweise der Zuwanderungsstichprobe in den Jahren 1994 und 1995, zur Ergänzungsstichprobe im Jahr 1998 etc. vgl. SOEP-Info-elektronisches Handbuch; Projektgruppe Sozio-oekonomisches Panel 1995; Schupp, Wagner 1995; Infratest Burke Sozialforschung 1998 sowie SOEP Group 2001). Zwar fand die erste Befragungswelle des SOEP bereits im Jahr 1984 statt, aufgrund der Verwendung retrospektiver Fragen zum jeweils vergangenen Jahr (vgl. dazu Kapitel 4.2.1.3 oder 4.2.2.1) sowie diverser Veränderungen in den Fragenstellungen zwischen der ersten und späteren Erhebungswellen wurde – um eine hohe Vergleichbarkeit der Daten zu erreichen – auf die zweite Welle zurückgegriffen (mit 5.322 Haushalten bzw. 11.090 Personen). Der zweite Längsschnitt beginnt im Jahr 1996, in dem insgesamt 6.894 Haushalten mit 13.511 Personen befragt wurden (zur Längsschnittdatensatzbildung vgl. Kapitel 4.2.1.4).

ellen Längsschnittdaten beruhen und Geburtskohorten zu unterscheiden erlauben. Querschnittsdaten führen zum Beispiel zu irreführenden Schlüssen über Umfang und Betroffenheit von Arbeitslosigkeit oder Armut“ (Mayer 1987, S. 58). Folglich ist es wichtig, nicht nur beispielsweise den Wechsel des Status eines Erwerbstätigen zum Rentner zu beobachten, sondern auch die Situation der betroffenen Personen vor und nach dem Übergang in Rente hinsichtlich beeinflussender Faktoren zu untersuchen. Die oben genannte Vielzahl an ‚Variablen' aus den verschiedensten Lebensbereichen wird dabei um den Aspekt der jeweiligen Verweildauer in einem bestimmten Zustand ergänzt, so dass mit dem SOEP ein breit angelegtes Vorgehen ermöglicht wird.

4.2 Methodisches Vorgehen

In diesem Kapitel werden die für die empirischen Untersuchungen zugrunde gelegten abhängigen und unabhängigen bzw. ‚erklärenden' Variablen, die Konstruktion von zwei unabhängigen Längsschnittdatensätzen sowie die für ihre Auswertung verwendeten statistischen Methoden eingehend erläutert. Dies ist unerlässlich, da nur vor diesem Hintergrund die in Kapitel 5 vorgestellten Ergebnisse korrekt analysiert und interpretiert werden können.

4.2.1 Operationalisierung der abhängigen Variablen in den beiden Betrachtungszeiträumen 1985 bis 1988 sowie 1996 bis 1999 mit Daten des Sozioökonomischen Panels (SOEP)

Entsprechend der in Kapitel 3.3 aufgestellten Hypothesen wird in den folgenden empirischen Analysen von drei zu erklärenden, d.h. abhängigen Variablen ausgegangen. So gilt es zum einen die Erwerbsbeteiligung in Westdeutschland in zwei unterschiedlichen Zeitperioden (zwischen 1985 und 1988 sowie zwischen 1996 und 1999) im Sinne einer Längsschnittbetrachtung zu analysieren und diesbezüglich relevante Einflussfaktoren sowie ihre Veränderung zwischen den Beobachtungsphasen zu ermitteln. Ferner gilt es die Bereitschaft zu ehrenamtlichem Engagement – vor allem in Abhängigkeit von der Erwerbsbeteiligung und ‚parallel' zur Erwerbsbeteiligung wirkenden Ausschlussmechanismen – näher zu untersuchen. In einem dritten Schritt wird schließlich die Lebenszufriedenheit in den Mittelpunkt der Untersuchungen gerückt. Zwar ist es auch auf deskriptive Weise möglich, Aussagen über das unterschiedliche Niveau der Lebenszufriedenheiten von arbeitsmarktintegrierten bzw. -exkludierten sowie (gleichzeitig) ehrenamtlich engagierten und nicht engagierten älteren Personen zu treffen; interessant ist allerdings auch abzuschätzen, welchen Erklärungswert diese Faktoren für die Lebenszufriedenheit insgesamt liefern.

4.2.1.1 Erwerbskonzepte und Schätzmethoden zur Ermittlung der Erwerbsbeteiligung

Grundsätzlich stehen verschiedene Wege zur Ermittlung der Erwerbsbeteiligung – hier im Sinne potentieller Erwerbspersonen – zur Verfügung (vgl. dazu Sing 1998). Während die Quantifizierung der Erwerbstätigen und der registrierten Arbeitslosen dabei prinzipiell kein Erhebungsproblem darstellt, sondern vor allem hinsichtlich definitori-

scher Abgrenzungen diverse Konzepte und somit voneinander abweichende Werte bestehen, so beruhen Angaben zu Umfang und Struktur der Stillen Reserve auf unterschiedlichen Schätzmethoden (vgl. dazu ausführlich vor allem Holst 2000). Von diesen Ansätzen sollen hier nur die jeweils beiden wichtigsten erwähnt und hinsichtlich der eigenen Operationalisierung der individuellen Erwerbsbeteiligung abgegrenzt werden.
Wie bereits in Kapitel 2 hervorgehoben, führen das IAB-Konzept bzw. das Konzept der Bundesanstalt für Arbeit und das des Mikrozensus, das auf der ‚Labour-Force'-Definition basiert (vgl. dazu z.B. Statistisches Bundesamt 1999, S. 15 ff.), zu unterschiedlichen Ergebnissen hinsichtlich der Erwerbsbeteiligung bzw. der ausgewiesenen Erwerbspersonen (d.h. Erwerbstätige plus (registrierte) Arbeitslose). Die Differenzen treten dadurch auf, dass nach der Mikrozensusdefinition bereits Personen, die nur eine Stunde in der Berichtswoche arbeiten, als Erwerbstätige gezählt werden – selbst wenn sie als Arbeitslose beim Arbeitsamt registriert sind. Ähnlich streng ist dort auch die Definition der Erwerbslosigkeit hinsichtlich der Verfügbarkeit des Arbeitssuchenden; d.h. ein Arbeitsloser muss nach dieser Definition innerhalb von zwei Wochen eine Erwerbsarbeit aufnehmen können.
Die Angaben zur Arbeitslosigkeit auf Basis des Erwerbskonzepts der Bundesanstalt für Arbeit weichen davon ab, da hier auch ein registrierter Arbeitsloser, der einer geringfügigen Beschäftigung (bis zu 15 Stunden in der Woche) nachgeht, nicht als Erwerbstätiger, sondern als Arbeitsloser gerechnet wird (für eine detailliertere Betrachtung vgl. z.B. Grütz, Faik 1998, S. 295; Bundesanstalt für Arbeit 2001, S. 63 ff.). Darüber hinaus bestehen nach Definition der Bundesanstalt für Arbeit eine Reihe weiterer Besonderheiten, die faktisch Arbeitslose nicht mehr als solche statistisch erfassen. Dazu gehören insbesondere Personen, die das 65. Lebensjahr vollendet haben, die arbeitsunfähig sind oder sich beispielsweise in arbeitsmarktpolitischen Vollzeitmaßnahmen befinden (einschließlich Leistungsempfänger gem. § 428 SGB III) (vgl. dazu ausführlich Bundesanstalt für Arbeit (ANBA) 2001, S. 63). Obwohl schon bei diesen statistisch noch erhebbaren Größen deutliche Abweichungen bestehen, werden die Differenzen in den Angaben zum Erwerbspersonenpotenzial noch größer, da die Unterbeschäftigung einschließlich ‚verdeckter Arbeitslosigkeit' – in Form der Stillen Reserve – noch nicht berücksichtigt ist.
Die Stille Reserve lässt sich zum einen direkt durch die Methode der Befragung der erwerbsfähigen, nicht arbeitslos gemeldeten und nicht erwerbstätigen Bevölkerung nach deren Erwerbswünschen bzw. -absichten erfassen, oder aber zum anderen durch die Schätzung des Erwerbspersonenpotenzials ermitteln, das sich aus der Summe der statistisch erfassbaren Größen der Erwerbstätigen und der registrierten Arbeitslosen sowie der Stillen Reserve als Residuum ergibt (sog. IAB-Konzept)[315]. Die Diskussion der Stillen Reserve bzw. der Vergleich verschiedener Messungen gestaltet sich dabei – neben einer Reihe weiterer Probleme wie z.B. der Notwendigkeit eines Bezugsjahres mit einer ‚Vollbeschäftigungssituation', das zeitlich nicht zu weit entfernt sein sollte –

315 Darüber hinaus besteht die Möglichkeit der Erfassung der Veränderung von sogenannten Bestandskonten. Indem die Bewegungsströme von verschiedenen Personengruppen z.B. von Schülern, die erwerbstätig werden, detailliert gemessen werden, lässt sich auch die Stille Reserve ermitteln (vgl. dazu z.B. Gross u.a. 1980, S. 30). Zur Arbeitskräfte-Gesamtrechnung (AGR) vergleiche auch Klauder, Kühlewind (1980, S. 9 ff.)).

nicht zuletzt deshalb schwierig, da zur Umschreibung einzelner Untergruppen eine Vielzahl von spezifizierenden Begriffen wie aktive und passive Stille Reserve, Stille Reserve im engeren und weiteren Sinn, konjunkturelle versus latente Stille Reserve u.ä.m. Verwendung finden, die zum einen in ihrer Abgrenzbarkeit und vor allem über Zeit[316] nicht immer trennscharf sind und zum anderen eine mehr oder weniger große und heterogene Personenzahl zusammenfassen (vgl. z.B. Kommission für Zukunftsfragen 1996, S. 79; Autorengemeinschaft 1996, S. 11 f.; Trabert 1996; Pfeiffer 1996; Sachverständigenrat zur Begutachtung der gesamtwirtschaftlichen Entwicklung 2000).
Stellt man schließlich die Ergebnisse der Autorengemeinschaft des IAB (vgl. Autorengemeinschaft versch. Jahre), die jeweils zu Jahresbeginn Kurzfristprognosen erstellt, und die via Befragungskonzept ermittelten Ergebnisse des DIW (vgl. Holst, Schupp 1997, 2000; Holst 2000) zum Umfang der Stillen Reserve in Ost- und Westdeutschland gegenüber (vgl. dazu auch Sing 1998), so unterscheiden sich die beiden Ansätze im untersuchten Personenkreis. Während sich Stille Reserve gemäß der Autorengemeinschaft aus einem Personenkreis zusammensetzt, der sich zum einen in Maßnahmen der Bundesanstalt für Arbeit befindet – die sogenannte Stille Reserve im weiteren Sinn – und zum anderen der Stillen Reserve im engeren Sinn[317] angehört, unterscheidet das DIW zwischen einer stark arbeitsmarktorientierten Stille Reserve (SAS), deren Personen sofort bzw. spätestens im kommenden Jahr eine Arbeit aufnehmen wollen, und einer gemäßigt arbeitsmarktorientierten Stillen Reserve (GAS), deren Mitglieder erst in zwei bis fünf Jahren erwerbstätig werden wollen (vgl. Holst 2000, S. 196). Diese unterschiedlichen Vorgehensweisen und definitorischen Abgrenzungen, die z.B. den Verbleib von Personen in Maßnahmen der Bundesanstalt für Arbeit im Konzept des DIW teilweise ungeklärt lassen – so dass die Autoren sogar selbst vermuten, dass diese sich zumindest partiell fälschlicherweise bei den arbeitslos Gemeldeten einordnen (vgl. Holst, Schupp 1997, S. 924) –, führen schließlich zu heterogenen Quantitäten, aber auch Strukturen, die z.B. in geschlechtsspezifischen Abweichungen deutlich werden (vgl. Sing 2002, S. 85).
Völlig unterbelichtet blieb dabei bisher vor allem der Umfang der Stillen Reserve unter den älteren Erwerbspersonen. Während von der Bundesanstalt für Arbeit generell keine Angaben über die Altersstruktur der Stillen Reserve im engeren bzw. weiteren Sinn vorliegen, so schließt beispielsweise Holst bei ihren Längsschnittanalysen der Stillen Reserve zwischen 1988 und 1992 bzw. 1992 und 1996 mit den Daten des SOEP explizit die Personen über 59 Jahre aus ihren Untersuchungen aus, um Effekte des Übergangs in den Ruhestand zu reduzieren bzw. zu eliminieren (vgl. Holst 2000, S. 191). Gleiches gilt für die Veröffentlichungen des Deutschen Instituts für Wirtschaftsforschung generell: „In allen diesen Berechnungen [der Stillen Reserve, D.S.] blieben zum Beispiel Personen unberücksichtigt, die dem Arbeitsmarkt durch staatliche Maß-

316 Für die Abgrenzung verschiedener Teilgruppen der Stillen Reserve bietet sich unter anderem die Variable ‚Zeit' an, die zum einen angeben kann, wann jemand eine Erwerbsaufnahme beabsichtigt, und zum anderen, ob jemand z.B. in der Lage ist, innerhalb zwei Wochen eine Erwerbstätigkeit aufzunehmen oder erst später (aufgrund von Krankheit etc.).

317 Darunter wird jede Person subsummiert, die „nicht arbeitslos gemeldet ist, aber unter den gegebenen oder günstigeren Arbeitsbedingungen arbeiten möchte (Stille Reserve i.e.S.)" (Autorengemeinschaft 1996, S. 11).

nahmen entzogen wurden (z.B. durch Vollzeit-Weiterbildung, Deutschlehrgänge, Rehabilitation in berufsfördernden Maßnahmen; auch 58-Jährige und ältere Personen, die der Arbeitsvermittlung nicht mehr zur Verfügung stehen müssen) und die nicht mehr erwerbstätig werden wollen" (Holst, Schupp 2000, S. 458). Zwar ist dieses Vorgehen für eine höhere Vergleichbarkeit der Daten mit denen der Bundesanstalt für Arbeit verständlich und legitim;[318] im Sinne einer Lebenslagenanalyse im Alter, die bewusst die individuelle Erwerbsorientierung der Untersuchungspopulationen mit einschließen will, darf in diesem Punkt jedoch nicht auf eine tiefergehende Differenzierung der Erwerbsbeteiligung verzichtet werden. Ziel für die nachfolgenden Untersuchungen ist es daher, auch für ältere Erwerbspersonen die spezifischen Formen der Arbeitsmarktintegration bzw. -exklusion herauszuarbeiten. Dazu ist es erforderlich, eine geeignete Erwerbsvariable zu operationalisieren.

4.2.1.2 Operationalisierung der Erwerbsbeteiligung mit Daten des SOEP

Die Operationalisierung der Erwerbsvariable erfolgt in gewisser Anlehnung an das DIW-Konzept (vgl. dazu im Detail Holst 2000, S. 192 ff. sowie Holst, Schupp 1997); dennoch werden aufgrund der spezifischen Untersuchungsperspektive aber auch einige bedeutende Abweichungen vorgenommen.[319] Zudem muss an dieser Stelle nicht auf alle Einzelheiten der Konstruktion der Erwerbsvariable, wie die Zuordnung von nicht erwerbstätigen, aber eine Beschäftigung suchenden Schülern bzw. Studenten (über 25 Jahren) oder beispielsweise Frauen im Erziehungsurlaub, eingegangen werden, da es sich bei den untersuchten Populationen um ältere Erwerbstätige handelt, die jeweils im Erstjahr der Längsschnittanalysen zwischen 45 und 69 Jahre alt waren (vgl. dazu Kapitel 4.2.1.4).

Zentral für die Einteilung, ob jemand zu den Erwerbstätigen, Erwerbslosen oder aber zu den Nichterwerbstätigen zu rechnen ist, ist zunächst die Frage nach dem Erwerbsstatus[320] zum Befragungszeitpunkt in Verbindung mit der Angabe ‚registriert arbeitslos'[321] zu sein oder nicht. Da es in den empirischen Analysen um – vor allem auch subjektiv empfundene – Lebenslagen geht, wird zunächst dem sozialen Status des ‚re-

---

318 So werden Personen der ‚Stillen Reserve im weiteren Sinn' generell von den Hochrechnungen ausgeschlossen (vgl. Holst, Schupp 2000, S. 458), da diesbezüglich die amtliche Statistik genauere Angaben zur Verfügung stellt.

319 So legt das DIW das ILO-Konzept seinen Auswertungen zugrunde, das z.B. auch geringfügig Beschäftigte zu den Erwerbstätigen – unabhängig vom Status der Arbeitslosigkeit – zählt. Personen in arbeitsmarktpolitischen Maßnahmen (wie Fortbildung und Umschulung) wird dagegen nach ihrer (eventuell gleichzeitigen) Erwerbstätigkeit bzw. Erwerbsorientierung ein Erwerbsstatus zugeordnet (vgl. Holst 2000, S. 192 ff.).

320 Die Fragenformulierung lautete im Jahr 1984: „Üben Sie derzeit eine Erwerbstätigkeit aus? Was trifft für Sie zu: (1) voll erwerbstätig; (2) in regelmäßiger Teilzeitbeschäftigung; (3) in betrieblicher Berufsausbildung/Umschulung; (4) geringfügig oder unregelmäßig erwerbstätig; (5) als Wehrpflichtiger beim Wehrdienst / Zivildienst; (6) nicht erwerbstätig". Während hinter den ersten vier Ausprägungen sich nicht nur Erwerbstätige, sondern auch registrierte Arbeitslose ‚verbergen' können, müssen für eine korrekte Zuordnung hinsichtlich der Erwerbsbeteiligung bzw. -orientierung prinzipiell auch die letzten beiden Personengruppen einer weiteren Untersuchung – nämlich, ob sie zu den Nichterwerbstätigen oder aber zur Stillen Reserve zu rechnen sind – unterzogen werden.

321 „Sind Sie zur Zeit beim Arbeitsamt arbeitslos gemeldet: (1) ja; (2) nein".

gistrierten Arbeitslosen' Priorität eingeräumt; d.h. selbst wenn ein Arbeitsloser einer bezahlten Beschäftigung nachging, wurde er zu den Arbeitslosen bzw. Erwerbslosen gezählt, da unterstellt wird, dass diese Zuordnung eher dem subjektiven Empfinden der sozialen bzw. gesellschaftlichen Positionierung – im Sinne gesellschaftlichen Ausschlusses – entspricht.[322] Nur denjenigen Arbeitslosen, die sich gleichzeitig in einer Weiterbildungsmaßnahme (d.h. berufliche Umschulung, berufliche Fortbildung etc.) befanden, wird der Status ‚erwerbstätig' zugeordnet'.[323]
Die Personen dagegen, die bei der Frage nach dem Erwerbsstatus angaben, nicht erwerbstätig zu sein, und gleichzeitig aber auch nicht als Arbeitslose registriert waren, wurden schließlich hinsichtlich ihrer Erwerbsorientierung analysiert. Äußerten sie die Absicht, ‚sofort' oder aber ‚im kommenden Jahr' eine Erwerbstätigkeit aufnehmen zu wollen,[324] werden sie – parallel zur ‚stark arbeitsmarktorientierten Stillen Reserve' (SAS) nach dem DIW-Konzept (vgl. z.B. Holst, Schupp 1997, S. 922) – zur Stillen Reserve und damit zu der Gruppe der Erwerbslosen gezählt. Wurde keine bzw. eine Erwerbsabsicht erst in zwei Jahren oder später genannt, werden sie den Nichterwerbstätigen zugeordnet. Da mit dieser Operationalisierung der Erwerbsvariable bei allen Befragten zwischen 45 und 69 Jahren in den Jahren 1985 und 1996 eindeutige Angaben zur Erwerbsbeteiligung vorliegen, kann jeder Person ein eindeutiger Erwerbsstatus zugeordnet werden.
Tabelle 4.2.1 zeigt die Entwicklung der gruppenspezifischen Erwerbsbeteiligung in Westdeutschland in den Jahren 1985 und 1996 auf der Datenbasis des SOEP (jeweils Querschnittsdatensätze und -gewichtungen). Es zeigt sich – wie es aufgrund der unterschiedlichen Erwerbskonzepte zu erwarten war –, dass die Selbsteinschätzung der Befragten zu wesentlich höheren Raten an Unterbeschäftigung führen, als dies in den offiziellen Statistiken deutlich wird, die nach dem Mikrozensuskonzept ermittelt wurden (vgl. dazu Tabelle 2.2.1 in Kapitel 2.2.2). Entscheidend ist dabei jedoch, dass die zwischen den einzelnen Gruppen von Erwerbspersonen beobachtbaren ‚Verschiebungen' – insbesondere zwischen der Gruppe der Erwerbstätigen und Erwerbslosen sowie zwischen den Nichterwerbstätigen und der Stillen Reserve als Teil der Erwerbslosen – plausibel sind. Dies ist beispielsweise in der Gruppe der 50 bis 54 Jahre alten Männer

---

322 Auch nach der Definition der Bundesanstalt für Arbeit darf ein Arbeitsloser bis zu 15 Stunden pro Woche einer bezahlten Beschäftigung nachgehen. Bei der Variablenkonstruktion wurde nicht weiter nach dem Erwerbsumfang des registrierten Arbeitslosen differenziert. Die Abweichungen, die dadurch zum IAB-Konzept bestehen, sind allerdings für die hier betrachteten Personenkreise äußerst gering: Während der ‚Fehler' beispielsweise im Jahr 1985 bei sechs von insgesamt 104 befragten registrierten Arbeitslosen zwischen 45 und 69 Jahren in Westdeutschland auftrat, so übte im Jahr 1996 kein einziger registrierter Arbeitsloser (nach Selbsteinschätzung) eine mehr als geringfügige Beschäftigung aus.

323 Allerdings handelt es sich auch hier um sehr geringe Fallzahlen (1985: n=1; 1996: n=3 Personen).

324 „Wann etwa wollen Sie Ihre Erwerbstätigkeit aufnehmen: (1) möglichst sofort; (2) innerhalb des kommenden Jahres; (3) in 2 bis 5 Jahren; (4) erst später, in mehr als 5 Jahren". Auf eine vorausgehende Filterführung bezüglich der Frage, ob überhaupt eine Erwerbsabsicht besteht, wurde verzichtet, da davon ausgegangen wurde, dass diese Frage nur von denjenigen beantwortet wird, bei denen auch eine Erwerbsabsicht besteht.

Tabelle 4.2.1: Bevölkerung, Erwerbspersonen, Erwerbstätige und Erwerbslose zwischen 45 und 69 Jahren in Westdeutschland (1985 und 1996)

Altersgruppen	n	Bevölkerung		davon:					
				Erwerbspersonen, davon:				Nichterwerbspersonen	
				Erwerbstätige		Erwerbslose			
		in 1.000	in %	in 1.000	in %	in 1.000	in %	in 1.000	in %
Männer	1985								
45 bis 49	605	2.436	100	2.208	**90,6**	138	**5,7**	90	**3,7**
50 bis 54	436	1.911	100	1.585	**83,0**	196	**10,3**	129	**6,7**
55 bis 59	374	1.714	100	1.288	**75,1**	99	**5,7**	327	**19,1**
60 bis 64	252	1.381	100	472	**34,2**	35	**2,5**	875	**63,3**
65 bis 69	130	809	100	83	**10,2**	0	**0,0**	726	**89,8**
45 bis 69	1.797	8.251	100	5.636	**68,3**	468	**5,7**	2.147	**26,0**
	1996								
45 bis 49	414	2.213	100	1.952	**88,2**	148	**6,7**	114	**5,1**
50 bis 54	334	1.642	100	1.376	**83,8**	156	**9,5**	110	**6,7**
55 bis 59	450	2.442	100	1.498	**61,3**	522	**21,4**	422	**17,3**
60 bis 64	250	1.459	100	332	**22,8**	42	**2,9**	1.085	**74,4**
65 bis 69	212	1.574	100	123	**7,8**	16	**1,0**	1.435	**91,2**
45 bis 69	1.660	9.330	100	5.281	**56,6**	884	**9,5**	3.166	**33,9**
Frauen	1985								
45 bis 49	511	2.307	100	1.360	**58,9**	170	**7,4**	777	**33,7**
50 bis 54	414	1.932	100	845	**43,7**	136	**7,0**	951	**49,2**
55 bis 59	381	1.948	100	712	**36,6**	49	**2,5**	1.187	**60,9**
60 bis 64	348	2.089	100	174	**8,3**	37	**1,8**	1.878	**89,9**
65 bis 69	176	1.297	100	61	**4,7**	0	**0,0**	1.236	**95,3**
45 bis 69	1.830	9.573	100	3.151	**32,9**	392	**4,1**	6.029	**63,0**
	1996								
45 bis 49	410	2.161	100	1.437	**66,5**	195	**9,0**	529	**24,5**
50 bis 54	346	1.880	100	1.083	**57,6**	281	**15,0**	515	**27,4**
55 bis 59	382	2.345	100	992	**42,3**	270	**11,5**	1.082	**46,2**
60 bis 64	245	1.889	100	307	**16,2**	100	**5,3**	1.482	**78,5**
65 bis 69	249	2.071	100	106	**5,1**	3	**0,2**	1.961	**94,7**
45 bis 69	1.632	10.345	100	3.926	**37,9**	850	**8,2**	5.570	**53,8**

Anmerkung: Das hier verwendete Erwerbskonzept unterscheidet sich von dem des Mikrozensus.
Quelle: Eigene Auswertungen des SOEP, Querschnittsdatensätze und -gewichtungen.

im Jahr 1985 der Fall: Während die Erwerbsquote nach beiden Erwerbskonzepten ähnlich hoch geschätzt wurde (nach dem Mikrozensuskonzept: 93,2 % bzw. nach dem hier eingeführten Erwerbskonzept: 93,3 %), unterscheiden sie sich jedoch deutlich in der Quote der Erwerbstätigen bzw. Erwerbslosen, da nach dem Mikrozensuskonzept auch geringfügig beschäftigte Arbeitslose zu den Erwerbstätigen gezählt werden.[325] Ebenso vollzieht sich nach beiden Auswertungsmethoden zwischen 1985 und 1996 ein Niveaueffekt hinsichtlich der Erwerbslosigkeit bei den 50- bis 54-jährigen, insbesondere aber bei den 55- bis 59-jährigen Männern und Frauen in Westdeutschland. Die Unterschiede in den Ergebnissen sind somit im Wesentlichen konzeptionell begründet, wobei angenommen wird, dass die hier ermittelten Ergebnisse zu einer realitätsnäheren Betrachtung der Arbeitsmarktsituation Älterer führen.[326] Darüber hinaus kann ein Teil der Abweichungen zwischen den Daten des SOEP und denen des Statistischen Bundesamtes durch hochrechnungsbedingte Verzerrungen begründet sein. Dies wird in den teilweise – meist allerdings nur sehr gering – voneinander abweichenden hochgerechneten Fallzahlen bei den unterschiedlichen Bevölkerungsgruppen deutlich.

4.2.1.3 Der Zugang zur Rente und Erwerbsbeteiligung

Bei der Frage nach Exklusionsprozessen beim Übergang vom Erwerbsleben in Rente kommt dem Status ‚Rentner' eine ganz besondere Bedeutung zu (vgl. dazu vor allem Kohli 1978, 1994). Da diese Variable bzw. die Variable ‚Zugang zur Rente' nicht explizit im SOEP-Datensatz enthalten ist, stehen im Prinzip zwei Möglichkeiten zur Erfassung des Übergangs in den Ruhestand zur Verfügung: Zum einen können die – retrospektiv jeweils für das vergangene Jahr angegebenen – monatlichen ‚Kalendarien' zum Erwerbstatus oder aber zum Einkommen nach Einzelkategorien ausgewertet werden, wie z.B. mit der Ausprägung ‚Einkünfte aus Altersrente/-pension, Invalidenrente, Betriebsrente (aufgrund eigener Erwerbstätigkeit)'.
Für die empirischen Analysen wurde erstere Variable[327] verwendet, wobei eine zusätzliche Unterscheidung getroffen wurde. So werden hier Personen, die angaben, zwölf

---

325 Eine Aufteilung der hier ermittelten Erwerbslosen in registrierte Arbeitslose und Personen in der Stillen Reserve findet sich in Tabelle A.4.1 im Anhang.

326 Für eine Differenzierung der Erwerbsaufnahmeabsicht der hier ausgewiesenen registrierten Arbeitslosen vgl. Tabelle A.4.2 im Anhang. Zu bedenken ist, dass es sich bei späterer Erwerbsabsicht als ‚möglichst sofort' oder ‚im kommenden Jahr' um ‚Entmutigungseffekte' handeln kann. Der Betroffene hat sozusagen die Hoffnung, noch einmal erwerbstätig zu werden, aufgegeben. Da der Arbeitslose unter Umständen – nämlich dann, wenn die gesamtwirtschaftliche Lage bzw. die Beschäftigungsmöglichkeiten für Ältere besser wären – jedoch weiterhin im Erwerbsleben stünde bzw. an der Aufnahme einer Erwerbstätigkeit interessiert wäre, wurde er nicht – im Sinne einer ‚Datenbereinigung' – den Nichterwerbstätigen zugeordnet.

327 „Und nun denken Sie bitte an das ganze letzte Jahr, also 1984: Wir haben hier eine Art Kalender abgebildet. Links steht, was Sie im letzten Jahr gewesen sein können. Bitte gehen Sie die Punkte durch und kreuzen Sie alle Monate an, in denen Sie z.B. erwerbstätig waren, arbeitslos waren usw. Bitte achten Sie darauf, dass für jeden Monat ein Kästchen angekreuzt sein muss: (1) voll erwerbstätig; (2) teilzeitbeschäftigt oder geringfügig erwerbstätig; (3) in betrieblicher Ausbildung/Fortbildung/Umschulung; (4) arbeitslos gemeldet; (5) in Rente/Ruhestand; (6) auf der Schule/Hochschule: (7) als Wehrpflichtiger beim Wehrdienst/Zivildienst; (8) Hausfrau/Hausmann; (9) Sonstiges".

Monate im vergangenem Jahr in Rente gewesen zu sein, als ‚Rentner' im entsprechenden Beobachtungsjahr betrachtet. Für Personen dagegen, die zwischen einem und elf Monaten im jeweils vergangenem Jahr sich als Rentner bezeichneten, wurde die Kategorie ‚Personen im Übergang zur Rente' gewählt.
Um Inkonsistenzen zu vermeiden, die sich dadurch ergeben, dass Personen bei den Kalendarienangaben innerhalb eines Jahres beispielsweise zwischen dem Status ‚erwerbstätig' und ‚Rentner' hin- und herwechseln, obwohl aus institutionellen Gründen anzunehmen ist, dass ein Rentner – einmal Rentner geworden – dies auch bleibt, wird hier der Berücksichtigung des Erwerbsstatus Vorrang eingeräumt. So wird hier ein Rentner nicht automatisch zu den Nichterwerbstätigen gezählt, sondern entsprechend seiner Erwerbsbeteiligung bzw. -orientierung zum jeweiligen Befragungspunkt eingeordnet.[328]
Die Tabelle 4.2.2 zeigt beispielhaft für die Jahre 1985 und 1996 in Westdeutschland, dass Erwerbstätigkeit (zum Befragungszeitpunkt) und die Angaben, in dem Beobachtungsjahr in allen Monaten in Rente gewesen zu sein, keine sich gegenseitig ausschließenden, sondern unabhängig von einander zu betrachtende Zustände sind, die bei empirischen Analysen zum Übergang in den Ruhestand berücksichtigt werden müssen. Es zeigt sich, dass ‚Rentner' in einem beträchtlichen Umfang erwerbstätig sind, wobei alters- und geschlechtsspezifische Differenzen deutlich werden. So kann unter den jüngeren Rentnern und Rentnerinnen zwischen 45 und 59 Jahren insgesamt eine Zunahme der Erwerbsquoten zwischen 1985 und 1996 konstatiert werden. Während dies jedoch bei den Frauen auf eine Erhöhung der Erwerbstätigkeit zurückzuführen ist, sind die höheren Erwerbsquoten bei den Männern zu einem großen Teil auch mit einem Anstieg der Erwerbslosigkeit einhergegangen. Zwar sind die Daten aufgrund der teilweise sehr geringen Fallzahlen gerade bei den ‚jungen' Rentnern mit Vorsicht zu interpretieren, insgesamt lässt sich aber auch hier der in der Gesamtbevölkerung der Älteren festgestellte Trend zunehmender Arbeitsmarktexklusion wiedererkennen (vgl. Tabelle 4.2.1).

---

[328] Auf diese Problematik weist auch beispielsweise Schmidt (1995, S. 159) hin. Er wählt für sein Verrentungsmodell, in dem das Verrentungsalter erklärt werden soll, daher den zum Befragungszeitpunkt vorliegenden Erwerbsstatus als abhängige Variable. So geht Schmidt davon aus, dass eine Verrentung dann vorliegt, wenn der Erwerbsstatus einer Person von ‚voll- bzw. teilerwerbstätig' oder ‚arbeitslos' in den Status ‚nicht erwerbstätig' wechselt (vgl. Schmidt 1995, S. 158 ff.). Ob dieser Erwerbsstatuswechsel tatsächlich mit dem Rentenzugang zusammenfällt, ist nach obigen Darstellungen zu bezweifeln.

Tabelle 4.2.2: **Erwerbsbeteiligung der Personen in Rente1 zum Befragungszeitpunkt im Jahr 1985 und 1996 nach Alter und Geschlecht in Westdeutschland**

Altersgruppen / Erwerbsbeteiligung	45-49 Jahre	50-54 Jahre	55-59 Jahre	60-64 Jahre	65-69 Jahre	45-69 Jahre
	Angaben in Prozent					
Männer	1985					
Fallzahl	14	21	64	146	116	361
Hochgerechnet in 1.000	90	122	328	863	722	2.125
erwerbstätig	5,3	7,4	7,3	11,8	9,8	9,9
erwerbslos	0,0	7,1	6,3	2,5	0,0	2,4
nicht erwerbstätig	94,7	85,5	86,4	85,7	90,2	87,7
Erwerbsquote	**5,3**	**14,5**	**13,6**	**14,3**	**9,8**	**12,3**
Anteil an Kohorte[2]	4,0	6,9	21,3	69,3	98,4	28,2
	1996					
Fallzahl	17	21	96	152	193	479
Hochgerechnet in 1.000	129	128	554	938	1.327	3.077
erwerbstätig	22,6	13,4	5,9	0,5	7,3	5,9
erwerbslos	10,5	35,7	26,1	0,9	1,2	7,4
nicht erwerbstätig	67,0	50,9	68,0	98,6	91,4	86,7
Erwerbsquote	**33,1**	**49,1**	**32,0**	**1,4**	**8,5**	**13,3**
Anteil an Kohorte[2]	6,1	8,2	24,1	72,8	97,5	35,7
Frauen	1985					
Fallzahl	28	40	73	193	121	455
Hochgerechnet in 1.000	163	255	389	1.171	885	2.862
erwerbstätig	38,0	25,6	10,0	3,5	4,7	8,7
erwerbslos	17,6	17,4	2,2	0,5	0,0	3,0
nicht erwerbstätig	44,4	57,0	87,8	96,0	95,3	88,3
Erwerbsquote	**55,6**	**43,0**	**12,2**	**4,0**	**4,7**	**11,7**
Anteil an Kohorte[2]	7,5	14,4	22,2	63,0	80,0	33,1
	1996					
Fallzahl	33	33	74	137	208	485
Hochgerechnet in 1.000	165	189	467	1.105	1.716	3.642
erwerbstätig	55,7	49,6	16,8	8,4	5,1	12,2
erwerbslos	5,3	4,0	8,1	6,8	0,2	3,6
nicht erwerbstätig	38,9	46,4	75,2	84,8	94,7	84,1
Erwerbsquote	**61,0**	**53,6**	**24,9**	**15,2**	**5,3**	**15,8**
Anteil an Kohorte[2]	8,7	10,7	21,4	63,0	91,8	38,4

Anmerkung: [1] Personen gaben für alle Monate des Jahres 1985 bzw. 1996 an, in Rente gewesen zu sein.
[2] Anteil der ‚Rentner' an allen Personen der jeweiligen Kohorte.
Das hier verwendete Erwerbskonzept unterscheidet sich von dem des Mikrozensus.

Quelle: Eigene Auswertungen des SOEP, Querschnittsdatensätze und -gewichtungen.

4.2.1.4 Auswahl der Kohorten für die vergleichenden Untersuchungen sowie Datenselektion durch Längsschnittbildung

Für die vorliegenden empirischen Untersuchungen wurden zwei Längsschnittpopulationen in den Jahren 1985 bis 1988 sowie 1996 bis 1999 in Westdeutschland gebildet.[329] Dazu wurden all diejenigen Personen herausgefiltert, die im jeweils ersten Beobachtungsjahr zwischen 45 und 69 Jahren alt waren (d.h. Angehörige der Geburtsjahrgänge 1915 bis 1939 und 1926 bis 1950).[330] Diese Auswahl stellt sicher, dass auch im letzten beobachteten Übergang in Westdeutschland zwischen 1987 und 1988 bzw. zwischen 1996 und 1999 alle Personen mit einem Alter von etwa 50 und mehr Jahren beobachtet werden, da ab diesem Alter bereits vorzeitige Verrentungsprozesse (im Sinne vorgelagerter Phasen von Arbeitslosigkeit) einsetzen können. Veränderungen in der Höhe und Zusammensetzung der Befragten ergeben sich dabei einerseits aus der sogenannten Panelmortalität sowie andererseits aus Antwortausfällen von Personen bzw. Haushalten in einzelnen (und eventuell allen weiteren) Erhebungsjahren (vgl. Rendtel 1995, S. 16). Diese Selektionsmechanismen haben zur Folge, dass die absolute Zahl der Personen in Längsschnittdatensätzen – im Vergleich zu Querschnittsauswertungen – in der Regel nach unten abweichen.[331] Wichtiger als diese Verringerung der Fallzahlen ist jedoch, dass die Ausfälle so auftreten können, dass es zu systematischen Verzerrungen bei den Auswertungen kommt. Entscheidend dabei sind für die folgenden empirischen Analysen insbesondere soziale Selektionsmechanismen in der Teilnahmebereitschaft, die vom Erwerbsstatus (wie z.B. das Eintreten von Arbeitslosigkeit) abhängen.

In der Tabelle 4.2.3 ist aus diesem Grund noch einmal die nach Alter und Geschlecht differenzierte Erwerbsbeteiligung in den Jahren 1985 und 1996 in Westdeutschland ausgewiesen – im Unterschied zu Tabelle 4.2.1 jedoch nun nach der Bildung von Längsschnittdatensätzen sowie der Verwendung entsprechender Längsschnittgewich-

---

329 Insgesamt ergeben sich damit für jeden Beobachtungszeitraum drei mögliche Übergangszeitpunkte, die hinsichtlich eines veränderten Erwerbs- bzw. Engagementverhaltens analysiert werden können.

330 Zur Ermittlung der Altersvariable vgl. Kapitel 4.2.2.1

331 Bei der Konstruktion der Längsschnittdateien werden nur diejenigen Fälle aus den ursprünglichen Samples berücksichtigt, bei denen in jeweils allen vier Erhebungswellen Antworten zum Erwerbsstatus vorliegen. Durch die Bildung von Längsschnittdatensätzen treten Abweichungen zu den Querschnittsdatensätzen auf, wobei der Ausfall an Befragten im Jahr 1985 20,7 % und im Jahr 1996 19,1 % beträgt. Durch die Verwendung unterschiedlicher Gewichtungsfaktoren bei den Querschnitts- und den Längsschnittauswertungen können die hochgerechneten Fallzahlen der Längsschnitte allerdings auch über denen der Querschnitte liegen.
Bei Querschnittsanalysen wurden jeweils die im Datensatz vorhandenen Querschnittsgewichtungsfaktoren (z.B. ‚bphrf' für die Welle B (=1985) bzw. ‚mphrf' für die Welle M (=1996)) verwendet. Die Hochrechnungsfaktoren für die Längsschnittanalysen wurden dagegen für die beiden Längsschnittdatensätze jeweils nach folgender Formel ermittelt: Querschnittgewichtungs-faktor des Ausgangsjahres (‚bphrf' bzw. ‚mphrf') multipliziert mit den Bleibefaktoren der Folgejahre (‚cpbleib' * ‚dpbleib' * ‚epbleib' bzw. ‚npbleib' * ‚opbleib' * ‚pbbleib') unter der Voraussetzung, dass die Querschnittshochrechungsfaktoren größer Null und die Bleibefaktoren, die den Kehrwert der Bleibewahrscheinlichkeit bilden, größer eins sind. Zur Gewichtung der SOEP-Daten vgl. Haisken-De New, Frick 1998, S. 112 ff.

Tabelle 4.2.3: **Bevölkerung, Erwerbspersonen und Nichterwerbspersonen zwischen 45 und bis 69 Jahren in Westdeutschland (1985 und 1996)**

Altersgruppen	n	Bevölkerung		davon:					
				Erwerbspersonen, davon:				Nichterwerbspersonen	
				Erwerbstätige		Erwerbslose			
		in 1.000	in %	in 1.000	in %	in 1.000	in %	in 1.000	in %
Männer	1985								
45 bis 49	486	2.391	100,0	2.221	**92,9**	90	**3,7**	81	**3,4**
50 bis 54	346	1.899	100,0	1.613	**84,9**	165	**8,7**	121	**6,3**
55 bis 59	293	1.657	100,0	1.303	**78,6**	77	**4,6**	277	**16,7**
60 bis 64	186	1.320	100,0	471	**35,7**	35	**2,7**	814	**61,7**
65 bis 69	103	816	100,0	91	**11,2**	0	**0,0**	724	**88,8**
45 bis 69	1.414	8.083	100,0	5.699	**70,5**	367	**4,5**	2.017	**25,0**
	1996								
45 bis 49	333	2.112	100,0	1.896	**89,7**	140	**6,6**	76	**3,6**
50 bis 54	276	1.639	100,0	1.400	**85,4**	166	**10,1**	73	**4,4**
55 bis 59	372	2.519	100,0	1.506	**59,8**	548	**21,8**	465	**18,5**
60 bis 64	179	1.134	100,0	278	**24,5**	18	**1,6**	838	**73,9**
65 bis 69	163	1.318	100,0	136	**10,3**	21	**1,6**	1.160	**88,1**
45 bis 69	1.323	8.721	100,0	5.215	**59,8**	893	**10,2**	2.612	**30,0**
Frauen	1985								
45 bis 49	426	2.345	100,0	1.419	**60,5**	164	**7,0**	763	**32,5**
50 bis 54	334	1.944	100,0	857	**44,1**	125	**6,4**	962	**49,5**
55 bis 59	298	1.964	100,0	733	**37,3**	54	**2,7**	1.178	**59,9**
60 bis 64	273	2.078	100,0	197	**9,5**	16	**0,8**	1.865	**89,7**
65 bis 69	133	1.210	100,0	77	**6,4**	0	**0,0**	1.133	**93,6**
45 bis 69	1.464	9.541	100,0	3.282	**34,4**	359	**3,8**	5.900	**61,8**
	1996								
45 bis 49	336	2.045	100,0	1.399	**68,4**	150	**7,3**	496	**24,2**
50 bis 54	288	1.876	100,0	1.110	**59,2**	348	**18,6**	418	**22,3**
55 bis 59	300	2.166	100,0	858	**39,6**	257	**11,9**	1.051	**48,5**
60 bis 64	212	1.923	100,0	295	**15,4**	120	**6,3**	1.507	**78,4**
65 bis 69	204	1.885	100,0	119	**6,3**	4	**0,2**	1.763	**93,5**
45 bis 69	1.340	9.894	100,0	3.782	**38,2**	879	**8,9**	5.234	**52,9**

Anmerkung: Das hier verwendete Erwerbskonzept unterscheidet sich von dem des Mikrozensus.
Quelle: Eigene Auswertungen des SOEP, Längsschnittdatensätze und -gewichtungen.

tungsfaktoren. Es kann festgestellt werden, dass es keine Hinweise auf systematische Verzerrungen gibt.[332] Diese Schlussfolgerung deckt sich mit den von Rendtel (1995) ermittelten Ergebnissen. So konnte dieser keine soziale Selektion bei der Teilnahmebereitschaft der Befragten hinsichtlich des Merkmals ‚(Langzeit-) Arbeitslosigkeit' feststellen und resümiert: „...alle Testverfahren selbst bei der ‚Risikopopulation' der Personen mit Langzeitarbeitslosigkeit [kommen, D.S.] zu demselben Resultat: Es werden keine gravierenden Effekte der Panelmortalität auf Einkommensschätzungen vom Mincer-Typ beobachtet. Zu ähnlichen Ergebnissen gelangt man, wenn man statt der ‚Risikopopulation' alle abhängigen beschäftigten Männer in der Stichprobe wählt" (Rendtel 1995, 350).

4.2.1.5 Operationalisierung der gesellschaftlichen Teilhabe durch ehrenamtliches Engagement

Zur Operationalisierung des Begriffs der gesellschaftlichen bzw. sozialen Teilhabe können zahlreiche verschiedene Tätigkeiten genutzt werden, die in Richtung eines ‚sozial gerichteten Teilens von individuellen Ressourcen' (vgl. Bukov 1999, S. 342) wirken. Darunter sind beispielsweise ehrenamtliches Engagement, aber auch andere Tätigkeiten, wie z.B. Nachbarschaftshilfe oder aber die (unentgeltliche) Betreuung von Kindern oder Pflegebedürftigen zu subsummieren. Dennoch erscheint es nicht sinnvoll, viele inhaltlich verschiedene Aktivitäten zu einem ‚Teilhabeindikator' zusammenzufassen, da ganz unterschiedliche Lebensformen, Einstellungen oder aber Lebenskontexte im Zusammenhang mit diesen stehen können.
Für den empirischen Teil dieser Arbeit wird daher der Weg beschritten, in Kapitel 5.3 zunächst einen kursorischen Überblick – im Sinne der Lebensstilforschung – über die alltäglichen (in diesem Fall ‚werktäglichen') Zeitverwendungsmuster[333] der älteren Erwerbspersonen (generell sowie in Abhängigkeit von der Arbeitsmarktintegration) zu

---

[332] Diese kämen z.B. dadurch zum Ausdruck, dass Personen, die jeweils im Erstjahr der Analysen erwerbslos waren, in den Folgejahren nicht mehr an Befragungen teilnahmen.

[333] Die Frage lautet im Erhebungsjahr 1985 wie folgt: „Wie sieht gegenwärtig Ihr normaler Alltag aus? Wie viele Stunden pro Tag entfallen bei Ihnen gewöhnlich auf die folgenden Tätigkeiten? Bitte geben Sie es getrennt für einen durchschnittlichen Werktag und für einen Sonntag an: (1) Hausarbeit und Besorgungen; (2) Kinderbetreuung; (3) Beruf (Zeiten einschließlich Arbeitsweg und eventueller Nebenerwerbstätigkeit); (4) Ausbildung, Lernen; (4) Basteln/Reparaturen am Haus, in der Wohnung, am Auto, Gartenarbeit; (5) Fernsehen, Video; (6) Hobbies und sonstige Freizeitaktivitäten".
Die Frage wurde in den Folgejahren zwar teilweise leicht geändert (z.B. wurde der Aspekt der ‚Lehre' bei den beruflichen Angaben ergänzt und die Frage nach dem täglichen Fernseh- und Videokonsum bedauerlicherweise ganz herausgenommen), insgesamt kann aber von einer hohen Vergleichbarkeit der Daten im Zeitverlauf ausgegangen werden. Neben der Vereinheitlichung einzelner Items wurden aber auch die Daten selbst einigen ‚Bereinigungen' unterzogen. Wegen der hohen Ausfälle wurde bei fehlenden Antworten – zumindest wenn die Frage in Teilen beantwortet worden war – angenommen, dass ‚0 Stunden' für diese Tätigkeit aufgewendet wurden. Dies ist plausibel, da Befragte dazu neigen, nur die Felder auszufüllen, die sie positiv beantworten können. Darüber hinaus wurden nur die Antworten der Befragten in die Analyse eingezogen, deren Summe an werktäglichen Aktivitäten nicht 20 Stunden überschritt. Wäre diese Bereinigung nicht erfolgt, so hätten deutliche Verzerrungen in den Zeitverwendungsmustern auftreten können.

geben sowie zum anderen auch die Bedeutung verschiedener (Freizeit-)Aktivitäten[334] aufzuzeigen. Für die Analyse von sozialen Ungleichheitsstrukturen wird dann im weiteren Verlauf jedoch auf das regelmäßig ausgeübte ehrenamtliche Engagement als Indikator für gesellschaftliche Teilhabe fokussiert (vgl. dazu auch Erlinghagen 2000). Für die Längsschnittanalysen bildete diese Variable dabei einen gewissen ‚Engpassfaktor', da die Frage nach ehrenamtlichen Tätigkeiten nicht zu jedem Erhebungszeitpunkt gestellt wird. So musste beispielsweise der zweite Längsschnittdatensatz im Jahr 1999 enden, da im Jahr 2000[335] keine diesbezüglichen Angaben vorlagen. Im ersten Längsschnitt liegen für das Jahr 1987 keine Daten vor, so dass sich die Auswertungen über den Verbleib, die Aufnahme oder aber die Beendigung einer ehrenamtlichen Tätigkeit auf die Untersuchung ‚nach einem Jahr' bzw. ‚nach drei Jahren' beschränken muss.

4.2.1.6 Operationalisierung sozialer Ungleichheit durch ‚Lebenszufriedenheit'

Zwar ist zu vermuten, dass zwischen Arbeitsmarktbeteiligung und gesellschaftlicher Teilhabe durch ehrenamtliches Engagement ein positiver Zusammenhang zur sozialen Lage einer Person besteht[336], doch ist dies – gerade für ältere Beschäftigte – bislang noch nicht systematisch untersucht worden.
Als Bewertungsmaßstab bzw. ‚bilanzierender' Indikator für die Einschätzung der individuellen Lebensumstände hat sich in der soziologischen (vgl. Zapf 1984; Habich 1996; Noll, Habich 2002; Böhnke 2002), aber auch in der wirtschaftswissenschaftlichen Forschung die ‚Lebenszufriedenheit' – trotz mancher Kritik[337] – bewährt: „Dies

---

334 Die genaue Frageformulierung lautet in den verschiedenen Jahren: „Welche der folgenden Tätigkeiten üben Sie in Ihrer Freizeit aus? Geben Sie bitte zu jeder Tätigkeit an, wie oft Sie das machen: (1) Besuch von kulturellen Veranstaltungen, z.B. Konzerten, Theater, Vorträgen; (2) Kinobesuch, Besuch von Popkonzerten, Tanzveranstaltungen, Discos, Sportveranstaltungen; (3) aktiver Sport; (4) Geselligkeit mit Freunden, Verwandten oder Nachbarn; (5) ehrenamtliche Tätigkeiten in Vereinen, Verbänden oder sozialen Diensten; (6) Mithelfen, wenn bei Freunden, Verwandten oder Nachbarn etwas zu tun ist; (7) Beteiligung in Bürgerinitiativen, in Parteien, in Kommunalpolitik" mit den Antwortvorgaben „jede Woche", „jeden Monat", „seltener" und „nie". Die ersten beiden Antwortausprägungen werden dabei für die Analysen jeweils zu der dichotomen Variable ‚regelmäßig ...' bzw. ‚nicht regelmäßig ...' zusammengefasst.

335 Der Datensatz des Jahres 2001 lag bei den Auswertungen noch nicht vor.

336 So sichert Erwerbsarbeit das individuelle Einkommen sowie einen gewissen sozialen Status einer Person, die in Form von ‚individuellen Ressourcen' erst die Voraussetzung für ehrenamtliches Engagement bilden. Rückwirkend kann erwartet werden, dass durch die entsprechende Integration in diese gesellschaftlichen Systeme die Menschen gesellschaftliche Anerkennung und Bestätigung erfahren, die ihre Lebenszufriedenheit steigen lässt.

337 So kann die Methode der Selbsteinschätzung zu interpersonalen Differenzen führen, die z.B. auf unterschiedlichen subjektiven Wahrnehmungen, Einstellungen oder Lebenserfahrungen beruhen. Ebenso können aber auch situative Faktoren zum Befragungszeitpunkt (z.B. Stimmung, Wetter etc.) das Antwortverhalten beeinflussen, so dass ein Großteil von unterschiedlichen Lebenszufriedenheitseinschätzungen eventuell nicht erklärt werden kann (vgl. Gerlach, Stephan 2001, S. 516). Darüber hinaus weisen Holst und Schupp (1996, S. 187) auf sogenannte Paneleffekte bei diesem Indikator hin, die zu Beginn der Befragung zu wesentlich positiveren, aufgrund von ‚Lerneffekten' nach einer gewissen Zeit aber zu durchschnittlich deutlich schlechteren Einschätzungen der eigenen Lebenszufriedenheit führt. Andere Autoren gehen dagegen von einer hohen inneren Konsistenz aus, die im Zeitablauf zu relativ stabilen Ergebnissen führen (vgl. Gerlach, Stephan 2001, S. 516).

ist kaum verwunderlich, da die gesamte mikroökonomische Haushaltstheorie auf dem Nutzenkonzept der Entscheidungstheorie basiert. Lebenszufriedenheit kann als ein erweitertes Nutzenkonzept interpretiert werden, in das Erfahrung und prozeduraler Nutzen einfließen“ (Gerlach, Stephan 2001, S. 515).
Durch diese konzeptionelle Berücksichtigung von Lebenszufriedenheit[338] wird die Arbeitsmarktintegration bzw. -exklusion im Alter sowie die Teilhabe an anderen gesellschaftlich relevanten Tätigkeiten nicht im Sinne eines normativen Konstrukts interpretiert. Erst die subjektive Bewertung der individuellen Lebenssituation der Betroffenen lässt eine Einschätzung zu, inwieweit beobachtbare Prozesse der zunehmenden Arbeitsmarktexklusion Älterer sowie gezeigtes Verhalten im ehrenamtlichen Bereich als ‚Lebensstil' oder aber als ein Ansteigen sozialer Benachteiligung zu beurteilen sind. Die unterschiedliche Lebensqualität in der älteren (Erwerbs-)Bevölkerung lassen sich dann wieder durch die ‚klassischen' Merkmale vertikaler (berufliche Stellung, Bildung, Einkommen etc.) und horizontaler Ungleichheit (Alter, Geschlecht etc.) erklären.

4.2.2 Auswahl und Operationalisierung der erklärenden Variablen für die Erwerbsbeteiligung in der Phase des Übergangs zur Rente

Befasst man sich mit den Einflussgrößen, die den Zeitpunkt, aber auch die gesamte Situation des Übergangs in den Ruhestand bestimmen (vgl. Kapitel 3.3), so sind es – neben dem (Ausstellungs-)Verhalten der Arbeitgeber[339] – vor allem die institutionellen

---

338 Die diesbezügliche Fragestellung lautet im SOEP des Jahres 1984 sowie in vergleichbarer Weise zu jedem anderen Erhebungszeitpunkt: „Zum Schluss möchten wir Sie noch nach Ihrer Zufriedenheit mit Ihrem Leben insgesamt fragen. Antworten Sie bitte wieder anhand der folgenden Skala, bei der ‚0' ganz und gar unzufrieden, ‚10' ganz und gar zufrieden bedeutet: Wie zufrieden sind Sie gegenwärtig, alles in allem, mit Ihrem Leben?“.
Neben der Lebenszufriedenheit wurden weitere Ausprägungen von Zufriedenheit durch folgende Frage erfasst: „Wie zufrieden sind Sie heute mit den folgenden Bereichen Ihres Lebens? Bitte kreuzen Sie für jeden Bereich auf der Skala einen Wert an: Wenn Sie ganz und gar zufrieden sind, den Wert ‚10', wenn Sie ganz und gar unzufrieden sind, den Wert ‚0'. Wenn Sie teils zufrieden / teils unzufrieden sind, einen Wert dazwischen. Wie zufrieden sind Sie: (1) mit Ihrer Gesundheit; (2) mit dem Einkommen Ihres Haushalts; (3) mit Ihrer Wohnung; (4) (falls Sie erwerbstätig sind) mit Ihrer Arbeit; (5) (falls Sie im Haushalt tätig sind) mit Ihrer Tätigkeit im Haushalt; (6) mit Ihrer freien Zeit?“.

339 Dieser Aspekt konnte andeutungsweise durch die Variable ‚Grund für das Ausscheiden aus der letzten Stellung' (zeitlich jeweils bezogen auf den letzten Befragungszeitpunkt) realisiert werden. Einschränkend ist diesbezüglich anzumerken, dass sich die Items während des Untersuchungszeitraums sowohl hinsichtlich der exakten Itemausprägungen als auch in der Zahl der abgefragten Merkmale immer wieder geändert haben. Aus diesem Grunde wurden die Fragen des Jahres 1999 bzw. 2000 mit den komprimiertesten Merkmalsausprägungen als ‚Leitvariable' zugrundegelegt, d.h. die Itemausprägungen in den anderen relevanten Befragungsjahren wurden entsprechend dieser Variable aggregiert (vgl. dazu Tabelle 5.1.7 sowie Tabelle 5.1.8). Auf diese Weise konnten über die Betrachtungszeiträume weitgehend kompatible Variablen erstellt werden. Die hervorzuhebende Einschränkung bezieht sich dabei auf den Sachverhalt, dass die Unterscheidung ‚Arbeitgeber hat mir gekündigt' / ‚Durch Kündigung von Seiten des Arbeitgebers', ‚habe von mir aus gekündigt' / ‚Durch eigene Kündigung' sowie ‚Beschäftigungsverhältnis wurde einvernehmlich aufgelöst' / ‚Durch Auflösungsvertrag/im Einvernehmen' in den Jahren 1986, 1987, 1988, 1989 sowie in den Jahren 1999, 2000 abgefragt wurde, während in den Jahren 1997 und 1998 nur zwischen den Items

Regelungen des Systems der Alterssicherung (vgl. Kapitel 3.3.1), wie der geschlechtsspezifisch unterschiedlichen Regelung über das Mindestalter beim Rentenzugang, die beim Ausscheiden aus dem Erwerbsleben eine wichtige Rolle spielen. Aus diesem Grund wird zunächst den ‚horizontalen Merkmalen', wie dem Alter, dem Geschlecht oder dem Gesundheitszustand der älteren Befragten, bzw. deren Operationalisierungen Beachtung geschenkt. Daran schließt sich die Operationalisierung vertikaler (Schichtungs-)Merkmale an.

4.2.2.1 Erklärende Variablen auf der subjektbezogenen Ebene

Während die Variable des Geschlechts sowie zahlreiche weitere horizontale Schichtungsmerkmale (Familienstand, Zahl der Kinder unter 16 Jahren im Haushalt, Haushaltsgröße, Staatszugehörigkeit etc.) unproblematisch sind, so musste die Altersvariable erst konstruiert werden. Diese ist allerdings insofern nicht eindeutig bestimmbar, da im SOEP zwar das Geburtsjahr, nicht aber der Geburtstermin der Individuen erfragt wird. Aus diesem Grunde wurde – in Anlehnung an Schmidt (vgl. dazu Schmidt 1995, S. 160) – das individuelle Alter ermittelt, indem vom Befragungsjahr das Geburtsjahr sowie ein zusätzliches Jahr abgezogen wurden. Grund für diese Vorgehensweise ist, dass das SOEP meist im ersten bzw. Anfang des zweiten Quartals eines Jahres erhoben wird und somit der ‚rechnerische Fehler' durch die unterschiedlichen Geburtstage nun geringer ausfällt: In der Tendenz tritt nur noch bei etwa 25 % bis 33 % der Befragten ein Messfehler in der Richtung auf, dass sie um ein Jahr jünger ausgewiesen werden, als sie tatsächlich sind. Darüber hinaus wurden im jeweils ersten Betrachtungsjahr, um die Fallzahl je Untersuchungseinheit zu erhöhen, fünf Geburtskohorten[340] zu einer Kohorte zusammengefasst. Diese bilden die Grundlage für die Kohortenbetrachtungen bzw. Längsschnittuntersuchungen in Kapitel 5 (vgl. dazu z.B. auch Wübbeke 1999, S. 106).

Zur Erfassung des Gesundheitszustandes einer Person stehen im SOEP verschiedene Variablen zur Verfügung, die allerdings nicht zu jedem Befragungszeitpunkt in den Untersuchungszeiträumen erhoben wurden. So wurde z.B. die Variable ‚Mein Gesundheitszustand behindert mich bei der täglichen Arbeit' im Jahr 1988 nicht abgefragt. Für einen Zeitreihenvergleich liegen daher nur die Angaben zur (subjektiven) ‚Zufriedenheit mit Gesundheit', einer amtlich anerkannten Erwerbsminderung bzw.

‚Arbeitgeber hat mir gekündigt bzw. die Auflösung des Beschäftigungsverhältnisses nahegelegt' und ‚habe von mir aus gekündigt bzw. um die Auflösung des Beschäftigungsverhältnisses gebeten' differenziert wurde. Letzteres führt bezüglich des Auflösungsvertrages zu einer etwas deutlicheren Zuordnung zu arbeitgeber- bzw. arbeitnehmerseitigen Präferenzen. Darüber hinaus stellen bei dieser Variable die fehlenden bzw. nicht eindeutig zuordenbaren Angaben, die bei den Ergebnissen in Kapitel 5.1.2.2 jedoch explizit ausgewiesen werden, ein gewisses Problem dar.
Wünschenswert wäre ferner das Vorhandensein einer regionalen Arbeitslosenquote im Datensatz gewesen, da diese wichtige Hinweise zur allgemeinen Arbeitskräftenachfrage hätte liefern können (vgl. dazu Bangel 1993).

340 Die Kohorte 1 umfasst im jeweils ersten Betrachtungsjahr die Personen zwischen 45 und 49 Jahren, die Kohorte 2 die Personen zwischen 50 und 54, die Kohorte 3 die Personen zwischen 55 und 59 Jahren, die Kohorte 4 die Personen zwischen 60 und 64 Jahren sowie schließlich die Kohorte 5 die Personen zwischen 65 und 69 Jahren.

dem Grad der Erwerbsminderung vor. Gerade die letzten beiden Aspekte können jedoch als ‚harte' Indikatoren für das Verrentungsgeschehen angesehen werden.
Zwar hat die bisherige Forschung die wichtige Bedeutung des Gesundheitszustandes für den Zeitpunkt der ‚Verrentung' belegt, darüber hinaus kann der individuelle Übergang in Rente aber auch durch die Erwerbsbiographie des (Ehe-)Partners beeinflusst sein (vgl. Allmendinger 1990). Der Berücksichtigung dieses – von der Neueren Haushaltsökonomie eingeforderten (vgl. Kapitel 3.1.3.3) – Aspekts wird durch die Bildung einer entsprechenden Variable ‚(Ehe-) Partner in Rente' Rechnung getragen.[341] Darüber hinaus wurden weitere erklärende Variablen auf Haushaltsebene gebildet. Diese sind jedoch bereits als vertikale Schichtungsfaktoren einzuordnen.
Dazu zählen zum einen das monatliche Haushaltsnettoeinkommen pro Kopf[342] sowie ein spezieller Schichtungsindikator, der sowohl auf der individueller Ebene als auch für (zusammenlebende) Ehepaare im Sinne der ‚höchsten sozialen Schicht' im Haushaltszusammenhang[343] vorliegt. Dieser Indikator wurde auf Basis der Arbeiten von Kohli und seinen Mitarbeitern (2000, S. 322 f.) konstruiert.[344] Da dieser allerdings nur durch die berufliche Stellung der Befragten bestimmt wird, wurde er um weitere Statusangaben (wie z.B. in Rente, registrierter Arbeitsloser etc.) ergänzt, so dass jedem

---

341 Anzumerken ist jedoch, dass die Fallzahl in diesem Bereich sehr gering ist, da zum einen mit steigendem Alter die Zahl der Alleinlebenden aufgrund von Verwitwung und Scheidung wächst, zum anderen aufgrund von Non-Response häufig nur von einem Partner Angaben vorliegen und somit eine Zusammenführung auf Haushaltsebene nicht stattfinden kann.

342 Um hier einen um Preiseffekte bereinigten Zeitvergleich zu ermöglichen, wurde für die entsprechenden Befragungsjahre das monatliche Haushaltsnettoeinkommen pro Kopf über die gesamte SOEP-Population gebildet und in Quartile unterteilt. Auf diese Weise können nicht nur Einkommensunterschiede zwischen den älteren Erwerbspersonen aufgezeigt werden, sondern es wird die Einkommensposition dieser im Verhältnis zur jeweiligen Gesamtbevölkerung deutlich. Auf eine Gewichtung nach unterschiedlichen Haushaltsgrößen, wie dies beispielsweise in der Armutsforschung üblich ist (zu den unterschiedlichen Gewichtungsfaktoren vgl. ausführlich beispielsweise Bundesministerium für Arbeit und Sozialordnung 2001), wurde an dieser Stelle verzichtet.

343 Denn: „Die Position einer Hausfrau ist im Gefüge sozialer Ungleichheit eine wesentlich andere, wenn diese Hausfrau mit einem Arbeiter oder mit einem Generaldirektor verheiratet ist" (Kohli u.a. 2000, S. 322).

344 Der Indikator unterscheidet zwischen den fünf Schichten ‚Oberschicht' (akademisch freie Berufe; Selbständige in Handel, Gewerbe, Industrie und Dienstleistung mit mindestens zehn Mitarbeitern; Beamte im höheren Dienst; Angestellte mit höheren Leitungsaufgaben und umfassenden Entscheidungsbefugnissen der ersten Leitungsebene), ‚Obere Mittelschicht' (Selbständige im Handel, Gewerbe, Industrie und Dienstleistung mit höchstens zehn Mitarbeitern; Beamte im gehobenen Dienst; Angestellte mit hochqualifizierter Tätigkeit oder Leitungsfunktion), ‚Mittlere Mittelschicht' (Selbständige Landwirte mit landwirtschaftlich genutzter Fläche von 50 ha und mehr; Genossenschaftsbauern; sonstige nicht akademische freie Berufe; Beamte im mittleren Dienst; Angestellte mit qualifizierter Tätigkeit (z.B. Sachbearbeiter), Industrie- und Werkmeister; Polier), ‚Untere Mittelschicht' (selbständige Landwirte mit landwirtschaftlich genutzter Fläche von 10 ha bis unter 50 ha; mithelfende Familienangehörige; Beamte im einfachen Dienst; Angestellte mit einfacher Tätigkeit; Facharbeiter; Vorarbeiter, Brigadier, Kolonnenführer) sowie ‚Unterschicht' (selbständige Landwirte mit landwirtschaftlich genutzter Fläche von unter 10 ha; un- und angelernte Arbeiter; Teilfacharbeiter). Diese konnten mit Daten des SOEP relativ unproblematisch nachgebildet werden.

Befragten individuell – und auch auf der Ebene verheirateter Paare[345] – eine soziale Position zugeordnet werden konnte. Darüber hinaus spielt jedoch auch das vorhandene Humankapital bei der Bestimmung sozialer Schichten eine wichtige Rolle. Aus diesem Grunde werden die drei erklärenden Variablen ‚höchster Schulabschluss', ‚höchster Berufsabschluss' sowie ‚Dauer der Ausbildung in Jahren' im Datensatz berücksichtigt. Der letztgenannte Faktor enthält dabei auch lebenslaufspezifische Aspekte, die sich beispielsweise in unterschiedlichen Sozialisationen zu Beginn des Erwerbslebens niederschlagen können. Interessant für die folgenden empirischen Untersuchungen sind allerdings auch Indikatoren, die Aussagen über den eigentlichen Erwerbsverlauf bzw. insbesondere über die spezifische Situation am Ende des Erwerbslebens zulassen. Dies abzubilden wird dadurch versucht, dass für die Erwerbslosen – in diesem Fall handelt es sich um die Personen, die in der jeweiligen Betrachtungsperiode erwerbslos geworden sind – die Variable ‚Dauer der Betriebszugehörigkeit beim letzten Arbeitgeber' aufbereitet wird. Darüber hinaus wird die ‚Dauer der Arbeitslosigkeit in den letzten vier Jahren' (Angaben in Monaten) durch eine eigene Variable für alle Befragten operationalisiert.

4.2.2.2 Signifikante Unterschiede zwischen den Längsschnittdatensätzen 1985 bis 1988 und 1996 bis 1999

Um die anvisierten Kohortenvergleiche in den 1980er und 1990er Jahren in Westdeutschland durchführen zu können, ist es aus methodischen Gründen erforderlich zu überprüfen, ob systematische Veränderungen in den Ausprägungen der vor allem subjektbezogenen Variablen im Zeitverlauf zu identifizieren sind. Zwar wird in Anlehnung an die Ergebnisse des Kapitels 4.2.1.4 davon ausgegangen, dass durch die Bildung der Längsschnittdatensätze keine systematischen Selektionen in den entsprechenden Zeiträumen stattgefunden haben, dennoch könnten Hinweise auf signifikante Unterschiede in der Verteilung der Merkmalsausprägungen z.B. zum Gesundheitszustand oder aber zum Bildungsniveau zwischen den 1980er und 1990er Jahren wichtige Hintergrundinformationen für die empirischen Analysen darstellen.
Für diesen Stichprobenvergleich wurden daher zentrale erklärende Variablen (wie Alter, Geschlecht, Familienstand, Einkommensposition, Staatsangehörigkeit, Bildungsniveau etc.) zunächst dem Kolmogorov-Smirnov-Test unterzogen (vgl. Bühel, Zöfel 1998, S. 296 ff.), der die Variablen auf ihre Normalverteilung hin analysiert. Da alle in die Analyse einbezogenen Variablen signifikant von Normalverteilungen abwichen, wurde nicht der t-Test nach Student, sondern der U-Test nach Mann und Whitney für die Analyse zweier unabhängiger Stichproben verwendet.

---

345 Die jeweils höchste soziale Position im Haushaltszusammenhang ergibt sich dabei aus der sozialen Schichtung (d.h. der beruflichen Stellung), gefolgt von dem Status als Rentner. Daran schließt sich der eindeutig ermittelbare Status des Arbeitslosen an. Die Stille Reserve bzw. die Nichterwerbstätigen werden im Haushaltszusammenhang nur dann ausgewiesen, wenn der Partner nicht erwerbstätig ist. Diese Abweichung von der ‚höchsten sozialen Schicht' bei den letzten zwei Merkmalsausprägungen erfolgt unter der Annahme, dass die soziale Lage in diesem Fall eher durch die registrierte Arbeitslosigkeit eines Partners zum Ausdruck kommt, als durch die Nichterwerbstätigkeit beispielsweise der Ehefrau.

Die Auswertungsergebnisse zeigen höchst signifikante Ergebnisse für die Variablen Alter[346], Kinder unter 16 Jahren im Haushalt, Haushaltsgröße, Einkommensklasse (in Quartilen), höchster Schulabschluss, höchster Berufsabschluss, Dauer der Ausbildung in Jahren sowie hinsichtlich des Gesundheitszustands[347]. Keine signifikanten Unterschiede sind bei den Variablen Geschlecht, Familienstand, Staatsangehörigkeit sowie hinsichtlich der sozialen Schicht – weder auf individueller noch in Verbindung mit dem Ehepartner – zu konstatieren.

4.2.3 Begründung für die Auswahl deskriptiver und analytischer Untersuchungsmethoden

Im folgenden werden nun einige für die hier relevanten (Teil-)Fragestellungen bzw. Hypothesen ausgewählte deskriptive und multivariate Analysemethoden der quantitativen Sozialforschung vorgestellt bzw. deren Verwendung für die empirischen Analysen begründet.[348] Ein wesentlicher Unterschied bei der Erstellung deskriptiver und multivariater Analysen liegt dabei in der Gewichtung der Daten. Denn während es bei deskriptiven Auswertungen aufgrund der Repräsentativität des Datensatzes sinnvoll ist, die Antworten der Gesamtbevölkerung hochzurechnen, würde dies bei multivariaten Berechnungen zu Verzerrungen führen: „Einerseits würde eine Dopplung von Fällen die Unabhängigkeitsannahme verletzen, andererseits darf ein passendes Modell nicht von einer Hochrechnung beeinflusst werden" (Szydlik, Ernst 1996, 276).

4.2.3.1 Deskriptive Analysen zur Untersuchung der Entwicklungen beim Übergang vom Erwerbsleben in den Ruhestand

In dieser Arbeit werden deskriptive Analysemethoden genutzt (vgl. dazu beispielsweise Atteslander 1995; Harms 1988), um einerseits – im Sinne von Querschnittsbetrachtungen – Unterschiede zwischen den beiden Untersuchungspopulationen des Betrachtungszeitraums 1985 bis 1988 und 1996 bis 1996 auf anschauliche Weise herauszuarbeiten sowie andererseits die diversen Entwicklungen beim Übergang vom Erwerbsleben in den Ruhestand – im Sinne von Längsschnittbetrachtungen – abzubilden. Neben dem Ausweis bivariater Ergebnisse spielt darüber hinaus aber auch beispielsweise der Vergleich von arithmetischen Mittelwerten im Rahmen der Beurteilung der Lebenszufriedenheit – einschließlich der Ermittlung der Standardabweichung zur Beurteilung der Varianz – eine wichtige Rolle. Die deskriptiven Analysen werden schließlich um multivariate Auswertungsverfahren ergänzt.

---

346 Um diesen ‚Alterseffekt' bei den Auswertungen zu vermeiden, werden in den empirischen Analysen in Kapitel 5 soweit wie möglich Alterskohorten verglichen. Darüber hinaus wird auf die signifikanten Unterschiede hinsichtlich der Qualifikation und des Gesundheitszustandes explizit in Kapitel 5.1.1.2 eingegangen.

347 Hier wurde auf die Variable ‚Mein Gesundheitszustand behindert mich bei der täglichen Arbeit' zurückgegriffen. Die Variablen ‚Vorliegen einer amtlich anerkannten Erwerbsminderung' bzw. ‚Grad der Erwerbsminderung' zeigen dagegen keine signifikanten Unterschiede für die beiden Stichproben.

348 Ein allgemeiner Überblick über verschiedene Verfahren findet sich z.B. bei Langeheine 1984 sowie Bamberg, Baur 1991.

4.2.3.2 *Die CHAID-Analyse*

Für die Überprüfung von Hypothesen eignen sich in der Regel Chi-Quadrat-Tests, mit denen analysiert werden kann, ob eine Grundgesamtheit nach bestimmten hypothetischen Annahmen verteilt ist. Getestet wird dabei nicht die eigentliche Hypothese, sondern die inhaltlich komplementär formulierte ‚Gegen-' bzw. ‚Nullhypothese' (vgl. auch Atteslander 1995, S. 328).
Dabei wird im Chi-Quadrat-Test das χ^2 als eine Maßzahl ermittelt, die Auskunft über die Differenz der jeweils (theoretisch) erwarteten und (empirisch) beobachteten Häufigkeiten gibt. Das χ^2 weist die Wahrscheinlichkeit aus, dass die aufgrund einer bestimmten Verteilung erwarteten Häufigkeiten mit den empirisch beobachtbaren Werten übereinstimmen. Ist diese Wahrscheinlichkeit hoch, so ist der Nullhypothese zuzustimmen; nimmt sie jedoch einen Wert von weniger als 5 % bzw. 1 % an, so kann die Nullhypothese abgelehnt werden, da die Abweichungen zwischen der erwarteten und tatsächlich beobachtbaren Verteilung signifikant bzw. stark signifikant sind.
Auch CHAID-Analysen (Chisquare Automatic Interaction Detection) basieren auf der Kleinst-Quadrate-Methode. Sie teilen eine Population, wie die der älteren Beschäftigten, anhand von vorgegebenen Variablen in verschiedene Teilpopulationen ein, so dass eine abhängige Variable (z.B. Erwerbsbeteiligung oder ehrenamtliches Engagement) in den verschiedenen Teilpopulationen (Männer, Frauen, verschiedene Alterskohorten etc.) signifikant unterschiedliche Ausprägungen annimmt (vgl. Bühel, Zöfel 1996, S. 75 ff.).[349] Die Darstellungsweise dieses Analyseverfahrens erfolgt in der Regel in Baumdiagrammen.
Der Vorteil von CHAID-Analysen besteht somit darin, dass auf sehr übersichtliche Weise Teilpopulationen identifiziert werden können, die sich hinsichtlich der Ausprägungen der zu untersuchenden abhängigen Variable signifikant unterscheiden. Gleichzeitig ist es durch die Struktur des Baumes bzw. durch gesondert ausgewiesene Statistiken aber auch möglich zu erkennen, welche erklärenden Variablen bzw. „welche Vorhersagevariablen einen starken oder auch gar keinen Einfluss auf die abhängige Variable haben" (vgl. Bühel, Zöfel 1996, S. 75).

4.2.3.3 *Die lineare Regressionsrechnung*

Während die CHAID-Analysen folglich wichtige Informationen für das Herausfiltern bedeutender unabhängiger Variablen zur Verfügung stellen, so wird in dieser Arbeit zusätzlich auf das Verfahren der linearen Regression (Ordinary Least Squares (OLS) Schätzungen) zurückgegriffen.[350] Denn diese statistische Analysemethode ermöglicht es zusätzlich, den Erklärungsbeitrag verschiedener Faktoren in unterschiedlichen Modellen zu ermitteln (Atteslander 1995, S. 308 ff.). So ist gerade hinsichtlich der Beurteilung der Lebenslage im Alter interessant, welchen Erklärungsbeitrag zur Lebenszufriedenheit (am Ende der jeweiligen Betrachtungsmethode) insbesondere der Erwerbs-

---

349 Das gewünschte Signifikanzniveau kann dabei bei den computergestützten statistischen Auswertungsverfahren voreingestellt werden. Im Rahmen dieser Arbeit wurde für die Auswertung der SOEP-Daten ‚SPSS for Windows (Version 8.0)' sowie ‚SPSS CHAID for Windows (Version 6.0.2)' verwendet.

350 Dieses ist ebenfalls auf die Chi-Quadrat-Methode zurückzuführen.

status sowie die Beteiligung an ehrenamtlichem Engagement – unter Berücksichtigung dynamischer Effekte – liefern bzw. welche Veränderungen im Erklärungsbeitrag der einzelnen Variablen zwischen den Jahren 1985 und 1996 in Westdeutschland zu konstatieren sind.
Für die Zufriedenheitsanalyse wäre an dieser Stelle auch die Durchführung eines Probit-Modells denkbar. Dieses erklärt die Wahrscheinlichkeit, mit einer ‚Linearkombination' erklärender Variablen ein bestimmtes Zufriedenheitsniveau zu erreichen (vgl. dazu beispielsweise Büchel, Wagner 1996, S. 83). Die Modellstruktur ist somit analog zur linearen (OLS-)Regression, so dass erwartet werden kann, dass sich die Ergebnisse der OLS-Schätzungen hinsichtlich Vorzeichen und Signifikanz der geschätzten Koeffizienten nicht unterscheiden (vgl. Gerlach, Stephan 2001, S. 521). Die allgemeine Formel der multiplen Regressionsanalyse lautet:

$$Y = ß_0 + ß_1x_1 + ß_2x_2 + ß_3x_3 + \ldots + ß_nx_n + u$$

Während Y als abhängige Variable für die (durchschnittliche) ‚gegenwärtige' Lebenszufriedenheit steht, verbergen sich hinter den Platzhaltern x_1, x_2, x_3 etc. die erklärenden Variablen sowie hinter den $ß_0$, $ß_1$, $ß_2$, $ß_3$ etc. die zu schätzenden Koeffizienten, wobei $ß_0$ eine Konstante ist. Das ‚u' ist schließlich der Störterm der Regression und stellt folglich denjenigen Teil der Gleichung dar, der nicht durch das Modell erklärt werden kann.
Dieses regressionsanalytische Vorgehen bietet somit den Vorteil, dass zum einen im Sinne linearer Einfachregressionen der jeweils isolierte Einfluss der im Modell spezifizierten – auf Exklusion oder aber Teilhabe bezogenen – Faktoren hinsichtlich der Einflussstärke und -richtung anhand der Regressionskoeffizienten quantifiziert werden kann.[351] Zum anderen können in multiplen linearen Regressionsanalysen eine Reihe von Einflussfaktoren berücksichtigt werden, deren unterschiedlicher Erklärungsbeitrag die Lebenszufriedenheit in verschiedenen Modellen statistisch begründet. Die Angabe des um Freiheitsgrade korrigierten R-Quadrat (R^2) gibt schließlich Hinweise darauf, wie hoch der Erklärungsbeitrag der gesamten, in unterschiedlichen Modellen berücksichtigten Variablen ist. Somit ist ein Gütevergleich zwischen verschiedenen Modellen möglich.

351 In den empirischen Analysen wird allerdings immer der standardisierte Regressionskoeffizient (ß-Wert) ausgewiesen. Dieser wird – im Unterschied zum nicht standardisierten Koeffizient – deshalb bevorzugt, da durch die Standardisierung der abhängigen und erklärenden Variabeln der jeweilige Einfluss unabhängig vom Skalenbereich ermittelt wird (vgl. Urban 1982): „Aufgrund dessen sind die standardisierten Regressionskoeffizienten direkt miteinander vergleichbar" (Bangel 1993, S. 155 f.).

5 Empirische Analysen auf der (subjektorientierten) Mikroebene zu gesellschaftlichen Ausschlussprozessen am Ende des Erwerbslebens

In diesem Kapitel werden die gesellschaftlichen Ausschlussprozesse am Ende des Erwerbslebens auf Basis von Individualdaten untersucht. Das Kapitel gliedert sich dabei entsprechend den drei – in Kapitel 3.3.2 aufgestellten – Hypothesen in die Untersuchung der Freisetzungsdynamik älterer (Erwerbs-)Personen aus dem Arbeitsmarkt am Ende des Erwerbslebens (vgl. Kapitel 5.1). Diese wird dann um parallel ‚wirkende' Integrations- oder aber Exklusionsprozesse im Bereich des ehrenamtlichen Engagements ergänzt (vgl. Kapitel 5.2). Eine Überprüfung bzw. ‚Annäherung', inwieweit die beobachtbaren Ausschlussprozesse tatsächlich im Sinne einer Zunahme sozialer Ungleichheit zu interpretieren sind, wird schließlich durch Vergleiche in der Lebenszufriedenheit unternommen (vgl. Kapitel 5.3).

5.1 Ausschlussprozesse aus dem Arbeitsmarkt am Ende des Erwerbslebens

Das vorliegende Kapitel konzentriert sich auf die Analyse der Arbeitsmarktausschlussprozesse älterer (Erwerbs-)Personen in den 1980er und 1990er Jahren in Westdeutschland. Dabei zeigen sich – parallel zu den Ergebnissen auf der Makroebene (vgl. dazu ausführlich Kapitel 2) – auch auf Basis von Daten auf der Mikroebene die Auswirkungen konjunktureller bzw. struktureller Rahmenbedingungen auf einen in der Tendenz früheren erwerbsbiographischen Austritt aus dem Arbeitsmarkt. Interessant ist dabei vor allem die differenzierte Analyse der individuellen Merkmale, die mit verschiedenen Formen der Arbeitsmarktexklusion – sei es kurzfristig oder aber dauerhaft – in Zusammenhang stehen. So soll in diesem Kapitel vor allem der Frage nachgegangen werden, ob bei der Zunahme der vorzeitigen (unfreiwilligen) Ausschlussprozesse älterer Beschäftigter aus dem Arbeitsmarkt auch auf der Ebene von Individualdaten zunehmend Hochqualifizierte infolge des Kohorteneffekts und Personen mit einer bisher kontinuierlichen Erwerbsbiographie am Ende ihres Erwerbslebens von Arbeitslosigkeit betroffen waren.

5.1.1 Die Erwerbsbeteiligung älterer (Erwerbs-)Personen am Übergang in den Ruhestand

Der Trend zu einem vorzeitigen Ausscheiden aus dem Erwerbsleben wird im Folgenden exemplarisch durch die Wiedergabe der altersspezifischen Erwerbsquoten im Jahr 1985 sowie im Jahr 1996 in Westdeutschland dokumentiert (vgl. Kapitel 5.1.1.1). Diese wird um die Analyse der in den untersuchten Jahren die Erwerbsbeteiligung beeinflussenden Faktoren ergänzt (vgl. Kapitel 5.1.1.2).

5.1.1.1 Die Erwerbsbeteiligung älterer (Erwerbs-)Personen jeweils zu Beginn der Betrachtungsperioden in den 1980er und 1990er Jahren in Westdeutschland

Obwohl schon in Kapitel 4 einige zentrale Ergebnisse der mit Daten des SOEP ermittelten alters- und geschlechtsspezifischen Erwerbsbeteiligung im Abgleich mit der offiziellen Statistik des Statistischen Bundesamtes bzw. des Mikrozensus angesprochen wurden (vgl. Kapitel 4.2.1.4), soll hier die eigentliche Analyse und Diskussion erfolgen. So ist in Abbildung 5.1.1 und Abbildung 5.1.2 zunächst die Erwerbsbeteiligung der gesamten älteren (Erwerbs-) Bevölkerung (zwischen 45 und 69 Jahren) in den Jahren 1985 und 1996 in Westdeutschland wiedergegeben. Es zeigt sich, dass die institutionell verankerte Rentenaltersgrenze von 65 Jahren zwar zu einer sehr geringen Erwerbsbeteiligung der 65- bis 69-jährigen von 8,3 % im Jahr 1985 bzw. 7,9 % im Jahr 1996 führte, diese Altersgrenze jedoch bei weitem nicht den alleinigen Übergang in den Ruhestand markiert. Denn schon ab der Gruppe der 50- bis 54-jährigen nimmt – gegenüber der Gruppe der 45- bis 49-jährigen – in beiden untersuchten Jahren die Erwerbstätigkeit ab und die Nichterwerbstätigkeit zu.
Interessant ist vor allem aber auch, dass zum Teil im Jahr 1996 – trotz enormer Ausgliederungsprozesse aus dem Arbeitsmarkt (vor allem bei der Altersgruppe der 55- bis 59-jährigen) – in einzelnen Altersgruppen eine höhere Erwerbstätigkeit (Altersgruppen zwischen 45 und 54 Jahren) bzw. eine höhere Erwerbsbeteiligung insgesamt (alle Altersgruppen bis auf die der 65- bis 69-jährigen) als im Jahr 1985 zu konstatieren ist. Dahinter verbergen sich vor allem geschlechtsspezifisch unterschiedliche Trends. So hat die deutlich gestiegene Erwerbsbeteiligung älterer Frauen, die auch als Kohorteneffekt interpretiert werden kann, zu einer wesentlichen Kompensation des Erwerbsbeteiligungsrückgangs der Männer beigetragen (vgl. zu vergleichbaren Ergebnissen auf der Makroebene Kapitel 2.2.2).
Bevor jedoch die nach Geschlecht zu differenzierenden Entwicklungen der Erwerbsbeteiligung eingehend erörtert werden, kann zusammenfassend festgestellt werden, dass die mehr als doppelt so hohe Erwerbslosenquote im Jahr 1996 gegenüber 1985 im Wesentlichen aus den Ausgliederungsprozessen der Altersgruppen der 50- bis 54-jährigen sowie der 55- bis 59-jährigen resultiert. Zwar hat sich auch die Erwerbslosenquote der 60- bis 64-jährigen verdreifacht, mit 4,5 % befindet sie sich aber immer noch auf einem sehr geringem Niveau. Auch die Quote der Altersgruppe der 45- bis 49-jährigen hat sich – im Verhältnis zu den gesamtgesellschaftlichen Entwicklungen – nur geringfügig um 1,6 Prozentpunkte erhöht.
Die Tabelle 4.2.3 in Kapitel 4.2.1.4 zeigt die Ergebnisse hinsichtlich einer nach Alter und Geschlecht veränderten Erwerbsbeteiligung älterer (Erwerbs-)Personen zwischen 45 und 69 Jahren. Es wird deutlich, dass die Nichterwerbstätigkeit der Männer zwischen 1985 und 1996 um insgesamt 5 Prozentpunkte von 25 % auf 30 % zunahm, wobei sich die größten Veränderungen in der Altersgruppe der 60- bis 64-jährigen zeigt: Waren im Jahr 1985 ‚nur' 61,7 % dieser Personengruppe nicht erwerbstätig, erhöhte

Abbildung 5.1.1 Erwerbstätige, Erwerbslose und Nichterwerbstätige zwischen 45 bis 69 Jahren in Westdeutschland 1985 (Angaben in %)

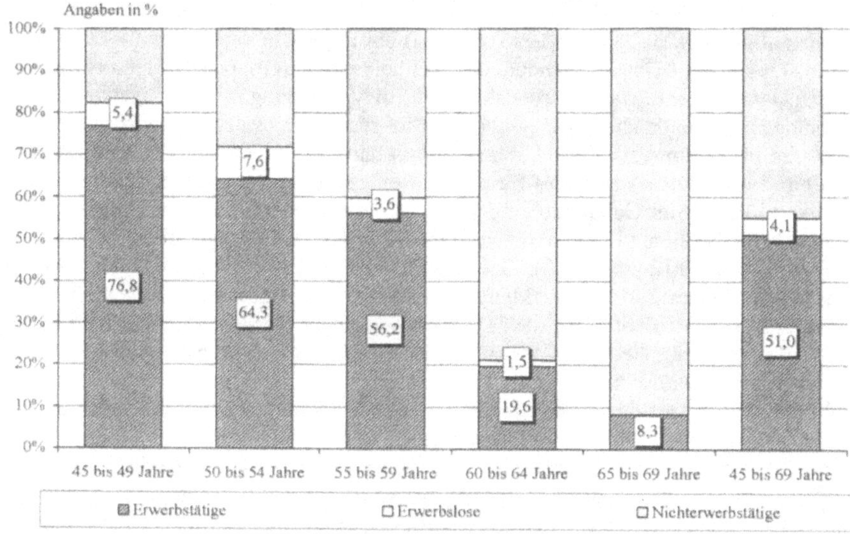

Anmerkung: Das hier verwendete Erwerbskonzept unterscheidet sich von dem des Mikrozensus.
Quelle: Eigene Auswertungen des SOEP, Längsschnittdatensätze und -gewichtungen.

Abbildung 5.1.2 Erwerbstätige, Erwerbslose und Nichterwerbstätige zwischen 45 bis 69 Jahren in Westdeutschland 1996 (Angaben in %)

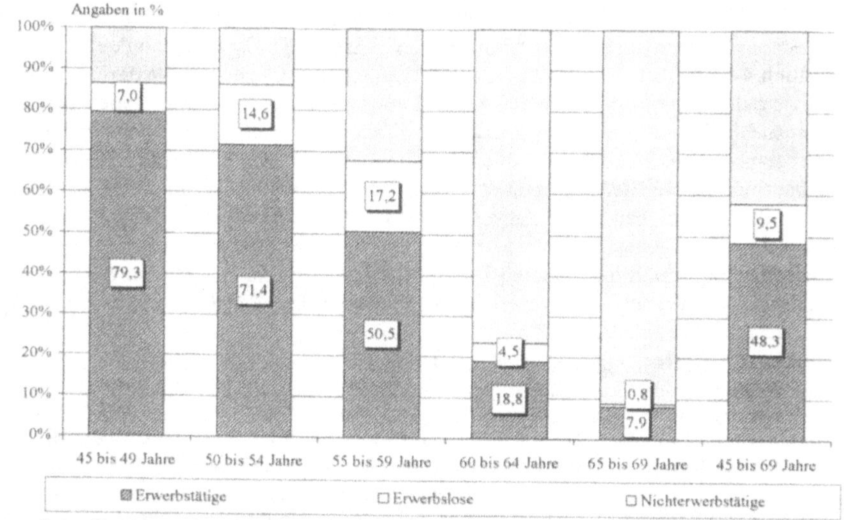

Anmerkung: Das hier verwendete Erwerbskonzept unterscheidet sich von dem des Mikrozensus.
Quelle: Eigene Auswertungen des SOEP, Längsschnittdatensätze und -gewichtungen.

sich dieser Anteil auf 73,9 % im Jahr 1996.[352] Zwar nahm auch bei der darunter liegenden Altersgruppe der Anteil der Nichterwerbstätigen von 16,7 % (1985) auf 18,5 % (1996) leicht zu, Verschiebungen fanden dort jedoch vor allem von der Gruppe der Erwerbstätigen (1985: 78,6 %; 1996: 59,8 %) hin zu den Erwerbslosen (1985: 4,6 %; 1996: 21,8 %) statt. Diese Veränderungen bei beiden Altergruppen dürften vorwiegend als Effekte der ‚Rente wegen Arbeitslosigkeit' in Verbindung mit der sogenannten 57-Regelung im Rahmen des AFG – bei einer insgesamt angespannten wirtschaftlichen Lage – zu interpretieren sein (vgl. dazu die Ausführungen in Kapitel 2). Denn während nach der Statistik des Verbandes Deutscher Rentenversicherungsträger (2002a, S. 67) von den Männern der Geburtskohorte 1925 ‚nur' etwa jeder Zehnte diese in Anspruch nahm, war es bei den 1936 geborenen Männern bereits jeder vierte ältere Mann (25,9 %) (vgl. dazu auch Kapitel 2.2.3). Zieht man zudem die Erwerbsbeteiligung der 45- bis 54-jährigen Männer in die Betrachtung mit ein, so kann insgesamt nicht von einer Abnahme der Erwerbsorientierung der Männer ausgegangen werden; vielmehr haben auch hier vor allem Verschiebungen zwischen der Gruppe der Erwerbstätigen hin zu den Erwerbslosen stattgefunden.

Während bei den westdeutschen Männern zwischen 45 und 69 Jahren damit insgesamt zwischen 1985 und 1996 eine Reduktion der Erwerbstätigkeit um 10,7 Prozentpunkte festgestellt werden kann, die mit einer parallelen Erhöhung der Erwerbslosigkeit um 5,7 Prozentpunkte sowie der Nichterwerbstätigkeit um 5,0 Prozentpunkte verbunden war, war die Veränderung der Erwerbsbeteiligung der älteren westdeutschen Frauen in diesem Zeitraum dagegen durch eine Abnahme der Nichterwerbstätigkeit von 7,9 Prozentpunkten bei einer gleichzeitigen Erhöhung der Erwerbstätigkeit von durchschnittlich 3,8 Prozentpunkten sowie einer Erhöhung der Erwerbslosigkeit um 5,1 Prozentpunkten gekennzeichnet. Auch hier sind deutliche altersspezifische Unterschiede festzustellen. Die größten Veränderungen werden bei den 50- bis 54-jährigen Frauen deutlich. Bei ihnen reduzierte sich die Nichterwerbstätigkeit um 27,2 Prozentpunkte, die einerseits mit einem weit überproportionalen Anstieg der Erwerbstätigkeit von ursprünglich 44,1 % (1985) auf 59,2 % (1996) einherging. Gleichzeitig nahm aber auch die Erwerbslosigkeit von 6,4 % auf 18,6 % zu. Diese Entwicklungen scheinen zwar sehr drastisch zu sein, sie stimmen jedoch in ihren Tendenzaussagen überwiegend mit den Ergebnissen des Mikrozensus überein (vgl. Kapitel 2.2.2.1).[353] Eine Erklärung für diese deutlich höhere Erwerbsorientierung der Frauen kann vor allem in ihrem steigenden Qualifikationsniveau sowie der zunehmenden Möglichkeit, auch einer Teilzeitbeschäftigung nachzugehen, gesehen werden: „Die Frauen profitierten dabei (...) vor allem von der Expansion der sozialen Berufe, die eine Verdrei- bis Vervierfachung der beschäftigten Frauen seit 1976 verzeichneten" (Sing 2002a, S. 210). Die Tendenz einer

---

[352] Dieses Ergebnis entspricht den in Kapitel 2.3.3 aufgezeigten Tendenzen im Rentenzugangsgeschehen der Geburtsjahrgänge 1925 und 1935 (diese wurden 1985 bzw. 1995 60 Jahre alt). So wurde dort festgestellt, dass etwa 60,8 % der älteren Männer der erstgenannten Geburtskohorte mit 60 Jahren oder früher in den Ruhestand gingen und damit überwiegend zu den Nichterwerbspersonen zählen, während es bei den zehn Jahre jüngeren Männer bereits 66,1 % waren.

[353] Dort wird ebenfalls ein Anstieg der Erwerbstätigkeit dieser Altersgruppe von 46,3 % im Jahr 1985 auf 58,7 % im Jahr 1996 ermittelt. Allerdings zeigen sich Unterschiede hinsichtlich der Erwerbslosenquoten (1985: 3,9 %; 1996: 5,0 %), so dass die Erwerbsquoten – nicht zuletzt wegen der unterschiedlichen Erwerbskonzepte – etwas voneinander abweichen.

steigenden Erwerbsbeteiligung in Form einer Erhöhung der Erwerbstätigkeit bzw. der Erwerbslosigkeit[354] – wenn auch auf geringerem Niveau – findet sich daher auch bei allen anderen Altersgruppen bis zu 64 Jahren.
Darüber hinaus spiegeln sich in den Angaben zur Nichterwerbstätigkeit teilweise die wesentlichen Rentenzugangsarten von Frauen wider.[355] Diese bilden zum einen vor dem 60. Lebensjahr die ‚Rente wegen Berufs- und Erwerbsunfähigkeit', mit dem 60. Lebensjahr die ‚Altersrente für Frauen' sowie mit dem 65. Lebensjahr die ‚Regelaltersrente'. Während von den Frauen der Geburtskohorte 1925 noch mehr als jede Vierte (27,1 %) mit der ‚Rente wegen Berufs- und Erwerbsunfähigkeit' vorzeitig, d.h. in diesem Fall vor dem 60. Lebensjahr, in den Ruhestand ging, waren es bei den 1936 geborenen Frauen – aufgrund der strengeren Zugangsvoraussetzungen seit Mitte der 1980er Jahre zu dieser Rentenzugangsart – nur noch etwa jede Sechste (17,2 %) (vgl. Verbandes Deutscher Rentenversicherungsträger 2002a, S. 68 sowie Kapitel 2.1). Dies ist eine mögliche Erklärung für die Abnahme der Nichterwerbstätigkeit bei den 45- bis 59-jährigen Frauen zwischen 1985 und 1996, zumal berechtigter Weise angenommen werden kann, dass die Erwerbsbeteiligung der (älteren) Frauen insgesamt zugenommen hat und somit die Verzerrungen aufgrund keiner eigenen Rentenansprüche in diesem Zeitraum abnahmen.[356] Dass diese Vermutung richtig ist, legen auch Zahlen des Verbandes Deutscher Rentenversicherungsträger (2002a, S. 68) nahe, die zwischen der Geburtskohorte 1925 und 1936 eine Erhöhung der Zahl derjenigen Frauen, die eine ‚Altersrente für Frauen' bezogen (28,3 % zu 34,1 %), bei gleichzeitiger Abnahme derjenigen, die einer Regelaltersrente zugingen (41,5 % zu 38,5 %), konstatieren: Denn die Regelaltersrente wird von Frauen in der Regel nur dann in Anspruch genommen, wenn sie die (höheren) Anforderungen für die ‚Altersrente für Frauen' nicht erfüllen können (vgl. Kapitel 2.2.1). Diese Hintergründe können jedoch nicht aus den hier dargestellten altersspezifischen Entwicklungen der Nichterwerbstätigen unmittelbar entnommen werden.
Resümierend kann somit festgehalten werden, dass sich auch auf Basis der Individualdaten des SOEP zum einen die Entwicklung der Arbeitsmarktsituation in Westdeutschland im Sinne von Periodeneffekten – insbesondere durch die ‚Verdoppelung' der Erwerbslosenquote zwischen 1985 und 1996 – abbilden lässt, zum anderen aber auch Alters- und Kohorteneffekte deutlich werden. Während sich die Männer vor allem aufgrund bestehender institutioneller Regelungen, bei denen die Altersgrenzen für bestimmte Rentenzugangsarten eine zentrale Rolle inne haben, zunehmend vorzeitig aus dem Arbeitsmarkt – freiwillig oder unfreiwillig – zurückzogen, ist bei den Frauen eine markant höhere Erwerbsbeteiligung im Sinne veränderter Einstellungs- und Verhal-

---

354 Je höher die Erwerbsbeteiligung, desto eher werden Ansprüche gegenüber der Arbeitslosenversicherung erworben. So waren erwerbslose Frauen zwischen 50- und 54-Jahren 1996 deutlich häufiger als Arbeitslose registriert (88,1 %) als dies noch 1985 (51,1 %) der Fall war (vgl. Angaben nach Längsschnittauswertung und -gewichtung in Tabelle A.5.1 im Anhang).

355 Die Ergebnisse sind nicht so deutlich wie bei den Männern, da berücksichtigt werden muss, dass nicht alle Frauen in ihrem Leben erwerbstätig waren bzw. Ansprüche auf eine Versichertenrente erwarben. Somit verbergen sich hinter den nicht erwerbstätigen Frauen nur zu einem Teil Rentnerinnen (vgl. dazu auch Kapitel 4.2.1.3).

356 1985 gaben 80,0 % aller Frauen zwischen 65 und 69 Jahren an, sich in Rente bzw. Pension zu befinden. 1996 waren es bereits 93,1 %.

tensweisen belegbar. Allerdings waren auch Frauen insbesondere zwischen 50 und 59 Jahren im Jahr 1996 enorm von Erwerbslosigkeit betroffen. Insgesamt zeigen sich darüber hinaus beim Abgleich mit den Daten des Mikrozensus in vielen Punkten Parallelen bzw. plausible, d.h. durch die unterschiedliche konzeptionelle Vorgehensweise begründete, Unterschiede.

5.1.1.2 Erwerbsbeteiligung in den 1980er und 1990er Jahren in Westdeutschland in Abhängigkeit von individuellen Merkmalen

Im Folgenden soll nun der Frage nachgegangen werden, inwieweit ein Zusammenhang zwischen Erwerbsbeteiligung und Qualifikationsniveau in den Jahren 1985 und 1996 besteht bzw. welche Veränderungen sich hinsichtlich der Bedeutung individueller Merkmale generell (d.h. einschließlich der gesundheitlicher Einschränken, Staatsangehörigkeit etc.) zwischen den beiden Betrachtungszeitpunkten identifizieren lassen.
So zeigen CHAID-Analysen, die zunächst nur die Altersgruppen, das Geschlecht sowie verschiedene qualifikationsbezogene Variablen (höchster Schulabschluss, höchster Berufsabschluss sowie Dauer der Ausbildung in Jahren) berücksichtigen, dass tatsächlich zunächst das Alter, das Geschlecht und dann das Qualifikationsniveau[357] – allerdings nicht bei allen Teilpopulationen – eine signifikante Rolle bei der Erwerbsbeteiligung spielen, wobei mit steigendem Bildungsgrad bzw. steigender Ausbildungsdauer die Erwerbstätigkeit steigt und Erwerbslosigkeit bzw. Nichterwerbstätigkeit sinkt. Während im Jahr 1985 insbesondere die schulische Bildung (Männer der Altersgruppe 50 bis 54 Jahre, Frauen der Altersgruppe 55 bis 59 Jahre sowie Männer und Frauen zwischen 65 und 69 Jahren) sowie die Dauer der Ausbildung (Männer der Altersgruppe 45 bis 49 Jahre) signifikante Zusammenhänge zur Erwerbsbeteiligung aufweist, sind es im Jahr 1996 sowohl die Dauer der Ausbildung (Männer der Altersgruppe 45 bis 49 Jahre; Männer und Frauen zwischen 65 und 69 Jahren), der höchste Berufsabschluss (Frauen der Altersgruppe 45 bis 49 Jahre; Männer der Altersgruppe 55 bis 59 Jahre) als auch der höchste Schulabschluss (Frauen der Altersgruppe 50 bis 54 Jahre).
Um einen systematischen und detaillierten Überblick über die Veränderungen des Qualifikationsniveaus der Teilpopulationen zwischen 1985 und 1996 zu erhalten, vor allem aber um Veränderungen in der Betroffenheit von Erwerbslosigkeit älterer (Erwerbs-)Personen in Abhängigkeit von ihrem Bildungsstand ermitteln zu können, sind in Tabelle 5.1.1. und 5.1.2 in der jeweils ersten Spalte die Höhe der Anteile am jeweiligen Bildungsniveau[358] sowie die jeweiligen gruppenspezifischen Erwerbslosenquoten ausgewiesen.

---

[357] Eine Ausnahme in dieser Systematik bildet sowohl im Jahr 1985 als auch im Jahr 1996 nur die Altersgruppe der 65- bis 69-jährigen, bei der das Geschlecht keinen signifikanten Einfluss mehr ausübt, sondern nur noch die Höhe des Schulabschlusses (1985) bzw. die Dauer der Ausbildung (1996).

[358] Die Summe der Spaltenprozente bildet für jede bildungsbezogene Variable 100 %.

Tabelle 5.1.1: Höchster Schulabschluss, höchster Berufsabschluss, Dauer der Ausbildung sowie Angabe von Erwerbslosenquoten nach Bildungsniveau bei älteren Männern in Westdeutschland 1985 und 1996

	45 bis 49 Jahre		50 bis 54 Jahre		55 bis 59 Jahre		60 bis 64 Jahre		45 bis 69 Jahre	
	Spalten-prozent	Erwerbslo-senquote	Spalten-prozent	Erwerbslo-senquote	Spalten-prozent	Erwerbslo-senquote	Spalten-prozent	Erwerbslo-senquote	Spalten-prozent	Erwerbslo-senquote
Männer	1985									
Höchster Schulabschluss										
Kein/einfacher Schulabschluss	73,4	4,9	71,8	8,8	68,7	5,6	70,2	2,2	69,9	5,1
Mittlerer Schulabschluss	12,5	0,0	13,6	16,7	15,2	3,3	12,0	5,2	14,3	5,2
Hoher Schulabschluss	14,1	0,0	14,6	0,0	16,1	2,5	17,8	2,6	15,9	1,0
Höchster Berufsabschluss										
Kein Berufsabschluss	14,6	6,9	15,0	21,1	11,5	9,1	13,1	4,0	13,6	9,8
Mittlerer Berufsabschluss	70,9	3,5	73,0	7,8	73,8	4,4	75,4	2,2	72,9	4,1
Hoher Berufsabschluss	14,5	2,1	12,0	0,0	14,7	2,7	11,5	4,0	13,5	1,8
Ausbildungsdauer in Jahren										
unter 10 Jahren	15,0	6,7	16,5	15,1	10,8	9,5	12,6	4,1	13,7	8,6
10 bis unter 12 Jahre	58,5	4,2	55,5	8,3	56,9	4,8	57,9	1,9	56,3	4,5
12 bis unter 14 Jahre	12,7	0,0	14,7	11,6	15,7	3,1	11,9	5,2	14,5	4,1
14 Jahre und länger	13,8	0,0	13,3	0,0	16,6	2,4	17,6	2,6	15,5	1,0
	1996									
Höchster Schulabschluss										
Kein/einfacher Schulabschluss	64,4	5,7	58,1	11,6	68,6	26,6	71,5	1,9	66,8	11,7
Mittlerer Schulabschluss	14,4	4,8	21,2	0,1	15,9	9,9	21,0	0,0	16,5	3,8
Hoher Schulabschluss	21,2	7,0	20,7	11,5	15,5	11,1	7,6	0,0	16,6	7,8
Höchster Berufsabschluss										
Kein Berufsabschluss	15,3	12,2	15,0	10,4	15,6	38,2	13,2	0,8	14,6	17,1
Mittlerer Berufsabschluss	68,0	3,8	65,3	10,7	67,0	21,3	81,0	1,8	69,9	9,4
Hoher Berufsabschluss	16,7	13,3	19,7	8,1	17,4	7,0	5,8	0,0	15,5	7,7
Ausbildungsdauer in Jahren										
unter 10 Jahren	14,4	18,2	13,9	9,1	16,1	42,5	15,7	0,7	14,8	19,5
10 bis unter 12 Jahre	50,8	3,1	46,7	12,5	52,5	22,9	57,8	2,5	52,3	10,4
12 bis unter 14 Jahre	15,3	4,1	19,8	4,5	16,9	7,6	19,4	0,0	16,9	4,1
14 Jahre und länger	19,4	9,3	19,7	10,9	14,5	11,0	7,1	0,0	16,0	8,2

Anmerkung: Das hier verwendete Erwerbskonzept unterscheidet sich von dem des Mikrozensus.

Quelle: Eigene Auswertungen des SOEP, Längsschnittdatensätze und -gewichtungen.

Tabelle 5.1.2: Höchster Schulabschluss, höchster Berufsabschluss, Dauer der Ausbildung sowie Angabe von Erwerbslosenquoten nach Bildungsniveau bei älteren Frauen in Westdeutschland 1985 und 1996

	45 bis 49 Jahre		50 bis 54 Jahre		55 bis 59 Jahre		60 bis 64 Jahre		45 bis 69 Jahre	
	Spalten-prozent	Erwerbslo-senquote	Spalten-prozent	Erwerbslo-senquote	Spalten-prozent	Erwerbslo-senquote	Spalten-prozent	Erwerbslo-senquote	Spalten-prozent	Erwerbslo-senquote
Frauen	1985									
Höchster Schulabschluss										
Kein/einfacher Schulabschluss	75,7	7,2	75,7	5,3	73,8	3,8	75,7	0,6	75,5	3,7
Mittlerer Schulabschluss	19,6	8,0	15,5	8,9	17,2	0,0	17,7	2,0	17,8	4,2
Hoher Schulabschluss	4,7	0,0	8,8	11,6	9,0	0,0	6,5	0,0	6,6	3,2
Höchster Berufsabschluss										
Kein Berufsabschluss	42,7	5,1	53,6	4,6	48,3	3,0	54,1	0,3	49,3	2,8
Mittlerer Berufsabschluss	53,8	8,8	40,2	5,8	45,4	2,9	41,2	1,6	46,1	4,4
Hoher Berufsabschluss	3,5	0,0	6,1	16,7	6,3	0,0	4,6	0,0	4,6	4,5
Ausbildungsdauer in Jahren										
unter 10 Jahren	42,0	5,7	48,6	4,1	44,4	3,2	49,6	0,3	45,7	2,9
10 bis unter 12 Jahre	35,6	8,6	32,8	9,6	33,3	3,9	30,4	0,9	33,6	5,1
12 bis unter 14 Jahre	17,6	9,0	10,2	2,6	13,4	0,0	13,8	2,6	14,3	3,7
14 Jahre und länger	4,8	0,0	8,5	12,0	8,9	0,0	6,2	0,0	6,4	3,2
	1996									
Höchster Schulabschluss										
Kein/einfacher Schulabschluss	63,7	5,9	66,7	23,9	71,7	13,5	74,8	6,8	68,6	10,1
Mittlerer Schulabschluss	19,9	4,7	23,6	13,3	23,5	9,3	13,8	5,6	21,2	6,7
Hoher Schulabschluss	16,4	5,7	9,7	3,2	4,8	0,0	11,4	0,0	10,2	2,4
Höchster Berufsabschluss										
Kein Berufsabschluss	24,3	15,2	34,6	20,7	36,3	11,6	54,0	3,9	39,0	8,9
Mittlerer Berufsabschluss	61,5	4,6	58,1	19,2	59,3	12,2	39,1	10,8	53,0	9,7
Hoher Berufsabschluss	14,2	5,4	7,3	3,9	4,4	12,6	6,9	0,0	8,0	4,2
Ausbildungsdauer in Jahren										
unter 10 Jahren	23,1	15,2	28,4	24,9	37,0	10,6	49,4	3,0	35,5	9,1
10 bis unter 12 Jahre	42,8	4,2	41,9	19,6	36,1	16,6	31,0	15,1	37,0	11,3
12 bis unter 14 Jahre	19,0	3,9	22,3	13,3	21,8	8,8	8,2	1,8	17,9	6,5
14 Jahre und länger	15,2	8,3	7,4	3,9	5,2	0,0	11,5	0,0	9,6	3,3

Anmerkung: Das hier verwendete Erwerbskonzept unterscheidet sich von dem des Mikrozensus.

Quelle: Eigene Auswertungen des SOEP, Längsschnittdatensätze und -gewichtungen.

Es zeigt sich zwischen 1985 und 1996 eine (relativ) eindeutige Tendenz[359] zu höheren Bildungsabschlüssen und einer längeren Ausbildungsdauer.[360] Die größten Veränderungen bei den Männern sind dabei bei den Anteilen des höchsten Schulabschlusses zu erkennen: So nahmen beispielsweise bei den jüngeren Altersgruppen die Personen ohne bzw. nur mit einem einfachem Schulabschluss von 73,4 % auf 64,4 % (Altersgruppe 45 bis 49 Jahre) sowie von 71,8 % auf 58,1 % (Altersgruppe 50 bis 54 Jahre) ab, während der Anteil ‚Hoher Schulabschluss' mit der Qualifikation der (Fach-)Hochschulreife deutlich von 14,1 % auf 21,2 % bzw. von 14,6 % auf 20,7 % zugenommen hat. Bei den Frauen finden sich dagegen bei allen Bildungsvariablen deutlich Sprünge hin zu einem höheren Qualifikationsniveau, so dass – bei einem insgesamt deutlich niedrigeren Ausbildungsstand der Frauen gegenüber den Männern in den 1980er Jahren – insgesamt ein markanter Aufholprozess stattgefunden hat. Dieser war einerseits bei den jüngeren Alterskohorten ausgeprägter als bei den Älteren, andererseits sind geschlechtsspezifische Unterschiede im Qualifikationsniveau immer noch deutlich erkennbar.
Vor dem Hintergrund der hier zu untersuchenden These, dass neben einem generellen Anstieg des Arbeitslosigkeitsniveaus zunehmend auch Hochqualifizierte – nicht zuletzt infolge des oben beschriebenen Kohorteneffekts – am Ende ihres Erwerbslebens von Arbeitslosigkeit betroffen sind, interessieren hier vor allem die Veränderungen hinsichtlich des ‚bildungsspezifischen' Arbeitsmarktausschlusses. Die in Tabelle 5.1.1 und Tabelle 5.1.2 ausgewiesenen gruppenspezifischen Erwerbslosenquoten belegen dabei, dass sich die Struktur der Erwerbslosenquoten z.B. nach dem höchsten Berufsabschluss bei den Männern – bei einem insgesamt deutlichen Anstieg der Erwerbslosigkeit – zwischen 1985 und 1996 nur wenig geändert hat. Ähnliche Ergebnisse ermittelte die Bundesanstalt für Arbeit für die qualifikationsspezifischen Arbeitslosenquoten (vgl. Kapitel 2.2.2.4.3). Die differenzierte Betrachtung der Auswertungsergebnisse lässt in der Zusammenschau der verschiedenen Bildungsvariablen allerdings noch einen anderen Trend erkennen. Denn wenn auch im Jahr 1996 die geringqualifizierten Männer wesentlich höhere Erwerbslosenquoten als die höherqualifizierten aufwiesen, so war der Anstieg bei der zuletzt genannten Gruppe zwischen 1985 und 1996 um ein Vielfaches höher als bei der erstgenannten Personengruppe: Während sich beispielsweise die Erwerbslosigkeit der Männer ohne bzw. mit einfachem Schulabschluss in diesem Zeitraum ‚nur' etwa verdoppelte, so erhöhte sich die Erwerbslosigkeit der Personen mit (Fach-)Hochschulreife von 1,0 % auf 7,8 %. Die Erwerbslosigkeit der dazwischen liegenden Gruppe verringerte sich dagegen von 5,2 % auf 3,8 %.
Während bei den Männern zahlreiche weitere, vor allem auch nach dem Alter differenzierte Belege für die Bestätigung der – sogar zugespitzt formulierten – These gefunden werden können, dass über Kohorteneffekte hinaus gerade die Höherqualifizierten zwischen 1985 und 1996 zunehmend von Erwerbslosigkeit betroffen waren, so

359 Bereits in Kapitel 4.2.2.2 wurden signifikante Unterschiede hinsichtlich des Qualifikationsniveaus zwischen dem ersten und zweiten Längsschnittdatensatz auf Basis des U-Test nach Mann und Whitney nachgewiesen.

360 Eine Ausnahme bildet die Kategorie ‚Kein Berufsabschluss', dessen Anteil bei den Männern von 13,6 % (1985) auf 14,6 % (1996) – mit entsprechenden Änderungen bei den Altersgruppen zwischen 45 und 59 Jahren – zugenommen hat.

sind bei den Frauen eher entgegengesetzte dynamische Prozesse zwischen 1985 und 1996 zu beobachten. Dabei ist zunächst festzustellen, dass die Erwerbslosenquoten der Frauen im Verhältnis zu denen der Männer sowohl insgesamt deutliche geringere Werte als auch schon im Jahr 1985 eine andere Struktur aufwiesen. Aufgrund der Verwendung von Erwerbslosenquoten ist dabei zu bedenken, dass zum einen bei diesen Angaben ein erheblicher Anteil von Personen in der Stillen Reserve zu berücksichtigen ist, zum anderen Frauen gerade in qualifikationsspezifischer Hinsicht unterschiedliche Erwerbsorientierungen bzw. einen unterschiedlichen Grad an Erwerbsbeteiligung aufweisen. So ist es nicht erstaunlich, dass die Erwerbslosenquoten der höher qualifizierten Frauen im Jahr 1985 sogar teilweise über denen der geringer qualifizierten lagen. Die dynamischen Prozesse einer insgesamt deutlich steigenden Frauenerwerbstätigkeit zwischen 1985 und 1996 haben daher dazu geführt, dass wiederum bei den Frauen insgesamt Angleichungsprozesse hinsichtlich der qualifikationsbezogenem Erwerbslosenquoten der Männer in dem Sinn zu konstatieren sind, dass geringe Qualifikation relativ hohe, höhere Qualifikation dagegen relativ niedrigere Erwerbslosenquoten bedingen.

Da die Erwerbsbeteiligung im Alter noch durch weitere wichtige individuelle Merkmale beeinflusst sein kann, werden im Folgenden die Ergebnisse ‚erweiterter' CHAID-Analysen vorgestellt, die neben den bereits erörterten unabhängigen Variablen vor allem die Staatsangehörigkeit sowie verschiedene Aspekte des Gesundheitszustandes (einschließlich der Variable ‚Zufriedenheit mit Gesundheit') berücksichtigen. Zusammenfassend lässt sich für die Jahre 1985 und 1996 feststellen, dass der Einfluss des Qualifikationsniveaus in der Regel erst dann zum Tragen kommt, wenn die befragten Personen keine gesundheitlichen Einschränkungen nennen. Konkret bedeutet dies, dass insbesondere bei den Männern zwischen 45 und 64 Jahren stets zunächst hinsichtlich des Grades gesundheitlicher Einschränkungen differenziert wird (entweder durch die Variable ‚Mein Gesundheitszustand behindert mich bei der täglichen Arbeit' oder durch das ‚Vorliegen einer amtlich anerkannten Erwerbsminderung' bzw. des ‚Grades der Erwerbsminderung'). Liegt eine gesundheitliche Einschränkung vor, sind diese Männer zu einem signifikanten Anteil häufiger nicht erwerbstätig als die Personen ohne gesundheitliche Einschränkungen. Bei den Frauen ist dagegen der Gesundheitszustand nur bei einzelnen Teilpopulationen von Relevanz (Kohorte 1 und 2 im Jahr 1985, Kohorte 3 im Jahr 1996), so dass bei ihnen insgesamt eher dem Qualifikationsniveau eine hohe Bedeutung zugesprochen werden kann (Kohorte 5 im Jahr 1985, Kohorte 1, 2 und 5 im Jahr 1996). Darüber hinaus zeigte auch die Staatsangehörigkeit bei der Altersgruppe der 55- bis 59-jährigen Frauen im Jahr 1985 einen signifikanten Einfluss, wobei nicht-deutsche Frauen häufiger erwerbstätig waren als deutsche.

Da zumindest bei den Männern die Erwerbsbeteiligung stark vom Gesundheitszustand abhängt und bereits in Kapitel 4.2.2.2 signifikante Unterschiede hinsichtlich der Variable ‚Mein Gesundheitszustand behindert mich bei der täglichen Arbeit' zwischen dem ersten und zweiten Längsschnittdatensatz nachgewiesen werden konnten, sind in Tabelle 5.1.3 und Tabelle 5.1.4 zum einen die Anteile der ‚überhaupt nicht', ‚ein wenig' bzw. ‚stark' gesundheitlich eingeschränkten Personen der nach Alter und Geschlecht differenzierten Teilpopulationen im Jahr 1985 und 1996 wiedergegeben. Zusätzlich

Tabelle 5.1.3: Gesundheitszustand und Erwerbsbeteiligung älterer Männer in Westdeutschland 1985 und 1996

	45-49 Jahre	50-54 Jahre	55-59 Jahre	60-64 Jahre	65-69 Jahre	45-69 Jahre
	Angabe jeweils von Spaltenprozent					
Männer	1985					
Gesundheit behindert						
überhaupt nicht	66,9	53,1	40,7	33,1	40,4	50,1
ein wenig	23,7	30,9	39,3	36,2	25,2	30,8
stark	9,4	16,0	20,0	30,7	34,4	19,1
Gesundheit behindert überhaupt nicht						
erwerbstätig	96,3	89,8	91,4	39,8	11,3	80,9
erwerbslos	3,7	10,2	4,1	6,1	-	5,3
nicht erwerbstätig	0,0	-	4,6	54,1	88,7	13,8
Gesundheit behindert ein wenig						
erwerbstätig	97,0	90,4	82,7	33,8	13,3	72,7
erwerbslos	1,7	5,5	3,1	1,8	-	2,9
nicht erwerbstätig	1,3	4,1	14,2	64,4	86,7	24,4
Gesundheit behindert stark						
erwerbstätig	58,0	58,3	44,6	32,0	9,5	39,6
erwerbslos	9,3	10,1	8,8	-	-	5,2
nicht erwerbstätig	32,7	31,7	46,6	68,0	90,5	55,2
	1996					
Gesundheit behindert						
überhaupt nicht	65,3	61,7	43,0	42,5	34,8	50,6
ein wenig	25,8	29,1	35,9	36,8	52,6	34,8
stark	8,9	9,2	21,1	20,7	12,6	14,6
Gesundheit behindert überhaupt nicht						
erwerbstätig	92,2	94,3	70,7	31,5	15,8	72,8
erwerbslos	6,3	3,6	21,4	3,2	-	8,4
nicht erwerbstätig	1,5	2,1	7,9	65,3	84,2	18,7
Gesundheit behindert ein wenig						
erwerbstätig	89,8	77,0	49,2	29,2	7,6	48,6
erwerbslos	9,8	15,3	26,1	0,5	3,1	12,8
nicht erwerbstätig	0,3	7,7	24,7	7,3	89,3	38,7
Gesundheit behindert stark						
erwerbstätig	68,8	52,6	55,5	3,2	5,0	40,9
erwerbslos	1,4	37,3	15,7	-	-	11,3
nicht erwerbstätig	29,7	10,1	28,8	96,8	95,0	47,8

Anmerkung: Das hier verwendete Erwerbskonzept unterscheidet sich von dem des Mikrozensus.
Quelle: Eigene Auswertungen des SOEP, Längsschnittdatensätze und -gewichtungen.

Tabelle 5.1.4: Gesundheitszustand und Erwerbsbeteiligung älterer Frauen in Westdeutschland 1985 und 1996

	45-49 Jahre	50-54 Jahre	55-59 Jahre	60-64 Jahre	65-69 Jahre	45-69 Jahre
	Angabe jeweils von Spaltenprozent					
Frauen	1985					
Gesundheit behindert						
überhaupt nicht	57,7	43,6	42,6	36,0	40,6	44,8
ein wenig	32,9	41,1	39,0	42,7	39,7	38,8
stark	9,4	15,3	18,4	21,3	19,7	16,4
Gesundheit behindert überhaupt nicht						
erwerbstätig	64,7	49,5	39,2	9,6	10,6	40,9
erwerbslos	5,9	6,7	3,7	2,2	-	4,3
nicht erwerbstätig	29,4	43,8	57,1	88,2	89,4	54,8
Gesundheit behindert ein wenig						
erwerbstätig	58,7	49,3	44,6	12,7	5,2	35,8
erwerbslos	3,8	5,2	2,3	-	-	2,4
nicht erwerbstätig	37,4	45,5	53,1	87,3	94,8	61,8
Gesundheit behindert stark						
erwerbstätig	40,8	14,6	16,6	3,0	-	13,3
erwerbslos	24,9	8,9	1,4	-	-	5,6
nicht erwerbstätig	34,2	76,5	82,0	97,0	100,0	81,2
	1996					
Gesundheit behindert						
überhaupt nicht	59,7	53,4	39,7	36,6	30,5	44,2
ein wenig	32,5	39,4	44,0	46,2	53,5	42,9
stark	7,7	7,2	16,3	17,2	16,0	12,9
Gesundheit behindert überhaupt nicht						
erwerbstätig	67,8	59,4	52,3	14,6	3,8	46,0
erwerbslos	5,2	13,6	6,0	5,8	-	6,7
nicht erwerbstätig	27,1	27,0	41,7	79,6	96,2	47,2
Gesundheit behindert ein wenig						
erwerbstätig	71,4	64,7	37,6	16,2	9,9	36,9
erwerbslos	8,5	19,6	15,3	1,5	0,4	8,6
nicht erwerbstätig	2,1	15,7	47,1	82,3	89,7	54,5
Gesundheit behindert stark						
erwerbstätig	61,2	25,8	15,4	17,6	-	19,2
erwerbslos	18,8	50,2	10,0	4,9	-	11,8
nicht erwerbstätig	20,0	24,0	74,5	77,5	100,0	69,0

Anmerkung: Das hier verwendete Erwerbskonzept unterscheidet sich von dem des Mikrozensus.
Quelle: Eigene Auswertungen des SOEP, Längsschnittdatensätze und -gewichtungen.

wird auch der Zusammenhang zwischen gesundheitlicher Selbsteinstufung und Erwerbsbeteilung deutlich gemacht. Es zeigt sich, dass sowohl bei den Männern als auch bei den Frauen im Jahr 1996 eine insgesamt bessere Bewertung des eigenen Gesundheitszustandes angegeben wird als im Jahr 1985. Dies scheint dabei vor allem durch die günstigere Bewertung des eigenen Gesundheitszustandes der jüngeren als auch der älteren Altersgruppen begründet zu sein: Während die Antwortstrukturen im Jahr 1985 auf einen mit zunehmendem Alter eindeutig negativen Effekt bei der Beurteilung der körperlichen Einschränkungen hinweisen, steigt im zweiten Betrachtungszeitraum der Anteil derjenigen, die sich stark körperlich in der Ausübung ihrer täglichen Arbeit beeinträchtigt sehen, bis etwa zum 60. Lebensjahr an und nimmt dann wieder ab. Letztere Ergebnisse decken sich dabei mit den empirischen Daten von Isforth (1997, S. 32), der bei Rentnern im Jahr 1996 eine Verbesserung der Gesundheit im Ruhestand – ebenfalls auf Basis von Selbsteinschätzungen – von immerhin 36 % ermittelte, während sich bei 43 % keine Veränderungen bzw. nur bei 19 % eine Verschlechterung einstellte.

Betrachtet man schließlich den Zusammenhang Gesundheitszustand und Erwerbsbeteiligung im Zeitvergleich 1985 zu 1996, so lassen sich auch hier wiederum markante Unterschiede erkennen. Während im Jahr 1985 stark gesundheitlich beeinträchtigte ältere Männer in mehr als der Hälfte der Fälle sich in der Nichterwerbstätigkeit befanden, nahm dieser Anteil im Jahr 1996 auf 47,8 % bei einem gleichzeitigen Anstieg der Erwerbslosenquote dieser Gruppe von 5,2 % (1985) auf 11,3 % (1996) ab. Noch deutlichere Verschiebungen hinsichtlich des Erwerbsstatus gab es bei denjenigen Männern, die sich nur ‚ein wenig' in ihrer täglichen Arbeit behindert sahen: Hier nahm die Erwerbstätigkeit von 72,7 % (1985) auf 48,6 % (1996) ab, wobei sich der Anteil der Erwerbslosen von 2,9 % (1985) auf 12,8 % (1996) und der der Nichterwerbstätigen von 24,4 % (1985) auf 38,7 % (1996) erhöhte. Die Tatsache, dass vor allem jüngere Alterskohorten, die sich nur ‚ein wenig' gesundheitlich behindert fühlten, tendenziell eher erwerbslos wurden, diejenigen jedoch, die sich ‚stark' gesundheitlich behindert fühlten, jedoch eher nicht erwerbstätig wurden, spricht dafür, dass der Gesundheitszustand einen wichtigen Einfluss auf die (vorläufige) Ausgliederung aus dem Arbeitsmarkt in Form von (Langzeit-)Arbeitslosigkeit bzw. auf die vollständige Ausgliederung aus dem Arbeitsmarkt z.B. in Form der ‚Rente wegen Berufs- und Erwerbsunfähigkeit' hat. Die Auswertungsergebnisse erscheinen damit durchaus plausibel. Die in Tabelle 5.1.4 für die westdeutschen Frauen wiedergegebenen Ergebnisse weichen z.T. – vor allem hinsichtlich der bei den Erwerbslosenquoten aufgezeigten Entwicklungen – von denen der älteren Männern ab. Dabei ist jedoch zu bedenken, dass vermutlich ein Teil der Frauen, die sich stark gesundheitlich beeinträchtigt fühlen, nicht zu den Nichterwerbstätigen zählt, da sie nicht die Voraussetzungen einer ‚Rente wegen Berufs- und Erwerbsunfähigkeit' erfüllen. Durch Phasen der registrierten Arbeitslosigkeit können sie jedoch weitere Pflichtversicherungszeiten erwerben, die sie sowohl für die genannte Rentenzugangsart als auch für die ‚Altersrente für Frauen' benötigen.

5.1.2 Prozesse der Inklusion bzw. Exklusion älterer (Erwerbs-)Personen auf dem Arbeitsmarkt in Westdeutschland in den 1980er und 1990er Jahren

Die vorausgegangenen Darstellungen haben gezeigt, dass sich auch durch die Daten des SOEP die bereits in Kapitel 2 aufgezeigten Ausgliederungsprozesse Älterer aus dem Arbeitsmarkt – hier für zwei exemplarische Jahre in den 1980er und 1990er Jahren in Westdeutschland – auf der Mikroebene abbilden lassen. Im folgenden werden diese Ergebnisse um die Berücksichtigung dynamischer Aspekte ergänzt. Dies erfolgt zum einen durch die Betrachtung der Übergänge hinsichtlich des Erwerbsstatus bzw. des Verbleibs der nach Alter und Geschlecht differenzierten (Erwerbs-)Personen (vgl. Kapitel 5.1.2.1). Darüber hinaus wird durch die Auswertungen der Dauer der Betriebszugehörigkeit sowie des Ausweises des Grundes für das Ausscheiden aus der letzten Stellung das Augenmerk auf die Frage der zunehmenden Diskontinuität am Ende des Erwerbslebens gerichtet (vgl. Kapitel 5.1.2.2). CHAID-Analysen geben schließlich Hinweise darauf, welche individuellen Faktoren die Dauer der Arbeitslosigkeit am Ende des Erwerbslebens Ende der 1980er Jahre im Vergleich zu der Situation Ende der 1990er Jahre in Westdeutschland beeinflusst haben (vgl. Kapitel 5.1.2.3).

5.1.2.1 Dynamik der Erwerbsbeteiligung bis zum Ende der Betrachtungsperioden

Aus den Tabellen 5.1.5 und 5.1.6 kann der Verbleib der Männer und Frauen abgelesen werden, die im Jahr 1985 bzw. 1996 erwerbstätig, erwerbslos oder aber nicht erwerbstätig waren. Zunächst lässt sich erkennen, dass nach jeweils drei Jahren die höchste Konstanz in der Form der Erwerbsbeteiligung bei den Nichterwerbstätigen vorliegt. So blieben bei den Männern und Frauen zwischen 1985 und 1988 98,6 % bzw. 93,6 % und zwischen 1996 und 1999 98,3 % bzw. 97,0 % nicht erwerbstätig. Änderte sich ihre Erwerbsbeteiligung, so nahmen sie in beiden Untersuchungszeiträumen eher eine Erwerbstätigkeit auf, als dass sie der Erwerbslosigkeit zugingen.
Veränderungen sind dagegen bei den in den Ausgangsjahren Erwerbstätigen sowie vor allem bei den Erwerbslosen zu konstatieren. Während in den 1980er Jahren die Hälfte der erwerbslosen Männer (50,4 %) auch nach drei Jahren noch aus dem Arbeitsmarkt ausgeschlossen war und jeweils etwa ein Viertel in die Erwerbstätigkeit (26,2 %) bzw. in die Nichterwerbstätigkeit (23,4 %) überging, sah dies in den 1990er Jahren deutlich anders aus. Zum einen gelang die Reintegration in der Arbeitsmarkt mit einem Anteil von 14,1 % insgesamt sehr viel seltener, zum anderen verblieb nur etwa ein Drittel der ursprünglich Erwerbslosen auch in der Erwerbslosigkeit (29,9 %). Am häufigsten fand eine Ausgliederung der Betroffenen in die Nichterwerbstätigkeit statt (56,0 %). Dies ist nicht erstaunlich, da es sich bei diesem Prozess vor allem um die Altersgruppe der 55- bis 59-jährigen handelt, die im Untersuchungszeitraum sukzessive das 60. Lebensjahr erreichten und in der Regel Anspruch auf eine ‚Rente wegen Arbeitslosigkeit' hatten.[361]

---

361 Das Verbleiben in der Erwerbslosigkeit auch nach drei Jahren bei der (männlichen) Kohorte 3 kann im Wesentlichen zwei Gründe haben. Zum einen haben die Personen die Altersgrenze von 60 Jahren noch nicht erreicht, zum anderen erfüllen sie die Anforderungen für eine ‚Rente wegen Arbeitslosigkeit' mit der entsprechenden Anzahl von Pflichtjahren etc. nicht.

Tabelle 5.1.5: Erwerbsbeteiligung der im Jahr 1985 bzw. im Jahr 1996 in Westdeutschland erwerbstätigen, erwerbslosen und nicht erwerbstätigen Männer jeweils am Ende des Betrachtungszeitraum nach drei Jahren

	Kohorte 1	Kohorte 2	Kohorte 3	Kohorte 4	Kohorte 5	Alle Kohorten
	Anteile in Prozent					
Betrachtungszeitraum 1985 bis 1988						
Verbleib der Männer, die **1985 erwerbstätig** waren, am Ende der Periode (1988)						
Fallzahl	454	299	229	63	11	1.056
Hochgerechnet in 1.000	2.221	1.613	1.303	471	91	5.699
erwerbstätig	95,9	91,5	62,1	41,3	(55,0)	**81,8**
erwerbslos	1,7	3,1	6,7	2,2	(0,0)	3,3
nicht erwerbstätig	2,4	5,4	31,2	56,5	(45,0)	15,0
Verbleib der Männer, die **1985 erwerbslos** waren, am Ende der Periode (1988)						
Fallzahl	22	29	16	6	0	73
Hochgerechnet in 1.000	90	165	77	35	0	367
erwerbstätig	(44,4)	(34,1)	(0,0)	(0,0)	-	26,2
erwerbslos	(55,1)	(65,7)	(25,7)	(20,9)	-	**50,4**
nicht erwerbstätig	(0,5)	(0,3)	(74,3)	(79,1)	-	23,4
Verbleib der Männer, die **1985 nicht erwerbstätig** waren, am Ende der Periode (1988)						
Fallzahl	10	18	48	117	92	285
Hochgerechnet in 1.000	81	121	277	814	724	2.017
erwerbstätig	(0,0)	(0,0)	2,3	1,0	1,3	1,2
erwerbslos	(4,7)	(0,0)	0,0	0,0	0,0	0,2
nicht erwerbstätig	(95,3)	(100,0)	97,7	99,0	98,7	**98,6**
Betrachtungszeitraum 1996 bis 1999						
Verbleib der Männer, die **1996 erwerbstätig** waren, am Ende der Periode (1999)						
Fallzahl	303	235	229	49	15	831
Hochgerechnet in 1.000	1.896	1.400	1.506	278	136	5.215
erwerbstätig	95,6	81,7	64,5	30,4	(76,5)	**78,9**
erwerbslos	2,6	11,2	16,1	0,6	(0,0)	8,6
nicht erwerbstätig	1,8	7,1	19,4	69,0	(23,5)	12,5
Verbleib der Männer, die **1996 erwerbslos** waren, am Ende der Periode (1999)						
Fallzahl	21	25	75	6	2	129
Hochgerechnet in 1.000	140	166	548	18	21	893
erwerbstätig	(34,4)	(18,7)	8,5	(0,0)	(0,0)	14,1
erwerbslos	(62,4)	(48,0)	18,3	(0,0)	(0,0)	**29,9**
nicht erwerbstätig	(3,2)	(33,3)	73,2	(100,0)	(100,0)	56,0
Verbleib der Männer, die **1996 nicht erwerbstätig** waren, am Ende der Periode (1999)						
Fallzahl	9	16	68	124	146	363
Hochgerechnet in 1.000	76	73	465	838	1.160	2.612
erwerbstätig	(0,0)	(6,7)	2,1	2,5	0,5	1,6
erwerbslos	(1,3)	(3,6)	0,0	0,0	0,0	0,1
nicht erwerbstätig	(98,7)	(89,6)	97,9	97,5	99,5	**98,3**

Anmerkung: Das hier verwendete Erwerbskonzept unterscheidet sich von dem des Mikrozensus. Bei Fallzahlen von N < 30 sind die Ergebnisse in () ausgewiesen.

Quelle: Eigene Auswertungen des SOEP, Längsschnittdatensätze und -gewichtungen.

Tabelle 5.1.6: Erwerbsbeteiligung der im Jahr 1985 bzw. im Jahr 1996 in Westdeutschland erwerbstätigen, erwerbslosen und nicht erwerbstätigen Frauen jeweils am Ende des Betrachtungszeitraum nach drei Jahren

	Kohorte 1	Kohorte 2	Kohorte 3	Kohorte 4	Kohorte 5	Alle Kohorten
	Anteile in Prozent					
Betrachtungszeitraum 1985 bis 1988						
Verbleib der Frauen, die **1985 erwerbstätig** waren, am Ende der Periode (1988)						
Fallzahl	257	153	105	21	7	543
Hochgerechnet in 1.000	1.419	857	733	197	77	3.282
erwerbstätig	87,1	89,7	61,3	(41,9)	(25,9)	**77,9**
erwerbslos	5,7	3,2	2,9	(0,0)	(0,0)	3,9
nicht erwerbstätig	7,2	7,1	35,8	(58,1)	(74,1)	18,2
Verbleib der Frauen, die **1985 erwerbslos** waren, am Ende der Periode (1988)						
Fallzahl	32	27	6	3	0	68
Hochgerechnet in 1.000	164	125	54	16	0	359
erwerbstätig	36,5	(44,6)	(0,0)	(19,4)	-	33,1
erwerbslos	30,2	(32,3)	(62,0)	(0,0)	-	**34,3**
nicht erwerbstätig	33,3	(23,0)	(38,0)	(80,6)	-	32,6
Verbleib der Frauen, die **1985 nicht erwerbstätig** waren, am Ende der Periode (1988)						
Fallzahl	137	154	187	249	126	853
Hochgerechnet in 1.000	763	962	1.178	1.865	1.133	5.900
erwerbstätig	10,3	11,1	4,5	1,7	0,8	4,7
erwerbslos	4,4	3,6	0,3	0,0	1,0	1,4
nicht erwerbstätig	85,3	85,3	95,3	98,3	98,2	93,9
Betrachtungszeitraum 1996 bis 1999						
Verbleib der Frauen, die **1996 erwerbstätig** waren, am Ende der Periode (1999)						
Fallzahl	227	169	127	22	9	554
Hochgerechnet in 1.000	1.399	1.110	858	295	119	3.782
erwerbstätig	85,9	89,1	50,9	(49,5)	(18,2)	**73,9**
erwerbslos	3,7	7,1	8,7	(2,0)	(0,0)	5,6
nicht erwerbstätig	10,4	3,8	40,4	(48,4)	(81,8)	20,5
Verbleib der Frauen, die **1996 erwerbslos** waren, am Ende der Periode (1999)						
Fallzahl	35	34	40	9	1	119
Hochgerechnet in 1.000	150	348	257	120	4	879
erwerbstätig	43,2	8,7	5,0	(0,0)	-	12,3
erwerbslos	37,1	65,8	15,4	(0,0)	-	**36,9**
nicht erwerbstätig	19,8	25,5	79,5	(100,0)	-	50,8
Verbleib der Frauen, die **1996 nicht** erwerbstätig waren, am Ende der Periode (1999)						
Fallzahl	74	85	133	181	194	667
Hochgerechnet in 1.000	496	418	1.051	1.507	1.763	5.234
erwerbstätig	10,1	3,7	3,6	2,1	0,0	2,6
erwerbslos	1,3	1,4	0,8	0,0	0,0	0,4
nicht erwerbstätig	88,5	94,9	95,6	97,9	100,0	**97,0**

Anmerkung: Das hier verwendete Erwerbskonzept unterscheidet sich von dem des Mikrozensus. Bei Fallzahlen von N < 30 sind die Ergebnisse in () ausgewiesen.

Quelle: Eigene Auswertungen des SOEP, Längsschnittdatensätze und -gewichtungen.

Ein ähnliches Muster findet sich bei den erwerbslosen Frauen im Jahr 1985 bzw. 1996. Zwar gelang ihnen in den 1980er Jahre noch etwas häufiger der Übergang von der Erwerbslosigkeit in die Erwerbstätigkeit (33,1 %) als den Männern (26,2 %) und nur ein Drittel aller Frauen war noch nach drei Jahren erwerbslos (34,3 %), in den 1990er Jahren befand sich aber ebenfalls am Ende des Betrachtungszeitraumes die Hälfte der Frauen in der Nichterwerbstätigkeit (50,8 %) und nur etwa ein Achtel (12,3 %) konnte noch in den Arbeitsmarkt integriert werden. Allerdings zeigen sich bei den Frauen auch altersspezifische Unterschiede. So geht die Kohorte 3 – wie bei den Männern – nach drei Jahren am häufigsten der Nichterwerbstätigkeit und damit in der Regel der ‚Altersrente für Frauen' zu (79,5 %). Die jüngste Alterskohorte kann immerhin noch zu 43,2 % in den Arbeitsmarkt (re-)integriert werden – das bedeutet auch eine Erhöhung der Erwerbschancen gegenüber den 1980er Jahren (36,5 %) –, während die Altersgruppe der ursprünglich 50- bis 54-jährigen mit einem Anteil von 65,8 % am häufigsten erwerbslos bleibt.
Ergänzt man schließlich die Betrachtung der Arbeitsmarktdynamik für ältere (Erwerbs-)Personen um die Erwerbstätigen, so wird auch hier die zunehmende Ausschlusstendenz deutlich. So sank sowohl bei den Männern (1985 bis 1988: 81,8 %; 1996 bis 1999: 78,9 %) als auch bei den Frauen (1985 bis 1988: 77,9 %; 1996 bis 1999: 73,9 %) der Anteil derjenigen, die nach drei Jahren noch erwerbstätig waren, bei einem gleichzeitigem Anstieg der Erwerbslosen von 3,3 % auf 8,6 % bei den Männern sowie von 3,9 % auf 5,6 % bei den Frauen. Während bei den Männern der Anteil derjenigen, die in die Nichterwerbstätigkeit übergingen, sogar abnahm, stieg dieser bei den Frauen leicht an. Diese Differenzen sind auf altersspezifische Unterschiede zurückzuführen. So treten bei den Frauen die größten Veränderungen in der Kohorte 3 auf mit einer sprunghaften Reduktion der Erwerbstätigkeit von 61,3 % auf 50,9 % zwischen dem ersten und zweiten Betrachtungszeitraum. Diese geht mit einer Verdreifachung der Erwerbslosenquote von 2,9 % auf 8,9 % und einem Anstieg der Nichterwerbstätigen von 35,8 % auf 40,4 % einher. Auch das Risiko der Kohorte 2, im Zeitraum von drei Jahren erwerbslos zu werden, lag im zweiten Untersuchungszeitraum mit 7,1 % doppelt so hoch wie in den 1980er Jahren (3,2 %). Bei den Männern ist eine deutliche Reduktion der Erwerbstätigkeit vor allem in der Kohorte 2 und Kohorte 4 erkennbar, wobei dies im ersten Fall mit einem mehr als dreimal höheren Anteil an Personen, die im Betrachtungszeitraum von drei Jahren erwerbslos geworden sind, und im zweitem Fall vor allem mit dem Anstieg der Nichterwerbstätigkeit verbunden war. Im Gegensatz dazu nahm in der Kohorte 3 die Chance, auch nach drei Jahren noch erwerbstätig zu sein, sogar von 62,1 % auf 64,5 % leicht zu, wobei insgesamt jedoch eine Verschiebung des Anteils der Nichterwerbstätigen zu den Erwerbslosen stattfand. Dahinter können sich demographische Effekte sowie Änderungen im Rentenzugangsverhalten verbergen, so dass die Voraussetzungen zur ‚Rente wegen Arbeitslosigkeit' bzw. ‚Rente wegen Berufs- und Erwerbsunfähigkeit' von einem kleineren Anteil der Personen im zweiten Betrachtungszeitraum erfüllt werden als im ersten.
Insgesamt kann mit diesen Ergebnissen festgestellt werden, dass nicht nur Querschnittsuntersuchungen der Jahre 1985 und 1996, sondern auch die dynamische Betrachtung der Erwerbsbeteiligung Älterer deutliche geschlechts- und altersspezifische Unterschiede aufzeigen, die eindeutig auf eine Zunahme der Exklusionsprozesse aus dem Arbeitsmarkt – sei es in Form höherer Erwerbslosigkeit, sei es in Form des Über-

gangs in die Nichterwerbstätigkeit – hinweisen. Inwiefern diese Übergänge aus der Erwerbstätigkeit (im jeweiligen Ausgangsjahr) eher als freiwillig oder unfreiwillig einzuordnen bzw. als Zunahme einer diskontinuierlichen Erwerbsbiographie am Ende des Erwerbslebens zu interpretieren sind, kann dabei durch die folgenden Analysen etwa näher beleuchtet werden.

5.1.2.2 Dauer der Betriebszugehörigkeit und Grund für das Ausscheiden aus der letzten Stelle

Wie bereits in Kapitel 4.2.2 erläutert, enthält zwar der Datensatz des SOEP für alle in dieser Arbeit betrachteten Jahre die Variable ‚Grund für das Ausscheiden aus der letzten Stellung' (zeitlich jeweils bezogen auf den letzten Befragungszeitpunkt), allerdings änderten sich immer wieder sowohl die Zahl der abgefragten Merkmale als auch die Itemausprägungen selbst. Aus diesem Grunde wurden die Fragen des Jahres 1999 bzw. 2000 mit den komprimiertesten Merkmalsausprägungen als ‚Leitvariable' zugrundegelegt und die Itemausprägungen in den anderen relevanten Befragungsjahren entsprechend dieser Variable aggregiert. Auf diese Weise konnten über die Betrachtungszeiträume weitgehend kompatible Variablen erstellt werden, die Interpretation der Ergebnisse muss aber dennoch mit einer gewissen Vorsicht erfolgen. Die hervorzuhebende Einschränkung bezieht sich dabei auf den Sachverhalt, dass die Unterscheidung ‚Arbeitgeber hat mir gekündigt', ‚Habe von mir aus gekündigt' sowie ‚Beschäftigungsverhältnis wurde einvernehmlich aufgelöst' in den Jahren 1986, 1987, 1988, 1989 sowie in den Jahren 1999 und 2000 abgefragt wurde, während in den Jahren 1997 und 1998 nur zwischen den Items ‚Arbeitgeber hat mir gekündigt bzw. die Auflösung des Beschäftigungsverhältnisses nahegelegt' und ‚Habe von mir aus gekündigt bzw. um die Auflösung des Beschäftigungsverhältnisses gebeten' differenziert wurde. Letzteres führt bezüglich des Auflösungsvertrages zu einer etwas deutlicheren Zuordnung zu arbeitgeber- bzw. arbeitnehmerseitigen Präferenzen. Darüber hinaus stellt bei dieser Variable der hohe Anteil der fehlenden bzw. nicht eindeutig zuordenbaren Angaben – zwischen einem Fünftel im ersten und einem Drittel aller Angaben im zweiten Betrachtungszeitraum – ein zusätzliches Problem dar.
Dennoch zeigen die Ergebnisse in Tabelle 5.1.7 sowie Tabelle 5.1.8 sehr eindeutig, dass insbesondere von den Männern, die im Zeitraum zwischen 1985 und 1988 aus ihre Stelle ausgeschieden sind,[362] mit einem Anteil von 58,7 % mehr der gesetzlichen Rente bzw. Pension zugingen als in den 1990er Jahren. Dort gaben nur noch 34,8 % der Männer an, direkt aus einem (abhängigen) Beschäftigungsverhältnis in den Ruhestand gewechselt zu sein. Da darüber hinaus auch der Anteil derjenigen, die als Selbstständige ihr Geschäft aufgeben, – zumindest scheinbar (vgl. den hohen Anteil ‚Sonstige und keine eindeutigen Angaben') – abgenommen hat, ist der Trend zu einem vorzeitigem Auflösen der Beschäftigungsverhältnisse Älterer – noch völlig unabhängig davon, ob die Kündigung vom Arbeitgeber oder vom Arbeitnehmer ausgesprochen wurde

362 Bei mehrfachem Ausscheiden aus Erwerbsarbeit im Untersuchungszeitraum wurden jeweils die Angaben zum ersten Ausscheiden berücksichtigt.

Tabelle 5.1.7: Personen in Westdeutschland, die im Jahr 1985 erwerbstätig waren und bis zum Ende der Betrachtungsperiode im Jahr 1988 aus ihrer Stelle ausgeschieden sind, nach Dauer ihrer Betriebszugehörigkeit sowie Grund des Ausscheidens (Angaben in %)

	Kohorte 1		Kohorte 2		Kohorte 3		Kohorte 4		Kohorte 5		Alle Kohorten	
	M	F	M	F	M	F	M	F	M	F	M	F
Fallzahlen (N)	454	257	299	153	229	105	63	21	11	7	1.056	543
Hochgerechnete Fallzahlen in 1.000	2.221	1.419	1.613	857	1.303	733	471	197	91	77	5.699	3.282
Erwerbstätige des Jahres 1985, die zwischen dem Ausgangsjahr und 1988 aus ihrer Stelle ausgeschieden sind (Angaben in Spaltenprozent)												
nein	94,6	88,6	91,3	92,2	64,1	65,9	49,5	72,7	87,5	87,0	82,9	83,5
ja, davon:	5,4	11,4	8,7	7,8	35,9	34,1	50,5	27,3	12,5	13,0	17,1	16,5
- mehrfach ausgeschieden	17,2	10,0	9,0	11,1	4,7	6,5	7,3	36,8	0,0	0,0	7,5	11,0
Fallzahlen (N) der Antwort ‚ja'	30	29	32	20	81	40	37	6	3	1	183	96
Dauer der Betriebszugehörigkeit bis zum Ausscheiden aus der Stelle (keine Mehrfachnennungen; Angaben in Spaltenprozent)[1]												
unter 1 Jahr	2,7	(0,0)	4,1	(5,0)	0,9	3,2	0,0	(0,0)	-	-	1,4	2,1
zwischen 1 und unter 2 Jahren	12,9	(0,0)	0,2	(1,3)	2,9	0,0	0,0	(0,0)	-	-	3,0	0,2
zwischen 2 und unter 5 Jahren	13,1	(9,5)	2,9	(7,0)	0,1	0,1	3,6	(0,0)	-	-	2,9	3,6
zwischen 5 und unter 10 Jahren	8,4	(31,7)	16,4	(9,6)	3,7	3,9	0,0	(0,0)	-	-	5,1	12,1
zwischen 10 und unter 20 Jahren	25,6	(22,6)	18,0	(52,8)	28,7	27,1	18,3	(68,9)	-	-	23,9	32,8
20 Jahre und länger	14,9	(13,7)	32,9	(0,0)	54,3	53,1	57,9	(31,1)	-	-	47,2	32,0
Keine Angabe	22,6	(22,6)	25,5	(24,4)	9,5	12,5	20,2	(0,0)	-	-	16,5	17,2
Grund für das Ausscheiden (keine Mehrfachnennungen; Angaben in Spaltenprozent)[1]												
Eigene Kündigung	0,0	(10,5)	0,0	13,6	5,8	5,2	4,4	0,0	-	-	3,8	7,1
Kündigung durch Arbeitgeber	32,3	(33,6)	4,1	20,3	3,6	4,7	0,6	0,0	-	-	6,4	14,3
Auflösen des Beschäftigungsverhält.	10,6	(17,1)	5,4	6,9	4,4	5,7	0,0	0,0	-	-	4,2	8,4
Ende der Befristung	0,0	(0,0)	0,6	5,0	1,9	3,2	0,0	0,0	-	-	1,0	2,1
Verrentung / Pensionierung	4,0	(2,2)	68,8	28,8	68,7	51,5	60,8	75,4	-	-	58,7	36,0
Beurlaubung / Freistellung	0,0	(0,0)	0,0	0,0	0,0	0,0	0,0	0,0	-	-	0,0	0,0
Aufgabe des eigenen Geschäfts	11,0	(7,4)	0,0	0,0	1,4	10,3	17,6	24,6	-	-	6,3	9,4
Sonstiges / keine eindeutigen Angaben	42,0	(29,3)	21,1	25,4	14,3	19,4	16,6	0,0	-	-	19,6	22,5

Anmerkung: [1] Bei mehrfachem Ausscheiden aus Erwerbsarbeit im Untersuchungszeitraum wurden jeweils die Angaben zum ersten Ausscheiden berücksichtigt. Das hier verwendete Erwerbskonzept unterscheidet sich von dem des Mikrozensus. Bei Fallzahlen von N < 30 sind die Ergebnisse in () ausgewiesen.

Quelle: Eigene Auswertungen des SOEP, Längsschnittdatensätze und -gewichtungen.

Tabelle 5.1.8: Personen in Westdeutschland, die im Jahr 1996 erwerbstätig waren und bis zum Ende der Betrachtungsperiode im Jahr 1999 aus ihrer Stelle ausgeschieden sind, nach Dauer ihrer Betriebszugehörigkeit sowie Grund des Ausscheidens (Angaben in %)

	Kohorte 1		Kohorte 2		Kohorte 3		Kohorte 4		Kohorte 5		Alle Kohorten	
	M	F	M	F	M	F	M	F	M	F	M	F
Fallzahlen (N)	303	227	235	169	229	127	49	22	15	9	831	554
Hochgerechnete Fallzahlen in 1.000	1.896	1.399	1.400	1.110	1.506	858	278	29 5	136	119	5.215	3.782
Erwerbstätige des Jahres 1996, die zwischen dem Ausgangsjahr und 1999 aus ihrer Stelle ausgeschieden sind (Angaben in Spaltenprozent)												
nein	85,0	81,7	76,2	83,6	62,6	44,9	34,0	40,6	43,7	71,6	72,4	70,4
ja, davon:	15,0	18,3	23,8	16,4	37,4	55,1	66,0	59,4	56,3	28,4	27,6	29,6
- mehrfach ausgeschieden	31,3	34,6	25,6	20,1	7,1	16,8	18,5	30,3	-	-	17,5	23,0
Fallzahlen (N) der Antwort ‚ja'	53	46	53	36	96	72	34	14	9	4	245	172
Dauer der Betriebszugehörigkeit bis zum Ausscheiden aus der Stelle (keine Mehrfachnennungen; Angaben in Spaltenprozent)[1]												
unter 1 Jahr	3,8	8,5	0,1	2,3	0,0	0,0	0,0	(0,0)	-	-	0,8	2,3
zwischen 1 und unter 2 Jahren	6,0	8,0	0,0	10,1	0,8	1,2	0,0	(0,0)	-	-	1,5	4,0
zwischen 2 und unter 5 Jahren	19,1	27,4	10,6	1,9	3,4	6,8	0,0	(5,9)	-	-	7,5	10,4
zwischen 5 und unter 10 Jahren	24,5	16,5	16,5	30,8	7,1	7,7	3,6	(0,0)	-	-	11,9	13,5
zwischen 10 und unter 20 Jahren	20,3	4,1	7,9	13,1	17,1	40,5	22,3	(14,6)	-	-	15,8	22,5
20 Jahre und länger	6,9	20,3	57,9	19,2	59,8	30,9	71,3	(22,3)	-	-	47,4	25,1
Keine Angabe	19,5	15,1	6,9	22,6	11,8	12,9	2,8	(57,1)	-	-	15,1	22,3
Grund für das Ausscheiden (keine Mehrfachnennungen; Angaben in Spaltenprozent)[1]												
Eigene Kündigung[2]	16,3	17,1	11,8	20,9	2,6	9,3	3,6	(7,6)	-	-	7,4	13,9
Kündigung durch Arbeitgeber[2]	21,3	4,8	13,5	29,9	29,9	5,0	3,5	(0,0)	-	-	19,5	8,1
Auflösen des Beschäftigungsverhält.[2]	2,6	6,8	13,5	0,5	1,3	1,8	0,0	(0,0)	-	-	4,1	2,4
Ende der Befristung	1,8	2,6	1,1	0,0	1,4	5,0	0,0	(2,4)	-	-	1,2	3,1
Verrentung / Pensionierung	7,3	3,0	30,0	7,8	42,5	58,3	73,7	(48,6)	-	-	34,8	34,2
Beurlaubung / Freistellung	0,0	0,0	0,0	0,0	0,0	0,0	0,0	(0,0)	-	-	0,0	0,0
Aufgabe des eigenen Geschäfts	2,0	20,9	0,0	0,0	1,5	2,1	13,9	(0,0)	-	-	2,9	5,6
Sonstiges / keine eindeutigen Angaben	48,7	44,9	30,1	40,9	20,8	18,5	5,3	(41,5)	-	-	30,1	32,8

Anmerkung: [1] Bei mehrfachem Ausscheiden aus Erwerbsarbeit im Untersuchungszeitraum wurden jeweils die Angaben zum ersten Ausscheiden berücksichtigt. [2] 1997 und 1998 wurde nur zwischen den Items ‚Arbeitgeber hat mir gekündigt bzw. die Auflösung des Beschäftigungsverhältnisses nahegelegt' und ‚Habe von mir aus gekündigt bzw. um die Auflösung des Beschäftigungsverhältnisses gebeten' unterschieden. Das hier verwendete Erwerbskonzept unterscheidet sich von dem des Mikrozensus. Bei Fallzahlen von N < 30 sind die Ergebnisse in () ausgewiesen.

Quelle: Eigene Auswertungen des SOEP, Längsschnittdatensätze und -gewichtungen.

– unübersehbar: Während im ersten Betrachtungszeitraum nur 14,4 % der älteren Erwerbstätigen nachweislich durch eine Kündigung aus der letzten Stelle ausgeschieden sind, waren es im zweiten Betrachtungszeitraum bereits 31,0 % – trotz einer insgesamt höheren Antwortausfallquote von 30,1 % im zweiten Betrachtungszeitraum.
Bei den Frauen kann eine solche Entwicklung nicht aufgezeigt werden, da ihre Erwerbsbiographien schon in der Vergangenheit durch höhere Diskontinuitäten, d.h. Erwerbsunterbrechungen und (Wieder-)Eingliederung nach familienbedingten Phasen der Nichterwerbstätigkeit in den Arbeitsmarkt gekennzeichnet waren. Aufgrund der geringeren – wenn auch steigenden – Erwerbsbeteiligung gingen daher im ersten Betrachtungszeitraum nur etwa 36,0 % der älteren Frauen aus einem abhängigem Beschäftigungsverhältnis der Rente bzw. Pension zu. Weitere 9,4 % gaben als Selbständige ihr Geschäft auf. Diese beiden Werte verringerten sich zwar auch – parallel zu den Entwicklungen bei den Männern – in den 1990er Jahren, allerdings nur geringfügig auf 34,2 % (‚Verrentung / Pensionierung') bzw. 5,6 % (‚Aufgabe des eigenen Geschäfts'). Insgesamt fand damit also eine Angleichung der Werte zwischen den Frauen und den Männern statt. Wie sehr die älteren Frauen jedoch schon in den 1980er Jahren von unsicheren Beschäftigungsverhältnissen betroffen waren, zeigt sich auch in der hohen Kündigungsquote durch die Arbeitgeber (14,3 %) sowie im Anteil der einvernehmlichen Auflösung des Beschäftigungsverhältnisses (8,4 %). Rechnet man schließlich diejenigen dazu, die durch eigene Kündigung ihre Arbeitsstelle aufgaben (7,1 %)[363], so schieden insgesamt 29,8 % der Frauen auf dem Weg der Kündigung von einer Arbeitsstelle im ersten Betrachtungszeitraum aus. Im Gegensatz zu den Männern verringerte sich dieser Anteil zwischen den 1980er und 1990er Jahren, so dass der Wert der Frauen im zweiten Betrachtungszeitraum mit 24,4 % deutlich unter dem der Männer von 31,0 % lag. Gleichzeitig nahm jedoch auch der Anteil der Frauen, deren Arbeitsstelle durch Ablauf einer Befristung endete, von 1,2 % (1985 bis 1988) auf immerhin 3,1 % (1996 bis 1999) zu.
Berücksichtigt man schließlich die verschiedenen Altersgruppen hinsichtlich der hier relevanten Gründe für das Ausscheiden aus der (letzten) Arbeitsstelle, so zeigt sich noch eindrücklicher, dass der unmittelbare Zugang von der Erwerbstätigkeit in Rente bzw. Pension durch andere (unfreiwillige) Formen der – zumindest vorübergehenden, damit aber meist endgültigen (vgl. Kapitel 5.1.2.1) – Beendigung des Erwerbslebens zunehmend ersetzt wurde. Denn dominierte in den 1980er Jahren bei älteren beschäftigten Männern ab dem 50. Lebensjahr eindeutig der Zugang zur Rente bzw. Pension (Kohorte 2: 68,8 %; Kohorte 3: 68,7 %)[364], so lagen die entsprechenden Werte in den 1990er Jahren nur noch bei 30,0 % (Kohorte 2) bzw. 42,5 % (Kohorte 3), bei einem parallelen Anstieg der Kündigungen bzw. der Auflösung der Beschäftigungsverhältnisse durch den Arbeitgeber (Kohorte 2: 13,5 %; Kohorte 3: 29,9 %). Bei den Frauen wiederum spiegeln sich die auf der Gesamtebene skizzierten Strukturen auch in altersspezifischer Hinsicht wieder. So nahm zwar einerseits aufgrund der gestiegenen Er-

---

363 Diesbezüglich ist anzumerken, dass die Angaben leider nicht weiter hinsichtlich der Frage differenziert werden können, inwieweit von den Arbeitgebern eine ‚eigene Kündigung' nahegelegt wurde.

364 Bei der Kohorte 3 lag der Anteil der Verrenteten bzw. Pensionierten ‚nur' noch bei 60,8 %. Dies ist allerdings nur durch die gleichzeitige Zunahme derjenigen begründet, die aufgrund ihrer Geschäftsaufgabe als Selbständige dem Ruhestand zugingen.

werbsbeteiligung der Anteil derjenigen Frauen zu, die einen Anspruch auf eine ‚Altersrente für Frauen' erwarben und daher mit 60 Jahren der gesetzlichen Rentenversicherung (hier einschließlich Pensionierung) zugehen konnten (Kohorte 3 1985-1988: 51,5 %; Kohorte 3 1996-1999: 58,3 %), andererseits aber war vor allem die darunter liegenden Altersgruppe zunehmend von Arbeitsmarktausgliederungsprozessen durch Kündigung betroffen.

Inwieweit die älteren (Erwerbs-)Personen in Westdeutschland nicht nur am Ende ihres Erwerbslebens, sondern schon in ihrer früheren Erwerbsbiographie von Diskontinuitäten und Ausgliederungsprozessen betroffen waren, kann zum Teil den Angaben über die Dauer der Betriebszugehörigkeit in der letzten Stelle entnommen werden. Da es möglich ist, dass die Betrachtungszeiträume dabei für einzelne Personen eine Phase in ihrem Leben abstecken, in denen eine kontinuierliche Erwerbsbiographie bereits als beendet angesehen werden kann und zunehmend kurzzeitige Tätigkeiten aufgenommen werden, ist es erforderlich, zwei getrennt zu betrachtende Aspekte zu unterscheiden: Zum einen handelt es sich dabei um die in den Betrachtungszeiträumen selbst feststellbaren Dynamiken hinsichtlich des Ausscheidens aus einer bzw. mehreren Stellen, zum anderen um die Ermittlung der Dauer der Betriebszugehörigkeit in der letzten Stelle. Um Verzerrungen durch Mehrfachnennungen zu vermeiden und ein möglichst realitätsnahes Bild bezüglich der dem Alter vorausgegangenen Erwerbsbiographie zu erhalten, wurden hier jeweils die Angaben zum ersten Ausscheiden aus einer Stelle ausgewiesen.[365]

Es zeigt sich (vgl. Tabelle 5.1.7 und Tabelle 5.1.8), dass neben der bereits aufgezeigten Entwicklung eines höheren Risikos in den 1990er Jahren aus einer Erwerbstätigkeit noch vor dem Rentenzugang auszuscheiden auch mit einer Erhöhung des Anteils derjenigen verbunden ist, die mehrfach aus einem Beschäftigungsverhältnis ausgeschieden sind: So waren bei den zwischen 1985 und 1988 aus einer Arbeitsstelle ausgeschiedenen Männern 7,5 % mehrfach aus einer Stelle ausgeschieden; zwischen 1996 und 1999 lag dieser Anteil mit 17,5 % mehr als doppelt so hoch. Noch dynamischer sind die Arbeitsstellenwechsel bei den Frauen: Während fast jede zehnte zwischen 1985 und 1988 aus einem Beschäftigungsverhältnis ausgeschiedene Frau mehrfach aus einer Stelle ausgeschieden war (11,0 %), war es im Zeitraum 1996 bis 1999 fast jede vierte (23,0 %). Während das höhere Erwerbsalter folglich mit einer Zunahme von Erwerbsunterbrechungen und vorzeitigen Arbeitsmarktausgliederungsprozessen konfrontiert ist, belegen die Auswertungen hinsichtlich der Dauer der Betriebszugehörigkeit in der letzten Stellung vor allem bei den westdeutschen älteren Männern eine deutliche Zunahme erwerbsbiographischer Kontinuität. Dies wird vor allem deutlich, wenn man jeweils die Anteile der Personen betrachtet, die 20 Jahre und länger in einem Betrieb beschäftigt waren: Zwar blieb bei den Männern zwischen 45 und 69 Jahren diese Quote zwischen beiden Untersuchungszeiträumen insgesamt fast konstant (1985 bis 1988: 47,2 %; 1996 bis 1996: 47,4 %), doch zeigt sich vor allem bei den älteren Kohorten eine deutliche Zunahme dieses Anteils zwischen den 1980er und 1990er Jahren. So wiesen insbesondere Männer der Kohorte 4, die zwischen 1996 und 1999 aus einer Stelle ausgeschieden sind, zu 71,3 % eine mindestens 20-jährige kontinuierliche Beschäftigung in einem Betrieb auf, während die Vergleichsgruppe in den 1980er Jahren nur zu 57,9

---

365 Gleiches gilt auch für die Angabe des Grundes für das Ausscheiden aus der letzten Stelle.

% über eine solche verfügte. Durch diese exemplarischen Ergebnisse wird deutlich, dass hier wiederum Kohorteneffekte eine wesentliche Rolle spielen (vgl. dazu Kapitel 2.3.1). Bei den westdeutschen älteren Frauen hat dagegen der Anteil derjenigen, die 20 Jahre und länger in einem Betrieb beschäftigt waren, aber auch der Anteil derjenigen, die zwischen 10 und 20 Jahren kontinuierlich in einem Betrieb beschäftigt waren, zwischen den 1980er und 1990er Jahren von 32,0 % auf 25,1 % bzw. von 32,8 % auf 22,5 % – sofern durch die fehlenden Angaben keine systematischen Verzerrungen vorliegen – abgenommen. Auch hier dürften wiederum kohortenspezifische Effekte eine Rolle gespielt haben.
Insgesamt zeigt sich somit bei den älteren westdeutschen Frauen sowohl hinsichtlich der Erwerbsbiographie als auch hinsichtlich der Alterserwerbstätigkeit eine Zunahme von Diskontinuität und Arbeitsmarktausschlussprozessen, während ältere Männer in den 1990er Jahren zwar auf eine in der Tendenz kontinuierlichere Erwerbsbiographie zurückblicken, im Alter jedoch ebenfalls zunehmend von (unfreiwilligen) Ausgliederungsprozessen aus dem Arbeitsmarkt – noch vor dem eigentlichem Zugang zum Ruhestand – betroffen waren. Während durch diese Darstellungen zentrale Entwicklungslinien der Erwerbsbeteiligung Älterer charakterisiert werden konnten, sollen im Folgenden nun die wesentlichsten individuellen Merkmale herausgestellt werden, die sich hinsichtlich der Dauer der Arbeitslosigkeit in den beiden Untersuchungszeiträumen als signifikant erwiesen.

5.1.2.3 Dauer der Arbeitslosigkeit und individuelle Merkmale der betroffenen Älteren

Parallel zu den Ergebnissen der CHAID-Analysen in Kapitel 5.1.1.2, die vor allem für die Ausgangsjahre signifikante Zusammenhänge zwischen Erwerbsbeteiligung und individuellen Merkmalen aufzeigten, werden nun jeweils am Ende der Betrachtungsperioden die individuellen Faktoren betrachtet, die einen signifikanten Einfluss auf die Dauer der Arbeitslosigkeit (gemessen in Monaten) in den Jahren 1985 bis 1988 bzw. 1996 bis 1999 hatten.
Ausgehend von einem erweiterten Satz an erklärenden Variablen (vgl. dazu ebenfalls Kapitel 5.1.1.2) zeigt sich für den ersten Betrachtungszeitraum, dass die Arbeitslosigkeitsdauer zunächst vom Alter der Befragten abhängt. Während die Kohorte 4 und Kohorte 5 zu 98,9 % in den vier vorausgegangenen Jahren nicht arbeitslos registriert waren, waren es bei den ersten drei Alterskohorten nur noch 89,4 %. Die Dauer der Arbeitslosigkeit selbst wird dabei auf der nächsten Analyseebene durch den Status ‚Deutscher' bzw. ‚Nicht-Deutscher' signifikant beeinflusst, wobei nicht-deutsche Staatsbürger in allen Kategorien (zwischen einem und 48 Monaten) höhere Anteilswerte aufwiesen: So waren immerhin 2,6 % von diesen – im Vergleich zu einem Anteil von 1,3 % bei den Deutschen – länger als drei Jahre arbeitslos in den vier zurückliegenden Jahren; Arbeitslosigkeit zwischen einem und zwei Jahren fand sich bei den Nicht-Deutschen sogar in 5,8 % der Fälle, während bei den Deutschen der vergleichbare Wert nur 2,3 % betrug. Schließlich zeigen sich bei der Gruppe der Nicht-Deutschen noch geschlechtsspezifische Unterschiede, so dass nicht deutsche Männer in den 1980er Jahren das höchste Risiko hatten, von ‚langanhaltender' Arbeitslosigkeit betroffen zu sein.

Da sich das Niveau sowie die durchschnittliche Dauer der Arbeitslosigkeit älterer (Erwerbs-) Personen zwischen den 1980er und 1990er Jahre in Westdeutschland deutlich erhöhte, ist es nicht verwunderlich, dass für den zweiten Betrachtungszeitraum wesentlich differenziertere individuelle Einflussfaktoren in dem hier untersuchten Zusammenhang identifiziert werden können. Zunächst ist festzustellen, dass der durchschnittliche Anteil derjenigen, die in den vier vorausgegangenen Jahren nicht von Arbeitslosigkeit betroffen waren, insgesamt von 91,7 % (zwischen 1985 und 1988) auf 84,8 % (zwischen 1996 und 1999) zurückging, wobei diese Reduktion wiederum altersspezifische Unterschiede erkennen lässt. So war Ende der 1990er Jahre die Kohorte 3, die in besonders hohem Umfang Personen im Übergang in den Ruhestand enthält, mit einem Anteil von 26,8 % am häufigsten im Untersuchungszeitraum von Arbeitslosigkeit betroffen. Gefolgt wurde diese von der Kohorte 2 und Kohorte 3 mit einem Anteil Arbeitsloser im Untersuchungszeitraum von 19,8 % bzw. 15,1 %. Personen, die im Ausgangsjahr schon 60 Jahre und älter waren, waren dagegen nur sehr selten arbeitslos (Kohorte 4: 2,7 %).
Hinsichtlich der Dauer der Arbeitslosigkeit zeigt sich, dass etwa jeder Sechste der Kohorte 3, jeder Siebte der Kohorte 2 und immerhin noch jeder Zwölfte der Kohorte 1 bereits länger als ein Jahr am Ende des Betrachtungszeitraumes als Arbeitsloser beim Arbeitsamt registriert war. Während sich bei der jüngsten Altersgruppe dann zunächst qualifikationsabhängige Differenzen in der Betroffenheit und Dauer der Arbeitslosigkeit zeigen, sind auf der nächsten Analyseebene verschiedene Variablen zum Gesundheitszustand relevant.
Am komprimiertesten und deutlichsten zeigt sich der Zusammenhang zwischen der Dauer der Arbeitslosigkeit und individuellen Merkmalen bei der Kohorte 2. Hier erweist sich allein der höchste Berufsabschluss als signifikant, wobei ein höherer Bildungsabschluss mit einer enormen Reduktion des Arbeitslosigkeitsrisikos[366] sowie im Falle von Arbeitslosigkeit einer deutlich geringeren Dauer der Arbeitslosigkeit einherging. So waren nur 4,0 % aller Personen mit (Fach-)Hochschulabschluss zwischen 1996 und 1999 länger als ein Jahr arbeitslos, während es bei denjenigen mit einem mittleren Berufsabschluss jeder Neunte und bei denjenigen ohne einem Berufabschluss bereits jeder Vierte war.
Bei der Kohorte 3 werden ähnliche – wie bereits in den 1980er Jahren für die jüngsten drei Kohorten aufgezeigten – Strukturen relevant. So hatten die ausländischen Männer das größte Risiko, arbeitslos zu sein bzw. es zu bleiben. Mit einem Anteil von 47,0 % war fast jeder zweite nicht-deutsche Mann im Untersuchungszeitraum in den 1990er Jahren von Arbeitslosigkeit betroffen. Diese dauerte nur für wenige kurz: 38,6 % aller ausländischen Männer der Kohorte 3 waren länger als ein Jahr arbeitslos. Von den ausländischen Frauen sowie den Deutschen waren im Untersuchungszeitraum dagegen nur 20,0 % bzw. 24,2 % arbeitslos geworden, wobei nicht mehr als 11,1 % (nicht-deutsche Frauen) bzw. 14,9 % (Deutsche) des gesamten jeweiligen Personenkreises länger als ein Jahr von Arbeitslosigkeit betroffen waren. Allerdings zeigen sich auch bei den Deutschen weitere, zu unterscheidende Einflüsse auf das Arbeitslosigkeitsrisiko. So

366 Waren von den Personen ohne Berufsabschluss im Untersuchungszeitraum 28,5 % von Arbeitslosigkeit betroffen, betrug dieser Wert bei den Personen mit einem mittleren Berufsabschluss nur 18,6 % und bei Personen mit einem hohem Berufsabschluss sogar nur 5,3 %.

waren Personen ohne bzw. mit nur einfachem Schulabschluss wiederum sowohl häufiger (28,2 % zu 14,6 %) als auch insgesamt länger von registrierter Arbeitslosigkeit (Anteil der Personen an der jeweiligen Gruppe, die länger als ein Jahr arbeitslos waren: 18,2 % zu 7,3 %) im Untersuchungszeitraum betroffen als Personen mit einem höheren Schulabschluss. Insgesamt zeigen sich somit stark nach Alter, Bildungsniveau, Staatsangehörigkeit sowie nach Gesundheitszustand differenzierende Einflüsse auf das Risiko, im Alter vorzeitig aus dem Arbeitsmarkt auszuscheiden. Dabei hat eine Zuspitzung der Problematik zwischen den 1980er und 1990er Jahren in Westdeutschland stattgefunden.

5.1.3 Der Erwerbsstatus von Personen zum Befragungszeitpunkt im Jahr ihres Rentenzugangs

Während in Kapitel 2.2.3 durch den Versichertenstatus im Jahr[367] vor dem (individuellen) Rentenzugang untersucht wurde, inwieweit westdeutsche Männer und Frauen über den Weg registrierter Arbeitslosigkeit – und damit arbeitsmarktbedingt – aus dem Erwerbsleben in den Ruhestand ausschieden, soll im Folgenden ebenfalls der Erwerbsstatus zum Befragungszeitpunkt im Jahr des Rentenzugangs – diesmal allerdings auf Datenbasis des Sozioökonomischen Panels – ermittelt werden. Zwar besteht ein gewisses methodisches Problem in der Form, dass es sich einerseits bei der Definition der ‚Personen im Übergang zur Rente' um eine auf einen Zeitraum bezogene Größe handelt[368], andererseits der Erwerbsstatus eine Stichtagsgröße darstellt, die Ende des ersten bzw. Anfang des zweiten Quartals eines Jahres erhoben wird. So ist es möglich, dass zeitliche Überscheidungen entstehen und somit nicht die Erwerbsbeteiligung vor, sondern zum Teil auch nach dem offiziellen Übergang in den Ruhestand abgebildet wird. Da allerdings wiederum vermutet werden kann, dass dieser ‚Fehler' in beiden Betrachtungszeiträumen annähernd gleich groß ist, können zumindest Veränderungstendenzen hinsichtlich des Erwerbsstatus von Personen im Jahr ihres Rentenzugangs ermittelt werden.

In Tabelle 5.1.9 sind die Ergebnisse für die älteren Männer und Frauen in Westdeutschland wiedergegeben, die sich in den Betrachtungsperioden zwischen 1985 und 1988 bzw. 1996 und 1999 im Übergang in den Ruhestand befanden. Obwohl es sich dabei jeweils um Durchschnittsgrößen eines vierjährigen Betrachtungszeitraumes handelt[369], decken sich die Ergebnisse in den 1990er Jahren[370] in der Tendenz recht gut mit denen des Verbandes Deutscher Rentenversicherungsträger. Denn während nach dieser Statistik im Jahr 1996 36 % der Männer und 11 % der Frauen in Westdeutsch-

367 Bei diesen Untersuchungen wurde jeweils am 31.12. des Jahres vor dem Rentenzugang der Erwerbsstatus einer Person erfasst. Eine Überschneidung mit der ‚Phase der Verrentung' ist daher ausgeschlossen.

368 Unter ‚Personen im Übergang zur Rente' werden diejenigen subsummiert, die sich in einem Befragungsjahr zwischen einem und elf Monaten als Rentner bzw. Renterinnen bezeichneten (vgl. Kapitel 4.2.1.3).

369 Diese Vorgehensweise war – wie auch bei den vorhergehenden Analysen in Kapitel 5.1.2.1 – notwendig, um eine hinreichend große Fallzahl zu erreichen.

370 Daten liegen erst ab dem Jahr 1992 vor (vgl. dazu ausführlich Kapitel 2.2.3).

Tabelle 5.1.9: **Erwerbsstatus im Jahr ihres Übergangs in den Ruhestand[1] zwischen 1985 und 1988 bzw. 1996 und 1999 in Westdeutschland**

	Kohorte 1	Kohorte 2	Kohorte 3	Kohorte 4	Kohorte 5	Alle Kohorten
	Angaben in Prozent					
Männer	Betrachtungszeitraum 1985 bis 1988					
Fallzahlen (gesamt)	486	346	293	186	103	1.414
Missing Values	35	26	21	15	8	105
Fallzahlen der ‚Personen im Übergang zur Rente'[1]	7	18	60	44	1	130
Hochgerechnet in 1.000	26	115	381	262	6	790
erwerbstätig	(35,6)	(50,3)	55,9	74,2	-	60,8
erwerbslos	(30,7)	(29,8)	27,0	0,0	-	18,4
nicht erwerbstätig	(33,7)	(19,9)	17,0	25,8	-	20,8
Erwerbsquote	**(66,3)**	**(80,1)**	**82,9**	**74,2**	-	**79,2**
	Betrachtungszeitraum 1996 bis 1999					
Fallzahlen (gesamt)	333	276	372	179	163	1.323
Missing Values	12	11	17	11	13	64
Fallzahlen der ‚Personen im Übergang zur Rente'[1]	14	32	113	45	2	206
Hochgerechnet in 1.000	78	179	848	254	21	1.379
erwerbstätig	(63,9)	74,2	45,4	56,9	-	52,4
erwerbslos	(30,1)	13,9	47,3	6,5	-	33,7
nicht erwerbstätig	(5,9)	11,8	7,3	36,6	-	13,8
Erwerbsquote	**(94,0)**	**88,1**	**92,7**	**63,4**	-	**86,1**
Frauen	Betrachtungszeitraum 1985 bis 1988					
Fallzahlen (gesamt)	426	334	298	273	133	1.464
Missing Values	26	24	19	20	11	100
Fallzahlen der ‚Personen im Übergang zur Rente'[1]	11	6	38	30	4	89
Hochgerechnet in 1.000	45	27	247	237	27	584
erwerbstätig	(29,7)	(66,7)	53,7	6,1	-	30,6
erwerbslos	(10,3)	(3,3)	8,5	4,0	-	6,2
nicht erwerbstätig	(60,0)	(29,9)	37,7	89,9	-	63,3
Erwerbsquote	**(40,0)**	**(70,0)**	**62,2**	**10,1**	-	**36,8**
	Betrachtungszeitraum 1996 bis 1999					
Fallzahlen (gesamt)	336	288	300	212	204	1.340
Missing Values	13	15	12	4	10	54
Fallzahlen der ‚Personen im Übergang zur Rente'[1]	9	12	78	58	11	168
Hochgerechnet in 1.000	38	72	484	515	80	1.190
erwerbstätig	(32,8)	(30,5)	51,5	23,3	0,0	34,0
erwerbslos	(6,5)	(49,5)	30,5	7,9	0,0	19,0
nicht erwerbstätig	(60,7)	(20,0)	17,9	68,8	100,0	47,0
Erwerbsquote	**(39,3)**	**(80,0)**	**82,0**	**31,2**	**0,0**	**53,0**

Anmerkung: 1 Personen, die sich in einem Befragungsjahr zwischen einem und elf Monaten im Ruhestand befanden. Das hier verwendete Erwerbskonzept unterscheidet sich von dem des Mikrozensus. Bei Fallzahlen von N < 30 sind die Ergebnisse in () ausgewiesen.

Quelle: Eigene Auswertungen des SOEP, Längsschnittdatensätze und -gewichtungen.

land unmittelbar vor dem Eintritt in eine Altersrente als Arbeitslose bei der Bundesanstalt für Arbeit registriert waren (vgl. Rehfeld 1998, S. 169 f.), zeigen die Auswertungen des Sozioökonomischen Panels ähnliche Strukturen auf: So waren 33,7 % der Männer und 19,0 % der Frauen zum Befragungszeitpunkt im Jahr ihres Rentenzugangs (zwischen 1996 und 1999) erwerbslos. Die deutlich höhere Quote bei den Frauen kann dabei nicht zuletzt durch die Berücksichtigung der Stillen Reserve bedingt sein, die bezogen auf die gesamte Population der älteren Frauen zwischen 45 und 69 Jahren im Jahr 1996 immerhin 25,7 % betrug (vgl. Tabelle A.5.1 im Anhang). Da somit davon ausgegangen werden kann, dass die Daten des Sozioökonomischen Panels sich durchaus eignen, um diesbezügliche gesamtgesellschaftliche Prozesse abzubilden, können auch die in Tabelle 5.1.5 wiedergegebenen Daten für die Jahre 1985 bis 1988 durchaus als valide eingeschätzt werden. Demnach lässt sich auf der Mikroebene bzw. mit Individualdaten zwischen den 1980er und 1990er Jahre in Westdeutschland eine Verdopplung bzw. Verdreifachung des Anteils der älteren Männer (Anteil zwischen 1985 und 1988: 18,4 % zu 33,7 % im zweiten Betrachtungszeitraum) und Frauen (Anteil zwischen 1985 und 1988: 6,2 % zu 19,0 % im zweiten Betrachtungszeitraum) nachweisen, die über den Weg der Arbeitslosigkeit dem Ruhestand zugegangen sind.

5.1.4 Zusammenfassung

Die Ergebnisse der Auswertungen des Sozioökonomischen Panels zeigen – unter Berücksichtigung konzeptioneller Besonderheiten hinsichtlich des Erwerbskonzepts bzw. der hier verwendeten Erwerbsvariable (vgl. dazu ausführlich Kapitel 4) – im Wesentlichen die gleichen Strukturen und Entwicklungstendenzen wie die Daten auf der Makroebene (vgl. dazu Kapitel 2). Diese können jedoch hinsichtlich einiger weiterer individueller Faktoren sowie ihrer tendenziellen Entwicklungen zwischen den 1980er und 1990er Jahren in Westdeutschland analysiert werden. So konnten durch den Vergleich der Erwerbsbeteiligung nach Alter und Geschlecht differenzierter Teilpopulationen älterer (Erwerbs-)Personen in den Jahren 1985 und 1996 entsprechend der zu überprüfenden Hypothese 1 (vgl. Kapitel 3.2.2) zunächst sowohl Perioden- als auch Kohorten- sowie Alterseffekte identifiziert werden, die zu insgesamt deutlich höheren Arbeitsmarktausschlussprozessen in den 1990er Jahren führten, wobei allerdings gleichzeitig geschlechtsspezifischen Entwicklungstrends besondere Beachtung geschenkt werden muss.

Darüber hinaus wurden jedoch auch signifikante, die Erwerbsbeteiligung beeinflussende individuelle Merkmale ermittelt, die insgesamt eine Bestätigung dafür liefern, dass die Erwerbslosenquoten vor allem der höherqualifizierten älteren Männer zwischen 1985 und 1996 überproportional anstiegen, wenn auch dabei die bestehenden Struktur erhalten blieb. Ältere Frauen weisen dagegen – nicht nur in diesem Zusammenhang[371] – abweichende Ergebnisse auf. Während hochqualifizierte Frauen schon in den 1980er

371 Dies betrifft beispielsweise auch die erwerbsbiographische Diskontinuität, die bei Frauen aufgrund von familienbedingten Erwerbsunterbrechungen schon immer bestand, bei Männer sich in dieser Form (d.h. ‚Dauer der Betriebszugehörigkeit in der letzten Stelle') jedoch auch in den 1990er Jahren nachweisen ließ. Die Zunahme von mehrfachen Phasen der Arbeitslosigkeit am Ende des Erwerbslebens betraf dagegen zwischen den 1980er und 1990er Jahren auch zunehmend die älteren westdeutschen Männer.

Jahren im Verhältnis zu den Männern insgesamt niedrigere, im Verhältnis allerdings zu allen älteren Frauen relativ hohe Erwerbslosenquoten hatten, führten die gesellschaftlichen Veränderungen, wie eine insgesamt deutlich gestiegene Frauenerwerbsbeteiligung, zu einer relativen Abnahme der Erwerbslosenquoten der höherqualifizierten Frauen.
Inwieweit diese Ausgliederungsprozesse am Ende des Erwerbslebens zunehmend zwischen den 1980er und 1990er Jahren unfreiwillig erfolgten, wird auch durch die Angabe des Grundes für das Ausscheiden aus der letzten Stelle deutlich. Ein weiterer wichtiger Hinweis ist in der Zunahme des Anteils der Personen zu sehen, die im Jahr ihres Rentenzugangs zum Befragungszeitpunkt erwerbslos waren.
Die in Kapitel 3.2.2 aufgestellte Hypothese 1 kann somit einerseits generell hinsichtlich des Periodeneffekts sowie speziell hinsichtlich der kohortenspezifischen Arbeitsmarktausschlussprozesse[372] – allerdings nur für ältere westdeutsche Männer – bestätigt werden. Gerade für diese war jedoch in der Vergangenheit die Normalbiographie ein ordnender Rahmen für ihre Lebenswürfe.

5.2 Ehrenamtliches Engagement als Form der gesellschaftlichen Teilhabe am Ende des Erwerbslebens

Nach Aussage der Modernisierungstheorie haben sich die Lebenslagen der verschiedenen Bevölkerungsgruppen in den unterschiedlichen Lebensphasen zunehmend ausdifferenziert. Diesen gesellschaftlichen Entwicklungen entsprechend wird daher beispielsweise auch im Konzept ‚Bürgerarbeit' davon ausgegangen (vgl. Beck 1997), dass die Bindung an die soziale Umgebung nur noch beschränkten Einfluss auf das jeweilige Engagement hat, denn „wichtiger als Orientierungsmarken durch die Zugehörigkeit zu einem sozialen Milieu ist die Kopplung der freiwilligen Tätigkeit an eigene Erfahrungen und Fähigkeiten" (Kommission für Zukunftsfragen 1997a, S. 148). Somit sind grundsätzlich alle Bürger zu Bürgerarbeit befähigt und aufgerufen. Neben denen, die diese neben ihrer Erwerbstätigkeit ausüben bzw. potenziell ausüben würden (vgl. dazu die dem Konzept zugrunde gelegten empirischen Ergebnisse von Heinze, Keupp 1997), werden explizit auch die Arbeitslosen und die Rentner genannt, die zur ‚Bürgerarbeit' ermutigt werden sollen. Hintergrund für diese Diskussion sind allerdings – so kann berechtigterweise vermutet werden (vgl. beispielsweise Kistler, Schönwälder 1998; Mutz, Sing 2001) – die angesichts der kürzer werdenden Lebensarbeitszeit sowie der kontinuierlich steigenden Zahl Älterer damit verbundenen Belastungen der sozialen Sicherungssysteme, die zu Überlegungen führen, wie beispielsweise die bei Älteren vorhandenen Zeit- und Kompetenzressourcen gesellschaftlich ‚produktiv' genutzt werden können.
Ein anderer Diskussionsstrang ergibt sich aus der Frage der individuellen Bewältigung des Übergangs in den Ruhestand und des damit in arbeitszentrierten Gesellschaften verbundenen Verlustes an sozialer Integration, Anerkennung und Partizipationsmög-

---

372 Das bedeutet, dass die nachrückenden Kohorten zum einen zunehmend von Diskontinuität am Ende des Erwerbslebens betroffen sind, zum anderen bei den Höherqualifizierten eine Zunahme der Erwerbslosenquoten – über das gestiegene Bildungsniveau hinaus – aufweisen.

lichkeiten. So nimmt nach der Kumulationsthese im Alter die soziale Ungleichheit zu, da sinkende materielle Ressourcen und beispielsweise gesundheitliche Einschränkungen gesellschaftliche ‚Unterversorgung' bzw. ‚Ausschlussprozesse' begünstigen (vgl. Kapitel 3.2.2.2). Bevor jedoch im Folgenden auf das ehrenamtliche Engagement als einen – neben dem Arbeitsmarkt – relevanten Bereich für gesellschaftliche Teilhabe näher eingegangen wird, soll zuvor aufgezeigt werden, dass die „Zeit auch im Alter eine Ressource [ist, D.S.], die nicht nur entpflichtete – freie – Zeitanteile enthält" (Bröscher u.a. 2000, S. 32).

5.2.1 Werktägliche Zeitverwendungsmuster und gesellschaftliche Aktivitäten im Alter

Die bisherigen Darstellungen zur Erwerbsbeteiligung im Alter haben deutlich gemacht, dass in den vergangenen Jahren die Zahl der aus dem Arbeitsmarkt (unfreiwillig) ausgeschlossenen älteren Männer deutlich anstieg. Zwar erhöhte sich auch bei den Frauen die Zahl der Erwerbslosen mit zunehmendem Alter – jedoch bei einer gleichzeitig insgesamt deutlich steigenden Erwerbstätigenquote. Daraus ist ersichtlich, dass die sich wandelnden gesellschaftlichen Orientierungen auch am Ende des Erwerbslebens keineswegs einen Bedeutungsverlust der Erwerbsarbeit im Verhältnis zu anderen Tätigkeitsbereichen erkennen lassen. Inwieweit sich diese unterschiedlichen geschlechtsspezifischen Entwicklungen allerdings nicht nur hinsichtlich von Erwerbsarbeits- und Karrierechancen auf dem Arbeitsmarkt widerspiegeln, sondern sich auch im Bereich der familiären bzw. anderen privaten Zeitverwendungsmuster sowie hinsichtlich unterschiedlicher (Freizeit-)Aktivitäten niederschlagen, soll im folgenden Abschnitt analysiert werden.

5.2.1.1 Werktägliche Zeitverwendungsmuster älterer (Erwerbs-)Personen in Westdeutschland

Die verschiedenen alltäglichen Zeitaufwendungen für Haus- und Familien-, aber auch für Erwerbsarbeit und Freizeit sind unter den älteren Erwerbspersonen (zwischen 45 und 69 Jahren) – wie in allen anderen Altersgruppen (vgl. dazu ausführlich Sing, Kistler 2000, S. 39 ff.) – vor allem geschlechtsspezifisch zu differenzieren. Denn wenn auch Männer und Frauen aus ihrem gesamten Lebenszusammenhang heraus ihre Entscheidungen bezüglich der Zeitverwendung für alle einzelnen Lebensbereiche treffen, so wirkt sich die geschlechtsspezifische Sozialisation doch stärker auf die Zeitverwendungsmuster aus, als beispielsweise die Zugehörigkeit zu einer bestimmten Geburtskohorte. In diesem Sinne belegen auch die Auswertungen des Sozio-ökonomischen Panels für ältere (Erwerbs-)Personen in Westdeutschland (vgl. Tabelle 5.2.1), dass sich der zeitliche Aufwand erwerbstätiger Frauen für Hausarbeit und Besorgungen zwischen 1985 und 1996 nur unwesentlich von täglich 3,68 auf 3,65 Stunden reduzierte. Zwar stieg in diesem Zeitraum die aufgewendete Zeit der erwerbstätigen Männer für diesen Tätigkeitsbereich an, mit durchschnittlich 1,17 Stunden pro Tag im Jahr 1996 betrug er aber nicht einmal ein Drittel des Zeitaufwandes der erwerbstätigen Frauen.
Somit sprechen gerade auch bei den älteren (Erwerbs-)Personen „nach wie vor (...) mehr Indizien für die Kontinuität einer traditionellen Verteilung der Hausarbeit als für

Tabelle 5.2.1: Durchschnittlich aufgebrachte Stundenzahl für verschiedene Tätigkeiten an Werktagen von 45- bis 69-jährigen Männern und Frauen in den Jahren 1985 und 1996 in Westdeutschland nach Erwerbsbeteiligung und Status als Rentner[1] (Angaben von Mittelwerten (MW) und Standardabweichungen (Std.))

	Hausarbeit, Besorgungen		Kinderbetreuung		Beruf (einschl. Arbeitsweg, Nebenerwerb)		Ausbildung, Lernen		Basteln/ Reparaturen am Auto etc.		Fernsehen, Video[2]		Hobbies, sonstige Freizeitakt.		Hochgerechnete Fallzahlen
	MW	*Std.*	MW	*Std.*	MW	*Std.*	MW	*Std.*	MW	*Std.*	MW	*Std.*	MW	*Std.*	in 1.000
Männer	1985														
Erwerbstätige	0,65	*0,91*	0,10	*0,38*	9,50	*2,13*	0,13	*0,44*	1,15	*1,02*	1,85	*1,09*	0,96	*1,02*	5.567
Erwerbslose	2,30	*1,97*	0,29	*1,05*	0,95	*2,67*	0,07	*0,51*	1,89	*2,11*	2,68	*1,53*	1,45	*1,92*	366
Nichterwerbstätige	2,09	*1,79*	0,22	*0,81*	0,02	*0,33*	0,03	*0,23*	2,26	*1,97*	2,97	*1,37*	2,00	*1,81*	2.002
Rentner	1,93	*1,73*	0,21	*0,78*	0,80	*2,58*	0,05	*0,30*	2,17	*1,93*	2,88	*1,39*	1,92	*1,77*	2.224
	1996														
Erwerbstätige	1,17	*1,06*	0,18	*0,57*	9,21	*2,17*	0,19	*0,49*	0,89	*0,87*	-	-	1,61	*1,27*	5.094
Erwerbslose	2,42	*2,25*	0,35	*1,29*	0,13	*0,73*	0,20	*0,55*	1,63	*2,06*	-	-	3,30	*2,72*	890
Nichterwerbstätige	2,35	*1,73*	0,20	*0,89*	0,04	*0,37*	0,08	*0,31*	1,64	*1,56*	-	-	3,14	*2,60*	2.603
Rentner	2,36	*1,80*	0,15	*0,74*	0,45	*1,84*	0,10	*0,37*	1,59	*1,59*	-	-	2,91	*2,52*	2.935
Frauen	1985														
Erwerbstätige	3,68	*1,99*	0,34	*0,96*	6,71	*3,00*	0,10	*0,49*	0,69	*0,88*	1,72	*0,98*	0,96	*1,12*	3.132
Erwerbslose	5,26	*3,02*	0,41	*1,04*	0,09	*0,50*	0,06	*0,35*	1,32	*1,46*	2,51	*1,29*	1,95	*1,73*	350
Nichterwerbstätige	5,28	*2,40*	0,41	*1,19*	0,01	*0,21*	0,02	*0,16*	1,10	*1,22*	2,55	*1,24*	1,96	*1,72*	5.806
Rentnerinnen	4,44	*2,00*	0,38	*1,17*	0,57	*1,98*	0,03	*0,19*	1,05	*1,22*	2,64	*1,29*	2,05	*1,74*	3.184
	1996														
Erwerbstätige	3,65	*1,74*	0,37	*1,17*	6,62	*2,98*	0,13	*0,45*	0,62	*0,83*	-	-	1,66	*1,37*	3.656
Erwerbslose	4,61	*2,29*	0,40	*1,28*	0,50	*1,90*	0,05	*0,24*	0,91	*1,02*	-	-	2,50	*2,51*	879
Nichterwerbstätige	5,28	*2,26*	0,54	*1,40*	0,08	*0,49*	0,06	*0,31*	0,82	*1,08*	-	-	2,60	*2,27*	5.179
Rentnerinnen	4,55	*2,02*	0,38	*1,16*	0,74	*2,12*	0,06	*0,28*	0,81	*1,17*	-	-	2,63	*2,36*	3.731

Anmerkung: [1] Personen gaben für alle Monate des Jahres 1985 bzw. 1996 an, in Rente gewesen zu sein. [2] Das Item ‚Fernsehen, Video' wurde im Jahr 1996 nicht erhoben. Das hier verwendete Erwerbskonzept unterscheidet sich von dem des Mikrozensus.

Quelle: Eigene Auswertungen des SOEP, Längsschnittdatensätze und -gewichtungen.

Tendenzen zu egalitären Formen der familialen Arbeitsteilung – auch in Dual-Earner-Familien, Familien also, in denen die Angleichung der Lebensentwürfe von Männern und Frauen am weitesten fortgeschritten ist" (Künzler 1994, S. 200).
Die geschlechtsspezifische Arbeitsteilung der (werk-)täglichen sozialen und hauswirtschaftlichen Verpflichtungen bleibt aber auch bei anderen Formen der Erwerbsbeteiligung bzw. des Ausschlusses aus dem Arbeitsmarkt in einer ‚sich wandelnden' Gesellschaft bestehen. Denn wenn auch hier wieder bei den Männern der Untersuchungspopulationen zwischen 1985 und 1996 eine leichte Zunahme bei den hauswirtschaftlichen Aktivitäten registriert werden kann und bei den Frauen eher eine Tendenz abnehmender Zeitaufwendungen für diesen Bereich zu konstatieren ist, wenden die erwerblosen bzw. nicht erwerbstätigen Frauen in der Regel etwa doppelt so viele Stunden wie ihre Geschlechtsgenossen dafür auf.
Bezieht man weitere Tätigkeitsbereiche in die Analyse mit ein, so bestätigen die hier vorliegenden Auswertungen für ältere (Erwerbs-)Personen eine Reihe weiterer Befunde, wie z.B. den von Blanke: „Traditionelle Arbeitsmuster halten sich. Männer leisten mehr bezahlte, Frauen mehr unbezahlte Arbeit. Hauswirtschaftliche Tätigkeiten sind eine Frauen-, handwerkliche Tätigkeiten eine Männer-Domäne ... Kürzen Frauen ihre Erwerbsarbeit nicht – aus welchen Gründen auch immer – und arbeiten Vollzeit, so sind sie die am stärksten belastete Personengruppe" (Blanke 1996, S. 214). Zu ähnlichen Ergebnissen kommen auch die ISO-Arbeitszeitstudien, die zeigen, „dass Männer durchgängig längere erwerbsarbeitsgebundene Zeiten und längere Eigenarbeitszeiten als Frauen aufweisen, während diese mehr Zeit für Pflege Dritter, Hausarbeit und Kinderbetreuung aufwenden" (Bauer u.a. 1996, S. 22).
Dass Familienarbeit und Hauswirtschaft insbesondere Männer und Frauen in verschiedener Form betrifft – und letztlich äußerst ungleich zwischen den Geschlechtern verteilt ist –, kann somit auch für die älteren (Erwerbs-)Personen als empirisch belegt gelten. Darüber darf jedoch nicht übersehen werden, dass Aspekte, wie der verbrachte Zeitaufwand für diese gesellschaftlich und individuell wichtigen Tätigkeiten und ihr Wert (vgl. z.B. Schäfer, Schwarz 1996), das ‚Sich leisten können' von Minder- oder Nichtintegration in den Erwerbsarbeitsmarkt (vgl. z.B. Dathe 1998.), aber auch die Zufriedenheit mit z.B. einer ‚Nur-Hausfrauenrolle' (vgl. z.B. Sing 1998, S. 97 ff.) und die damit wohl eng zusammenhängende Frage nach eben anderen Rollen und Tätigkeiten, die gesellschaftliche Anerkennung und subjektive Sinnerfüllung vermitteln (vgl. z.B. Kistler u.a. 1998, S. 27 ff.), nicht nur eine Geschlechterfrage sind. Sie hängen vielmehr in hohem Maß auch vom sozio-ökonomischen Status, nicht zuletzt den finanziellen Ressourcen der Haushalte und Individuen ab.[373]
Interessant ist in diesem Zusammenhang insbesondere auch der Status des Rentners bzw. der Rentnerin – vor allem im Vergleich mit den älteren erwerbslosen Männern und Frauen. Hier spiegeln sich zwar insgesamt die bereits aufgezeigten Tendenzen nochmals wider, beachtenswerte Unterschiede zeigen sich jedoch beispielsweise in der aufgewendeten Zeit für (neben-)berufliche Tätigkeiten und Qualifizierung. Während bei den Männern beider sozialer Statusgruppen der werktägliche Stundenumfang für

[373] Gleiches gilt, wie oben erwähnt, - entgegen landläufiger Stereotype - übrigens auch für Eigenarbeit, do-it-yourself oder überhaupt Freizeitbeschäftigungen, die teils auch einen direkten geldwerten bzw. -äquivalenten Vorteil bringen (vgl. z.B. Hilpert u.a. 2000, S. 97).

Erwerbsarbeit zurückging und sich bei den Frauen – entsprechend dem gesamten westdeutschen Trend zwischen 1985 und 1996 – erhöhte, so liegt die in Stunden gemessene Beteiligung an bezahlter Erwerbsarbeit der Rentner und Rentnerinnen im Jahr 1996 jeweils über der der erwerbslosen Männer und Frauen. Hinsichtlich entsprechender Qualifizierungs- oder Weiterbildungsaktivitäten haben sich die Bemühungen der erwerblosen Männern sowie der Rentner und Rentnerinnen zwischen 1985 und 1996 im Durchschnitt fast verdreifacht bzw. verdoppelt, die der erwerbslosen Frauen blieb dagegen weit hinter diesen Werten zurück. Bei ihnen sanken sogar die Qualifizierungsbemühungen von durchschnittlich 0,06 auf 0,05 Stunden pro Tag.
Eine differenzierte Auswertung der Antworten zu den Bereichen ‚Hobbies, sonstige Freizeitaktivitäten' erscheint an dieser Stelle nicht sinnvoll, da anzunehmen ist, dass im Jahr 1996 zum Teil auch die Zeitaufwendungen für TV u.ä. in diese Kategorie miteingeflossen sind, da die Antwortvorgabe ‚Fernsehen, Video' nicht mehr explizit erhoben wurde. Sonderauswertungen der Zeitbudgeterhebung des Statistischen Bundesamtes aus dem Jahre 1991/92 zeigen jedoch, dass „mit zunehmendem Alter erwartungsgemäß mehr Zeit für Freizeitaktivitäten und Regeneration verwendet wird. So steigen die Zeitanteile für Freizeitaktivitäten bei den über 60-Jährigen Männern auf 6 bis 7 Stunden und bei den Frauen auf knapp 6 Stunden an" (Bröscher u.a. 2000, S. 33). Inwieweit diese ‚freie' Zeit im Alter vor allem aber auch für gesellschaftlich relevante Aktivitäten eingesetzt wird,[374] kann durch eine weitere, fast jährlich erhobene Variable im SOEP abgebildet werden. Auf diese wird im Folgenden eingegangen.

5.2.1.2 Gesellschaftliche Aktivitäten älterer Männer und Frauen in Westdeutschland

In der Diskussion um die Gestaltung der nachberuflichen Lebenszeit kommt in den letzten Jahren, wie eingangs bereits erwähnt, den ‚produktiven' Tätigkeiten besondere Aufmerksamkeit zu (vgl. dazu auch Baltes, Montada 1996). Während es sich nach Künemund (2000) dabei unter der Perspektive des (individuellen) Alterns um Tätigkeiten handelt, „bei denen nicht der Konsumaspekt im Vordergrund steht, sondern der Aspekt der Produktivität" (ebenda, S. 282), und damit auch die Erwerbstätigkeit neben verschiedenen Formen des freiwilligen bzw. ehrenamtlichen Engagements sowie weiterer informeller Unterstützungsleistungen zu diesen zählen, interessieren aus sozialpolitischer Sicht insbesondere die unbezahlten Leistungen, die von den Bürgern für Dritte erbracht werden.
Da auf die Erwerbstätigkeit im Alter schon ausführlich in Kapitel 5.1 sowie in Kapitel 5.2.1.1 eingegangen wurde und auch die ehrenamtliche Beteiligung im Folgenden noch differenziert zu betrachten ist, soll hier ein genereller Überblick über die verschiedenen regelmäßig (d.h. mindestens einmal im Monat) ausgeübten Freizeitaktivitäten gegeben werden. Dabei werden zum einen alters- und geschlechtsspezifische Unterschiede zwischen den älteren (Erwerbs-) Personen in den 1980er und 1990er Jahren deutlich (vgl.

---

374 So ermahnt beispielsweise auch Böhle (2001), „von allzu vereinfachenden Bildern über Menschen nach der Erwerbsphase (im Sinne von: ‚Rentner haben zu viel Zeit und brauchen eine sinnvolle Beschäftigung') Abschied zu nehmen: Immerhin gaben bei der Untersuchung des BMFSFJ 70 % der 50-59-jährigen und 47 % der über 60-jährigen an, dass sie keine Zeit für ein bürgerschaftliches Engagement hätten" (Böhle 2001, S. 40).

Tabelle 5.2.2). Zum anderen kann vermutet werden, dass das Freizeitverhalten im Alter nur zum Teil durch das individuelle Alter oder das Geschlecht beeinflusst wird. Aus diesem Grunde werden die Freizeitaktivitäten der älteren Männer und Frauen in Westdeutschland auch nach ihrer Beteiligung am Erwerbsleben bzw. dem Status als Rentner ausgewiesen (vgl. Tabelle 5.2.3).

Wie zunächst der Tabelle 5.2.2 entnommen werden kann, haben Männer und Frauen unterschiedliche Interessensschwerpunkte in ihrer Freizeitgestaltung. Während Männer ‚aktiver' zu sein scheinen, da sie sowohl im Jahr 1985 als auch im Jahr 1996 – trotz deutlicher Angleichungstendenzen – häufiger (aktiv) Sport treiben (1985 (1996): 20,3 % (26,5 %) der Männer im Vergleich zu 17,3 % (26,2 %) der Frauen), sich ehrenamtlich engagieren (1985 (1996): 22,7 % (20,0 %) der Männer im Vergleich zu 10,3 % (14,6 %) der Frauen) oder an Bürgerinitiativen beteiligt sind (1985 (1996): 5,9 % (4,7 %) der Männer im Vergleich zu 1,6 % (1,7 %) der Frauen), weisen Frauen nur in den Bereichen ‚Besuch kultureller Veranstaltungen, ‚Geselligkeit mit Freunden' sowie ‚Nachbarschaftshilfe' leicht höhere Werte auf.

Zwar wirkt sich auch das Alter auf das Aktivitätsniveau in den unterschiedlichen Feldern aus (z.B. lässt die Teilnahme an ‚Kino, Tanz- und Sportveranstaltungen' mit zunehmenden Alter eindeutig nach), wesentlich für den Anteil der Aktiven in den unterschiedlichen Teilpopulationen scheint jedoch vor allem die Form der Erwerbsbeteiligung zu sein. So ist zu vermuten, dass der generelle Anstieg des Aktivitätsniveaus der westdeutschen älteren Frauen und die deutliche Abnahme der Männer im Bereich ‚Besuch kultureller Veranstaltungen', insbesondere aber des Ehrenamtes sowie des bürgerschaftlichen Engagements durch die Veränderungen der Arbeitsmarktintegration bzw. -exklusion mitbeeinflusst worden sind (vgl. Tabelle 5.2.3). Unterstützt wird diese Argumentation durch die Beobachtung, dass erwerbslose Frauen im Jahr 1985 – im Verhältnis zu den erwerbstätigen und nicht erwerbstätigen Frauen – überdurchschnittlich aktiv waren (z.B. auch im Bereich ehrenamtlicher Tätigkeiten mit 16,5 %). Obwohl dies zunächst widersprüchlich anmutet, ist zu bedenken, dass dieser Personenkreis sich zu zwei Dritteln aus Personen der Stillen Reserve zusammensetzte, von denen bekannt ist, das sie ein hohes (freiwilliges, d.h. auch unbezahltes) Engagementpotenzial aufweisen.[375]

Interessant an den hier wiedergegeben Ergebnissen ist jedoch, dass sich parallel zur höheren Arbeitsmarktorientierung bzw. Erwerbsbeteiligung der Frauen zwischen 1985 und 1996 auch deren Freizeitverhalten dem der Männer ‚gruppenspezifisch' angeglichen hat. So weisen im Jahr 1996 sowohl erwerbslose Männer als auch Frauen das jeweils niedrigste Aktivitätsniveau in den Bereichen ‚Besuch kultureller Veranstaltungen', ‚Geselligkeit mit Freunden', ‚Ehrenamtliche Tätigkeiten' sowie ‚Beteiligung an Bürgerinitiativen' auf. Aber auch bezüglich der Rentner weist Isforth (1997) darauf

375 So konnte in einer von INIFES in Zusammenarbeit mit Infratest im Jahr 1998 durchgeführten Befragung von etwa 500 Frauen aus der Stillen Reserve in Westdeutschland gezeigt werden (vgl. Hilpert u.a. 1998), dass fast die Hälfte von diesen (44,6 %) bereit gewesen wären, anstelle einer bezahlten Tätigkeit (notfalls) auch eine unbezahlte Beschäftigung anzunehmen (vgl. auch Sing 2001a, S. 168 ff.).

Tabelle 5.2.2: Regelmäßige Aktivitäten[1] von älteren (Erwerbs-)Personen in den Jahren 1985 und 1996 in Westdeutschland nach Alter und Geschlecht (Angaben in %)

Altersgruppen Regelmäßige Aktivitäten	45-49 Jahre	50-54 Jahre	55-59 Jahre	60-64 Jahre	65-69 Jahre	45-69 Jahre
	Angaben in %					
Männer	1985					
Besuch kultureller Veranstalten	11,0	12,1	17,8	20,7	20,1	15,2
Kino, Tanz- und Sportveranstaltung	18,1	8,4	8,3	9,9	5,8	11,2
Aktiver Sport	24,5	14,4	23,6	16,6	20,8	20,3
Geselligkeit mit Freunden	66,6	69,1	68,9	71,8	77,6	69,6
Ehrenamtliche Tätigkeiten	24,1	19,4	27,6	19,7	21,5	22,7
Nachbarschaftshilfe	31,1	34,1	30,3	35,4	30,5	32,3
Beteiligung an Bürgerinitiativen	5,4	4,4	10,6	4,1	4,4	5,9
	1996					
Besuch kultureller Veranstalten	14,1	20,2	9,8	9,7	18,7	14,1
Kino, Tanz- und Sportveranstaltung	22,0	17,5	13,0	7,5	10,3	14,9
Aktiver Sport	33,0	30,5	26,1	21,5	16,4	26,5
Geselligkeit mit Freunden	72,7	72,4	72,9	70,9	68,7	71,9
Ehrenamtliche Tätigkeiten	19,5	17,8	17,3	23,5	25,7	20,0
Nachbarschaftshilfe	37,5	37,0	40,0	42,1	34,1	38,2
Beteiligung an Bürgerinitiativen	2,8	6,6	5,9	4,2	3,6	4,7
Frauen	1985					
Besuch kultureller Veranstalten	15,4	17,9	17,2	15,0	15,9	16,3
Kino, Tanz- und Sportveranstaltung	4,4	7,6	3,3	4,8	0,5	4,4
Aktiver Sport	23,8	17,1	12,6	17,9	11,8	17,3
Geselligkeit mit Freunden	69,1	72,3	69,7	73,5	69,4	70,9
Ehrenamtliche Tätigkeiten	11,0	11,7	10,7	8,0	9,8	10,3
Nachbarschaftshilfe	28,8	32,5	37,6	37,0	34,6	33,9
Beteiligung an Bürgerinitiativen	3,1	2,0	1,4	0,7	0,0	1,6
	1996					
Besuch kultureller Veranstalten	17,0	18,6	16,7	19,9	23,7	19,1
Kino, Tanz- und Sportveranstaltung	14,4	12,0	7,2	2,7	5,1	8,4
Aktiver Sport	32,6	25,2	22,9	20,5	29,7	26,2
Geselligkeit mit Freunden	83,3	76,8	75,9	79,2	72,9	77,6
Ehrenamtliche Tätigkeiten	16,4	13,0	13,8	12,7	16,7	14,6
Nachbarschaftshilfe	39,2	36,2	37,8	45,3	37,4	39,1
Beteiligung an Bürgerinitiativen	0,9	4,6	1,1	1,0	0,9	1,7

Anmerkung: [1] Antwortvorgaben ‚jede Woche' oder ‚jeden Monat'. Das hier verwendete Erwerbskonzept unterscheidet sich von dem des Mikrozensus.

Quelle: Eigene Auswertungen des SOEP, Längsschnittsdatensätze und -gewichtungen.

Tabelle 5.2.3: Regelmäßige Aktivitäten[1] von älteren Männern und Frauen (zwischen 45 und 69 Jahren) in den Jahren 1985 und 1996 in Westdeutschland nach Erwerbsbeteiligung und Status als Rentner im Befragungsjahr (Angaben in %)

	Besuch kultureller Veranstaltungen	Kino, Tanz- und Sportveranstaltungen	Aktiver Sport	Geselligkeit mit Freunden	Ehrenamtliche Tätigkeiten	Nachbarschaftshilfe	Beteiligung an Bürgerinitiativen	Hochgerechnete Fallzahlen
	Angaben in %							in 1.000
Männer	1985							
Erwerbstätige	15,3	12,9	22,8	69,5	24,0	31,9	6,2	5.638
Erwerbslose	12,2	3,2	14,3	63,8	15,0	44,9	6,1	367
Nichterwerbstätige	15,4	8,0	14,2	71,0	20,5	30,9	5,3	1.995
Rentner	18,1	7,8	13,9	73,2	21,2	33,1	4,8	2.217
	1996							
Erwerbstätige	16,3	17,4	33,2	75,1	19,8	37,6	6,2	5.204
Erwerbslose	9,0	19,2	21,9	65,8	13,9	41,1	0,6	876
Nichterwerbstätige	11,6	8,5	14,7	67,4	22,4	38,5	3,1	2.599
Rentner	12,4	9,0	15,9	70,0	20,5	39,6	2,9	2.066
Frauen	1985							
Erwerbstätige	15,7	4,6	18,4	68,4	10,8	30,7	1,7	3.229
Erwerbslose	22,7	7,7	18,1	72,4	16,5	38,9	6,7	359
Nichterwerbstätige	16,2	4,1	16,7	72,2	9,6	35,3	1,2	5.819
Rentnerinnen	14,0	3,6	14,8	70,4	10,9	33,4	0,6	3.177
	1996							
Erwerbstätige	20,8	11,5	29,6	75,7	16,1	34,1	2,7	3.753
Erwerbslose	7,8	16,3	27,1	75,8	11,5	39,8	0,0	847
Nichterwerbstätige	19,6	4,9	23,5	79,3	13,9	42,7	1,2	5.120
Rentnerinnen	21,4	5,1	25,5	78,2	13,4	39,1	0,7	4.542

Anmerkung: [1] Antwortvorgaben ‚jede Woche' oder ‚jeden Monat'. Das hier verwendete Erwerbskonzept unterscheidet sich von dem des Mikrozensus.
Quelle: Eigene Auswertungen des SOEP, Längsschnittdatensätze und -gewichtung.

hin, dass ein Zusammenhang zwischen einem erfüllten (vorausgegangenen) Berufsleben und dem Aktivitätsniveau – über die Grenze der Verrentung hinaus – besteht. Als Begründung führt er aus:

> „Wer ein gutes Betriebsklima erfährt, wer auch als älterer Mitarbeiter nicht ‚aufs Abstellgleis geschoben' wird und wer eine hohe berufliche Position innehat, der empfindet seinen Beruf als sinnstiftend und hat Freude an seiner Arbeit. Gleichzeitig lernen Arbeitnehmer unter derart positiven Bedingungen in ihrem Berufsleben soziale Fertigkeiten, die ihnen auch im späteren Ruhestand zugute kommen. Nur wer einen sinnvollen Beruf hat, ist in der Lage, sich diese Fertigkeiten anzueignen. Sie drücken sich im Ruhestand durch ein hohes Aktivitätsniveau und vermehrte Sozialkontakte aus. Das Aktivitätsniveau der Ruheständler und das Ausmaß ihrer Kontakte entstehen also (zumindest als Potential) während des Berufslebens und halten sich auch über das Ende des Erwerbslebens hinaus aufrecht" (Isforth 1997, S. 66).

Zwar findet sich eine ähnliche Argumentationsweise gerade auch hinsichtlich des ehrenamtlichen Engagements, da auch das Ehrenamt oft ein hohes Maß an Qualifikation bzw. Qualifizierbarkeit voraussetzt (vgl. Sing 2001, S. 37); allerdings ist zu fragen, ob sich die Kausalität des dargestellten Zusammenhangs nicht gerade auch spiegelbildlich verhält. So stellt beispielsweise Erlinghagen fest: „Auf dem Ehrenamts-Markt sind genau dieselben Qualifikationen gefragt, die auch eine erfolgreiche Erwerbsbeteiligung fördern" (Erlinghagen 1999, S. 17). Insgesamt kann dennoch festgehalten werden, dass sowohl das Geschlecht, das Alter als auch die Erwerbsbeteiligung bzw. das (frühere) Berufsleben einen Einfluss auf das Freizeitverhalten im Alter haben.

5.2.2 Der Übergang aus dem Erwerbsleben in Rente und ehrenamtliches Engagement

Zum Thema ‚ehrenamtliches Engagement' liegen für die Bundesrepublik Deutschland eine Reihe unterschiedlicher Erhebungen vor, die aufgrund ihrer Streuweite der Ergebnisse – diese reichen für Westdeutschland von 14 % nach Daten des Sozio-ökonomischen Panel im Jahr 1997 bzw. 16 % nach Daten der Johns Hopkins-Studie von 1996 bis hin zu 40 % in der Erhebung von Klages im Jahr 1997 – einen Eindruck von den methodischen Problemen der Erfassung dieses Gegenstandbereichs geben (vgl. Rosenbladt 1999a, S. 400 sowie erweitert Sing 2002a, S. 216 f.).[376] Dies gilt letztlich auch für die vorliegenden Befunde zum Ausmaß ehrenamtlichen Engagements im Alter: „Während z.B. der Alterssurvey bundesweit für die Altersgruppe der 55- bis 69-Jährigen 13,3 % und für die über 70-Jährigen 6,9 % ehrenamtlich Aktive ausweist, ermittelt die derzeit aktuellste bundesweite Repräsentativbefragung ‚Freiwilligenarbeit, ehrenamtliche Tätigkeit und bürgerschaftliches Engagement', dass im Alter zwischen 60 und 70 Jahren etwa jede bzw. jeder Dritte sich unentgeltlich engagiert" (Bröscher

---

376 „Unterschiedliche Begriffs-Definitionen, nicht-vergleichbare Untersuchungsdesigns und unterschiedliche Fragestellungen garantieren dafür, dass sich die vorliegenden Studien in ihren quantitativen Befunden kaum vergleichen lassen. Eine nähere Analyse auch nur der besten Studien würde rasch zeigen, dass jede von ihnen einen jeweils spezifischen Ausschnitt aus dem Gesamtspektrum freiwilliger sozialer Aktivitäten zur näheren Untersuchung herausschneidet, eigene Frageformulierungen verwendet und durch die kontextuelle Einordnung der Fragen auch jeweils spezifische Antwortstimuli auslöst" (Heinze, Olk 1999, S. 88 f.).

u.a. 2000, S. 36). Dennoch stimmen eine Reihe von Ergebnissen zumindest in ihren Tendenzaussagen über die sozio-strukturelle Zusammensetzung der Engagierten, Hintergründe und Motive für ehrenamtliches Engagement weitgehend überein bzw. sind insbesondere hinsichtlich des SOEP auch in der Längsschnittperspektive konsistent, so dass die hier dargestellten Erkenntnisse als gesichert angesehen werden können.

5.2.2.1 Verschiedene empirische Ergebnisse zu ehrenamtlichem Engagement Älterer in Westdeutschland

Da mit dem Sozio-ökonomischen Panel keine differenzierten Aussagen über die Engagementbereiche Älterer sowie ihren Zusammenhang mit anderen Lebensbereichen möglich sind, werden in diesem Abschnitt zunächst einige ausgewählte Ergebnisse vorgestellt, die überwiegend auf der Erhebung ‚Freiwilligenarbeit, ehrenamtliche Tätigkeit und bürgerschaftliches Engagement' im Jahr 1999 beruhen. So können diese Daten beispielsweise wichtige Hinweise dafür liefern, dass die Lebenssituation in der Phase nach dem Erwerbsleben durch die Erfahrungen des Menschen determiniert wird, die er beim Austritt aus dem Arbeitsmarkt – aber auch schon früher – gemacht hat. Wie der Abbildung 5.2.1 entnommen werden kann, wird ehrenamtliches Engagement häufig schon weit vor dem Erreichen der Rente bzw. Pension begonnen. Das durchschnittliche Alter bei Beginn des Engagements gegliedert nach Ehrenamtsbereichen

Abbildung 5.2.1: Freiwilliges Engagement von älteren Personen in Deutschland 1999 nach Alter der erstmaligen Aufnahme einer ehrenamtlichen Tätigkeit sowie Dauer des derzeitigen Engagements (Angaben in %)

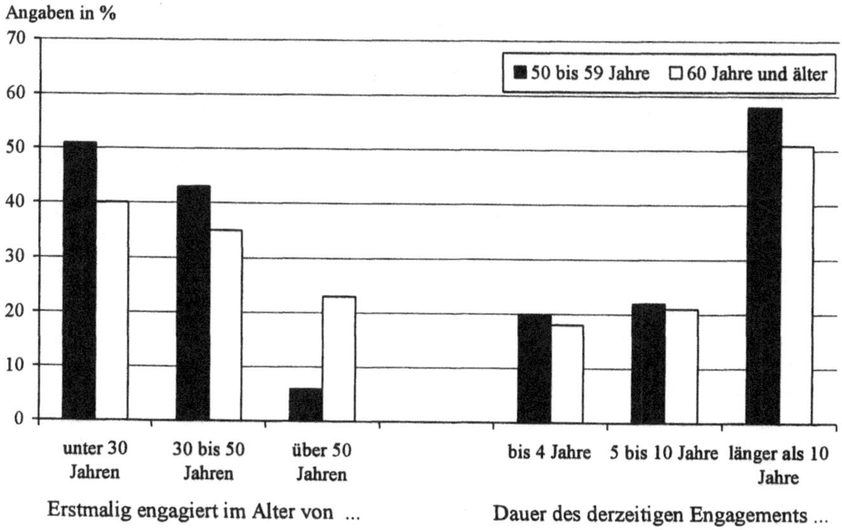

Quelle: Eigene Darstellung nach Brendgens, Braun 2000, S. 110.

zeigt, dass ein ehrenamtliches Engagement in jungen Jahren vor allem bei der freiwilligen Feuerwehr (ca. 22 Jahre) oder in der außerschulischen Jugendarbeit (ca. 30 Jahre) aufgenommen wird, während man das Engagement im sozialen Bereich mit durchschnittlich 42 Jahren, bürgerschaftliche Aktivitäten am Wohnort oder im Gesundheitsbereich mit 41 Jahren beginnt. Tatsächlich sind der ‚Soziale Bereich' (42 %) und der ‚Gesundheitsbereich' (16 %) vor allem auch die Bereiche, in denen ehrenamtlich Interessierte im Alter von 60 und mehr Jahren noch freiwillig Aufgaben übernehmen würden (vgl. Rosenbladt 1999).
Hinweise darauf, inwiefern die frühere Erwerbstätigkeit im Zusammenhang mit ehrenamtlichem Engagement steht, kann beispielsweise aus der Abbildung 5.2.2 entnommen werden. Man sieht, dass gerade bei den älteren freiwillig Engagierten doch ein gewisse Verbundenheit zu ihrer früheren Erwerbstätigkeit besteht.

Abbildung 5.2.2: Zusammenhang zwischen beruflicher Tätigkeit und Engagement bei den freiwillig Engagierten in Deutschland 1999 nach dem Alter (Angaben in %)

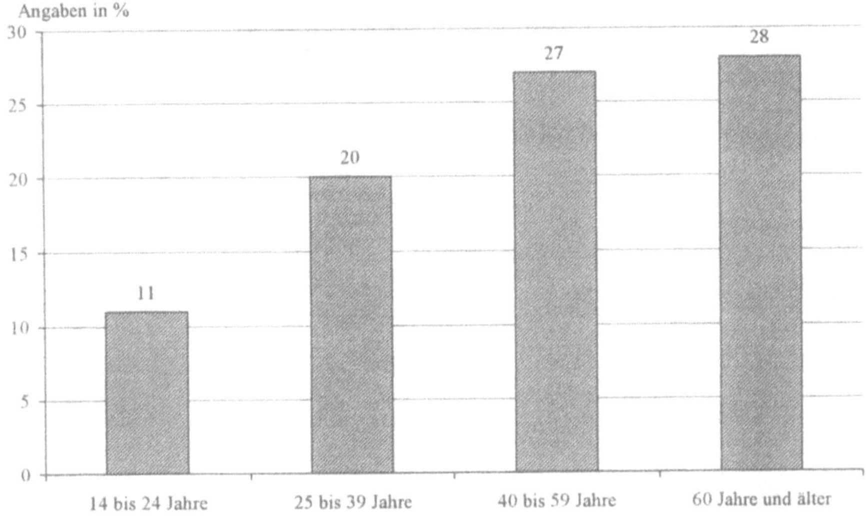

Anmerkung: Frage: „Hat Ihre ehrenamtliche Tätigkeit mit der beruflichen Tätigkeit zu tun, die Sie ausüben oder früher ausgeübt haben?".
Quelle: Eigene Darstellung nach Abt, Braun 2000, S. 30.

Entscheidend für die Bereitschaft, sich ehrenamtlich zu engagieren, dürfte jedoch vor allem die individuelle Motivation der Beteiligten bzw. der an ehrenamtlichem Engagement Interessierten sein. Dabei stehen, wie Abbildung 5.2.3 zeigt, weniger Gründe, wie der berufliche Nutzen oder die soziale Anerkennung, im Vordergrund, sondern vor allem der ‚Spaß' an der Tätigkeit oder die sozialen Kontakte.

Abbildung 5.2.3: Aussagen von ehrenamtlich engagierten und derzeit nicht engagierten, aber an ehrenamtlicher Tätigkeit interessierten Personen über 60 Jahren in Deutschland 1999 auf die Frage „Welche Erwartungen verbinden Sie mit dieser Tätigkeit? Wie wichtig ist Ihnen, dass ..." bzw. auf die Frage „Wenn Sie sich engagieren würden, was wäre Ihnen dann wichtig an einer ehrenamtlichen Tätigkeit? Wie wichtig wäre Ihnen, dass ..."

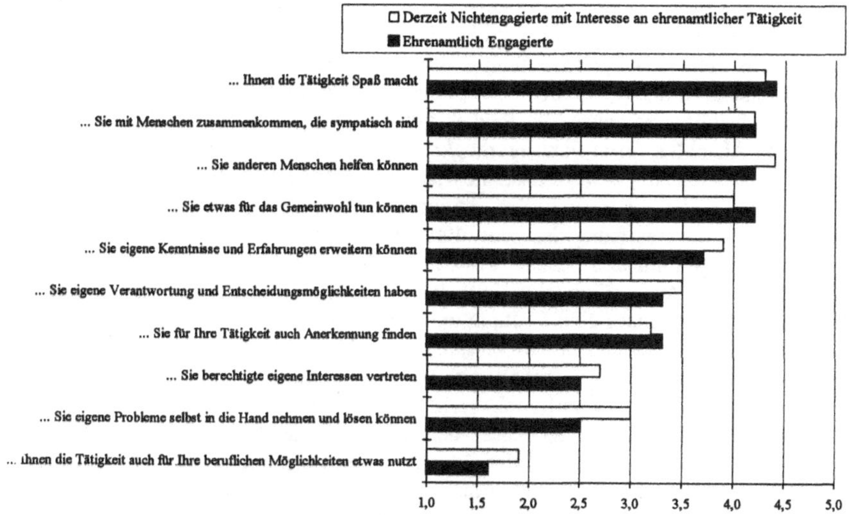

Anmerkung: Mittelwerte einer Skala von 1 (=trifft nicht zu) bis 5 (=trifft in sehr hohem Maß zu).
Quelle: Eigene Darstellung nach Rosenbladt 1999, Tabelle 47 und 95 der personenbezogenen Auswertung.

Zwar sind die Hintergründe bzw. Motive zu ehrenamtlichem Engagement generell äußerst vielfältig (vgl. z.B. Sing, Kistler 2000; Böhle 2001) – aus verschiedenen empirischen Untersuchungen lassen sich jedoch vor allem drei biographisch beeinflusste Motivmuster identifizieren (vgl. Jakob 1993), die „je nach konkreter Aufgabe, Lebenslage und Persönlichkeit ... unterschiedlich kombiniert" (Kühnlein 1997b, S. 2) sein können. Von diesen scheint bezüglich der hier relevanten Problemstellung vor allem der Aspekt der Bewältigung von Lebenskrisen bzw. von aktuellen Problemlagen[377] sowie der

377 „Ausgangspunkt für eine ehrenamtliche Tätigkeit dieses Typus ist eine persönliche Problemlage oder eine Lebenskrise. Es geht zentral um die Bewältigung von biographischen Bruchsituationen. Das freiwillige soziale Engagement dient als ‚Form einer Bearbeitungsstrategie für biographische Verletzungs- und Verlusterfahrungen' und als ‚Problembearbeitungsstrategie bei eigener Betroffenheit'. Das Motiv für die Bereitschaft anderen zu helfen ist mit dem eigenen Bedürfnis verknüpft, neue Sinnhorizonte erschließen zu können, Bewältigungsmöglichkeiten für die eigene Problematik zu finden oder auch dazu, von den eigenen Problemen abgelenkt zu werden" (Kühnlein 1997b, S. 4).

Wunsch nach einer biographischen Um- bzw. Neuorientierung[378] interessant. Auch wenn eine christlich-moralische oder humanistisch-weltanschauliche Haltung als dritter genannter Punkt immer noch für ehrenamtliches Engagement relevant ist und nicht in Frage gestellt werden sollte, so können vor dem Hintergrund der hier betrachteten Lebensphase vor allem die beiden erstgenannten Motive Hinweise auf die Gründe bzw. Ziele des individuellen Engagements geben.
Gerade die ‚Brucherfahrungen' von der Erwerbstätigkeit in die Arbeitslosigkeit bzw. den (Vor-)Ruhestand könnten damit ein wesentlicher Anlass für diese Personengruppe sein, sich ehrenamtlich zu engagieren: „Die aktuellen gesellschaftlichen Umbrüche bilden mithin eine brisante Mischung ‚riskanter Chancen'" (Keupp 1997, S. 641). Denn während Erwerbsarbeit eine strukturierende Größe im Alltag darstellt, besteht für viele in der Nacherwerbsphase – gleiches gilt übrigens auch für nicht erwerbstätige Frauen nach Abschluss ihrer Familientätigkeit (Kindererziehung etc.) in der sogenannten ‚Leeres-Nest-Phase' – die Gefahr des ‚structural lag', d.h. in dieser Lebensphase gibt es (zunächst) keine vorgegebenen Tätigkeitsstrukturen mehr.
Darüber hinaus liegt es nahe, dass der Wandel der Arbeitswelt und der Gesellschaft auch Auswirkungen auf den Bereich des Ehrenamts bzw. eines ehrenamtlichen Engagements hat (vgl. Klages, Gensicke 1999; Jakob 1993, 1995). So kann trotz vieler widersprüchlicher Ergebnisse über Umfang und Entwicklung von Ehrenamtlichkeit in der Bundesrepublik Deutschland in den vergangenen Jahren (vgl. Kistler u.a. 1999; Beher u.a. 1998) insgesamt auch bei den älteren (Erwerbs-)Personen ein Anstieg von ehrenamtlichem Engagement – wenn auch bei deutlichen strukturellen Verschiebungen – beobachtet werden. Während der Anteil der älteren westdeutschen Männer und Frauen, die sich ‚jede Woche' bzw. ‚jeden Monat' ehrenamtlich betätigen, über die zwei Längsschnittdatensätze des Sozio-ökonomischen Panels (zwischen 1985 bis 1988 und zwischen 1996 bis 1999) hinweg relativ konstant geblieben ist bzw. tendenziell leicht anstieg, nahm die Zahl derjenigen, die seltener als ‚jeden Monat' ein Ehrenamt ausüben, sprunghaft zu (vgl. Abbildung 5.2.4 und Abbildung 5.2.5).[379] Die strukturellen Verschiebungen beziehen sich dabei vor allem auf die Angleichungsprozesse der ‚Ehrenamtsquoten' der älteren westdeutschen Männern und Frauen zwischen dem ersten und dem zweiten Untersuchungszeitraum – vor allem hinsichtlich des regelmäßig ausgeübten Ehrenamts.[380] Diese Tendenz einer deutlich sinkenden Ehrenamtsbeteiligung der Männer bei einer insgesamt steigenden Ehrenamtsbeteiligung der Frauen lässt auf Kohorteneffekte schließen, die durch die nachlassende Arbeitsmarktintegration der älteren Männer und einer steigenden Erwerbsbeteiligung der älteren Frauen begründet

378 „Diese Motivlage kann mit sehr verschiedenen individuellen Zielrichtungen und Lebenslagen verbunden sein. In diesem Fall ist eine Nähe bzw. fließender Übergang zu professionellen Tätigkeiten durchaus erwünscht. Konzentration auf effektive Zielerreichung, Neuerwerb von Fertigkeiten und Qualifizierung sind wichtige Folgemotivationen" (Kühnlein 1997b, S. 111).

379 Für Entwicklungen auf Ebene der Gesamtbevölkerung in West- und Ostdeutschland – ebenfalls auf den Daten des SOEP – vgl. Sing 2002a, S. 218 ff.

380 Bei der Betrachtung der Längsschnittergebnisse selbst ist zu berücksichtigen, dass Alterseffekte bzw. das Altern der beiden Untersuchungspopulationen zum Tragen kommen, die für sich alleine schon zu einer Abnahme der Ehrenamtsquoten führen dürften.

Abbildung 5.2.4: Ältere Männer und Frauen[1] in Westdeutschland, die ‚jede Woche' oder ‚jeden Monat' ein Ehrenamt ausüben (Angaben in %)

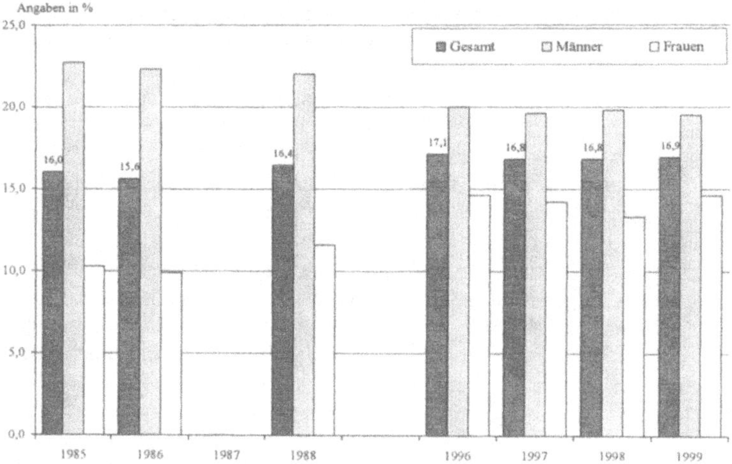

Anmerkung: Kohorten der Geburtsjahrgänge 1915 bis 1939 in den Jahren 1985 bis 1988 sowie Kohorten der Geburtsjahrgänge 1926 bis 1950 in den Jahren 1996 bis 1999.

Quelle: Eigene Auswertungen und Darstellung nach Daten des SOEP, Längsschnittdatensätze und -gewichtung.

Abbildung 5.2.5: Ältere Männer und Frauen[1] in Westdeutschland, die seltener als ‚jeden Monat' ein Ehrenamt ausüben (Angaben in %)

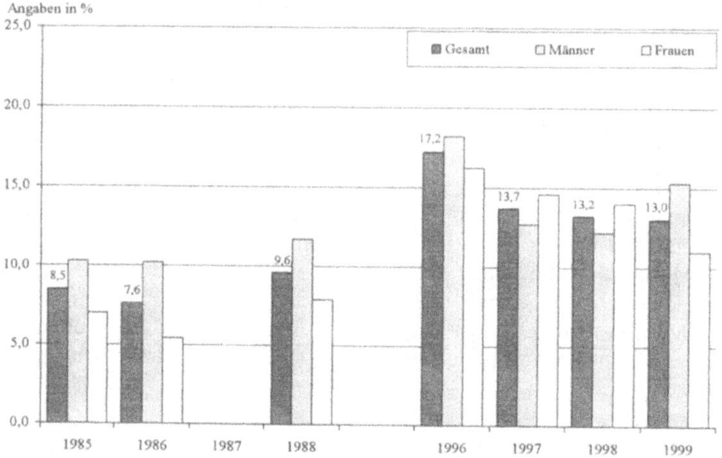

Anmerkung: Kohorten der Geburtsjahrgänge 1915 bis 1939 in den Jahren 1985 bis 1988 sowie Kohorten der Geburtsjahrgänge 1926 bis 1950 in den Jahren 1996 bis 1999.

Quelle: Eigene Auswertungen und Darstellung nach Daten des SOEP, Längsschnittdatensätze und -gewichtung.

sein könnten (vgl. dazu Kapitel 5.2.2.2 sowie Kapitel 5.2.2.3). Auch der starke Anstieg des sporadischen ehrenamtlichen Engagements kann als Kohorteneffekt interpretiert werden. So wird in der wissenschaftlichen Ehrenamtsdebatte – insbesondere auch in Zusammenhang mit der Pluralisierung und Individualisierung der Lebensformen, der Lebensstile etc. (vgl. Berger, Hradil 1990) – seit Mitte der 80er Jahre von einem Motivationswandel für freiwilliges Engagement ausgegangen, wobei man sich der Erhaltung des traditionellen bzw. ‚alten' Ehrenamts in Teilbereichen der Gesellschaft durchaus bewusst ist (vgl. Beher u.a. 2000). Hinter der sogenannten ‚neuen Ehrenamtlichkeit' wird dabei vor allem eine individualistischere Haltung der Beteiligten vermutet: Nicht mehr das altruistische Helfen, das ohne (finanzielle) Gegenleistung bereitwillig regelmäßig – vor allem von Frauen – in sozialen Bereichen erbracht wurde, ist damit nunmehr das alleinige gesellschaftspolitische Leitbild für ehrenamtliches Engagement, sondern das Engagement aus persönlicher Betroffenheit oder spezifischen Interessen an bestimmten themenbezogenen Zielen in zeitlich und inhaltlich begrenzten Projekten kommt hinzu. Darüber hinaus wurde in der Ehrenamtsforschung auf die steigende Bedeutung der ‚biographischen Passung' (vgl. Jakob 1993, 1995) sowie die Auflösung schichtspezifischer Mechanismen aufmerksam gemacht. Inwieweit diese tatsächlich bestehen, soll im Folgenden näher hinsichtlich der Bedeutung der Arbeitsmarktintegration und des Status als Rentner bzw. Rentnerin nachgegangen werden.

5.2.2.2 Der Zusammenhang von ehrenamtlichem Engagement und Erwerbsstatus in Querschnittsbetrachtungen

Gerade der Übergang aus Arbeitslosigkeit in den Ruhestand könnte sich für die Aufnahme bzw. Fortführung eines ehrenamtlichen Engagements insofern als problematisch erweisen, als es in der Regel weniger die Arbeitslosen sind, die sich ehrenamtlich engagieren (vgl. auch Mutz, Sing 2001, S. 365 ff.). Dies gilt dabei auch für die älteren arbeitslosen Männer und Frauen nicht nur – wie bereits in Kapitel 5.2.1.2 kurz dargestellt – in den beiden Ausgangsjahren, sondern auch in jeweils darauf folgenden Jahren (vgl. Tabelle 5.2.4): Arbeitslose Männer und Frauen weisen – abgesehen von den Personen in der Stillen Reserve[381] – in fast allen betrachteten Jahren die jeweils geringste ehrenamtliche Beteiligung auf.[382]
Aufgrund der geschlechtsspezifisch unterschiedlich ausgeprägten Erwerbs- und Ehrenamtsbeteiligung kann dieser Zusammenhang allerdings nicht auf der aggregierten Ebene – insbesondere nicht für den ersten Untersuchungszeitraum – nachgewiesen werden: Hier liegt die Ehrenamtsquote der Nichterwerbstätigen in den Jahren 1985, 1986 sowie 1988 sowie die der Rentner und Rentnerinnen im Jahr 1988 unter der der Arbeitslosen. Dies macht zugleich deutlich, dass bei allen Analysen – so wichtig Gesamteffekte sind – auf eine nach Geschlechtern differenzierende Betrachtung nicht verzichtet werden kann.

---

381 Die ehrenamtliche Beteiligung von Personen in der Stillen Reserve unterliegt über die Betrachtungszeiträume hinweg aufgrund der scheinbar heterogenen Zusammensetzung – bei einer äußerst geringen Fallzahl von Männern – sehr extremen Schwankungen (vgl. dazu auch Kapitel 5.2.1.2).

382 Nur die ehrenamtliche Beteiligung der nicht erwerbstätigen Frauen im Jahr 1985 mit 9,6 % war geringer als die der arbeitslosen Frauen mit durchschnittlich 10,6 %.

Tabelle 5.2.4: Regelmäßig ehrenamtlich engagierte ältere Männer und Frauen[1] zwischen 1985 und 1999 in Westdeutschland nach Erwerbsbeteiligung und Status als Rentner zum Befragungszeitpunkt (Angaben in %)

	1985	1986	1988	1996	1997	1998	1999
Gesamt	Angaben in %						
Erwerbstätige	19,2	18,7	18,2	18,3	19,8	20,6	19,3
Erwerbslose, davon:	**15,7**	**12,2**	**15,5**	**12,8**	**8,7**	**11,6**	**10,1**
▪ *registrierte Arbeitslose*	***13,7***	***14,1***	***15,5***	***13,1***	***6,5***	***11,1***	***10,8***
▪ *Stille Reserve*	***22,9***	***5,6***	***15,2***	***11,2***	***17,1***	***15,7***	***4,9***
Nichterwerbstätige	12,4	12,9	14,9	16,8	15,3	14,9	16,0
Rentner und Rentnerinnen	15,1	14,4	15,1	16,6	15,7	15,6	16,7
Gesamt	16,0	15,6	16,4	17,1	16,8	16,8	16,9
Männer							
Erwerbstätige	24,0	23,6	22,8	19,8	21,9	21,2	20,6
Erwerbslose, davon:	**15,0**	**16,7**	**20,4**	**13,9**	**10,4**	**13,6**	**11,3**
▪ *registrierte Arbeitslose*	***15,4***	***17,6***	***19,9***	***15,4***	***8,9***	***11,8***	***11,8***
▪ *Stille Reserve*	***(0,0)***	***(0,0)***	***(31,9)***	***(0,0)***	***(24,7)***	***(42,3)***	***(0,0)***
Nichterwerbstätige	20,5	20,5	21,0	22,4	18,3	19,3	19,8
Rentner	21,2	21,1	22,2	20,5	17,9	20,1	20,5
Gesamt	22,7	22,3	22,0	20,0	19,6	19,8	19,5
Frauen							
Erwerbstätige	10,8	10,3	10,8	16,1	16,7	15,9	17,5
Erwerbslose, davon:	**16,5**	**7,4**	**9,8**	**11,5**	**7,1**	**9,4**	**8,3**
▪ *registrierte Arbeitslose*	***10,6***	***8,1***	***8,6***	***10,0***	***3,2***	***10,2***	***9,1***
▪ *Stille Reserve*	***24,3***	***6,5***	***12,6***	***15,5***	***14,9***	***5,3***	***6,0***
Nichterwerbstätige	9,6	9,9	12,0	13,9	13,7	12,4	13,6
Rentnerinnen	10,9	9,4	9,8	13,4	13,9	11,6	13,3
Gesamt	10,3	9,9	11,6	14,6	14,2	13,3	14,6

Anmerkung: [1]Kohorten der Geburtsjahrgänge 1915 bis 1939 in den Jahren 1985 bis 1988 sowie Kohorten der Geburtsjahrgänge 1926 bis 1950 in den Jahren 1996 bis 1999. Bei Fallzahlen von N < 30 sind die Ergebnisse in () ausgewiesen.

Quelle: Eigene Auswertungen des SOEP, Längsschnittdatensätze und -gewichtung.

Weitere strukturelle Verschiebungen zwischen den beiden Untersuchungszeiträumen untermauern dieses Argument. So verbergen sich auch hinter dem insgesamt um durchschnittlich 0,9 Prozentpunkte angestiegenen Niveau ehrenamtlicher Beteiligung (von durchschnittlich 16,0 % zwischen 1985 und 1988 auf 16,9 % zwischen 1996 und 1999) – bei einer klaren Tendenz steigender Beteiligungsquoten von Erwerbstätigen (von durchschnittlich 18,7 % auf 19,5 %), Nichterwerbstätigen (von durchschnittlich 13,3 % auf 15,8 %) und Rentnern (von durchschnittlich 14,9 % auf 16,2 %) sowie sinkender Beteiligungsquoten von Arbeitslosen (von durchschnittlich 14,4 % auf 10,4 %) – nach Geschlecht zu differenzierende Effekte. Während bei den älteren Männern in allen genannten Gruppen das Engagement zwischen dem ersten und zweiten Untersuchungszeitraum abnahm, überwogen in der Summe die Wirkungen einer zunehmenden Teilhabe älterer erwerbtätiger bzw. nicht erwerbstätiger Frauen sowie der Frauen im Ruhestand. Auch ging ehrenamtliches Engagement – bei einem insgesamt deutlich niedrigeren Niveau bei den erwerbslosen Frauen gegenüber erwerbslosen Männern – bei den älteren Männern (von durchschnittlich 17,6 % auf 12,0 %) in Westdeutschland stärker zurück als bei den Frauen (von durchschnittlich 9,1 % auf 8,1 %).
Aber auch die empirischen Untersuchungen des Zusammenhangs von ehrenamtlichem Engagement und der Arbeitsmarktintegration Älterer auf Basis von CHAID-Analysen zeigen, dass die Teilhabequoten sowohl im Jahr 1988 als auch im Jahr 1999 – d.h. jeweils am Ende der Betrachtungszeiträume – zunächst geschlechtsspezifisch signifikante Unterschiede aufweisen.[383] Zu beiden Erhebungszeitpunkten – 1988 für die Männer, 1999 für die Frauen – hatte dann aber auch die Dauer der Arbeitslosigkeit (gemessen in Monaten) in den vier vorausgegangenen Jahren eine zentrale Bedeutung: Während nicht oder nur kurz (bis 12 Monate bzw. bis 6 Monate) arbeitslos gewesen zu sein, jeweils zu den höchsten Ehrenamtsquoten (21,1 % bei den Männern im Jahr 1988; 14,2 % bei den Frauen im Jahr 1999) führte, sank mit zunehmender Dauer der Arbeitslosigkeit der Anteil der Engagierten an der jeweiligen Gruppe.[384]
Obwohl bei diesen Untersuchungen noch eine Reihe weiterer Variablen hinsichtlich der Arbeitsmarktintegration[385] in die Analysen einbezogen wurden, konnten im Jahr 1988 keine weiteren signifikanten Zusammenhänge – insbesondere bei den Frauen – aufgedeckt werden. Im Jahr 1999 zeigte sich dagegen die ehrenamtliche Beteiligung der Männer signifikant von der Erwerbstätigkeit beeinflusst. So waren die erwerbstätigen älteren Männer mit 21,7 % deutlich häufiger engagiert als die nicht erwerbstätigen

383 Den CHAID-Analysen liegt ein Signifikanzniveau von (mindestens) 0,050 zugrunde. Männer waren mit einem Engagement von durchschnittlich 19,6 % (1988) bzw. 18,6 % (1999) in beiden Jahren signifikant häufiger ehrenamtlich tätig als Frauen (11,1 % (1988); 13,2 % (1999)).

384 Während sich Männer mit einer Arbeitslosigkeitsdauer von 2 bis 3 Jahren noch zu 10,7 % ehrenamtlich engagierten, waren es bei denen mit einer Arbeitslosigkeitsdauer von mehr als drei Jahren keiner mehr. Frauen mit mehr als 7 Monaten Arbeitslosigkeit waren dagegen durchschnittlich noch zu 7,2 % ehrenamtlich tätig.

385 So wurden neben dem Alter als ‚Kontrollvariable' die Erwerbsbeteiligung in Form der Variablen ‚erwerbstätig', ‚erwerbslos', ‚nicht erwerbstätig', ‚arbeitslos bzw. Person in der Stillen Reserve' zum Befragungszeitpunkt sowie ‚Person in Rente' (zwölf Monate im Befragungsjahr) berücksichtigt. Ferner wurden die Variablen ‚Während des Untersuchungszeitraums – nach vorausgegangener Erwerbstätigkeit im Ausgangsjahr - erwerbslos geworden' bzw. ‚Während der vier Befragungszeitpunkte mindestens einmal erwerbslos gewesen' in die Untersuchungen einbezogen.

und erwerbslosen mit durchschnittlich 15,4 %. Während das Engagement der zuletzt genannten Gruppe wiederum vom Status ‚Rentner' abhing,[386] spielte auch bei den Erwerbstätigen die vorausgegangene Erwerbslosigkeit eine Rolle. Denn diejenigen, die im Jahr 1996 und 1999 erwerbstätig waren und in der Zwischenzeit auch nicht erwerbslos geworden sind, waren mit 23,1 % markant häufiger ehrenamtlich tätig als Personen, die zwar auch in den beiden Jahren erwerbstätig waren, dazwischen aber mindestens zu einem Befragungszeitpunkt zu den Erwerbslosen zählten (8,1 %).
Darüber hinaus wurden auch ‚erweiterte' CHAID-Analysen durchgeführt, die neben den auf Arbeitsmarktintegration fokussierenden Variablen auch weitere sozialstrukturelle Merkmale in die Berechnungen einbeziehen. Neben den bereits genannten Kontrollvariabeln Alter und Geschlecht wurden vor allem auch die Bildung, das Haushaltseinkommen, der Gesundheitszustand sowie der Familienstand berücksichtigt, da sie wichtige Hinweise auf die unterschiedlich vorhandenen, lebenslagenrelevanten Ressourcen darstellen (vgl. dazu auch Sing, Hilpert 1999). Als Ergebnis lässt sich zu beiden Beobachtungszeitpunkten konstatieren, dass der weitaus stärkste Zusammenhang zwischen ehrenamtlichem Engagement und Dauer der (Aus-)Bildung (gemessen in Jahren) besteht.[387] Auf der nächsten Analyseebene erscheinen dann – mit zunehmender Dauer der (Aus-)Bildung – im Jahr 1988 ‚Partner in Rente', ‚Staatsangehörigkeit' sowie der ‚Familienstand', im Jahr 1999 dagegen die ‚Staatsangehörigkeit' sowie die Variable ‚Gesundheitszustand behindert mich bei meinen täglichen Aufgaben'. Somit beeinflusst die (Aus-)Bildungsdauer bzw. indirekt die Höhe der Bildung – noch vor Geschlecht, Alter und Erwerbsbeteiligung, aber auch vor Einkommen und beruflichen Status – die Beteiligung am ehrenamtlichen Engagement:

> „Bildung ist dabei zum einen die entscheidende Größe für die im Berufsleben erreichbaren Positionen und daher mit der vertikalen Schichtung untrennbar verbunden. Zum anderen werden über die schulische Bildung nicht nur fachliche Kenntnisse, sondern auch kulturelle Kompetenzen vermittelt. Das ‚kulturelle Kapital' – der Formulierung Pierre Bourdieus entsprechend – hat für unterschiedliche Aktivitäts- und Geschmacksmuster insgesamt größere Bedeutung als das ‚ökonomische Kapital'" (Spellerberg 1997, S. 32).

Da die alleinige Betrachtung einzelner (Querschnitts-)Jahre zu einer verengten Perspektive bezüglich der dynamischen Vorgänge sowohl im Bereich der Erwerbsbeteiligung als auch des ehrenamtlichen Engagements führen, wird im Folgendem die Analyse um die Hervorhebung des ‚verzeitlichten' Zusammenhangs von Erwerbsbeteiligung bzw. ehrenamtlichen Engagement ergänzt (vgl. Berger, Hradil 1990a, S. 13; vgl. auch Dathe, Kistler 2001). Es geht somit um die Beantwortung der Frage, ob gemäß den (statischen) Ergebnissen der Ehrenamtsforschung auch im zeitlichen Verlauf zu erwarten ist, dass die Erwerbsbeteiligung eindeutig die gesellschaftliche Beteiligung in Form von ehrenamtlichem Engagement beeinflusst und somit möglicherweise eine Perpetuierung sozialer Ungleichheit verursacht. Denn auf der anderen Seite ist es durchaus

[386] Rentner waren mit 17,0 % signifikant häufiger ehrenamtlich engagiert als Nicht-Rentner mit 10,7 %.

[387] Im Jahr 1988 steigert sich die Ehrenamtsquote mit zunehmender Ausbildungsdauer von 8,2 % (unter 10 Jahre), auf 18,1 % (10 bis unter 14 Jahre) bzw. 29,8 % (14 und mehr Jahre). Im Jahr 1999 lagen die Werte für die entsprechenden Gruppen bei 6,8 % (unter 10 Jahre), 18,8 % (10 bis unter 14 Jahre) sowie 28,1 % (14 und mehr Jahre).

vorstellbar, dass die zunehmende gesellschaftliche ‚Institutionalisierung' einer Phase der Arbeitslosigkeit vor dem (offiziellen) Übergang in den Ruhestand zu veränderten Einstellungen führt und ‚registrierte Arbeitslosigkeit' im Alter – im Sinne einer gesellschaftlich akzeptierten ‚Frühverrentungsstrategie' – seine ‚stigmatisierende' Bedeutung verliert. So könnte es zukünftig – beispielsweise infolge des ansteigenden Bildungsniveaus und veränderter Orientierungen – durchaus ein hohes Potenzial unter den Nicht-mehr-Erwerbstätigen wie den (Früh-)Rentnern geben, die man durch verbesserte Gelegenheitsstrukturen für ehrenamtliches Engagement gewinnen könnte.[388]

5.2.2.3 Ehrenamtliches Engagement und Erwerbsbeteiligung im Längsschnitt

Die Tabellen 5.2.5 und 5.2.6 geben einen Überblick über den Verbleib der nach Erwerbsstatus und ehrenamtlicher Beteiligung im Jahr 1985 bzw. 1996 differenzierten älteren erwerbsfähigen Bevölkerung (45 bis unter 69 Jahre) in Westdeutschland nach einem bzw. nach drei Jahren.[389] Dazu können zunächst in der linken Spalte die sechs unterschiedlichen Gruppen in den Jahren 1985 bzw. 1996 abgelesen werden, nämlich erwerbstätig und gleichzeitig ehrenamtlich engagiert (‚ja') oder nicht (‚nein'); erwerbslos und gleichzeitig ehrenamtlich engagiert (‚ja') oder nicht (‚nein') bzw. nicht erwerbstätig und gleichzeitig ehrenamtlich engagiert (‚ja') oder nicht (‚nein'). In den nach rechts ‚wandernden' Spalten kann dann die Gruppenzugehörigkeit einer Person nach einem bzw. nach drei Jahren abgelesen werden.

1985 waren von den älteren (Erwerbs-)Personen zwischen 45 und 69 Jahren 51,0 % erwerbstätig, 4,1 % erwerbslos und 44,9 % nicht erwerbstätig (zu diesen Zahlen vgl. Kapitel 5.1.1). Im Jahr 1996 waren dagegen von den älteren (Erwerbs-)Personen in Westdeutschland nur noch 48,3 % erwerbstätig und 42,2 % nicht erwerbstätig bei einer Erwerbslosenquote von 9,5 %. Doch obwohl sich die Erwerbslosigkeit mehr als ‚verdoppelte', nahm das ehrenamtliche Engagement – nicht zuletzt vermutlich aufgrund der gestiegenen Erwerbsbeteiligung der Frauen – von durchschnittlich 16,0 % auf 17,1 % zu.[390] Gleichzeitig sind bei der Betrachtung der Übergänge hinsichtlich des Erwerbsstatus während der Untersuchungszeiträume bei den Erwerbslosen die größten Dynamiken zu beobachten. Während von denjenigen, die 1985 erwerbstätig bzw. nicht erwerbstätig waren, auch 1986 (1988) noch zu 89,8 % (80,4 %) bzw. 96,8 % (95,1 %) der gleichen Erwerbskategorie angehörten, waren dies bei den Erwerbslosen nur noch 57,2 % (42,5 %). Ein ähnliches Muster findet sich Mitte der 1990er Jahre: 88,0 % (76,8 %) der Erwerbstätigen, 96,9 % (97,5 %) der Nichterwerbstätigen, aber nur 56,0 % (33,4 %) der Erwerbslosen behielten ihren Erwerbsstatus nach einem bzw. nach drei Jahren bei.

---

388 Zur Bedeutung von Gelegenheitsstrukturen vgl. Kühnlein, Mutz 1999; Heinze, Keupp 1998.

389 Für ähnliche empirische Analysen vgl. die Auswertungen in Mutz, Sing 2001, S. 368 ff.

390 Wie die vorausgegangenen Analysen schon zeigten, benötigen solche Bilanzierungen gruppenspezifische Differenzierungen. Aufgrund der geringen Fallzahlen muss auf diese bei den deskriptiven Darstellungen verzichtet werden. Zu entsprechenden multivariaten Auswertungen siehe weiter unten in diesem Abschnitt.

Tabelle 5.2.5: Verbleib der im Jahr 1985 nach Erwerbsstatus und ehrenamtlicher Beteiligung differenzierten Bevölkerung nach einem (1986) bzw. drei Jahren (1988)

t=1986 t=1988		Erwerbstätig in 1986 bzw. 1988		Erwerbslos in 1986 bzw. 1988		Nicht erwerbstätig in 1986 bzw. 1988		Erwerbsstatus in 1986 bzw. 1988			Ehrenamtliches Engagement in 1986 bzw. 1988		Fallzahlen	
		und ehrenamtlich engagiert		und ehrenamtlich engagiert		und ehrenamtlich engagiert		erwerbs-tätig	erwerbs-los	nicht ewerbs-tätig	ja	nein	n	hoch-gerechnet in 1.000
t=1985		ja	nein	ja	nein	ja	nein							
Erwerbstätig in 1985 und ehrenamtlich engagiert														
ja	1986	**62,8**	27,2	1,4	1,1	4,3	3,2	**90,0**	2,5	7,5	**68,4**	31,6	255	1.680
	1988	**48,1**	30,1	2,7	2,0	11,7	5,4	**78,2**	4,7	17,1	**62,6**	37,4	258	1.688
nein	1986	6,3	**83,5**	0,4	2,7	0,2	6,9	**89,8**	3,1	7,1	6,8	**93,2**	1.306	7.051
	1988	6,6	**74,3**	0,3	3,0	1,2	14,6	**80,9**	3,2	15,8	8,1	**91,9**	1.305	7.051
Erwerbslos in 1985 und ehrenamtlich engagiert														
ja	1986	(26,9)	(12,7)	**(29,5)**	(30,9)	(0,0)	(0,0)	(39,6)	**(60,4)**	(0,0)	**(56,4)**	(43,6)	17	112
	1988	(37,9)	(0,0)	**(35,0)**	(27,1)	(0,0)	(0,0)	(37,9)	**(62,1)**	(0,0)	**(72,9)**	(27,1)	17	112
nein	1986	0,0	18,4	1,5	**53,6**	1,4	25,1	18,4	**55,1**	26,5	2,8	**97,2**	121	593
	1988	0,3	26,8	0,0	**39,4**	2,8	30,7	27,1	**39,4**	33,5	3,1	**96,9**	121	588
Nicht erwerbstätig in 1985 und ehrenamtlich engagiert														
ja	1986	1,3	0,7	0,0	0,8	**62,3**	34,8	2,1	0,8	**97,1**	**63,6**	36,4	135	951
	1988	3,6	2,1	0,0	1,2	**58,4**	34,7	5,8	1,2	**93,1**	**62,0**	38,0	134	946
nein	1986	0,0	2,4	0,0	1,0	5,4	**91,1**	2,5	1,0	**96,6**	5,5	**94,5**	955	6.538
	1988	0,2	3,3	0,0	1,1	7,2	**88,1**	3,5	1,2	**95,3**	7,4	**92,6**	955	6.551

Anmerkung: Das hier verwendete Erwerbskonzept unterscheidet sich von dem des Mikrozensus. Bei Fallzahlen von N < 30 sind die Ergebnisse in () ausgewiesen.

Quelle: Eigene Auswertungen des SOEP, Längsschnittdatensatz und -gewichtungen.

Tabelle 5.2.6: Verbleib der im Jahr 1996 nach Erwerbsstatus und ehrenamtlicher Beteiligung differenzierten Bevölkerung nach einem (1997) bzw. drei Jahren (1999)

t=1997 / t=1999		Erwerbstätig in 1997 bzw. 1999		Erwerbslos in 1997 bzw. 1999		Nicht erwerbstätig in 1997 bzw. 1999		Erwerbsstatus in 1997 bzw. 1999			Ehrenamtliches Engagement in 1997 bzw. 1999		Fallzahlen	
		und ehrenamtlich engagiert		und ehrenamtlich engagiert		und ehrenamtlich engagiert		erwerbs-tätig	erwerbs-los	nicht ewerbs-tätig	ja	nein	n	hoch-gerechnet in 1.000
t=1996		ja	nein	ja	nein	ja	nein							
Erwerbstätig in 1996 und ehrenamtlich engagiert														
ja	1997	**68,8**	22,4	0,8	1,4	6,1	0,6	**91,2**	2,2	6,7	**75,6**	24,4	240	1.573
	1999	**54,0**	25,2	3,5	2,1	11,7	3,5	**79,2**	5,6	15,2	**69,3**	30,7	237	1.542
nein	1997	6,8	**81,6**	0,2	4,5	0,4	6,6	**88,3**	4,7	7,0	7,4	**92,6**	1.137	7.299
	1999	6,7	**70,4**	0,5	7,3	1,2	13,9	**77,2**	7,8	15,1	8,4	**91,6**	1.135	7.265
Erwerbslos in 1996 und ehrenamtlich engagiert														
ja	1997	(0,0)	(0,0)	**(24,9)**	(13,6)	(57,0)	(4,4)	(0,0)	**(38,6)**	(61,4)	**(81,9)**	(18,1)	28	213
	1999	(14,2)	(12,2)	**(11,5)**	(2,7)	(47,5)	(12,0)	(26,4)	**(14,1)**	(59,5)	**(73,2)**	(26,8)	27	206
nein	1997	0,0	9,5	0,0	**61,8**	0,0	28,7	9,5	**61,8**	28,7	0,0	**100**	214	1.411
	1999	1,5	11,5	0,0	**33,6**	1,3	52,2	12,9	**33,6**	53,5	2,8	**97,2**	214	1.385
Nicht erwerbstätig in 1996 und ehrenamtlich engagiert														
ja	1997	1,2	0,4	3,9	0,0	**67,2**	27,4	1,5	3,9	**94,5**	**72,3**	27,7	154	1.265
	1999	1,5	0,4	0,0	0,0	**65,3**	32,9	1,9	0,0	**98,1**	**66,8**	33,2	154	1.265
nein	1997	0,1	1,2	0,0	1,5	3,7	**93,5**	1,3	1,5	**97,3**	3,9	**96,1**	861	6.344
	1999	0,2	2,2	0,0	0,4	5,6	**91,6**	2,4	0,4	**97,2**	5,7	**94,3**	860	6.255

Anmerkung: Das hier verwendete Erwerbskonzept unterscheidet sich von dem des Mikrozensus. Bei Fallzahlen von N < 30 sind die Ergebnisse in () ausgewiesen.

Quelle: Eigene Auswertungen des SOEP, Längsschnittdatensatz und -gewichtungen.

Die Veränderungen im ehrenamtlichen Engagement zeigen dagegen im Saldo, dass dem Abgang aus dem ehrenamtlichen Engagement von 33,7 % nach einem und 37,2 % nach drei Jahren im ersten Betrachtungszeitraum bzw. 25,3 % und 31,7 % im zweiten Betrachtungszeitraum ein Zugang aus den bisher nicht Engagierten von 6,0 % (zwischen 1985 und 1986) bzw. 7,6 % (zwischen 1985 und 1988) sowie 5,2 % (zwischen 1996 und 1997) bzw. 6,7 % (zwischen 1996 und 1999) gegenüber stand. Insgesamt zeigt sich im Vergleich der 1980er und 1990er Jahre damit in der Tendenz eine höhere Kontinuität in der Fortführung im jeweiligen Ausgangsjahr bestehenden ehrenamtlicher Tätigkeiten bei einer gleichzeitigen Reduktion derjenigen, die als Nicht-Engagierte im Ausgangsjahr eine solche Tätigkeit über den Betrachtungszeitraum aufnehmen. Da die Gruppe der Nicht-Engagierten in den Ausgangsjahren jeweils erheblich größer ist als die der Engagierten, verringerte sich in Folge dessen im zweiten Betrachtungszeitraum die Zahl derjenigen, die sich ehrenamtlich betätigen, während diese im ersten Untersuchungszeitraum von 16,0 % (1985) auf 16,4 % (1988) noch leicht anstieg.
Durch die Analyse der einzelnen Felder der Matrix zeigt sich schließlich, dass Unterschiede hinsichtlich der Verknüpfung von Erwerbs- und ehrenamtlicher Beteiligung festzustellen sind. So liegt die höchste Konstanz des ehrenamtlichen Engagements bei den jeweils im Ausgangsjahr 1985 Erwerbstätigen bzw. Nichterwerbstätigen: 68,4 % bzw. 63,6 % von ihnen sind auch 1986 noch engagiert, 1988 sind es immerhin noch 62,6 % bzw. 62,0 %. Die höchste Dynamik weisen wiederum die Erwerbslosen auf, von denen zwar nur noch 56,4 % nach einem Jahr, aber 72,9 % nach drei Jahren (wieder) zu den Engagierten zählen. Auch in den 1990er Jahren weisen die Erwerbstätigen und die Nichterwerbstätigen – allerdings auf einem höherem Niveau als in den 1980er Jahren – eine ähnlich hohe Kontinuität im Engagementverhalten auf. Doch noch darüber lag beachtenswerter Weise sowohl nach einem als auch nach drei Jahren das Fortbestehen ehrenamtlichen Engagements bei den ursprünglich ehrenamtlich engagierten Erwerbslosen: So übten von diesen 1996 noch 81,9 % und 1999 immerhin noch etwas 73,2 % ein Ehrenamt aus. Dies kann eindeutig im Sinne veränderter Einstellungen und Orientierungen im Übergang in Ruhestand zwischen den 1980er und 1990er Jahren in Westdeutschland interpretiert werden. Dennoch darf auch die gegenläufige Tendenz nicht ignoriert werden, dass nämlich die ‚Integrationskraft' des ehrenamtlichen Engagements gerade für diejenigen Erwerbslosen abgenommen hat, die sich im Ausgangsjahr nicht engagierten.
Darüber hinaus zeigt auch der Verbleib der im Ausgangsjahr Erwerbslosen in den Folgejahren deutlich unterschiedliche Muster in den beiden Beobachtungszeiträumen. Während in den 1980er Jahren die ehrenamtlich engagierten Erwerbslosen etwa doppelt so häufig wieder in den Arbeitsmarkt integriert werden konnten wie diejenigen Erwerbslosen, die nicht ehrenamtlich engagiert waren, gingen in den 1990 Jahren sowohl die engagierten als auch nicht engagierten Erwerbslosen nur sehr selten dem Arbeitsmarkt zu. Dabei kann jedoch unabhängig vom Erwerbstatus am Ende der Betrachtungsperiode eine sehr hohe Kontinuität in der ehrenamtlichen Beteiligung festgestellt werden. Dieser Zusammenhang galt für die 1980er Jahre dagegen nicht. Hier führt die Arbeitsmarktintegration zu einer absoluten Verstetigung ehrenamtlichen Engagements, während unter den weiterhin Erwerbslosen etwa 43,6 % bis zum Ende des Betrachtungszeitraums ihr Engagement aufgaben. Somit entwickelte sich das Engagement im

Zeitraum von drei Jahren unter den ehemals engagierten Erwerbslosen in den 1980er Jahren am ungünstigsten, wenn sie erwerbslos blieben.
Die Längsschnittauswertungen zeigen damit, dass zur Analyse der gesellschaftlichen Teilhabe eine dynamische Perspektive unerlässlich ist. Denn gerade die häufig unterschätzte Fluktuationsdichte zwischen den verschiedenen Formen der Arbeitsmarktintegration auf der einen Seite, von denen hier nur der Erwerbsstatus untersucht wurde, und den verschiedenen Möglichkeiten der sozialen Beteiligung (z.B. Nachbarschaftshilfe, Selbsthilfe etc.) auf der anderen Seite, von denen hier wiederum nur der Aspekt des ehrenamtlichen Engagements Berücksichtigung fand, begründet die wesentlichen sozialen Netze (vgl. z.B. Keupp 1997), das Vorhandensein sozialer Ressourcen (vgl. Sing, Hilpert 1999) bis hin zum notwendigen Sozialkapital (vgl. Putnam 1993), um Segregationslinien zu überschreiten.
Da allerdings die Übergänge von einem Status zu einem anderen zwischen verschiedenen Beobachtungsjahren noch nichts über die womöglich doch starren Strukturen – hier der ehrenamtlichen Beteiligung in der Gesellschaft – aussagen, soll nun in einem nächsten empirisch zu untermauernden Punkt exemplarisch überprüft werden, inwiefern sich zunächst der Arbeitsmarktausschluss in der Längsschnittperspektive von jeweils vier Jahren sowie (anschließend) weitere soziodemographische bzw. -ökonomische Faktoren auf die Teilhabe an ehrenamtlichem Engagement auswirken. Multivariate Analysen zu der abhängigen bzw. zu erklärenden Variable ‚Mindestens einmal zu einem Befragungszeitpunkt im Untersuchungszeitraum ehrenamtlich tätig gewesen zu sein' geben daher darüber Auskunft, ob sich das Engagement – vor allem infolge der oben beobachteten Dynamiken gerade bei den Erwerbslosen[391] – der in den 1980er Jahren untersuchten Kohorten älterer (Erwerbs)Personen von dem der in den 1990er Jahren untersuchten Kohorten unterscheiden.
Werden zunächst nur Erwerbsvariablen und der Status als Rentner im Jahr 1988 bzw. 1999 als erklärende Faktoren sowie das Alter und Geschlecht in die Analyse einbezogen, so zeigt sich wieder ein ähnliches Muster wie bei den Querschnittsauswertungen am Ende der Betrachtungsperioden (vgl. Kapitel 5.2.2.2). Sowohl für den Längsschnittdatensatz in den 1980er Jahren als auch in den 1990er Jahren hat zunächst das Geschlecht den signifikantesten Einfluss auf das ehrenamtliche Engagement. Während bei den Frauen im erstgenannten Datensatz mit einer Ehrenamtsquote von 16,7 % keine weiteren Einflussfaktoren ‚statistisch' zu identifizieren sind, hängt die Quote des ehrenamtlichen Engagements bei den Männern mit einer Quote von insgesamt 29,0 % wiederum von der Dauer der Arbeitslosigkeit während der letzten vier Jahre ab. Allerdings waren dieses Mal etwa 50,0 % der Gruppe der zwischen 6 und 12 Monaten Arbeitslosen am häufigsten im Untersuchungsraum ‚mindestens einmal ehrenamtlich tätig'. Erst dann folgte die Gruppe der nicht oder nur kurz (bis 6 Monate) arbeitslos Gewesenen. Die Gruppe der ein Jahr und länger Arbeitslosen, von denen im Durchschnitt der vier Betrachtungsjahre noch 12,7 % mindestens einmal ehrenamtlich tätig waren,

391 Hier abgebildet durch die Dauer der Arbeitslosigkeit in den letzten vier Jahren (in Monaten) sowie durch die Variablen ‚Mindestens zu einem Befragungszeitpunkt im Untersuchungszeitraum erwerbslos gewesen' bzw. ‚Während des Untersuchungszeitraum – nach Erwerbstätigkeit im Ausgangsjahr - erwerbslos geworden'.

unterscheidet sich schließlich noch darin, ob sie im Jahr 1988 zu den Rentnern zählten (33,3 %) oder nicht (9,0 %).
Auch die Auswertungsergebnisse für den zweiten Längsschnitt decken sich weitgehend mit den für das Jahr 1999 ermittelten Strukturen (vgl. Kapitel 5.2.2.2). Denn bei den Frauen hängt die Quote der ehrenamtlichen Beteiligung von insgesamt 19,3 % nun wiederum von der Dauer der Arbeitslosigkeit in den vier untersuchten Jahren ab. Bei den Männern mit einer Beteiligungsquote von insgesamt 27,2 % spielt es dagegen eine Rolle, ob sie zu einem der Erhebungszeitpunkte erwerbslos waren (18,0 %) oder nicht (29,4 %). Waren sie es nicht, so ist es auf der nächst ‚tieferen' Analyseebene entscheidend, ob sie im Jahr 1999 erwerbstätig sind (32,3 %) oder nicht (25,1 %). Aus diesen Ergebnissen wird deutlich, dass die Arbeitsmarktintegration auch am Ende des Erwerbslebens für ältere (Erwerbs)Personen eine signifikante Bedeutung für die Teilhabe an ehrenamtlichem Engagement aufweist.
Erweitert man nun den Kreis an erklärenden Faktoren, so erweist sich – indirekt – wiederum die Bildung als entscheidender Einflussfaktor. Denn während mit zunehmender (Aus-) Bildungsdauer tatsächlich – noch vor dem Geschlecht – das ehrenamtliche Engagement zwischen 1996 und 1999 signifikant ansteigt, so zeigt sich in den 1980er Jahren zumindest nach der Differenzierung in ‚Deutsche' (26,2 %) bzw. ‚Nicht-Deutsche' (7,7 %) und der anschließenden Aufteilung der ‚Deutschen' nach Geschlecht, dass die (Aus-)Bildungsdauer bei Männern (34,3 %) und die Höhe des schulischen Abschlusses bei den Frauen (19,1 %) die Teilhabe an ehrenamtlichem Engagement positiv beeinflussen.
Insgesamt bleibt damit festzustellen, dass die ‚dynamischen' Auswertungen vergleichbare Strukturen zu den Querschnittsauswertungen aufweisen. Darüber hinaus belegt die Höhe der Quoten, dass es zu etwa zwei Drittel immer dieselben sind, die sich phasenweise gesellschaftlich engagieren. Denn während im Jahr 1988 bzw. im Jahr 1999 sich durchschnittlich 15,3 % bzw. 15,9 % aller älteren (Erwerbs-)Personen in Westdeutschland ehrenamtlich engagierten,[392] erhöhte sich die Beteiligungsquote im Längsschnitt[393] nur etwa auf 22,8 % bzw. 23,2 %. Da somit auf der anderen Seite in diesen Zeitspannen immerhin etwa drei Viertel aller älteren (Erwerbs-)Personen inaktiv blieben, kann als Konsequenz aus diesen Resultaten gefolgert werden, dass eine frühzeitige Einbindung in ehrenamtliches Engagement unerlässlich erscheint, wenn Prozesse der doppelten Exklusion am Ende des Erwerbslebens vermieden werden sollen. Dies gilt um so mehr, als zu erwarten ist, dass der Trend einer steigenden Zahl älterer Langzeitarbeitsloser auch in Zukunft anhalten wird.

5.2.3 Zwischenfazit

Die Disparitäten bei der Beteiligung am ehrenamtlichen Engagement älterer (Erwerbs-) Personen spiegeln – ähnlich wie dies hinsichtlich der Arbeitsmarktintegration offengelegt wurde – die Ungleichverteilung von Chancen und Ressourcen in der Gesellschaft

---

392 Die Abweichungen zu den Quoten der deskriptiven Analysen ergeben sich daraus, dass bei CHAID-Analysen auf die jeweiligen Gewichtungsfaktoren verzichtet wurde.

393 Das heißt, wenn man all diejenigen berücksichtigt, die zumindest einmal zwischen den Jahren 1985 und 1988 bzw. zwischen den Jahren 1996 und 1999 angaben, sich ehrenamtlich engagiert zu haben.

wider. Während in den untersuchten Längsschnittpopulationen ‚horizontale' Ungleichheitsmerkmale, wie Geschlecht und Alter, zwar zentrale, aber nur untergeordnete Erklärungsfaktoren darstellen, so sind es vor allem Schichtungsvariablen, die zu gruppenspezifischen Differenzierungen hinsichtlich der ehrenamtlichen Teilhabe führen. Insbesondere die Dauer der (Aus-)Bildung, die einerseits als Indikator für das Qualifikationsniveau steht, andererseits aber auch Aspekte der individuellen Sozialisation enthält, konnte als der wesentlichste Einflussfaktor sowohl in den 1980er auch in den 1990er Jahren in Westdeutschland identifiziert werden. Neben der Humankapitalausstattung spielt dann das Vorhandensein sozialer Netzwerke (wie eines Partners bzw. einer Familie), das Eingebundensein in die Gesellschaft als Staatsbürger oder beispielsweise die Gesundheit eine wichtige Rolle.
Darüber hinaus kann aber auch die diesem Kapitel zugrunde gelegte Hypothese 2 (vgl. Kapitel 3.3.2) als bestätigt gelten, da hier sozusagen die Null-Hypothese ‚Die Arbeitsmarktintegration hat keine Bedeutung für die Teilhabe am ehrenamtlichen Engagement' verworfen werden kann. So weist ehrenamtliches Engagement auch am Ende des Erwerbslebens – trotz der Diskussionen um Individualisierung und Pluralisierung der Lebensstile Älterer (einschließlich veränderter Wertvorstellungen und Einstellungen) – einen signifikanten Zusammenhang zur Erwerbsbeteiligung bzw. zu Phasen der Erwerbs- bzw. Arbeitslosigkeit auf. Dies bedeutet, dass die Integration in den Arbeitsmarkt auch bei älteren (Erwerbs-)Personen die Chance eines ehrenamtlichen Engagements erhöht.
Zudem konnte empirisch belegt werden, dass engagierte Personen, die in der Regel auch schon vor der Phase der Arbeitslosigkeit aktiv waren, schneller aus dieser Situation der Arbeitsmarktexklusion wieder herausfinden bzw. in den Arbeitsmarkt integriert werden (vgl. auch Sing 2001). Vor allem das Eingebundensein in soziale Netze und das Vorhandensein von Ressourcen können somit als Voraussetzungen für Engagementbereitschaft – gleichzeitig aber auch für Erwerbsarbeit – gewertet werden. Allerdings gilt auch anders herum, dass Ehrenamt ein gewisses, oft hohes Maß an Qualifikation bzw. Qualifizierbarkeit voraussetzt. Lange Phasen der Arbeitslosigkeit bzw. Langzeitarbeitslosigkeit wirken dabei ähnlich wie ein geringes Bildungsniveau: Sie führen zu Dequalifizierungsprozessen sowie zum Verlust von Fähigkeiten, aber auch von sozialen Kompetenzen (vgl. z.B. Jahoda u.a. 1975) und verringern letztlich die Bereitschaft für ehrenamtliche Tätigkeiten. Dies bedeutet, dass der Übergang in Rente durch den vorzeitigen (unfreiwilligen) Ausschluss aus dem Arbeitsmarkt in Form von Arbeitslosigkeit nicht zur absoluten Bruchstelle im Lebenslauf der Personen im Übergang in den Ruhestand werden darf.
Mittel- bis langfristig müsste daher ein gesellschaftliches Umdenken stattfinden, so dass rechtzeitig geeignete Maßnahmen getroffen werden, die eine echte Alternative zur fehlenden Arbeitsmarktintegration bieten bzw. die den negativen Effekten (z.B. ‚Tunneleffekt' bei Langzeitarbeitslosen etc.) langanhaltender Arbeitslosigkeit frühzeitig entgegenwirken. Denn die Lebenssituation der älteren Arbeitslosen ändert sich häufig gerade dann, wenn diese das Rentenalter erreichen und für sie damit – im Sinne einer neuen Statuspassage (vgl. Kohli 1985) – eine neue Lebenslage entsteht. Der Betroffene muss nicht mehr als Arbeitsloser, wie von der Gesellschaft erwartet, arbeitsmarktorientiert sein, sondern ist als Rentenempfänger von dieser Pflicht entbunden. Die neue Statuspassage wird als neue Freiheit und Zeitsouveränität empfunden.

Auch wenn die doppelte Exklusion von Arbeitsmarkt und gesellschaftlicher Teilhabe in Form ehrenamtlichen Engagements bereits (eher) priviligierte oder aber benachteiligte soziale Lagen abbildet, so ist damit noch keine individuelle Bewertung dieser Lebenslagen erfolgt. Wie die Diskussion um die Herausbildung verschiedener Lebensstile in der Gesellschaft zeigte (vgl. Kapitel 3.2.2.2.3), können zwar soziale Disparitäten bestehen und auch als solche von den unterschiedlichen Personengruppen wahrgenommen werden. Für die subjektive Zuordnung zu eher günstigen oder aber eher benachteiligten sozialen Lagen können jedoch auch ganz andere Faktoren aufgrund individueller Einstellungen, subjektiver Orientierungen und Bewertungen eine Rolle spielen. Aus diesem Grunde werden die bisherigen empirischen Analysen um die Bewertung der beobachteten Lebenslagen ergänzt.

5.3 Soziale Ungleichheit durch Exklusionsprozesse am Ende des Erwerbslebens

Bisher wurde gezeigt, dass Erwerbsbeteiligung und Teilhabe an ehrenamtlichem Engagement sowohl in Querschnitts- als auch in Längsschnittsbetrachtungen in einem signifikanten Zusammenhang – vor allem hinsichtlich der Dauer der Arbeitslosigkeit – stehen. In diesem Kapitel soll nun unter dem Fokus ‚sozialer Ungleichheit' die Frage vertieft werden, ob die unterschiedlichen Formen der Integration bzw. des Ausschlusses aus dem Arbeitsmarkt und dem Ehrenamtsbereich sich auf die (subjektiv wahrgenommene) Lebenszufriedenheit – im Sinne unterschiedlicher sozialer Lebenslagen – auswirken.[394] Bei der diesbezüglich zu überprüfenden Hypothese wird davon ausgegangen (vgl. Kapitel 3.3.2), dass Erwerbsbeteiligung und ehrenamtliches Engagement – wie es auch gemäß der Aktivitätsthese unterstellt wird – zu einer höheren Lebenszufriedenheit führen (vgl. dazu insbesondere auch Isforth 1997).

Demnach handelt es sich bei beobachtbaren gesellschaftlichen Ausschlussprozessen aus Erwerbsarbeit bzw. ehrenamtlichem Engagement nicht im Sinne von Lebensstilkonzepten um ‚selbst gewählte' alltägliche Verhaltensweisen, sondern diese müssen als vertikale und horizontale soziale Ungleichheit bzw. als ‚unfreiwillige' Ausschlüsse aus zentralen Lebensbereichen der Gesellschaft interpretiert werden. Dass sich die (allgemeine) Lebenszufriedenheit als Indikator für die Abbildung von ‚unfreiwilligen' Ausschlussprozessen beispielsweise in Form von registrierter Arbeitslosigkeit eignet, wird dabei auch von Gerlach und Stephan (2001) bestätigt:

> So kann beispielsweise ein Indikator „aufbauend auf der Vermutung konstruiert werden, dass sich ‚freiwillig' Arbeitslose in ihrer Lebenszufriedenheit nicht von Nichterwerbstätigen unterscheiden sollten, sondern Arbeitslosigkeit als natürliche Begleiterscheinung der Arbeitsplatzsuche bei einem gegebenen Reservationslohnsatz und damit gegebenem Anspruchsniveau an einen neuen Arbeitsplatz akzeptieren. Eine niedrigere Lebenszufriedenheit von Arbeitslosen im Vergleich zu Nichterwerbstätigen wird hingegen – bei Kontrolle

394 Die allgemeine Lebenszufriedenheit kann als ein „globales, bilanzierendes Maß des Wohlbefindens, d.h. der subjektiven Lebensqualität" (Glatzer, Zapf 1984) aufgefasst werden. Somit wird in diesem Kapitel die Perspektive gewechselt: Erwerbsbeteiligung und ehrenamtliches Engagement werden nicht als abhängige Variable verwendet, sondern als erklärende Größe für unterschiedliches Wohlbefinden (vgl. ähnlich Spellerberg 1997, S. 34).

für den Verlust an Einkommen – auf die Unfreiwilligkeit von Arbeitslosigkeit hinweisen. Dieser Indikator basiert damit vollständig auf der Selbstwahrnehmung der Befragten hinsichtlich ihrer Situation, ihrer Erfahrungen und ihrer Ansprüche" (Gerlach, Stephan 2001, S. 517).

In diesem Kapitel werden daher im Rahmen der These der doppelten Exklusion die Zusammenhänge zwischen Erwerbsstatus, ehrenamtlichem Engagement und Lebenszufriedenheit sowie ihre Veränderungen zwischen den 1980er und 1990er Jahren empirisch untersucht. Dabei wird unterstellt, dass Arbeits- bzw. Erwerbslose mit ihrem (gegenwärtigen) Leben unzufriedener sind als Erwerbstätige. Aufgrund zunehmender Exklusionsprozesse Älterer – insbesondere älterer Männer – aus dem Arbeitsmarkt dürfte dies negative Auswirkungen auf die durchschnittliche Lebenszufriedenheit gehabt haben.

Darüber hinaus wird angenommen, dass ehrenamtliches Engagement als Form sozialer Teilhabe sich positiv auf die Bewertung der individuellen Lebenssituation auswirkt, wobei die Integration durch Ehrenamt die Arbeitsmarktintegration nicht ersetzen kann. Vielmehr wird von parallel wirkenden gesellschaftlichen Ausschlusstendenzen ausgegangen, die zu kumulativen Benachteiligungen führen. In diesem Sinne stellt ehrenamtliches Engagement aufgrund der dafür notwendigen bzw. vorhandenen Ressourcen einen eigenständigen Faktor zur Erklärung von Unterschieden in der Bevölkerung dar, wobei es hinsichtlich der Lebensqualität mit der Erklärungskraft objektiver und sozialstruktureller Merkmale konkurrieren kann.

Da der Indikator ‚Lebenszufriedenheit' aufgrund seiner subjektiven Messung bzw. Ermittlung durch den Befragten Probleme hinsichtlich der interpersonalen und intertemporalen Vergleichbarkeit aufwirft (vgl. Gerlach, Stephan 2001, S. 521), ist das hier zugrunde gelegte Untersuchungsdesign, das entsprechende Ausschlussprozesse in den 1980er mit denen in den 1990er Jahren in Westdeutschland vergleicht, sehr gut für die empirischen Analysen geeignet. Zwar kann auch hier die Frage interpersonaler Unterschiede nicht gelöst werden, durch die Untersuchungen von Entwicklungen, Übergängen und (signifikanten) Zusammenhängen ist es jedoch möglich, Aussagen hinsichtlich ‚eher günstigerer' bzw. ‚eher ungünstigerer' sozialer Lebenslagen zu treffen. Denn: „Informationen über die Veränderung der Lebenszufriedenheit infolge veränderter Lebensumstände [sind, D.S.] als wesentlich valider anzusehen (...) als Informationen über das Niveau der Lebenszufriedenheit. Zwar werden auch die Veränderungen einer subjektiven Bewertung unterliegen, aber zumindest das Vorzeichen der Änderung kann als eindeutig angesehen werden" (Gerlach, Stephan 2001, S. 521).

Ziel dieses Kapitels ist es somit, den Zusammenhang zwischen Erwerbsstatus am Ende des Erwerbslebens beim Übergang in den Ruhestand, Teilhabe am ehrenamtlichen Engagement und Lebenszufriedenheit sowie unter Umständen gesellschaftlich ‚wandelnde' Orientierungen systematisch zu untersuchen. In Kapitel 5.3.1 wird diesbezüglich zunächst ein Überblick über die Zusammenhänge zwischen Lebenszufriedenheit, Erwerbsstatus, Status als Rentner sowie ehrenamtlicher Beteiligung in den Jahren 1985 und 1996 in Westdeutschland für die älteren (Erwerbs-)Personen gegeben. In Kapitel 5.3.2 werden die deskriptiven Analysen einfacher Mittelwertvergleiche der Lebenszufriedenheit nach Gruppen durch den Ausweis der Veränderung der Lebenszufriedenheit infolge der Änderung des Erwerbsstatus und der ehrenamtlichen Beteiligung ergänzt. Von Interesse ist schließlich, welche Erklärungskraft Aspekte der Arbeitsmarktintegration und der Teilhabe an ehrenamtlichem Engagement – zunächst ohne und dann mit Berücksichtigung wichtiger Kontrollvariablen – für die allgemeine Lebenszufriedenheit in den beiden Untersuchungszeiträumen haben. Dies wird mit multivariaten linearen Regressionen in verschiedenen Modellen in Kapitel 5.3.3 untersucht.

5.3.1 Unterschiede in der Lebenszufriedenheit zwischen der ersten und zweiten Betrachtungsperiode

Die Abbildung 5.3.1 gibt die durchschnittliche subjektive Lebenszufriedenheit älterer Männer und Frauen (zwischen 45 und 69 Jahren im jeweiligen Ausgangsjahr) zwischen 1985 und 1988 sowie zwischen 1996 und 1999 in Westdeutschland wieder. Wie man deutlich erkennen kann, lag die – auf einer Skala von ‚0' (d.h. ‚ganz und gar unzufrieden') bis ‚10' (d.h. ‚ganz und gar zufrieden') – gemessene Lebenszufriedenheit im ersten Betrachtungszeitraum in den 1980er Jahren im Durchschnitt wesentlich über der des zweiten in den 1990er Jahren.[395] Die Angaben der Männer und Frauen unterscheiden sich dabei in den einzelnen Jahren nur wenig – allerdings fast immer mit der Tendenz einer geringfügig niedrigeren Lebenszufriedenheit bei Frauen. Die dazugehörigen Standardabweichungen weisen darauf hin, dass höhere Streuwerte – bei einem insgesamt hohen Niveau in beiden Untersuchungsperioden – eher im ersten Längsschnitt (zwischen minimal 1,88 und maximal 2,14) zu beobachten sind, während die Angaben der einzelnen Personengruppen im zweiten Längsschnitt (zwischen minimal 1,83 und maximal 1,91) insgesamt etwas näher beieinander lagen.
Während die sukzessiv abnehmende Lebenszufriedenheit der Männer und Frauen im ersten Längsschnitt nicht zuletzt durch das Alter bzw. die mit dem Alter zunehmenden Erkrankungen erklärt werden kann,[396] spiegelt sich das Kriterium der intertemporalen Vergleichbarkeit, das auf der Annahme stabiler individueller Präferenzen bzw. des persönlichen Bewertungsmaßstabes beruht, im zweiten Längsschnitt nicht ohne weiteres wider. Dennoch erscheint der Einbruch bei den Werten zur ‚gegenwärtigen' Lebenszufriedenheit – aufgrund der besonderen Arbeitsmarktsituation für Ältere in den 1990er Jahren, die sich gerade im Jahr 1997 durch die höchsten Arbeitslosenquoten bei den älteren Erwerbspersonen auszeichnete (vgl. dazu ausführlich Kapitel 2.2.2.2) – plausibel zu sein.
Gerlach und Stephan führen diesbezüglich aus, dass ein hohes Arbeitslosigkeitsniveau unterschiedliche Auswirkungen auf die Lebenszufriedenheit der einzelnen gesellschaftlichen Gruppen haben kann, so dass a priori keine eindeutigen Aussagen über die Wirkungsrichtung bzw. -stärke eines hohen Arbeitslosigkeitsniveaus auf die allgemeine

---

395 Damit weichen die hier ermittelten Ergebnisse von denen für die Gesamtbevölkerung in Westdeutschland auf Basis des Wohlfahrtssurvey berechneten Mittelwerte deutlich ab (vgl. Buhlmann 2002, S. 432). Bei gleicher zugrunde gelegter Skala von ‚0' bis ‚10' wird dort für einzelne Jahre zwischen 1978 und 2001 Werte von minimal 7,6 und maximal 7,9 ausgewiesen. So war zwar auch im Jahr 1988 die Lebenszufriedenheit mit einem Mittelwert von 7,9 relativ hoch, sie sank aber bis zum Jahr 1998 nur geringfügig auf einen durchschnittlich Wert von 7,7 ab.

396 Ein weiterer Erklärungsansatz findet sich bei Holst und Schupp (1996, S. 187) (vgl. dazu auch die Ausführungen in Kapitel 4.2.1.6).

Abbildung 5.3.1: Entwicklung der subjektiven Einschätzung der Lebenszufriedenheit[1] älterer Männer und Frauen in Westdeutschland zwischen 1985 und 1988 sowie zwischen 1996 und 1999 (Angabe von Mittelwerten)

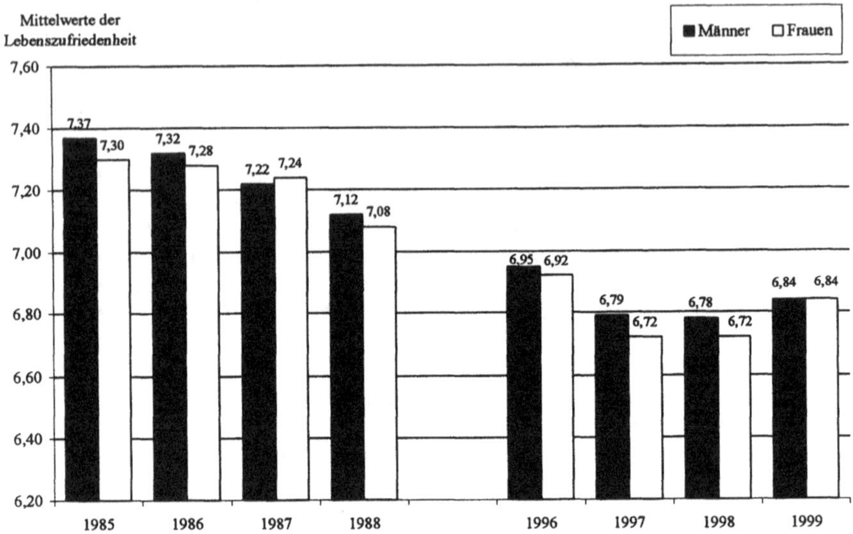

Anmerkung: Angabe der arithmetischen Mittelwerte der Lebenszufriedenheit, die mit Werten zwischen ‚0' (d.h. ‚ganz und gar unzufrieden') und ‚10' (d.h. ‚ganz und gar zufrieden') bewertet werden konnte.

Quelle: Eigene Auswertungen des SOEP, Längsschnittdatensätze und -gewichtungen.

Lebenszufriedenheit getroffen werden können. Für die Arbeitslosen stellen sie fest: „So könnte eigene Arbeitslosigkeit die Lebenszufriedenheit vergleichsweise weniger beeinträchtigen, wenn die Arbeitslosenquote in der Vergleichsgruppe zunimmt und damit die Zahl der bessergestellten Vergleichspersonen zurückgeht. Jedoch könnte eine steigende Arbeitslosigkeit in der Vergleichsgruppe auch als demotivierend wahrgenommen werden" (Gerlach, Stephan, 2001, S. 518). Für Erwerbstätige stellt sich die Situation spiegelbildlich dar: „Entsprechend kann eine eigene Erwerbstätigkeit mit einer steigenden Arbeitslosenquote in der Vergleichsgruppe – also einer steigenden Zahl schlechter gestellter Vergleichspersonen bei einer gleichzeitig steigenden Bedrohung durch Arbeitslosigkeit – sowohl als positiver als auch als negativer wahrgenommen werden" (Gerlach, Stephan, 2001, S. 518).

Insgesamt kann jedoch begründet angenommen werden, dass mit zunehmender gesamtgesellschaftlicher Arbeitslosigkeit eher das – individuell negativ empfundene – Risiko steigt, selbst auch arbeitslos zu werden bzw. es weiterhin zu bleiben. Denn betrachtet man schließlich die nach der Erwerbsbeteiligung und Geschlecht differenzierte Lebenszufriedenheit in den Jahren 1985 und 1996 in Westdeutschland (vgl. Tabelle 5.3.1), so zeigt sich ganz deutlich, dass Erwerbs- bzw. Arbeitslose – im Vergleich zu

Tabelle 5.3.1: Subjektive Einschätzung der Lebenszufriedenheit[1] älterer Männer und Frauen in Westdeutschland in den Jahren 1985 und 1996 in Westdeutschland nach Erwerbsbeteiligung, Status als Rentner im Befragungsjahr sowie ehrenamtlichen Engagement (Angabe von Mittelwerten und Standardabweichungen)

	45-49 Jahre		50-54 Jahre		55-59 Jahre		60-64 Jahre		65-69 Jahre		45-69 Jahre	
	MW	*Std.*	MW	*Std.*	MW	*Std.*	MW	*Std.*	MW	*Std.*	MW	*Std.*
Männer	1985											
Erwerbstätige	7,35	*1,70*	7,50	*1,75*	7,60	*1,84*	7,41	*2,14*	(8,27)	*(1,61)*	7,47	*1,79*
Erwerbslose, davon:	(6,05)	(3,09)	(5,42)	(3,19)	(5,84)	(2,95)	(7,62)	(1,57)	-	-	5,87	3,06
▪ *Reg. Arbeitslose*	*(6,05)*	*(3,09)*	*(5,42)*	*(3,20)*	*(5,84)*	*(2,95)*	*(7,81)*	*(1,75)*			*5,84*	*3,09*
▪ *Stille Reserve*	-	-	*(5,42)*	*(1,96)*	-	-	*(7,00)*	*(0,00)*			*(6,84)*	*(0,78)*
Nichterwerbstätige	(8,29)	*(1,64)*	(5,16)	*(2,26)*	6,40	*2,05*	7,73	*2,02*	7,57	*2,27*	7,36	*2,24*
Rentner	(8,43)	*(1,46)*	(5,94)	*(2,38)*	6,51	*2,14*	7,70	*1,97*	7,63	*2,22*	7,43	*2,17*
Ehrenamtlich Engagierte	7,52	*1,81*	7,76	*1,85*	7,57	*1,66*	8,11	*1,56*	(8,44)	*(1,45)*	7,75	*1,74*
Nicht ehrenamtlich Engagierte	7,26	*1,79*	7,01	*2,13*	7,21	*2,09*	7,48	*2,15*	7,41	*2,36*	7,24	*2,06*
Gesamt	7,34	*1,80*	7,17	*2,10*	7,32	*2,02*	7,61	*2,06*	7,65	*2,22*	7,37	*2,01*
	1996											
Erwerbstätige	7,04	*1,86*	6,96	*1,82*	7,01	*1,85*	7,13	*1,34*	(6,93)	*(1,66)*	7,01	*1,82*
Erwerbslose, davon:	(5,86)	(1,68)	(5,88)	(1,73)	6,77	1,94	(7,63)	(1,07)	(6,55)	(0,05)	6,47	1,88
▪ *Reg. Arbeitslose*	*(6,27)*	*(1,42)*	*(5,88)*	*(1,73)*	*6,68*	*1,91*	*(7,38)*	*(1,32)*	-	-	*6,47*	*1,83*
▪ *Stille Reserve*	*(3,66)*	*(1,11)*	-	-	*(8,04)*	*(1,86)*	*(8,00)*	*(0,00)*	*(6,55)*	*(0,50)*	*(6,53)*	*(2,25)*
Nichterwerbstätige	(5,99)	*(1,71)*	(6,89)	*(2,00)*	6,16	*2,23*	6,83	*1,72*	7,51	*1,62*	6,99	*1,86*
Rentner	(6,17)	*(1,54)*	(6,55)	*(1,53)*	6,27	*2,12*	6,89	*1,66*	7,47	*1,61*	6,97	*1,80*
Ehrenamtlich Engagierte	6,92	*1,55*	7,50	*1,38*	7,56	*1,41*	7,38	*1,35*	8,11	*1,30*	7,48	*1,46*
Nicht ehrenamtlich Engagierte	6,95	*1,93*	6,71	*1,90*	6,64	*2,04*	6,77	*1,69*	7,28	*1,63*	6,83	*1,90*
Gesamt	6,93	*1,88*	6,85	*1,84*	6,80	*1,97*	6,92	*1,63*	7,44	*1,63*	6,95	*1,84*

noch Tabelle 5.3.1:

	45-49 Jahre		50-54 Jahre		55-59 Jahre		60-64 Jahre		65-69 Jahre		45-69 Jahre	
	MW	*Std.*	MW	*Std.*	MW	*Std.*	MW	*Std.*	MW	*Std.*	MW	*Std.*
Frauen	1985											
Erwerbstätige	7,25	*1,92*	7,03	*1,51*	7,86	*2,12*	7,22	*1,75*	(8,83)	*(1,58)*	7,36	*1,89*
Erwerbslose, davon:	6,25	*2,19*	(7,54)	*(2,13)*	(5,94)	*(3,04)*	(10,0)	*(0,00)*	-	-	6,80	*2,47*
▪ *Reg. Arbeitslose*	*(6,45)*	*(2,13)*	*(7,60)*	*(2,41)*	*(5,94)*	*(3,04)*	*(10,0)*	*(0,00)*			*6,74*	*2,60*
▪ *Stille Reserve*	*(6,04)*	*(2,22)*	*(7,49)*	*(1,87)*	-	-	*(10,0)*	*(0,00)*			*6,87*	*2,27*
Nichterwerbstätige	7,58	*2,05*	7,11	*2,53*	7,64	*1,97*	7,12	*2,17*	7,20	*2,38*	7,29	*2,24*
Rentner	(5,67)	*(2,31)*	5,59	*2,43*	7,11	*2,01*	6,94	*2,20*	7,30	*2,35*	6,89	*2,31*
Ehrenamtlich Engagierte	7,13	*1,82*	(7,24)	*(1,86)*	8,18	*1,58*	(7,66)	*(1,60)*	(8,47)	*(2,14)*	7,63	*1,85*
Nicht ehrenamtlich Engagierte	7,29	*2,03*	7,07	*2,16*	7,59	*2,13*	7,08	*2,19*	7,21	*2,23*	7,25	*2,15*
Gesamt	7,28	*2,01*	7,10	*2,12*	7,67	*2,09*	7,15	*2,14*	7,30	*2,37*	7,30	*2,14*
Erwerbstätige	6,66	*1,87*	7,29	*1,43*	7,08	*1,71*	(7,47)	*(1,55)*	(8,10)	*0,88*	7,05	*1,70*
Erwerbslose, davon:	6,98	1,72	4,80	2,62	6,73	1,49	(7,42)	(1,96)	(9,00)	(0,00)	6,03	2,36
▪ *Reg. Arbeitslose*	*(6,60)*	*(1,75)*	*(4,70)*	*(2,77)*	*6,89*	*1,53*	*(8,23)*	*(1,74)*	*(9,00)*	*(0,00)*	*5,82*	*2,57*
▪ *Stille Reserve*	*(7,26)*	*(1,65)*	*(5,50)*	*(0,50)*	*(6,21)*	*(1,19)*	*(6,79)*	*(1,89)*	-	-	*6,58*	*1,58*
Nichterwerbstätige	6,96	*1,62*	7,14	*1,61*	6,95	*1,81*	7,09	*1,81*	6,80	*1,85*	6,96	*1,80*
Rentner	(6,19)	*(1,85)*	(7,55)	*(1,76)*	6,77	*1,73*	7,06	*1,88*	6,85	*1,81*	6,91	*1,83*
Ehrenamtlich Engagierte	7,12	*1,75*	7,64	*1,34*	7,38	*1,51*	(7,37)	*(1,77)*	(7,70)	*(1,36)*	7,43	*1,57*
Nicht ehrenamtlich Engagierte	6,77	*1,72*	6,72	*2,03*	6,91	*1,76*	7,20	*1,81*	6,75	*1,83*	6,87	*1,84*
Gesamt	6,76	*1,80*	6,79	*2,00*	6,98	*1,74*	7,16	*1,78*	6,89	*1,83*	6,92	*1,83*

Anmerkung: Angabe der arithmetischen Mittelwerte der Lebenszufriedenheit mit Werten zwischen ‚0' (d.h. ‚ganz und gar unzufrieden') und ‚10' (d.h. ‚ganz und gar zufrieden'). Das hier verwendete Erwerbskonzept unterscheidet sich von dem des Mikrozensus. Bei Fallzahlen von N < 30 sind die Ergebnisse in () ausgewiesen.

Quelle: Eigene Auswertungen des SOEP, Längsschnittdatensätze und -gewichtungen.

den Erwerbstätigen bzw. Nichterwerbstätigen – jeweils am unzufriedensten mit ihrer gegenwärtigen Lebenssituation sind. So weisen sowohl im Jahr 1985 als auch im Jahr 1996 die als arbeitslos registrierten älteren Männer (mit Mittelwerten von 5,84 (1985) und 6,47 (1996)) und Frauen (mit Mittelwerten von 6,74 (1985) und 5,82 (1996)) die geringste Lebenszufriedenheit auf, während bei den erwerbstätigen Männern (mit Mittelwerten von 7,47 (1985) und 7,01 (1996)) und Frauen (mit Mittelwerten von 7,36 (1985) und 7,05 (1996)) jeweils die höchste Lebenszufriedenheit zu finden ist. Die Werte der Nichterwerbstätigen liegen bei allen betrachteten Gruppen jeweils zwischen denen der Arbeitslosen und denen der Erwerbstätigen.

Auffällig beim Vergleich der beiden Untersuchungszeiträume ist allerdings, dass die Lebenszufriedenheit unter den älteren (Erwerbs-)Personen zwar insgesamt deutlich zurückging, die durchschnittliche Lebenszufriedenheit der arbeitslosen bzw. erwerbslosen Männer aber in diesem Zeitraum ein wesentlich höheres Niveau erreichte. Diesbezüglich zeigt insbesondere auch die Differenzierung nach Altersgruppen interessante Ergebnisse. So sind es vor allem die 55- bis 59-jährigen arbeitslosen Männer, die im Jahr 1996 mit einem durchschnittlichen Mittelwert von 6,68 einen deutlich höheren Zufriedenheitswert mit ihrem gegenwärtigen Leben aufweisen als ihre Alterskollegen im Jahr 1985 mit einem Mittelwert von 5,84.[397] Es liegt somit die Vermutung nahe, dass die gesetzliche ‚Institutionalisierung' eines Vorruhestandes über den Weg der Arbeitslosigkeit durch § 428 SGB III zunehmend als ein ‚regulärer' bzw. gesellschaftlich akzeptierter Weg des Übergangs in den Ruhestand von den betroffenen Männern hingenommen wird. So könnte die langandauernde gesamtgesellschaftliche Arbeitslosigkeit auf hohem Niveau zu veränderten Einstellungen – im Sinne eines ‚Werte- bzw. Normenwandels' – bei den Betroffenen geführt haben, so dass Arbeitslosigkeit ihren stigmatisierenden Charakter zunehmend verliert.

Auf der anderen Seite zeigen die Auswertungsergebnisse beispielsweise für die erwerbstätigen Männer zwischen 50 und 54 Jahren eine zwischen den 1980er und 1990er Jahren von durchschnittlich 7,50 auf 6,96 deutlich gesunkene Lebenszufriedenheit. Zwar kann das insgesamt niedrigere Lebenszufriedenheitsniveau der erwerbstätigen Männer und Frauen im Jahr 1996 im Vergleich zu 1985 auf zahlreiche potenzielle Einflussfaktoren (z.B. Intensivierung, Verdichtung der Arbeit bzw. Flexibilisierung der Arbeitsbedingungen etc.) zurückgeführt werden, in Anlehnung an Gerlach und Stephan (2001) sowie der dort angegebenen Literatur ist aber auch nicht auszuschließen, dass dieser beobachtbare Effekt bei den 50- bis 54-jährigen Männern als eine Antizipation des eigenen (zukünftigen) unfreiwilligen Ausscheidens aus dem Erwerbsleben zu interpretieren ist.[398]

Neben dem Zusammenhang Erwerbsbeteiligung und Lebenszufriedenheit sind in der Tabelle 5.3.1 auch entsprechende nach Alter und Geschlecht differenzierte Werte für

---

397 Ein ähnliches Muster findet sich auch bei den 55- bis 59-jährigen Frauen, auch wenn die Lebenszufriedenheit der erwerbs- und arbeitslosen Frauen zwischen 1985 und 1996 insgesamt abgenommen hat.

398 So führen diese aus: „Gegenwärtig Arbeitslose haben bereits im Vorjahr und im Vorvorjahr eine geringere Lebenszufriedenheit aufgewiesen als gegenwärtig Vollzeitbeschäftigte. Dies kann bedeuten, dass unzufriedenere Menschen eher entlassen werden, dass sie eher kündigen, oder aber dass sie ihren Arbeitsplatzverlust bereits antizipiert haben" (Gerlach, Stephan 2001, S. 523).

den Status als Rentner bzw. Rentnerin sowie der Teilhabe an ehrenamtlichem Engagement wiedergegeben. Auch hier ermöglichen die einfachen Mittelwertvergleiche einen ersten Überblick: Während die durchschnittlichen Lebenszufriedenheitswerte der Rentner und Rentnerinnen etwa zwischen den Werten der Erwerbstätigen bzw. Nichterwerbstätigen der jeweils untersuchten Populationen liegen, weisen die ehrenamtlich Engagierten insgesamt die höchsten Zufriedenheitswerte auf, die sowohl im Jahr 1985 als auch im Jahr 1996 noch deutlich über den Gruppen der erwerbstätigen Männer und Frauen liegen. Dabei kann auch für fast alle ausgewiesenen Teilpopulationen – bis auf die 45- bis 49-jährigen Frauen im Jahr 1985 sowie die Männer der gleichen Altersgruppe im Jahr 1996 – ein eindeutig positiver Einfluss bzw. Zusammenhang zwischen der Ausübung ehrenamtlicher Tätigkeiten und allgemeiner Lebenszufriedenheit festgestellt werden. Dieser ließ allerdings zwischen den beiden Beobachtungszeiträumen leicht nach und führte zu einer weitgehend gleich hohen durchschnittlichen Lebenszufriedenheit von ehrenamtlich engagierten Männern und Frauen.

5.3.2 Veränderung der allgemeinen Lebenszufriedenheit bei einer Änderung des Erwerbsstatus in der ersten und zweiten Betrachtungsperiode

Die vorausgegangenen Analysen werden in diesem Abschnitt durch die Verlaufsperspektive ergänzt. Hinsichtlich der Verwendung des Indikators ‚Lebenszufriedenheit' ist dies eine sehr zweckmäßige Vorgehensweise, da so – wie bereits erwähnt – das Problem interpersonaler Vergleichbarkeit bzw. unterschiedlicher Niveaueffekte weiter reduziert wird. Somit steht nicht die absolute Höhe der Lebenszufriedenheit im Mittelpunkt der Analysen, sondern die Veränderungen bzw. die Wirkungsrichtung von Veränderungen, die durch einen Wechsel in der Erwerbsbeteiligung bzw. der Teilhabe an ehrenamtlichem Engagement bedingt sind.

Tabelle 5.3.2 und Tabelle 5.3.3 zeigen, dass die größte positive Veränderung der Lebenszufriedenheit bei älteren (Erwerbs-)Personen im ersten Untersuchungszeitraum eintritt, wenn zuvor nicht engagierte Erwerbslose (1985 MW: 6,23) sowohl eine Erwerbstätigkeit als auch ein ehrenamtliches Engagement aufnehmen (1988 MW: 9,00). Zwar ist diese Angabe nur mit Vorsicht zu verwenden, da hier eine Fallzahl von unter 30 Befragten vorliegt, dennoch kann sie als ein wichtiger Hinweis auf die generelle Richtigkeit der hier zugrunde gelegten These der doppelten Exklusion – bzw. hier wohl besser im Sinne der doppelten gesellschaftlichen Inklusion – interpretiert werden. Auf der anderen Seite sind die Daten weder im ersten noch im zweiten Untersuchungszeitraum eindeutig in der Tendenz, dass das Ausscheiden aus Erwerbsarbeit – sei es in die Nichterwerbstätigkeit, sei es insbesondere aber in die Erwerbslosigkeit – deutlich negative Effekte auf die jeweilige Lebenszufriedenheit bedingt. Während hier in der kurzen Frist von einem Jahr zum Teil auch eine Erhöhung der Lebenszufriedenheit (erwerbslos im Jahr 1986 bzw. nicht erwerbstätig im Jahr 1997) beobachtet werden kann, scheint wiederum vor allem der ehrenamtlichen Beteiligung ein höherer und in seiner Wirkungsrichtung relativ eindeutiger Einfluss auf die Lebenszufriedenheit zuzukommen. Denn mehr als die Änderung des Erwerbsstatus der Erwerbstätigen – ähnliches gilt übrigens auch für die ursprünglich Nichterwerbstätigen – in den jeweiligen Folgejahren macht sich in der Regel die Teilhabe bzw. Nicht-Teilhabe am ehrenamtli-

Tabelle 5.3.2: Gruppenspezifische durchschnittliche allgemeine Lebenszufriedenheit in den Jahren 1986 und 1988 nach Änderung oder aber Kontinuität des Erwerbsstatus und/oder des ehrenamtlichen Engagements seit 1985 in Westdeutschland (Angabe von Mittelwerten)

t=1985	t=1986 / t=1988	Erwerbstätig in 1986 bzw. 1988		Erwerbslos in 1986 bzw. 1988		Nicht erwerbstätig in 1986 bzw. 1988		Erwerbsstatus in 1986 bzw. 1988			Ehrenamtliches Engagement in 1986 bzw. 1988		Fallzahlen	
		und ehrenamtlich engagiert		und ehrenamtlich engagiert		und ehrenamtlich engagiert		erwerbstätig	erwerbslos	nicht ewerbstätig	ja	nein	n	hochgerechnet in 1.000
		ja	nein	ja	nein	ja	nein							
		MW	MW	MW	MW	MW	MW	MW	MW	MW	MW	MW		
Erwerbstätig in 1985 und ehrenamtlich engagiert														
ja 7,79	1986	**7,85**	7,14	(8,62)	(7,00)	(7,84)	(6,36)	**7,64**	(7,89)	(7,21)	**7,86**	7,06	255	1.680
(MW)	1988	**7,38**	6,98	(7,69)	(5,17)	(7,50)	(6,40)	**7,22**	(6,63)	7,15	**7,42**	6,80	258	1.688
nein 7,34	1986	7,73	**7,27**	(6,98)	6,84	(8,22)	6,53	**7,30**	6,85	6,57	7,70	**7,20**	1.302	7.051
(MW)	1988	7,64	**7,04**	(7,50)	6,98	(6,92)	6,87	**7,09**	7,02	6,87	7,53	**7,01**	1.299	7.051
Erwerbslos in 1985 und ehrenamtlich engagiert														
ja (6,39)	1986	(7,20)	(6,00)	**(6,30)**	(7,23)	-	-	(6,78)	**(6,78)**	-	**(6,70)**	(6,87)	16	112
(MW)	1988	(7,11)	-	**(6,00)**	(7,44)	-	-	(7,11)	**(6,57)**	-	**(6,57)**	(7,44)	16	112
nein 6,23	1986	-	(6,13)	(6,29)	**6,40**	(7,00)	(7,80)	(6,13)	**6,39**	(7,76)	(6,64)	**6,72**	120	593
(MW)	1988	(9,00)	6,45	-	**6,59**	(6,67)	7,05	6,48	**6,59**	7,02	(6,89)	**6,70**	120	588
Nicht erwerbstätig in 1985 und ehrenamtlich engagiert														
ja 7,71	1986	(7,41)	(10,00)	-	(3,00)	**7,83**	6,68	(8,32)	(3,00)	**7,42**	**7,82**	6,67	135	951
(MW)	1988	(8,61)	(6,58)	-	(8,81)	**8,04**	6,88	(7,86)	(8,81)	**7,61**	**8,08**	6,93	134	946
nein 7,24	1986	(5,00)	(7,60)	-	(5,09)	7,71	**7,36**	(7,55)	(5,09)	**7,38**	7,69	**7,35**	949	6.538
(MW)	1988	(8,39)	(7,63)	(8,00)	(7,76)	7,14	**7,12**	(7,67)	(7,77)	**7,12**	7,18	**7,14**	952	6.551

Anmerkung: Das hier verwendete Erwerbskonzept unterscheidet sich von dem des Mikrozensus. Bei Fallzahlen von N < 30 sind die Ergebnisse in () ausgewiesen.

Quelle: Eigene Auswertungen des SOEP, Längsschnittdatensätze und -gewichtungen.

Tabelle 5.3.3: Gruppenspezifische durchschnittliche allgemeine Lebenszufriedenheit in den Jahren 1997 und 1999 nach Änderung oder aber Kontinuität des Erwerbsstatus und/oder des ehrenamtlichen Engagements seit 1996 in Westdeutschland (Angabe von Mittelwerten)

t=1996		t=1997 / t=1999	Erwerbstätig in 1997 bzw. 1999 und ehrenamtlich engagiert: ja (MW)	Erwerbstätig in 1997 bzw. 1999 und ehrenamtlich engagiert: nein (MW)	Erwerbslos in 1997 bzw. 1999 und ehrenamtlich engagiert: ja (MW)	Erwerbslos in 1997 bzw. 1999 und ehrenamtlich engagiert: nein (MW)	Nicht erwerbstätig in 1997 bzw. 1999 und ehrenamtlich engagiert: ja (MW)	Nicht erwerbstätig in 1997 bzw. 1999 und ehrenamtlich engagiert: nein (MW)	Erwerbsstatus in 1997 bzw. 1999: erwerbstätig (MW)	Erwerbsstatus in 1997 bzw. 1999: erwerbslos (MW)	Erwerbsstatus in 1997 bzw. 1999: nicht ewerbstätig (MW)	Ehrenamtliches Engagement in 1997 bzw. 1999: ja (MW)	Ehrenamtliches Engagement in 1997 bzw. 1999: nein (MW)	Fallzahlen: n	Fallzahlen: hochgerechnet in 1.000
Erwerbstätig in 1996 und ehrenamtlich engagiert															
ja	7,35	1997	**7,33**	6,78	(7,21)	(6,34)	(7,66)	(6,00)	**7,19**	(6,66)	(7,52)	**7,35**	6,74	240	1.573
	(MW)	1999	**7,42**	7,24	(7,20)	(7,62)	(7,04)	(6,88)	**7,37**	(7,36)	7,00	**7,35**	7,23	236	1.542
nein	6,98	1997	7,35	**6,81**	(8,27)	5,45	(5,97)	7,25	**6,85**	5,57	7,17	7,30	**6,77**	1.136	7.299
	(MW)	1999	7,63	**6,83**	(9,09)	5,64	(6,60)	6,81	**6,90**	5,85	6,79	7,56	**6,73**	1.131	7.265
Erwerbslos in 1996 und ehrenamtlich engagiert															
ja	(7,40)	1997	-	-	**(6,62)**	(6,26)	(7,36)	(5,00)	-	**(6,49)**	(7,19)	**(7,13)**	(5,95)	28	213
	(MW)	1999	(6,32)	(9,58)	**(7,06)**	(5,80)	(7,62)	(5,29)	(7,83)	**(6,82)**	(7,15)	**(7,28)**	(7,29)	27	206
nein	6,12	1997	-	(6,16)	-	**5,94**	-	7,03	(6,16)	**5,94**	7,03	-	**6,27**	213	1.411
	(MW)	1999	(6,82)	(6,18)	-	**6,74**	(6,49)	6,72	6,25	**6,74**	6,72	(6,66)	**6,67**	211	1.385
Nicht erwerbstätig in 1996 und ehrenamtlich engagiert															
ja	7,60	1997	(8,33)	(7,00)	(8,62)	-	**7,41**	7,14	(8,02)	(8,62)	**7,33**	**7,49**	7,14	154	1.265
	(MW)	1999	(6,89)	(8,00)	-	-	**7,65**	7,33	(7,10)	-	**7,54**	**7,63**	7,33	152	1.265
nein	6,87	1997	(9,00)	(5,92)	(5,00)	(5,84)	7,26	**6,58**	(6,18)	(5,83)	**6,61**	7,30	**6,56**	859	6.344
	(MW)	1999	(8,44)	(7,31)	(5,00)	(7,04)	7,29	**6,65**	(7,39)	(6,96)	**6,68**	7,32	**6,66**	857	6.255

Anmerkung: Das hier verwendete Erwerbskonzept unterscheidet sich von dem des Mikrozensus. Bei Fallzahlen von N < 30 sind die Ergebnisse in () ausgewiesen.

Quelle: Eigene Auswertungen des SOEP, Längsschnittdatensätze und -gewichtungen.

chen Engagement bei der durchschnittlich ermittelten Lebenszufriedenheit der unterschiedlichen Teilpopulationen bemerkbar.[399] Etwas anders sieht dies bei den Erwerbslosen aus. Zwar hat auch hier die Änderung des Erwerbsstatus in der Ein- bzw. Dreijahresfrist insgesamt keine eindeutig positive Tendenz in dem Sinne, dass eine höhere Arbeitsmarktintegration in Form von Erwerbstätigkeit generell zu einer höheren Lebenszufriedenheit führt. Zudem scheint hier aber auch der Konnex ‚gesellschaftliche Teilhabe erhöht die Lebenszufriedenheit' nicht zu bestehen.
Da somit die deskriptiven Analysen hinsichtlich der Effekte des Übergangs von einem zu einem anderen Erwerbs- bzw. gesellschaftlichen Teilhabestatus in Form von ehrenamtlichem Engagement bei den älteren (Erwerbs-)Personen in Westdeutschland keine eindeutige Kausalität zur Erhöhung bzw. Verringerung der Lebenszufriedenheit erkennen lassen, ist abschließend zu hinterfragen, wie hoch der Erklärungsbeitrag der untersuchten erklärenden Variablen tatsächlich jeweils am Ende der Untersuchungsperioden ist.

5.3.3 Zum Zusammenhang zwischen Lebenszufriedenheit und sozialer Lebenslage hinsichtlich unterschiedlicher Formen der Integration und individueller Ressourcen

Im folgenden Abschnitt wird mittels OLS-Schätzungen untersucht (vgl. dazu auch Kapitel 4.2.3.3), ob sich die – zumindest bei den Querschnittsbetrachtungen – deutlich skizzierten Differenzen in der Lebenszufriedenheit tatsächlich auf die Erwerbsbeteiligung und das ehrenamtliche Engagement am Ende des Erwerbslebens zurückbeziehen lassen. Dabei werden verschiedene Modelle betrachtet. Zunächst handelt es sich dabei um einfache lineare Regressionen[400], die für die nach Geschlecht und Alter differenzierten Teilpopulationen in den 1980er und 1990er Jahren in Westdeutschland gesondert durchgeführt werden. Dabei werden vor allem die Erwerbsbeteiligung[401] (einschließlich Schichtungsvariablen, die sich aus der beruflichen Stellung der Erwerbstätigen ergeben, vgl. dazu Kapitel 4.2.2.1), der Status als Rentner sowie die ehrenamtliche Beteiligung jeweils am Ende der Betrachtungsperioden sowie innerhalb der Unter-

---

399 Bei allen Ergebnissen kann nicht ausgeschlossen werden, dass auch die umgekehrte Wirkungsrichtung gilt, nämlich dass beispielsweise eher zufriedene Menschen ein Ehrenamt aufnehmen bzw. beibehalten.

400 Das bedeutet, dass immer nur eine erklärende Variable auf die Lebenszufriedenheit regressiert wird. Durch diese Analysen wird daher sehr deutlich, welche einzelnen Faktoren sich (hoch) signifikant und einflussreich auf die Lebenszufriedenheit auswirken. Diese Ergebnisse können von den Ergebnissen multipler Regressionsrechnungen deutlich abweichen, da im letzteren Fall die Regressionskoeffizienten sowie ihre jeweiligen Signifikanzniveaus im Rahmen von Gesamtmodellen (hier: Einschlussmethode) ermittelt werden und dadurch die Wirkung beispielsweise von Kontrollvariabeln zum Tragen kommen können.

401 Wie man den Variablenausprägungen in den folgenden Tabellen entnehmen kann, wurde eine Reihe von Variablen in Dummy-Variablen zerlegt. Für die ursprüngliche Variable ‚Erwerbsbeteiligung' mit den Items ‚erwerbstätig', ‚erwerbslos' bzw. ‚nicht erwerbstätig' bedeutet das z.B., dass nun drei von einander unabhängige Variablen existieren. So nimmt nun die Variable ‚Erwerbstätigkeit in 1988' den Wert Eins an, wenn eine Person in 1988 erwerbstätig war. Allen anderen Personen wird der Wert Null zugewiesen. Dieses Umkodieren in dichotome Variablen erfolgte überall dort, wo die Gefahr der Verletzung der Linearitätsannahmen bestand.

suchungszeiträume als erklärende Variablen berücksichtigt. In einem nächsten Schritt werden diese Variablen – im Sinne multipler linearer Regressionen – gleichzeitig in verschiedenen (d.h. nach den oben genannten Untergruppen differenzierten) Gesamtmodellen regressiert. Dabei wird aufgrund der Übersichtlichkeit auf einen Ausweis aller ermittelten Regressionskoeffizienten und ihrer jeweiligen Signifikanzniveaus verzichtet. Ziel dieser ‚kleinen' Gesamtmodelle ist es, vor allem den Erklärungswert aller berücksichtigten Erwerbs- sowie Ehrenamtsvariablen für die gegenwärtige Lebenszufriedenheit zu ermitteln. Da ihr Einfluss, wie sich zeigen wird, eher als gering bzw. sehr gering einzuschätzen ist, wurden darüber hinaus ‚erweiterte Gesamtmodelle' für die nur noch nach Geschlecht differenzierten Teilpopulationen in den 1980er und 1990er Jahren gerechnet. Bei diesen werden weitere ausgewählte Kontrollvariablen (wie die Zufriedenheit mit der Gesundheit, die Einkommensverhältnisse, der Bildungsstand, aber auch die (höchste) soziale Schicht im Haushaltszusammenhang) in den Regressionsanalysen berücksichtigt.

Die Ergebnisse der einfachen linearen Regressionen sind in den Tabellen 5.3.4 bis 5.3.7 wiedergegeben. Es sind jeweils die standardisierten Regressionskoeffizienten (ß-Werte) einschließlich ihrer Signifikanzniveaus (p) und der dazugehörigen Bestimmtheitsmasse (R^2) ausgewiesen. Je größer der Betrag des Regressionskoeffizienten ist, desto größer ist sein Einfluss auf die gegenwärtige Lebenszufriedenheit, wobei ein positives Vorzeichen auf einen günstigen, ein negatives Vorzeichen auf einen ungünstigen Zusammenhang hinweist.

Zunächst kann festgestellt werden, dass bei den älteren Männer sowohl insgesamt als auch hinsichtlich der ‚jüngeren Alten' in beiden Untersuchungszeiträumen ähnliche Einflussstrukturen bestehen. So ergeben sich für die Erwerbstätigkeit[402] und die Erwerbslosigkeit jeweils am Ende der Betrachtungsperioden sowie hinsichtlich dynamischer Prozesse der Arbeitsmarktexklusion während der Untersuchungszeiträume höchst signifikante Zusammenhänge zur Lebenszufriedenheit, wobei die Arbeitsmarktintegration erwartungsgemäß mit positiven, der Arbeitsmarktausschluss mit deutlich negativen Regressionskoeffizienten einhergeht. Wie bereits durch die CHAID-Analysen deutlich wurde, hat für die älteren Männer insgesamt in diesem Zusammenhang die Dauer der Arbeitslosigkeit den höchsten – wenn auch nur sehr geringen – Erklärungswert (1988: 1,8 %; 1999: 1,9 %), während es bei der Kohorte 1 im Jahr 1988 die Tatsache ist, erwerbslos geworden zu sein (6,7 %), und im Jahr 1999 der Umstand, mindestens einmal im Untersuchungszeitraum erwerbslos gewesen zu sein (9,1 %). Darüber hinaus spielt bei den älteren Männern zum Teil der Status als Rentner, vor allem aber auch die Beteiligung am ehrenamtlichen Engagement eine höchst signifikante Rolle.

---

402 Bei den Angaben zur sozialen Schicht wird zwischen beruflichen Stellungen als Arbeiter, Angestellter, Selbständiger etc. mit eher niedrigen bzw. höheren beruflichen Positionen unterschieden (vgl. dazu ausführlich Kapitel 4.2.2.1). Somit wird etwas über das Qualifikationsniveau, die beruflichen Anforderungen sowie über die relative Einkommensposition der Befragten ausgesagt. Es zeigt sich bei den Männern im Jahr 1988 sowie im Jahr 1999, dass die Zugehörigkeit zur Oberschicht bzw. oberen Mittelschicht – wenn auch in der Regel nicht auf einem signifikanten Niveau – meist mit positiven Effekten auf die Lebenszufriedenheit verbunden ist. Gleichzeitig kann jedoch kein verallgemeinerbarer Zusammenhang zwischen der Zugehörigkeit zu einer der darunter liegenden Schichten und der Höhe der Lebenszufriedenheit konstatiert werden.

Tabelle 5.3.4: Einfache lineare Regressionen zur allgemeinen Lebenszufriedenheit von älteren Männern in Westdeutschland im Untersuchungszeitraum 1985 bis 1988 sowie Angaben zum Erklärungswert der aufgeführten erklärenden Variablen als Gesamtmodelle

	Kohorte 1			Kohorte 2			Kohorte 3			Kohorte 4			Kohorte 5			Alle Kohorten		
	β	p	R^2	β	p	R^2	β	p	R^2	β	p	R^2	β	p	R^2	β	p	R^2
Männer	Einfache lineare Regressionen für den Betrachtungszeitraum 1985 bis 1988																	
Erwerbstätigkeit in 1988	**0,250**	**0,000**	**0,062**	**0,183**	**0,001**	**0,034**	**0,111**	**0,058**	**0,012**	**0,018**	**0,808**	**0,000**	**0,165**	**0,095**	**0,027**	**0,061**	**0,023**	**0,004**
Oberschicht	0,054	0,239	0,003	0,041	0,447	0,002	0,094	0,108	0,009	0,067	0,366	0,004	0,146	0,140	0,021	0,062	0,019	0,004
Obere Mittelschicht	-0,003	0,949	0,000	0,002	0,967	0,000	0,119	0,042	0,014	-0,003	0,969	0,000	0,114	0,253	0,013	0,012	0,651	0,000
Mittlere Mittelschicht	0,058	0,200	0,003	0,043	0,429	0,002	0,045	0,447	0,002	-	-	-	-	-	-	0,025	0,341	0,001
Untere Mittelschicht	-0,001	0,990	0,000	0,021	0,704	0,000	-0,097	0,100	0,009	-0,049	0,504	0,002	-0,102	0,304	0,010	-0,027	0,311	0,001
Unterschicht	0,081	0,076	0,007	0,084	0,118	0,007	-0,006	0,925	0,000	0,004	0,052	0,958	0,126	0,205	0,016	0,019	0,469	0,000
Erwerbslosigkeit in 1988	**-0,217**	**0,000**	**0,045**	**-0,096**	**0,075**	**0,009**	**0,007**	**0,899**	**0,000**	**-0,069**	**0,351**	**0,005**	-	-	-	**-0,109**	**0,000**	**0,012**
Arbeitslosigkeit	-0,184	0,000	0,034	-0,080	0,139	0,006	-0,050	0,394	0,003	-0,124	0,091	0,015	-	-	-	-0,117	0,000	0,014
Stille Reserve	-	-	-	-0,074	0,169	0,005	-0,006	0,924	0,000	-	-	-	-	-	-	-0,032	0,226	0,001
Nichterwerbstätigkeit in 1988	**-0,120**	**0,008**	**0,015**	**-0,150**	**0,005**	**0,023**	**-0,117**	**0,047**	**0,014**	**0,008**	**0,914**	**0,000**	**-0,165**	**0,095**	**0,027**	**-0,006**	**0,818**	**0,000**
Arbeitsmarktdynamik:																		
Erwerbslos geworden (1985-1988)	-0,259	0,000	0,067	-0,084	0,117	0,007	-0,045	0,445	0,002	0,036	0,622	0,001	0,007	0,942	0,000	-0,077	0,004	0,006
Mindestens einmal erwerbslos gewesen (1985-1988)	-0,233	0,000	0,054	-0,094	0,080	0,009	-0,033	0,575	0,001	-0,132	0,073	0,017	-	-	-	-0,131	0,000	0,017
Dauer der Arbeitslosigkeit	-0,221	0,000	0,049	-0,063	0,261	0,004	-0,079	0,198	0,006	-0,216	0,005	0,047	-	-	-	-0,134	0,000	0,018
Status als Rentner 1988	**-0,163**	**0,000**	**0,027**	**-0,095**	**0,079**	**0,009**	**-0,153**	**0,009**	**0,023**	**0,088**	**0,231**	**0,008**	**0,209**	**0,034**	**0,044**	**0,010**	**0,711**	**0,000**
Ehrenamtlichkeit																		
Ehrenamtlichkeit in 1988	0,066	0,147	0,004	0,146	0,007	0,021	0,086	0,144	0,007	0,195	0,008	0,038	0,000	1,000	0,000	0,101	0,000	0,010
Mindestens einmal ehrenamtliches Engagement (1985–1988)	0,029	0,518	0,001	0,116	0,030	0,014	0,104	0,077	0,011	0,166	0,023	0,028	-0,058	0,563	0,003	0,077	0,004	0,006
Gesamtmodell	Multiple lineare Regressionen als Gesamtmodell für den Betrachtungszeitraum 1985 bis 1988																	
Korrigiertes R^2	0,105			0,018			0,038			0,085			-0,009			0,027		
Standardfehler des Schätzers	1,85			1,96			1,84			1,90			2,18			1,95		
Fallzahlen (N)	486			346			291			186			103			1.412		

Anmerkung: Das hier verwendete Erwerbskonzept unterscheidet sich von dem des Mikrozensus. Angabe der standardisierten Regressionskoeffizienten (ß-Werte), der Signifikanzniveaus (p) sowie der Bestimmtheitsmasse (R^2). Für multiple lineare Regressionen wird das korrigierte R^2 ausgewiesen.

Quelle: Eigene Auswertungen des SOEP, Längsschnittdatensätze ohne Gewichtungen.

Tabelle 5.3.5: Einfache lineare Regressionen zur allgemeinen Lebenszufriedenheit von älteren Männern in Westdeutschland im Untersuchungszeitraum 1996 bis 1999 sowie Angaben zum Erklärungswert der aufgeführten erklärenden Variablen als Gesamtmodelle

	Kohorte 1			Kohorte 2			Kohorte 3			Kohorte 4			Kohorte 5			Alle Kohorten		
	β	p	R^2	β	p	R^2	β	p	R^2	β	p	R^2	β	p	R^2	β	p	R^2
Männer	Einfache lineare Regressionen für den Betrachtungszeitraum 1996 bis 1999																	
Erwerbstätigkeit in 1999	**0,284**	**0,000**	**0,081**	**0,206**	**0,001**	**0,042**	**0,129**	**0,013**	**0,017**	**0,056**	**0,453**	**0,003**	**0,084**	**0,288**	**0,007**	**0,082**	**0,003**	**0,007**
Oberschicht	0,022	0,696	0,000	0,041	0,494	0,002	0,143	0,006	0,020	0,043	0,572	0,002	-0,077	0,329	0,006	0,044	0,107	0,002
Obere Mittelschicht	0,194	0,000	0,038	0,114	0,059	0,013	0,003	0,952	0,000	0,023	0,758	0,001	-	-	-	0,073	0,008	0,005
Mittlere Mittelschicht	-0,003	0,953	0,000	0,031	0,613	0,001	-0,080	0,124	0,006	0,119	0,112	0,014	0,160	0,042	0,025	-0,017	0,527	0,000
Untere Mittelschicht	0,001	0,992	0,000	0,058	0,336	0,003	0,007	0,894	0,000	0,065	0,388	0,004	-0,010	0,901	0,000	0,014	0,609	0,000
Unterschicht	0,036	0,517	0,001	-0,005	0,939	0,000	0,102	0,051	0,010	-0,041	0,582	0,002	0,035	0,662	0,001	0,007	0,807	0,000
Erwerbslosigkeit in 1999	**-0,252**	**0,000**	**0,063**	**-0,177**	**0,003**	**0,031**	**-0,063**	**0,226**	**0,004**	**0,043**	**0,572**	**0,002**	-	-	-	**-0,135**	**0,000**	**0,018**
Arbeitslosigkeit	-0,260	0,000	0,068	-0,132	0,028	0,017	-0,031	0,551	0,001	-	-	-	-	-	-	-0,125	0,000	0,016
Stille Reserve	-	-	-	-	-	-	-	-	-	-	-	-	-	-	-	-	-	-
Nichterwerbstätigkeit in 1999	**-0,127**	**0,021**	**0,016**	**-0,084**	**0,163**	**0,007**	**-0,081**	**0,121**	**0,007**	**-0,065**	**0,384**	**0,004**	**-0,084**	**0,288**	**0,007**	**-0,002**	**0,947**	**0,000**
Arbeitsmarktdynamik:																		
Erwerbslos geworden (1996-1999)	-0,221	0,000	0,049	-0,178	0,194	0,006	-0,065	0,216	0,004	0,001	0,989	0,000	0,137	0,080	0,019	-0,084	0,002	0,007
Mindestens einmal erwerbslos gewesen (1996-1999)	-0,301	0,000	0,091	-0,239	0,000	0,057	-0,024	0,651	0,001	0,098	0,193	0,010	0,060	0,444	0,004	-0,128	0,000	0,016
Dauer der Arbeitslosigkeit	-0,270	0,000	0,073	-0,169	0,006	0,029	-0,060	0,264	0,004	-0,060	0,443	0,004	-	-	-	-0,138	0,000	0,019
Status als Rentner 1999	**-0,074**	**0,176**	**0,006**	**-0,054**	**0,375**	**0,003**	**0,010**	**0,846**	**0,000**	**-0,032**	**0,674**	**0,001**	**0,088**	**0,265**	**0,008**	**0,043**	**0,123**	**0,002**
Ehrenamtlichkeit																		
Ehrenamtlichkeit in 1999	0,031	0,577	0,001	0,175	0,004	0,031	0,180	0,001	0,032	0,132	0,080	0,018	0,035	0,657	0,001	0,111	0,000	0,012
Mindestens einmal ehrenamtliches Engagement (1996–1999)	0,048	0,378	0,002	0,160	0,008	0,026	0,175	0,001	0,030	0,165	0,027	0,027	0,133	0,091	0,018	0,126	0,000	0,016
Gesamtmodell	Multiple lineare Regressionen als Gesamtmodell für den Betrachtungszeitraum 1996 bis 1999																	
Korrigiertes R^2	0,109			0,074			0,058			-0,007			0,045			0,041		
Standardfehler des Schätzers	1,76			1,75			1,69			1,84			1,70			1,77		
Fallzahlen (N)	333			276			368			179			163			1.319		

Anmerkung: Das hier verwendete Erwerbskonzept unterscheidet sich von dem des Mikrozensus. Angabe der standardisierten Regressionskoeffizienten (ß-Werte), der Signifikanzniveaus (p) sowie der Bestimmtheitsmasse (R^2). Für multiple lineare Regressionen wird das korrigierte R^2 ausgewiesen.

Quelle: Eigene Auswertungen des SOEP, Längsschnittdatensätze ohne Gewichtungen.

Tabelle 5.3.6: Einfache lineare Regressionen zur allgemeinen Lebenszufriedenheit von älteren Frauen in Westdeutschland im Untersuchungszeitraum 1985 bis 1988 sowie Angaben zum Erklärungswert der aufgeführten erklärenden Variablen als Gesamtmodelle

	Kohorte 1			Kohorte 2			Kohorte 3			Kohorte 4			Kohorte 5			Alle Kohorten		
	ß	p	R^2	ß	p	R^2	ß	p	R^2	ß	p	R^2	ß	p	R^2	ß	p	R^2
Frauen	Einfache lineare Regressionen für den Betrachtungszeitraum 1985 bis 1988																	
Erwerbstätigkeit in 1988	**-0,029**	**0551**	**0,001**	**0,075**	**0,171**	**0,006**	**0,074**	**0,206**	**0,005**	**0,042**	**0,495**	**0,002**	**-0,052**	**0,550**	**0,003**	**0,012**	**0,656**	**0,000**
Oberschicht	0,092	0,060	0,008	0,090	0,104	0,008	0,021	0,716	0,000	-0,063	0,300	0,004	-	-	-	0,041	0,114	0,002
Obere Mittelschicht	-0,053	0,274	0,003	0,085	0,122	0,007	0,088	0,130	0,008	0,006	0,921	0,000	-0,156	0,073	0,024	0,016	0,531	0,000
Mittlere Mittelschicht	0,031	0,530	0,001	0,042	0,446	0,002	0,043	0,462	0,002	-	-	-	0,091	0,296	0,008	0,030	0,258	0,001
Untere Mittelschicht	-0,033	0,494	0,001	0,016	0,769	0,000	0,011	0,844	0,000	0,050	0,411	0,003	-	-	-	-0,006	0,814	0,000
Unterschicht	-0,016	0,739	0,000	-0,024	0,661	0,001	-0,004	0,944	0,000	0,053	0,387	0,003	-0,076	0,385	0,006	-0,023	0,377	0,001
Erwerbslosigkeit in 1988	**-0,096**	**0,048**	**0,009**	**-0,003**	**0,954**	**0,000**	**-0,067**	**0,251**	**0,004**	-	-	-	**0,044**	**0,613**	**0,002**	**-0,049**	**0,059**	**0,002**
Arbeitslosigkeit	-0,093	0,056	0,009	-0,014	0,798	0,000	-0,015	0,793	0,000	-	-	-	-	-	-	-0,042	0,107	0,002
Stille Reserve	-0,003	0,952	0,000	0,019	0,730	0,000	0,021	0,716	0,000	-	-	-	-	-	-	0,002	0,943	0,000
Nichterwerbstätigkeit in 1988	**0,092**	**0,058**	**0,008**	**-0,073**	**0,182**	**0,005**	**-0,038**	**0,517**	**0,001**	**-0,042**	**0,495**	**0,002**	**0,027**	**0,759**	**0,001**	**0,012**	**0,642**	**0,000**
Arbeitsmarktdynamik:																		
Erwerbslos geworden (1985-1988)	-0,103	0,034	0,011	-0,022	0,689	0,000	0,070	0,231	0,005	-0,112	0,065	0,013	0,054	0,537	0,003	-0,020	0,443	0,000
Mindestens einmal erwerbslos gewesen (1985-1988)	-0,065	0,181	0,004	0,016	0,765	0,000	-0,091	0,117	0,008	-0,056	0,354	0,003	-0,022	0,798	0,001	-0,046	0,081	0,002
Dauer der Arbeitslosigkeit	-0,135	0,007	0,018	-0,036	0,530	0,001	-0,025	0,682	0,001	-0,077	0,224	0,006	-	-	-	-0,064	0,018	0,004
Status als Rentnerin 1988	**-0,165**	**0,001**	**0,027**	**-0,240**	**0,000**	**0,058**	**-0,091**	**0,116**	**0,008**	**0,125**	**0,039**	**0,016**	**-0,042**	**0,634**	**0,002**	**-0,051**	**0,050**	**0,003**
Ehrenamtlichkeit																		
Ehrenamtlichkeit in 1988	0,093	0,057	0,009	0,116	0,035	0,013	0,003	0,963	0,000	0,021	0,730	0,000	0,180	0,042	0,032	0,072	0,006	0,05
Mindestens einmal ehrenamtliches Engagement (1985–1988)	0,078	0,107	0,006	0,138	0,012	0,019	0,013	0,817	0,000	0,043	0,479	0,002	0,148	0,089	0,022	0,078	0,003	0,006
Gesamtmodell	Multiple lineare Regressionen als Gesamtmodell für den Betrachtungszeitraum 1985 bis 1988																	
Korrigiertes R^2	0,044			0,042			-0,009			-0,026			0,003			0,008		
Standardfehler des Schätzers	1,81			1,99			2,17			2,12			2,07			2,02		
Fallzahlen (N)	424			334			296			272			133			1.459		

Anmerkung: Das hier verwendete Erwerbskonzept unterscheidet sich von dem des Mikrozensus. Angabe der standardisierten Regressionskoeffizienten (ß-Werte), der Signifikanzniveaus (p) sowie der Bestimmtheitsmasse (R^2). Für multiple lineare Regressionen wird das korrigierte R^2 ausgewiesen.

Quelle: Eigene Auswertungen des SOEP, Längsschnittdatensätze ohne Gewichtungen.

Tabelle 5.3.7: Einfache lineare Regressionen zur allgemeinen Lebenszufriedenheit von älteren Frauen in Westdeutschland im Untersuchungszeitraum 1996 bis 1999 sowie Angaben zum Erklärungswert der aufgeführten erklärenden Variablen als Gesamtmodelle

	Kohorte 1			Kohorte 2			Kohorte 3			Kohorte 4			Kohorte 5			Alle Kohorten		
	β	p	R^2	β	p	R^2	β	p	R^2	β	p	R^2	β	p	R^2	β	p	R^2
Frauen	Einfache lineare Regressionen für den Betrachtungszeitraum 1996 bis 1999																	
Erwerbstätigkeit in 1999	**-0,005**	**0,932**	**0,000**	**0,045**	**0,448**	**0,002**	**0,078**	**0,179**	**0,006**	**0,003**	**0,969**	**0,000**	**-0,012**	**0,860**	**0,000**	**0,021**	**0,454**	**0,000**
Oberschicht	0,051	0,356	0,003	-0,166	0,005	0,028	0,033	0,571	0,001	0,044	0,525	0,002	-	-	-	-0,036	0,195	0,001
Obere Mittelschicht	0,137	0,012	0,019	0,055	0,352	0,003	0,000	0,995	0,000	-	-	-	0,004	0,950	0,000	0,064	0,019	0,004
Mittlere Mittelschicht	0,061	0,264	0,004	0,001	0,991	0,000	0,001	0,984	0,000	-	-	-	-0,018	0,795	0,000	0,018	0,518	0,000
Untere Mittelschicht	-0,022	0,691	0,000	0,056	0,348	0,003	-0,018	0,760	0,000	-0,040	0,564	0,002	-	-	-	-0,001	0,980	0,000
Unterschicht	-0,141	0,010	0,020	0,057	0,332	0,003	0,108	0,061	0,012	0,012	0,866	0,000	-	-	-	-0,009	0,739	0,000
Erwerbslosigkeit in 1999	**-0,051**	**0,349**	**0,003**	**-0,048**	**0,414**	**0,002**	**-0,035**	**0,545**	**0,001**	**-0,077**	**0,269**	**0,006**	-	-	-	**-0,041**	**0,139**	**0,002**
Arbeitslosigkeit	-0,083	0,131	0,007	-0,036	0,549	0,001	-0,057	0,326	0,003	-	-	-	-	-	-	-0,048	0,080	0,002
Stille Reserve	-	-	-	-	-	-	-	-	-	-	-	-	-	-	-	-	-	-
Nichterwerbstätigkeit in 1999	**0,039**	**0,481**	**0,001**	**-0,013**	**0,820**	**0,000**	**-0,052**	**0,374**	**0,003**	**0,019**	**0,790**	**0,000**	**0,012**	**0,860**	**0,000**	**0,001**	**0,972**	**0,000**
Arbeitsmarktdynamik:																		
Erwerbslos geworden (1996-1999)	-0,071	0,197	0,005	-0,040	0,500	0,002	-0,103	0,075	0,011	0,028	0,687	0,001	-0,053	0,455	0,003	-0,049	0,072	0,002
Mindestens einmal erwerbslos gewesen (1996-1999)	-0,064	0,243	0,004	-0,100	0,092	0,010	-0,079	0,170	0,006	0,026	0,707	0,001	0,080	0,255	0,006	-0,052	0,055	0,003
Dauer der Arbeitslosigkeit	-0,073	0,194	0,005	-0,090	0,137	0,008	-0,142	0,017	0,020	-0,026	0,709	0,001	-	-	-	-0,080	0,004	0,006
Status als Rentnerin 1999	**0,054**	**0,326**	**0,003**	**-0,016**	**0,784**	**0,000**	**-0,024**	**0,679**	**0,001**	**0,028**	**0,690**	**0,001**	**-0,027**	**0,704**	**0,001**	**0,002**	**0,936**	**0,000**
Ehrenamtlichkeit																		
Ehrenamtlichkeit in 1999	0,138	0,012	0,019	0,151	0,011	0,023	0,141	0,015	0,020	0,042	0,549	0,002	0,119	0,094	0,014	0,124	0,000	0,015
Mindestens einmal ehrenamtliches Engagement (1996–1999)	0,111	0,043	0,009	0,185	0,002	0,034	0,175	0,002	0,031	0,083	0,230	0,07	0,117	0,097	0,014	0,135	0,000	0,018
Gesamtmodell	Multiple lineare Regressionen als Gesamtmodell für den Betrachtungszeitraum 1996 bis 1999																	
Korrigiertes R^2	**0,019**			**0,037**			**0,037**			**-0,033**			**-0,002**			**0,020**		
Standardfehler des Schätzers	1,76			1,66			1,75			1,77			2,05			1,78		
Fallzahlen (N)	334			287			299			210			203			1.333		

Anmerkung: Das hier verwendete Erwerbskonzept unterscheidet sich von dem des Mikrozensus. Angabe der standardisierten Regressionskoeffizienten (ß-Werte), der Signifikanzniveaus (p) sowie der Bestimmtheitsmasse (R^2). Für multiple lineare Regressionen wird das korrigierte R^2 ausgewiesen.

Quelle: Eigene Auswertungen des SOEP, Längsschnittdatensätze ohne Gewichtungen.

Ein etwas anderes, in den Tendenzaussagen aber ähnliches Muster findet sich bei den älteren Frauen in Westdeutschland. Denn hier zeigt sich zwar kein signifikanter Zusammenhang zwischen Erwerbstätigkeit[403] und z.T. Erwerbslosigkeit (nur bei der Kohorte 1 im Jahr 1988) zur Lebenszufriedenheit, aber auch hier hat insbesondere die Dauer der Arbeitslosigkeit einen hoch signifikanten Einfluss. Etwas mehr Bedeutung kommt ferner dem ehrenamtlichen Engagement zu. Der Status der Rentnerin ist darüber hinaus bei den jüngeren Kohorten mit negativen, bei älteren Kohorten mit positiven Effekten auf die Lebenszufriedenheit verbunden.

Insgesamt lässt sich sagen, dass die für die einzelnen Erwerbs- und Ehrenamtsvariablen betrachteten Auswirkungen auf die Lebenszufriedenheit fast vernachlässigbar gering sind. Dies ändert sich nur zum Teil, wenn man alle in der Tabelle untersuchten Variablen gleichzeitig in entsprechenden – d.h. nach Alter und Geschlecht differenzierten – Modellen berücksichtigt: So erklären diese bei den älteren Männern mit 2,7 % im Jahr 1988 sowie 4,1 % im Jahr 1999 als auch bei den älteren Frauen mit 0,8 % im Jahr 1988 und 2,0 % im Jahr 1999 in Westdeutschland nur einen sehr kleinen Teil der Unterschiede hinsichtlich der Lebenszufriedenheit. Zwar können gerade bei den Männern auch altersspezifische Unterschiede festgestellt werden, die immerhin bei der jeweils jüngsten Untersuchungskohorte zu einem Erklärungsbeitrag des Modells von 10,5 % im Jahr 1988 bzw. 10,9 % im Jahr 1999 führen, dennoch aber kommt damit den hier im Rahmen der These der doppelten Exklusion untersuchten gesellschaftlichen Ausgrenzungsprozessen auf dem Arbeitsmarkt sowie im ehrenamtlichen Bereich eher eine geringe Bedeutung – gemessen durch die Zufriedenheit mit dem gegenwärtigen Leben – zu. Diese Ergebnisse decken sich weitgehend mit den Untersuchungen von Gerlach und Stephan (2001, S. 524), die für die Gesamtbevölkerung (zwischen 21 und 60 Jahren) – ebenfalls auf Basis des Sozioökonomischen-Panels – einen Erklärungsbeitrag des Erwerbsstatus sowie des Jahrs der Befragung von nicht mehr als 7 % ermitteln.

Um abschätzen zu können, wie sich der Erklärungswert des Modells verändert, wenn weitere individuelle Kontrollvariablen wie das Bildungsniveau, das Einkommen oder aber die Zufriedenheit mit der Gesundheit Berücksichtigung finden, ist in Tabelle 5.3.8 ein ‚erweitertes Gesamtmodell' ausgewiesen. Es zeigt sich, dass dieses zu entscheidend höheren Erklärungswerten führt, wobei dennoch etwa zwei Drittel der Varianzen unbestimmt bleiben. Darüber hinaus sind die größten Veränderungen bei den Frauen ersichtlich, bei denen das Modell zunächst im Jahr 1988 mit 44,8 % einen überdurchschnittlich hohen Erklärungswert liefert, im Jahr 1999 aber mit einem Anteil von 28,3 % zu einem Wert unter dem der Männer (29,6 %) führt.

---

[403] Bei den Frauen ist noch weniger eine einheitliche Tendenz hinsichtlich des Zusammenhangs von sozialer Schicht und Lebenszufriedenheit festzustellen. Denn hier wirkt sich teilweise die Zugehörigkeit zu den beiden untersten sozialen Schichten als auch die Zugehörigkeit zu den beiden obersten sozialen Schichten negativ auf die Lebenszufriedenheit aus.

Tabelle 5.3.8: Multiple lineare Regressionen zur allgemeinen Lebenszufriedenheit von älteren Männern und Frauen in Westdeutschland in den Untersuchungszeiträumen 1985 bis 1988 und 1996 bis 1999 (‚erweitertes Gesamtmodell')

	Betrachtungszeitraum 1985 bis 1988				Betrachtungszeitraum 1996 bis 1999			
	Männer		**Frauen**		**Männer**		**Frauen**	
	β	p	β	p	β	p	β	p
Erwerbstätigkeit	**0,266**	**0,345**	-	-	**0,262**	**0,592**	**-0,530**	**0,325**
Oberschicht	-0,256	0,167	-	-	-0,181	0,257	0,118	0,449
Obere Mittelschicht	-0,151	0,434	-0,038	0,806	0,073	0,808	0,185	0,346
Mittlere Mittelschicht	-0,175	0,322	0,069	0,569	0,067	0,779	0,198	0,439
Untere Mittelschicht	-0,044	0,737	0,091	0,432	-0,056	0,737	0,249	0,330
Unterschicht	-0,088	0,685	0,108	0,386	-0,020	0,957	0,124	0,769
Erwerbslosigkeit	**-0,047**	**0,611**	-	-	**-0,089**	**0,712**	**-0,066**	**0,760**
Arbeitslosigkeit	0,067	0,407	0,107	0,458	0,199	0,243	0,093	0,680
Stille Reserve	-	-	-	-	-	-	-	-
Nichterwerbstätigkeit	-	-	-	-	-	-	-	-
Arbeitsmarktdynamik								
Erwerbslos geworden	0,028	0,625	0,077	0,381	0,013	0,846	-0,072	0,442
Mind. einmal erwerbslos gew.	-0,016	0,850	0,003	0,980	-0,207	0,037	-0,088	0,490
Dauer der Arbeitslosigkeit	0,089	0,341	-0,147	0,467	0,058	0,588	0,015	0,916
Status als Rentner	**-0,136**	**0,156**	**0,056**	**0,589**	**0,361**	**0,003**	**0,126**	**0,264**
Ehrenamtlichkeit								
Ehrenamtlichkeit	0,053	0,518	-0,043	0,756	-0,090	0,311	0,031	0,785
Mind. einmal ehren. engag.	0,030	0,715	0,116	0,424	0,161	0,066	0,057	0,628
Altersgruppen								
Kohorte 1	-0,202	0,007	-0,057	0,676	-0,008	0,938	0,197	0,080
Kohorte 2	-0,086	0,269	-0,050	0,654	0,056	0,535	0,035	0,749
Kohorte 3	-0,048	0,496	-	-	0,086	0,332	-	-
Kohorte 4	-	-	0,279	0,004	-	-	0,066	0,501
Kohorte 5	-0,066	0,289	0,150	0,091	0,080	0,253	-0,071	0,489
Höchster Schulabschluss								
Ohne/einfacher Abschluss	-	-	-	-	-	-	-	-
Mittlerer Abschluss	0,089	0,532	0,698	0,166	0,165	0,246	-0,341	0,350
Hoher Abschluss	0,106	0,703	0,550	0,221	0,075	0,777	-0,622	0,242
Höchster Berufsabschluss								
Ohne Abschluss	-	-	-	-	-	-	-	-
Mittlerer Abschluss	0,175	0,369	0,947	0,144	0,134	0,453	-0,219	0,671
Hoher Abschluss	0,093	0,583	0,400	0,262	0,291	0,083	0,132	0,569
Dauer der Ausbildung	-0,170	0,637	-1,453	0,185	-0,522	0,103	0,574	0,523
Gesundheitszustand								
Erwerbsminderung	-	-	-	-	-	-	-	-
Grad der Erwerbsminderung	-0,025	0,658	0,005	0,962	-0,098	0,109	-0,093	0,258
Zufriedenheit mit Gesundheit	0,499	0,000	0,653	0,000	0,513	0,000	0,528	0,000
Haushaltsbezug								
Staatsangehörigkeit	-0,068	0,198	-	-	0,028	0,710	-0,061	0,525
Kinder unter 16 Jahren	0,064	0,949	0,052	0,587	-0,054	0,447	-0,181	0,076
Einkommensquartil	0,113	0,089	-0,021	0,827	0,161	0,021	0,082	0,348
Partner in Rente	0,064	0,344	-0,124	0,327	-0,028	0,710	-0,314	0,024
Oberschicht	0,146	0,346	-0,017	0,898	0,080	0,406	-0,165	0,171
Obere Mittelschicht	-0,010	0,936	0,121	0,293	-0,040	0,776	-0,135	0,257
Mittlere Mittelschicht	0,001	0,993	-0,012	0,928	-0,005	0,956	0,056	0,564
Untere Mittelschicht	-0,124	0,080	-0,064	0,560	0,007	0,927	-0,005	0,958
Unterschicht	-0,173	0,031	0,020	0,871	0,010	0,921	-0,034	0,784

Noch Tabelle 5.3.8:

	Betrachtungszeitraum 1985 bis 1988		Betrachtungszeitraum 1996 bis 1999	
	Männer	**Frauen**	**Männer**	**Frauen**
Gesamtmodell				
Korrigiertes R^2	0,315	0,448	0,296	0,283
Standardfehler	1,82	1,97	1,57	1,60
Fallzahl (N)	1.412	1.459	1.319	1.333

Anmerkung: Das hier verwendete Erwerbskonzept unterscheidet sich von dem des Mikrozensus. Angabe der standardisierten Regressionskoeffizienten (ß-Werte), der Signifikanzniveaus (p) sowie der Bestimmtheitsmasse (R^2). Für multiple lineare Regressionen wird das korrigierte R^2 ausgewiesen. Sofern es sich um den Ausweis einer Statusangabe handelt, wurden jeweils die Ergebnisse aus dem letzten Jahr der Untersuchungszeiträume ausgewiesen.

Quelle: Eigene Auswertungen des SOEP, Längsschnittdatensätze ohne Gewichtungen.

Die Untersuchungsergebnisse geben zum Teil deutliche Abweichungen zu denen der einfachen linearen Regressionen wieder. So zeigt aus dem Bündel der Indikatoren für die Arbeitsmarktintegration nur noch der Erwerbszustand ,erwerbslos' am Ende der jeweiligen Betrachtungsperioden eindeutig negative Effekte, während die Erwerbstätigkeit oder beispielsweise die Dauer der Arbeitslosigkeit ihre eindeutige Wirkungsrichtung einbüßen. Dies liegt sicherlich nicht zuletzt an der Tatsache, dass die Ergebnisse zwar geschlechts-, aber nicht altersspezifisch ausgewiesen wurden. Denn auch das Alter wirkt sich zum Teil signifikant auf die Lebenszufriedenheit aus. Diese Veränderungen gegenüber den Ergebnissen der einfachen linearen Regressionsrechnungen gelten auch, wie bereits bei den Frauen festgestellt, für den Status des Rentners bzw. der Rentnerin oder aber das ehrenamtliche Engagement.

Auf eine differenzierte Analyse der Einzelergebnisse soll an dieser Stelle verzichtet werden, da es vielmehr um einen prinzipiellen Überblick geht, inwieweit die in den empirischen Analysen insgesamt als signifikant bzw. als relevant deutlich gewordenen unabhängigen Variablen einen Erklärungsbeitrag zur Höhe der Lebenszufriedenheit liefern. Deutlich wird, dass der ,Zufriedenheit mit der Gesundheit' sowohl bei den Männern als auch bei den Frauen in beiden Betrachtungszeiträumen die zentralste Bedeutung zukommt. Sie steht jeweils in einem höchst signifikanten Zusammenhang mit der Lebenszufriedenheit und weist mit einem Regressionskoeffizienten von zwischen 0,499 (Männer im Jahr 1988) und 0,653 (Frauen im Jahr 1988) den höchsten positiven Einfluss auf: Das bedeutet, je zufriedener man mit seiner Gesundheit ist, umso höher ist die Lebenszufriedenheit. Umgekehrt führt das Vorliegen einer Erwerbsminderung bzw. ein höherer Grad an Erwerbsminderung überwiegend zu negativen Effekten. Die Analyse der Lebenszufriedenheit zeigt schließlich nur noch hinsichtlich der Einkommensposition in den untersuchten Jahren 1988 und 1999 signifikante Zusammenhänge auf, wobei die Zugehörigkeit zu einem höheren Einkommensquartil meist mit einem positiven Regressionskoeffizienten verbunden ist. Darüber hinaus haben zwar auch die formale Schul- und Berufsausbildung in den Modellen sowie weitere im Haushaltszusammenhang aufgeführte Variablen (wie ,Partner in Rente') einen Einfluss auf die Lebenszufriedenheit, dieser ist allerdings häufig geschlechtsspezifisch ausgeprägt und in seiner Wirkungsrichtung mit keinen klaren Tendenzaussagen (z.B. bezüglich der Höhe des Bildungsstandes bzw. der sozialen Schicht im Haushaltszusammenhang) verbunden.

5.3.4 Zusammenfassung

In den Querschnittsbetrachtungen in Kapitel 5.3.1 wurde deutlich, dass im Sinne der Aktivitätsthese die gesellschaftliche Teilhabe in Form von Erwerbsarbeit bzw. ehrenamtlichem Engagement auch bei älteren (Erwerbs-)Personen einen positiven Einfluss auf die Lebenszufriedenheit aufweisen. Wohl nicht zuletzt aufgrund des besonderen Personenkreises, der sich ehrenamtlich engagiert (vgl. Kapitel 5.2), liegen dabei die Zufriedenheitswerte der Gruppe der ehrenamtlich Tätigen in der Regel noch über denen der Erwerbstätigen.

Allerdings ist bei allen Analysen zu berücksichtigen, dass der Zusammenhang „gesellschaftliche Teilhabe durch Erwerbsarbeit bedeutet auch ein hohes Zufriedenheitsniveau" dadurch gestört sein könnte, dass auch bezahlte Arbeit mit besonderen Belastungen und einer eigenen Dynamik von Unzufriedenheit mit dem ‚gegenwärtigem Leben' einhergehen kann. Auf der anderen Seite belegt Isforth (1997) in seinen Untersuchungen bereits verrenteter Personen, dass selbst diejenigen, die aufgrund ungünstiger Arbeitsbedingungen Interesse an einem frühen Ende der Erwerbstätigkeit gehabt haben können, es vorgezogen hätten, länger berufstätig zu sein. Früher als gewünscht aus dem Beruf auszuscheiden, bedeutet jedoch, im Rentenalter tendenziell weniger zufrieden zu sein: „Denn nur 44 Prozent derjenigen, die gern länger gearbeitet hätten, sind im Ruhestand auch zufrieden – im Gegensatz zu 68 Prozent derjenigen, die mit ihrem Wunschalter aus dem Berufsleben ausgeschieden sind" (Isforth 1997, S. 51).

Insgesamt bestätigen die Ergebnisse von Isforth damit nochmals, dass schon während des Berufslebens die Weichen für den Ruhestand gestellt werden, wobei das Betriebsklima, aber insbesondere auch die berufliche Position weitreichende Folgen für das Aktivitätsverhalten und die Lebenszufriedenheit im Ruhestand haben. Insofern wird durch diese und die hier ermittelten empirischen Ergebnisse deutlich, dass es sich weder bei den Erwerbstätigen noch bei Personen im (Vor-)Ruhestand (einschließlich der Erwerbslosen) um homogene Gruppen handelt. So könnte sich gerade hinter dem scheinbaren Wertewandel zwischen den 1980er und 1990er Jahren, der bei den Erwerbslosen – gegen den Gesamttrend – mit einem Anstieg der durchschnittlichen Lebenszufriedenheit einherging, tatsächlich die Bestätigung für eine These der doppelten Exklusion zu finden sein – allerdings nun mit einer anderen, verschärften Konnotation: So ist es möglich, dass die zunächst unfreiwilligen Ausgliederungsprozesse Älter tatsächlich zunehmend von einem (besser gestellten) Teil der älteren Erwerbspersonen antizipiert und positiv – im Sinne veränderter Einstellungen und Orientierungen – in ihre Erwerbsbiographie integriert wurden. Während diese zudem ihr Ehrenamt kontinuierlicher fortführten als vergleichbare Personen in den 1980er Jahren, nahm gleichzeitig die Tendenz ab, ein Ehrenamt in der Erwerbslosigkeit aufzunehmen. In diesem Sinne sind in dieser Personengruppe die eigentlichen ‚doppelten Verlierer' zu sehen.

Obwohl diese Ausführungen nur zu einem Teil mit den hier präsentierten empirischen Daten belegbar sind, könnte diese Argumentation dennoch eine plausible Erklärung dafür sein, warum der Erwerbsstatus als solcher nur einen geringen Beitrag zur Erklärung der Lebenszufriedenheit leistet, während die Arbeitslosigkeit mit zunehmender

Dauer schon eher als ein Indiz eines nur unfreiwillig hingenommenen Zustandes interpretiert werden kann, der mit erheblichen Einbußen an Zufriedenheit einhergeht. Ziel weiterer empirischer Analysen müsste es daher sein, nicht nur geschlechts- und altersdifferenzierte Gruppen bei entsprechenden Untersuchungen zu berücksichtigen, sondern noch einen stärkeren Konnex zwischen vorausgegangener (‚erfüllter' bzw. ‚unerfüllter') Erwerbsbiographie bzw. Formen des gesellschaftlichen bzw. ehrenamtlichen Engagements im Lebenslauf und Lebenszufriedenheit herzustellen. Generell ist davon auszugehen, dass sich die durchschnittliche Lebenszufriedenheit als Indikator zur Charakterisierung unterschiedlicher (auch subjektiv als solche empfundener) Lebenslagen prinzipiell eignet, wobei allerdings zusätzlich eine Absicherung hinsichtlich unterschiedlicher Bereichszufriedenheiten (Zufriedenheit mit der Erwerbsarbeit, mit der Freizeit etc.) sinnvoll wäre.

6 Abschließende Betrachtung und Ausblick

Seit Anfang der 1980er Jahre ist in Westdeutschland – wie auch in vielen anderen westlichen Industrieländern (vgl. dazu Naschold, Oppen 1994) – eine durch institutionelle Regelungen und eine insgesamt schwierige Arbeitsmarktlage bedingte rückläufige Erwerbsbeteiligung älterer Beschäftigter sowie ein ‚Trend zum frühen Ruhestand' zu beobachten. Der Prozess der Lebensarbeitszeitverkürzung vor allem über den Weg der Statuspassage ‚Arbeitslosigkeit' hat dabei nicht nur vorübergehend zu gesellschaftlichen Ausgrenzungsprozessen geführt, sondern bewirkte darüber hinaus – so die zentrale Ausgangsthese dieser Arbeit – auch permanente Exklusionen in anderen gesellschaftlich relevanten Bereichen, wie dem ehrenamtlichen Engagement.
In dieser Arbeit wurden im Zusammenhang mit dem Übergang vom Erwerbsleben in den Ruhestand drei Hypothesen überprüft. Diese richteten sich erstens auf die Ausschlussprozesse älterer Kohorten aus dem Arbeitsmarkt in den 1980er und 1990er Jahren in Westdeutschland, zweitens auf die Kumulation bzw. auf die Parallelität von Exklusionsmechanismen im Bereich des ehrenamtlichen Engagements sowie drittens auf die Stärke des Zusammenhangs zwischen diesen Exklusionsprozessen und der Lebenszufriedenheit als Ausdruck sozialer Ungleichheit im Alter.
Resümierend lässt sich zusammenfassen, dass mit Daten des Sozio-ökonomischen Panels auch auf der Mikroebene enorme, nachweislich zunehmend unfreiwillige Ausgliederungsprozesse Älterer aus dem Arbeitsmarkt zwischen den Beobachtungszeiträumen 1985 bis 1988 und 1996 bis 1999 ermittelt werden konnten. Darüber hinaus wurden signifikante, die Erwerbsbeteiligung beeinflussende individuelle Merkmale ermittelt, die insgesamt eine Bestätigung dafür lieferten, dass die Erwerbslosenquoten vor allem der höherqualifizierten älteren Männer zwischen 1985 und 1996 überproportional anstiegen. Dabei blieb jedoch die qualifikationsbezogene Struktur der von Erwerbslosigkeit Betroffenen erhalten.[404] Ältere Frauen weisen aufgrund ihrer spezifischen Sozialisation und der Problematik der Vereinbarkeit von Familie und Beruf in diesem Zusammenhang sowie auch beispielsweise hinsichtlich erwerbsbiographischer Diskontinuität am Ende ihres Berufslebens von den Männern deutlich abweichende Ergebnisse auf. Zwischen den 1980er und 1990er Jahren haben sich infolge der zunehmenden Frauenerwerbsbeteiligung – bei einer abnehmenden Alterserwerbstätigkeit der Männer – die Differenzen jedoch deutlich reduziert.
Da Ausmaß und Dauer von Erwerbstätigkeit sowie von Erwerbslosigkeit sehr stark geschlechts- und gruppenspezifisch streuen, kommt auch die Betrachtung der Beteiligung am ehrenamtlichen Engagement nicht ohne eine entsprechende gruppenspezifische Differenzierung aus. So konnte nachgewiesen werden, dass die Disparitäten in der Arbeitsmarktintegration sich auch in der Teilhabe an ehrenamtlichem Engagement älterer (Erwerbs-)Personen widerspiegeln. Neben Alter und Geschlecht spielt in diesem Zusammenhang vor allem wiederum das Qualifikationsniveau, zudem aber auch das Vorhandensein sozialer Netzwerke (wie eines Partners bzw. einer Familie), das

404 Nach wie vor sind geringer Qualifizierte deutlich häufiger von Erwerbslosigkeit im Alter betroffen als höher Qualifizierte.

Eingebundensein in die Gesellschaft als Staatsbürger oder beispielsweise die Zufriedenheit mit der Gesundheit bzw. der Gesundheitszustand als solches eine wichtige Rolle. Darüber hinaus weist ehrenamtliches Engagement am Ende des Erwerbslebens einen signifikanten Zusammenhang zur Erwerbsbeteiligung bzw. zu Phasen der Erwerbs- bzw. Arbeitslosigkeit auf. Dies bedeutet, dass die Integration in den Arbeitsmarkt bei älteren (Erwerbs-)Personen die Chance, ein ehrenamtliches Engagement auszuüben, erhöht, wobei zwischen den 1980er und 1990 Jahren im Sinne der Kontinuitätsthese auch die Tendenz zugenommen hat, in Phasen der Arbeitslosigkeit bestehendes ehrenamtliches Engagement (zunächst) aufrechtzuerhalten.[405] Auf der anderen Seite wurde seltener von Erwerbslosen ein solches neu aufgenommen. Insgesamt weisen die Ergebnisse in diesem Zusammenhang darauf hin, dass engagierte Personen meist schon lange vor dem Übergang in den (Vor-)Ruhestand einer ehrenamtlichen Tätigkeit nachgingen.
Die Verknüpfung mit ‚Lebensqualität'[406] zeigt schließlich, dass sich das ehrenamtliche Engagement stärker als die Erwerbsbeteiligung positiv auf die Lebenszufriedenheit der Älteren auswirkt. In diesem Zusammenhang können schließlich Personen identifiziert werden, die zu den ‚doppelten Verlieren' zu rechnen sind. Diese sind dadurch charakterisiert, dass sie im Übergang in den Ruhestand von Erwerbslosigkeit betroffen sind, kein ehrenamtliches Engagement ausüben und ihre (subjektive) Lebenszufriedenheit eher gering einschätzen. Ferner kann jedoch auch eine Gruppe von Personen ausgewiesen werden, die trotz Arbeitsmarktausschluss – unabhängig vom ehrenamtlichen Engagement – ein hohes Zufriedenheitsniveau aufweisen. Für diese hat sich der Vorruhestand – nicht zuletzt unter der Annahme eines Einstellungs- und Lebensstilwandels – anscheinend als ‚neue Chance' bzw. als eine vorgezogene ‚späte Freiheit' von der Arbeitspflicht erwiesen. Allerdings wären hier zusätzlich Informationen notwendig, inwieweit beispielsweise ein ‚goldener Handschlag' den vorzeitigen Übergang in den Ruhestand über den Weg der Arbeitslosigkeit finanziell erleichterte und somit zu einer höheren Akzeptanz dieser Lebenslage beitrug.
Da beide Dimensionen nur zu einem geringen Anteil einen Erklärungsbeitrag zur Höhe der allgemeinen (gegenwärtigen) Lebenszufriedenheit leisten und auch weitere berücksichtigte unabhängige Variablen (wie Gesundheitszustand, Einkommens- bzw. Bildungsniveau etc.) nicht einmal 30 % der Unterschiede in der Lebenszufriedenheit der älteren Männer und Frauen im zweiten Untersuchungszeitraum zwischen 1996 und 1999 erklärten, wird in diesem Bereich deutlicher Forschungsbedarf offensichtlich. So weisen Mayer u.a. (1994) beispielsweise darauf hin, dass eine

> „wichtige Größe bei der Bestimmung dessen, was Lebensqualität sein kann, (...) zunächst das [ist, D.S.], was alte Menschen selbst auf diese Frage antworten. Außerdem ist zu berücksichtigen, inwieweit die Lebenssituation des alten Menschen deutlich werden lässt, was ein alter Mensch kann und was er nicht (mehr) kann. In einem weiteren Schritt gilt es, das herrschende Altersbild und die herrschenden Altersnormen davon abzugrenzen, wie alte Menschen tatsächlich sind und vielleicht sein möchten. Neben Kompetenz und

---

405 Mit zunehmender Dauer der Arbeitslosigkeit nehmen ehrenamtliche Tätigkeiten dennoch signifikant ab.

406 Die subjektive Lebensqualität wird auch in der Gerontopsychologie meist in Form der ‚Lebenszufriedenheit' erhoben (vgl. Mayer u.a. 1994, S. 749).

Altersstereotypen trägt unseres Erachtens der Handlungs- und Erlebensspielraum, der alten Menschen zur Verfügung steht, wesentlich zur Lebensqualität bei: Wie leben alte Menschen, und wie möchten sie leben? Es ist dies die Frage nach den Lebensformen und Lebensstilen im Alter. Zudem ist unerlässlich, den handelnden alten Menschen in seiner Umwelt zu sehen ..." (Mayer u.a. 1994, S. 750).

Eine solch offene Betrachtungsweise von Bedürfnissen und Wünschen älterer Menschen ist für eine pluralistische Analyse unterschiedlicher Lebenslagen und Lebensstile im Alter unbedingt erforderlich. Ältere Menschen sind keine homogene Gruppe. Ihre Lebenssituation kann sich – bereits im Vorruhestand – auf vielfältige Weise unterscheiden (vgl. dazu auch Knopf 1999). Einerseits sind dabei sicherlich die Erfahrungen, die Menschen im Laufe ihres Lebens gesammelt haben, von Bedeutung,[407] andererseits könnten in der Vergangenheit aber auch gesellschaftliche Veränderungen dazu geführt haben, dass der Vorruhestand, der als Übergangspassage dadurch gekennzeichnet ist, dass die älteren – vor allem männlichen – Beschäftigten in Westdeutschland zwar aus dem Arbeitsleben ausgeschieden sind, gleichzeitig aber noch nicht eine Altersrente beziehen, zunehmend erwerbsbiographisch antizipiert wird und infolge des steigenden Bildungsniveaus positiv bewältigt bzw. selbst gestaltet werden kann.[408] Die Frage ist folglich, wie hoch jeweils der Anteil der Beschäftigten ist, der „die eigentümliche Ambivalenz der ‚Freisetzungs-'erfahrung" (Knopf 1999, S. 5) als Chance oder aber als soziale ‚Gefährdung' und gesellschaftliche Benachteiligung erlebt bzw. wie sich diese Anteile zukünftig entwickeln werden.
Hinsichtlich der letzteren Fragestellung ist hervorzuheben, dass zukünftig zwar einerseits mit einem weiteren Wandel der Lebensstile gerechnet werden kann, sich andererseits aber auch die Lebenslagen im Alter – zumindest für einen Teil der älteren Bevölkerung – aufgrund veränderter Rahmenbedingungen verschärfen werden, so dass mit einem erneuten Anstieg der Armuts- und Ausgrenzungsrisiken im Alter gerechnet werden muss (vgl. dazu ausführlich Kapitel 2.3.4.3). So ist es trotz Anhebung der Altersgrenzen für den Zugang zu einer gesetzlichen Altersrente zwar immer noch in den nächsten Jahren möglich, beispielsweise durch Altersteilzeitarbeit oder über eine Phase der Arbeitslosigkeit – gefördert durch den § 428 SGB III[409] – vor dem 65. Lebensjahr einer Altersrente[410] zuzugehen, die vorgezogene Anhebung der abschlagsfreien Alters-

407 „Im Laufe des Lebens entwickeln sich Lebensstile und Wertvorstellungen von einem erfüllten und zufriedenstellenden Leben. Auch wenn Lebensstile und Wertvorstellungen durch die Gesellschaft, in der der jeweilige Mensch lebt, beeinflusst sind, so bestimmen doch auch individuelle Erfahrungen und Erlebnisse mit, wie der Mensch im Alter lebt und von welchen Werten, Überzeugungen und Einstellungen er sich im Alter leiten lässt. Dementsprechend lässt sich im Alter genauso wie in früheren Lebensabschnitten eine große Vielzahl an Lebensstilen beobachten" (Mayer u.a. 1994, S. 751).

408 So stellt Mayer u.a. (1994) fest: „Angehörige qualifizierterer Berufe, die sich vor dem Ruhestand am meisten fürchten, passen sich dieser neuen Lebensphase relativ schnell an. Schlecht Ausgebildete haben oft größere Schwierigkeiten, aber sie haben den Ruhestand gesundheitlich am ehesten nötig und wünschen sich auch, ihn entsprechend früh anzutreten" (Mayer u.a. 1994, S. 745).

409 Allerdings ist auch hier eine Kürzung der maximalen Bezugsdauer des Arbeitslosengeldes' in der Diskussion (vgl. z.B. Knuth 1999, S. 146 ff.).

410 Die Anhebung der Altersgrenze bei der ‚Rente wegen Arbeitslosigkeit oder nach Altersteilzeit' betraf erstmals Personen im Jahr 1997, die 1937 geboren wurden. Maximale Abschläge von 18,0

grenzen durch das ‚Gesetz zur Umsetzung des Programms für mehr Wachstum und Beschäftigung' (WFG) bzw. die Rentenreform 1999 führen nun aber zu deutlichen und während der gesamten Bezugszeit gültigen Rentenkürzungen. Neben den für die absolute Rentenhöhe zentralen Rentenabschlägen verringern auch Besteuerung und Anrechnung von Abfindungen das Alterseinkommen (vgl. Knuth 1999, S. 142).[411] Die Entwicklung der ‚sozialen Ungleichheit' im Alter wird – bei einer tendenziellen Zunahme diskontinuierlicher Erwerbsbiographien – folglich davon abhängen, welcher Personenkreis im Alter noch einer Beschäftigung nachgehen kann.

Da auch für die Zukunft aufgrund der steigenden Frauenerwerbsbeteiligung und von Einwanderungseffekten mit keinem generellen Arbeitskräftemangel zu rechnen ist, wird das Problem hoher Altersarbeitslosigkeit ohne geeignete Gegenmaßnahmen in der Bundesrepublik Deutschland weiterhin bestehen, zumal die Anreize für die Externalisierung älterer Beschäftigter von Seiten der Betriebe nach wie vor groß sind. Mögliche Maßnahmen, um ein höheres Ausgliederungsalter aus dem Arbeitsmarkt zu erreichen, sieht Knuth (1999) darin, dass durch den Gesetzgeber die institutionellen Anreizmöglichkeiten so geändert werden,

> „dass die Kosten des Vorruhestandes unmittelbar demjenigen Kreis von Betrieben angelastet werden, die diese Kosten verursachen. Damit schützt man die Arbeitnehmer vor Umverteilung zu ihren Lasten, die Sozialversicherungssysteme vor der Überwälzung von Kosten, für die sie eigentlich nicht zuständig sind, und damit die Gesamtheit der Unternehmen vor immer höheren Lohnnebenkosten" (Knuth 1999, S. 144).

Ferner müsste gleichzeitig auf betrieblicher Seite eine präventive Personalentwicklungspolitik (z.B. durch Gesundheitsförderung, Arbeitsschutzpolitik, frühzeitige Weiterbildung und Qualifizierung, geeignete Organisationsstrukturen und Einsatzfelder etc.) betrieben werden, die eine gewisse Flexibilität des Arbeitskräfteeinsatzes ermöglicht. Da mit höherem Alter der Beschäftigten zudem die während der bzw. durch die Erwerbsarbeit entstehenden Risiken kumulieren (z.B. Langzeiterkrankungen), sollte eine staatliche Sozialpolitik nicht nur einfach auf die Anhebung der Altersgrenzen abstellen, sondern vor allem auch zu einer Verhinderung bzw. Reduktion dieser sozialen Risiken beitragen. Dies bedeutet, dass „eine sukzessive Anhebung der Altersgrenzen nicht nur kurzfristiger und altersbezogener Intervention bedarf, sondern dass es um die Einleitung des Wandels der staatlichen Alterspolitik über den gesamten Lebenslauf hinweg geht" (Oppen, Naschold 1994, S. 344). Darüber hinaus kann das ‚späte' Erwerbsleben zunehmend auch als Chance im Sinne einer zweiten Karriere (‚dual careers') im Alter genutzt werden. Die Politik könnte solche Entwicklungen unterstützen, indem sie geeignete Beschäftigungsfelder aufzeigt (vgl. dazu Böhle u.a. 1999, S. 9;

% müssen Personen ab der Geburtskohorte 1941 im Jahr 2002 hinnehmen. Ab der Geburtskohorte 1952 besteht auch diese Möglichkeit nicht mehr, so dass im Wesentlichen nur noch die Regelaltersrente mit 65 Jahren zur Verfügung steht. Ausweichreaktionen sind daher beim Zugang zur Erwerbsminderungsrente zu erwarten, wobei es auch hier zu Verschärfungen in den Zugangsbestimmungen sowie in der Höhe der Leistungen gab (vgl. dazu Kapitel 2.1.1.10).

411 Ob diese Effekte durch die Einführung eines staatlich geförderten privaten Alterssicherungssystems (die sogenannte ‚Riester-Rente') – zumindest teilweise – kompensiert werden können, ist gegenwärtig noch nicht absehbar. Bis Ende 2002 wurde von der Versicherungswirtschaft gerade einmal mit dem Abschluss von vier Millionen Verträgen gerechnet (vgl. Bundesregierung 2003).

Knuth 1999, S. 148), die auch zu einer eigenständigen Sicherung des Lebensunterhaltes führen.
Zwar ist es mit der erfolgreichen Durchführung dieser exemplarisch aufgeführten Maßnahmen durchaus möglich, die Erwerbsbeteiligung im Alter zu erhöhen und durch die Verlängerung der Lebensarbeitzeit prinzipiell eine – wiederum Arbeitsplätze schaffende – Entlastung der Sozialversicherungssysteme zu erreichen, dennoch besteht durch die sinkenden Wachstumsraten des Bruttoinlandsprodukts wohl auch zukünftig eher die Gefahr, dass „die Zahl derjenigen Personen, die in die Ökonomie nicht mehr integriert werden können und gleichzeitig durch die Maschen wohlfahrtstaatlicher Netze fallen, [wächst, D.S.] (...) – Menschen werden nicht mehr ausgebeutet und nicht mehr beherrscht, sie sind vielmehr einfach überflüssig" (Müller u.a. 1999, S. 508). Somit ist letztlich mit der sozialen Exklusion immer größerer Bevölkerungsteile – vor allem unter den Älteren – zu rechnen.
Die EU-Kommission hat im Vertrag von Amsterdam daher die ‚Bekämpfung von Ausgrenzung' als eines der sechs Hauptziele der gemeinschaftlichen Sozialpolitik genannt und damit „Möglichkeiten zur Einführung eines Rahmens von Mindesterfordernissen für die Förderung der Eingliederung von Personen, die vom Arbeitsmarkt ausgeschlossen sind" (EU-Kommission 1999, S. 1), geschaffen. Nicht zuletzt ihr Aufruf zur Einreichung von Projektvorschlägen zu diesem Thema im Jahr 1998 und 1999 bestätigt dabei, dass entwicklungsfähige und zukunftsträchtige Ansätze zur Überwindung dieser gesellschaftlichen Herausforderung nötig sind. Da die Lebensphase Alter zunehmend ‚länger', ‚aktiver' und ‚selbstbestimmter gestaltet' wird, reicht eine nur auf die materielle Lebenssicherung ausgerichtete Sozialpolitik in einer modernen Gesellschaft nicht aus. Ziel muss es sein, geeignete Rahmenbedingungen für alternative Formen der gesellschaftlichen Integration und individuellen Sinnerfahrung zu fördern (vgl. z.B. Bundesministerium für Familie, Senioren, Frauen und Jugend 1996, 1998, 1998a), um insbesondere das Auftreten von Langzeitarbeitslosigkeit und die damit verbundenen negativen Effekte zu vermeiden.
Generell kann vermutet werden, dass – wie in den empirischen Analysen aufgezeigt – neben der Erwerbsarbeit auch andere gesellschaftlich nützliche Tätigkeiten zu Identifikation, Sozialisation und sozialer Integration der Individuen in die Gesellschaft wesentlich beitragen können. Allerdings ist festzustellen, dass insgesamt nur ein geringer Teil der älteren Beschäftigten auf die rigorosen Ausgliederungsprozesse – insbesondere auch in den neuen Bundesländern – vorbereitet war und die neue ‚Freiheit' nicht als Chance für neue Lebensinhalte bzw. -gestaltung nutzen konnte – nicht zuletzt auch deshalb, weil ihnen die entsprechenden Grundlagen, wie z.B. Informationen über mögliche Einsatzfelder, die Herausarbeitung ihrer eigenen Neigungen und Interessen als auch die entsprechenden Qualifikationen, in dieser Situation fehlten (vgl. Klages 1998a).
Ein spezifischer Markt an teils bezahlten, teils unbezahlten Tätigkeiten[412] für ältere Menschen sollte daher auf der einen Seite durch die Schaffung geeigneter (Infra-

412 Dabei sollte natürlich gewährleistet sein, dass dadurch kein Prozess der Substitution von Erwerbsarbeit ausgelöst wird (vgl. Sing, Kistler 2000). Generell kann jedoch davon ausgegangen werden, dass es sich beispielsweise bei ehrenamtlichem Engagement um eine spezifische ‚Qualität' der Tätigkeiten handelt, die ansonsten eben nicht erbracht werden würden (z.B. Hol- und Bringdienste für

)Strukturen (vgl. dazu auch Böhle 2000, S. 322 ff.), auf der anderen Seite aber auch durch die gleichzeitige Befähigung (‚empowerment') zu Engagement gefördert werden.[413] Dazu sind eben, wie oben bereits erwähnt, entwicklungsfähige und zukunftsträchtige Projekte nötig. Allerdings ist bei Modellprojekten zur Stärkung der Tätigkeiten im Alter als ‚Ersatz' für immer weiter erodierende Arbeitsplätze zu beachten, dass die Aussicht auf einen Erfolg solcher Ansätze wohl nicht nur bereichsspezifisch unterschiedlich ist und von dem jeweiligen sozialen Umfeld, sondern auch von den Individuen selbst, ihrer vorherigen Sozialisation und insbesondere auch von ihrer spezifischen Lebenslage und Lebensphase abhängt. Welche organisatorischen Formen bzw. Umfelder (auch nach Regionen bzw. in der Differenzierung nach Stadt-, Land- bzw. Wohngebieten), kurz: welche institutionellen Arrangements allerdings für eine soziale Integration Älterer eher förderlich oder eher hinderlich sind, ist aus dem gegenwärtigen Forschungsstand mit seinen teils faszinierenden, jedoch weitestgehend singulären Einzelbefunden bisher weder generell noch gar im Sinne von tragfähigen Handlungsanleitungen ableitbar:

> „Ältere Menschen nehmen trotz dieser zunehmenden Potenziale im Durchschnitt nicht entsprechend ihren Fähigkeiten am Leben der Gesellschaft teil. Es findet eine Art ‚vergangenheitsbezogener statistischer Diskriminierung' statt. Die Zurechnung von Leistungsfähigkeit und Leistungsansprüchen erfolgt immer noch auf der Grundlage der durchschnittlichen Alterssituation früherer Generationen. (...) Die Optimierung dessen, was im Alter prinzipiell möglich ist, ist eine große Unbekannte und eine der großen gesellschaftlichen Herausforderungen" (Mayer u.a. 1994, S. 727).

Die Abkehr vor allem von Altersstereotypen ermöglicht somit den Blick auf ein breites Feld selbstbestimmter Tätigkeiten in einer wachsenden Seniorenwirtschaft sowie „den Aufbau eines eigenständigen Bereichs von Erwerbsarbeit zwischen Staat und Markt, der dauerhaft für die Bewältigung einer Ausgliederung aus marktwirtschaftlich oder staatlich organisierter Erwerbsarbeit zur Verfügung steht und entsprechend individuell genutzt werden kann" (Böhle 2000, S. 324).

Behinderte zu kulturellen Veranstaltungen etc.). Allerdings können auch ehrenamtliche Tätigkeiten gesellschaftlichen Veränderungen unterliegen, so dass zukünftig von Seiten der Aktiven eine stärkere ideelle und materielle gesellschaftliche Anerkennung erwartet wird: „Die Gesellschaft wird sich darauf einstellen müssen, dass ältere Menschen in Zukunft im geringeren Maße bereit sein werden, diese Dienste für andere ungefragt und unbelohnt zu übernehmen" (Mayer u.a. 1994, S. 747). Damit könnten zukünftig solche Tätigkeiten durchaus in Konkurrenz zur Erwerbsarbeit treten, insbesondere dann, wenn vorzeitig aus dem Arbeitsmarkt Ausgeschlossene zunehmend von dem Problem der materiellen Existenzsicherung betroffen sind.
Für Hobbytätigkeiten besteht eine solche Konkurrenzsituation dagegen in geringerem Umfang, da hier zunächst vor allem Produkte (Bastelbedarf etc.) und Dienstleistungen (z.B. Besuch kultureller Veranstaltungen) für den eignen ‚Konsum' nachgefragt werden. Allerdings ist auch hier ein gewisser Substitutionseffekt nicht auszuschließen, wenn beispielsweise manche handwerklichen Tätigkeiten nicht extern eingekauft, sondern aufgrund eigener Erfahrungen im Hobbybereich nun auch von den Haushaltsmitgliedern selbst erbracht werden.

413 „Insgesamt scheinen auf der Seite der Zugangsvoraussetzungen die Strukturähnlichkeiten zur Erwerbsarbeit in den hier untersuchten Tätigkeitsfeldern zuzunehmen. Sogar im Ehrenamt und Hobby gibt es Rationalisierungsprozesse, in deren Verlauf sich die Leistungsanforderungen und Organisationsgrade erhöhen. Klar vorgegebene Altersgrenzen für die Weiterführung einer Tätigkeit sind dagegen nicht zu finden" (Kohli u.a. 1993, S. 279).

ANHANG

Tabelle A.4.1: Differenzierung der erwerbslosen Männer und Frauen zwischen 45 und 69 Jahren in Westdeutschland in registrierte Arbeitslose und Stille Reserve (1985 und 1996)

Kohorten	45-49 Jahre	50-54 Jahre	55-59 Jahre	60-64 Jahre	65-69 Jahre	45-69 Jahre
	Anteile in Prozent					
Männer	1985					
Fallzahl	35	42	26	7	0	110
Hochgerechnet in 1.000	135	196	99	35	0	468
Anteil d. Erwerbslosen	5,7	10,3	5,7	2,5	-	5,7
- Reg. Arbeitslose	100,0	84,8	94,2	79,2	-	90,9
- Stille Reserve	0,0	15,2	5,8	20,8	-	9,1
	1996					
Fallzahl	28	29	91	9	2	159
Hochgerechnet in 1.000	148	156	522	42	16	884
Anteil d. Erwerbslosen	6,7	9,5	21,4	2,9	1,0	9,5
- Reg. Arbeitslose	81,2	100,0	93,8	84,5	0,0	90,6
- Stille Reserve	18,8	0,0	6,2	15,5	100,0	9,4
Frauen	1985					
Fallzahl	44	36	10	5	0	95
Hochgerechnet in 1.000	170	136	49	37	0	392
Anteil d. Erwerbslosen	7,4	7,0	2,5	1,8	-	4,1
- Reg. Arbeitslose	45,3	47,7	92,2	77,7	-	55,0
- Stille Reserve	54,7	52,3	7,8	22,3	-	45,0
	1996					
Fallzahl	48	40	53	10	1	152
Hochgerechnet in 1.000	195	281	270	100	3	850
Anteil d. Erwerbslosen	9,0	15,0	11,5	5,3	0,2	8,2
- Reg. Arbeitslose	47,6	85,3	75,4	65,3	100,0	71,2
- Stille Reserve	52,4	14,7	24,6	34,7	0,0	28,8

Anmerkung: Das hier verwendete Erwerbskonzept unterscheidet sich von dem des Mikrozensus.
Quelle: Eigene Auswertungen des SOEP, Querschnittdatensätze und -gewichtungen.

Tabelle A.4.2: Erwerbsorientierungen der registrierten arbeitslosen Männer und Frauen zwischen 45 und 69 Jahren in Westdeutschland (1986 und 1995)

Kohorten / Registrierte Arbeitslose und ihr Wunsch nach einer Erwerbsaufnahme	45-49 Jahre	50-54 Jahre	55-59 Jahre	60-64 Jahre	65-69 Jahre	45-69 Jahre
	Anteile in Prozent					
Männer	1985					
Fallzahl	35	39	25	6	0	105
Hochgerechnet in 1.000	139	167	93	27	0	425
... möglichst sofort	77,4	74,2	41,6	31,5	-	65,4
... im kommenden Jahr	4,2	1,0	7,6	0,0	-	3,4
... später	0,0	0,0	0,0	0,0	-	0,0
Keine Erwerbsaufnahme	18,5	24,8	50,8	68,5	-	31,2
	1996					
Fallzahl	23	27	86	8	0	144
Hochgerechnet in 1.000	120	156	490	35	0	801
... möglichst sofort	75,4	52,9	24,6	0,0	-	36,6
... im kommenden Jahr	0,0	1,3	1,8	2,6	-	1,4
... später	11,6	3,5	2,6	0,0	-	4,0
Keine Erwerbsaufnahme	13,1	42,3	71,0	97,4	-	57,9
Frauen	1985					
Fallzahl	20	16	9	3	0	48
Hochgerechnet in 1.000	77	65	45	29	0	216
... möglichst sofort	73,7	44,2	55,5	18,4	-	53,7
... im kommenden Jahr	11,3	15,5	34,0	0,0	-	15,8
... später	0,0	0,0	0,0	0,0	-	0,0
Keine Erwerbsaufnahme	15,0	40,3	10,5	81,6	-	30,5
	1996					
Fallzahl	28	33	44	7	1	113
Hochgerechnet in 1.000	93	240	204	65	3	605
... möglichst sofort	50,1	55,6	11,4	20,0	0,0	35,8
... im kommenden Jahr	35,8	24,3	3,1	2,2	0,0	16,4
... später	3,7	2,0	5,4	0,0	0,0	3,2
Keine Erwerbsaufnahme	10,4	18,0	80,0	77,7	100,0	44,5

Anmerkung: Das hier verwendete Erwerbskonzept unterscheidet sich von dem des Mikrozensus.
Quelle: Eigene Auswertungen des SOEP, Querschnittdatensätze und -gewichtungen.

Tabelle A.5.1: **Differenzierung der erwerbslosen Männer und Frauen in registrierte Arbeitslose und Stille Reserve jeweils zu Beginn der Betrachtungsperioden sowie Ausweis der gruppenspezifischen Arbeitslosenquoten**

	45-49 Jahre	50-54 Jahre	55-59 Jahre	60-64 Jahre	65-69 Jahre	45-69 Jahre
	Anteile in Prozent					
Männer	1985					
Fallzahl	22	29	16	6	0	73
Hochgerechnet in 1.000	90	165	77	35	0	367
Anteil d. Erwerbslosen	3,7	8,7	4,6	2,7	-	4,5
- Reg. Arbeitslose	100,0	99,5	100,0	76,9	-	97,6
- Stille Reserve	0,0	0,5	0,0	23,1	-	2,4
Arbeitslosenquote	**3,9**	**9,3**	**5,6**	**5,4**	-	**5,9**
	1996					
Fallzahl	21	25	75	6	2	129
Hochgerechnet in 1.000	140	166	548	18	21	893
Anteil d. Erwerbslosen	6,6	10,1	21,8	1,6	1,6	10,2
- Reg. Arbeitslose	**83,9**	100,0	93,5	60,3	0,0	90,3
- Stille Reserve	16,1	0,0	6,5	39,7	100,0	9,7
Arbeitslosenquote	**5,8**	**10,6**	**25,4**	**3,7**	**0,0**	**13,4**
Frauen	1985					
Fallzahl	32	27	6	3	0	68
Hochgerechnet in 1.000	164	125	54	16	0	359
Anteil d. Erwerbslosen	7,0	6,4	2,7	0,8	-	3,8
- Reg. Arbeitslose	52,0	51,1	100,0	44,9	-	58,6
- Stille Reserve	48,0	48,9	0,0	55,1	-	41,4
Arbeitslosenquote	**5,7**	**6,9**	**6,8**	**3,6**	-	**6,0**
	1996					
Fallzahl	35	34	40	9	1	119
Hochgerechnet in 1.000	150	348	257	120	4	879
Anteil d. Erwerbslosen	7,3	18,6	11,9	6,3	0,2	8,9
- Reg. Arbeitslose	42,4	88,1	76,8	67,9	100,0	74,3
- Stille Reserve	57,6	11,9	23,2	32,1	0,0	25,7
Arbeitslosenquote	**4,3**	**21,6**	**18,7**	**21,7**	**2,9**	**14,7**

Anmerkung: Das hier verwendete Erwerbskonzept unterscheidet sich von dem des Mikrozensus.
Quelle: Eigene Auswertung des SOEP, Längsschnittdatensätze und -gewichtungen.

Literaturverzeichnis

Abt, H.G.; Braun. J. (2000): Zugangswege zu Bereichen und Formen des freiwilligen Engagements in Deutschland. Ergebnisse der Repräsentativerhebung 1999 zu Ehrenamt, Freiwilligenarbeit und bürgerschaftlichem Engagement in Deutschland, hekt. Ms., Köln 2000.

Akerlof, G. (1982): Labor Contracts as Partial Gift Exchange. In: Quarterly Journal of Economics, Vol. 97, 1982, S. 543-569.

Akerlof, G. (1984): Gift Exchange and Efficiency-Wage Theory: Four Views. In: American Economic Review, Vol. 74, 1984, S. 79-83.

Albrecht, G.; Müller, H.-W,: Die neue Altersrente wegen Arbeitslosigkeit oder nach Altersteilzeit. In: Deutsche Rentenversicherung, 51. Jg., Heft 3, 1996, S. 121-144.

Allmendinger, J. (1990): Der Übergang in den Ruhestand von Ehepaaren - Auswirkungen individueller und familärer Lebensverläufe. In: Mayer, K.U. (Hrsg.): Lebensverläufe und sozialer Wandel. Kölner Zeitschrift für Soziologie und Sozialpsychologie, Sonderheft 31, Opladen 1990, S. 272-303.

Allmendinger, J. (2000): Wandel von Erwerbs- und Einkommensverläufen und die Ungleichheit zwischen den Geschlechtern im Alterseinkommen. In: Schmähl, W. Michaelis, K. (Hrsg.): Alterssicherung von Frauen, Wiesbaden 2000, S. 61-80.

Allmendinger, J.; Brückner, H.; Brückner, E. (1992): Ehebande und Altersrente oder: Vom Nutzen der Individualanalyse. In: Soziale Welt, 43. Jg., Heft 1, S. 90-116.

Allmendinger, J.; Hinz, T. (1999): ‚Der Lebenslagen-Ansatz: Darstellung, sozialpolitische Bedeutung und Nutzung im Material- und Analyseband zur sozialen Lage in Bayern'. In: Bayerischen Staatsministeriums für Arbeit und Sozialordnung, Familie, Frauen und Gesundheit (Hrsg.): Bericht der Staatsregierung zur sozialen Lage in Bayern, München 1999, S. 15-27.

Althammer, J.; Pfaff, A.B. (1999): Materielle und soziale Sicherung von Frauen in der Perspektive des Lebenslaufs. In: WSI-Mitteilungen, 52. Jg., Heft 1, 1999, S. 32-40.

Althammer, J.; Wenzler, S. (1994): Intrafamiliale Zeitallokation, Haushaltsproduktion und Frauenerwerbstätigkeit, Volkswirtschaftliche Diskussionsreihe Nr. 123, Institut für Volkswirtschaftslehre der Universität Augsburg, Augsburg 1994.

Althammer, J.; Wenzler, S. (1996): Intrafamiliale Zeitallokation, Haushaltsproduktion und Frauenerwerbstätigkeit. Ein mikroökonometrisches Modell zur empirischen Bestimmung des wirtschaftlichen Werts der Hausarbeit. In: Jahrbuch für Nationalökonomie und Statistik, Bd. 215, Nr. 4, 1996, S. 398-418.

Amann, A. (1983): Lebenslage und Sozialarbeit. Elemente zu einer Soziologie von Hilfe und Kontrolle. In: Sozialwissenschaftliche Schriftenreihe, Heft 7, Berlin 1983.

Ando, A.; Modigliani, F. (1963): "The 'Life-Cycle' Hypothesis of Saving: Aggregate Implications and Tests". In: The American Economic Review, Vol. 53, 1963, S. 55-84.

Andreß, H.-J. (2000): Armut in Deutschland: Prozesse sozialer Ausgrenzung und die Entstehung einer neuen ‚Underclass'. In: Büchel, F.; Diewald, M.; Krause, P.; Mertens, A.; Solga, H. (Hrsg.): Zwischen drinnen und draußen. Arbeitsmarktchancen und soziale Ausgrenzung in Deutschland, Opladen 2000, S. 37-50.

Anonymus (2002): Periskop. Focus-Frage: Wann möchten Sie am liebsten in Rente gehen? In: Focus, Heft 15, 08.04.2002, S. 11.

Arbeiterwohlfahrt (Hrsg.) (1998): Von der Erwerbs- zur Tätigkeitsgesellschaft. Ein Denkanstoß der AWO Württemberg, Stuttgart 1998.

Arendt, H. (1981): Vita activa: Oder vom tätigen Leben, München 1981.

Atchley, R.C. (1971): Retirement and leisure partizipation. Continuity or crisis? In: The Gerontologist, 11, 1971, S. 13-17.
Atchley, R.C. (1977): The social forces in later life. An introduction to social gerontology, 2. Aufl., Belmont 1977.
Atchley, R.C. (1989): A continuity theory of normal aging. In: The Gerontology, 41, S. 408-416.
Atteslander, P. (1995): Methoden der empirischen Sozialforschung, Berlin, New York 1995.
Autorengemeinschaft (1996): Der Arbeitsmarkt 1995 und 1996 in der Bundesrepublik Deutschland. In: MittAB, 29. Jg., Heft 1, 1996, S. 5-35.
Autorengemeinschaft (1997): Der Arbeitsmarkt 1996 und 1997 in der Bundesrepublik Deutschland. In: MittAB, 30. Jg., Heft 1, 1997, S. 5-37.
Autorengemeinschaft (1998): Der Arbeitsmarkt in der Bundesrepublik Deutschland in den Jahren 1997 und 1998. In: MittAB, 31. Jg., Heft 1, 1998, S. 5-38.
Autorengemeinschaft (1999): Der Arbeitsmarkt in der Bundesrepublik Deutschland in den Jahren 1998 und 1999. In: MittAB, 32. Jg., Heft 1, 1999, S. 5-40.
Autorengemeinschaft (2000): Der Arbeitsmarkt in der Bundesrepublik Deutschland in den Jahren 1999 und 2000. In: MittAB, 33. Jg., Heft 1, 2000, S. 5-38.
Autorengemeinschaft (2001): Der Arbeitsmarkt in der Bundesrepublik Deutschland in den Jahren 2000 und 2001. In: MittAB, 34. Jg., Heft 1, 2001, S. 5-41.
Autorengemeinschaft (2002): Der Arbeitsmarkt in der Bundesrepublik Deutschland in den Jahren 2001 und 2002. In: MittAB, 35. Jg., Heft 1, 2002, S. 5-40.
Bäcker, G. (1993): Im Übergang vom Erwerbsleben in den Ruhestand. Beschäftigungsperspektiven älterer Arbeitnehmer zwischen demographischem Wandel und anhaltender Arbeitslosigkeit. In: Aus Politik und Zeitgeschichte, B 44/93, S. 16-26.
Bäcker, G.; Bispinck, R.; Hofemann, K.; Naegele, G. (2000): Sozialpolitik und Soziale Lage in der Bundesrepublik Deutschland, Bd. II: Gesundheit, Familie und Kinder, Alter, Soziale Dienste, 3. überarb. Aufl., Wiesbaden 2000.
Bäcker, G.; Klammer, U. (1999): Tariffonds – ein neuer Generationenvertrag? In: WSI-Mitteilungen, 52. Jg., Heft 1, S. 8-20.
Bäcker, G.; Naegele , G. (1993): Alternde Gesellschaft und Erwerbstätigkeit. Modelle zum Übergang vom Erwerbsleben in den Ruhestand, Köln 1993.
Backes, G.M. (1997): Alter(n) als ‚gesellschaftliches Problem'? Zur Vergesellschaftung des Alter(n)s im Kontext der Modernisierung, Opladen 1997.
Backes, G.M. (1998): Zur Vergesellschaftung des Alter(n)s im Kontext der Modernisierung. In: Clemens, W.; Backes, G. (Hrsg.): Altern und Gesellschaft. Gesellschaftliche Modernisierung durch Altersstrukturwandel, Opladen 1998, S. 23-60.
Backes, G.M. (1998a): Alternde Gesellschaft und Entwicklung des Sozialstaates. In: Clemens, W.; Backes, G. (Hrsg.): Altern und Gesellschaft. Gesellschaftliche Modernisierung durch Altersstrukturwandel, Opladen 1998a, S. 257-286.
Backes, G.M.; Clemens, W. (1998): Lebensphase Alter. Eine Einführung in die sozialwissenschaftliche Alternsforschung. Weinheim, München 1998.
Backes, G.M.; Clemens, W. (1999): Lebenslagen im Alter. Gesellschaftliche Bedingungen und Grenzen (Einleitung). In: Schwengel (Hrsg.): Grenzenlose Gesellschaft? 29. Kongress der Deutschen Gesellschaft für Soziologie, Band II/2, Pfaffenweiler 1999, S. 334-335.
Baltes, M.; Montada, L. (Hrsg.) (1996): Produktives Leben im Alter. Schriftenreihe der AIDA-Stiftung zur Erforschung neuer Wege für Arbeit und soziales Leben, Bd. 3. Frankfurt a.M., New York 1996.

Baltes, P.B.; Baltes, M.M. (1994): Gerontologie: Begriff, Herausforderung und Brennpunkte. In: Baltes, M.; Mittelstraß, J.; Staudinger, U. (Hrsg.): Alter und Altern: Ein interdisziplinärer Studientext zur Gerontologie, Berlin, New York 1994, S. 1-34.

Bamberg, G.; Baur, F. (1991): Statistik, München, Wien 1991.

Bangel, B. (1993): Geographie der Altersgrenzen. Frühverrentung im regionalen Strukturwandel, Berlin 1993.

Bank, H.-P. (1990): Rentenreform 1992: Was ändert sich in der Rentenversicherung? Stuttgart 1990.

Barkholdt, C. (1998): Destandardisierung der Lebensarbeitszeit. Eine Chance für die alternde Erwerbsgesellschaft? Opladen 1998.

Barro, R.J. (1992): Makroökonomie, 3. Aufl., München, Wien 1992.

Bartelheimer, P. (1998): Nichts mehr total normal – ‚Atypische' Arbeitsverhältnisse und ‚entstandardisierte' Erwerbsverläufe. In: IfS; INIFES; IFS; SOFI (Hrsg.): Jahrbuch Sozialwissenschaftliche Technikberichterstattung, Sonderband ‚98', Schwerpunkt: Beobachtungsfeld Arbeit, Berlin 1998, S. 165-207.

Bartelheimer, P. (2001): Berichtsfeld ‚Ausgrenzung'. In: SOFI, IAB, INIFES, ISF (Hrsg.): Berichterstattung zur ökonomischen Leistungsfähigkeit. Zwischenbericht an den wissenschaftlichen Beirat am 08./09. März 2001, hekt. Ms., Göttingen u.a.O. 2001.

Bartenwerfer, J. (1989): Mikroökonometrische Querschnittsanalysen des individuellen Erwerbsverhaltens, Dissertation, Kiel 1989.

Barth, H.J. (1998): Perspektiven der gesetzlichen Rentenversicherung auf längere Sicht. In: Deutsche Rentenversicherung, 53. Jg., Heft 6-7, 1998, S. 356-369.

Bauer, F.; Groß, H.; Schilling, G. (1996): Arbeitszeit '95. Arbeitszeitstrukturen, Arbeitszeitwünsche und Zeitverwendung der abhängig Beschäftigten in West- und Ostdeutschland, Düsseldorf 1996.

Beblo, M. (1998): Intrafamily Time Allocation: A Panel- Econometric Analysis, hekt. Ms., Berlin 1998.

Beblo, M. (1999): How Do German Couples Spend Their Time? A Panel-Data Analysis. In: Vierteljahreshefte des DIW, 68. Jg., Heft 2, 1999, S. 146-152.

Beck, U. (1986): Die Risikogesellschaft. Auf dem Weg in eine andere Moderne, Frankfurt a.M. 1986.

Beck, U. (1991): Der Konflikt der zwei Modernen. In: Zapf, W. (Hrsg.): Die Modernisierung moderner Gesellschaften. Verhandlungen des 25. Deutschen Soziologentages in Frankfurt a.M., Frankfurt a.M., New York 1991, S. 40-53.

Beck, U. (1993): Die Erfindung des Politischen. Zu einer Theorie reflexiver Modernisierung, Frankfurt a.M. 1993.

Beck, U. (1997): Die Seele der Demokratie. Wie wir Bürgerarbeit statt Arbeitslosigkeit finanzieren können. In: DIE ZEIT, Nr. 49, 2000, S. 7-8.

Beck, U. (1999): Modell Bürgerarbeit. In: Beck, U. (Hrsg.): Schöne neue Arbeitswelt. Vision: Weltbürgergesellschaft, Frankfurt a.M., New York 1999, S. 7-189.

Beck, U. (2000): Die Seele der Demokratie: Bezahlte Bürgerarbeit. In: Beck, U. (Hrsg.): Die Zukunft von Arbeit und Demokratie, Frankfurt a.M. 2000, S. 416-447.

Beck, U.; Beck-Gernsheim, E. (1990): Das ganz normale Chaos der Liebe, Frankfurt a.M. 1990.

Beck, U.; Beck-Gernsheim, E. (1993): Nicht Autonomie, sondern Bastelbiographie. Anmerkung zur Individualisierungsdiskussion am Beispiel des Aufsatzes von Günter Burkhart. In: Zeitschrift für Soziologie, Jg. 22, Heft 3, 1993, S. 178-187.

Beck, U.; Beck-Gernsheim, E. (Hrsg.) (1994): Riskante Freiheiten, Frankfurt a.M. 1994.

Becker, E.; Wagner, B. (1977): Ökonomie der Bildung, Frankf .t, New York, 1977.

Becker, G. (1982): Eine Theorie der Allokation der Zeit. In: Becker, G. (Hrsg.): Der ökonomische Ansatz zur Erklärung menschlichen Verhaltens, Tübingen 1982, S. 97-130.
Becker, G. S. (1971): The Economics of Discrimination, 2. Aufl., Chicago, London 1971.
Becker, G.S. (1957): The Economics of Discrimination, Chicago 1957.
Becker, G.S. (1964): Human Capital. A theoretical and empirical analysis with special reference to education, New York 1964.
Becker, G.S. (1965): A Theory of the Allocation of Time. In: Economic Journal, Vol. 75, 1965, S. 493-517.
Becker, G.S. (1967): Human Capital and the Personal Distribution of Income, Ann Arbor, 1967.
Becker, G.S. (1981). A Treatise on the Family, Chicago 1981.
Becker, G.S. (1993): Human Capital. A theoretical and empirical analysis with special reference to education, 3. Edition, New York 1993.
Bedau, K.-D. (1999): Zur materiellen Lage von Senioren in West- und Ostdeutschland. In: DIW-Wochenbericht, 66. Jg., Heft 37, S. 667-678.
Beher, K.; Liebig, R.; Rauschenbach, T. (1998): Das Ehrenamt in empirischen Studien – ein sekundäranalytischer Vergleich, Stuttgart, Berlin, Köln 1998.
Beher, K.; Liebig, R.; Rauschenbach, T. (2000): Strukturwandel des Ehrenamts. Gemeinwohlorientierung im Modernisierungsprozess, Weinheim, München 2000.
Behrend, C. (1997): Die künftige Beendigung des Erwerbslebens - Kontinuität oder Abbau sozialer Standards? DZA-Schriftenreihe zur Sozialpolitik, Bd. 3, Berlin, Weiden u.a. 1997.
Behrens, J.; Voges, W. (1996): Kritische Übergänge. In: Behrens, J.; Voges, W. (Hrsg.): Kritische Übergänge. Statuspassagen und sozialpolitische Institutionalisierung. Schriften des Zentrums für Sozialpolitik, Bd. 4, Bremen 1996, S. 16-42.
Behrens, J.; Voges, W. (Hrsg.) (1996a): Kritische Übergänge. Statuspassagen und sozialpolitische Institutionalisierung. Schriften des Zentrums für Sozialpolitik, Bd. 4, Bremen 1996.
Beißinger, T. (1996): Inflation und Arbeitslosigkeit in der Bundesrepublik Deutschland. Eine Analyse anhand von Modellen mit unvollkommenen Wettbewerb, Marburg 1996.
Bellmann, L. (1986): Senioritätsentlohnung, betriebliche Hierarchie und Arbeitsleistung. Eine theoretische und empirische Untersuchung zur Lohnstruktur, Frankfurt, New York 1996.
Bellmann, L.; Bogai, D. (2000): Aktive Arbeitsmarktpolitik für Ältere. In: Arbeit und Beruf, Heft 4, 2000, S. 106-108.
Benkel, J. (2000): Nachgefragt: Ist die rentenrechtliche Fiktion der Verschlossenheit des Teilzeitarbeitsmarktes noch gerechtfertigt? In: NZS, Heft 3, 2000, S. 131-133.
Berger, P.A. (1990): Ungleichheitsphasen. Stabilität und Instabilität als Aspekte ungleicher Lebenslagen. In: Berger, P.A., Hradil, S. (Hrsg.): Lebenslagen, Lebensläufe, Lebensstile. Soziale Welt, Sonderband 7, Göttingen 1990, S. 319-350.
Berger, P.A. (1996): Individualisierung. Statusunsicherheit und Erfahrungsvielfalt, Opladen 1996.
Berger, P.A. (1997): Individualisierung und sozialstrukturelle Dynamik. In: Beck, U.; Sopp, P. (Hrsg.): Individualisierung und Integration: Neue Konfliktlinien und neuer Integrationsmodus?, Opladen 1997, S. 81-95.
Berger, P.A.; Hradil, S. (1990a): Die Modernisierung sozialer Ungleichheit – und die neuen Konturen ihrer Erforschung. In: Berger, P.A., Hradil, S. (Hrsg.): Lebenslagen, Lebensläufe, Lebensstile. Soziale Welt, Sonderband 7, Göttingen 1990a, S. 3-24.
Berger, P.A.; Hradil, S. (Hrsg.) (1990): Lebenslagen, Lebensläufe, Lebensstile, Soziale Welt, Sonderband 7, Göttingen 1990.

Berger, P.A.; Sopp, P. (1992): Bewegtere Zeiten? Zur Differenzierung von Erwerbsverlaufsmustern in Westdeutschland. In: Zeitschrift für Soziologie, 21. Jg., Heft 3, 1992, S. 166-185.

Berger, P.A.; Sopp, P. (1995): Dynamische Sozialstrukturanalysen und Strukturerfahrungen. In: Berger, P.A.; Sopp, P. (Hrsg.): Sozialstruktur und Lebenslauf, Opladen 1995a, S. 9-24.

Bergmann, F. (1997): Die Neue Arbeit: Skizze mit Vorschlag. In: Gewerkschaftliche Monatshefte, 48. Jg., Heft 9-10, 1997, S. 524-534.

Bieber, U.; Stegmann, M. (2000): Sozialversicherungspflichtige Teilzeitbeschäftigung in den Erwerbsbiographien der zukünftigen Rentnerinnen und ihre Auswirkungen auf die Altersvorsorge. Eine Kohortenbetrachtung auf Basis der Untersuchung Altersvorsorge in Deutschland 1996 (AVID '96). In: Deutsche Rentenversicherung, 55. Jg., Heft 6, 2000, S. 364-383.

Biesecker, A. (1998): Arbeitsgesellschaft? Tätigkeitsgesellschaft? Mitgestaltungsgesellschaft? In: Kempfenhausener Notizen, 6. Jg., Heft 12, 1998, S. 6-11.

Bisping, P. (1999): Frühverrentung als Entlastung des Arbeitsmarktes, Teil I. In: Mitteilungen der Landesversicherungsanstalt Oberfranken und Mittelfranken, Nr. 4, 1999, S. 190-195.

Blanchflower, D.G.; Oswald, A.J.; Garrett, M.D. (1990): Insider Power in Wage Determination. In: Economica, Vol. 57, 1990, S. 143-170.

Blanke, K. (1996): Beruf und Familie. In: Blanke, K; Ehling, M.; Schwarz, N. (Hrsg.): Zeit im Blickfeld. Ergebnisse einer repräsentativen Zeitbudgeterhebung, Stuttgart, Berlin, Köln 1996, S. 179 ff.

Blien, U. (1986): Unternehmensverhalten und Arbeitsmarktstruktur. Eine Systematik und Kritik wichtiger Beiträge zur Arbeitsmarkttheorie. BeitrAB 103, Nürnberg 1986.

Blien, U.; Meyer W. (2000): Bevölkerungsdynamik und Arbeitsmarkt. In: Mueller, U.; Nauck, B.; Diekmann, A. (Hrsg.): Handbuch der Demographie, Bd. 2, Berlin, Heidelberg u.a. 2000, S. 1025-1065.

Blien, U.; Rudolph, H. (1989): Einkommenseffekte bei Betriebswechsel und Betriebsverbleib im Vergleich. Empirische Ergebnisse aus der Beschäftigtenstichprobe des IAB für die Gruppe der Arbeiter. In: MittAB, 22. Jg., Heft 4, 1989, S. 553-567.

Blossfeld, H.-P.; Müller, R. (1996): Sozialstrukturanalyse, Rational Choice Theorie und die Rolle der Zeit. Ein Versuch zur dynamischen Integration zweier Theorieperspektiven. In: Soziale Welt, 47. Jg., Heft 4, S. 382-400.

Bogai, D.; Hess, D.; Schröder, H.; Schmid, M. (1994): Binnenstruktur der Langzeitarbeitslosigkeit älterer Männer und Frauen. In: MittAB, 27. Jg., Heft 2, 1994, S. 74-93.

Böhle, F. (2000): Alter und Arbeit – Erwerbsarbeit zwischen Markt und Staat als neue Herausforderung für die Arbeitsmarkt- und Sozialpolitik. In: Rothkirch, C. v. (Hrsg.): Altern und Arbeit: Herausforderung für Wirtschaft und Gesellschaft. Beiträge, Diskussionen und Ergebnisse eines Kongresses mit internationaler Beteiligung, Berlin 2000, S. 310-338.

Böhle, F. (2001): Sichtung des Forschungsstandes zum Motivationswandel des bürgerschaftlichen Engagements bei Erwerbstätigen und Arbeitslosen. Teil C des Gutachtens „Struktur- und Motivationswandel bürgerschaftlichen Engagements bei Erwerbstätigen und Arbeitslosen unter besonderer Berücksichtigung der Gender-Perspektive" für die Enquete-Kommission ‚Zukunft des Bürgerschaftlichen Engagements' des Deutschen Bundestages, hekt. Ms., Augsburg 2001.

Böhle, F. u.a. (1999): Stellungnahme des Beirats zu den Ergebnissen und der Fortführung des Förderschwerpunkts des BMBF ‚Demographischer Wandel und die Zukunft der Erwerbsarbeit', o.O. 1999.

Böhnke, P. (2002): Lebensbedingungen und ihre Bewertung. In: Statistisches Bundesamt (Hrsg.): Datenreport 2002: Zahlen und Fakten über die Bundesrepublik Deutschland, Bonn 2002, S. 464-473.

Bolte, K.M. (1983): Subjektorientierte Soziologie – Plädoyer für eine Forschungsperspektive. In: Bolte, K.M.; Treutner, E. (Hrsg.): Subjektorientierte Arbeits- und Berufssoziologie, Frankfurt a.M., New York 1983, S. 12-36.

Bolte, K.M. (1990): Strukturtypen sozialer Ungleichheit. Soziale Ungleichheit in der Bundesrepublik Deutschland im historischen Vergleich. In: Berger, P.A.; Hradil, S. (Hrsg.): Lebenslagen, Lebensläufe, Lebensstile, Soziale Welt, Sonderband 7, Göttingen 1990, S. 27-50.

Bonß, W. (1998): Arbeitsmarktbezogene Zukunftsszenarien. In: Kommission für Zukunftsfragen der Freistaaten Bayern und Sachsen (Hrsg.): Erwerbstätigkeit und Arbeitslosigkeit in Deutschland. Entwicklung, Ursachen und Maßnahmen, Anlageband 3: Zukunft der Arbeit sowie Entkopplung von Erwerbsarbeit und sozialer Sicherung, Bonn 1998, S. 49-106.

Bonß, W. (2001): Vergesellschaftung über Arbeit. Oder: Gegenwart und Zukunft der Arbeitsgesellschaft. In: Berger; P.A.; Konietzka, D. (Hrsg.): Die Erwerbsgesellschaft. Neue Ungleichheiten und Unsicherheiten, Opladen 2001, S. 331-356.

Börsch-Supran, A. (1991): „Aging Population". In: Economic Policy, Vol. 12, 1991, S. 103-139.

Bourdieu, P. (1983): Ökonomisches Kapital, kulturelles Kapital und soziales Kapital. In: Kreckel, R. (Hrsg.): Soziale Ungleichheiten, Soziale Welt, Sonderband 2, Göttingen 1983, S. 183-198.

Bourdieu, P. (1987): Die feinen Unterschiede, Frankfurt a.M. 1987.

Braun, J.; Claussen, F. (1997): Freiwilliges Engagement im Alter. Nutzer und Leistungen in Seniorenbüros, Stuttgart u.a. 1997.

Brendgens, U.; Braun, J. (2000): Freiwilliges Engagement von Senioren. In: Rosenbladt, v.B. (Hrsg.): Freiwilliges Engagement in Deutschland. Ergebnisse der Repräsentativerhebung 1999 zu Ehrenamt, Freiwilligenarbeit und bürgerschaftlichem Engagement. Zusammenfassender Gesamtbericht, hekt. Ms., München 2000.

Bröscher, P.; Naegele, G.; Rohleder, C. (2000): Freie Zeit im Alter als gesellschaftliche Gestaltungsaufgabe? In: Aus Politik und Zeitgeschichte, B 35-36/00, S. 30-38.

Bruno-Latocha, G. (2000): Betriebliche und private Altersvorsorge in Deutschland: Empirische Befunde und Perspektiven. In: Deutsche Rentenversicherung, 55. Jg., Heft 3-4, 2000, S. 139-164.

Büchel, F. (1992): Die Qualität der Wiederbeschäftigung nach ununterbrochener und nach ‚perforierter' Langzeitarbeitslosigkeit. BeitrAB 162, Nürnberg 1992.

Büchel, F.; Wagner, G. (1996): Soziale Differenzen der Bildungschancen in Westdeutschland – Unter besonderer Berücksichtigung von Zuwandererkindern. In: Zapf, W.; Schupp, J.; Habich, R. (Hrsg.): Lebenslagen im Wandel, Frankfurt a.M., New York 1996, S. 66-79.

Buck, H.; Kistler, E.; Mendius, H.G. (2002): Demographischer Wandel in der Arbeitswelt. Chancen für eine innovative Arbeitsgestaltung, Stuttgart 2002.

Bude, H. (1998): Die Überflüssigen als transversale Kategorie. In: Berger, P.A.; Vester, M. (Hrsg.): Alte Ungleichheiten. Neue Spaltungen, Opladen 1998, S. 363-382.

Bühl, A.; Zöfel, P. (1996): Professionelle Datenanalyse mit SPSS für Windows. Bonn, Paris 1996.

Bühl, A.; Zöfel, P. (1998): SPSS für Windows Version 7.5. Praxisorientierte Einführung in die moderne Datenanalyse, Bonn u.a. 1998.

Bukov, A. (1999): Individuelle Ressourcen und individuelle Lebenskontexte als Prädikatoren sozialer Beteiligung im Alter. In: Schwengel (Hrsg.): Grenzenlose Gesellschaft? 29. Kongress der Deutschen Gesellschaft für Soziologie, Band II/2, Pfaffenweiler 1999, S. 342-345.

Bundesanstalt für Arbeit (Hrsg.): Arbeitsmarkt 1996. Amtlichen Nachrichten der Bundesanstalt für Arbeit, Nürnberg 1997.

Bundesanstalt für Arbeit (Hrsg.): Arbeitsmarkt 2000. Amtlichen Nachrichten der Bundesanstalt für Arbeit, Nürnberg 2001.

Bundesanstalt für Arbeit (Hrsg.): Arbeitsmarkt 2001. Amtlichen Nachrichten der Bundesanstalt für Arbeit, Nürnberg 2002.

Bundesanstalt für Arbeit (Strukturanalyse) (Hrsg.): Strukturanalyse. Bestände sowie Zu- und Abgänge an Arbeitslosen und offenen Stellen. Sondernummern der Amtlichen Nachrichten der Bundesanstalt für Arbeit, Nürnberg versch. Jahre.

Bundesministerium für Arbeit und Sozialordnung (2000): Die Rentenreform 2000: Ein mutiger Schritt zu mehr Sicherheit. Die Eckpunkte des Regierungskonzepts, o.O. 2000.

Bundesministerium für Arbeit und Sozialordnung (BMA) (Hrsg.) (1997): Alterssicherung in Deutschland 1995 (ASID '95). Schnellbericht, Forschungsbericht 264-S, Bonn 1997.

Bundesministerium für Arbeit und Sozialordnung (BMA) (Hrsg.) (2001): Lebenslagen in Deutschland. Der erste Armuts- und Reichtumsbericht der Bundesregierung, Bonn 2001.

Bundesministerium für Arbeit und Sozialordnung (Hrsg.) (1995): Sparen für mehr Arbeitsplätze. In: Sozialpolitische Informationen, 29. Jg., Heft 10, 1995, S. 3.

Bundesministerium für Arbeit und Sozialordnung (Hrsg.) (2001/2002): Teilzeit – alles, was Recht ist. Rechtliche Rahmenbedingungen für Arbeitnehmer und Arbeitgeber, Bonn 2001/2002.

Bundesministerium für Familie, Senioren, Frauen und Jugend (Hrsg.) (1997): Expertisen zur Fachtagung „Seniorenvertretungen – Verantwortung für das Gemeinwesen". Dokumentation der Fachtagung vom 25.-27. Nov. 1996, Brühl 1997.

Bundesministerium für Familie, Senioren, Frauen und Jugend (Hrsg.) (1998): Eine Gesellschaft für alle Lebensalter: Beiträge zum internationalen Jahr der Senioren 1999, Stuttgart, Berlin, Köln 1998.

Bundesministerium für Familie, Senioren, Frauen und Jugend (Hrsg.) (1998a): Engagementförderung als neuer Weg der kommunalen Altenpolitik. Tagungsdokumentation, Stuttgart, Berlin, Köln 1998a.

Bundesministerium für Familie, Senioren, Frauen und Jugend (Hrsg.) (1996): Ältere Menschen im sozialen Ehrenamt, Stuttgart, Berlin, Köln 1996.

Bundesregierung (2002): Bundessozialministerien Schmidt: Riester-Rente kommt gut voran, Meldung vom 28.11.2002, http://www.bundesregierung.de/emagazine_entw, -451942/ Bundesministerium-Schmidt.htm.

Cain, G.G. (1978): Labor Force Concepts and Definitions in View of their Purposes. Background Paper No. 13. National Commission on Employment and Unemployment Statistics, Washington 1978.

Cain, G.G. (1986): The Economic Analysis of Labor Market Discrimination: A Survey. In: Ashenfelter, O.; Layard, R. (Hrsg.): Handbook of Labor Economics, Vol. I., Amsterdam 1986, S. 693-781.

Castel, R. (2000): Die Fallstricke des Exklusionsbegriffs. In: Mittelweg 36, 9. Jg., Heft 6/7, S. 11-25.

Christoph, B. (2002): Zufriedenheit in Lebensbereichen. In: Statistisches Bundesamt (Hrsg.): Datenreport 2002: Zahlen und Fakten über die Bundesrepublik Deutschland, Bonn 2002, S. 442-452.

Clemens, W. (1993): Soziologische Aspekte eines ‚Strukturwandels des Alters'. In: Naegele, G.; Tews, H.P. (Hrsg.): Lebenslagen im Strukturwandel des Alters. Alternde Gesellschaft - Folgen für die Politik, Opladen 1993, S. 61-81.

Clemens, W. (1997). Frauen zwischen Arbeit und Rente. Lebenslagen in später Erwerbstätigkeit und frühem Ruhestand, Opladen 1997.

Clemens, W. (1998): Entwicklung und Stand der Soziologie des Alter(n)s. In: Clemens, W.; Backes, G. (Hrsg.): Altern und Gesellschaft. Gesellschaftliche Modernisierung durch Altersstrukturwandel, Opladen 1998, S. 83-107.

Clemens, W. (2001):Ältere Arbeitnehmer im sozialen Wandel. Von der verschmähten zur gefragten Humanressource? Opladen 2001.

Clemens, W.; Backes, G. (Hrsg.) (1998): Altern und Gesellschaft. Gesellschaftliche Modernisierung durch Altersstrukturwandel, Opladen 1998.

Coomans, G. (2001): Die Alterung der arbeitenden Bevölkerung in Europa: Fragen und Prioritäten. In: Bullinger, H.-J. (Hrsg.): Zukunft der Arbeit in einer alternden Gesellschaft, Stuttgart 2001, S. 48-62.

Cornetz, W. (1986): Theorie und Empirie des Arbeitskräfteangebots. Über die Bestimmungsgründe und den Wandel des geschlechtsspezifischen Erwerbsverhaltens. In: MittAB, 19. Jg., Heft 3, 1986, S. 422-438.

Cors, A. (2000): Abkühlung der gesamtwirtschaftlichen Entwicklung. Die ersten Ergebnisse der volkswirtschaftlichen Gesamtrechnung für Deutschland für das dritte Quartal 2000. In: DIW-Wochenbericht, 67. Jg., Heft 46, 2000, S. 773-781.

Cramer, U.; Karr, W. (1992): Lebensalter und Dauer der Arbeitslosigkeit. In: Brinkmann, C.; Schober, K. (Hrsg.): Erwerbsarbeit und Arbeitslosigkeit im Zeichen des Strukturwandels. Chancen und Risiken am Arbeitmarkt, BeitrAB 163, Nürnberg 1992, S. 189-206.

Cumming, E.; Henry, W.E. (1961): Growing old. The process of disengagement, New York 1961.

Dahrendorf, R. (1977): Gesellschaft und Demokratie in Deutschland", 5. Aufl., München 1977.

Dahrendorf, R. (1983): Die Chancen der Krise. Über die Zukunft des Liberalismus, Stuttgart 1983.

Dathe, D. (1998): Wechselwirkungen zwischen Arbeitszeitpolitik und Arbeitsangebotsverhalten. Eine Untersuchung zur Bedeutung von Arbeitszeitpräferenzen für eine Politik der Arbeitsumverteilung, WZB-Paper FS I 98-201, Berlin 1998.

Dathe, D.; Kistler, E. (2001): Sekundäranalytische Datensynopse, multivariate statistische Datenanalyse im Hinblick auf den Struktur- und Motivationswandel bürgerschaftlichen Engagements bei Erwerbstätigen und Arbeitslosen. Teil A des Gutachtens „Struktur- und Motivationswandel bürgerschaftlichen Engagements bei Erwerbstätigen und Arbeitslosen unter besonderer Berücksichtigung der Gender-Perspektive" für die Enquete-Kommission ‚Zukunft des Bürgerschaftlichen Engagements' des Deutschen Bundestages, hekt. Ms., Augsburg 2001.

Däubler, W. (1992): Das Arbeitsrecht 2, 9. Aufl., Reinbeck 1992.

Diekmann, A.; Weick S. (Hrsg.) (1993): Der Familienzyklus als sozialer Prozess. Bevölkerungssoziologische Untersuchungen mit den Methoden der Ereignisanalyse, Berlin 1993.

Diewald, M. (1991): Soziale Beziehungen: Verlust oder Liberalisierung? Soziale Unterstützung in informellen Netzwerken, Berlin 1991.

Doeringer, P.B.; Piore, M.J. (1971): Internal Labor Markets and Manpower Analysis, Lexington / Mass. 1971.

Dostal, W. (2000): Demographie und Arbeitsmarkt 2010: Perspektiven einer dynamischen Erwerbsgesellschaft. Langfassung eines Vortrags auf der Arbeitstagung ‚Moderne Arbeit – Alternde Belegschaften – Betriebliche Personalpolitik' in Bonn am 28.06.2000, hekt. Ms., Nürnberg 2000.

Dünn, S.; Fasshauer, S. (2001): Die Rentenreform 2000/2001. Ein Überblick. In: Deutsche Rentenversicherung, 56. Jg., Heft 5, 2001, S. 266-275.

Dusenberry, J. (1960): Demographic and Economic Change in Developed Countries. Princeton 1960.

Eckerle, K.; Oczipka, T. (1998): Prognos-Gutachten 1998. Auswirkungen veränderter ökonomischer und rechtlicher Rahmenbedingungen auf die gesetzliche Rentenversicherung in Deutschland für den Verband Deutscher Rentenversicherungsträger, Basel 1998.

Ehrenberg, R.G.; Smith, R.S. (1982): Modern Labor Economics. Theory and Public Policy, Glenview, Illinos 1982.

Ehrenheim, K. (1999): Vorruhestand/Altersteilzeit/Frühverrentung. Welche Erfahrungen wurden bisher mit dem Vorruhestand gemacht und was ist zu erwarten, wenn der Regierungsvorschlag ‚volle Rente mit 60' verwirklicht wird? In: Sozialer Fortschritt, Jg. 48, Heft 5, 1999, S. 110-117.

Enders-Dragässer, U.; Sellach, B. (1999): Der ‚Lebenslagen-Ansatz' aus der Perspektive der Frauenforschung. In: Zeitschrift für Frauenforschung, 17. Jg., Heft 4, 1999, S. 56-66.

Engelbrech, G. (1999): Folgen der Beschäftigungskrise. Zur aktuellen Beschäftigungsentwicklung bei ost- und westdeutschen Männern und Frauen. In: IAB-Werkstattbericht, Nr. 3, Nürnberg 1999.

Engelbrech, G.; Jungkunst, M. (1999): Die Zukunft der Frauenbeschäftigung. Veränderung der Arbeitslandschaft nach Tätigkeiten und Qualifikationsebenen zwischen 1995 und 2010. IAB-Werkstattbericht, Nr. 20, 31.12.1999.

Engelbrech, G.; Reinberg, A. (1997): Beschäftigungskrise trifft im Westden vor allem die Männer, im Osten die Frauen. Eine Analyse der Arbeitsmarktentwicklung zwischen 1991 und 1995 auf der Basis von Mikrozensus-Daten. In: IAB-Kurzbericht, Nr. 9, Nürnberg 1997.

Engelhardt, H. (2000): Modelle zur Messung und Erklärung personeller Einkommensverteilungen. In: Mueller, U.; Nauck, B.; Diekmann, A. (Hrsg.): Handbuch der Demographie, Bd. 2, Berlin, Heidelberg u.a. 2000, S. 1066-1091.

Erlinghagen, M. (1999): Zur Dynamik von Erwerbstätigkeit und ehrenamtlichem Engagement in Deutschland. DIW-Diskussionspapier 190, Berlin 1999.

Erlinghagen, M. (2000): Arbeitslosigkeit und ehrenamtliche Tätigkeit im Zeitverlauf. Eine Längsschnittanalyse der westdeutschen Stichprobe des Sozio-oekonomischen Panels (SOEP) für die Jahre 1992 und 1996. In: Kölner Zeitschrift für Soziologie und Sozialpsychologie, 52. Jg., Heft 5, S. 291-307.

Ernst, J. (1996): Zwischen Arbeitsmarktrisiko und Frührente. Die Situation älterer Arbeitnehmer und Frührentner in Ostdeutschland seit der deutschen Vereinigung. In: Sozialer Fortschritt, Jg. 45, Heft 10, 1996, S. 234-242.

Etzioni, A. (1997): Die Verantwortungsgesellschaft. Individualismus und Moral in der heutigen Demokratie. 2. Aufl., Frankfurt a.M., New York 1997.

EU-Kommission (2000): Hochrangige Gruppe diskutiert soziale Ausgrenzung. In: http:/europa.eu.int/comm/dg05/soc-prot/soc-incl/news/exclusion_de.htm.

Eurostat (Hrsg.) (2001): Die Erwerbsbevölkerung in den Regionen der EU: Jüngste Entwicklungen und künftige Perspektiven. Entwicklungsszenarien für die Erwerbsbevölkerung in den Regionen. 20/2001-20. Februar 2001. http://europa.eu.int/comm/eurostat/public/datashop/print-product/DE?catalogue =Eurostatproduct=1-20022001-DE-AP-Demode=download22.02.01.

Fiedler, A.; Regenhardt, U. (1987): Das Arbeitseinkommen der Frauen, Analysen zur Diskriminierung auf dem Arbeitsmarkt, Berlin 1987.

Fischer, W.; Kohli, M. (1987): Biographieforschung. In: Voges, W. (Hrsg.): Methoden der Biographie- und Lebenslaufforschung, Opladen 1987, S. 25-49.

Franz, W. (1992): Arbeitslosigkeit: Ein makrotheoretischer Analyserahmen. In: Franz (Hrsg.): Mikro- und makroökonomische Aspekte der Arbeitslosigkeit. BeitrAB 165, Nürnberg 1992, S. 9-24.

Franz, W. (1992a): Neuere makroökonomische Kontroversen. In: WiSt – Wirtschaftwissenschaftliches Studium, 6. Jg., S. 275-283.

Franz, W. (1996): Arbeitsmarktökonomik, 3. Aufl., Berlin u.a. 1996.

Franz, W.; Gordon, R.J. (1993): German and American wage and price dynamics. Differences and common themes. In: European Economic Review, Vol. 37., 1993, S. 719-762.

Franz, W.; Smolny, W. (1992): Ungleichgewichte auf Arbeits- und Gütermärkten. Eine theoretische und ökonomische Analyse mit Hilfe eines Mengenrationierungsmodells. In: Franz, W. (Hrsg.): Mikro- und makroökonomische Aspekte der Arbeitslosigkeit. BeitrAB 165, Nürnberg 1992, S. 223-244.

Frerich, J. (1987), Sozialpolitik, München 1987.

Friedman, R. (1968): The Role of Monetary Policy. In: The American Economic Review, Vol. 58, 1968, S. 1-17.

Fuchs, J. (1998): Das IAB-Erwerbspersonenpotential. In: INIFES; ISF; SÖSTRA (Hrsg.): Erwerbsarbeit und Erwerbsbevölkerung im Wandel. Anpassungsprobleme einer alternden Gesellschaft, Frankfurt, New York 1998, S. 111-132.

Gatter, J.; Hartmann, B.K. (1995): Betriebliche Verrentungspraktiken zwischen arbeitsmarkt- und rentenpolitischen Interessen. In: MittAB, 28. Jg., Heft 3, 1995, S. 412-424.

Geißler, R. (1987): Soziale Schichtung und Lebenschancen in der Bundesrepublik Deutschland, Stuttgart 1987.

Georg, W. (1995): Soziale Lage und Lebensstil – eine Typologie auf der Grundlage repräsentativer Daten. In: Angewandte Sozialforschung, 19. Jg., Heft 1, 1995, S. 107-118.

Gerlach, K.; Hübler, O. (1995): Betriebsgröße und Einkommen. Erklärungen, Entwicklungstendenzen und Mobilitätseinflüsse. In: Steiner, V.; Bellmann, L. (Hrsg.): Mikroökonomik des Arbeitsmarktes. BeitrAB 192, Nürnberg 1995, S. 225-264.

Gerlach, K.; Stephan, G. (2001): Lebenszufriedenheit und Erwerbsstatus: Ost- und Westdeutschland im Vergleich. In: MittAB, 34. Jg., Heft 4, 2001, S. 515-529.

Giarini, O.; Liedtke, M.P. (1998): Wie wir arbeiten werden. Der neue Bericht an den Club of Rome, Hamburg 1998.

Gilberg, R.; Hess, D.; Schröder, H. (1999): Wiedereingliederung von Langzeitarbeitslosen. Chancen und Risiken im Erwerbsverlauf. In: MittAB, Jg. 32, Heft 3, 1999, S. 281-299.

Glatzer, W. (1983): Haushaltsproduktion in der modernen Gesellschaft. Repräsentative Daten zum Lebensstil in der Bundesrepublik Deutschland, Frankfurt, Mannheim 1983.

Glatzer, W.; Berger, R. (1984): Lebensqualität in der Bundesrepublik Deutschland. Objektive Lebensbedingungen und subjektives Wohlbefinden, Frankfurt a.M. 1984.

Glatzer, W.; Hübinger, W. (1990): Lebenslagen und Armut. In: Döring, D. u.a. (Hrsg.): Armut im Wohlstand, Frankfurt a.M. 1990, S. 31-55.

Glatzer, W.; Zapf, W. (1984): Lebensqualität in der Bundesrepublik Deutschland. Objektive Lebensbedingungen und subjektives Wohlbefinden, Frankfurt a.M., New York 1984.

Goldschmidt-Clermont, L. (1983): Output-Related Evaluations of Unpaid Household Work: A Challenge for Time Use Studies. In: Home Economics Research Journal, Vol. 12, 1983, S. 127-132.

Gorz, A. (1989): Kritik der Ökonomischen Vernunft. Sinnfragen am Ende der Arbeitsgesellschaft, Berlin 1989.

Gorz, A. (2000): Arbeit zwischen Misere und Utopie, Frankfurt a.M. 2000.

Gottschall, K. (2000): Soziale Ungleichheit und Geschlecht. Kontinuitäten und Brüche, Sackgassen und Erkenntnispotentiale im deutschen soziologischen Diskurs, Opladen 2000.

Graf, F.W.; Platthaus; A.; Schleissing S. (Hrsg.) (1999): Soziales Kapital in der Bürgergesellschaft, Stuttgart, Berlin u.a. 1999.

Grobe, T.G. (2001): Arbeitslosigkeit und Gesundheit. In: Public Health, 9. Jg., Nr. 33, 2001, S. 12-13.

Gronau, R. (1973): The Intrafamily Allocation of Time: The Value of the Housewives' Time. In: American Economic Review, Vol. 63, 1973, S. 634-651.

Gronau, R. (1977): Leisure, Home Production, and Work. The Theory of the Allocation of Time Revisted. In: Journal of Political Economy, Vol. 85, 1977, S. 1099-1123.

Gronau, R. (1986): Home Production – A Survey. In: Ashenfelter, O.; Layard, R. (Hrsg.): Handbook of Labor Economics, Vol. I, Amsterdam, New York 1986, S. 273-305.

Gross, J; Rosenberg, P.; Sarrazin, T. (1980): Zum Problem der Schätzung des Erwerbspersonenpotentials und der „Stillen Reserve". In: Mertens, D.; Klauder, W. (Hrsg.): Probleme der Messung und Vorausschätzung des Erwerbspersonenpotentials, BeitrAB 44, Nürnberg 1980, S. 28-33.

Grütz, J.; Faik, J. (1998): Gesetzliche Rentenversicherung und Arbeitsmarkt – Eine ökonomische Betrachtungsweise. In: Verband Deutscher Rentenversicherungsträger, 53. Jg., Heft 5, 1998, S. 292-313.

Guillemard, A.-M.; Rein, M. (1993): Comparative Patterns of Retirement: Recent Trends in Developed Societies. In: Annual Review of Sociology, Vol. 19, S. 469-503.

Gukenbiehl, H.L. (2000): Systemtheorien. In: Schäfers, B. (Hrsg.): Grundbegriffe der Soziologie, 6. Aufl., Opladen 2000, S. 343-350.

Gussone, M.; Huber, A.; Morschhäuser, M.; Petrenz, J. (1999): Ältere Arbeitnehmer: Altern und Erwerbsarbeit in rechtlicher, arbeits- und sozialwissenschaftlicher Sicht, Frankfurt a.M. 1999.

Habich, R. (1996): Objektive und subjektive Indikatoren – Ein Vorschlag zur Messung des Wandels von Lebenslagen. In: Zapf, W.; Schupp, J.; Habich, R. (Hrsg.): Lebenslagen im Wandel, Frankfurt a.M., New York 1996, S. 46-65.

Hain, W.; Tautz, R. (2001): Finanzielle Auswirkungen der Rentenreform. In: Deutsche Rentenversicherung, 56. Jg., Heft 6-7, 2001, S. 359-377.

Haisken-De New, J.P.; Frick, J.R. (Hrsg.) (1998): Desktop Companion to the German Socio-Economic Panel Study (GSOEP), Version 2.2., September 1998, Berlin 1998.

Hamermesh, D.S.; Rees, A. (1993): The Economics of Work and Pay, New York 1993.

Hanusch, H.; Kuhn, T. (1991): Einführung in die Volkswirtschaftslehre, Berlin, Heidelberg u.a. 1991.

Harms, V. (1988): Biomathematik, Statistik und Dokumentation, 5. völlig überarb. Auflage, Kiel 1988.

Heinze, R.G.; Keupp, H. (1998): Gesellschaftliche Bedeutung von Tätigkeiten außerhalb der Erwerbsarbeit. In: Kommission für Zukunftsfragen der Freistaaten Bayern und Sachsen: Erwerbstätigkeit und Arbeitslosigkeit in Deutschland - Entwicklung, Ursachen und Maßnahmen. Gutachten im Auftrag der Kommission für Zukunftsfragen. Anlageband 3. Bonn 1998, S. 107-241.

Heinze, R.G.; Olk, T. (1999): Vom Ehrenamt zum bürgerschaftlichen Engagement. Trends des begrifflichen und gesellschaftlichen Strukturwandels. In: Kistler, E.; Noll, H.-H.; Priller, E. (Hrsg.): Perspektiven gesellschaftlichen Zusammenhalts. Empirische Befunde, Praxiserfahrungen, Messkonzepte, Berlin 1999, S. 77-100.

Hilpert, M.; Hotopp, U.; Kistler, E. (2000): Schattenwirtschaft, Informelle Ökonomie und Dritter Sektor als Teile eines größeren Ganzen - Zusammenfassung des Workshops und Ansatzpunkte einer Europäischen Forschungsstrategie. In: Bundesministerium für Bildung und Forschung: Informelle Ökonomie, Schattenwirtschaft und Zivilgesellschaft als Herausforderung für die Europäische Sozialforschung, Bonn 2000, S. 69-111.

Hilpert, M.; Sing, D.; Kistler, E. (1998): „Die ‚Stille Reserve' zum Sprechen bringen". Informationen zur gegenwärtig laufenden Befragung im Rahmen des AuT-Projektes „Subjektive Komponenten der Arbeitsangebotsentwicklung", hekt. Ms., Stadtbergen 1998.

Hilzenbecher, M. (1984): Frauenerwerbstätigkeit, Familienzyklus und Zeitallokation. Zeitbudgetanalyse als Voraussetzung für eine empfänger- und phasengerechte Ausgestaltung familienpolitischer Maßnahmen, Spardorf 1984.

Hof, B.; Mai, R. (1997): Struktureffekte der Arbeitskräfte. Entwicklungen in Ost- und Westdeutschland zwischen 1988 und 1996. In: iw-trends, 24. Jg., Heft 4, 1997, S. 46-58.

Holst, E. (2000): Die Stille Reserve am Arbeitsmarkt. Größe, Zusammensetzung, Verhalten, Berlin 2000.

Holst, E.; Maier, F. (1998): Normalarbeitsverhältnis und Geschlechterordnung. In: MittAB, 31. Jg., Heft 3, 1998, S. 506-518.

Holst, E.; Schupp, J. (1996):Wandel der Erwerbsorientierung von Frauen. Zum Prozess der Erwerbsbereitschaft und der Eingliederung in den Arbeitsmarkt. In: Zapf, W.; Schupp, J.; Habich, R. (Hrsg.): Lebenslagen im Wandel, Frankfurt a.M., New York 1996, S. 162-192.

Holst, E.; Schupp, J. (1997): Hohe Fluktuation in der Stillen Reserve. In: DIW-Wochenbericht, 64. Jg., Heft 47, 1997, S. 921-928.

Holst, E.; Schupp, J. (2000): Stille Reserve wichtig für die Arbeitsmarktflexibilität in Deutschland. In: DIW-Wochenbericht, 67. Jg., Heft 29, 2000, S. 457-465.

Hondrich, K-O. (2000): Soziale Differenzierung. In: Schäfers, B. (Hrsg.): Grundbegriffe der Soziologie, 6. Aufl., Opladen 2000, S. 46-51.

Horn, G. (1990): Preisbildung in der neueren keynesianischen Makroökonomie. Ein Überblick. In: Konjunkturpolitik, 36. Jg., Heft 4, S. 218-244.

Horn, G.; Scheremet, W. (1990): Ursachen struktureller Arbeitslosigkeit. Zur Theorie und Empirie neuerer makroökonomischer Ansätze. In: Konjunkturpolitik, 35. Jg., Heft 5, 1990, S. 278-308.

Hörning, K.H.; Michailow, M. (1990): Lebensstil als Vergesellschaftungsform. Zum Wandel von Sozialstruktur und sozialer Integration. In: Berger, P.A., Hradil, S. (Hrsg.): Lebenslagen, Lebensläufe, Lebensstile. Soziale Welt, Sonderband 7, Göttingen 1990, S. 501-521.

Hradil, S. (1990): Postmoderne Sozialstruktur? Zur empirischen Relevanz einer ‚modernen' Theorie sozialen Wandels. In: Berger, P.A.; Hradil, S. (Hrsg.): Lebenslagen, Lebensläufe, Lebensstile, Soziale Welt, Sonderband 7, Göttingen 1990, S. 125-152.

Hradil, S. (1995): Die Modernisierung des Denkens. Zukunftspotentiale und ‚Altlasten' in Deutschland. In: Aus Politik und Zeitgeschichte, B20/95, S. 3-15.

Hradil, S. (1997): Sozialstrukturanalyse in einer fortgeschrittenen Gesellschaft. Von Klassen und Schichten zu Lagen und Milieus, Opladen 1987.

Hradil, S. (2000): Soziale Ungleichheit, soziale Schichtung und Mobilität. In: Korte, H.; Schäfers, B. (Hrsg.): Einführung in die Hauptbegriffe der Soziologie, 5. erweiterte und aktualisierte Aufl., Opladen 2000, S. 193-215.

Hradil, S. (2000a): Lebensstil. In: Schäfers, B. (Hrsg.): Grundbegriffe der Soziologie, 6. Aufl., Opladen 2000a, S. 204-207.

Hradil, S. (2001). Soziale Ungleichheit in Deutschland, 8. Aufl., Opladen 2001.

Hübinger, W. (1996): Prekärer Wohlstand. Neue Befunde zu Armut und sozialer Ungleichheit, Freiburg 1996.

Hujer, R.; Schnabel, R. (1991/92): Spezifikation und Schätzung eines Lebenszyklusmodells des Arbeitsangebots. Eine mikroökonometrische Analyse mit Daten des Sozioökonomischen Panels. In: Ifo-Studien, 37./38. Jg., Heft 3/4, 1991/92, S. 271-296.

Hurd, M.; Boskin, M. (1984): The effect of Social Secrurity on retirement in the early 1970's. In: Quarterly Journal of Economics, Vol. 4, 1984, S. 767-790.

Hurd, M.D. (1990): „The Joint Retirement Decision of Husbands and Wifes". In: Wise, D. (Hrsg.): „Issues in the Economics of Aging", Cambridge University Press, Cambridge, S. 321-258.

Husmann, J. (2000): Zur aktuellen Lage der Rentenversicherung. In: Verband Deutscher Rentenversicherungsträger, 55. Jg., Heft 10-11, 2000, S. 637-647.

Infratest Burke Sozialforschung (1998): SOEP '98. Erstbefragung der Stichprobe E. Methodenbericht, München 1998.

Inglehart, R. (1977): The Silent Revolution. Changing Values and Political Styles among Western Publics, Princeton 1977.

Inglehart, R. (1990): Kultureller Umbruch. Wertewandel in der westlichen Welt, Frankfurt a.M., New York 1990.

Isforth, A. (1997): Mit 60 auf das Abstellgleis...? Ergebnisse einer Umfrage. In: Bertelsmann Stiftung (Hrsg.): Mit 60 auf das Abstellgleis...? Gütersloh 1997, S. 13-73.

Jacobs, K.; Kohli, M. (1990): Der Trend zum frühen Ruhestand. Die Entwicklung der Erwerbsbeteiligung der Älteren im internationalen Vergleich. In: WSI-Mitteilungen, 43. Jg., Heft 8, 1990, S. 498-509.

Jahoda, M.; Lazarsfeld, P.; Zeisel, H. (1975): Die Arbeitslosen von Marienthal, Frankfurt a.M. 1975.

Jakob, G. (1993): Zwischen Dienst und Selbstbezug. Eine biographieanalytische Untersuchung ehrenamtlichen Engagements. Opladen 1993.

Jakob, G. (1995): Ehrenamtliches Engagement im sozialkatholischen Milieu: Biographische Grundlegung und verbandliche Rahmenbedingungen. In: Hoerning, E.M.; Corsten , M. (Hrsg.): Institution und Biographie. Die Ordnung des Lebens. Pfaffenweiler 1995, S. 221-236.

Johnson, P,. Zimmermann, K. (1993): Ageing and the European labour market: Public policy issues. In: Johnson, P.; Zimmermann, K. (Hrsg.): Labour Markets in an ageing Europe, Cambridge 1993, S. 1-25.

Jurczyk, K.; Rerrich, M.S. (1993): Einführung: Alltägliche Lebensführung: der Ort, wo „alles zusammenkommt". In: Jurczyk, K.; Rerrich, M. S. (Hrsg.): Die Arbeit des Alltags. Beiträge zu einer Soziologie der alltäglichen Lebensführung, Freiburg i. Br. 1993, S. 11-45.

Kaltenborn, B.; Klös, H.-P. (2000): Arbeitsmarktsstatus- und Lohnmobilität in Westdeutschland 1984/96. In: iw-trends, 27. Jg., Heft 2, 2000, S. 24-45.

Karr, W. (1997): Die Erfassung der Langzeitarbeitslosigkeit. In: IAB-Kurzbericht, Nr. 5, Nürnberg 1997.

Keller, B. (1991): Einführung in die Arbeitspolitik: Arbeitsbeziehungen und Arbeitsmarkt in sozialwissenschaftlicher Perspektive, München, Wien, Oldenburg 1991.

Kempe, W. (2000): Steigende Erwerbsneigung kompensiert demographischen Rückgang der erwerbsfähigen Bevölkerung in der Zukunft. In: Wirtschaft im Wandel, 6. Jg., Heft 4, 2000, S. 91-97.

Keupp, H. (1988): Riskante Chancen. Das Subjekt zwischen Psychokultur und Selbstorganisation, Heidelberg 1988.

Keupp, H. (1997): Visionen einer Bürgergesellschaft – Neue Perspektiven der Freiwilligenarbeit. Vortrag am 10.12.1997 auf Einladung des Freiwilligen-Zentrums Augsburg und des Projekts Schwungfeder, Augsburg 1997.

Keupp, H. (1997a): Individualisierter Gemeinsinn. Über gesellschaftliche Solidarität, in: UNIVERSITAS, Heft 7, 1997a, S. 641.

Killingworth, M. (1983): Labor Supply, Cambridge u.a.O. 1983.

Killingworth, M.R.; Heckmann, J.J. (1986): Female Labor Supply – A Survey. In: Ashenfelter, O.; Layard, R. (Hrsg.): Handbook of Labor Economics, Vol. I, Amsterdam, New York 1986, S. 103-204.

Kistler, E.; Hilpert, M. (2001): Auswirkungen des demographischen Wandels auf den Arbeitsmarkt und Arbeitslosigkeit. In: Aus Politik und Zeitgeschichte, B3-4, 2001, S. 5-13.

Kistler, E.; Hilpert, M.; Sing, D. (1998): Erwerbsquoten - Ausdruck wirtschaftlichen Drucks, individueller Entfaltung und sozialer Bestätigung. Vortrag beim Prognos-Workshop am 5./6.11.1998 in Bensheim, hekt. Ms., Stadtbergen 1998.

Kistler, E.; Huber, A. (2002): Die Beschäftigung älterer Arbeitnehmer und die demographische Herausforderung. In: Huber, A.; Kistler, E.; Papies, U. (Hrsg.): Arbeitslosigkeit Älterer und Arbeitsmarktpolitik im Angesicht des demographischen Wandels, Stuttgart 2002, S. 14-29.

Kistler, E.; Noll, H.-H.; Priller, E. (Hrsg.) (1999): Perspektiven gesellschaftlichen Zusammenhalts. Empirische Befunde, Praxiserfahrungen, Messkonzepte, Berlin 1999.

Kistler, E.; Schönwälder, T. (1998): Eliten und Heloten - herrschen und dienen. Die rechtskonservativen Ideen der bayerisch-sächsischen Zukunftskommission. In: Soziale Sicherheit, 47. Jg., Heft 4, 1998, S. 121-133.

Kistler, E.; Sing, D. (1998): Erodierende Arbeitsorientierungen? – Ausgewählte Datengrundlagen zur Prognose von Erwerbsneigungen und Erwerbsverhalten, hekt. Ms., Stadtbergen 1998.

Klages, H. (1985): Wertorientierungen im Wandel. Rückblick, Gegenwartsanalyse, Prognose, Frankfurt a.M., New York 1985.

Klages, H. (1998): Werte und Wertewandel. In: Schäfers, B.; Zapf, W. (Hrsg.): Handwörterbuch zur Gesellschaft Deutschlands, Opladen 1998, S. 698-709.

Klages, H. (1998a): Engagementförderung: Perspektiven zur Neugestaltung des Verhältnisses zwischen Verwaltung und Bürgern. In: Bundesministerium für Familie, Senioren, Frauen und Jugend (Hrsg.): Engagementförderung als neuer Weg der kommunalen Altenpolitik. Band 160 der Schriftreihe des Bundesministeriums für Familie, Senioren, Frauen und Jugend, Stuttgart u.a. 1998, S. 26-40.

Klages, H.; Gensicke, T. (1999): Wertewandel und bürgerschaftliches Engagement an der Schwelle zum 21. Jahrhundert. Speyerer Forschungsberichte 193, Speyer 1999.

Klammer, U.; Weber, H. (2001): Flexibel in den Ruhestand? Ergebnisse und Überlegungen zur Altersteilzeit. In: WSI-Mitteilungen, 54 Jg., Heft 2, 2001, S. 102-112.

Klauder, W.; Kühlewind, G. (1980): Überblick über das Erwerbspersonenpotentialkonzept des IAB - Bedeutung, Messung, Projektion. In: Mertens, D.; Klauder, W. (Hrsg.): Probleme der Messung und Vorausschätzung des Erwerbspersonenpotentials, BeitrAB 44, Nürnberg 1980, S. 8-22.

Klausing, L.; Schalk, H.J. (1992): Wachstum und Arbeitslosigkeit in den 80ern. In: Franz (Hrsg.): Mikro- und makroökonomische Aspekte der Arbeitslosigkeit. BeitrAB 165, Nürnberg 1992, S. 197-211.

Kleinhenz, G. D. (2002): Massenarbeitslosigkeit – eine deutsche Krankheit? In: Kirche und Gesellschaft, Nr. 289, Mönchengladbach 2002.

Klems, W.; Schmid, A. (1990): Langzeitarbeitslosigkeit. Theorie und Empirie am Beispiel des Arbeitsmarktes Frankfurt/Main, Berlin 1990.

Knopf, D. (1999): Menschen im Übergang von der Erwerbsarbeit in den Ruhestand. Eine Herausforderung für die Erwachsenenbildung. Herausgegeben vom Bundesministerium für Bildung und Forschung, Bonn 1999.

Knuth, M. (1998): Von der ‚Lebensstellung' zur nachhaltigen Beschäftigungsfähigkeit. Sind wir auf dem Weg zum Hochgeschwindigkeitsarbeitsmarkt? In: Bosch, G. (Hrsg.): Zukunft der Erwerbsarbeit - Strategien für Arbeit und Umwelt, Frankfurt/M., S. 300-331.

Knuth, M. (1999): Senkung der Arbeitslosigkeit durch den Ausstieg aus dem Vorruhestand. Gesellschaftliche und betriebliche Innovationserfordernisse im Umgang mit dem strukturellen und demographischen Wandel. Institut für Arbeit und Technik, Gelsenkirchen 1999 (i.E.), S. 111-153.

Knuth, M. (2000): Älter werden im Betrieb: Herausforderungen für die Arbeitsmarkt- und Beschäftigungspolitik. In: Landesarbeitsamt Rheinland-Pfalz-Saarland, Arbeitskammer des Saarlandes (Hrsg.): Älter werden im Betrieb, Saarbrücken 2000, S. 33-59.

Kohli, M. (1978): Erwartungen an eine Soziologie des Lebenslaufs. In: Kohli, M. (Hrsg.): Soziologie des Lebenslaufs, Darmstadt, Neuwied 1978, S. 9-32.

Kohli, M. (1985): Die Institutionalisierung des Lebenslaufs. Historische Befunde und theoretische Argumente. In: Kölner Zeitschrift für Soziologie und Sozialpsychologie, Jg. 37, Heft 1, 1985, S. 1-29.

Kohli, M. (1986): Gesellschaftszeit und Lebenszeit. Der Lebenslauf im Strukturwandel der Moderne. In: Berger, J. (Hrsg.): Die Moderne – Kontinuität und Zäsuren. Soziale Welt, Sonderband 4, S. 183-208.

Kohli, M. (1990): Das Alter als Herausforderung für die Theorie sozialer Ungleichheit. In: Soziale Welt, Sonderband 7, 41. Jg., 1990, S. 387-406.

Kohli, M. (1994): Altern in soziologischer Perspektive. In: Baltes, M.; Mittelstraß, J.; Staudinger, U. (Hrsg.): Alter und Altern: Ein interdisziplinärer Studientext zur Gerontologie, Berlin, New York 1994, S. 231-259.

Kohli, M. (1994a): Institutionalisierung und Individualisierung der Erwerbsbiographie. In: Beck, U.; Beck-Gernsheim, E. (Hrsg.): Riskante Freiheiten, Frankfurt a.M., S. 219-244.

Kohli, M. (1996): Erwerbsarbeit und ihre Alternativen. In Baltes, M.; Montada, L. (Hrsg.): Produktives Leben im Alter, Frankfurt, New York 1996, S. 154-175.

Kohli, M. (2000): Lebenslauf. In: Schäfers, B. (Hrsg.): Grundbegriffe der Soziologie, 6. Aufl., Opladen 2000, S. 200-203.

Kohli, M.; Freter, H.-J.; Langehennig, M.; Roth, S.; Simoneit, G.; Tregel, S. (1993): Engagement im Ruhestand. Rentner zwischen Erwerb, Ehrenamt und Hobby, Opladen 1993.

Kohli, M.; Gather, C.; Künemund, H.; Mücke, B.; Schürkmann, M.; Voges, W.; Wolf, J. (Hrsg.) (1989): Je früher – desto besser? Die Verkürzung des Erwerbslebens am Beispiel des Vorruhestands in der chemischen Industrie, Berlin 1989.

Kohli, M.; Künemund, H. (1996): Nachberufliche Tätigkeitsfelder. Konzepte, Forschungslage, Empirie. Schriftenreihe des Bundesministeriums für Familie, Senioren, Frauen und Jugend, Bd. 130.1. Stuttgart, Berlin, Köln 1996.

Kohli, M.; Künemund, H.; Motel, A.; Szydlik, M. (2000): Soziale Ungleichheit. In: Kohli, M.; Künemund, H. (Hrsg.): Die zweite Lebenshälfte. Gesellschaftliche Lage und Partizipation im Spiegel des Alters-Survey, Opladen 2000, S. 318-336.
Kohli, M.; Rein, M.; Guillemard, A.M.; Gunsteren, H.v. (Hrsg.) (1991): Time for Retirement. Comparative Studies of Early Exit from Labor Force, Cambrige 1991.
Koller, B. (1995): Vielen älteren Arbeitslosen fehlt nichts weiter als ein Arbeitsplatz. IAB-Werkstattbericht, Nr. 3, Nürnberg 1995.
Koller, B. (2001): Ältere Arbeitnehmer: Das Rentenalter wurde angehoben – zieht der Arbeitsmarkt mit? Eine Analyse zum Übergang in Rente, zu Erwerbsbeteiligung und Arbeitslosigkeit Älterer. IAB-Werkstattbericht Nr. 7 (29.06.2001), Nürnberg 2001.
Koller, B.; Gruber, H. (2001): Ältere Arbeitnehmer im betrieb und als Stellenbewerber aus der Sicht der Personalverantwortlichen. In: MittAB, 34. Jg., Heft 4, 2001, S. 479-504.
Kommission für Zukunftsfragen der Freistaaten Bayern und Sachsen (Hrsg.) (1996): Erwerbstätigkeit und Arbeitslosigkeit in Deutschland. Entwicklung, Ursachen und Maßnahmen - Teil I: Entwicklung von Erwerbstätigkeit und Arbeitslosigkeit in Deutschland und anderen frühindustrialisierten Ländern, Bonn 1996.
Kommission für Zukunftsfragen der Freistaaten Bayern und Sachsen (1997): Erwerbstätigkeit und Arbeitslosigkeit in Deutschland. Entwicklungen, Ursachen und Maßnahmen – Teil II: Ursachen steigender Arbeitslosigkeit in Deutschland und anderen frühindustrialisierten Ländern, Bonn 1997.
Kommission für Zukunftsfragen der Freistaaten Bayern und Sachsen (1997a): Erwerbstätigkeit und Arbeitslosigkeit in Deutschland. Entwicklungen, Ursachen und Maßnahmen – Teil III: Maßnahmen zur Verbesserung der Beschäftigungslage, Bonn 1997a.
Konietzka, D. (1995): Lebensstile im sozialstrukturellen Kontext. Ein theoretischer und empirischer Beitrag zur Analyse soziokultureller Ungleichheiten, Opladen 1995.
Kortmann, K. (2000): Status quo der Alterssicherung unter besonderer Berücksichtigung der betrieblichen Altersversorgung. Vortrag anlässlich der Informationskonferenz ‚Versorgung und Vergütung 2000', hekt. Ms., Wiesbaden 2000.
Kortmann, K.; Roth, M.; Semrau, P. (1999): Rente bleibt die wichtigste Säule. In: Bundesarbeitsblatt, Heft 11, 1999, S. 5-12.
Kortmann, K.; Schatz, C. (1999): Die Altersvorsorge in Deutschland 1996. Erste Ergebnisse der Untersuchung ‚Strukturen und Trends der Altersvorsorge von 40-60-jährigen Rentenversicherten und ihrer Ehepartner'. Vorläufige Ergebnisse, Braunschweig 1999.
Kreckel, R. (1990): Klassenbegriff und Ungleichheitsforschung. In: Berger, P.A., Hradil, S. (Hrsg.): Lebenslagen, Lebensläufe, Lebensstile. Soziale Welt, Sonderband 7, Göttingen 1990, S. 51-79.
Kreckel, R. (1992): Politische Soziologie der sozialen Ungleichheit, Frankfurt a.M. 1992.
Kronauer, M. (1997): ‚Soziale Ausgrenzung' und ‚Underclass': Über neue Formen der gesellschaftlichen Spaltung. In: Leviathan, 25 Jg., Heft 1, 1997, S. 28-49.
Kronauer, M. (1998): ‚Exklusion' in der Systemtheorie und in der Armutsforschung. Anmerkungen zu einer problematischen Beziehung. In: Zeitschrift für Sozialreform, 44. Jg., Heft 11/12, S. 755-768.
Kronauer, M. (1999): Die Innen-Außen-Spaltung der Gesellschaft. Zu Konzept und Realität von sozialer Ausgrenzung durch Arbeitslosigkeit und Armut. In: Schwengel (Hrsg.): Grenzenlose Gesellschaft? 29. Kongress der Deutschen Gesellschaft für Soziologie, Band II/1, Pfaffenweiler 1999, S. 499-502.
Kronauer, M. (2000): Plädoyer für einen Exklusionsbegriff ohne Fallstricke. Anmerkungen zu Robert Castel. In: Mittelweg 36, Heft 6, Hamburg 2000, S. 79-84.
Kronauer, M. (2002): Exklusion. Die Gefährdung des Sozialen im hoch entwickelten Kapitalismus, Franfurt a.M., New York 2002.

Kronauer, M.; Vogel, B. (1998): Spaltet Arbeitslosigkeit die Gesellschaft? In: Berger, P.A.; Vester, M. (Hrsg.): Alte Ungleichheiten - Neue Spaltungen, Opladen 1998, S. 333-350.

Krüger, H.; Born, C. (1991): Unterbrochene Erwerbskarrieren und Berufsspezifik: Zum Arbeitsmarkt- und Familienpuzzle im weiblichen Lebenslauf. In: Mayer, K.U.; Allmendinger, J.; Huinink, J. (Hrsg.): Vom Regen in die Traufe: Frauen zwischen Familie und Beruf, Frankfurt a.M., New York 1991, S. 142-161.

Krüger, H.; Born, C.; Kelle, U. (1989): Sequenzmuster in unterbrochenen Erwerbskarrieren von Frauen, Arbeitspapier 7 des SFB 186, Bremen 1989.

Kruse, A. (1994): Alter im Lebenslauf. In: Baltes, M.; Mittelstraß, J.; Staudinger, U. (Hrsg.): Alter und Altern: Ein interdisziplinärer Studientext zur Gerontologie, Berlin, New York 1994, S. 331-355.

Kruse, A.; Lehr, U. (1999): Reife Leistung. Psychologische Aspekte des Alterns. In: Niederfranke, A.; Naegele, G.; Frahm, E. (Hrsg.): Funkkolleg Altern 1. Die vielen Gesichter des Alterns, Opladen, Wiesbaden 1999, S. 187-238.

Krüsselberg, H.-G.; Auge, M.; Hilzenbrecher, M. (1986): Verhaltenshypothesen und Familienzeitbudgets - Die Ansatzpunkte der „Neuen Haushaltsökonomik“ für Familienpolitik, Stuttgart, Berlin, Köln, Mainz 1986.

Kühnlein, I. (1997): Weniger Erwerbsarbeit - mehr Eigenarbeit? Chancen und Potenziale öffentlicher Eigenarbeit? In: Aus Politik und Zeitgeschichte, B 48-49, 1997, S. 41-46.

Kühnlein, I. (1997a): Motivlagen, Sinnquellen und Identitätsrelevanz erwerbsarbeitsunabhängiger sozialer Tätigkeiten. Erschienen als Teil der Expertise von Heinze, R.G.; Keupp, H.: Gesellschaftliche Bedeutung von Tätigkeiten außerhalb der Erwerbsarbeit. In: Kommission für Zukunftsfragen der Freistaaten Bayern und Sachsen: Erwerbstätigkeit und Arbeitslosigkeit in Deutschland – Entwicklung, Ursachen und Maßnahmen. Gutachten im Auftrag der Kommission für Zukunftsfragen. Anlageband 3, Bonn 1998, S. 107-241.

Kühnlein, I. (1997b): Motivlagen, Sinnquellen und Identitätsrelevanz erwerbsarbeitsunabhängiger sozialer Tätigkeiten, hekt. Ms., München 1997b.

Kühnlein, I.; Mutz, G. (1999): Individualisierung und bürgerschaftliches Engagement in der Tätigkeitsgesellschaft. In: Kistler, E.; Noll, H.-H.; Priller, E. (Hrsg.): Perspektiven gesellschaftlichen Zusammenhalts. Empirische Befunde, Praxiserfahrungen, Messkonzepte. Berlin 1999, S. 291-306.

Künemund, H. (2000): ‚Produktive’ Tätigkeiten. In: Kohli, M.; Künemund, H. (Hrsg.): Die zweite Lebenshälfte. Gesellschaftliche Lage und Partizipation im Spiegel des Alters-Survey, Opladen 2000, S. 277-317.

Künzler, J. (1994): Familiale Arbeitsteilung. Die Beteiligung von Männern an der Hausarbeit, Bielefeld 1994.

Kurtz, B.; Scherl, H. (2001): Zur interpersonellen Verteilung von Arbeitslosigkeit in kohortenbezogener langfristiger Betrachtung. Untersuchung am Beispiel männlicher Arbeitnehmer der Jahrgänge 1925 bis 1930. In: MittAB, 34. Jg., Heft 2, 2001, S. 127-138.

Laisney, F.; Lechner, M.; Van Soest, A.; Wagenhals, G. (1993): A Life Cycle Labour Supply Model with Taxes Estimated on German Panel Data: The Case of Parallel Preferences. In: The Economic and Social Review, Vol. 24, 1993, S. 335-368.

Lampert, H. (1994): Lehrbuch der Sozialpolitik, 3. Aufl., Berlin u.a. 1994.

Langeheine, R. (1984): Explorative Techniken zur Identifikation von Strukturen in großen Kontingenztabellen. In: Zeitschrift für Sozialpsychologie, Heft 15, 1984, S. 254 ff.

Layard, R.; Nickell, S.; Jackmann, R. (1991): Unemployment. Macroeconomic Performance and the Labour Market, Oxford 1991.

Layard, R.; Nickell, S.; Jackmann, R. (1994): The Unemployment Crisis, Oxford 1994.

Lazear, E.P. (1981): Agency, Earnings Profiles, Productivity, and Hours Restrictions. In: American Economic Review, Vol. 61, 1981, S. 606-620.
Lazear, E.P. (1986): Retirement from the Labor Force. In: Ashenfelter, O.; Layard, R. (Hrsg.): Handbook of Labor Economics. Vol. I., Amsterdam 1996, S. 305-358
Leibfried, S.; Leisering, L. (1995): Zeit der Armut, Frankfurt a.M. 1995.
Leisering, L. (1995): Zweidrittelgesellschaft oder Risikogesellschaft. In: Bieback, K.-J.; Miliz, H. (Hrsg.): Neue Armut, Frankfurt a.M. 1995, S. 58-75.
Leisering, L. (2000): ‚Exklusion' – Elemente einer soziologischen Rekonstruktion. In: Büchel, F.; Diewald, M.; Krause, P.; Mertens, A.; Solga, H. (Hrsg.): Zwischen drinnen und draußen. Arbeitsmarktchancen und soziale Ausgrenzung in Deutschland, Opladen 2000, S. 11-22.
Levy, R. (1996): Zur Institutionalisierung von Lebensläufen. In: Behrens, J.; Voges, W. (Hrsg.): Kritische Übergänge. Statuspassagen und sozialpolitische Institutionalisierung. Schriften des Zentrums für Sozialpolitik, Bd. 4, Bremen 1996, S. 73-113.
Loeffelholz, v.H.D.; Fritzsche, B.; Köpp, G. (1997): Aktuelle Bestandsaufnahme des deutschen Transfersystems. Eine empirische Analyse unter Effektivitäts- und Anreizgesichtspunkten. Forschungsbericht 270. Gutachten im Auftrag des Bundesministers für Arbeit und Sozialordnung, Essen 1997.
Löwenbein, O. (1991): Einkommensanalysen auf der Basis von Paneldaten. Wetzlar: Jugendarbeiterinitiative an der Werner-von-Siemens-Schule, o.O. 1991.
Lucas, R.E. (1988): On the Mechanics of Economic Development. In: Journal of Monetary Economics, Vol. 22, 1988, S. 3-42.
Lüdtke, H. (1989): Expressive Ungleichheit. Zur Soziologie der Lebensstile, Opladen 1989.
Lüdtke, H. (1990): Lebensstile als Dimension handlungsproduzierter Ungleichheit. Eine Anwendung des Rational-Choice-Ansatzes. In: Berger, P.A., Hradil, S. (Hrsg.): Lebenslagen, Lebensläufe, Lebensstile. Soziale Welt, Sonderband 7, Göttingen 1990, S. 433-454.
Ludwig-Mayerhofer, W.: Berlösius, E. (2001): Die Armut der Gesellschaft. In: Barlösius, E.; Ludwig-Mayerhofer (Hrsg.): Die Armut der Gesellschaft, Sozialstrukturanalyse Band 15, Opladen 2001, S. 11-67.
Luhmann, N. (1971): Moderne Systemtheorien als Form gesamtgesellschaftlicher Analyse. In: Habermas, J.; Luhmann, N. (Hrsg.): Theorie der Gesellschaft oder Sozialtechnologie – Was leistet die Systemforschung? Frankfurt a.M. 1971, S. 7-24.
Luhmann, N. (1988): Soziale Systeme. Grundriss einer allgemeinen Theorie, Frankfurt a.M. 1988.
Luhmann, N. (1995): Inklusion und Exklusion. In: Luhmann, N. (Hrsg.): Soziologische Aufklärung 6. Die Soziologie und der Mensch, Opladen 1995, S. 237-264.
Luhmann, N. (1995a): Jenseits von Barbarei. In: Gesellschaftsstruktur und Semantik. Studien zur Wissenssoziologie der modernen Gesellschaft, Bd. 4, Frankfurt a.M., S. 138-150.
Luhmann, N. (1997): Die Gesellschaft der Gesellschaft, Band 2, Frankfurt a.M. 1997.
Lüschow, J.; Untiedt, G. (1996): Regionales Wachstum und regionale Arbeitslosigkeit: Okun's Law in den Ländern der Bundesrepublik Deutschland (West) 1960-1993. In: Seminarberichte der Gesellschaft für Regionalforschung 37, o.O. 1996, S. 131-154.
Lutz, B. (1984): Der kurze Traum immerwährender Prosperität: Eine Neuinterpretation der industriell-kapitalistischen Entwicklung im Europa des 20. Jahrhunderts, Frankfurt a.M., New York 1984.
Lutz, B.; Sengenberger, W. (1974): Arbeitsmarktstrukturen und öffentliche Arbeitsmarktpolitik: Eine kritische Analyse von Zielen und Instrumenten, Göttingen 1974.
MaCurdy, T.E. (1981): An Empirical Model of Labor Supply in a Life-Cycle Setting. In: Journal of Political Economy, Vol. 89, 1981, S. 1059-1085.

Maier, G. (1997): Das Erleben der Berufsituation bei älteren Arbeitnehmern. Ein Beitrag zur differenziellen Gerontologie, Frankfurt a.M. u.a.O. 1997.
Maier, H. (1994): Bildungsökonomie: Die Interdependenz von Bildungs- und Beschäftigungssystem, Stuttgart 1994.
Mankiw, G.N.; Romer, D. (Hrsg.) (1991): New Keynesian Economics. Vol 1. Imperfect Competition and Sticky Prices, Cambridge/MA 1991.
Manser, M.; Brown, M. (1980): Marriage and Household Decision Making: A Bargaining Analysis. In: International Economic Review, Vol. 21, 1980, S. 31-44.
Matthes, J. (1983) (Hrsg.): Krise der Arbeitsgesellschaft? Frankfurt, New York 1983.
Maußner,, A.; Klump, R. (1996): Wachstumstheorie, Berlin, Heidelberg u.a. 1996.
Mayer, K.U. (1987): Lebensverlaufforschung. In: Voges, W. (Hrsg.): Methoden der Biographie- und Lebensverlaufsforschung, Opladen 1987, S. 51-73.
Mayer, K.U. (1990): Lebensverläufe und sozialer Wandel. Anmerkungen zu einem Forschungsprogramm. In: Mayer, K.U. (Hrsg.): Lebensverläufe und sozialer Wandel. Kölner Zeitschrift für Soziologie und Sozialpsychologie, Sonderheft 31, Opladen 1990, S. 7-21.
Mayer, K.U. (1994): Individualisierung und Standardisierung im Strukturwandel der Moderne. Lebensverläufe im Wohlfahrtsstaat. In: Beck, U.; Beck-Gernsheim, E. (Hrsg.): Riskante Freiheiten, Frankfurt/M., S. 265-295.
Mayer, K.U. (1995): Gesellschaftlicher Wandel, Kohortenungleichheit und Lebensverläufe. In: Berger, P.A.; Sopp, P. (Hrsg.): Sozialstruktur und Lebenslauf, Opladen 1995, S. 27-47.
Mayer, K.U. (1996): Lebensverläufe und gesellschaftlicher Wandel. In: Behrens, J.; Voges, W. (Hrsg.): Kritische Übergänge. Statuspassagen und sozialpolitische Institutionalisierung. Schriften des Zentrums für Sozialpolitik, Bd. 4, Bremen 1996, S. 43-72.
Mayer, K.U. (Hrsg.) (1990a): Lebensverläufe und sozialer Wandel. Kölner Zeitschrift für Soziologie und Sozialpsychologie, Sonderheft 31, Opladen 1990.
Mayer, K.U. u.a. (erweiterte Arbeitsgruppe) (1994): Gesellschaft, Politik und Altern. In: Baltes, M.; Mittelstraß, J.; Staudinger, U. (Hrsg.): Alter und Altern: Ein interdisziplinärer Studientext zur Gerontologie, Berlin, New York 1994, S. 721-757.
Mayer, K.U.; Müller, W. (1989): Lebensverläufe im Wohlfahrtsstaat. In: Weymann, A. (Hrsg.) (1989): Handlungsspielräume. Untersuchungen zur Individualisierung und Institutionalisierung von Lebensläufen in der Moderne, Stuttgart 1989, S. 41-60.
Mayer, K.U.; Schöpflin, U. (1989): The State and the Life Course. In: Annual Review of Sociology 15, S. 187-209.
McElroy, M.B.; Horney, M.J (1981): Nash-bargained Household Decisions: Toward a Generalization of the Theory of Demand. In: International Economic Review, Vol. 22, 1981, S. 333-349.
Meinhardt, V. (1999): Späterer Renteneintritt belastet den Arbeitsmarkt. In: DIW-Wochenbericht, Jg. 66, Heft 14, 1999, S. 261-265.
Merz, J. (1990): Female Labor Supply: Labor Force Participation, Market Wage Rate and Working Hours of Married and Unmarried Women in the Federal Republic of Germany. In. Jahrbücher für Nationalökonomie und Statistik, Bd. 207, Nr. 3, S. 240-270.
Merz, J. (1992): Time Use Dynamics in Paid Work and Household Activities of Married Woman – A Panel Analysis with Household Information and Labour Demand, FFB-Discussion Paper No. 2, Lüneburg 1992.
Meulemann, H. (1996): Werte und Wertewandel. Zur Identität einer geteilten und wieder vereinten Nation, Weinheim, München 1996.
Meyer, T. (2001): Das Konzept der Lebensstile in der Sozialstrukturforschung. Eine kritische Bilanz. In: Soziale Welt, 52. Jg., Heft 3, 2001, S. 255-272.

Mincer J. (1974): Schooling, Experience and Earnings, New York 1974.

Mincer, J. (1958): Investment in Human Capital and Personal Income Distribution. In: Journal of Political Economy, Vol. 66, 1958, S. 281-302.

Mincer, J. (1962): Labor Force Participation of Married Women: A Study of Labor Supply. In: Aspects of Labor economics. A Report of the National Bureau of Economic research, Princeton, N.J. 1962.

Mittelstraß, J. u.a. (erweiterte Arbeitsgruppe) (1994): Wissenschaft und Altern. In: Baltes, M.; Mittelstraß, J.; Staudinger, U. (Hrsg.): Alter und Altern: Ein interdisziplinärer Studientext zur Gerontologie, Berlin, New York 1994, S. 695-720.

Möller, J. (1992): Lohnbildung und Beschäftigung – Neuere makroökonomische Evidenz. In: Franz (Hrsg.): Mikro- und makroökonomische Aspekte der Arbeitslosigkeit. BeitrAB 165, Nürnberg 1992, S. 113-132.

Müller, H.-P, (1992): Sozialstruktur und Lebensstile. Der neuere theoretische Diskurs über soziale Ungleichheit, Frankfurt a.M. 1992.

Müller, H.-P. (1989): Lebensstile. Ein neues Paradigma der Differenzierungs- und Ungleichheitsforschung. In: Kölner Zeitschrift für Soziologie und Sozialpsychologie, 41. Jg., Heft 1, S. 53-71.

Müller, M.; Paulgerg-Muschiol, L.v.; Ludwig-Mayerhofer, W. (1999): Exklusion? Das Beispiel Wohnungslosigkeit. In: Hermann Schwengel (Hrsg.): Grenzenlose Gesellschaft? Band II/1. Sektionen, Forschungskomitees, Arbeitsgruppen, Pfaffenweiler 1999, S. 508.

Münnich, M. (2001): Einkommen und Vermögen in Rentner- und Pensionärshaushalten. Befunde der Einkommens- und Verbrauchsstichprobe 1998. In: Deutsche Rentenversicherung, 56. Jg., Heft 12, 2001, S. 732-752.

Munz, S. (1997): Ansätze zur Überwindung der Benachteiligung von Frauen im Erwerbsleben. Forschungsvorhaben im Auftrag des Bundesministeriums für Wirtschaft. Endbericht, hekt. Ms., München 1997.

Murray, R.F. (1968): „Economic aspects of pensions: A summery report“, NBER Working Paper Series, Working Paper 1968.

Mutz, G. (1995): Erwerbsbiographische Diskontinuitäten in West- und Ostdeutschland. In: Berger, P.A.; Sopp, P. (Hrsg.): Sozialstruktur und Lebenslauf, Opladen 1995, S. 205-233.

Mutz, G. (1995a): Institutionalisierung reflexiver Erwerbsbiographien in West- und Ostdeutschland. In: Hoerning, E.M.; Corsten (Hrsg.): Institution und Biographie. Die Ordnung des Lebens, Pfaffenweiler 1995a, S. 131-146.

Mutz, G. (1997): Zukunft der Arbeit. Chancen für eine Tätigkeitsgesellschaft? In: Aus Politik und Zeitgeschichte, B 48-49, 1997, S. 31-40.

Mutz, G. (1999): Strukturen einer Neuen Arbeitsgesellschaft. Der Zwang zur Gestaltung der Zeit. In: Aus Politik und Zeitgeschichte, B 9, 1999, S. 3-11.

Mutz, G. (2001): Der souveräne Arbeitsgestalter in der zivilen Arbeitsgesellschaft. In: Aus Politik und Zeitgeschichte, B 21, 2001, S. 14-23.

Mutz, G.; Ludwig-Mayerhofer, W.; Koenen, E.; Eder, K.; Bonß, W. (1995): Diskontinuierliche Erwerbsverläufe - Analysen zur postindustriellen Arbeitslosigkeit, Opladen 1995.

Mutz, G.; Sing, D. (2001): Soziale Integration durch Bürgerarbeit oder bürgerschaftliches Engagement? In: Berger; P.A.; Konietzka, D. (Hrsg.): Die Erwerbsgesellschaft. Neue Ungleichheiten und Unsicherheiten, Opladen 2001, S. 357-378.

Naegele, G. (1988): Frühverrentung in der BRD. In: Rosenmayr, L.; Kolland, F. (Hrsg.): Arbeit, Freizeit, Lebenszeit. Neue Übergänge im Lebenszyklus, Opladen 1988, S. 207-232.

Naegele, G. (1992): Zwischen Arbeit und Rente. Gesellschaftliche Chancen und Risiken älterer Arbeitnehmer. Beiträge zur Sozialpolitik-Forschung, Bd. 9., Augsburg 1992.
Nahnsen, I. (1975): Bemerkungen zum Begriff der Sozialpolitik in den Sozialwissenschaften. In: Osterland, M. (Hrsg.): Arbeitssituation, Lebenslage und Konfliktpotenzial, Frankfurt 1975.
Naschold, F.; Oppen, M. (1994): Die Altersgrenzenpolitik des Staates: Zur Regulierungslogik staatlichen Handelns. In: Rosenow, J.; Naschold, F. (Hrsg.): Die Regulierung von Altersgrenzen. Strategien von Unternehmen und die Politik des Staates, Berlin 1994, S. 281-362.
Naschold, F.; Vroom, B. (Hrsg.) (1994): Regulating Employment and Welfare, Berlin, New York 1994.
Nassehi, A. (1997): Inklusion, Exklusion – Integration, Desintegration. Die Theorie funktionaler Differenzierung und die Desintegrationsthese. In: Heitmeyer, W. (Hrsg.): Was hält die Gesellschaft zusammen? Bundesrepublik Deutschland. Auf dem Weg von der Konsens- zur Konfliktgesellschaft, Band 2, Frankfurt a.M. 1997, S. 393-411.
Nassehi, A. (2000): ‚Exklusion' als soziologischer oder sozialpolitischer Begriff? In: Mittelweg 36, 9. Jg., Heft 10/11, S. 18-25.
Negt, O. (1984): Lebendige Arbeit, enteignete Zeit, Frankfurt a.M. 1984.
Neuendorff, H. (1982): Arbeitsmarktstrukturen und Tendenzen der Arbeitsmarktentwicklung. In: Littek, W.; Rammert, W.; Wachtler, G. (Hrsg.): Einführung in die Arbeits- und Industriesoziologie, Frankfurt, New York 1982, S. 186-207.
Neugarten, B.L.; Datan, N. (1978): Lebenslauf und Familienzyklus – Grundbegriffe und neue Forschungen. In: Rosenmayr, L. (Hrsg.): Die menschlichen Lebensalter. Kontinuität und Krisen, München, Zürich 1978, S. 165-188.
Neurath, O. (1931): Empirische Soziologie. In: Haller, R.; Rutte, H. (Hrsg.): Gesammelte philosophische und methodologische Schriften, Bd. 1, Wien 1981, S. 423-527.
Neurath, O. (1937): Inventory of the standard of living. In: Zeitschrift für Sozialforschung, Heft 6, 1937, S. 140-151.
Noll, H.-H.; Habich, R. (2002): Objektive Lebensbedingungen und subjektives Wohlbefinden: Konzepte und Daten der Sozialberichterstattung. In: Statistisches Bundesamt (Hrsg.): Datenreport 2002: Zahlen und Fakten über die Bundesrepublik Deutschland, Bonn 2002, S. 425-430.
Offe, C. (Hrsg.): ‚Arbeitsgesellschaft': Strukturprobleme und Zukunftsperspektiven, Frankfurt a.M., New York 1984.
Offe, C.; Hinrichs, K. (1977): Sozialökonomie des Arbeitsmarktes und die Lage ‚benachteiligter' Gruppen von Arbeitnehmern. In: Projektgruppe Arbeitsmarktpolitik; Offe, C. (Hrsg.): Opfer des Arbeitsmarktes. Zur Theorie der strukturierten Arbeitslosigkeit, Neuwied, Darmstadt 1977, S. 3-61.
Offe, C.; Hinrichs, K. (1984): Sozialökonomie des Arbeitsmarktes: Primäres und sekundäres Machtgefälle. In: Offe, C. (Hrsg.): ‚Arbeitsgesellschaft': Strukturprobleme und Zukunftsperspektiven, Frankfurt a.M., New York 1984, S. 44-86.
Olk, T. (1989): Vom ‚alten' zum ‚neuen' Ehrenamt. Ehrenamtliches soziales Engagement außerhalb etablierter Träger. In: Blätter der Wohlfahrtspflege, Heft 1, 1989, S. 7-10.
Oswald, A.J. (1996): A Conjecture on the Explanation for High Unemployment in the Industrialized Nations. Part. 1, University of Warwick, Warwick 1996.
Ott, N. (1992): Intrafamily Bargaining and Household Decisions, Berlin, Heidelberg, New York 1992.
Parsons, T. (1964): Beiträge zur soziologischen Theorie, Neuwied 1964.
Peuckert R. (2000): Werte. In: Schäfers, B. (Hrsg.): Grundbegriffe der Soziologie, 6. Aufl., Opladen 2000, S. 434-438.

Peuckert, R. (2000a): Integration. In: Schäfers, B. (Hrsg.): Grundbegriffe der Soziologie, 6. Aufl., Opladen 2000a, S. 151-154.

Peuckert, R. (2000b): Soziale Rolle. In: Schäfers, B. (Hrsg.): Grundbegriffe der Soziologie, 6. Aufl., Opladen 2000b, S. 290-294.

Peukert, R. (2000c): Soziale Klasse. In: Schäfers, B. (Hrsg.): Grundbegriffe der Soziologie, 6. Aufl., Opladen 2000c, S. 171-175.

Peukert, R. (2000d): Soziale Schicht. In: Schäfers, B. (Hrsg.): Grundbegriffe der Soziologie, 6. Aufl., Opladen 2000d, S. 297-301.

Pfaff, A. (1999): Veränderte Erwerbsbiographien und ihre Auswirkungen auf die Sozialpolitik. In: Schmähl, W.; Rische, H. (Hrsg.): Wandel der Arbeitswelt - Folgerungen für die Sozialpolitik, Baden-Baden 1999, S. 31-60.

Pfaff, A.B. (1997): Soziale Sicherung der Frau im zukünftigen Sozialstaat: Veränderte Rahmenbedingungen und Gestaltungsperspektiven. In: Jahrbuch für Nationalökonomie und Statistik, Bd. 216, Heft 4+5, 1997, S. 454-477.

Pfeiffer, B.: Erwerbsbeteiligung und Stille Reserve ostdeutscher Frauen. In: MittAB, 29. Jg., Heft 1, 1996, S. 117-137.

Piore, M.J. (1975): Notes for a Theory of Labor Market Stratification. In: Edwards, R.C.; Reich, M.; Gordon, D.M. (Hrsg.): Labor Market Segmentation, Lexington (Massachusetts), S. 125-150.

Prahl, H.-W.; Schroeter, K.R. (1996): Soziologie des Alterns. Eine Einführung, Paderborn 1996.

Presse- und Informationsamt der Bundesregierung (2001): Rentenreform. Altersvermögensgesetz und Altersvermögensergänzungsgesetz von Bundestag in 2. und 3. Lesung beschlossen. In: Sozialpolitische Umschau, Ausgabe 3, Berlin 2001, S. 3-18.

Priewe, J. (1984): Zur Kritik konkurrierender Arbeitsmarkt- und Beschäftigungstheorien und ihrer politischen Implikationen, Frankfurt a.M. u.a. 1984.

Prinz, K. (1994): Folgen der Kindererziehung für Erwerbsverläufe und Lebenseinkommen – Ansatzpunkte für eine Verbesserung der eigenständigen Alterssicherung von Frauen. In: Deutsche Rentenversicherung, Heft 3-4, 1994, S. 259-278.

Prinz, K. (1997): Versicherungsverläufe von Frauen und Männern der Geburtsjahrgänge 1931 bis 1960. In: Deutsche Rentenversicherung, Heft 3-4, 1997, S. 220-241.

Projektgruppe Sozio-oekonomisches Panel (1995): Das Sozio-oekonomische Panel im Jahre 1994. In: Vierteljahreshefte zur Wirtschaftsforschung, 64. Jg., Heft 1, 1995, S. 5-13.

Putnam, R.D. (1993): Making Democracy Work: Civic Traditions in Modern Italy, Princeton 1993.

Putnam, R.D. (1999): Demokratie in Amerika am Ende des 20. Jahrhunderts. In: Graf, F.W.; Platthaus, A.; Schleissing, S. (Hrsg.): Soziales Kapital in der Bürgergesellschaft, Stuttgart u.a. 1999, S. 21-70.

Quack, S. (1993): Dynamik der Teilzeitarbeit: Implikationen für die soziale Sicherung von Frauen, Berlin 1993.

Radke; P.: Bildung und Ausbildung. In: Klammer, U.; Klenner, C.; Ochs, C.; Radke, P.; Ziegler, A.: WSI-Frauendatenreport, Berlin 2000, S. 193-207.

Rahn, M. (1999): Reform der gesetzlichen Rentenversicherung in Deutschland aus rechtsvergleichender Sicht. In: Verband Deutscher Rentenversicherungsträger (Hrsg.): Rentenversicherung im internationalen Vergleich, DRV-Schriften Bd. 15, Bad Homburg 1999, S. 377-418.

Rahn, M. (2001): Einführung einer bedarfsorientierten Grundsicherung im Alter und bei Erwerbsminderung. In: Verband Deutscher Rentenversicherungsträger, 56. Jg., Heft 6-7, 2001, S. 431-437.

Rehfeld, U. (1994): Verrentungsprozess und versicherungsbiographische Fakten für Geburtsjahrgangskohorten - Analyse der Rentenzugangsdaten 1973 bis 1990 für Versichertenrenten. In: Deutsche Rentenversicherung, 49. Jg., Heft 7, 1994, S. 471-526.
Rehfeld, U. (1998): Der Arbeitsmarkt: Eckpfeiler für die gesetzliche Rentenversicherung. Anmerkungen aus statistisch-empirischer Sicht. In: INIFES; ISF; SÖSTRA (Hrsg.): Erwerbsarbeit und Erwerbsbevölkerung im Wandel. Frankfurt, New York 1998, S. 163-174.
Rehfeld, U. (1998a): Die Auswirkungen von Rechtsänderungen auf den Rentenzugang. In: Sozialer Fortschritt, 47. Jg., Heft 11, 1998a, S. 260-265.
Rehfeld, U. (2000): Die Bedeutung der gesetzlichen Rentenversicherung im Drei-Säulen-Modell (AVID), VDR-Presseseminar 2000 (http://www.vdr./VDRinfo/AVID).
Rehfeld, U.; Grütz, J. (2000): 10 Jahre Deutsche Einheit. Ein empirischer Blick auf die neuen Bundesländer. In: Deutsche Rentenversicherung, 55. Jg., Heft 8, 2000, S. 546-564.
Reinberg, A.; Fischer, G.; Tessaring M. (1995): Auswirkungen der Bildungsexpansion auf die Erwerbs- und Nichterwerbstätigkeit. In: MittAB, 28. Jg., Heft 3, 1995, S. 300-322.
Reinberg, A.; Hummel, M. (2002): Qualifikationsspezifische Arbeitslosenquoten – reale Entwicklung oder statistisches Artefakt? In: IAB-Werkstattbericht, Nr. 4, Nürnberg 2002.
Rendtel, U. (1995): Lebenslagen im Wandel: Panelausfälle und Panelrepräsentativität. Sozioökonomische Daten und Analysen für die Bundesrepublik Deutschland, Band 8, Frankfurt a.M., New York 1995.
Reß, W. (1995): Altersteilzeit statt Vorruhestand. In: Arbeitgeber, Heft 19, S. 637 ff.
Riester, W. (1999): Zukunftssicher und armutsfest. Notwendigkeit und Perspektiven der Rentenreform. In: Soziale Sicherheit, 48. Jg., Heft 3, 1999, S. 86-88.
Riley, M.W.; Foner, A.; Waring, J. (1988): Sociology of age. In: Smelser, N.J. (Hrsg.): Handbook of sociology, Newbury Park, 1988, S. 243-290.
Riley, M.W.; Johnson, M.E.; Foner, A. (1972): Aging and society, Vol. 3: A sociology of age stratification, New York 1972.
Riley, M.W.; Riley, J.W. (1994): Individuelles und gesellschaftliches Potential des Alterns. In: Baltes, M.; Mittelstraß, J.; Staudinger, U. (Hrsg.): Alter und Altern: Ein interdisziplinärer Studientext zur Gerontologie, Berlin, New York 1994, S. 437-459.
Röhrle, B. (1994): Soziale Netzwerke und soziale Unterstützung, Weinheim 1994.
Romer, P.M. (1986): Increasing returns and long-run growth. In: Journal of Political Economy, Vol. 94, 1986, S. 1002-1038.
Rosenbladt, B. v. (1999a): Zur Messung des ehrenamtlichen Engagements in Deutschland. Konfusion oder Konsensbildung? In: Kistler, E.; Noll, H.-H.; Priller, E. (Hrsg.): Perspektiven gesellschaftlichen Zusammenhalts – Empirische Befunde, Praxiserfahrungen, Messkonzepte, Berlin 1999, S. 399-410.
Rosenbladt, v. B. (1999): Freiwilligenarbeit, ehrenamtliche Tätigkeiten und bürgerschaftliches Engagement. Repräsentative Erhebung 1999. Materialband, hekt. Ms., München 1999.
Rosenmayr, L. (1976): Schwerpunkte der Soziologie des Alters, Gerontosoziologie. In: König, R. (Hrsg.): Handbuch der empirischen Sozialforschung, Bd. 7, Stuttgart 1976, S. 218-406.
Rosenmayr, L. (1978): Grundlagen eines soziologischen Studiums des Alterns. In: Rosenmayr, L.; Rosenmayr, H. (Hrsg.): Der alte Mensch in der Gesellschaft, Reinbek 1978, S. 21-45.
Rosenmayr, L. (1983): Die späte Freiheit. Das Alter – ein Stück bewusst gelebten Lebens, Berlin 1983.
Rosenmayr, L.; Majce, G. (1978): Die soziale Benachteiligung. In: Rosenmayr, L.; Rosenmayr, H. (Hrsg.): Der alte Mensch in der Gesellschaft, Reinbeck 1978, S. 232-356.

Rosenmayr, L.; Rosenmayr, H. (Hrsg.) (1978): Der alte Mensch in der Gesellschaft, Reinbek 1978.

Rosenow, J. (1999): Die soziale Konstruktion Alter im Modernisierungsprozess der neuen Bundesländer - Zur Kontinuität sozialen Zwanges im Systemwechsel. In: Sozialer Fortschritt, Jg. 48, Heft 1-2, 1999, S. 39-42.

Rosenow, J.; Naschold, F. (Hrsg.) (1994): Die Regulierung von Altersgrenzen. Strategien von Unternehmen und die Politik des Staates, Berlin 1994.

Rosow, I. (1963): The aged, familiy and friends, New York 1963.

Rudolph, H. (1992): Struktur und Dynamik der Langzeitarbeitslosigkeit in der Bundesrepublik Deutschland 1980-1990. In: Brinkmann, C.; Schober, K. (Hrsg.): Erwerbsarbeit und Arbeitslosigkeit im Zeichen des Strukturwandels. Chancen und Risiken am Arbeitmarkt, BeitrAB 163, Nürnberg 1992, S. 147-188.

Ruland, F. (1996): Übergang vom Erwerbsleben in den Ruhestand – zur Korrektur der Frühverrentungspraxis. In: Betriebliche Altersversorgung, 51. Jg., Heft 4, 1996, S. 142-148.

Ruland, F. (1999): Tariffonds – der Einstieg in den Systemwechsel, hekt. Ms., Bad Homburg 1999.

Ruland, F. (1999a): Notwendigkeit einer neuen Rentenreform? Mitteilungen der LVA Oberfranken und Mittelfranken, S. 177-189.

Ruland, F.; Faik, J. (1999): Wirtschaftliche Unabhängigkeit von Alt und Jung. Basis für das Miteinander der Generationen. In: Deutsche Rentenversicherung, 54. Jg., Heft 1-2, 1999, S. 10-25.

Ryder, N.B. (1965): The Cohort as a Concept in the Study of Social Change. In: American Sociological Review, Vol. 30, S. 843-861.

Saake, I. (1998): Theorien über das Alter. Perspektiven einer konstruktivistischen Alternsforschung. Opladen, Wiesbaden 1998.

Sachverständigenrat zur Begutachtung der gesamtwirtschaftlichen Entwicklung (2000): Jahresgutachten 1999/2000, Stuttgart 2000.

Sackmann, R. (1997): Der Einfluss von Verrentungsprozessen und Mobilitätsprozessen auf die Arbeitsmarktrisiken von Berufseinsteigern. In: MittAB, Jg. 30, Heft 3, 1997, S. 675-687.

Sackmann, R. (1998): Konkurrierende Generationen auf dem Arbeitsmarkt, Wiesbaden, Opladen 1998.

Schäfer, D.; Schwarz, N. (1996): Der Wert der unbezahlten Arbeit der privaten Haushalte – Das Satellitensystem Haushaltsproduktion. In: Blanke, K.; Ehling, M.; Schwarz, N. (Hrsg.): Zeit im Blickfeld. Ergebnisse einer repräsentativen Zeitbudgeterhebung, Stuttgart, Berlin, Köln 1996, S. 15 ff.

Schäfers, B. (1998): Sozialstruktur und sozialer Wandel in Deutschland, 7. neu überarbeitete Auflage, Stuttgart 1998.

Schäfers, B. (2000): Soziales Handeln und seine Grundlagen: Normen, Werte, Sinn. In: Korte, H.; Schäfers, B. (Hrsg.): Einführung in die Hauptbegriffe der Soziologie, 5. erweiterte und aktualisierte Aufl., Opladen 2000, S. 25-43.

Schäfers, B. (Hrsg.) (2000): Grundbegriffe der Soziologie, 6. Aufl., Opladen 2000.

Scherr, A. (1998): Randgruppen und Minderheiten. In: Schäfers, B.; Zapf, W. (Hrsg.): Handwörterbuch zur Gesellschaft Deutschlands, Opladen 1998, S. 504-514.

Schlicht, E. (1978): Labor Turnover, Wage Structure, and Natural Employment. In: Zeitschrift für die gesamte Staatswissenschaft, 134 Jg., Heft 2, 1978, S. 337-346.

Schmähl, W. (1991): Alterssicherung in der DDR und ihre Umgestaltung im Zuge des deutschen Einigungsprozesses – einige verteilungspolitische Aspekte. In: Kleinhenz, G. (Hrsg.): Sozialpolitik im vereinten Deutschland, Band 1, Berlin 1991.

Schmähl, W. (1996): Alterssicherungssysteme aus gesamtwirtschaftlicher und ordnungspolitischer Sicht. In Wirtschaftsdienst, Heft 8, 1996, S. 409-417.
Schmähl, W. (1998): Das Gesamtsystem der Alterssicherung. In: Cramer, J.-E.; Förster, W.; Ruland, F. (Hrsg.): Handbuch zur Altersversorgung. Frankfurt a.m. 1998, S. 59-83.
Schmähl, W. (1998a): Einkommensentwicklung als Grundlage für die Einkommensverwendung im Alter. Bericht für die Friedrich-Ebert-Stiftung, Bonn 1998a.
Schmid, G. (1999): Übergangsmärkte im kooperativen Sozialstaat: Entwicklungstendenzen der Arbeitsmarktpolitik in Europa. In: Schmähl, W.; Rische, H. (Hrsg.): Wandel der Arbeitswelt - Folgerungen für die Sozialpolitik, Baden-Baden 1999, S. 123-150.
Schmid, G. (2001): Die Zukunft der Erwerbsarbeit. Thesen und Perspektiven für Mecklenburg-Vorpommern, Berlin 2001.
Schmidt, P. (1995): Die Wahl des Rentenalters. Theoretische und empirische Analyse des Rentenzugangsverhaltens in West- und Ostdeutschland. Frankfurt/M., Berlin, u.a. 1995.
Schönwälder, T.; Kistler, E.; Sing, D. (1999): Kapitel ‚Arbeitslose' im Material- und Analyseband zur sozialen Lage in Bayern 1998. In: Bayerischen Staatsministeriums für Arbeit und Sozialordnung, Familie, Frauen und Gesundheit (Hrsg.): Bericht der Staatsregierung zur sozialen Lagen in Bayern, München 1999, S. 499-549.
Schultz, T.W. (1961): Investment in Human Capital. In: American Economic Reciew 51, 1961, S. 1-17.
Schultz, T.W. (1971): Investment in Human Capital. The Role of Education and Research, London 1971.
Schulz, E. (2000): Migration und Arbeitskräfteangebot in Deutschland bis 2050. Drastischer Rückgang der Zahl der Erwerbspersonen nach 2020. In: DIW-Wochenbericht, 67. Jg., Heft 48, 2000, S. 809-817.
Schulz, M. (1987): § 41a Arbeitsförderungsgesetz, eine Untersuchung spezieller Fördermaßnahmen von schwervermittelbaren Arbeitslosen durch die Bundesanstalt für Arbeit im Rahmen der Maßnahmen zur beruflichen Weiterbildung am Beispiel der Industrie- und Handelskammer Dortmund, Bochum 1987.
Schumacher, J.; Stiehr, K. (1996): Ältere Menschen im sozialen Ehrenamt. Exemplarische Bestandsaufnahme und Handlungsempfehlungen, Stuttgart u.a. 1996.
Schumann, J. (1987): Grundzüge der mikroökonomischen Theorie, 5. überarb. Aufl., Berlin, Heidelberg, New York 1987.
Schupp, J.; Wagner, G. (1995): Die Zuwanderer-Stichprobe des Sozio-oekonomischen Panels (SOEP). Vierteljahreshefte zur Wirtschaftsforschung, 64 Jg., Heft 1, 1995, S. 16-25.
Schwarz, K. (2001): Einwanderung und Altersstruktur der Bevölkerung. In: BiB-Mitteilungen, 22. Jg., Heft 1, 2001, S. 15 f.
Senatsverwaltung für Arbeit, Berufliche Bildung und Frauen (1998): Die Sackgassen der Zukunftskommission. Streitschrift wider die Kommission für Zukunftsfragen der Freistaaten Bayern und Sachsen, Berlin 1998.
Senatsverwaltung für Arbeit, Berufliche Bildung und Frauen (Hrsg.) (2001): Expertisen für ein Berliner Memorandum zum Lebenslangen Lernen, Berlin 2001.
Sengenberger, W. (1987): Struktur und Funktionsweise von Arbeitsmärkten. Die Bundesrepublik Deutschland im internationalen Vergleich, Frankfurt, New York 1987.
Senghaas-Knobloch, E. (1999): Von der Arbeits- zur Tätigkeitsgesellschaft? Zu einer aktuellen Debatte. In: Arbeit, 8. Jg., Heft 2, 1999, S. 117-136.
Sesselmeier, W.; Bauermel G. (1998): Arbeitsmarkttheorien. Ein Überblick. 2. überarbeitete Aufl., Heidelberg 1998.
Sesselmeier, W.; Blauermel, G. (1990): Arbeitsmarkttheorien. Ein Überblick, Heidelberg 1990.

Shapiro, C.; Stiglitz, J.E. (1984): Equilibrium Unemployment as a Worker Discipline Device. In: American Economic Review, Vol. 73., 1984, S. 433-444.
Sing, D. (1998): Komponenten und subjektive Determinanten der langfristigen Entwicklung des Arbeitsangebots - Die ‚Stille Reserven' sind größer als man denkt. In: INIFES; ISF; SÖSTRA (Hrsg.): Erwerbsarbeit und Erwerbsbevölkerung im Wandel. Anpassungsprobleme einer alternden Gesellschaft, Frankfurt, New York 1998, S. 79-110.
Sing, D. (1999): Auswirkungen von Armut (und Reichtum) auf Frauen, Männer und Kinder, in: Bundesarbeitsgemeinschaft Evangelischer Familien-Bildungsstätten e.V. (Hrsg.): Armut und Reichtum - Anforderungen und Perspektiven für die Familienbildung, Stein 1999, S. 16-28
Sing, D. (2001): Die Situation älterer Menschen in der Phase nach dem Erwerbsleben. In: Aus Politik und Zeitgeschichte, B 3-4, 2001, S. 31-38.
Sing, D. (2001a): Ehrenamtliches Engagement von Frauen als Arbeitsmarktstrategie? In: WSI-Mitteilungen, 54. Jg., Heft 3, 2001a, S. 165-171.
Sing, D. (2002): Der demographischer Wandel und das zukünftige (insbesondere weibliche) Arbeitskräfteangebot. Eine Analyse verschiedener (Erwerbs-) Bevölkerungsprognosen unter besonderer Berücksichtigung von Gender-Aspekten. In: Huber, A.; Kistler, E.; Papies, U. (Hrsg.): Arbeitslosigkeit Älterer und Arbeitsmarktpolitik im Angesicht des demographischen Wandels, Stuttgart 2002, S. 65-95.
Sing, D. (2002a): Die Bedeutung des (sozialen) Ehrenamtes für die Arbeitsmarktintegration von Frauen – Chance oder Risiko? In: Gottschall, K., Pfau-Effinger, B. (Hrsg.): Zukunft der Arbeit und Geschlecht. Diskurse, Entwicklungspfade und Reformoptionen im internationalen Vergleich, Opladen 2002a, S. 207-228.
Sing, D.; Hilpert, M. (1999): Frauen zwischen Erwerbsarbeit, Ehrenamt und Familienarbeit. In: Kistler, E.; Noll, H.-H.; Priller, E. (Hrsg.): Perspektiven gesellschaftlichen Zusammenhalts – Empirische Befunde, Praxiserfahrungen, Messkonzepte, Berlin 1999, S. 325 ff.
Sing, D.; Kistler, E. (2000): Neue Chancen für Frauen? Zwischen Arbeit und Ehrenamt. Düsseldorf 2000.
SOEP Group (2001): The German Socio-Economic Panel (GSOEP) after more than 15 years – Overview. In: Holst, E.; Lillard, D.R.; DiPrete, T.A. (Hrsg.): Proceedings of the 2000 Fourth International Conference of German Socio-Economic Panel Study Users (GSOEP 2000). Vierteljahreshefte zur Wirtschaftsforschung, 64, S. 16-25.
Solow, R.M. (1956): A Contribution to the Theory of Economic Growth. In: The Quarterly Journal of Economics, Vol. 70, 1956, S. 65-94.
Sörensen, A. (1990): Unterschiede im Lebensverlauf von Frauen und Männern. In: Mayer, K.U. (Hrsg.): Lebensverläufe und sozialer Wandel. Kölner Zeitschrift für Soziologie und Sozialpsychologie, Sonderheft 31, Opladen 1990, S. 304-322.
Sozialministerium Baden-Württemberg (Hrsg.) (o.J.): Die Projektlandschaft Bürgerschaftlichen Engagements in Baden-Württemberg, Bürgerschaftliches Engagement Band 14, Stuttgart o.J.
Spellerberg, A. (1993): Lebensstile im Wohlfahrtssurvey 1993. Dokumentation zum Konzept und zur Entwicklung des Fragebogens, Berlin 1993.
Spellerberg, A. (1997): Lebensstil, soziale Schicht und Lebensqualität in West- und Ostdeutschland. In: Aus Politik und Zeitgeschichte, B 13, 1997, S. 25-37.
Spellerberg, A.; Berger-Schmitt, R. (1998): Lebensstile im Zeitvergleich: Typologien für West- und Ostdeutschland 1993 und 1996. FS III 98-403, Berlin 1998.
Spence, M. (1973): Job Market Signalling. In: Quarterly Journal of Economics, Vol. 87, 1973, S. 355-374.

Staatsministerium Baden-Württemberg (Hrsg.) (1993): Aufbruch aus der Krise. Bericht der Zukunftskommission Wirtschaft 2000, Stuttgart 1993.
Stahl, H. (2001): Schließung von Beschäftigungslücken. In: Verband Deutscher Rentenversicherungsträger, 56. Jg., Heft 5, 2001, S. 327-331.
Stahl, H. (2001a): Aufwertung der Kindererziehung. In: Verband Deutscher Rentenversicherungsträger, 56. Jg., Heft 5, 2001a, S. 320-326.
Stahl, H.; Stegmann, M. (2001): Die Reform der Hinterbliebenenrenten. In: Verband Deutscher Rentenversicherungsträger, 56. Jg., Heft 5, 2001, S. 295-319.
Standfest, E. (1998): Zur aktuellen Rentendiskussion. VDR-Aktuelles Presseseminar 1998, Würzburg 1998.
Standfest, E. (1999): ‚Zukunft der Alterssicherung'. Chancen der Tariffonds-Rente mit 60. In: Soziale Sicherheit, Jg. 48, Heft 5, 1999, S. 158-164.
Statistisches Bundesamt (Hrsg.): Bevölkerung und Erwerbstätigkeit. Ergebnisse des Mikrozensus: Stand und Entwicklung der Erwerbstätigkeit. Fachserie 1 Reihe 4.1.1, Stuttgart versch. Jahre.
Statistisches Bundesamt (Hrsg.): Statistisches Jahrbuch 19.., Stuttgart versch. Jahre.
Staudinger, U.M.; Dittmann-Kohli, F. (1994): Lebenserfahrung und Lebenssinn. In: Baltes, M.; Mittelstraß, J.; Staudinger, U. (Hrsg.): Alter und Altern: Ein interdisziplinärer Studientext zur Gerontologie, Berlin, New York 1994, S. 408-436.
Steffen, J. (1996): Altersteilzeit und Rentenabschläge. Die Debatte um die Abschaffung des Arbeitslosen-Altersruhegeldes. In: Sozialer Fortschritt, Jg. 45, Heft 1, 1996, S. 1-7.
Steffen, J. (1996a): Rentenfinanzierung unter dem Einfluss des Arbeitsmarktes. In: WSI Mitteilungen, Jg. 49, Heft 4, 1996, S. 218-228.
Stegmann, M. (2001): Die Bedeutung von Kindererziehung und anderer soziodemographischer Merkmale auf die Anwartschaften aus Erwerbstätigkeit der Frauen. Ergebnisse aus der Studie Altersvorsorge in Deutschland 1996 (AVID ,'96). In: Deutsche Rentenversicherung, 56. Jg., Heft 3-4, 2001, S. 137-159.
Stegmann, M.; Bieber, U. (2000): Wer nutzt private Altersvorsorge? Der Zusammenhang zwischen sozio-ökonomischer Position und privater Altersvorsorge. Eine Analyse auf Basis der Untersuchung Altersvorsorge in Deutschland 1996 (AVID '96). In: Deutsche Rentenversicherung, 55. Jg., Heft 3-4, 2000, S. 165-187.
Strauch, H.-P. (1999): Rentenzugang im Wandel. Ein Vergleich der Rentenzugänge der Jahre 1965, 1975, 1985 und 1995. In: Deutsche Angestellten Versicherung (DangVers), 46. Jg., Heft 10, 1999, S. 466-484.
Stubig, H.-J.; Reuter, U. (1999): Senioren in der Sozialhilfe. Zum gleichzeitigen Bezug von Rente und Sozialhilfe. In: Sozialer Fortschritt, 48. Jg., Heft 1-2, 1999, S. 12-17.
Szydlik, M.; Ernst, J. (1996): Der Übergang in den Ruhestand in Westdeutschland zwischen 1984 und 1992. In: Zapf, W.; Schupp, J.; Habich, R. (Hrsg.): Lebenslagen im Wandel, Frankfurt a.M., New York 1996, S. 264-290.
Tartler, R. (1961): Das Alter in der modernen Gesellschaft. Stuttgart 1961.
Tessaring, M. (1992): Übergänge aus der Ausbildung in das Erwerbsleben im intergenerativen Vergleich. In: Brinkmann, C.; Schober, K. (Hrsg.): Erwerbsarbeit und Arbeitslosigkeit im Zeichen des Strukturwandels. Chancen und Risiken am Arbeitsmarkt. BeitrAB 163, S. 41-70.
Tews, H.P. (1979): Soziologie des Alterns, 3. erw. Aufl., Heidelberg 1979.
Tews, H.P. (1990): Neue und alte Aspekte des Strukturwandels des Alters. In: WSI-Mitteilungen, 43. Jg., Heft 8, S. 478-491.
Tews, H.P. (1999): Von der Pyramide zum Pilz. Demographische Veränderungen in der Gesellschaft. In: Niederfranke, A.; Naegele, G.; Frahm, E. (Hrsg.): Funkkolleg Altern 1. Die vielen Gesichter des Alterns, Opladen, Wiesbaden 1999, S. 137-185.

Thon, M. (1995): Demographische Aspekte der Arbeitsmarktentwicklung. Die Alterung des Erwerbspersonenpotentials. In: MittAB, 28. Jg., Heft 3, S. 290-299.

Thurow, L.C. (1975): Generating Inequality – Mechanisms of Distribution in the US Economy, New York 1975.

Timm, T. (2002): Trau' keinem unter Sechzig. Warum die Überalterung Deutschland verjüngen wird. In: Süddeutsche Zeitung, Nr. 291, 17. Dezember 2002, S. 13.

Tokarski, W. (1993): Lebensstile: Ein brauchbarer Ansatz für die Analyse des Altersstrukturwandels? In: Naegele, G.; Tews, H.P. (Hrsg.): Lebenslagen im Strukturwandel des Alters. Alternde Gesellschaft – Folgen für die Politik, Opladen 1993, S. 116-132.

Trabert, L. (1996): Verdeckte Arbeitslosigkeit in West- und Ostdeutschland: Die Bedeutung der Stillen Reserve. In: Wirtschaft im Wandel, Heft 1, 1996, S. 3-8.

Urban, D. (1982): Regressionstheorie und Regressionstechnik, Stuttgart 1982.

Van Soest, A. (1995): Structural Models of Family Labour Supply. A Discrete Choice Approach. In: The Journal of Human Resources, Vol. 30, 1995, S. 63-88.

Verband Deutscher Rentenversicherungsträger (1975): VDR-Statistik: Rentenzugang 1974, Band 44, Frankfurt a.M. 1975.

Verband Deutscher Rentenversicherungsträger (1987): VDR-Statistik: Rentenanwartschaften zum 31.12.1985, Band 76. Frankfurt a.M. 1987.

Verband Deutscher Rentenversicherungsträger (1991): Rentenzugang des Jahres 1990 einschließlich Rentenwegfall/Rentenumwandlung, Frankfurt 1991.

Verband Deutscher Rentenversicherungsträger (1993): VDR-Statistik: Rentenanwartschaften zum 31.12.1990, Band 102. Frankfurt a.M. 1993.

Verband Deutscher Rentenversicherungsträger (2000): Stellungnahme des VDR zum Entwurf eines Gesetzes der Renten wegen verminderter Erwerbsfähigkeit vom 9. Oktober 2000, Frankfurt 2000.

Verband Deutscher Rentenversicherungsträger (2001): Rentenversicherung in Zeitreihen. Ausgabe 2001, Frankfurt am Main 2001.

Verband Deutscher Rentenversicherungsträger (2001a): Altersgrenzen 2001, Frankfurt a.M. 2001.

Verband Deutscher Rentenversicherungsträger (2002): Die Erwerbsminderungsrente. Grundsätze der gesetzlichen Rentenversicherung. In: Deutsche Rentenversicherung, 57. Jg., Heft 2-3 (Schwerpunktheft), 2002.

Verband Deutscher Rentenversicherungsträger (2002a): Rentenversicherung in Zeitreihen. Ausgabe 2001, Frankfurt a. M. 2002a.

Verband Deutscher Rentenversicherungsträger (Hrsg.) (2001b): Rentenreform 2001. Das Wichtigste im Überblick, Berlin 2001.

Verband Deutscher Rentenversicherungsträger (Hrsg.) (2002): Allgemeines zur Rentenanpassung (http://www.vdr.de/internet/vdr/rente.nsf).

Verband Deutscher Rentenversicherungsträger (Hrsg.): VDR-Statistik: Rentenzugang des Jahres 19.. einschließlich Rentenwegfall/Rentenumwandlung, Frankfurt a.M. versch. Jahre.

Verband Deutscher Rentenversicherungsträger (VDR), Bundesministerium für Arbeit und Sozialordnung (BMA) (Hrsg.) (2000): Altersvorsorge in Deutschland 1996 (AVID '96). Lebensläufe und künftige Einkommen im Alter, DVR-Schriftenreihe Bd. 19, BMA-Forschungsbericht Bd. 277, Frankfurt a.M. 2000.

Vobruba, G. (2000): Akteure in Inklusions- uns Exklusionsprozessen. In: Zeitschrift für Sozialreform, 46. Jg., Heft 1, S. 1-12.

Vogel, B. (2001): Wege an den Rand der Arbeitsgesellschaft – der Verlust der Erwerbsarbeit und die Gefahr sozialer Ausgrenzung. In: Barlösius, E.; Ludwig-Mayerhofer (Hrsg.): Die Armut der Gesellschaft, Sozialstrukturanalyse Band 15, Opladen 2001, S. 151-168.

Voges, W. (1987): Sozialforschung auf der Grundlage einer Lebenslaufperspektive. In: Voges, W. (Hrsg.): Methoden der Biographie- und Lebenslaufforschung, Opladen 1987, S. 9-21.

Voges, W. (Hrsg.) (1987a): Methoden der Biographie- und Lebenslaufforschung, Opladen 1987.

Vogler-Ludwig, K. (o.J.): Ältere Arbeitnehmer auf dem Arbeitsmarkt, Teil Deutschland. In: Employment observatory. http://www.ias-berlin.de/ ERSEP/trd33_d/00030049.htm.

Vogt, W. (1995): Makroökonomische Auswirkungen von beschränkter Marktmacht auf dem Güter- und Arbeitsmarkt. In: Flemming, J. (Hrsg.): Moderne Makroökonomik. Eine kritische Bestandsaufnahme, Marburg 1995, S. 187-208.

Vogt, W. (1996): Überlegungen zur makroökonomischen Modellbildung. In: Gahlen, B.; Hesse, H.; Ramser, H.J. (Hrsg.): Arbeitslosigkeit und Möglichkeiten ihre Überwindung, Tübingen 1996, S. 237-269.

Voß, G. (1999): Bürgerarbeit und die Arbeit der Lebensführung. In: Schwengel, H. (Hrsg.): Grenzenlose Gesellschaft? Band II/2 Ad-hoc-Gruppen, Foren, Pfaffenweiler 1999, S. 331-333.

Voß, G.G. (1993): Der Strukturwandel der Arbeitswelt und die alltägliche Lebensführung. In: Jurczyk, K.; Rerrich, M.S. (Hrsg.): Die Arbeit des Alltags. Beiträge zu einer Soziologie der alltäglichen Lebensführung, Freiburg i. Br. 1993, S. 70-111.

Voß, G.G. (1997): Beruf und alltägliche Lebensführung – zwei subjektnahe Instanzen der Vermittlung von Individuum und Gesellschaft. In: Voß, G.G.; Pongratz, H.J. (Hrsg.): Subjektorientierte Soziologie. Karl Martin Bolte zum siebzigsten Geburtstag, Opladen 1997, S. 201-222.

Voß, G.G.; Pongratz, H.J. (1997): Subjekt und Struktur – die Münchener subjektorientierte Soziologie. Zur Einführung. In: Voß, G.G.; Pongratz, H.J. (Hrsg.): Subjektorientierte Soziologie. Karl Martin Bolte zum siebzigsten Geburtstag, Opladen 1997, S. 7-29.

Wachtler, G.; Wagner, P.S (1997): Arbeit im Ruhestand. Betriebliche Strategien und persönliche Motive zur Erwerbsarbeit im Alter. Opladen 1997.

Wagner, G. (1996): ‚Gemeinsamer Rentenzugang'. In: Behrens, J.; Voges, W. (Hrsg.): Kritische Übergänge. Statuspassagen und sozialpolitische Institutionalisierung. Schriften des Zentrums für Sozialpolitik, Bd. 4, Bremen 1996, S. 323-348.

Weiss, A. (1980): Job Queues and Layoffs in Labor Markets with Flexible Wages. In: Journal of Political Economy, Vol. 88, 1980, S. 526-538.

Weisser, G. (1956): Sozialpolitik. In: Aufgaben Deutscher Forschung, Band 1, Geisteswissenschaften, 2. Aufl., Köln, Opladen 1956.

Weymann, A. (1994): Altersgruppensoziologie. In: Kerber, H.; Schmieder, A. (Hrsg.): Spezielle Soziologien. Problemfelder, Forschungsbereiche, Anwendungsorientierungen, Reinbek 1994, S. 344-362.

Weymann, A. (Hrsg.) (1989): Handlungsspielräume. Untersuchungen zur Individualisierung und Institutionalisierung von Lebensläufen in der Moderne, Stuttgart 1989.

Wiegand, H. (1995): Berufstätigkeit und Aufstiegschancen von Frauen: Eine (nicht nur) ökonomische Analyse, Berlin 1995.

Wilbers, J. (1989): Singularisierung – Eine Entwicklung in die Zukunft? In: Rott, C.; Oswald, F. (Hrsg.): Kompetenz im Alter, München 1989, S. 331-342.

Wohlrab-Sahr, M. (1992): Institutionalisierung oder Individualisierung des Lebenslaufs? Anmerkungen zu einer festgefahrenen Debatte. In: BIOS, 2. Jg., Heft 1, S. 1-19.

Wolff, H.; Spieß, K.; Mohr, H. (2001): Arbeit – Altern – Innovation, Wiesbaden 2001.

Wollschläger, F. (2001): Gesetz zur Reform der Renten wegen verminderter Erwerbsfähigkeit. In: Deutsche Rentenversicherungen, 56. Jg., Heft 5, 2001, S. 276 ff.

WSI, INIFES, Forschungsgruppe Tondorf (2001): Bericht zur Berufs- und Einkommenssituation von Frauen und Männern. Bericht im Auftrag des Bundesministeriums für Familie, Senioren, Frauen und Jugend, Düsseldorf, Stadtbergen, Berlin 2001.

WSI, INIFES, Forschungsgruppe Tondorf (2001a): Bericht zur Berufs- und Einkommenssituation von Frauen und Männern. Bericht im Auftrag des Bundesministeriums für Familie, Senioren, Frauen und Jugend, Materialband, Düsseldorf, Stadtbergen, Berlin 2001a.

Wübbeke, C. (1999): Der Übergang von sozialversicherungspflichtiger Beschäftigung in den Rentenzugang zwischen sozialpolitischer Steuerung und betrieblichen Interessen. Eine Untersuchung der Ursachen des Frühverrentungstrends in Westdeutschland für den Zeitraum von 1975 bis 1990 auf Basis der IAB- Beschäftigtenstichprobe. In: MittAB, 32. Jg., Heft 1, 1999, S. 102-117.

Zameck, W.v. (1997): Ökonomische Theorie der Frau. Eine mikroökonomische Analyse von Markt- und Nichtmarktentscheidungen, Berlin 1997.

Zapf, W. (1978): Lebensbedingungen in der Bundesrepublik Deutschland, Frankfurt a.M., New York 1978.

Zapf, W. (1984): Individuelle Wohlfahrt: Lebensbedingungen und wahrgenommene Lebensqualität. In: Glatzer, W.; Zapf, W. (Hrsg.): Lebensqualität in der Bundesrepublik. Objektive Lebensbedingungen und subjektives Wohlbefinden. Reihe Mikroanalytische Grundlagen der Gesellschaftspolitik, Band 10, Frankfurt a.m. 1984, S. 13-42.

Zapf, W. (1994): Modernisierung, Wohlfahrtsentwicklung und Transformation. Soziologische Ansätze 1987 bis 1994, Berlin 1994.

Zapf, W. (1998): Modernisierung und Transformation. In: Schäfers, B.; Zapf, W. (Hrsg.): Handwörterbuch zur Gesellschaft Deutschlands, Opladen 1998, S. 472-482.

Zapf, W. (2000): Entwicklung und Sozialstruktur moderner Gesellschaften. In: Korte, H.; Schäfers, B. (Hrsg.): Einführung in die Hauptbegriffe der Soziologie, 5. erweiterte und aktualisierte Aufl., Opladen 2000, S. 237-251.

Zapf, W. (2000a): Sozialer Wandel. In: Schäfers, B. (Hrsg.): Grundbegriffe der Soziologie, 6. Aufl., Opladen 2000, S. 427-432.

Zapf, W.; Breuer, S.; Hampel, J.; Krause, P.; Mohr, H.-M.; Wiegand, E. (1987): Individualisierung und Sicherheit. Untersuchungen zur Lebensqualität in der Bundesrepublik Deutschland, München 1987.

Zapf, W.; Habich, R. (1996): Wohlfahrtsentwicklung im vereinten Deutschland. Sozialstruktur, sozialer Wandel und Lebensqualität, Berlin 1996.

Kolibri 360 GmbH
Ferdinand-Jühlke-Straße 7
99095 Erfurt, Deutschland
produktsicherheit@kolibri360.de

Druck:
CPI Druckdienstleistungen GmbH
im Auftrag der
Kolibri 360 GmbH
Ferdinand-Jühlke-Str. 7
99095 Erfurt